Jüri Lina

LES ARCHITECTES DU MENSONGE
L'histoire secrète de la franc-maçonnerie

OMNIA VERITAS.

Jüri Lina

Jüri Lina (1949) est un réalisateur et un écrivain dont les œuvres portent sur divers sujets controversés, tels que le communisme, la franc-maçonnerie, les OVNIS et la parapsychologie. Il est né en Estonie, mais a dû déménager en Suède en raison de conflits avec la police secrète communiste et d'accusations de haute trahison pour ses critiques anticommunistes.

LES ARCHITECTES DU MENSONGE
L'histoire secrète de la franc-maçonnerie

Maailmaehitajate pettus: vabamüürluse varjatud ajalugu

Architects of deception: the concealed history of freemasonry (2004),
traduit de l'anglais par Omnia Veritas Limited.

Publié par
Omnia Veritas Limited

⊘MNIA VERITAS.

www.omnia-veritas.com

© Omnia Veritas Limited – Jüri Lina – 2021

SOMMAIRE

Explications préliminaires

Quand le livre *Sous le signe du scorpion*[1] a été publié, je ne m'attendais pas à ce qu'il ait un grand succès, parce que je savais que la plupart des gens, en raison de l'énorme influence des francs-maçons sur les écoles, les médias et autres institutions clés, avaient perdu leur capacité à penser indépendamment. Je me suis cependant aperçu que certains avaient réussi à rester à l'écart de l'influence de tous ces mensonges et à comprendre que quelque chose n'allait pas dans la société contemporaine. Ces personnes ont trouvé des réponses à leurs questions dans *Sous le signe du scorpion*. Ils supposaient déjà qu'une puissance malveillante se trouvait derrière le processus de destruction qui nous affecte tous, mais ils avaient besoin de plus de faits.

Les gens de différents pays ont lu *Sous le Signe du Scorpion* et les révélations qu'il comporte ont aiguisé leur curiosité au sujet de la franc-maçonnerie internationale et ses agissements. Mais ils en savent trop peu sur l'histoire effrayante et l'essence de cette société secrète. Cela rendait d'autant plus nécessaire la rédaction d'un livre complet sur l'histoire sombre, l'idéologie et les activités de la franc-maçonnerie, qui serait comme un complément à *Sous le signe du scorpion*. Ce nouveau livre sur la franc-maçonnerie a été écrit pour répondre à cette demande.

Pendant de nombreuses années, j'ai rassemblé un grand nombre de faits importants, de documents et de sources rares qui n'ont jamais été publiés dans des livres d'histoire ordinaires (c'est-à-dire officiellement approuvés). À l'aide de ces faits, une image complètement différente des grands événements mondiaux émerge. Sans détails sur la véritable histoire de la franc-maçonnerie, il est très difficile de s'orienter dans le monde d'aujourd'hui. C'est pour cette raison que j'ai choisi de rassembler toutes les information "oubliées" et "cachées" pour pouvoir raconter la véritable histoire que nos dirigeants maçonniques nous ont volée.

Notre civilisation a échoué dans de nombreux domaines cruciaux. Ces

---

[1] Jüri Lina, *Sous le signe du Scorpion, l'ascension et la chute de l'empire soviétique*, Omnia Veritas Ltd, www.omnia-veritas.com.

échecs ont été aggravés par le fait que ceux qui en ont compris la raison refusent de s'exprimer. La plupart n'ont pas compris l'évidence : que des forces économiques cachées ont agi dans les coulisses soigneusement dissimulées et sans rencontrer pratiquement la moindre opposition, pour nous manipuler jusqu'à notre actuelle situation désespérée. Nous avons été effrayés et affaiblis, et c'est pour cette raison que les ennemis de l'humanité ont traitreusement réussi leur conspiration.

Ces forces cachées étaient incapables d'agir librement sans retirer au préalable des faits importants de notre histoire. En se référant à ces informations cachées, il a été possible d'identifier clairement les forces maçonniques qui ont fait tout ce qui était en leur pouvoir pour transformer notre monde en un véritable enfer sur terre.

Nous avons subi des dommages mentaux, physiques et génétiques. Nous avons commencé à préférer les ténèbres à la lumière. La plupart d'entre nous ont choisi de croire aux mythes illusoires des francs-maçons et ont participé à la lutte contre ceux qui ont tenté de révéler la vérité. Beaucoup d'entre nous choisissent de défendre ces forces obscures. Les forces du mal sont proches de la victoire. Ceux qui défendent ces forces doivent également partager la responsabilité de leurs crimes contre l'humanité. Beaucoup d'entre nous sont devenus victimes des francs-maçons et de leur avidité personnelle.

Ce livre tente de donner une vue d'ensemble des circonstances qui ont conduit aux affreux revers qui nous ont affligés, en particulier au cours de ces trois derniers siècles.

Pour nous orienter, nous devons enfin oser appeler ces événements et ces personnes par leur vrai nom, malgré le fait que les responsables sont devenus plus forts que jamais et nient officiellement leur implication dans tous ces crimes graves et impardonnables contre l'humanité. Les sources internes des francs-maçons, cependant, ne nient en rien leur participation à ces crimes.

Je présenterai de tels faits cachés pour permettre de tirer des conclusions étonnantes et de révéler à tout chercheur de vérité qui sont vraiment nos bourreaux. Ne pas être conscient de ces faits est un mal en soi, car l'ignorance sert le mal. C'est pour cette raison que nos dirigeants veulent nous couper de toutes connaissances historiques véritables et nous maintiennent dans l'ignorance quant aux secrets de la nature.

Ceux qui n'examineront pas les différents aspects de la conspiration resteront incapables de comprendre le monde. Pour eux, tout leur semble obscur et mystérieux. Pourtant les anciens Romains disaient : *Magna est veritas et praevalebit.* ("La vérité est grande et elle triomphera.")

Les francs-maçons ont toujours été friands des grandes structures sociales et des super-États. Sous la direction des grands-maîtres maçonniques et par l'action concertée de leur grande loges, ils ont provoqué de violents bouleversements sociaux, des "grands soulèvements populaires". Le psychologue suisse Carl G. Jung a déclaré : "Plus les organisations sont grandes, plus leur immoralité et leur aveugle stupidité sont inévitables." (Carl G. Jung, *Die Beziehungen zwischen dem Ich und dem Unbewussten*, Darmstadt, 1928) Nous avons aussi des indices sur ce qui va se passer dans l'Union européenne - la dernière création des francs-maçons. Jung a déclaré dans le même livre : "Plus une société ou une confédération est grande, plus l'amalgame des facteurs collectifs - qui est typique de toute grande organisation - reposera sur des préjugés conservateurs au détriment de l'individu, plus la dégénérescence morale et spirituelle de l'individu sera aggravée."

En apparence, des idéologies différentes nous ont été imposées. En fait, nous avons tout le temps été confrontés à différents aspects d'une seule et même idéologie : l'illuminisme, propagé par la franc-maçonnerie internationale. Seules les personnes peu sûres et les idéologies et religions faibles ont besoin de recourir à la violence pour s'affirmer : notamment le Judaïsme, l'Islam, le communisme, le national-socialisme, et quelques autres.

Les hylozoïstes, qui suivent les enseignements de Pythagore, n'ont jamais eu recours à la violence, ni les bouddhistes. Ce seul fait montre la valeur de leurs enseignements philosophiques, qui peuvent aider les âmes qui cherchent la vérité. Pour cette raison, les francs-maçons méprisent les enseignements basés sur la bonté et le développement spirituel.

Les socialistes (les serviteurs les plus efficaces des francs-maçons) sont particulièrement enclins à utiliser la violence dans leurs tentatives de meurtrir la nature spirituelle de l'âme. Ils considèrent qu'il est plus efficace et bénéfique de tuer l'âme plutôt que le corps. Les communistes n'étaient pas entièrement satisfait de détruire physiquement les gens. Sous le symbole des Illuminati et de la franc-maçonnerie - la rose rouge - les socialistes en ont après nos âmes. L'auteur français Romain Rolland a déclaré : "Les meurtriers de l'âme sont les pires."

Les socialistes sont bien conscients que leur falsification de l'histoire conduit à la formation d'une société sans mémoire. Le socialiste juif russe Alexander Herzen a déclaré dans les années 1850 :

> "Il n'y a rien de plus répugnant qu'une falsification de l'histoire sur ordre du pouvoir." Marx a mis le doigt sur la méthode la plus importante des Illuminati : "Si vous pouvez couper les gens de leur propre histoire, ils peuvent être facilement manipulés."

Bien que nous puissions nous rendre compte que nos dirigeants dissimulent des faits avec l'aide d'"historiens" corrompus, nous devons comprendre que cette falsification de l'histoire fait partie de la conspiration, puisque ceux qui contrôlent notre histoire contrôlent aussi notre avenir, selon l'auteur britannique George Orwell. Et ceux qui contrôlent notre présent contrôlent aussi l'accès à notre passé.

Tous ces "ismes" ne sont que des outils utiles pour les forces maçonniques obscures qui utilisent souvent diverses idéologies pour combler les lacunes dans leur tentative de construction d'un "monde meilleur pour nous tous". C'est pourquoi les francs-maçons veulent détruire tout ce qui est lié à "l'ancien", c'est-à-dire les traditions et le bon sens.

J'ai visité de nombreuses loges puissantes dans le monde entier afin de me familiariser avec les archives et les œuvres des francs-maçons, car les sources originales sont les plus fiables.

Je suis d'avis que les francs-maçons, avec leur organisation contre-nature, sont au bord d'une vaste catastrophe. Ce livre montre comment et surtout pourquoi.

Juri Lina
Stockholm, octobre 2004

Chapitre I

Un état de transe par consensus

*M*alta yok* est un terme turc, une expression bien connue des historiens qui signifie "Malte n'existe pas". En 1565, l'armada turque découvrit la proximité de navires ennemis près de Malte. Les amiraux en furent si choqués qu'ils envoyèrent le message suivant au sultan d'Istanbul : "Malta yok".

Aujourd'hui, les historiens indépendants utilisent cette expression lorsqu'ils rencontrent des faits auparavant inaccessibles ou des données historiques sensibles, que les détenteurs du pouvoir nient ou dissimulent. Il y a tellement de mensonges mélangés à la vérité que les gens en restent confus. Mais il existe une alternative à la vérité officielle, car souvent les choses ne sont pas ce qu'elles semblent être.

Dans notre monde contrôlé par la franc-maçonnerie, une règle s'applique sûrement : si quelque chose s'est produit mais n'est pas rapporté par les médias, c'est qu'elle n'est jamais arrivée. Mais si une chose n'a même pas eu lieu et est pourtant rapportée dans les médias, alors elle est quand même arrivée. Nous devons apprendre à remettre en question la vérité officielle !

Le professeur Daniel Boorstin, bibliothécaire du Congrès de 1975 à 1987, a déclaré :

> "Les Américains vivent dans une pseudo-réalité créée pour eux par leurs propres médias."

Beaucoup de gens croient volontairement ce qui n'existe pas et ignorent la réalité. Leur vie repose donc sur une tromperie et une forme d'auto-illusion permanente. Il est difficile de progresser au sein de ce labyrinthe de mensonges au sein duquel nous vivons. Il est difficile pour beaucoup de gens de s'orienter puisqu'ils n'ont pas développé leurs pouvoirs de discrimination, c'est-à-dire la capacité de distinguer le bien du mal. C'est la raison pour laquelle les francs-maçons ont été si efficaces pour nous tromper avec leurs soi-disant idéologies sociales. Ces mensonges sont consciencieusement amplifiés par les mégaphones des médias de masse, qui tentent également de faire taire, de bloquer ou, en dernier recours, de se moquer de toutes les informations et idées qui ne sont pas conformes à leur propagande - qu'il s'agisse du meurtre du Premier ministre suédois Olof Palme, des incursions sous-marines de l'Union soviétique dans les eaux territoriales suédoises, de la catastrophe de l'*Estonia* (nous savons maintenant par analyse métallurgique que ce ferry a été coulé par des explosifs), de la rédaction de l'histoire moderne ou des activités franc-maçonnes.

Charles T. Tart, professeur de psychologie à l'Université de Californie, a qualifié cet émoussement idéologique de notre intellect de "transe du consensus" (*Waking Up: Overcoming the Obstacles to Human Potential*, Boston, 1987). Le consensus signifie un accord ou une compréhension générale collectivement admise. Cette transe du consensus implique donc que nous avons accepté une fausse conception de la réalité, non pas par un traitement logique des faits mais grâce à une manipulation intensive (lavage de cerveau) perpétrée par l'élite mondiale.

Beaucoup d'entre nous ont été touchés par la transe du consensus, sous la forme d'une croyance aveugle aux mensonges perpétrés par les loges maçonniques. Les méthodes de suggestion que les francs-maçons et autres manipulateurs ont utilisées pour nous faire croire à leurs mensonges sans hésitation, ont fait de la plupart d'entre nous des victimes consentantes de cette manipulation audacieuse. C'est pour cette raison que nous évitons instinctivement les faits inconfortables qui menacent de démolir la fausse vision du monde que les francs-maçons ont implantée en nous ; tout ça par crainte de nous réveiller et d'échapper ainsi à cette transe consensuelle artificielle. Beaucoup d'entre nous sont atteints d'une forme de paralysie mentale.

Mais comme l'a dit le franc-maçon et philosophe Friedrich Nietzsche, la croyance est un désir de ne pas savoir. C'est pourquoi il est important de révéler les mensonges de propagande les plus pernicieux. L'anesthésie mentale du monde occidental a été un grand succès. La plupart des gens sont devenus victimes d'une forme de foi aveugle appelée "politiquement correcte" et préfèrent vivre dans leur monde illusoire.

Les autorités ont inventé ou exploité certains mensonges qui servent leurs desseins et agissent contre nous. Ces mystifications s'appliquent à l'histoire, à la santé, à la culture, à la politique et à d'autres sujets importants. Il faut avoir la foi et être doté d'une grande confiance en soi pour trouver la force de faire face à la réalité présentée dans ce livre.

Se réveiller de la transe est un processus difficile et laborieux. Certains faits clés sont nécessaires pour y parvenir, faits que le lecteur, malgré le poids de tous les mensonges, peut reconnaître et qu'il a la possibilité de vérifier. Voici un exemple classique tiré des journaux de Darwin.

Les Patagoniens (un peuple tribal du sud de l'Argentine) ne pouvaient pas imaginer le navire de Darwin, le "Beagle", sur le plan conceptuel ou même optique, car aucun grand navire n'avait jusqu'alors fait partie de leur expérience. Seul le chaman de la tribu pouvait voir le vaisseau. Lorsque le chaman a commencé à décrire le navire à l'aide d'objets connus des Patagoniens, le navire est devenu visible pour tous. Ils connaissaient une réalité consensuelle, qui s'appliquait aux petits bateaux, mais n'avaient pas une conception similaire des grands navires. De nombreux journalistes n'étaient pas doté du jugement critique nécessaire pour comprendre la réalité consensuelle qui s'appliquait au déroulement réel des événements pendant la catastrophe du navire *Estonia* - ils n'ont même pas réussi à comprendre que la Commission d'enquête sur les accidents a manifestement menti sur des questions clés de cette affaire tragique.

Beaucoup d'entre nous manquent du même jugement critique concernant notre environnement social, politique et immédiat, car nous faisons aveuglément confiance aux mythes dont les sources maçonniques nous nourrissent chaque jour à travers les mass media.

La plupart d'entre nous préfèrent se fier aveuglément à différentes fabrications politiques, sociales et scientifiques et nient toute suggestion de contrôle caché dans les coulisses, ne veulent pas voir que les événements politiques, économiques et sociaux les plus importants dans le monde ne sont pas fortuits, mais planifiés par des groupes non démocratiques qui se cachent derrière le nom de "francs-maçons". Les conditions inférieures et dégradantes, que nous voyons partout à l'œuvre dans différents pays, ne se sont pas déclenchées par hasard. Si nous acceptons cette explication, nous commencerons immédiatement à comprendre tout ce qui se passe et toutes les pièces du puzzle se mettront en place. Sinon, nous tâtonnerons dans les ténèbres et ne comprendrons rien.

Les mythomanes maçonniques sont des ennemis de la liberté spirituelle de l'humanité. Au cours des deux derniers siècles, plusieurs loges maçonniques puissantes et impitoyables composées d'élites autoproclamées conduisent notre société vers la ruine. Si nous refusons de voir cette réalité, cela signifie que nous acceptons de vivre dans un monde dénué de sens, un monde absurde qui, sans raison valable, s'est transformé en un asile surréaliste et kafkaïen.

Ces loges puissantes travaillent, entre autres, à la création d'un super-État en Europe - l'Union européenne - et d'un gouvernement mondial sous leur égide par le biais d'une guerre psychologique menée contre nous, les non-maçons. Ces groupes minent la dimension la plus importante de notre vie : la dimension spirituelle. Ils ont causé la plus grande crise spirituelle que l'humanité a connu depuis l'origine des temps. La société que les francs-maçons ont formée a perdu de vue le véritable but de la vie. Beaucoup de gens ne peuvent même plus comprendre les valeurs spirituelles ou s'y référer. Ils ne savent même pas ce que signifie le mot "spirituel".

Les francs-maçons intensifient chaque jour davantage leur propagation d'idées contre nature telles que le mondialisme (le nouvel internationalisme) ou le globalisme apatride, ostensiblement pour promouvoir le développement spirituel de l'humanité et pour construire un nouvel ordre mondial. C'est une tromperie sans précédent. En fait, les francs-maçons ont l'intention de construire un Nouveau Temple de Salomon. Pourquoi devrions-nous vivre dans un monde qui, allégoriquement, pourrait être considéré comme un temple israélite, où certaines personnes sont choisies pour gouverner et d'autres sont leurs esclaves destinés à être sacrifiés comme des animaux ?

Le temple que Salomon avait construit était un abattoir, où de nombreux animaux étaient sacrifiés quotidiennement pour apaiser la faim de Yahvé. Les prêtres étaient en fait des bouchers qui s'enrichissaient grâce à leur horrible travail. Selon le professeur russe Lev Gumilev, Yahvé est un terrible démon du feu (Lev Gumilev, *The Ethnosphere*, Moscou, 1993, p. 480).

En Union soviétique, les termes maçonniques typiques du mouvement communiste étaient constamment utilisés. Ils voulaient "construire une nouvelle société" et un "avenir meilleur et plus radieux" ou ils voulaient reconstruire l'ancien monde (perestroïka).

Jiro Imai, professeur de littérature à l'Université de Tokyo dans les années 1920 a écrit dans son livre *On the World-Wide Secret Society* que "la franc-maçonnerie est la société secrète la plus dangereuse et la plus subversive".

L'Association suédoise Save the Individual (FRI), qui lutte contre les sectes et "sauve" les gens des griffes d'organisations autoritaires, a énuméré les critères qui définissent un mouvement sectaire destructeur :

> ➤ Fausse déclaration d'intention et description trompeuse lors du recrutement de membres.

> ➤ La manipulation par des méthodes psychologiques (contrôle mental) est utilisée pendant le recrutement et l'endoctrinement.

> ➤ Un leader tout-puissant qui exige une sujétion totale et prétend avoir des connaissances et des pouvoirs spéciaux.

> ➤ L'idéologie ne doit pas être remise en question, le doute est un mal qu'il faut combattre.

> ➤ L'image de la réalité est en noir et blanc : les membres sont les élus (bons), tout ce qui est à l'extérieur du mouvement est mauvais et doit être combattu.

> ➤ Il y a beaucoup d'argent en jeu, qui provient parfois de la criminalité.

La franc-maçonnerie internationale répond à tous ces critères d'une secte destructrice, mais la FRI refuse de critiquer la franc-maçonnerie et calomnie plutôt ceux qui dénoncent la franc-maçonnerie politique. Le 15 avril 2000, l'association de Stockholm a invité Hakan Blomqvist de *Norrkoping* à donner une conférence publique. Blomqvist, qui est un menteur professionnel, "humaniste" et un "chasseur nazi", a refusé à plusieurs reprises au cours de sa conférence de répondre à la question de savoir si la franc-maçonnerie était une secte destructrice ou non. Le lecteur devinera facilement les intérêts servis par cet homme.

La secte la plus dangereuse de toutes - la franc-maçonnerie - n'est pas détachée de la société, mais intervient dans son développement d'une manière très négative.

Les francs-maçons ont vraisemblablement réussi leur endoctrinement de la société, puisqu'ils ne sont plus considérés comme une menace sérieuse. Les maçons contrôlent les médias.

"Si on contrôle la radio, la presse, l'école, l'église, l'art, la science, le cinéma, on peut transformer chaque vérité en mensonge, chaque déraison en raison." (Alf Ahlberg, *Idealen and deras skuggbilder / Les idéaux et leur part d'ombre*, Stockholm, 1936, p. 135)

Les masses ont toujours cru en ces faux-dieux qui se propagent dramatiquement.

"Le pouvoir de contrôler le flux des nouvelles est la même chose que le pouvoir de contrôler la façon dont les gens pensent. Nous nous vantons de la liberté de la presse aux États-Unis. Mais dans quelle mesure est-elle vraiment libre lorsque nous recevons les mêmes nouvelles de tous les grands conglomérats médiatiques et que les opinions alternatives n'atteignent jamais la majorité des Américains ? Le pouvoir de rapporter et de décrire la réalité est maintenant entre les mains de quelques-uns. Et l'intérêt de ces quelques puissants est en opposition avec l'intérêt du peuple, l'intérêt général. Peu importe que ces conglomérats médiatiques aient des noms et des apparences différents, puisqu'ils partagent tous les mêmes valeurs, ce qui est une garantie que nous recevons des informations clonées." (Le journal américain *The Nation*, rapporté par *Aftonbladet,* 31 octobre 1997)

Les rares personnes qui contrôlent la circulation de l'information appartiennent à la franc-maçonnerie internationale. Ces forces ne se soucient aucunement des intérêts de la population.

Noam Chomsky a écrit :

"La propagande fonctionne mieux si l'on parvient à maintenir l'illusion que les médias de masse sont des observateurs non partiels. Des débats difficiles à l'intérieur de frontières invisibles auront pour effet de renforcer le système."

Il n'est pas possible de contrôler les loges maçonniques ou d'autres structures gérées par l'élite. Nous savons qu'un groupe, qui ne peut pas être contrôlé, manipule la presse et croit qu'il est au-dessus de la loi. Les francs-maçons utilisent le mensonge comme base de leur pouvoir dans leur guerre contre l'humanité.

Les mensonges comme base du pouvoir

Pendant des siècles, toute l'Europe a cru aux sorcières. D'immenses livres écrits par des savants, comme le fameux "Malleus maleficarum" ("*Le marteau de sorcière*") de Heinrich Institoris et Jakob Sprenger, publié en 1486 et imprimé dans 30 éditions successives jusqu'en 1669, ont stigmatisé les pratiques néfastes des sorcières. C'était une raison suffisante pour que l'Église considère justifiée d'exécuter de nombreuses femmes innocentes.

Ne croirions-nous pas tous encore aux sorcières aujourd'hui, si nous avions été élevés avec des histoires d'horreur sur les sorcières depuis notre plus tendre enfance et si les médias de masse rapportaient leurs crimes odieux jour après jour ?

De plus en plus de mythes ont commencé à s'effriter récemment. Ils ne résistent pas à un examen minutieux.

Ainsi, les enfants d'Israël n'ont jamais été esclaves en Égypte. Ils n'ont pas non plus erré dans le désert du Sinaï pendant quarante ans, ni conquis le pays de Canaan par la force. C'est ce qu'a révélé Zeev Herzog, professeur d'archéologie à l'Université de Tel Aviv dans le journal israélien *Ha'aretz*.

> "L'époque biblique n'a jamais eu lieu. Après 70 ans de fouilles, les archéologues sont arrivés à une conclusion effrayante : ce n'est tout simplement pas vrai."

La plupart des archéologues israéliens s'accordent sur le fait que l'Exode biblique d'Égypte ne correspond pas aux faits historiques. Les experts ont également révélé que Josué n'avait pas conquis la ville de Jéricho en une seule bataille et que les murs de la ville ne sont pas tombés au son des trompettes. L'archéologue Adam Zertel de l'Université de Haïfa déclare aussi que le récit de l'errance dans le désert est un mythe.

Selon Herzog, David et Salomon n'ont jamais régné sur un empire puissant, c'était juste un petit royaume tribal sans aucun pouvoir. La cité de Jérusalem capturée par le roi David, n'était qu'un simple domaine féodal.

On croit généralement que les Vandales étaient des barbares incivilisés qui détruisaient tout sur leur passage. C'est un mensonge délibéré. Les Vandales blonds et aux yeux bleus étaient un peuple nordique et n'étaient pas moins civilisés que tout autre peuple. Ils sont originaires du Nord du Jutland, dans le sud de la Scandinavie.

L'Église catholique s'opposait aux croyances religieuses des vandales, appelées aryanisme, qui niaient la nature divine de Jésus Christ et interprètent tous les événements à la lumière de la théorie de la réincarnation. Pour cette raison, les Vandales étaient une menace pour les mythes généralement acceptés de l'époque.

En 534, Byzance réussit à détruire le royaume des Vandales avec sa riche culture et à s'emparer de leur capitale, Carthage. Les conquérants ont tué les personnes âgées et les enfants ; les hommes étaient forcés de devenir soldats et les femmes étaient mariées à des hommes d'autres races. Après seulement une génération, les Vandales et leur religion avaient été effacés de la surface de la Terre et l'histoire est écrite par les vainqueurs !

Il n'y a pas si longtemps, les Suisses croyaient que la prise d'assaut des châteaux des Habsbourg avait eu lieu après la prestation de serment à Riitli en 1291. Des fouilles ont montré que les châteaux avaient été abandonnés sans lutte bien avant 1291. La prise d'assaut des châteaux n'a tout simplement jamais eu lieu (Werner Meyer, *1291 - Die Geschichte)*.

L'astrophysicien britannique Sir Fred Hoyle est arrivé à la conclusion que l'univers est gouverné par une intelligence supérieure. En 1978, Hoyle a décrit la théorie de l'évolution du conspirateur Charles Darwin comme erronée et a démontré que la croyance de la première cellule vivante créée dans la "mer de vie" était tout aussi erronée. Dans son livre *Evolution from Space* (1982), il se distancie complètement du darwinisme. Il a déclaré que la "sélection naturelle" ne pouvait pas expliquer l'évolution.

Hoyle s'interroge dans son livre *The Intelligent Universe* (1983) :

> "La vie telle que nous la connaissons dépend, entre autres, d'au moins 2000 enzymes différentes. Comment les forces aveugles de la mer primitive ont-elles réussi à assembler les bons éléments chimiques pour construire ces enzymes ?"

Selon ses calculs, la probabilité que cela se produise n'est que d'une sur 10 puissance 40 000 (1 suivi de 40 000 zéros). C'est à peu près du même ordre que de parvenir à sortir 50 000 six d'affilée en lançant un dé. Ou comme le décrit Hoyle :

> "La probabilité qu'une forme de vie plus élevée ait ainsi émergé est comparable à celle qu'une tornade balayant une casse auto puisse assembler un Boeing 747 avec les matériaux qu'elle contient... Je ne comprends pas la compulsion généralisée des biologistes à nier ce qui me semble évident." (*Hoyle on Evolution, Nature,* Vol. 294, 12 novembre 1981, p. 105)

Et ces remarques ne concernent que les enzymes. Si toutes les autres molécules nécessaires à la vie sont également prises en compte dans nos calculs, les notions admises de la biologie conventionnelle deviennent intrinsèquement intenables. Les qualités uniques de l'homme (la conscience, la morale et la religion) ne correspondent pas du tout à la thèse évolutionniste de "la survie du plus fort". Ainsi un martyr choisit la mort plutôt que d'abandonner ses croyances.

Hoyle a souligné que la science doit une fois de plus accepter qu'il existe une plus grande intelligence dans l'univers. Sir Fred Hoyle croit que la théorie évolutionnaire de Darwin est un mythe nuisible. Il a déclaré : "Nous devons en tenir compte dans nos programmes de recherche scientifique."

La théorie de l'évolution a été élaborée par la *Lunar Society*, fondée sur l'initiative du franc-maçon de haut rang Benjamin Franklin à Birmingham, en Angleterre en 1765. Il émigra plus tard en Amérique. Les membres se réunissaient une fois par mois à la pleine lune. La société était une organisation maçonnique révolutionnaire qui soutenait le renversement des monarchies et sapait la croyance en Dieu (Ian T. Taylor, *In the Minds of Men: Darwin and the New World Order*, Minneapolis, 1984, p. 55).

Un membre important de la *Lunar Society* était Erasmus Darwin (1731-1802). Il devint le grand-père de Charles Robert Darwin et écrivit entre 1794 et 1796 le livre *Zoo-nomia, or the Laws of Organic Life*, dont la conclusion était la même que celle de *On the Origin of Species*, que son petit-fils a écrit en 1859.

De cette façon, les francs-maçons ont réussi à répandre la désinformation sur notre devenir après la mort ainsi que notre solitude dans un univers créé à partir de rien. Selon les humanistes, tout développement humain se termine par la mort physique. *L'Origine des espèces* de Darwin est une supercherie. Le mot "évolution" apparaît pour la première fois dans la sixième édition, imprimée en 1872, l'année même de la mort de l'auteur. Dans son livre *Dans l'esprit des hommes : Darwin et le Nouvel Ordre Mondial*, le scientifique Ian T. Taylor a révélé comment la *Société Lunaire* et d'autres organisations maçonniques ont égaré de nombreux intellectuels grâce à leurs manipulations et l'aide de la science "moderne".

Erasmus Darwin et son ami James Watt appartenaient tous deux à la *Société Lunaire* ; ils étaient également francs-maçons. Darwin l'ancien a été initié à la St. David's Lodge N°36 à Édimbourg en 1754. Plus tard, il est également devenu membre de la Canongate Kilwinning Lodge N°2 *(Freemasonry Today,* 1999).

Les scientifiques admettent maintenant que les Néandertaliens n'étaient pas nos ancêtres, puisque l'analyse de l'ADN des mitochondries montre qu'ils appartenaient à une toute autre espèce. Svante Paabo, professeur de biologie à l'université de Munich, a prouvé qu'ils n'étaient pas nos ancêtres *(Natur & Vetenskap, n°9,* 1997, p. 11).

Charles Darwin développa plus tard une idéologie, appelée humanisme, que la franc-maçonnerie internationale commença à utiliser comme une arme contre les personnes ayant des croyances spirituelles. Charles Darwin n'était qu'un garçon de courses pour l'élite maçonnique. Avec l'aide d'organisations "humanistes", les francs-maçons ont répandu l'athéisme et d'autres fausses doctrines.

Le physicien quantique britannique Paul Davies postule cependant dans son intéressant livre *God and the New Physics* (1983) qu'"une conscience universelle dirigeante utilise les lois de la nature dans un but déterminé". Selon lui, la physique quantique est le moyen le plus sûr de trouver Dieu aujourd'hui. Paul Davies écrit dans un article :

> "Le fait même que l'univers soit en cours de création et que ses lois aient permis à des structures complexes de voir le jour et de se développer en forme de vie consciente, est pour moi un témoignage fort que quelque chose se passe en coulisses. Il m'est impossible de nier l'impression que tout est planifié..." *(Svenska Dagbladet,* 3 mars 1989, p. 14)

La théorie de la psychanalyse de Sigmund Freud n'était qu'un énorme bluff. C'est ce qu'a révélé, entre autres, Daniel Stern, un professeur américain de psychiatrie à Genève. Le soi-disant modèle régressif de Freud n'est pas vrai, affirme Stern. Si c'était vrai, il serait possible de l'utiliser pour prédire les problèmes des gens ou établir un lien entre des troubles précoces et leurs problèmes se déclarant plus tard dans la vie. Mais cela n'a jamais été démontré *(Svenska Dagbladet,* 1er juin 1990).

Freud appartenait à l'organisation maçonnique juive du B'nai B'rith (Peter Gay, *Freud,* Stockholm, 1990, p. 158). Pendant la période où Freud travaillait sur sa théorie de la psychanalyse (1880-1890), il prenait de la cocaïne quotidiennement. La cocaïne est un puissant stimulant sexuel.

Il a fait l'éloge de la drogue et l'a distribuée à ses amis et connaissances. Il a même écrit des "chants de louange" en son honneur. C'est Freud qui a introduit l'usage de la cocaïne dans le monde occidental.

Des informations concernant des alternatives politiques efficaces nous sont cachées. L'histoire officielle maintient que la vie était plus difficile par le passé. Mais il existe des systèmes politiques qui fonctionnent bien et qui n'ont jamais fait l'objet de la moindre publicité.

Le pharaon Aménophis IV, qui régna entre 1353 et 1335 av. J.-C., était un dirigeant sage et bienveillant qui essaya sérieusement de réformer la société égyptienne. Il abolit les sacrifices de sang et se convertit au culte du Soleil en adorant un seul dieu - Aton. Il prit le nom d'Akhenaton (Celui qui est utile à Aton). Il aimait la philosophie et détestait la guerre. Il a adopté une loi dans laquelle il a déclaré que la religion représentait la bonté et l'amour. Il déclarait :

"Le nom de notre dieu est Aton, qui est le Soleil, le grand donneur de vie. Que tous les hommes soient égaux dans la vie comme dans la mort."

Il transféra la capitale de Thèbes à Tell-Amarna, à 300 km au nord, et la rebaptisa Akhet-Aton, confisquant les biens du sacerdoce, ce qui les avait conduits à détester le peuple et à créer un État dans l'État. Il partagea la terre des prêtres entre paysans et esclaves. Il a rendu illégal le fait de s'enrichir sans travailler. Il prit tout l'or des temples et le donna aux pauvres. Il considérait la pauvreté comme un signe d'inefficacité.

Il libéra tous les esclaves et vécut personnellement d'une manière modeste et frugale. Il rendit aussi illégal l'abattage d'animaux par des moyens qui entraînaient des souffrances inutiles. Le pharaon arrêta toutes les guerres et libéra une grande partie de l'armée. La Syrie, devenue tristement célèbre pour avoir introduit la prostitution et d'autres péchés en Égypte, a été la première colonie à obtenir son indépendance.

Akhenaton a été victime d'un complot. Son propre médecin l'a empoisonné.

Ses derniers mots furent :

"Le royaume éternel n'a pas sa place sur Terre. Tout revient à sa forme originale. La peur, la haine et l'injustice régneront à nouveau sur le monde et les gens seront esclaves et souffriront à nouveau comme par le passé. Il aurait été préférable que je ne sois jamais né que de vivre pour voir le mal triompher du bien."

Toutankhamon, qui hérita du trône, ramena les anciennes habitudes (Otto Neubert, *Tutankhamun and the Valley of the Kings*, Manchester, 1954, p. 151-174). Le nom d'Akhenaton a été effacé de toutes les inscriptions et sa ville royale a été rasée .

Un système basé sur la spiritualité peut avoir beaucoup de succès. Cela a été prouvé par le mathématicien et philosophe grec Pythagore (580 -500 av. J.-C.), qui était originaire de l'île de Samos. Après ses expéditions, il fonda la société de Kroton (aujourd'hui Crotone), et la Fraternité hylozoïste ésotérique (l'association des Pythagoriciens) et une école à Syracuse en Sicile. Il a mis en œuvre une loi juste. Les Pythagoriciens constituaient l'aristocratie spirituelle. Outre la philosophie et la géométrie, ils cherchent une base numérique pour comprendre l'univers. Pythagore a développé une école de pensée ésotérique qui existe encore aujourd'hui.

Pythagore étonnait tout le monde par sa grande connaissance de la magie. Son influence sur le développement du sud de l'Italie pendant plus de 30 ans a été considérable. Les Pythagoriciens ont réformé la société par des moyens éthiques. Leur gouvernement s'appelait l'"aristocratie" (le règne du meilleur ou du plus averti). Une ville-état a été fondée à Kroton, qui était gouvernée par 300 aristocrates qui étaient célibataires pour éviter le népotisme. L'économie était prospère et la vie culturelle d'une richesse inouïe. La liberté d'expression régnait. Le principe central était l'honnêteté. Les femmes de ce système étaient égales aux hommes et étaient autorisées à accéder à des postes élevés dans la société, comme l'ont fait remarquer Diogène Laërce.

En Russie, des groupes maçonniques criminels se sont emparés du pouvoir en 1917 et ont créé le contraire de l'aristocratie - une cacistocratie, le règne du pire et du plus ignorant.

Le disciple le plus célèbre de Pythagore, Platon, a développé sa théorie de la république idéale à partir de ses expériences à Crotone. On a prétendu que cette théorie était le prototype du communisme. C'est un cas typique de désinformation. C'était tout le contraire ! Platon a appelé au règne des philosophes (les sages), pas à une tyrannie de l'ignorance.

Un potentat riche, jaloux et amoral appelé Kylon a organisé un complot contre les aristocrates libres-penseurs de Crotone, qui a conduit à l'exécution de nombreux philosophes éminents. Pythagore a été forcé de fuir. Malgré cela, l'influence des Pythagoriciens est devenue encore plus grande après ces événements.

Plus tard, une révolte plus étendue a été provoquée lorsque de nombreux dirigeants politiques ont été tués et beaucoup d'écoles du quartier des Frères ont été détruites (y compris celles de Crotone et de Syracuse). La confrérie a déménagé du sud de l'Italie à Athènes. L'information sur cette période dorée a été ignorée par l'histoire moderne.

C'est Pythagore, qui a commencé à utiliser le terme "philosophie", et s'est désigné comme un philosophe, un ami de la sagesse. Pythagore a également développé un système ésotérique appelé hylozoïsme. Il prétendait que toute matière possède une conscience ou une âme. Tous les mondes sont des entités spirituelles. Même les planètes sont des êtres vivants. L'univers est aussi conscient. Hylozoïsme en grec signifie "la doctrine de la matière vivante" ("hyle" signifie matière et "zoe" vie).

Le principe spirituel cherche à atteindre plus de connaissance et moins de croyance. Pour cette raison, les bouddhistes croient que le plus grand péché est l'ignorance, car elle mène au crime.

Il n'y eut pas de grands bouleversements en ces époques, mais une évolution normale. Les révolutions sont préjudiciables, en particulier celles qui ont pour effet d'arrêter le développement naturel de l'humanité. C'est un grave crime contre nature.

De grands dommages ont été causés par toutes sortes de mythes à propos du communisme et de ses bourreaux. L'ancien Premier ministre suédois Hjalmar Branting a écrit dans *Folkets Dagblad* :

> "La grande œuvre de Lénine restera toujours l'une des plus significatives en ces temps troublés, significative par sa franchise et son amour imprudent pour la révolution sociale." (Hjalmar Branting, *Tal och skrifter*, Stockholm, 1930, XI, p. 231)

Pendant de nombreuses années, nous avons été nourris par le mythe soviétique sur Katyn. Les Allemands auraient assassiné plusieurs milliers d'officiers polonais dans la forêt de Katyn. Ce mensonge a maintenant été révélé.

De nombreux mythes traîtres se répandent dans de nombreux domaines - sur la sécurité de la vaccination, sur le fait que nous sommes biologiquement identiques, que l'édulcorant artificiel aspartame n'est pas dangereux, que la vitamine C est mauvaise pour la santé, etc.

Gagarine n'a jamais été dans l'espace

Un canular de propagande soviétique a été révélé dans les anciens pays communistes (Hongrie, Estonie et Pologne, par exemple). C'était un mythe auquel tout le monde croyait vraiment, que l'officier de l'armée de l'air soviétique Youri Gagarine avait effectué un vol spatial. Beaucoup de gouvernements occidentaux étaient conscients de ce bluff soviétique mais ne voulaient pas révéler la vérité. Il n'était pas prévu que le peuple sache que l'Union soviétique était un État complètement arriéré.

Un livre intéressant traite de ce sujet : *Gagarine : un mensonge cosmique* (*Gagarine - kozmikus hazugsag*, Budapest, 1990) du journaliste hongrois Istvan Nemere. Pas un mot sur les contradictions qui entourent le "voyage dans l'espace" de Gagarine n'a été publié en Suède, où l'Union soviétique est encore considérée avec beaucoup de respect. Une telle révélation serait bien trop embarrassante.

Jusqu'en 1961, les États-Unis avaient réussi à envoyer 42 satellites, l'Union soviétique seulement 12. Les États-Unis ont également informé le monde qu'Alan Shepard effectuerait un voyage spatial à bord du vaisseau spatial *Freedom* 7 le 5 mai 1961.

L'Union soviétique a été forcée de faire quelque chose pour sauver la face. C'est pourquoi un cosmonaute soviétique, Vladimir Iliouchine, a été envoyé dans l'espace le 7 avril 1961. Les Américains ont intercepté plusieurs communications radio entre lui et le centre spatial de l'Union soviétique. L'atterrissage d'Iliouchine a échoué et il a été grièvement blessé. Il ne pouvait pas être montré au public. On prétendit qu'il avait été blessé dans un accident de voiture. Il fut envoyé en Chine pour recevoir de meilleurs soins médicaux.

Le documentaire télévisé russe "Cosmonaut Cover-Up" (2001) affirme également que le 7 avril 1961, Vladimir Iliouchine est parti dans l'espace, a rencontré des problème au cours de sa première mise en orbite, puis s'est écrasé en Chine lors de la troisième tentative. Iliouchine fut grièvement blessé. Il a été renvoyé en Union soviétique un an plus tard. Iliouchine a été tué dans un "accident" de voiture en 1961.

L'Union soviétique n'avait pas de capsule de rechange à l'époque et Moscou décida d'orchestrer un énorme bluff, un mensonge cosmique.

Radio Moscou a affirmé qu'un cosmonaute soviétique, Youri Gagarine, avait été envoyé dans l'espace le matin du 12 avril 1961 avec la fusée spatiale *Vostok*. Selon l'annonce officielle, il avait déjà atterri et était en bonne santé. Le monde entier le croyait, sauf les services de renseignements occidentaux. Ils n'avaient pas réussi à enregistrer de communication radio entre Gagarine et le centre spatial.

Ce canular a été mal orchestré. Les journaux polonais ont annoncé dès le matin du 12 avril qu'un cosmonaute soviétique s'était rendu dans l'espace. Les journaux d'autres pays n'ont pas rapporté le vol de Gagarine avant le 13 avril.

Dans un livre écrit pour l'Occident, des propagandistes soviétiques ont affirmé que de simples paysans avaient reconnu Youri Gagarine peu après qu'il eut atterri dans un champ et crièrent avec enthousiasme : "Gagarine, Gagarine !" Mais rien sur son "voyage spatial" n'avait été rapporté à l'époque, aucune photo de lui n'avait été publiée et son nom n'avait pas été mentionné. Le message de la radio et de la télévision a été envoyé 35 minutes après le prétendu voyage. Les paysans étaient-ils médiums ?

Le journal *Sovetskaya Rossiya* a affirmé que Gagarine portait une combinaison de vol bleue quand il a atterri. Dans ses mémoires, Gagarine se prétendait vêtu d'une combinaison de vol orange.

Lors de sa conférence de presse, au cours de laquelle il a commis plusieurs erreurs cruciales, Gagarine a lu des notes quand il a "raconté" son voyage. Gagarine a déclaré que l'apesanteur n'était pas un problème. Tout semblait normal. Nous savons maintenant que ce n'est pas le cas. Le cosmonaute German Titov, par exemple, a expérimenté des problèmes d'équilibre et des problèmes cardiaques. Les astronautes américains ont éprouvé des symptômes similaires.

Gagarine a ensuite commis sa plus grave erreur, malgré le fait qu' il était constamment assisté par des experts, qui parlaient souvent de découvertes dans l'espace. Il a dit : "Puis j'ai vu l'Amérique du Sud."

C'est impossible. À cette époque, c'était la nuit en Amérique du Sud, ce qui signifiait qu'elle ne pouvait pas être vue du tout. Selon les rapports officiels, Gagarine a commencé son "voyage spatial" à 9h07 heure de Moscou. Il devait survoler l'Amérique du Sud à 9h22, heure de Moscou. Au Chili, le temps aurait été de 2:22, au Brésil de 3:22. Il n'aurait jamais pu atteindre l'Amérique du Sud en 15 minutes. Pour les autres cosmonautes, cela prenait 45 minutes.

Les journalistes étrangers se demandaient : "Quand les photos que Gagarine a prises dans l'espace seront-elles publiées ?" Gagarine se tut, réfléchit un instant et répondit : "Je n'avais pas d'appareil photo avec moi !"

Même les sondes spatiales soviétiques sans pilote avaient du matériel photographique à bord. Publier les images de Gagarine depuis l'espace aurait été un triomphe important pour la propagande. L'Union soviétique n'aurait jamais manqué une telle occasion. Les photos de Shepard ont été câblées immédiatement. Certaines parties de son vol ont également été diffusées à la télévision.

Lors de la conférence de presse, il n'a jamais été expliqué si Gagarine avait atterri dans sa capsule ou s'il avait été éjecté. S'il avait utilisé son siège éjectable, il aurait été raccourci de plusieurs centimètres. Cela aurait pu être facilement établi. Tous les pilotes qui ont été éjecté de leur vol sont devenus un peu plus petits à cause d'une déformation de la colonne vertébrale.

Selon Istvin Nemere, lorsque Gagarine a voulu voyager dans l'espace pour de vrai en 1968, il a été éliminé. Son avion explosa le 27 mars de la même année. Le rapport officiel concernant cet événement contenait de nombreuses contradictions. Le rapport a été classé pendant la période communiste. On affirma qu'il ne restait plus grand-chose du corps de Gagarine après l'accident. Dans ce cas, comment sa combinaison de vol a-t-elle atterri au sommet d'un arbre ?

Il y a beaucoup trop de questions concernant le vol spatial de Gagarine en avril 1961. Une équipe de chercheurs britanniques qui s'interrogent sur la propagande entourant les voyages habités sur la lune confirme également cette information. Quand la vérité sera-t-elle officiellement admise ?

Le 12 avril 2001, l'ingénieur russe Mikhaïl Rudenko, au Bureau d'études expérimentales 456, à Khimki, dans la région de Moscou, a admis à *Pravda* que trois cosmonautes étaient morts dans l'espace avant l'envoi de Gagarine, à savoir Alexeï Ledovskikh (1957), Serenti Zhaborin (février 1958) et Andreï Mitkov (lors d'une tentative de vol en janvier 1959).

Le journaliste russe et candidat cosmonaute (en juin 1965) Yaroslav Golovanov (1932-2003) a écrit dans son livre *Cosmonaut One* que le 10 novembre 1960, un autre cosmonaute, Byelokonyev, est également mort sur un vaisseau spatial en orbite. Plusieurs sources révèlent que 7 à 11 cosmonautes sont morts en orbite avant Gagarine.

La CIA était au courant du bluff au sujet de Gagarine, mais n'a rien dit. Au lieu de cela, ils ont eux-mêmes inventé des mensonges de plus en plus ridicules.

On a dit que ces astronautes qui étaient francs-maçons effectuaient des rituels magiques dans l'espace. Dans la Grande Loge de Dallas, il y a une peinture d'astronautes américains sur la lune exécutant certains rituels maçonniques secrets. Selon les informations officielles, l'astronaute et franc-maçon américain Edwin Aldrin a laissé la bannière des Templiers sur la surface de la lune. Il a également été affirmé que deux anneaux d'or ont été laissés sur la lune, dans un but qui n'a jamais été expliqué. Plus tard, l'information a été "divulguée" que les francs-maçons ont tenté de contacter les démons sur la lune à l'aide de ces anneaux d'or. Kenneth Kleinknecht, chef de service à la NASA, franc-maçon de haut rang et membre du secrétariat du Rite Écossais, aurait donné les ordres pour ces rituels (Michael A. Hoffman II, *Secrets of Masonic Mind Control*, Dresde, NY, 1989, p. 40). Les dirigeants maçonniques ont une perception très étrange de la réalité.

Le documentaire du célèbre photographe David S. Percy, "What Happened on the Moon", montre que nous avons toutes les raisons de douter de l'authenticité des vols habités d'*Apollo*. Le film montre en détail comment les images "de la lune" lors du premier vol du 20 juillet 1969 (*Apollo* 11) ont été falsifiées. Les ombres tombent dans des directions différentes, ce qui suggère qu'un éclairage artificiel a été utilisé (ce qui a été officiellement nié). Sur les photos prises à différents endroits, les astronautes n'étaient pas dans l'obscurité même lorsqu'ils étaient à l'ombre, le même arrière-plan a été utilisé et la même colline est apparue deux fois lors de deux atterrissages différents. Malgré la vue dégagée, aucune étoile n'était visible dans le ciel, aucun cratère ne s'est formé sous le module d'atterrissage lunaire où les propulseurs de la fusée avaient freiné, aucune poussière ne s'était déposée sur le module d'atterrissage et ses montants, le drapeau flottait malgré l'absence d'atmosphère sur la lune, le bruit des moteurs (150 décibels) était absent dans le film NASA, où l'on pouvait entendre les voix des astronautes. Une "pierre de lune" marquée d'un *"G" était* visible (comme s'il s'agissait d'un accessoire marqué). Une bouteille de Coca-Cola était visible sur l'écran de télévision (peut-être qu'ils les vendent aussi sur la lune ?), le signal de télévision ne venait pas de la lune, mais d'Australie, et la Terre était visible depuis les fenêtres des deux côtés de la capsule spatiale.

Il était techniquement impossible à l'époque d'exécuter un atterrissage lunaire. (Bill Kaysing, un technicien de l'entreprise qui a construit les fusées *Apollo*, a affirmé que les chances d'atteindre la lune et d'en revenir en toute sécurité étaient d'environ 0,017 pour cent.) En quittant la lune, on n'a vu aucune flamme provenant du moteur de la fusée, comme si des fils avaient tiré la fusée.

Quelques mois avant le prétendu voyage sur la lune, un prototype du module d'atterrissage a été testé. Neil Armstrong a perdu le contrôle du module à 90 mètres de hauteur, mais a réussi à s'éjecter. Comment se fait-il que l'alunissage se soit parfaitement déroulé ?

Les astronautes ne peuvent pas se rendre sur la Lune à cause du rayonnement présent au sein des ceintures de Van Allen, la ceinture intérieure est à environ entre 2400 et 5600 km de la Terre et d'une largeur de 3200 km, la ceinture extérieure se situe entre 12 000 et 19 000 km de la Terre. Ce rayonnement a été découvert à l'aide de capteurs satellites en 1958. Les particules chargées, les protons et les électrons, qui ont été capturés dans le champ magnétique terrestre, se déplacent rapidement dans ces ceintures. Ces particules sont créées dans l'atmosphère terrestre par le rayonnement cosmique et les rayons du soleil (rayonnement corpusculaire). Elles se déplacent en spirales simultanément dans trois directions différentes autour de la ligne magnétique, dans un mouvement de va-et-vient le long de la ligne magnétique et en orbite autour de la Terre ; les électrons se déplacent d'ouest en est, les protons d'est en ouest.

Les particules les plus dangereuses, qui contiennent le plus d'énergie, sont accumulées dans les parties internes des ceintures, une zone que les astronautes doivent absolument éviter. Si un astronaute passait à travers ces ceintures, il tomberait gravement malade ou mourrait sous l'effet des radiations peu après son exposition. Les photographies prises seraient également détruites.

Pendant les orages solaires magnétiques, le rayonnement augmente. Dans de telles occasions, il peut être mille fois plus fort que d'habitude. La mission *Apollo 16* a coïncidé avec la tempête solaire la plus intense jamais vue. Selon le physicien Ralph René, une couche de plomb de deux mètres aurait été nécessaire pour protéger les astronautes. (Nous sommes protégés par du plomb lorsque des radiographies de nos dents sont prises.) La capsule spatiale n'était dotée que d'une fine coque d'aluminium. En raison des radiations, les Russes n'ont jamais essayé d'envoyer quelqu'un sur la lune.

Bill Kaysing pense que les astronautes ont orbité autour de la Terre pendant huit jours et que la NASA a montré de fausses images de la lune entre-temps. Les photos ont été prises dans le désert du Nevada, sur une base militaire secrète appelée Area 51[2], où il y a des cratères qui ressemblent à ceux de la lune. Si le film lunaire de la NASA est projeté à une double vitesse normale, les astronautes semblent courir dans le champ gravitationnel de la Terre.

Les statistiques des vols sans pilote ne permettent pas de disposer d'une marge suffisante pour des vols réussis, alors que les vols avec pilote ont été presque exclusivement couronnés de succès. Bien que le système électrique d'Apollo 12 ait été gravement endommagé par la foudre, il a réussi à "atterrir sur la lune" en utilisant uniquement le système de réserve. Seul un enfant pourrait croire à un tel conte de fées. Quand une véritable tentative a été faite en 1970 avec *Apollo 13*, tout a mal tourné. La question est, qu'est-ce qui est vrai et qu'est-ce qui relève du bluff ? Au moins 25% des Américains pensent que l'homme n'a jamais atterri sur la lune. Le canular Apollo a coûté 40 milliards de dollars aux contribuables américains. Nous ne saurons probablement jamais le coût véritable si le gouvernement américain avait vraiment essayé d'envoyer un homme sur la lune.

Une chose est certaine, il n'est plus possible de faire confiance à nos autorités car ce sont des menteurs pathologiques.

Les francs-maçons nous exposent à un palimpseste ou *codex rescriptus* en détruisant et en dissimulant la culture spirituelle ancienne et en la remplaçant par

---

[2] La fameuse zone 51.

une culture de masse sans valeur, dont le but est de renforcer l'effet de transe du consensus. Au Moyen Âge, le vélin coûteux était traité pour être réutilisé en effaçant une partie ou la totalité du texte original avec une pierre ponce. Des textes inestimables de l'Antiquité ont été détruits et remplacés par des bêtises théologiques. Dès le XVIIIème siècle, il est devenu possible de retrouver les textes originaux à l'aide de produits chimiques. De cette façon, la grande œuvre de Cicéron "De re publica" a été recréée.

Malheureusement, le peuple suédois est particulièrement sensible à la pratique du syndrome du palimpseste - les idées venimeuses et fausses des francs-maçons. En Suède comme en Union soviétique, tous les opposants aux injustices socialistes et au lavage de cerveau ainsi que d'autres dissidents idéologiques sont appelés racistes et nazis. Les agitateurs politiquement corrects sont des individus endoctrinés et doivent être considérés comme des analphabètes politiques, car ils ignorent totalement la réalité cachée qui contrôle nos vies.

Goethe a écrit : "Rien n'est plus terrifiant que l'ignorance extrême."

Dans le monde d'aujourd'hui, l'information n'est considérée comme "crédible" que si elle coïncide avec les opinions du gouvernement. Les informations non officielles provenant d'autres sources sont totalement ignorées. En ce qui concerne l'histoire, ce que vous pensez être la vérité n'est peut-être rien d'autre que de la propagande.

Chapitre II

L'histoire sombre des chevaliers templiers

Hugues de Payens, un noble juif français, ainsi que huit autres croisés d'origine juive, dont André de Montbard, Geoffroi Bisol et Geoffroi de Saint-Omer, fondèrent officiellement l'Ordre du Temple en 1118. Il existe cependant certaines informations selon lesquelles l'Ordre aurait été fondé quatre ans plus tôt (Michael Baigent, Richard Leigh, *The Temple and the Lodge*, London, 1998, p. 72). En 1114, l'évêque de Chartres mentionne "la Milice du Christ" dans une lettre, le nom sous lequel l'ordre était connu à l'origine. L'évêque ne pouvait guère se tromper sur l'année, puisqu'il mourut l'année suivante.

Hugues de Payens devient le premier grand maître de l'ordre. Les francs-maçons Christopher Knight et Robert Lomas affirment qu'il y avait à l'origine onze Templiers, qui tentaient de sécuriser un passage entre le port de Jaffa et Jérusalem (Christopher Knight, Robert Lomas, *The Second Messiah: Templars, The Turin Shroud & The Great Secret of Freemasonry*, Londres, 1998, p. 111). Ils s'appelaient eux-mêmes le Temple des Pauvres Chevaliers de Salomon, en référence au lieu originel de leur formation. Jérusalem avait été libérée de la domination musulmane 19 ans plus tôt (1099), mais les armées chrétiennes qui occupaient la ville et ses environs étaient constamment sous la menace des ennemis Arabes. C'est pour cette raison que l'Église était reconnaissante envers de Payens et ses chevaliers pour leurs grands services rendus à la chrétienté.

En réalité, un ordre juif secret se cachait derrière ces hommes, l'Ordre de Sion, fondé dans le monastère de Notre-Dame du Mont de Sion, sur le mont Sion, juste au sud de Jérusalem, en juin 1099.

Godefroi de Bouillon, 39 ans, duc de Lorraine - descendant de Guillaume de Gellone, était de la race et de la tribu de David. Le premier grand maître de l'ordre était Hugues de Payens, qui plus tard fonda les Templiers. Un autre membre était André de Montbard. Le nom d'origine de l'ordre était Chevaliers de l'Ordre de Notre-Dame de Sion. Selon certaines informations, l'Ordre de Sion aurait déjà été fondé en 1090 (Michael Baigent, Richard Leigh et Henry Lincoln, *Holy Blood, Holy Grail*, p 111). L'élite de l'Ordre de Sion est composée de 13 dirigeants. L'objectif principal de l'ordre a toujours été de rétablir la dynastie mérovingienne (Michael Baigent, Richard Leigh et Henry Lincoln, *The Messianic Legacy*, Londres, 1987, p 381).

Lorsque Jérusalem fut conquise pendant les Croisades en 1100, un mérovingien, Baudouin Ier - le frère cadet de Godefroi de Bouillon, fut le premier roi du royaume de Jérusalem.

Ce mouvement secret fonda également les Templiers et constitua son noyau dirigeant. L'Ordre de Sion était la tête invisible de l'organisation et les Templiers sa branche militaire et administrative. Jusqu'en 1188, ces deux ordres avaient le même grand maître. Les Templiers se saluaient entre eux par ces vocables révélateurs : "Salut, Sion !" ou "Sion soit louée !"

Bertrand de Blanquefort, grand maître des Templiers entre 1156 et 1159, fut également grand maître de l'Ordre de Sion (1153-1188). On raconte qu'il appartenait également à la secte hérétique cathare. À l'origine, tous les grands maîtres étaient cathares. Le château de Blanquefort est situé dans la zone de la côte méditerranéenne à l'ouest du Rhône qui s'appelait alors Septimanie et qui était alors principalement peuplée de Juifs. La Septimanie était aussi connue sous le nom de Gothia (Gotie). Dès l'an 391 après J.-C., la région était habitée par les Goths, qui fondèrent un royaume en Gaule du sud autour de l'an 418, dont la capitale était Toulouse.

Beaucoup de mérovingiens juifs furent plus tard comptés comme Wisigoths. C'est pour cette raison qu'on les appelait souvent "Goths". Les mariages mixtes étaient fréquents.

En 768, un royaume juif fut fondé en Septimanie. Le royaume était pratiquement indépendant et la loi mosaïque s'appliquait partout. Toulouse et Narbonne étaient les centres Juifs les plus importants. Beaucoup de juifs avaient des esclaves chrétiens.

L'un de ces rois était Guillaume de Gellone, surnommé Nez-Crochu. Il fut aussi duc de Toulouse. La ville de Gellone devint un centre d'études juives doté d'une académie juive. Guillaume mourut en 812. Le royaume juif de Septimanie cessa d'exister en l'an 900.

Les Juifs khazars de la Volga planifièrent alors un coup d'État en France vers 970 avec leurs frères tribaux gothiques et leurs mercenaires berbères. C'est ainsi qu'ils cherchèrent à prendre le contrôle de tout le pays, mais selon l'archéologue et historien russe Lev Gumilev, le prince de Kiev écrasa le règne de terreur juif de la Volga en 965 (Gumilev, *The Ethnosphere*, Moscou, 1993, p.423).

Une lutte interne entre l'Ordre de Sion et les Templiers s'est alors déclarée – même si ces organisations travaillaient vers un but commun : le contrôle de l'Europe catholique. Lorsque les Templiers perdirent Jérusalem qui tomba aux mains des Sarrasins en 1188, l'Ordre de Sion et les Templiers prirent des chemins séparés. Le dernier bastion tomba sous les assauts des Sarrasins le 18 mai 1291.

En 1188, l'Ordre de Sion adopta un nouveau nom : le Prieuré de Sion et nomma son propre Grand Maître, Jean de Gisors. Dans le même temps, un deuxième nom, Ormus, fut adopté. Ce dernier resta en usage jusqu'en 1306. Selon les francs-maçons, Ormus était un magicien égyptien. Selon Michael Baigent, Richard Leigh et Henry Lincoln, l'Ordre de la Rose-Croix Veritas, était une autre dénomination en réserve, qui pouvait être utilisée au besoin.

En 1616, l'Ordre de Sion et les Templiers furent à nouveau réactivés dans la ville de Gisors au nord de la France. Parallèlement, la croix rouge des Templiers devint également le symbole du Prieuré de Sion. Cette croix pattée avec des pointes fendues est connue sous le nom de croix de Malte.

En 1619, le Prieuré de Sion devient pratiquement invisible. En 1627, une autre organisation secrète, la Compagnie du Saint-Sacrement, commence à agir au nom du Prieuré de Sion.

L'auteur Jean Delaude écrivait dans un document appartenant au Prieuré de Sion en 1977 : "Depuis la séparation des deux institutions (les Templiers et l'Ordre de Sion) en 1188, le Prieuré de Sion a compté vingt-sept grands maîtres à ce jour." Les plus récents ont été : Charles Nordier (1801-1844), le célèbre écrivain Victor Hugo (1844-1885), auquel succéda le compositeur Claude Debussy (1885-1918), puis Jean Cocteau (1918-1963).

D'autres grands maîtres célèbres du Prieuré de Sion furent : Nicolas Flamel (1398-1418), Léonard de Vinci (1510-1519), Robert Fludd (1595-1637), Johann Valentin Andreae (1637-1654), Isaac Newton (1691-1727), Charles Radclyffe (1727-1746) et Charles de Lorraine (1746-1780), selon Michael Baigent, Richard Leigh, Henry Lincoln (*Holy Blood, Holy Grail* (New York, 1983, p. 131)

Dès 1614, le mystique Robert Fludd (grand maître de l'Ordre de Sion) lance le mouvement secret des Rose-Croix en Angleterre. Viennent ensuite Thomas Vaughan et Elias Ashmole. Les Rose-Croix avaient l'intention d'infiltrer les loges des francs-maçons. Le Prieuré de Sion est l'organisation secrète qui a créé le rite écossais au sein de la franc-maçonnerie dans les années 1700.

Johann Valentin Andreae a écrit le manifeste original des Rose-Croix sous le nom de Christian Rosenkreutz (Michael Baigent, Richard Leigh, *The Temple and the Lodge*, Londres, 1998, p. 201).

Charles Nordier fut grand maître du Prieuré de Sion entre 1801 et 1844. Le Prieuré de Sion conspira également contre Napoléon à cette époque. Selon un document du Prieuré de Sion, le nombre de membres était de 1093, divisé en une hiérarchie de neuf degrés, ainsi que huit ou neuf mille novices.

Charles Nordier écrivit plus tard :

"Il y a beaucoup de sociétés secrètes en activité. Mais il y en a une qui l'emporte sur toutes les autres. Cette société secrète suprême s'appelle les Philadelphes." ... "le serment qui me lie aux Philadelphes m'interdit de les faire connaître sous leur nom véritable et de désigner cette société par son vrai nom" (Charles Nordier, *Histoire des sociétés secrètes dans l'armée sous Napoléon*, p. 105).

Ce n'est que le 25 juin 1956 que le terme de Prieuré de Sion est apparu dans l'espace public. L'ordre a été enregistrée auprès de la police française. Selon la déclaration de l'organisation, leur but est "l'étude et l'entraide aux membres". En 1956, le Prieuré de Sion comptait 9841 membres. Le siège social était situé à Annemasse, Haute Savoie, France. L'ordre est redevenu secret en 1984.

Aujourd'hui, le Prieuré de Sion coopère avec la Grande Loge Suisse Alpina à Lausanne (fondée en 1844, avec 3700 membres répartis dans 75 petites loges), et avec le Grand Orient français. Le Prieuré de Sion, le bras droit des Illuminati, se tient derrière les Rose-Croix modernes et autres infiltrés et toutes les loges maçonniques plus puissantes.

Le temple de Salomon a été détruit et pillé par le roi Nabuchodonosor II vers 586 av. J.-C. Il a été reconstruit par Hérode le Grand et une fois de plus rasé par les troupes romaines en l'an 70 après J.-C. pendant la révolte en Judée (Flavius Josephus, *Historie der Joden*, Amsterdam, 1895). Les francs-maçons ont l'intention de reconstruire le temple une troisième fois. Le temple de Salomon joue évidemment un rôle central dans la religion mosaïque.

Les Templiers s'installèrent dans les parties restantes du temple et n'autorisèrent personne d'autre à y entrer. Pendant près de dix ans, neuf à onze Templiers (les seuls membres existants) ont été occupés à des activités secrètes. Officiellement, ils gardaient les routes des pèlerins, mais il n'existe aucune preuve de cela. Et comment onze chevaliers pouvaient-ils protéger les routes, qui s'étendaient sur des centaines de kilomètres, où de plus en plus de pèlerins cherchaient à passer ? On les appelait la Milice du Christ (Militiae Christi).

Il est possible que ces chevaliers aient trouvé une partie du trésor que ni Nabuchodonosor II ni les Romains n'avaient réussi à déterrer. Dans les manuscrits de la mer Morte, il est mentionné que le trésor du Temple de Salomon était composé de 65 tonnes d'argent et 26 tonnes d'or.

Certaines sources, dont l'historien contemporain Flavius Josèphe, affirment également que certaines reliques juives (dont l'arche d'alliance) étaient cachées dans les passages secrets sous le temple.

L'origine des Templiers

Plusieurs des neuf premiers Templiers (en fait onze) étaient issus d'une famille dont l'origine remonte au roi mérovingien Dagobert II, qui fut assassiné le 23 décembre 679. Les historiens catholiques nièrent l'existence de Dagobert II jusqu'au milieu du XVIIème siècle.

Un autre membre de cette famille était l'homme qui se rendit en Terre Sainte avec les Templiers et devint le premier roi de Jérusalem après la reconquête : Baudouin Ier (frère cadet de Godefroi de Bouillon, le premier grand maître de l'Ordre de Sion). Pendant la Pâques de 1118, son cousin Baudouin II prit le pouvoir et créa une base opérationnelle pour les Templiers dans son palais.

Une partie des richesses de Jérusalem (y compris le Saint Graal) ainsi que des documents secrets ont probablement été transportés dans le sud de la France en 410, lorsque Rome fut pillée par les Wisigoths.

À la fin du Vème siècle, les mérovingiens ont conquis une grande partie de ce qui est aujourd'hui la France et l'ont unie en une seule nation. Les Mérovingiens sont devenus la première dynastie royale de France, et malgré toutes les affirmations contraires, la dynastie a continué de se perpétuer. Michael Baigent, Richard Leigh et Henry Lincoln ont écrit à ce sujet dans leur livre *The Holy Blood and the Holy Grail* (New York, 1983). Ces auteurs démontrent que les Templiers avaient déjà une connaissance détaillée du Temple de Salomon, lorsqu'ils sont allés pour la première fois à Jérusalem.

Il existe un lien entre les mérovingiens et la tribu juive de Benjamin. Le sud de la France devint la zone de résidence de nombreuses familles juives. Les Juifs peuplaient principalement une zone allant des Pyrénées à l'estuaire du Rhône, en particulier la région de Narbonne. Cette zone était auparavant contrôlée par les Arabes.

En 1128, le premier groupe composé de frères du temple retourne au pays. Ils rencontrent le pape Honorius II et Bernard de Clairvaux, alors dirigeant d'un ordre appauvri. Ce dernier était apparenté à au moins un des neuf frères du temple. Les Templiers ont été reconnus par les chefs religieux qui tinrent conseil à Troyes en France la même année, en dépit du fait qu'ils savaient que les chevaliers étaient des pillards, des assassins, des parjures et des adultères.

Bernard de Clervaux est devenu leur protecteur et avec le temps, il est devenu un homme très riche. Il a financé la construction de 90 monastères et 80 cathédrales. Il était très enthousiaste au sujet des Templiers et a écrit un manuel pour l'ordre en 1135.

En 1134, sur les ordres de Bernard de Clairvaux, les travaux de la plus grande cathédrale gothique du monde commencèrent à Chartres. En ce temps-là, l'architecture gothique semblait surgir de nulle part et prit le monde par surprise. On racontait que les Templiers originaux avaient trouvé des documents concernant l'architecture sur laquelle le temple de Salomon était basé. Les francs-maçons font constamment référence à la construction du temple et à son architecte mythique Hiram Abiff.

L'Église avait auparavant excommunié beaucoup de ceux qui avaient été recrutés. Le grand maître qualifiait les Templiers d'exécuteurs légaux du Christ et l'Église leur accordait le droit de porter les armes. Le pape avait même exempté les frères du temple du péché de tuer. L'ordre punissait très sévèrement un membre s'il enfreignait même la plus petite des règles du temple.

L'emblème des Templiers était un cheval avec deux cavaliers sur le dos, symbole de pauvreté et de fraternité. Mais l'un des symboles des Templiers était un crâne et des os croisés. Était-ce vraiment un témoignage de leur innocuité ?

Les Templiers pratiquaient en fait le culte de Mithra et tentaient de prendre le pouvoir en Europe. Dans le cadre de leur conspiration, ils faisaient usage de signes secrets connus d'eux seuls.

La vaste influence des Templiers

En 1139, le pape Innocent II rendit les Templiers complètement indépendants de tous les rois, princes et prélats. Ils ne rendaient compte qu'au pape. Bernard de Tramelay devient le quatrième grand maître de l'ordre en 1149.

L'Ordre des Templiers s'étendit massivement et devint très puissant dans le sud de l'Europe. L'organisation possédait des domaines en France, en Angleterre, en Écosse (16 propriétés), en Espagne, au Portugal, en Italie, en Flandre, en Hongrie et à travers toute la chrétienté. Ils pouvaient faire ce qu'ils voulaient. Ils étaient experts en médecine et dans l'utilisation des herbes médicinales. Ils ont inventé les services bancaires et ont été les tout premiers à utiliser les chèques. Les Templiers étaient des usuriers efficaces. Ils sont devenus des banquiers extrêmement compétents pour une grande partie de l'Europe. Les Templiers prêtaient d'énormes sommes d'argent aux monarques pauvres contre un intérêt élevé et organisaient le transfert d'argent aux vendeurs itinérants par l'intermédiaire de leurs réseaux à travers toute l'Europe. Les rois de nombreux pays leur devaient d'énormes sommes d'argent. Tout cela a ouvert la voie au capitalisme et au système bancaire moderne. Ils s'étaient également occupés des intérêts commerciaux du roi de France Philippe IV dit le Bel. Ce dernier monta sur le trône en 1285 à l'âge de 17 ans, et comprit immédiatement qu'il ne pouvait pas payer d'intérêts aux Templiers pour tous les prêts que son père et son grand-père avaient contractés auprès d'eux.

Les pauvres chevaliers sont devenus extrêmement riches. Ils étaient également exemptés de taxes, ce qui leur permit de construire une flotte puissante et furent même autorisés à bâtir leurs propres églises, des merveilles de conception géométrique, par exemple l'Iglesia de la Vera Cruz à Ségovie, qui fut érigée en 1208. L'intérieur de la structure dominante des bâtiments des Templiers était de forme octogonale, basée sur une étoile à six branches (le sceau de Salomon ou l'étoile de David), souvent agrémenté d'une pyramide.

L'étoile de David est un symbole cabalistique. Le professeur Gershom Scholem prouve dans son livre *Le Messianisme juif : essais sur la spiritualité du judaïsme*, que les hexagrammes (l'étoile à six branches) étaient utilisés par les Juifs qui étaient impliqués dans la pratique de la magie noire.

Dès le XIIIème siècle, il y avait déjà sept mille chevaliers, écuyers, serviteurs et prêtres dans presque tous les pays d'Europe (Malcolm Barber, *The New Knighthood: A History of the Order of the Temple*, Cambridge University Press, 1994). Aux XIIIe et XIVème siècles, l'ordre construisit 870 châteaux et commanderies.

Un grand maître dirigeait cet ordre grâce à une stricte hiérarchie. Sous lui, il y avait un grand prieur. Les mercenaires ordinaires portaient un manteau noir ou marron. Les chevaliers de l'ordre portaient un manteau blanc brodé arborant une croix rouge. Leur bannière à carreaux blancs et noirs s'appelait un baussant ou gonfanon, ce qui était aussi leur cri de ralliement. Les chevaliers devinrent les "serviteurs et esclaves" du temple.

Le dirigeant maçonnique américain Albert Pike (1809-1891) a écrit ce qui suit au sujet des Templiers dans son livre *Morals and Dogma* (Charleston, 1871) :

> "Comme toutes les sociétés secrètes, les Templiers avaient deux doctrines différentes, l'une secrète et exclusivement réservée à ses chefs, l'autre destinée au reste des adeptes."

En 1252, le Grand Maître Renaud de Vichiers a défié le roi Henri III d'Angleterre (1216-1272) en prétendant que l'Ordre du Temple avait acquis le pouvoir de détrôner certains rois indésirables.

En 1296, à Lyon, il fut suggéré de réunir l'Ordre des Templiers et l'Ordre de Saint-Jean. Mais le Grand Maître des Templiers d'alors, Jacques de Molay, s'y opposa.

Philip le Bel contre-attaque

Les Templiers, qui étaient arrogants et disposaient d'une force militaire supérieure à la sienne, irritèrent Philippe IV, aussi connu sous le nom de Philippe le Bel (1285-1304). Ni le pape ni lui-même n'avaient de contrôle sur eux. Le roi Philippe leur devait beaucoup d'argent. Il avait également voulu être admis parmi les membres de l'ordre mais ce privilège lui avait été refusé. Après cet outrage, il souhaita se débarrasser des Templiers. Son prédécesseur Louis VII (1137-1180) avait cependant été un membre actif de l'Ordre.

En 1303, Philippe le Bel fit enlever et tuer le pape Boniface VIII. Après cela, le Pape Benoît XI fut empoisonné. En 1305, Philippe réussit à faire élire son propre candidat, Bernard de Goth, archevêque de Bordeaux, au siège papal. Le nouveau pape prit le nom de Clément V. Il quitta Rome pour Avignon et causa ainsi un schisme dans l'Église catholique pendant 68 ans.

En 1306, Philippe le Bel fit arrêter les Juifs de France, confisquer leurs biens et les bannit "à jamais". La raison de cette initiative était de couper les transferts d'argent secrets facilités par les Templiers. Le roi voulait aussi réprimer les prêteurs juifs en Lombardie. Le bannissement fut révoqué l'année suivant sa mort (1315), mais la famille royale regretta plus tard amèrement cette décision. Les créanciers montrèrent une fois de plus leur nuisance par leur usure et quelques années plus tard ils furent expulsés à nouveau.

Il s'en est suivi une série d'expériences désagréables. En 1187, Philippe Auguste (1180-1223), âgé de vingt-deux ans, qui avait pris le pouvoir en 1180, alors qu'il n'avait que 15 ans, décide de bannir les Juifs de France, de confisquer une partie de leurs biens et d'annuler les dettes de leurs emprunteurs. Mais quelques décennies plus tard, il y avait à nouveau des Juifs dans tout le pays de

France.

Au cours de l'été 1307, un groupe de Templiers de premier plan étaient en mission importante dans le sud de la France près de Rennes-le-Chateau sur l'ancien chemin du pèlerinage de Saint-Jacques de Compostelle. Ils évitaient la population locale, ce qui était très inhabituel. Les Templiers disposaient d'une forteresse importante à Bézu, non loin de Rennes-le-Château, et deux châteaux situés au sommet de deux montagnes. Le château de Gisors était le siège des Templiers en France. Le siège du Prieuré de Sion fut plus tard, au XVIIème siècle, situé à Rennes-le-Chateau.

Au printemps 1307, un prisonnier condamné à mort souhaitait donner au roi des informations cruciales, qu'il avait recueillies en partageant une cellule avec un Templier. Le condamné sollicita le pardon du roi en échange de son témoignage. Le roi lui accorda une audience. Le roi considéra que les informations du prisonnier sur les atrocités commises par les Templiers étaient si graves que l'homme fut gracié. Le roi fut informé qu'une figurine le représentant était régulièrement poignardée lors des rites de magie noire perpétrés par des Templiers. Dans ses témoignages, les preuve de perversion sexuelle étaient également abondantes. Les Templiers sacrifiaient des enfants et enseignaient aux femmes comment avorter (M. Raynouard, *Procès et condamnation des Templiers d'après les pièces originales et les manuscrits du temps, servant d'introduction à la tragédie des Templiers*, Paris, 1805).

Deux anciens Templiers, Squin Flexian et Noffo Dei, arrêtés pour différents crimes en 1307 en France, ont confirmé ces faits. Pour se sauver eux-mêmes, ils donnèrent au roi une quantité considérable d'informations sur les activités des Templiers. Squin Flexian avait été prieur à Montfaucon. Philippe IV de France fut informé de ce nouveau témoignage concluant. Le reste de l'enquête confirma la véracité de ces dépositions.

Le nouveau pape dépendait entièrement de Philippe le Bel. Le roi déterminé fit infiltrer l'ordre par ses espions. Il comprit immédiatement que les Templiers avaient réussi à devenir beaucoup trop puissants en faisant de vastes plans de conspiration. Le roi comprit que sa vie était en danger. Il attendit la visite du grand maître de Chypre et préparait une contre-opération. Le 22 septembre 1307, il donna l'ordre d'arrêter les Templiers. Ces ordonnances étaient remises dans des enveloppes scellées à tous les gouverneurs et représentants de la Couronne du pays. Les enveloppes ne devaient être ouvertes que dans la soirée du 13 octobre 1307. Ces instructions furent également envoyées aux dirigeants étrangers.

L'ordre fut exécuté à l'aube du vendredi 13 octobre 1307, mais seulement 620 des 3200 Templiers furent arrêtés (Michael Baigent, Richard Leigh, *The Temple and the Lodge*, Londres, 1998, p 101). Rien qu'à Paris, 140 Templiers furent arrêtés, dont le Grand Maître de l'ordre Jacques Bernard de Molay. Dans le fonds documentaire de la puissante loge maçonnique du Grand Orient de Paris, un manuscrit, n°631, ("Réception au sublime degré de Kadosh"), indique que le vrai nom de Jacques de Molay était Bourguignon.

Peu avant cette contre-attaque royale, les Templiers et le Prieuré de Sion s'étaient réunis. Les biens des Chevaliers Templiers furent confisqués : neuf mille châteaux (y compris leur palais à Paris) et domaines. Le roi prit le contrôle de Chypre.

Telle fut la fin officielle de la société secrète la plus puissante de l'histoire. Mais Philippe le Bel commit une grave erreur. Il ne détruisit pas le cœur des Templiers : le Prieuré de Sion ; ainsi la conspiration put se poursuivre clandestinement.

Les Templiers de Bézu furent cependant laissés en paix, car ils jouissaient d'une immunité spéciale dans leur quartier général. Les Lorrains refusèrent d'obéir au pape. Les Templiers bénéficièrent également d'une immunité en Allemagne et en Angleterre. Edouard II ignora d'abord la bulle papale, mais le 6 octobre 1309, il ordonna l'arrestation de tous les Templiers d'Angleterre et d'Écosse. Seuls deux d'entre eux furent arrêtés, l'un étant le Maître de l'Écosse, Walter de Clifton. Ils furent cependant relâchés plus tard.

L'histoire officielle prétend que les Templiers furent les victimes de l'avidité de Philippe le Bel, puisqu'il s'empara effectivement de leurs biens. Mais en réalité la gestion des propriétés foncières des Templiers fut transférée aux Frères de l'Hôpital de Saint-Jean de Jérusalem ou aux Hospitaliers, et non à la couronne de France, selon la bulle papale *Ad providam* du 2 mai 1312.

Mais on ne retrouva pas tous les avoirs immenses des Templiers, car ils avaient réussi à transférer une grande partie de leurs richesses à l'étranger. Seuls les actifs de moindre importance furent confisqués.

Les Templiers étaient également accusés de participer à des orgies homosexuelles et de se livrer à des activités blasphématoires. Entre autres choses, on racontait qu'ils crachaient sur un corbeau noir au cours de rituels particuliers. Un frère de service a admis avoir eu une relation homosexuelle avec Jacques de Molay (Malcolm Barber, *The New Knighthood: A History of the Order of the Temple*, Cambridge University Press, 1994). Ils adoraient le mal, Baphomet, une idole androgyne et luxurieuse. Les manuscrits de la mer Morte indiquent que, selon le code juif, le mot Baphomet signifie Sophia (sagesse) en grec (Christopher Knight, Robert Lomas, *The Second Messiah: Templars, The Turin Shroud & The Great Secret of Freemasonry*, Londres, 1998, p. 117). Baphomet avait constamment besoin de nouveaux sacrifices de sang. C'est la raison pour laquelle les Templiers sacrifiaient des enfants. Plus on sacrifiait de sang humain, plus l'ordre des Templiers devenait puissant. Le sang est une substance extrêmement magique, qui contient des énergies éthériques. Bernard E. Jones a déclaré dans son livre *Freemasons' Guide and Compendium* (Londres, 1950, p. 547) qu'il était courant à Madras, en Inde, de tremper ses mains dans le sang d'une chèvre abattue et de marquer le cadre de la porte quand deux jeunes mariés s'installent dans leur propre maison. Selon la tradition islamique, le sang est une substance très dangereuse. Il ne doit pas être ingéré et attire les mauvais esprits (William Rowles, *The Heathens*, Londres, 1948). Pour les Templiers, le Baphomet de Mendes (Asmodée) était le gardien du trésor de Salomon. Dans le livre saint des Juifs, le Talmud, Asmodée est considéré comme le chef des démons.

Les anciens Israélites sacrifiaient symboliquement le bouc Azazel, symbolisé par le pentagramme, qui cache le nom "tête de bouc".

Le 13 août 1308, débutèrent deux procès contre les Templiers. L'accusation présenta une centaine de chef d'inculpations. Au cours de ces procès contre les Templiers, il fut fait mention du Baphomet et de la forme de baptême spirituel avec laquelle il était associé.

La même entité, mais avec un nom différent, a également été trouvée en Égypte, où elle est figure sur la 15ème colonne du saint temple d'Héliopolis et symbolise la tromperie et l'injustice.

Un Templier décrivit Jacques de Molay comme un "être maléfique hors du commun". Un autre prétendit qu'il avait agi de façon trompeuse et avait manipulé l'élection pour devenir grand maître.

Selon l'acte d'accusation, les Templiers utilisaient un crâne clouté monté sur un phallus en bois. Il ressort clairement du documentaire de Riidiger Siinners *Schwarze Sonne* (1997) que les Templiers ont également essayé de croiser différentes races et même des animaux avec des humains.

On soupçonnait que de nombreux Templiers de premier plan étaient en fait des musulmans cachés, d'autres des Juifs cachés, puisque l'hébreu était utilisé comme langue de travail au sein des Templiers. Il y avait également eu une forme de coopération avec les Assassins. Un lien supplémentaire avec les musulmans fut découvert : le Templier anglais Robert de St. Albans s'était publiquement converti à l'Islam et dirigeait une armée musulmane.

L'idole des francs-maçons, le dernier grand-maitre juif
des Templiers, Jacques de Molay

Pourtant selon les historiens modernes, toutes les accusations contre les Templiers étaient fabriquées de toutes pièces et les Chevaliers étaient totalement innocents.

Quelques jours après les arrestations, 36 chevaliers étaient morts sous la torture. Les avocats des Templiers ont retardé le cours de la justice. Trois ans plus tard, en 1310, les 54 premiers Templiers furent brûlés sur le bûcher. Le Pape Clément V résolut de dissoudre les Pauvres Chevaliers du Temple dans la bulle *Vox in excelso* le 22 mars 1312. Certains Templiers s'échappèrent en Écosse, où la bulle n'était pas valide, et d'autres au Portugal. Ceux qui avaient fui en Écosse commencèrent à infiltrer les loges des francs-maçons. Au Portugal, le nom de l'ordre a été changé en Ordre du Christ et le Roi Dinis II leur a donné asile en 1319.

La crainte de Philippe IV était fondée. Il découvrit que les Templiers avaient conspiré contre les monarques d'Europe et l'Église (William T. Still, *New World Order: The Ancient Plan of Secret Societies*[3], Lafayette, Louisiane, 1990, p 113).

Lorsque le quartier général des Templiers fut déplacé de Jérusalem au château de Kolóssi, à 14 km à l'ouest de Limassol sur la côte sud de Chypre, en 1291, le Grand Maître Thibault Gaudin initia une conspiration dirigée contre Henry, roi de Chypre. Jacques de Molay aida le frère cadet du roi, Amaury, à prendre le pouvoir (Christopher Knight, Robert Lomas, *The Second Messiah*, Londres, 1998, p 178). Les Templiers avaient conquis Chypre en 1191 et fondé

---

[3] *Le Nouvel Ordre Mondial, le plan ancien des sociétés secrètes.* Certains titres d'ouvrages — malgré leur indisponibilité en langue française — méritent d'être traduits pour faciliter la compréhension et la raison pour laquelle ils sont cités par l'auteur, N. d.T..

le Royaume de Chypre.

Selon les recherches de l'historien Mattheus Paris, les Templiers avaient tenté de saper la politique de l'empereur germano-romain Frédéric II (1220-1250). En 1293, Jacques de Molay est élu grand maître. En 1306, il commença à visiter fréquemment la France et y vécut pendant de longues périodes.

Les Templiers utilisaient leur connaissance des lignes énergétiques (ley lines) dans le sous-sol de leur quartier général au château de Kolóssi. Ils ont utilisé ce procédé pour étendre et stabiliser leur influence secrète à travers le monde. Ce phénomène, qui touche le monde entier, a eu le même effet pernicieux lié à la fréquence négative qu'il induit, tout comme les symboles Illuminati de la pyramide et de l'œil qui voit tout.

L'historien Harry L. Haywood a écrit ce qui suit au sujet des Templiers :

"Les Templiers rêvaient d'un État mondial où ils joueraient eux-mêmes un rôle de premier plan et d'élément dirigeant..."

Seule une société secrète extrêmement maléfique peut rêver d'un tel but.

Les dirigeants des Templiers ont pris une résolution commune :

"L'Europe doit être transformée en un État unique. L'Europe deviendra le genre d'État où toutes les nations avec leurs rois et leurs dirigeants seront inclus en tant qu'États membres, c'est-à-dire une union d'États." (Pekka Ervast, *Temppeliherrain unelma* / *Le rêve des Templiers*, Helsinki, 1927, p. 16)

Les Templiers ordinaires n'avaient aucune idée des vils plans que leurs maîtres psychopathes avaient formés.

Philippe le Bel comprit immédiatement cette menace et prit une décision cruciale.

L'un des objectifs des Templiers était d'unifier l'Europe sous un pouvoir centralisé. Peu à peu, ils ont réussi à renforcer leur pouvoir financier pendant 200 ans. Ils cherchaient à prendre le contrôle total des transactions financières et bancaires, en rendant les nations dépendantes du réseau de pouvoir étendu des Templiers. Grâce aux agissements occultes d'une banque internationale, les Templiers s'efforçaient de devenir financièrement plus puissants que les gouvernements nationaux.

Le but premier des Templiers était de créer une solide base de pouvoir. C'est pour cette raison que l'Ordre des Templiers avait prévu de fonder un État indépendant dans une région juive du Languedoc, dans le sud de la France, à la fin du XIIIème siècle.

Mais des gouvernements nationaux forts dotés d'un soutien public considérable sont apparus partout en Europe et cette tentative médiévale de "mondialisation" s'est retrouvée reléguée dans les oubliettes de l'histoire.

La malédiction du Grand Maître

Le dernier Grand Maître des Templiers, Jacques de Molay, est né en 1244 dans une famille de juifs convertis de seconde noblesse. Christopher Knight et Robert Lomas, tous deux francs-maçons du 4ème degré, affirment que de Molay avait des liens de parenté remontant à Jésus Christ. De Molay fut admis Templier à l'âge de 21 ans. Il avait 49 ans lorsqu'il fut élu 23ème grand maître des Templiers.

Suite à ses aveux, Jacques de Molay fut condamné à la réclusion à perpétuité, mais il ne cessa de clamer que son ordre était innocent. À cause de cette insistance il fut brûlé sur le bûcher de l'île Saint-Louis au milieu de la Seine, près de Notre-Dame-de-Paris, le soir du 18 mars 1314. Comme les flammes l'entouraient, il maudit le pape et le roi. Le pape mourut dans les 40 jours, le roi dans l'année. Tous deux sont morts pendant la période que de Molay avait prévue. Le pape mourut le 20 avril 1314 après une douloureuse maladie d'estomac. Philippe fut officiellement tué par un sanglier à la chasse le 29 novembre 1314. Ces événements ont jeté les bases du mythe de la malédiction des Templiers.

Mais la réalité est plus prosaïque, car ces menaces furent suivies d'effets par le meurtre des protagonistes qui avaient œuvré pour neutraliser le mal. C'est un agent des Templiers, Angerand de Maringi, qui organisa le meurtre du roi pendant la chasse. En avril 1313, le chancelier du roi (premier ministre) Guillaume de Nogaret, professeur de droit qui avait instruit le procès contre les Templiers, fut également assassiné.

Cela a été prouvé lors du procès de Maringi en 1315. Le conspirateur a été condamné à mort et pendu (Grigori Bostunich, *Freemasonry and the French Revolution*, Moscou, 1995, p. 34). Il fallait de l'aide pour que la "malédiction" se réalise. Aussi ceux qui avait informé les autorités sur les Templiers furent également tués par des agents de l'ordre.

Louis XVI fut contraint de s'allonger sous la guillotine le 21 janvier 1793. Il y fut mené depuis la même tour où Jacques de Molay avait été détenu et torturé.

Le fait que le pape Clément V et Philippe le Bel aient tous deux été assassinés est révélé aux francs-maçons qui atteignent le 30ème degré.

Le mémorandum du Grand Conseil maçonnique déclare : "Cette vengeance implicitement s'exerce sur eux qui ont le droit." Jacques de Molay a également maudit la France sur son bûcher d'hérétique. En 1315, la France et la majeure partie de l'Europe sont frappées par la première d'une série d'années de mauvaises récoltes. Il pleuvait constamment pendant les années 1315-1318.

N'importe qui pouvait voir que quelque chose n'allait pas. La peste noire allait bientôt faire son apparition, ainsi que les guerres.

De 1346 à 1352, la peste noire ravagea l'Europe entière. La peste bubonique a fait environ 24 millions de victimes, soit un tiers de la population européenne d'alors. Les rats et les puces propagent cette maladie. Auparavant, certains pouvoirs dans l'Église s'étaient assurés que les chats soient diabolisés et persécutés. Les chats n'ont donc pas pu limiter le nombre de rats. Les voleurs et les pillards étaient partout. Une rumeur prétendait que les Juifs étaient derrière cette catastrophe sans précédent et des milliers de Juifs furent ainsi massacrés.

Le Grand Maître des Templiers, Beaujeu, prédécesseur de Jacques de Molay, visita de Molay pendant sa détention. À sa demande, il devait ouvrir la tombe de l'oncle de Molay et sortir un coffre contenant les documents des Templiers. Ceux-ci furent transportés en Écosse (Lennings, *Encyclopaedie der Freimaurerei*, Leipzig, 1863). Les francs-maçons suédois conservent encore quelques biens laissés par les Templiers (Henning Melander, *Frimurarnas hemlighet / Le secret des francs-maçons*, Stockholm, 1916, p. 20).

Le 24 juin 1314, les Écossais remportèrent la bataille contre les Anglais à Bannockburn près de Stirling grâce à l'intervention inattendue des Templiers (qui étaient considérés comme des "guerriers inconnus"). Les terres écossaises sont ensuite devenues indépendantes et le sont restées pendant 289 ans. Parmi les guerriers se trouvait Sir William St. Clair (plus tard Sinclair) de Roslyn.

Le leader maçonnique américain Albert Pike a écrit dans son livre *Morals et Dogma* :

> "L'Ordre a survécu sous des noms différents et dirigé par des maîtres inconnus, il ne révélait son existence qu'à ceux qui, en passant par une série de degrés, s'étaient montrés dignes de se voir confier le dangereux secret."

C'est pour cette raison que les infiltrés des Chevaliers Templiers souhaitèrent fonder la Grande Loge d'Europe pour les francs-maçons le 24 juin 1717. Cette date marque la victoire des Templiers et leur portera chance dans la guerre secrète et magique que les francs-maçons mènent depuis leur début contre la civilisation chrétienne traditionnelle. Le jour du Chasseur, le 24 juin, est un jour saint pour les francs-maçons. Ce fut aussi un jour important pour les Templiers.

Après Jacques de Molay, la direction passa à Jean-Marc Larmenius, qui fut initié aux secrets de l'ordre par de Molay lorsque le grand maître était en prison. Larmenius, qui venait de la "Terre Sainte", s'est sauvé en quittant la France. En 1324, Thomas Theobald fut choisi comme nouveau grand maître de l'ordre occulte. Le dernier grand maître connu est Bernard Raymond Fabré-Palaprat (1804-1838), également franc-maçon du rite écossais. Tout ces élément sont révélés dans un document longtemps tenu secret, la "Chartes de Larmenius", rendu disponible en 1804 (Michael Baigent, Richard Leigh, *The Temple and the Lodge*, Londres, 1998, p 114). Cette même année, Napoléon légalisa l'Ordre des Templiers.

Les francs-maçons eux-mêmes ont en effet admis que de Molay avait eu le temps de transmettre ses secrets à son successeur avant qu'il ne soit brûlé et que ce dernier a réussi à fonder des loges secrètes à Paris et Stockholm (Peter Partner, *The Murdered Magicians: The Templars and their myth*, Oxford, 1982, pp. 110-

114).

La Découverte de Rennes-le-Chateau

En 1891, le prêtre Bérenger Saunière a trouvé quatre parchemins manuscrits dans une colonne d'autel creuse de son église du XIIIème siècle à Rennes-le-Château, dans le sud-ouest de la France. Les parchemins étaient cachés dans un tube de bois. Deux d'entre eux contenaient un tableau généalogique daté de 1244, la même année où la dernière forteresse des Cathares de Montségur, située à quelques kilomètres, tomba aux mains de l'inquisition et des croisés catholiques. Les autres documents étaient des cartes et des textes partiellement codés en français et en latin. Certains des codes étaient simples : certaines lettres étaient un peu plus grandes que d'autres, et en lisant les lettres plus grandes, le message suivant a été révélé : À DAGOBERT II ROI ET À SION EST CE TRÉSOR ET IL EST LA MORT. (À Dagobert II King et à Sion appartient ce trésor et il y est mort.) Un autre terme codé était inscrit : REX MUNDI, ce qui signifie "roi du monde" en latin.

Le prêtre du village a été convoqué à Paris pour présenter les parchemins aux responsables de l'Église. Saunière est rapidement devenu incroyablement riche. Le Vatican l'a soutenu malgré le fait qu'il ait négligé ses responsabilités de prêtre et que la congrégation ait voulu le remplacer. Jusqu'à sa mort en 1917, il dépensa des millions de francs en peintures, antiquités et porcelaines fines. Il a construit un château et une tour, la Tour Magdala, ainsi qu'une grande maison luxueusement aménagée. Il a fait surmonter l'entrée de son église d'un texte remarquable : TERRIBILIS EST LOCUS ISTE. (Cet endroit est terrible.) Il avait également placé une statue de Baphomet à l'entrée de son église.

Il passa beaucoup de temps à Paris, notamment en compagnie du compositeur Claude Debussy, alors grand maître du Prieuré de Sion.

Le but premier de la franc-maçonnerie moderne est de bâtir le Nouvel Ordre Mondial, un Temple de Salomon spirituel où les non-membres ne sont que des esclaves soumis aux élus. Ces esclaves doivent demeurer à la périphérie et sont considérés selon le racisme le plus cruel tel celui explicité dans l'Ancien Testament. Le nouveau temple deviendrait également un abattoir où même les êtres humains seraient sacrifiés à Yahvé, le dieu juif exclusif. Il y a une instruction dans le Talmud, dont la cruauté nous rappelle les anciens adorateurs de Moloch : "Celui qui verse le sang d'un goy, offre un sacrifice au Seigneur". (*Yalkut Simeoni, ad Pentat,* fol. 245, col. 3. *Midderach Bamidbar rabba,* p. 21)

Selon l'historien français Gérard de Sède, l'astrologue juif Michel de Nostredame, appelé Nostradamus (1503-1566), était un agent d'un réseau international d'émissaires. Il a travaillé pour François de Guise, duc de Lorraine, et Charles de Guise, cardinal de Lorraine, qui a commencé à agir au nom du Prieuré de Sion en 1557 (Gérard de Sède, *Signé Rose-Croix : l'énigme de Rennes-le-Château,* Paris, 1977). En tant qu'astrologue de cour, Nostradamus a été initié à toutes sortes de secrets, qu'il a utilisés à leur plein avantage. Beaucoup de ses prophéties n'étaient pas du tout des prophéties, mais des messages énigmatiques, des codes, des plans, des calendriers, des instructions et des concepts pour mener à bien les buts d'une société secrète.

Nostradamus a laissé entendre que les futurs dirigeants viendraient du Languedoc (de l'Ordre des Templiers). Il avait consulté un livre de magie dans un monastère d'Orval, situé dans l'actuelle Belgique. La belle-mère de Godefroi de Bouillon avait fait don de cet ouvrage. C'est à Orval que le Prieuré de Sion avait débuté ses activités. C'est également à Orval que les livres de Nostradamus furent publiés pendant le coup d'État maçonnique de 1789 et sous Napoléon.

Selon l'historien italien Pier Carpi, Nostradamus était un membre actif du Prieuré de Sion. Mais il était bien plus que ça.

Pierre Plantard de Saint-Clair (un mérovingien) est élu grand maître à Blois dans le Val de Loire le 17 janvier 1981. Deux jours plus tard, il rencontre Lucio Gelli, le grand maître de la loge P2, au Café La Tipia, rue de Rome à Paris. Plantard était un ami de Charles de Gaulle (Michael Baigent, Richard Leigh, Henry Lincoln, *Holy Blood, Holy Grail*, New York, 1983, p. 222). Dans une lettre, de Gaulle a remercié Plantard pour ses services qui lui ont permis d'être élu président. Pendant la Seconde Guerre mondiale, la Gestapo avait emprisonné Plantard d'octobre 1943 à la fin de 1944.

En 1983, Pierre Plantard de Saint-Clair, grand maître du Prieuré de Sion durant les années 1981-1984, publie un article dans lequel il écrit ce qui suit :

> "C'est à Turin, en 1556, que Nostradamus fut initié au grand secret de l'avenir... Mais ce n'est qu'en 1557, lorsqu'il devint le grand maître de l'Ordre, qu'il fut autorisé à accéder au grand secret... Tel est le message du sage poète de Salon-de-Provence, qui dans ses écrits a immortalisé les secrets de l'hermétisme à travers les siècles jusqu'à nos jours."

On peut maintenant démontrer que le Prieuré de Sion, avec l'aide de diverses loges maçonniques, a organisé de nombreux événements destructeurs de l'histoire européenne. La base de leurs actions a été révélée dans *Les Protocoles des Sages de Sion*, qui ont été composé à l'origine par cet ordre

d'élite, voir les travaux de Michael Baigent, Richard Leigh et Henry Lincoln (*Holy Blood, Holy Grail*, New York, 1983, pages 191-195).

Pierre Plantard de Saint-Clair, grand maitre du Prieuré de Sion (1981-1984)

Chapitre III

L'ascension de la franc-maçonnerie

L'art de l'architecture géomantique était très développé dans l'Europe médiévale. La géomancie est un concept de magie ancienne. Les bâtiments doivent être placés en fonction de leur situation avec le flux énergétique de l'univers et de la nature afin de garantir le bien-être de leurs habitants. Par la connaissance de la géomancie, un tel bâtiment devient une caisse de résonance qui amplifie les énergies positives de la nature. Le fait de se trouver à l'intérieur d'un bâtiment construit par des géomanciens devrait être une expérience positive. Les architectes qui ont suivi les lois de la géomancie ont pu entrer en contact avec l'ordre magique sous-jacent de la nature.

En utilisant la connaissance de la géomancie, il était possible d'atteindre l'harmonie avec l'environnement. En créant une architecture magiquement orientée, les francs-maçons pouvaient mettre ceux qui fréquentaient ces bâtiments sous l'influence des impulsions positives de la nature. À cette époque, l'architecture était une forme d'art magique grâce à la connaissance de l'interaction avec la nature puisque les conditions de ces structures géométriques reflétaient ses lois.

Dans l'architecture géomantique, la façon dont les formes sont placées les unes par rapport aux autres est d'une importance cruciale. La géométrie magique est utilisée pour orienter les bâtiments en fonction du rayonnement terrestre des lignes énergétiques (Nigel Pennick, *Sacred Geometry*, San Francisco, 1980). Des calculs géométriques étaient réalisés afin de créer des méthodes de construction magiques. Héraclite d'Éphèse en Asie Mineure a découvert un code structural moléculaire dans la nature. Aujourd'hui, il est possible de percevoir ces structures moléculaires à l'aide d'un microscope. Mais les Grecs de l'Antiquité connaissaient néanmoins ces formes parfaites. Les principes géomantiques sont intégrés dans notre code génétique, la double hélice de l'ADN, ainsi que dans le système solaire et la galaxie spirale.

Les francs-maçons connaissaient la capacité des anciens Grecs à élever le niveau de la conscience humaine par l'utilisation de formes parfaites. Ils croyait que tous les bâtiments devaient être construits pour stimuler la spiritualité. La clé du succès et de l'esthétique du système des francs-maçons opératifs inclus le nombre d'or. Même aujourd'hui, les proportions du nombre d'or sont utilisées pour l'édification des loges maçonniques.

Il existe une forme d'esthétique naturelle et indépendante, une forme basée sur la beauté et l'harmonie intérieure qui reflète celle de l'univers et de son créateur. Tout ce qui exprime les proportions harmoniques devient intemporel, qu'il s'agisse d'architecture, d'art, de musique, de littérature ou de cinéma.

En musique, le nombre d'or est créé par l'équilibre entre une belle mélodie et sa construction harmonieuse. Il en résulte une tonalité musicale à haute fréquence qui s'élève de manière intensive. Une telle musique harmonieuse et belle a le pouvoir d'ennoblir l'âme. Le mathématicien italien Leonardo Fibonacci (connu sous le nom de Léonard de Pise, vers 1170-1240), a démontré qu'il existait une explication scientifique au nombre d'or.

Le nombre d'or favorise notre développement spirituel, l'art disharmonieux le bloque, nous endommage et même nous rend malade. De nos jours, la mention du nombre d'or est pourtant évitée. Qu'il s'agisse de bâtiments, de vêtements, de musique ou de l'apparence des objets du quotidien, la plupart des choses sont devenues plus laides et moins harmonieuses. Aujourd'hui, nous voyons rarement des vêtements équilibrés, comme c'était le cas à l'époque médiévale, où les vêtements étaient façonnés à l'aide du nombre d'or et des couleurs, par exemple avec une jambe de pantalon bleue et une verte. Cette combinaison veillaient à équilibrer les énergies, affectant positivement divers organes du corps avec de la lumière liées au différentes longueurs d'onde ou des fréquences harmonieuses. Cela rendait également les vêtements plus beaux. La couleur est un flux de lumière qui affecte l'esprit d'une manière inexplicable. Plus les couleurs sont pures, ou plus la combinaison des différentes teintes est équilibrée, plus leur effet sur nous est positif.

Des expériences menées en Russie ont montré que la lumière infrarouge augmente la tension musculaire et que la lumière ultraviolette la diminue, bien que ces deux fréquences soient invisibles à l'œil humain.

Les Puritains introduisirent les vêtements sombres et abolirent les traditions populaires. Cela est devenu très évident en Estonie en 1583, lorsque le pays était divisé entre les catholiques au sud et les protestants au nord. Dans la partie suédoise protestante de l'Estonie, les costumes traditionnels étaient brûlés. (Ils étaient considérés comme trop colorés.) Les instruments de musique, les beaux tableaux et les livres ont été détruits. Dans le sud, au sein de la portion catholique de l'Estonie, le peuple a gardé son échelle de couleurs harmonieuse. Aujourd'hui, il est plus évident que jamais que les formes se détériorent et se déstabilisent constamment.

Le nombre d'or nous touche de manière très positive car il est esthétiquement attrayant et spirituellement édifiant, ce qui explique pourquoi la splendide beauté des édifices comme le Parthénon nous impressionne beaucoup. Le nombre d'or est une relation numérique fixe, où a est à b ce que b est à a + b. Le quotient est habituellement noté (Φ phi), qui est approximativement 1:1.618, un nombre irrationnel, comme Pi. Il a des propriétés particulières. Ce nombre a été découvert dans les proportions du corps humain et aussi dans les agroglyphes.

Cela signifie que le nombre d'or est magiquement chargé. Si nous dessinons deux cercles à partir du même point, l'un 1,618 fois plus grand que l'autre, et si nous traçons des lignes entre les deux, nous pouvons créer des formes magiques aux proportions du nombre d'or (Nigel Pennick, *Sacred Geometry: Symbolism and Purpose in Religious Structures*, San Francisco, 1980, p. 27-28).

Le nombre d'or est un rapport mathématique généralement perçu par le peintre comme le plus grand côté d'un rectangle par rapport au plus petit. Dérivé des anciens Grecs, il peut être construit géométriquement ou exprimé sous la forme d'un simple rapport de proportion. Même les anciens Égyptiens utilisaient le nombre d'or lorsqu'ils concevaient leurs bâtiments et leurs monuments.

Le peuple Aïnou du nord du Japon utilise la double hélice comme symbole sacré du lien entre la vie et le monde matériel. C'est une hélice logarithmique avec les proportions de la section dorée.

Les scientifiques de l'Université Johns Hopkins ont découvert qu'un environnement favorable, un bon design et de belles peintures peuvent améliorer notre santé. Une bonne conception (proche de la section dorée) peut conduire à une guérison plus rapide de la maladie. Non seulement c'est bon pour l'âme, mais c'est même bon pour la tension artérielle. C'est ce qu'ont montré les méthodes scientifiques au printemps 2000, selon Roger S. Ulrich, professeur d'architecture à la Texas A & M University.

Les architectes modernes sous le contrôle des francs-maçons politiques ont rarement le droit d'utiliser la géomancie pour améliorer leur esprit. Ils conçoivent des bâtiments qui ont un effet destructeur sur le psychisme humain, comme le Musée d'Art Moderne de Paris, le nouveau Musée Guggenheim de Bilbao ou le Musée Van Gogh d'Amsterdam. Les proportions de ces bâtiments, par exemple, sont loin d'atteindre la section dorée.

La franc-maçonnerie politique moderne est née des corporations médiévales d'artisans qui se déplaçaient d'un endroit à l'autre en construisant des palais, des châteaux et des églises. Ces guildes travaillaient à la manière des syndicats locaux et des confréries de tailleurs de pierre. Les bâtisseurs initiés souhaitaient également faciliter un peu leur vie difficile et diffuser leurs connaissances géomantiques secrètes. Les autres artisans étaient généralement sédentaires.

Sur les chantiers, les ouvriers disposaient d'une loge, où ils gardaient les outils et où ils pouvaient se reposer et manger. C'est dans ces pavillons que les apprentis et les compagnons étaient initiés aux secrets de l'artisanat, qui n'étaient pas révélés à l'extérieur, par exemple comment calculer la force et la pression exercée par la voûte ainsi que la connaissance secrète de l'importance des lignes énergétiques. On leur enseignait également de précieuses règles de vie. Le but des guildes était de maintenir le monopole d'un métier particulier, en particulier contre les étrangers.

Au Vème siècle en Espagne, une association de maçons a été mentionnée pour la première fois, la fameuse *comancini*. Leur chef était nommé par le roi.

Les maçons intégraient leur guilde locale, la loge, principalement à des fins de protection, d'éducation et de formation.

Les francs-maçons ont fondé leur première loge à York dans le nord de l'Angleterre dès l'an 926, avec comme prototype la *collegia fabrorum* romaine. Dans les loges des francs-maçons, les compagnons étaient formés aux secrets complexes de l'architecture géomantique. En 1375, un document, retrouvé plus tard dans les archives de la ville de Londres, décrit les francs-maçons comme des artisans, dont les déplacements n'étaient pas restreints par les seigneurs féodaux. Au lieu de cela, ils étaient libres de voyager à travers le pays et même à travers le continent. Contrairement à d'autres artisans, forgerons ou tanneurs, les maçons se réunissaient en grands groupes pour travailler sur des structures vastes et magnifiques. Ces associations bénéficiaient de lettres de recommandation qui leur accordaient de nombreux privilèges de la part des papes, des princes, des villes et des monastères. Ils pouvaient ainsi quitter les palais et les cathédrales achevés et se rendre dans d'autres régions ou même dans d'autres pays afin de planifier et de construire leur prochain projet, et chercher du travail au sein d'autres loges de différentes parties de l'Europe. L'une de ces guildes exceptionnelles était la Compagnie des francs-maçons, fondée en 1376. Les francs-maçons résidents permanents n'étaient autorisés à chercher du travail que dans une zone limitée.

Ces bâtisseurs appartenaient à la corporation des maçons, qui était divisée en trois grades : apprenti, compagnon et maître. Les novices devaient suivre une période de formation et d'instruction de sept ans avant d'être reconnus comme membres à part entière (compagnons). Le maître maçon, qui était le plus respecté, avait une connaissance profonde des secrets de la nature, savait comment utiliser les influences positives et éviter les lignes d'énergie négatives du champ de rayonnement de la terre. Il savait aussi comment concevoir une ville pour que les habitants soient protégés du vent. Les rues des villes modernes créent un courant d'air constant ; le vent souffle librement et affecte négativement les habitants.

Ces méthodes naturelles sont encore utilisées en Chine. Dans les années 1980, des visiteurs suédois avertis qui se sont rendus dans une région près de Shanghaï ont utilisé un équerre et une boussole pour examiner si les maisons avaient été construites avec leurs murs alignés le long des lignes de Curry. Le sol sous chaque lit devait être exempt de ley-lines nuisibles. Les maisons en question ont été construites en 1958, et non au Moyen Âge. Le rayonnement terrestre reste un élément important dans la construction d'hôtels et de banques à Hong Kong et à Singapour. Ce système, qui fonctionne selon les règles de la nature, est appelé *feng-shui* et a été violemment combattu par le régime communiste en Chine. Une encyclopédie chinoise affirme que les principes architecturaux du *feng-shui* servent à :

> "Créer le bien-être, le bonheur et la richesse pour les gens qui vivent dans la maison."

Le maître maçon était responsable du projet de construction. Les maçons avaient leurs propres lois, règlements et cérémonies. Ces associations (appelées "Bauhiitten" en allemand) agissaient sous la direction d'un "maître de chaire", expression qui fut reprise beaucoup plus tard par les francs-maçons politiques (le maréchal Jean Baptiste Bernadotte était un maître de chaire français que le gouvernement suédois choisit en 1810 comme successeur de Charles XIII, le chef des francs-maçons). Le grand maître instruisait les compagnons et ceux-ci, à leur tour, instruisaient les apprentis dans l'art de l'architecture géomantique. Les grands maîtres partageaient aussi le travail et payaient les salaires.

Un maître de chaire était sélectionné chaque année. Des réunions avaient lieu chaque mois. Celles-ci traitaient des affaires de la guilde : des escroqueries étaient punies, de nouveaux membres acceptés et des apprentis promus aux postes de compagnons. Tout se déroulait selon les cérémonies ordonnées. En cas d'infraction à la loi, des amendes étaient infligées.

En Angleterre, tous les francs-maçons étaient considérés comme des artisans. En Allemagne, beaucoup d'entre eux avaient un statut beaucoup plus élevé. Après les guerres dévastatrices des XVIème et XVIIème siècles, les activités des francs-maçons se sont grandement réduites en Allemagne, mais sont restées très répandues en Angleterre.

Les loges maçonniques maintenaient un contact international constant afin de faciliter la recherche d'emploi pour les maçons. La Grande Loge de Strasbourg était à la tête de toutes les loges d'Europe. Elles avait introduit la pratique des signes d'accueil secrets, des poignées de main et des mots de passe, afin que les membres des différentes loges puissent se reconnaître mutuellement. C'était une précaution nécessaire puisque les francs-maçons gardaient jalousement les secrets et les normes de leur ordre. Ils s'assuraient que tous ceux qui prétendaient maîtriser l'art de la construction avaient reçu une formation adéquate. Ces précautions étaient justifiées, car les maçons itinérants se trouvaient souvent parmi des étrangers qui prétendaient parfois faussement être membres de la guilde afin d'extraire des secrets des vrais membres. Les maçons ont inventé un nombre sans cesse croissant de mots et de phrases de passe, de signes de reconnaissance et de poignées de main spéciales afin de repousser ces imposteurs. Ils ont également développé une façon particulière de poser des questions. La réponse adéquate confirmait que le nouveau venu était qualifié pour participer à leurs travaux. Par la suite, une grande partie de cette activité a été reprise et développée par les francs-maçons politiques spéculatifs ou "passifs".

Le seul signe qui est commun à tous les grades actuels et les loges est le signe de détresse. Dans la franc-maçonnerie suédoise, ce signe est appris dès l'admission au troisième degré. En cas d'urgence, le franc-maçon dans le besoin fait un triangle équilatéral en plaçant ses mains jointes sur son front avec les paumes vers l'avant et les cris : "À moi, à l'enfant de la veuve de Naphtali !"

En voyant ce signe, tous les frères doivent venir immédiatement à la rescousse du franc-maçon dans le besoin - même si cela est contraire au droit commun et aux intérêts de la nation. Ils doivent apporter leur aide, quels que soient les besoins. Ils doivent ignorer leur allégeance aux lois du pays. De nombreux francs-maçons ont ainsi sauvé leur peau pendant la Première et la Seconde Guerre mondiale.

L'officier américain John McKinstry a été capturé par les Indiens Mohawks, qui étaient du côté des Britanniques pendant la guerre d'Indépendance entre 1775 et 1781. McKinstry était attaché à un arbre et était sur le point d'être brûlé à mort, quand il a fait le signe maçonnique de la détresse. À sa grande surprise, l'un des Indiens s'avança et arrêta l'exécution.

Son sauveur était Joseph Brant, un chef mohawk éduqué en Europe et initié à la fraternité de Londres. Brant était retourné dans sa tribu, mais restait en partie fidèle à l'organisation. Il a remis McKinstry à des francs-maçons britanniques, qui l'ont à leur tour escorté jusqu'à l'un des postes révolutionnaires extérieurs. Cet exemple prouve que la loyauté au sein de la franc-maçonnerie est plus forte que le lien avec son propre pays ou sa propre tribu.

Les francs-maçons étaient principalement des tailleurs de pierre, des maçons et des peintres, que l'on peut comparer aux architectes, ingénieurs et sculpteurs des temps modernes. Ils étaient donc hautement qualifiés. Beaucoup des plus beaux édifices du Moyen Age (la cathédrale Notre-Dame de Paris, construite entre 1163 et 1320, et la cathédrale Saint-Paul de Londres, achevée en 1663) ont été construits par les francs-maçons. Ils ont construit des palais incroyables, des forteresses monumentales, de beaux hôtels de ville, des églises et bien d'autres bâtiments. Leur savoir était considéré comme une forme d'art royal. L'expression "musique figée", qui désigne l'architecture, commença à être utilisée. Les bâtiments étaient certainement harmonieux et agréables à voir, et ils n'étaient pas construits sur des sites arbitraires. À l'aide de la baguette de sourcier, des sites où le rayonnement terrestre serait le plus bénéfique pour le bien-être mental des habitants étaient découverts.

Après l'effondrement de la société en raison de la peste noire, les guildes ont de nouveau essayé de faire valoir leurs droits. Le parlement anglais interdisît les activités des guildes en 1425. En 1534, Henri VIII d'Angleterre rompt avec l'Église catholique de Rome, confisque ses biens et ferme ses monastères (officiellement parce que le pape lui avait refusé le droit de divorcer, mais selon des informations non officielles, il avait un pacte secret avec des banquiers vénitiens). Henry VIII a arrêté tous les projets de construction et de nombreux maçons sont devenus chômeurs. Plus tard, il a confisqué le reste des biens des guildes. Henry VIII voulait la guerre et les banquiers juifs de Venise lui en ont fourni l'opportunité.

La plupart des guildes ont cessé d'exister. Leurs archives ont été perdues et leur véritable histoire fut donc occultée. Les quelques loges affaiblies qui subsistèrent, malgré le pillage royal dans le sud de l'Angleterre, tentèrent de se maintenir en accueillant des non-maçons comme membres et en leur imposant un droit d'entrée élevé au sein des loges.

C'était exactement l'occasion qu'attendaient certaines forces obscures et richissimes. Ils avaient besoin d'un réseau politique fonctionnel avec des codes secrets afin de mettre en œuvre leur plan pour prendre le contrôle de la "structure de la société".

L'infiltration commence

Après l'exécution du Grand Maître Jacques de Molay le 18 mars 1314, de nombreux Templiers s'enfuirent en Écosse, où ils conservèrent les secrets de leur ordre et infiltrèrent les guildes existantes.

Dès 1420, les Templiers interdits fondèrent une loge en Écosse, où ils y établirent leur siège international. Les symboles les plus importants des Templiers étaient un cube et une sphère de pierre. Les Templiers ont attendu leur moment jusqu'à ce qu'il soit temps de fonder ce qu'on appelle la franc-maçonnerie écossaise.

En 1446, William St. Clair commença à construire la chapelle Rosslyn à Roslin, un village au sud d'Édimbourg, qui devint finalement une véritable loge maçonnique, nommée Lodge N°1 (Mary's Chapel). C'était en fait le quartier général des Templiers, aussi désigné comme Temple de Yahvé. En 1480, la chapelle fut achevée sous la direction d'Oliver Sinclair (St. Clair). En temps voulu, la famille écossaise de Sinclair a créé son propre système maçonnique, auquel appartenaient les clans Hamilton, Stuart, Mac-Gomery et d'autres. La famille Sinclair, originaire de France et appelée Sainte-Claire, descend en droite ligne des Mérovingiens (Christopher Knight, Robert Lomas, *The Second Messiah*, Londres 1998, pp. 131-132). Sir William Sinclair est devenu le premier grand maître d'Écosse en 1736. Sinclair avait naturellement des liens avec l'Ordre secret du Prieuré de Sion.

En 1601, Jacques VI d'Écosse, fils de Marie Stuart, devint franc-maçon à la Loge de Perth et Scoon. Il est devenu le patron suprême de la franc-maçonnerie. Jacques VI avait des liens de sang avec la famille mérovingienne des de Guise, puisque la grand-mère maternelle de Marie Stuart était Marie de Guise (Michael Baigent, Richard Leigh, *The Temple and the Lodge*, Londres, 1998, p. 200). En 1603, il fut nommé Jacques Ier d'Angleterre. C'est ainsi que les Mérovingiens sont arrivés au pouvoir en Angleterre par l'intermédiaire de la famille Stuart. Leurs armoiries représentent, entre autres, une truelle et une épée, qui symbolisent la franc-maçonnerie et l'Ordre des Templiers. Ce souverain a été le premier chef d'État anglais à être franc-maçon.

En 1312, les Templiers qui étaient restés en France en se faisant passer pour des chrétiens, les Chevaliers Hospitaliers de Saint-Jean (connus sous le nom de Chevaliers de Malte) ont accepté les restes des Chevaliers Templiers abolis, animés du même esprit pseudo-chrétiens que leur prédécesseurs.

Gardant à l'esprit les plans des Templiers de prendre le contrôle des corporations d'artisans, les membres de l'Ordre des Hospitaliers de Saint-Jean commencèrent impudemment à s'appeler "francs-maçons" en 1440. Les Chevaliers de Malte sont issus de cette section de l'Ordre des Templiers.

Le 9 janvier 1599, quelques Templiers fondèrent la loge Atkinson Have en Écosse. Le 31 juillet de la même année, une autre loge a été fondée à Édimbourg. Le fait qu'un grand nombre de Templiers aient fui en Écosse est confirmé par James Steven Curl dans son livre *The Art and Architecture of Freemasonry* (Londres, 1991, p. 46). Il est également évident (pp. 48-50) que ces Templiers, en 1714, ont érigé des obélisques au Mont Stuart, Leven et Tongue, dans le Sutherland, à l'extrême nord de l'Écosse.

L'infiltration des loges des francs-maçons opérationnels commença donc relativement tôt. Au début des années 1540, les corporations d'artisans anglaises ont commencé, pour des raisons économiques, à accepter des membres "passifs" qui n'avaient pas de formation de constructeur, comme les banquiers, les marchands, les propriétaires terriens, les magiciens et les scientifiques. Ces gens désiraient ardemment appartenir à une loge maçonnique malgré le fait qu'ils n'avaient pas d'antécédents d'ouvrier ou d'artisan. Ils voulaient exploiter certains des secrets des francs-maçons. De cette manière, une excellente opportunité s'est présentée à certaines forces politiques obscures qui souhaitaient utiliser un réseau international au fonctionnement bien huilé. La première preuve documentée de cette expansion non naturelle des loges remonte à 1598.

Au début du XVIIème siècle, alors que le nombre et l'importance des maçons augmenta considérablement, la plupart des loges acceptaient déjà des "membres honoraires" qui n'étaient pas tailleurs de pierre, afin de percevoir leurs cotisations. Ces nouveaux venus étaient des spéculateurs politiques rusés et des Templiers camouflés qui avaient attendu l'occasion d'infiltrer le système parfaitement fonctionnel de la franc-maçonnerie pour cacher leur vraie nature. Les maçons passifs étaient appelés maçons acceptés ou maçons spéculatifs. Pour cette raison, tous les francs-maçons modernes sont désignés comme des maçons acceptés. Les membres passifs de nombreuses guildes étaient tenus de payer une cotisation exorbitante, ce qui signifie que seuls les individus très riches pouvaient se permettre d'intégrer une loge maçonnique. De plus, ils devaient payer le banquet d'acceptation.

Pour être accepté dans une loge, deux parrains qui étaient des maçons actifs étaient nécessaires. Le membre proposé devait être un homme de condition modeste, âgé d'au moins 24 ans et ayant fait des études supérieures. Le fils d'un maître maçon pouvaient cependant être accepté à 18 ans. D'autres exceptions n'étaient pas rares, si l'argent entrait en ligne de compte.

Ces règlements ont ensuite été respectés par les francs-maçons politiques. Aujourd'hui, il existe aussi des femmes francs-maçons, bien qu'il n'y en ait pas en Scandinavie.

Un de ceux qui sont devenus francs-maçons acceptés a été le philosophe et homme politique Francis Bacon (1561-1626). Il était membre de l'Ordre des Rose-Croix et appartenait à une société secrète appelée l'Ordre du Casque (Christopher Knight, Robert Lomas, *The Second Messiah: Templars, the Turin Shroud & The Great Secret of Freemasonry*, Londres, 1998, p. 292).

La fable de Bacon *La Nouvelle Atlantide* décrit le Nouveau Monde où le pouvoir est exercé par une société secrète appelée la Maison de Salomon, qui consiste en une élite privilégiée qui agit comme gouvernement caché. Cette société décide exactement ce que le public doit savoir et ce qu'il ne doit pas savoir. Bacon a proposé la mise en place d'un gouvernement invisible, qui contrôlerait aussi le domaine des sciences. Les francs-maçons semblent tout particulièrement apprécier ce livre.

Francis Bacon était soupçonné d'être le fils illégitime de la reine Elizabeth et de son amant Sir Robert Dudley, comte de Leicester. Francis Bacon qui était très instruit et avait beaucoup voyagé, doit aussi être considéré comme le véritable auteur des pièces et des sonnets de William Shakespeare, un analphabète. Cela a été démontré par des codes secrets, que Bacon utilisait dans tous ses travaux, y compris, ceux publiés sous le nom de William Shakespeare, comme décrit dans les travaux du franc-maçon Manly P. Hall.

En 1641, le chimiste, mathématicien et général Robert Moray est devenu franc-maçon au sein de la Loge Edenroth de Newcastle. D'après les documents d'époque, il fut le premier érudit de prime importance à être accepté comme membre d'une guilde d'artisans. L'alchimiste, astrologue et occultiste Elias Ashmole devint franc-maçon à Warrington le 16 octobre 1646, tout comme le cabbaliste Robert Boyle (1627-1691), qui fit des recherches en chimie et physique. Elias Ashmole appartenait à l'Association des Astrologues. De nombreux membres de cette association sont devenus francs-maçons. Robert Boyle fut grand maître du très secret Prieuré de Sion entre 1654 et 1691. Sir Christopher Wren (1632-1723), l'astronome et architecte qui a conçu la cathédrale Saint-Paul et dessiné les plans pour la reconstruction de Londres après le grand incendie de 1666, a été initié à Londres le 18 mai 1691 (Bernard E. Jones, *Freemasons' Guide and Compendium*, Londres, 1950, p. 111) dans la Loge originale n°1. Il est devenu le dernier grand maître des rangs des francs-maçons actifs qui étaient en fait des constructeurs et des artisans.

Les personnes susmentionnées ont fondé The Invisible College le 28 novembre 1660. La Royal Society of London est née de ce mouvement en 1662. Francis Bacon (1561-1626) fut nommé leur "saint patron". Christopher Wren est devenu président de la Royal Society en 1680. Isaac Newton (1642-1727), qui pratiquait régulièrement l'astrologie et l'alchimie, est devenu franc-maçon en 1672 malgré le fait qu'il n'était pas du tout un bâtisseur mais était plutôt considéré comme un scientifique ; il fut élu président de la Royal Society en 1703. La raison principale était qu'en tant que grand maître du Prieuré de Sion (1691-1727), il faisait tout ce qui était en son pouvoir pour infiltrer les loges maçonniques et les exploiter pour des raisons politiques. Robert Boyle avait déjà été grand maître du Prieuré de Sion. Parmi les fondateurs de cette société se trouvait John Byrom, qui appartenait au Cabbala Club, également connu sous le nom de Sun Club.

Tous ces maçons ont commencé à manipuler la science. Ils voulaient créer une science nouvelle, matérialiste ou "humaniste" qui niait l'existence de l'âme. Cette tradition maçonnique est aujourd'hui perpétuée par les organisations dites humanistes. Celles-ci nient l'existence de Dieu, prétendent que l'univers est né de lui-même et que la mort constitue la fin définitive de l'expérience.

La *Philosophiaea naturalis principia mathematica* (1687) d'Isaac Newton était une tentative honteuse de saper la science traditionnelle. En réalité Newton s'est avéré être un ennemi de la science. Pour lui, l'univers était une matière morte au sein de laquelle la substance sous forme de sphères solides évoluait sans but ni signification. Un réseau politique malveillant se tenait derrière Newton. Le vrai Rose-Croix Gottfried Wilhelm Leibniz (1646-1716) a écrit un document pour contrer les *Principia* de Newton, qu'il a appelé *Un traité sur les causes des mouvements des planètes*. Leibniz a compris que l'univers est de nature néguentropique (c'est-à-dire mené par un auto-développement). De cette tendance générale découle toutes les lois physiques. Leibniz refusait de croire que le hasard puisse expliquer l'occurrence ou la non-occurrence d'un événement. Il a prouvé que l'espace était relatif et non absolu. Leibniz a affirmé que les orbites planétaires suivent la dynamique de l'écoulement, ce qui prouve que les mouvements tourbillonnant doivent se produire, puisque toutes les planètes sont sur le même niveau orbital et tournent dans la même direction. Si ce n'était pas le cas, tout le système planétaire s'effondrerait.

Robert Hooke a corrigé les erreurs de base de Newton. Newton avait cru qu'un corps tombant à travers la Terre en son centre décrirait un mouvement tournoyant et non une trajectoire elliptique. Le *Principia* de Newton a été entièrement réécrit par Robert Coats, qui a été chargé de corriger les centaines d'erreurs de la première édition. Selon Carol White, rédactrice en chef du magazine scientifique américain *Fusion*, Newton était complètement perdu lorsqu'il s'agissait de science dure.

Mais Newton est toujours considéré comme un grand scientifique. Pourtant son principal défenseur, C. Truesdale, fut contraint d'admettre en 1960 que "les théories de Newton sur le flux sont, cependant, largement erronées".

En 1619, la London Mason's Company a fondé une loge parallèle pour les maçons acceptés appelée The Acception. Il s'agissait d'une société d'hommes qui n'avaient aucune connaissance de la taille de pierre, mais qui étaient heureux de payer un double droit d'entrée afin de reprendre l'organisation, qui était une couverture parfaite pour leurs activités criminelles d'empoisonnement idéologique des esprits.

En 1670, l'infiltration avait atteint le point où seulement 10 des 49 membres de la loge Aberdeen étaient des maçons opératifs (actifs) (Martin Short, *Inside the Brotherhood*, Londres, 1997, p. 49). Les maçons acceptés avaient effectivement forcé peu à peu les vrais francs-maçons à partir. La conversion fatidique des francs-maçons d'une guilde d'artisans en une puissante organisation de conspiration sociale avait commencé.

En 1703, les loges ont commencé à accepter officiellement les non-maçons. Dès 1714, les maçons acceptés ont fondé leur propre Grande Loge de York en Angleterre. Des rosicruciens ont également aidé à prendre en charge les loges maçonniques.

Des imposteurs politiques issus des rangs Templiers et des occultistes juifs ont réussi à infiltrer le réseau des francs-maçons pour l'utiliser à leurs propres fins maléfiques. Ils initièrent alors une réorganisation sans précédent. Les loges écossaises obtinrent même le droit de posséder des armes en 1684. L'organisation originale des francs-maçons a été complètement détruite et transformée en un mouvement conspirateur efficace dans lequel les Templiers ont utilisé la magie noire pour prendre le contrôle du monde.

Les sociétés secrètes s'emparent des corporations d'artisans

Les sociétés secrètes ont poussé les Écossais à l'agitation pour se révolter contre la couronne en 1715. Le soulèvement a été écrasé et les dirigeants ont été exécutés en février 1716. Durant l'été ou l'automne 1716, les francs-maçons décidèrent de fonder une Grande Loge à Londres (Fred L. Pick et G. Norman Knight, *The Pocket History of Freemasonry*, quatrième édition, 1963, pp. 68-69). Ils souhaitaient avoir plus de contrôle sur les développements politiques.

En février 1717, les fondations d'une organisation mondiale et d'un empire invisible furent posées. Plusieurs gentlemen bien habillés, dont Jean Théophile Desaguliers, professeur de droit à l'Université d'Oxford et James Anderson, pasteur protestant et prêtre à la cour du Prince de Galles, se sont réunis à l'Apple Tree Tavern pour discuter de la fusion de quatre loges en une grande loge (Karl Milton Hartveit, *De skjulte brödre / Les frères cachés*, Oslo, 1993, p.70).

La franc-maçonnerie conspiratrice moderne a débuté à Westminster dans le centre de Londres le 24 juin 1717, lorsque la Grande Loge Unie d'Angleterre (UGLE) a été créée par la fusion de quatre autres petites loges. Le 24 juin est le jour saint de Jean-Baptiste. Cela s'est passé au Goose and Gridiron, dans le jardin près de la cathédrale Saint-Paul. Londres devint par la suite le siège d'une puissance secrète, qui se développa de plus en plus vite. La franc-maçonnerie manipulatrice des évènements mondiaux avait pris son essor. La Grande Loge de Londres est devenue la Loge Mère du monde entier.

Beaucoup de frères maçonniques étaient aussi membres du Hellfire Club, où Satan était adoré et où des rites de magie noire et d'homosexualité étaient pratiqués (par exemple l'amour de David pour Jonathan, voir *II Samuel 1:26*). Les frères cherchaient des expériences érotiques exclusives. Naturellement, toute la franc-maçonnerie a été contaminée par ses pratiques. Sir John Wharton a fondé le Hellfire Club en 1719. Il en fut le président qui réunissait ses membres au Greyhound Pub, près de St. James' Park à Londres. En 1721, les autorités fermèrent ce club tristement célèbre pour une courte période. John Wharton fut plus tard élu grand maître de la Grande Loge d'Angleterre de 1722 à 1723. Les membres les plus célèbres du Hellfire Club étaient Sir Francis Dashwood, John Dee et Benjamin Franklin (il en fut membre de 1724 à 1726), avant de retourner en Amérique, où il devint grand maître des francs-maçons de Pennsylvanie.

Le Hellfire Club secret fut rouvert au domaine de Medmenham en 1755 sous le nom de Moines de Medmenham (ils se réunissaient dans la ville de Medmenham en 1755 sur le site des ruines de l'abbaye de Medmenham). La devise de François Rabelais au-dessus de la porte se lisait en français : "Fay ce que voudras" (Faites ce que vous voulez !)

Des orgies rituelles et des perversions sexuelles de toutes sortes perpétrées sur des enfants et des femmes de la classe inférieure tombés entre les griffes des francs-maçons aristocratiques étaient pratiquées au sein de cette organisation, qui existait depuis plus de 50 ans.

Dashwood, l'un des fondateurs du Hellfire Club, était chancelier de l'Échiquier et ami de Franklin. Franklin était également grand maître de la loge française Les Neuf Sœurs. Les Loges San Juan, les Neuf Sœurs (apparentées au Grand Orient), les Amis Réunis et les Illuminati ont provoqué un coup d'état en France en juillet 1789. Les groupes Illuminati des Jacobins et des Frankistes ont également été impliqués dans la préparation et le déclenchement de la Révolution française.

En 1723, il y avait déjà 52 loges à Londres, et à la fin des années 1720, 115 loges y avaient été établies. Les francs-maçons prétendent que l'ordre ne transmettait désormais plus qu'un contenu symbolique. Les principes géomantiques ont été perdus. Seule l'histoire et le symbolisme de l'époque des tailleurs de pierre sont restés. Tout était empreint de pseudo-science et de philosophies qui représentent une menace pour la nature et l'humanité. Le public a d'abord été induit en erreur par l'élection du constructeur Anthony Sayer comme grand maître.

Très vite, les constructeurs furent complètement exclus. Les anciennes guildes cessèrent d'exister. Un système de franc-maçonnerie d'entreprise fut mis en place à leur place. Le Grand Maître suivant fut Jean Théophile Desaguliers, qui fut nommé au poste en 1719. Au cours des années suivantes, un nouveau grand maître fut élu chaque année.

Les nouveaux francs-maçons acceptés n'étaient pas des hommes doués capables de créer quelque chose de durable. C'est pour cette raison qu'un seul champ d'activité leur restait ouvert : celui de la destruction. Les francs-maçons ont effectivement détruit tout ce qui était beau et agréable, en particulier l'architecture harmonieuse. Ils ont déclenché des révolutions, des guerres et d'autres calamités. Ils ont empêché le développement spirituel de l'humanité. Et ils ont aussi réussi à détruire la véritable histoire de la franc-maçonnerie avant le 24 juin 1717, afin d'en faire une couverture plus efficace pour leurs activités malfaisantes. Les francs-maçons Christopher Knight et Robert Lomas ont admis que la direction maçonnique dissimule de nombreux secrets, y compris et surtout à l'égard des francs-maçons ordinaires (*The Second Messiah*, Londres, 1998, p. 90).

Le 24 juin 1945, les dirigeants soviétiques organisèrent le défilé de la victoire de l'Armée Rouge sur la Place Rouge à Moscou, exactement 228 ans après la fondation de la loge maçonnique à Londres. Selon certaines sources maçonniques il ne s'agit pas d'une coïncidence,.

Ainsi, en 1717, les sociétés secrètes devinrent partiellement visibles. En 1723, une nouvelle constitution fut adoptée, rédigée par le théologien James Anderson et l'avocat Jean Théophile Desaguliers. Cette constitution, en particulier dans sa partie la plus importante dénommée "les charges antiques", est à la base de toute la franc-maçonnerie moderne qui cherche à transformer toute la société.

La perpétuation et la pratique de l'architecture géomantique a cessé d'être le but de la franc-maçonnerie, même officiellement. L'ordre fut alors presque complètement infiltré par des forces destructives, qui prétendaient que la franc-maçonnerie cherchait à promouvoir le développement de la conscience spirituelle de l'humanité. Ils prétendaient vouloir développer leur spiritualité et en même temps construire un monde meilleur pour l'humanité. Le but de la franc-maçonnerie est devenu de transformer le monde entier selon la perspective magique des francs-maçons. Il est clair que l'histoire de la franc-maçonnerie politique démontre qu'ils ont seulement réussi à faire du monde un endroit bien pire.

Déjà dans la seconde moitié du XVIIIème siècle, la franc-maçonnerie était devenue une puissance internationale qui affectait la politique et l'idéologie de divers pays (*The Estonian Encyclopaedia*, Tallinn, 1998, Vol. 10, p. 125).

Cette organisation révolutionnaire base son activité sur des mythes destructeurs et un mélange d'idées issues de la magie égyptienne (noire), du mysticisme soufi, de la cabale juive et de la conspiration et des rites pratiqués par les anciens Templiers. Le prototype le plus important pour comprendre la structure de la franc-maçonnerie politique est une version négative du système et des rites sur lesquels était basé l'ordre soufi de Malamati (Idries Shah, *Sufis*, Moscou, 1999, p. 439).

Malamati signifie "ceux qui sont à blâmer". Les membres de ce mouvement religieux accomplissaient consciemment des actes qui étaient généralement répudiés par le public. Ils cherchaient à devenir des parias pour prouver que l'opinion du peuple n'avait pas de valeur durable. C'est ainsi que des qualités négatives telles que la vanité et l'estime de soi étaient abandonnées au cours de la formation. Un maître soufi pouvait acquérir la connaissance du passé et de l'avenir de l'humanité et se déplacer dans le temps à volonté, ce que nous ne pouvons même pas concevoir.

Les francs-maçons intrigants déformaient le contenu des rites spirituels de l'Ordre soufiste Malamati et créaient leur propre système contre nature et perverti. En latin, 'pervertus' signifie 'détourné'. Les francs-maçons n'appartiennent pas à une religion déterminée. Ils peuvent pratiquer la religion qu'ils souhaitent ou, de préférence, aucune religion du tout. Le célèbre athée Voltaire a été initié dans une loge à Londres dans les années 1720. La franc-maçonnerie moderne propage l'absence de spiritualité et sa philosophie est celle d'un matérialisme sans âme (Robert Lomas, *Freemasonry and the Birth of Modern Science*, Glouscester, 2003).

Ces améliorateurs du monde n'ont pas obtenu de résultats positifs car tous leurs efforts sont basés sur la ruse et la tromperie. Les membres doivent obéir inconditionnellement aux ordres du maître. Cette chaîne de commande provient en droite ligne des loges originales.

C'est ainsi que la franc-maçonnerie politique est née en 1717 en Angleterre. La loge mère de la franc-maçonnerie est située à Covent Garden à Londres. Lorsque j'ai visité pour la première fois la salle des francs-maçons, le 17 août 1998, j'ai pu lire la devise latine des francs-maçons - qui représente leur pouvoir sur le monde – inscrite au-dessus de l'entrée principale : *"AUDI, VIDE, TACE"* / "Écoute, acquiers de la perspicacité, sois tacite."

Cela signifie que les frères qui obéissent et gardent le silence sur les plans secrets des grands maîtres acquièrent une vision de ce qui se passe réellement dans le monde. Une autre inscription en hébreu, au-dessus de l'entrée principale, révèle le prototype et la matrice idéologique de la maçonnerie : "Kadosh le Adonaï" ("Saint pour Yahvé").

Ce texte était à l'origine inscrit sur la mitre du Grand Rabbin. Dans la Torah, cette mitre est appelée 'nezer ha-kodesch', ce qui veut dire 'La Sainte Couronne'. La valeur numérologique cabalistique de cette phrase est 666. Nezer (diadème ou couronne) a la valeur 257 et ha-kodesch (saint) a la valeur 409 (257 + 409 = 666).

Le mot 'cabbala' signifie 'tradition' en hébreu. La cabale est une doctrine extrêmement compliquée, secrète et obscure qui décrit comment toutes les choses font partie d'un tout organisé. Il y a des liens entre toutes choses. Selon la cabbale, il existe des lois secrètes régissant l'univers et des liens cachés entre des choses qui ne semblent pas être liées entre elles ; les chiffres et les lettres sont des clés significatives du modèle de l'univers.

Le Freemasons' Hall sur Great Queen Street à Covent Garden à Londres est le lieu de rencontre central pour les 8600 loges maçonniques du Royaume-Uni. À l'intérieur, on trouve une vingtaine de temples avec le Grand Temple, avec un plafond en mosaïque, des vitraux et des portes sculptées.

La cabale tire son origine du fait que les Israélites ne disposaient pas de système numérique et ne connaissaient pas non plus le zéro. Les mathématiques avancées offraient des difficultés insurmontables. L'addition et la soustraction fonctionnaient bien, mais la multiplication, la division et l'utilisation de fractions devenaient impossibles. Les Israélites utilisaient donc les nombres dans des circonstances magiques et religieuses, plutôt que pour résoudre des problèmes pratiques. Ils sont devenus des adeptes de la numérologie et de la gématrie. Les mots étaient associés à des nombres différents pour simplifier la prophétie. La science du monde était interdite ainsi que certains aliments, en particulier le porc.

L'ancien principe de la gématrie stipule que chaque lettre représente également un nombre. La valeur numérique d'un mot est équivalente à une mesure géométrique telle qu'une ligne, une surface ou un espace donné.

Les cabbalistes, en revanche, interprètent le nombre comme un autre mot ou une autre expression, qui révèle le sens caché du mot original. Le cabbaliste du XIIIème siècle Abraham Aboulafia était convaincu que la cabale était un outil magique très efficace et a d'ailleurs formulé des mises en garde contre son utilisation.

Les francs-maçons Christopher Knight et Robert Lomas ont admis que chaque grand maître est en réalité un prêtre de Yahvé (*Le second Messie*, Londres, 1998, p. 290).

Aujourd'hui, les francs-maçons prétendent que la franc-maçonnerie a été fondée par le roi Salomon, qui aurait été le premier grand maître. Il est vrai, cependant, que les loges maçonniques modernes sont liées à l'Ordre des Templiers. En l'an 2000, les francs-maçons ont eu une grande fête puisque, selon leur conception cabalistique des choses, la franc-maçonnerie célébrait alors son 6000ème anniversaire. Il n'y a cependant aucune preuve de cette hypothèse dans les textes originaux des francs-maçons.

Au fur et à mesure qu'il gravit les échelons, le franc-maçon est informé du mot de code Mac Benac (M.B.), qui signifie "la chair est tombée des os". Ce sont les mots qui ont été prononcés lorsque le corps du bâtisseur Hiram Abiff a été déterré. Il était également considéré comme un fils de la veuve.

Une légende importante dans la franc-maçonnerie concerne cet Hiram Abiff, le constructeur du temple du roi Salomon. Abiff, appelé Huram Abiff dans les *Chroniques II*, a été assassiné par ses apprentis et emmuré dans le temple. Il est toujours encensé et certaines sources maçonniques débattent toujours pour savoir si Hiram Abiff n'était pas en réalité Jésus Christ. Le meurtre de Hiram est reconstitué au cours de l'initiation au troisième degré. Symboliquement, le meurtre ne constitue pas un assassinat pour les francs-maçons, mais il s'agit d'un abandon de vieilles conceptions du monde et d'une renaissance à un niveau supérieur.

Pourtant, les archéologues n'ont trouvé aucune trace d'Hiram sur leurs sites de fouilles et les nombreuses versions de l'histoire ne correspondent pas les unes aux autres.

La voie était libre pour des aventuriers politiques dont le but était d'exercer un pouvoir invisible sur le monde. L'exigence la plus importante de la maçonnerie devint finalement celle de la stricte observance, parce qu'autrement il était impossible de provoquer une révolution. Ce sont surtout les francs-maçons français et italiens qui ont commencé à utiliser l'organisation comme une couverture pour leur activité politique. Les instructions politiques étaient dissimulées par une terminologie énigmatique.

La première loge (de St Thomas) en France a été fondée en 1725, en 1726 la franc-maçonnerie est apparue en Autriche, en 1728 en Espagne (Madrid), en 1733 en Italie (la première grande loge a été fondée en 1750), en 1735 en Suède, en 1736 en Suisse, en 1737 en Allemagne, en 1739 en Pologne et en 1740 en Russie. À la fin des années 1730, il y avait aussi des loges en Belgique. La première loge au Danemark a été fondée en 1745 et la première en Norvège en 1749.

La franc-maçonnerie a atteint l'Inde en 1730, lorsque la première loge a été fondée à Calcutta, la Chine en 1767 et l'Australie en 1863.

Les Templiers réapparurent en France en 1743 et de nombreux nouveaux membres furent acceptés. Leurs activités ont commencé à croitre en 1754.

La franc-maçonnerie s'est répandue à une vitesse incroyable. Dix ans après la première loge fondée à Paris, il y avait cinq loges dans cette ville, et en 1742 22 loges étaient enregistrés. En juillet 1789, juste avant le coup d'État maçonnique en France, il y avait 100 000 francs-maçons dans le pays. Parmi eux se trouvaient des partisans du roi et de l'establishment politique pendant le coup d'État. Le lecteur peut probablement imaginer ce qui est arrivé à ceux qui n'étaient pas du côté du chef Français des Illuminati, Robespierre. Mais ils n'avaient pas atteint les degrés supérieurs et n'avaient aucune idée de la véritable nature de l'ordre.

La réalité des coulisses se révèle être complètement différente au fur et à mesure que l'on s'élève dans les degrés. Dans les pays chrétiens, la maçonnerie est dépeinte comme chrétienne, mais dans les pays islamiques, elle porte un visage musulman. En réalité, l'ordre vénère un autre être, le Grand Architecte de l'Univers, Jahbulon, dont la nature ressemble beaucoup à celle de Lucifer. Les francs-maçons sont contraints de croire en GADU (le Grand Architecte de l'Univers). Selon les francs-maçons, Jahbulon est l'Être Créateur. Le Trois fois Grand Maître Bâtisseur, l'Esprit sans nom aux Cent Noms.

En 1724, l'Ancienne loge de York s'est proclamée une grande loge, l'année suivante elle s'est déclarée "Grande Loge de toute l'Angleterre sise à York". Elle fut mise en sommeil en 1740, puis ressuscitée en 1761 avant de disparaitre en 1792.

Le Conseil suprême des francs-maçons britanniques a été créé en 1819. 16 princes étaient membres de l'ordre anglais entre 1737 et 1907. Quatre d'entre eux devinrent plus tard rois.

Au milieu du XVIIIème siècle, les francs-maçons écossais introduisirent une ou plusieurs parties de golf avant les réunions en loge et les banquets, afin que les frères puissent s'exercer au tracé de figures magiques. C'est à ce moment-là qu'ont été écrites les règles du jeu chargées de magie. La notion de vie de club voit le jour et le nombre de golfeurs passe de 500 à 5000. Aujourd'hui, le golf est considéré comme le jeu le plus important de la franc-maçonnerie.

Les francs-maçons sont parvenus à se répandre dans le monde entier sans rencontrer de résistance et ils ont réussi à construire une organisation aussi ingénieuse que tentaculaire. Les profanes n'ont absolument aucune idée de ce qui s'y passe vraiment. Les serments et les rituels de mort lient les membres entre eux.

C'est un réseau extrêmement puissant de décideurs, de faiseurs d'opinion, de politiciens, d'hommes d'affaires, d'économistes, d'évêques, d'auteurs célèbres et autres membres éminents de la société civile. Ses buts, rituels et croyances ont été dissimulés au public, qui a été trompé par un comportement apparemment respectable, des idéaux publics raffinés, une charité affichée et un respect général de la religion.

Le mouvement maçonnique ressemblait de l'extérieur à une association chrétienne inoffensive. En réalité, il s'agissait d'un mouvement conspirationniste subversif sous direction juive, qui conservait ses objectifs, ses croyances ancestrales, ainsi que les signes secrets, les rituels, l'obéissance aveugle à l'autorité et le serment terrifiant des vieilles guildes.

En 1780, deux loges entièrement juives furent fondées à Francfort-sur-le-Main (Friedrich Wichtl, *Weltfreimaurerei, Weltrevolution, Weltrepublik*, Wobbenbiill, 1981, p. 82). Le périodique maçonnique français *Acacia* commença alors à réclamer : "Pas une seule loge sans Juifs !"

Les juifs extrémistes ont participé à la formation de la franc-maçonnerie moderne en Angleterre dès le début du XVIIIème siècle (Jacob Katz, *Jews and Freemasons in Europe 1723-1939*, Cambridge, Mass. 1970). La première référence à un franc-maçon juif, Daniel Delvalle, maître de la loge Cheapside à Londres, date de 1732. La même année, un juif, Edward Rose, devint maçon à Londres. Le Grand Rabbin de Grande-Bretagne, Sir Israel Brodie, était un franc-maçon de haut rang (John Hamill, Robert Gilbert, *Freemasonry: A Celebration of the Craft*, Londres, 1998, p. 86). Plus tard, un nombre important de Juifs se sont joints à la franc-maçonnerie anglaise, où ils ont été chaleureusement accueillis.

Beaucoup croient que les francs-maçons cherchent à vivre en paix avec nous et que seules les idées préconçues des autres rendent cela impossible pour eux. Mais la nature de la franc-maçonnerie n'est pas humaine. Les francs-maçons veulent être différents de nous. Ils détestent s'associer avec des non-maçons. Ces Juifs qui ne sont pas membres de loges maçonniques et ne souhaitent pas aider les activités destructrices des Juifs maçonniques, peuvent rencontrer un sort encore pire. Ils sont considérés comme des renégats. Le franc-maçon de haut rang détruit tout ce qui est bon et a une sympathie surprenante pour les formes les plus basses de l'humanité et les criminels. Les crimes cruels et inhabituels des communistes et des socialistes reçoivent souvent la "compréhension", si ce n'est l'éloge pur et simple des médias sous le contrôle des francs-maçons.

Le développement du système maçonnique

Au début, il n'y avait que deux échelons, apprentis et compagnons, qui élisaient un maître de la chaire, qui est devenu plus tard un troisième degré. Ce n'est qu'en 1725 que le titre de "maître" est entré en vigueur dans la franc-maçonnerie politique. La Grande Loge s'appelait la Loge de Saint-Jean en l'honneur du saint patron des tailleurs de pierre, Jean le Baptiste. La fondation de la franc-maçonnerie est célébrée le 24 juin de chaque année.

Depuis 1725, les cabbalistes ont été autorisés à rejoindre diverses loges maçonniques en Angleterre. Quand les Juifs extrémistes cabbalistes ont obtenu leur admission dans les loges, ils se sont rapidement emparés des positions les plus élevées au sein de la franc-maçonnerie.

Un quatrième degré fut introduit en Écosse. Les quelques degrés dans les loges de Saint-Jean n'étaient pas suffisants pour être utiles aux forces qui voulaient exploiter la franc-maçonnerie politiquement. Il n'était pas possible de faire des frères des instruments dociles avec si peu de degrés et pour cette raison un nouveau système avec plus de degrés a été introduit en France, le système de Saint André. Ces degrés supérieurs ont été nommés d'après saint André, le premier disciple de Jean-Baptiste. Le degré de Saint-André était imprégné par les doctrines hérétiques des Illuminati. Les frères de Saint-Jean avaient un rang inférieur à celui des frères de Saint-André.

Charles Radcliffe fonde le système franco-écossais à Paris en 1725 afin de créer une conspiration politique plus efficace. Radcliffe est devenu grand maître de la loge de Saint Thomas et un an plus tard, il était le chef de toute la franc-maçonnerie en France. En 1727, il est élu grand maître du Prieuré de Sion.

En 1754, les descendants des mérovingiens, qui sous la direction de Charles de Lorraine contrôlaient la franc-maçonnerie en France, ont jeté les bases du système des degrés écossais. Ce système comportait 25 degrés, et en gagna bientôt huit de plus. Le système franco-écossais comporte ainsi 33 degrés répartis en sept classes. Le Temple de Salomon aurait soit disant contenu un escalier de 33 marches. C'est la raison pour laquelle la pyramide maçonnique figurant sur le billet d'un dollar américain est faite de 33 pierres. Il s'agit du système le plus répandu dans le monde aujourd'hui.

Le Grand Maître de la Grande Loge de France était le poète Michael Andrew Ramsay, venu d'Écosse. Ramsay a admis ce qui suit aux francs-maçons nouvellement initiés à Paris le 21 mars 1737 :

> "Le monde entier n'est rien d'autre qu'une grande république, dont chaque nation forme une famille et chaque individu un enfant. L'ordre maçonnique est l'association de ceux qui ont compris cette vérité et cherchent à la rendre réelle."
> (Harry Lenhammar, *Med murslev och svard / Avec la truelle et l'épée*, Delsbo, 1985, pp. 45-46)

Ramsay prétendait que les Templiers avaient été guidés par les mêmes idéaux et avaient uni leurs forces pour le réaliser. Il croyait que le système écossais provenait directement de l'Ordre des Templiers. C'est pourquoi il a recréé le même système où le mot de passe secret dérivait des mots de passe des gardes de camps militaires. Ce système est devenu connu sous le nom de rite écossais à 33 degrés. Il explique tout cela dans son livre *Oration* (1737).

Cet ouvrage est devenu aussi crucial pour la franc-maçonnerie que les Constitutions d'Anderson. L'alias de Ramsay au sein de la franc-maçonnerie était Chevalier. C'était un ami proche d'Isaac Newton et de Jean Théophile Desaguliers. Le père de Maximilien de Robespierre appartenait à la loge fondée par Ramsey. Ramsay a été exécuté en Grande-Bretagne en 1746 pour avoir participé à une rébellion au service de la famille maçonnique des Stuart.

Le système a été développé principalement par les dirigeants juifs, parmi lesquels Estienne (Stephen) Morin. Il est devenu le chef de tous les ordres et en

1761 a reçu la mission de diffuser la franc-maçonnerie à travers l'Amérique, où il fit des apparitions publiques en se faisant passer pour un huguenot. Morin était un franc-maçon de haut grade. Il a introduit son nouveau système de franc-maçonnerie dans les colonies américaines le 27 août 1761.

Le 31 mai 1801, Morin fonda le Conseil suprême avec John Mitchell, Abraham Alexander, Israel Mitchell, Emmanuel de la Motta et d'autres juifs maçonniques de haut rang du Rite écossais, à Charleston, Caroline du Sud (Christopher Knight, Robert Lomas, *The Second Messiah*, Londres, 1998, p. 85). Le Conseil Suprême du 33ème degré devint le quartier général magique des francs-maçons. Charleston est situé sur le 33ème parallèle, une question de grande importance pour les francs-maçons, et ce conseil est considéré comme la mère du Conseil suprême de toutes les loges maçonniques dans le monde.

En 1875, le Conseil suprême s'est rapproché du centre du pouvoir à Washington, D.C. Il a ensuite été adopté comme Conseil suprême de la franc-maçonnerie mondiale et influence chaque événement politique important depuis lors.

Le franc-maçon écossais de haut rang John Robison a déclaré que dans le grade de *Chevalier du Soleil*, la Raison était détruite et ensevelie, et le maître de ce degré, le Sublime Philosophe, découvre le lieu où se cache le corps (John Robison, *Proofs of a Conspiracy*, Belmont, 1967, p. 88). Les francs-maçons apprennent que les degrés inférieurs, qui concernent la morale et la religion chrétienne, sont de simples nuages à présent dissipés par la lumière de la raison. Ce degré particulier de la franc-maçonnerie française est le premier pas de la franc-maçonnerie vers l'"illumination". Robison est devenu franc-maçon en mai 1770.

La franc-maçonnerie est en fait devenue une conspiration judéo-cabbaliste, dont le but est de subjuguer les juifs assimilés et d'asservir le reste de l'humanité. En 1869, un juif était grand maître du rite écossais à Paris (Henry W. Coil, *Coil's Masonic Encyclopaedia*, Macoy Publishing, Richmond, Virginia, 1996, p. 260). Le Grand Orient a admis les Juifs dans ses rangs sans restrictions.

La mission de Morin était de faire travailler ensemble tous les francs-maçons - gentils et juifs extrémistes - comme acolytes. Dans tous les cas, ils doivent servir les intérêts du sionisme.

Les chefs maçonniques semblent suivre la doctrine du Talmud, qui dit que s'il n'y avait pas de Juifs, la terre ne serait pas bénie, le soleil ne donnerait pas sa lumière, la pluie ne fertiliserait pas la terre, et l'humanité n'existerait pas (*Jebammoth*, fol. 98a). Cette prétention est donc courante dans la maçonnerie, car elle est également professée par le Talmud. Dans le même recueil d'enseignements, le rabbin Bechai déclare : "La prétention est permise tant que le Juif fait preuve de politesse à l'égard du Gentil impur, qu'il lui montre du respect et qu'il lui dit : Je t'aime." Mais le rabbin Bechai explique que cette règle ne s'applique que si le juif a besoin du gentil ou s'il y a des raisons de croire que le gentil pourrait lui nuire . Dans tous les autres cas, cela (montrer du respect pour un Gentil) devient un péché (*Gittin*, fol. 61 a).

Le premier ministre britannique Benjamin Disraeli s'est adressé à la Chambre des communes en 1852, évoquant les événements de 1848 :

> "L'égalité naturelle des hommes et l'abolition de la propriété sont proclamées par les sociétés secrètes, qui forment les gouvernements provisoires, et des hommes de race juive sont à la tête de chacune d'elles."

Le rabbin Isaac Wise (1819-1900), président de l'organisation du B'nai B'rith à Cincinnati, Ohio, explique que :

> "la franc-maçonnerie est une organisation juive, dont l'histoire, les grades, les nominations officielles, les mots de passe et les explications sont juifs du début à la fin" (*Israelite of America*, 3 août 1866).

Il a également déclaré :

> "La franc-maçonnerie est l'organe politique exécutif de l'élite financière juive."

Il voulait dire que la franc-maçonnerie est le groupe d'action politique des juifs extrémistes.

Le *Jewish Tribune* (New York) a déclaré le 28 octobre 1927 :

> "La maçonnerie est basée sur le judaïsme. Éliminez les enseignements du judaïsme du rituel maçonnique et que reste-t-il ?"

Le *Jewish Guardian* a admis ouvertement le 12 avril 1922 :

> "La franc-maçonnerie est née en Israël."

Ce qui suit pourrait être lu dans la revue maçonnique française *Le Symbolisme* (juillet 1928) :

> "Le devoir le plus important de la franc-maçonnerie doit être la glorification des Juifs, car ce sont eux qui ont préservé le dépôt divin inchangé de la sagesse."

Le Dr Rudolph Klein, un franc-maçon de haut rang, a déclaré :

> "Notre rite est juif du début à la fin, le public devrait en conclure que nous avons des liens réels avec les Juifs." *(Latomie*, n°7-8, 1928)

Un discours à la convention du B'nai B'rith à Paris, publié peu après dans *The Catholic Gazette* (Londres) en février 1936 et dans *Le réveil du peuple* (Paris) un peu plus tard, a déclaré :

> "Nous avons fondé de nombreuses associations secrètes, qui travaillent toutes pour notre but, sous notre direction et notre impulsion. Nous avons fait un grand honneur pour les Gentils de se joindre à nous dans nos organisations, qui, grâce à notre or, prospèrent maintenant plus que jamais. Pourtant les païens qui trahissent leurs propres intérêts les plus précieux en se joignant à nous dans notre complot, ne doivent jamais savoir que ces associations sont notre création et qu'elles servent notre but, cela doit rester notre secret...
>
> L'un des nombreux triomphes de notre franc-maçonnerie est que les païens qui deviennent membres de nos Loges, ne doivent jamais soupçonner que nous les

utilisons pour construire leurs propres prisons, sur les terrasses desquelles nous érigerons le trône de notre roi universel des Juifs ; et il ne doivent jamais savoir que nous leur ordonnons de forger les chaînes de leur propre servilité pour notre futur roi du monde...".

Le président honoraire de la Loge du B'nai B'rith, le rabbin Dr Leo Baeck, lors de l'inauguration de la Grande Loge de district Kontinental Europa XIX à Bâle le 14 septembre 1955, a déclaré :

"La mission des loges en Europe est d'être la conscience des Juifs et de s'assurer que la conscience des Juifs ne s'évapore pas dans les différents pays." (*Judische Allgemeine Zeitung*, 27 janvier 1956)

Le leader sioniste Theodor Herzl a écrit dans son *Tagebucher* (p. 92) :

"Dans les nations actuelles, la franc-maçonnerie ne profite qu'aux Juifs, mais elle sera abolie plus tard."
"Chaque Loge est et doit être un symbole du Temple Juif ; chaque Maître de Chaire, un représentant du roi Juif ; et chaque Maçon une personnification de l'ouvrier juif." (*An Encyclopaedia of European Freemasonry*, Philadelphie, 1906)

Le rabbin Georg Salomon à Hambourg a posé la question suivante dans son livret *Voix d'Orient* :

"Pourquoi n'y a-t-il aucune trace de l'Église chrétienne dans tout le rituel de la franc-maçonnerie ? Pourquoi le nom du Christ n'est-il pas mentionné une seule fois, que ce soit dans le serment ou dans la prière, qui est prononcée à l'ouverture d'une nouvelle loge ou à la loge de district ? Pourquoi les francs-maçons ne comptent-ils pas le temps depuis la naissance du Christ, mais, comme les Juifs, depuis la Création ?" (pp. 106-107).

C'est aussi la raison pour laquelle les noms cabbalistes sont utilisés dans les degrés des différents systèmes de la franc-maçonnerie : Commandeur du Triangle de Lumière, Docteur du Saint Feu, Prince de Jérusalem (16ème degré), Chevalier Rose Croix (18ème), Grand Pontife (19ème), Chevalier Commandeur du Temple (27ème), Chevalier Écossais de Saint André (29ème), Grand Chevalier Élu Kadosh (30ème).

Ce dernier degré est aussi appelé Chevalier de l'Aigle Noir et Blanc. Les membres de ce degré doivent porter des coups de poignard sur une couronne royale. Ils doivent venger sans cesse la mort du Grand Maître Jacques de Molay le 18 mars 1314 à Paris. Souvenez-vous de cette date ! C'est pourquoi les francs-maçons du 30ème degré sont appelés les Vengeurs. Treize bougies sont utilisées lors de l'initiation à ce degré. Lors de la cérémonie les couleurs suivantes sont utilisées : noir, blanc, bleu et rouge.

Albert Pike croyait que le 30ème degré était le plus important, puisque c'est à ce moment que la lutte active contre les autres croyances et les autres religions commence. C'est à ce moment que les membres apprennent la cabbale qui est censée être la clé du temple. C'est aussi à ce moment que les membres commencent à travailler activement avec la magie d'Osiris.

Chaque année, des francs-maçons du plus haut niveau "tuent" une figurine qui porte des vêtements du XIVème siècle et symbolise Philippe le Bel. Soit la tête est coupée (le vin rouge coule pour symboliser son sang), soit la poupée entière est brûlée. Le pape Clément V est également "tué" rituellement chaque année. Les Chevaliers Kadosh doivent alors piétiner la couronne royale et la tiare du pape.

Cette forme de magie était déjà pratiquée dans l'Égypte ancienne. Le papyrus de Harris décrit comment Hui, le maître de bétail du pharaon, avait créé des effigies de cire de foin, qui étaient ensuite introduites clandestinement dans le palais. Les poupées symbolisaient le pharaon et sa famille et devaient être placées près d'un feu, de sorte qu'elles fondaient lentement pendant que le pharaon souffrait et mourait. Le complot fut découvert et Hui et les autres conspirateurs furent condamnés au suicide, l'une des peines les plus sévères d'Égypte (Lewis Spence, *Myths and Legends of Ancient Egypt*, Londres, 1915, p. 263).

Les noms de certains degrés varient d'un pays à l'autre. Le 22ème degré est appelé la Hache Royale du Chevalier en Angleterre, tandis qu'il est appelé Furst von Libanon (Prince du Liban) en Allemagne.

Ces 33 degrés sont divisés en sept catégories. La cinquième catégorie, par exemple, contient les degrés Chevaliers (19ème, 20ème, 23ème, 27ème, 28ème et 29ème), qui proviennent de l'Ordre des Templiers.

La quatrième catégorie comporte deux sous-sections. La première contient les degrés israélites (4ème et 8ème degrés). La septième catégorie ne comprend que les degrés les plus élevés (31ème - 33ème).

Après avoir atteint le 18ème degré, la permission de l'élite maçonnique est nécessaire pour avancer plus loin.

Les quelques francs-maçons qui atteignent le 28ème degré sont soudain informés que tout ce qu'ils ont appris précédemment était faux. Ce n'est qu'alors que la vérité sera révélée. Cela est fait intentionnellement pour tester la fiabilité de ces francs-maçons. Ils ne sont pas autorisés à informer le public de leurs activités.

Dans son roman *Le jeu des perles de verre* (1943), Hermann Hesse décrit la nature de l'homme comme généreuse et noble quand elle suit le chemin de la vérité. Dès que la vérité est trahie, dès que la nature humaine cesse d'honorer la vérité, dès qu'elle vend ses idéaux, elle devient intensément satanique. C'est également le cas en ce qui concerne la nature maçonnique.

Les francs-maçons ont accompli de nombreux actes de vengeance. La République ou Commune de Mayence fut déclarée le 18 mars 1793 en Allemagne avec l'aide des troupes "révolutionnaires" françaises. Grâce à l'armée prussienne, ce nid de vipères fut liquidé quatre mois plus tard, le 23 juillet 1793.

Le 18 mars est devenu un jour spécial. C'est ce jour-là, en 1848, que des révoltes sont déclenchées à Venise, à Milan et à Stockholm. Une révolution a eu lieu à Berlin le même jour. Les dirigeants de la révolution à Berlin étaient tous des francs-maçons juifs, y compris Jacob Venedy et Johann Jacoby.

C'était également le cas dans les autres villes. Les actions devaient même se dérouler en même temps ce samedi-là à Milan, Berlin et Stockholm.

Des actes de vengeance sont à nouveau mis en scène précisément 23 ans plus tard, le 18 mars 1871, date à laquelle la Commune de Paris est déclarée. En Union soviétique, le 18 mars a été célébré comme le jour de l'Aide Rouge. C'est le 18 Mars 1913 que les francs-maçons ont assassiné Georgios, le roi de Grèce.

Selon l'historien américain James H. Billington, le mode de fonctionnement réel de la franc-maçonnerie repose sur une méritocratie impitoyable, une forme de société dont l'obtention de mérites est basée sur des documents délivrés par l'ordre lui-même. Cela implique la subversion de toutes les sociétés statiques basées sur une hiérarchie traditionnelle.

Au début du XVIIIème siècle, les réunions des loges se tenaient habituellement dans des salles privées, dans des auberges ou des tavernes, où les membres se réunissaient autour d'une longue table.

Il est devenu évident que la nouvelle forme de franc-maçonnerie représentait une menace politique pour l'ordre traditionnel. Aux Pays-Bas, les réunions de loges ont été interdites en 1735, car on avait découvert que les frères maçonniques étaient secrètement impliqués dans l'activité politique. En 1738, le pape Clément XII interdit les activités des francs-maçons dans tous les pays catholiques, y compris la France et la Pologne. Selon la bulle papale *In Eminenti* c'était un crime odieux d'appartenir aux francs-maçons.

L'impératrice d'Autriche Marie-Thérèse ferma toutes les loges en 1742, y compris celle dont son mari François Ier faisait partie. Mais il était déjà trop tard, car la franc-maçonnerie avait alors atteint une telle position de pouvoir qu'elle ne pouvait plus être contrôlée par aucun souverain. Ses membres étaient trop nombreux et beaucoup trop influents. Les juifs extrémistes richissimes qui étaient membres de différentes loges et soutenaient leurs activités avaient accès à d'énormes fonds, que les puissances temporelles ne pouvaient ignorer.

Certains francs-maçons ne pouvaient pas supporter le côté maléfique mis en évidence par les rituels et quittaient l'ordre. Un ancien grand maître, également financier à Londres, a confié à Martin Short cet effrayant témoignage qui est raconté dans son livre *Inside the Brotherhood: Further Secrets of the Freemasons* (Londres, 1990, pp. 124-126) :

> "Je suis devenu franc-maçon en 1970, mais même pendant le rituel du premier degré, j'avais des doutes. C'était étrange de prêter ce serment horrible sur la Bible alors qu'une épée pointue était pressée contre mon sein gauche nu. C'était encore plus étrange de me faire dire de sceller ce serment en embrassant la Bible, puis de me faire appuyer le visage contre le compas et l'équerre croisés sur ses pages ouvertes. Ce n'est que plus tard que j'ai réalisé que le compas et l'équerre étaient arrangés en forme de *vesica piscis* et que toute la cérémonie avait des connotations sexuelles.

Malgré mon malaise, j'ai passé les trois premiers degrés en seulement trois réunions. Pendant le rituel du troisième degré, les diacres m'étendirent sur le sol et m'enveloppèrent d'un linceul : un drap noir avec des crânes blancs et des os en croix brodés sur lui. Ils m'ont dit de rester immobile comme si j'étais mort, jusqu'à ce qu'ils me soulèvent et que le maître de loge applique la prise du maître maçon.

Alors que j'étais allongé là, j'ai soudain senti la présence écrasante du mal. Je n'avais jamais consciemment pensé au mal avant, et encore moins ressenti, mais maintenant mon cerveau battait la chamade. J'ai senti une douleur perçante dans mon crâne, comme le pire mal de tête qu'on puisse imaginer. Même ainsi, je suis allé jusqu'au bout de la cérémonie et suis devenu un maître maçon.

Les maux de tête lancinants ne cessaient de réapparaître - non seulement les nuits de réunion en loge, mais tous les soirs pendant plus de dix ans. J'ai subi les pires attaques dans ma chambre à coucher, alors j'ai pris l'habitude compulsive de poser une paire de chaussettes en forme de croix sur le sol à côté de mon lit avant de pouvoir m'endormir. Je ne sais pas si ma femme l'a remarqué. Je suppose que j'essayais de repousser le mal, bien que je ne l'aie jamais raisonné de cette façon à l'époque.

J'ai fréquenté ma loge maçonnique pendant sept ans, puis j'ai démissionné. Plus tard, j'ai réalisé que cette période coïncidait exactement avec les années où je souffrais d'une maladie constante : fièvre glandulaire, pharyngite chronique, hémorragie cutanée spongieuse et cancer de la peau. J'ai peut-être provoqué ces conditions moi-même. Je suppose, mais le cancer de la peau est allé bien au-delà des tendances psychosomatiques de la plupart des gens. Je prenais constamment du Valium et des somnifères. J'ai aussi souffert d'une névralgie aiguë du trijumeau : une paralysie faciale, un peu comme ce que l'on ressent quand on a une rage de dent mais qui ne disparaît pas. Une injection prévient la douleur, mais là c'est ce qui la causait : tant et si bien que j'en criais parfois d'agonie.

En 1980, j'étais sur le point de me suicider. Un dimanche, alors que j'étais très malheureux, je suis allé à mon église paroissiale et je me suis senti obligé de communier. Quand je suis arrivé à la rampe, j'ai supplié d'obtenir le pardon et j'ai demandé à être nourri avec le Pain de Vie. Je ne me souviens pas d'avoir pris les sacrements, mais quand je suis rentré chez moi, ma famille m'a dit que mon visage brillait. Plusieurs mois plus tard, j'ai réalisé que c'était le jour même où j'ai soudainement arrêté de prendre toutes ces pilules.

Je sais que ça a l'air ringard, mais j'avais " trouvé Dieu ". Je suis devenu un chrétien engagé et j'ai parlé à des groupes dans tout le pays, mais j'étais encore tourmenté, comme je l'ai réalisé lors d'une réunion à Peterborough. Le président m'a proposé de prier pour toutes les personnes présentes qui étaient en détresse. Quelqu'un s'est présenté pour demander désespérément de l'aide, mais je n'avais aucune expérience de ce genre de chose. J'ai essayé d'étendre mes bras pour m'appuyer, mais mes coudes étaient bloqués et rigides. Je me sentais mal. Je suis sorti du couloir dès que j'ai pu. Je savais qu'il y avait quelque chose qui n'allait pas chez moi, alors j'ai prié pour de l'aide.

Je l'ai dit à un ami qui m'a présenté à un pasteur pentecôtiste. Il a dit qu'il sentait que je chérissais certaines choses qui, aux yeux de Dieu, formaient un lien spirituel avec un passé illicite. Il n'a pas identifié les objets, mais il a dit que la source du mal était dans ma chambre : sur le dessus de l'armoire et dans la coiffeuse. C'était exactement là que je gardais mes costumes maçonniques et mes livres de rituels. Quand je suis rentré chez moi, je les ai amenés directement à mon pasteur. Il a dit que la seule chose à faire était de les détruire, alors on les a joyeusement jetés au feu.

Cette nuit-là, j'ai arrêté d'arranger mes chaussettes en forme de croix ! Je savais enfin que la malédiction oppressante avait été brisée. En repensant à la cérémonie maçonnique quand j'avais senti pour la première fois le mal surpuissant, je me rends compte que j'ai peut-être été particulièrement sensible à de telles impressions. Je suis peut-être psychiquement plus réceptif que la plupart des francs-maçons - des hommes bons pour la plupart – qui ne ressentent tout simplement pas de telles vibrations. Quelle qu'en soit l'explication, je ne souhaiterais à personne d'éprouver la détresse que m'a causé ce charabia maçonnique pendant tant d'années."

Les plus hauts grades

Le 31ème degré est celui de Grand Inspecteur Inquisiteur. Seulement 400 de tous les francs-maçons britanniques atteignent ce grade.

Le 32ème degré est appelé Maître du Secret Royal. Ce n'est qu'en atteignant le 32ème degré que les francs-maçons apprennent que "la franc-maçonnerie finira par contrôler le monde" (Paul A. Fisher, *Behind the Lodge Door*, Rockford, Illinois 1994, p. 240). Dans le 32ème degré, les membres contemple une "image vraie" de la franc-maçonnerie. Seulement 180 membres britanniques atteignent ce degré. Seuls 75 francs-maçons britanniques sont autorisés à atteindre le 33ème et dernier degré d'Inspecteur Général Honoraire ou Souverain Grand Commandeur.

Le chef des Templiers avait basé toute cette connaissance inoculée dans les degrés supérieurs sur des symboles magiques puissamment chargés. La direction maçonnique indique :

"La magie est comme les mathématiques, la précision dénué d'erreur et la science absolue de la nature et de ses lois."

Le philosophe suédois Henry Laurency a expliqué :

"La magie est la direction mentale des énergies éthériques."

Les trois degrés les plus élevés sont réservés aux dirigeants de l'ordre. Les degrés inférieurs ne sont qu'une façade pour les ignorants. C'est la raison pour laquelle la plupart des frères ordinaires n'ont aucune idée de la façon dont leur rôle est abusé. Beaucoup ont du mal à comprendre que la franc-maçonnerie est un État au sein de l'État et constitue une grave menace pour toute société.

Un homme, qui appartenait au 33ème degré mais qui, plus tard, a laissé derrière lui les rituels inutiles de l'organisation, a déclaré :

"Au fur et à mesure des rites, vous êtes entraînés à ne pas réfléchir sur les contradictions. Vous êtes entraînés à vous laisser berner."

En plus des frais d'entrée élevés, les francs-maçons paient une certaine somme à chaque fois qu'ils progressent dans les rangs. La franc-maçonnerie disposent également de sources secrètes de revenus.

Le Conseil suprême de France a été fondé en 1804. Selon l'historien Domenico Margiotta, les extrémistes juifs ont versé 18 millions de francs au

Conseil suprême dans les années 1890. Le Conseil Suprême de la franc-maçonnerie mondiale (officiellement juridiction du Sud) est situé à Washington, D.C., non loin de la Maison Blanche. Toutes les décisions politiques importantes sont prises par le Conseil suprême du rite écossais.

Ce qui suit peut être lu dans "L'initiation secrète au 33ème degré" :

> "La franc-maçonnerie n'est ni plus ni moins que la révolution en action, la conspiration permanente."

Il y a des transfuges qui ont déserté la franc-maçonnerie et ont révélé qu'il y a trois autres degrés au-dessus des degrés visibles : le degré invisible, le Conseil des Sept et le Patriarche de l'Empereur du monde non couronné. Ce sont tous des grade Illuminati secrets.

Le Conseil suprême du rite écossais du 33ème degré à Washington, D.C. Le lion de pierre de droite devant l'édifice est un symbole de sagesse, tandis que le lion de gauche représente le pouvoir.

Une convention maçonnique s'est tenue à Wilhelmsbad à Hanau dans la province de Hesse-Nassau le 16 juillet 1782. Le Grand Maître Archiduc Ferdinand était présent en personne avec les représentants de toutes les loges unies, même les loges françaises. La convention a duré 46 jours. Le but était d'adopter le système de degrés des Templiers au lieu du système anglais avec seulement trois degrés. Peu de temps après, le système écossais réformé à cinq degrés est apparu. Ce système n'a toutefois pas eu beaucoup de succès dans les Länder allemands. Les loges allemandes voulaient conserver le système des Templiers, qui avait plusieurs degrés (Carl Dahlgren, *Frimureriet / Franc-maçonnerie*, Stockholm, 1925, p. 133). Les Illuminati et les francs-maçons ont uni leurs forces à cette convention. Leur colère était dirigée contre les monarchies et l'Église.

Les costumes des "Bâtisseurs du Temple", leurs cérémonies et les intitulés des degrés sont typiquement juifs. C'est ce qui ressort d'un article paru dans *LIFE Magazine* du 4 mars 1957.

Autres rites maçonniques

La franc-maçonnerie est officiellement apparu en Suède en 1735, lorsque le comte Axel Wrede-Sparre a fondé une loge. Les réunions ont eu lieu au château de Stenbock sur Riddarholmen dans la vieille ville de Stockholm. Wrede-Sparre était devenu franc-maçon en France. En fait, une loge secrète (appelée plus tard le Rite de Swedenborg) a été fondée à Stockholm dès 1721. Il existe aussi des preuves d'une époque encore plus antérieure. Les francs-maçons d'aujourd'hui préfèrent ne pas en parler. Le mystique Emanuel Swedenborg devint lui-même franc-maçon à Lund en 1706.

Le rite suédois est descendu de la loge de Kilwinning en Écosse. Cette petite ville, non loin de Glasgow, est considérée comme le berceau de la franc-maçonnerie écossaise.

Entre 1735 et 1738, Sparre accepta huit nobles dans sa loge et cinq d'entre eux devinrent conseillers royaux (Harry Lenhammar, *Med murslev och svard / Avec la truelle et l'épée*, Delsbo, 1985, p. 57). Le roi Frédéric Ier interdisît toutes les réunions maçonniques le 21 octobre 1738 ; le non-respect de la loi était passible de la peine de mort. Le roi de France avait également interdit l'activité des loges maçonniques. Frédéric Ier a reçu une pétition et il a rappelé son interdiction en décembre de la même année. Frédéric Ier devint plus tard franc-maçon lui-même, mais l'ordre fit en sorte qu'il ne soit jamais informé de secrets plus profonds.

Dans les années 1750, Carl Friedrich Eckleff le sous-secrétaire du ministère suédois des Affaires étrangères a créé un système qui deviendra plus tard le rite suédois. La Grande Loge nationale suédoise a été fondée par Eckleff et 24 autres frères maçons de haut rang, dont Friedrich von Stenhagen et Israel Torpadius, le 25 décembre 1759 à Stockholm.

Le rite suédois est chrétien en apparence. En réalité, selon l'historien norvégien Sverre Dag Mogstad, il est encore plus influencé par la mystique syncrétique (une combinaison de différentes doctrines mystiques), la magie juive et le cabalisme, que la franc-maçonnerie britannique.

Les francs-maçons portaient un cordon de chapeau jaune et rouge. Cela permettait de savoir qui appartenait à l'ordre. En 1798, le duc Carl, frère de Frédéric et grand maître maçonnique, envoya une directive suggérant un code vestimentaire spécial pour les francs-maçons à partir du huitième degré. La lettre stipule que "cet uniforme, auquel le roi a donné son accord, sera constitué d'une redingote française en tissu bleu foncé boutonnée d'une rangée de boutons dorés avec une croix en relief, avec une doublure écarlate, un col pliant et des revers de la même couleur avec tresses ou passepoils blancs, un gilet blanc, une culotte jaune paille, de grandes bottes d'équitation à éperons, un chapeau à trois coins orné d'une cocarde rouge et blanche et d'étamines de plumes blanches, un baudrier de cuir blanc et une épée dorée" (Harry Lenhammar, *Med murslev och svard* / *Avec la truelle et l'épée*, Delsbo, 1985, p. 81).

L'intention était que le franc-maçon soit considéré comme un chevalier de la charité.

Le 9 mars 1803, la police commença à suivre les activités de toutes les sociétés secrètes. Mais cette surveillance ne s'étendait pas à la franc-maçonnerie, qui était sous la protection du roi. En 1818, le nouveau roi Charles XIV devient le patron suprême de la franc-maçonnerie suédoise. Ces informations proviennent du registre maçonnique de 1826.

Le système suédois comportait dix degrés principaux et deux autres degrés, qui étaient considérés comme secrets. Il n'y a pas si longtemps, le registre a également commencé à dresser la liste de ceux qui avaient atteint le onzième degré. Le 11ème degré est appelé Frère des Lumières, Chevalier Commandeur de la Croix-Rouge.

Les trois premiers degrés sont appelés les degrés de St. Jean ou ceux de la franc-maçonnerie bleue. L'âge minimum pour les recevoir est de 21 ans.

Les grades de St André (les degrés rouges écossais) englobent les degrés quatrième jusqu'à sixième, et enfin il y a les degrés de chapitre du septième au onzième (le onzième est appelé le doctorat honorifique, mais il existe aussi un douzième degré secret). L'ancien ministre de la Défense Anders Bjorck est un franc-maçon du 10ème degré.

Selon le livre secret de 37 pages contenant le règlement de fondation et les descriptions rituelles de *Svenska Frimurare Orden* (l'Ordre des Francs-maçons Suédois), vous pouvez devenir un maçon accepté du premier degré (Apprenti de Saint-Jean) de la manière suivante :

Avec la pointe d'une épée dirigée vers sa poitrine, le demandeur est conduit à la porte de la loge. Après quelques questions, il est admis dans la salle du premier degré avec la pointe de l'épée à la poitrine et les yeux bandés. Là, il prête un serment de silence où il accepte qu'on lui tranche la gorge. Le maître demande au demandeur : "Es-tu prêt à te livrer complètement et complètement entre nos mains et à devenir franc-maçon selon les lois et les pratiques que nous suivons..."

Il est également demandé au demandeur s'il est prêt à accepter la foi des francs-maçons et à abandonner la sienne. Cette question est répétée une fois. Le maître explique alors que le candidat doit être "utile à nos fins" mais surtout qu'il doit faire preuve "d'une soumission inébranlable à nos ordres".

Avec une question savamment composée, le maître souhaite savoir si l'initié est prêt à obéir à l'ordre maçonnique même quand il s'agit d'actes illégaux.

À la fin de l'initiation, tous les frères pointent leur épée vers la poitrine du candidat après que le bandeau ait été enlevé. Le président déclare que si quelqu'un ose révéler au public les rituels qui ont été accomplis, cette personne sera considérée comme un ennemi et un traître.

Le demandeur reçoit un tablier en cuir, une paire de gants de daim blancs et une épée. Le titre du livre maçonnique *Avec la truelle et l'épée* / *Med murslev och svard: Svenska Frimurarorden under 250 ar* par le franc-maçon et le professeur Harry Lenhammar (Delsbo, 1985) prouve que l'épée a un rôle important dans la franc-maçonnerie.

Les cérémonies comprennent l'astrologie, le cabalisme et la magie égyptienne. Les rituels du sang sont mentionnés plusieurs fois dans les manuels de rituels, qui sont secrets et très difficiles à obtenir.

Le deuxième degré est appelé le degré compagnon.

Lors de l'initiation au troisième degré, la cérémonie macabre suivante a lieu. Le franc-maçon est conduit vers l'arrière-chambre de la loge, qui contient toutes sortes de symboles mortuaires. Les lumières sont tamisées. Avec un crâne humain à ses côtés, le président frappe trois fois sur la tête du candidat avec un marteau. On fait ensuite reposer le candidat dans un cercueil et on met le couvercle en place. Après un moment de "mort", un franc-maçon de premier plan dit : "Le cadavre s'est déjà décomposé, les ongles tombent des doigts, mais grâce à moi et Cléopâtre, nous le rendrons à la vie." D'autres francs-maçons frappent sur le couvercle du cercueil. La cérémonie se termine par les mots : "C'est terminé."

Le cercueil symbolise l'arche israélite de l'alliance.

Un nœud coulant est utilisé lors de l'initiation aux quatrième et cinquième degrés. Une corde est placée autour du cou du candidat et tendue quatre fois. Tout ceci est censé aider le candidat à devenir un meilleur être humain...

Alors, comment devient-on un meilleur être humain ? Le 24 mars 1980, un maître maçonnique du nom de Gibson de Southgate (banlieue de Londres) et deux autres francs-maçons ont volé un véhicule contenant 3,4 millions de livres à Barking, Essex, en Angleterre. Malgré le fait que de nombreux policiers étaient membres de la Gibson's lodge, aucun d'entre eux ne semblait savoir que Gibson figurait sur une liste des 100 criminels les plus recherchés de Londres.

Dans l'initiation au sixième degré, un frère masqué conduit le candidat à un passage sombre de la cave, appelé Sentier de l'Acacia, et le laisse là. Avec une lanterne à la main, le candidat doit passer des cercueils, des crânes humains, des os et d'autres objets horribles, jusqu'à ce qu'il trouve la branche d'acacia, qui symbolise officiellement l'espoir.

Au septième degré, le franc-maçon est initié à la foi maçonnique, vêtu d'une robe à capuchon blanc avec une croix rouge sur le dos.

Ceux qui sont acceptés au huitième degré reçoivent l'anneau symbolique des francs-maçons, qui affecte négativement l'aura du porteur, la faisant rétrécir.

La question codée posée à ceux qui ont atteint le neuvième degré est : "Rabbi, ubi habitas ?" (Rabbin, où vis-tu ?) Le mot de passe est : "Venite visum." (Venez et voyez.) Après cela, un cri de bataille appelé baptiste est utilisé.

Ces comportements étranges devraient être un avertissement pour toute personne un tant soit peu équilibrée.

Selon la revue maçonnique suédoise *Frimuraren* (n°3, 2000, p. 13), il faut 17 ans pour atteindre le 10ème degré.

Le chercheur norvégien de la franc-maçonnerie Sverre Dag Mogstad, affirme qu'il existe un degré secret dans la franc-maçonnerie norvégienne appelé 10:2, dans lequel les rites du sang (mélange du sang) ont lieu (Tom Lipkin, *Finns det en hemlig 10:2-grad i finlandskt frimureri? / Existe-t-il un degré secret 10:2 dans la franc-maçonnerie finlandaise ?*, Vasabladet, 16 avril 1993).

Le plus haut degré est occupé par le grand maître maçonnique, qui porte le titre de Vicaire le plus sage de Salomon (le plus sage des frères) et Guide suprême. Sous le grand maître se trouvent dix ministres. Les frères d'un degré supérieur doivent être obéis. Mais au-dessus de ce Vicaire se trouve une autre personne secrète, dont le nom et l'adresse sont inconnus de tous sauf du plus sage Vicaire de Salomon (N. Eggis - en fait Sigfrid Nilsson - *Frimureriet*, Helsingborg, Suède, 1933, p. 17). Il y a donc encore un autre degré secret dans le rite suédois - le treizième.

Dès le XIXème siècle, les frères des hauts rangs étaient appelés "illuminés".

En septembre 2001, le professeur de physique Anders Fahlman (11ème degré) est devenu grand maître. L'ordre est dirigé par le Conseil suprême, qui comprend tous les chefs principaux en tant que procureurs du grand maître et chancelier de l'Ordre, ainsi que les maîtres provinciaux comme représentants des sept sections du pays. La Grande Loge Provinciale de Finlande est appelée Grand Chapitre.

Les Juifs qui sont acceptés dans les loges suédoises doivent être baptisés.

Le château de Baatska à Stockholm a été adapté aux besoins des francs-maçons dans les années 1870. Il comporte douze colonnes avec des chapitres corinthiens sur deux rangées à l'extérieur du palais. La franc-maçonnerie suédoise n'est pas du tout une organisation indépendante, malgré le fait que cela soit officiellement revendiqué. Si tel était le cas, ils ne mettraient pas en œuvre le programme en cinq points des Illuminati. Le franc-maçon suédois Johan Jakob Anckarstrom en 1792 a reçu l'ordre de Paris de tuer le roi Gustave III, bien que l'instruction formelle ait été donnée par le grand maître suédois, le frère aîné du roi et le futur Carl XIII. Le duc Carl reçut le titre de duc de Sodermanland après avoir participé à la soi-disant révolution de 1772.

Les Illuminati Gustaf Bjornram, Gustaf Ulfvenclou, et Carl Boheman étaient responsables d'entretenir la confusion du Prince Charles avec leurs théories magiques. Carl Boheman, le fils d'un orfèvre de Jönköping, était le plus dangereux de ces imposteurs. Il avait étudié à l'Université de Lund pour une courte période, mais s'était enfui en raison d'une dette et avait fini à Amsterdam où il avait commencé à travailler dans une maison de commerce et avait ensuite été initié dans la franc-maçonnerie. Boheman fit la connaissance d'un riche Anglais, appelé Stephens, qui appartenait à un ordre secret. Boheman a accompagné Stephens à Londres, où il s'est fiancé à la sœur de ce dernier. Elle est morte avant le mariage, mais Boheman fut autorisé à garder les 10 000 livres de dot. Une fois riche, il se présente en 1794 à Copenhague et devient citoyen danois (C. Georg Starback, *Berattelser ur svenska historien / Contes de l'histoire suédoise*, Stockholm, 1880, p. 122).

Boheman s'est marié en Suède et au cours de ses visites dans son pays d'origine, il a fait connaissance avec le duc Carl pendant sa régence. Boheman prétendait être un franc-maçon de haut rang, possédant une grande connaissance de la magie. Le prince Charles jouissait d'une grande influence et a fait de Boheman un secrétaire à la cour. Il recevait toujours un accueil chaleureux du prince. Il était présent à toutes les réunions maçonniques et a personnellement organisé plusieurs réunions rituelles et secrètes au palais du prince. Au début de 1803, une salle du palais royal de Stockholm a été transformée en temple Illuminati, où les réunions de l'Ordre se tenaient sous la direction de Boheman.

Boheman faisait de la propagande pour l'ordre. Le prince Charles lui avait octroyé le plus haut degré au sein de la franc-maçonnerie suédoise : Maître de la Sagesse Secrète. Lors de cérémonies magiques devant l'autel du temple Illuminati, Boheman utilisait des symboles très inquiétants.

À cette époque, le roi Gustave-Adolphe IV, qui avait succédé à son père Gustave III, apprit que les Illuminati s'étaient installés dans son palais. Boheman s'est révélé être un agent politique, qui avait utilisé ses contact au sein de la noblesse à des fins subversives. Boheman fut arrêté en février 1803 et expulsé du royaume (O. H. Dumrath, *Det XIX arhundrade / Le XIXème siècle*, partie II, Stockholm, 1900, p. 82). En février 1803, le roi ordonne l'arrestation de Carl Boheman. Ses papiers firent l'objet d'une enquête et sa correspondance avec le duc Carl von Hessen fut confisquée. Le procès contre Boheman s'est tenu à huis clos. Le 18 mars 1803, il fut expulsé vers le Danemark. Les autorités danoises l'envoyèrent à Hambourg à la demande du gouvernement suédois. En 1814, Boheman retourna à Stockholm, où le prince Charles avait entre-temps été couronné pour devenir le roi Charles XIII. Mais il n'était plus le bienvenu. Il mourut dans la pauvreté à Wandsbeck près de Hambourg en avril 1831.

Le lundi 13 mars 1809, un *coup d'État*[4] eut lieu au Palais royal de Stockholm. Gustave IV a été arrêté par plusieurs officiers maçonniques de haut rang dirigés par le colonel Carl Johan Adlercreutz. Le roi a appelé à l'aide. La Garde royale a enfoncé la porte, mais les conspirateurs ont expliqué que tout était en ordre. Le roi tenta alors de prévenir la garde principale, où un fidèle régiment allemand était stationné. Mais les conspirateurs l'ont rattrapé et le roi a été neutralisé. Il fut emmené au palais de Drottningholm pour y être assigné à résidence. Il fut destitué le 10 mai. Les conspirateurs maçonniques ont aidé le prince Carl (son oncle et grand maître) à accéder au pouvoir, et le 6 juin 1809, il fut proclamé le nouveau roi (Charles XIII), malgré le fait qu'il était complètement sénile. Gustave-Adolphe IV fut expulsé du royaume en décembre 1809. Il mourut en Suisse le 7 février 1837. Ainsi s'achève la lignée royale de Vasa (C. Georg Starback, *Berattelser ur svenska historien*, Stockholm, 1880, pp. 290-291).

La Suède a connu des temps difficiles et la voie a été ouverte au socialisme. Pendant les années 1860-1930, plus de 1,4 million de Suédois ont émigré en Amérique à cause de la pauvreté et de la famine.

Le système juif de Memphis Misraïm a été fondé en Italie en 1780. Misraïm signifie 'Égypte' en hébreu. Les rites magiques du système descendent d'Égypte et ont été révisés par le comte Alessandro Cagliostro (en fait un escroc sicilien du nom de Giuseppe Balsamo), qui dissimulait son origine juive. Ce système est né des idées de magie noire de Cagliostro. Cagliostro pratiquait le satanisme et conspirait contre la couronne. Son système, Krata Repoa, qu'il créa à Bordeaux en 1783, contenait 97 degrés. Cagliostro s'appelait lui-même le Grand Copte (Kophta).

En 1776, à l'âge de 33 ans, il se présente à Londres. Dès le mois d'avril de la même année, il est initié à l'Esperance Lodge N°289 à Londres. Cagliostro fut plus tard initié à l'Ordre Rose-Croix à Malte, à la Loge de l'Espoir en Angleterre, à la Loge Indissoluble en Hollande, à l'Union parfaite à Naples, à l'Ordre du Temple, à la Stricte Observance puis à la l'ordre des élus Cohen de Lyon.

Plus tard, Cagliostro lui-même a ouvert des loges en Hollande, en Allemagne et en Russie (Saint-Pétersbourg). Il a pris part à une convention maçonnique à Paris le 15 Février 1785. Le juif extrémiste danois Kolmer, connu sous le nom d'Altotas en Italie, était le maître de Cagliostro et a travaillé dur pour populariser la magie d'Osiris. Kolmer avait des contacts étroits avec le chef

---

[4] En français dans le texte, NDÉ.

des Illuminati Adam Weishaupt à Ingolstadt, en Bavière. Cagliostro rejoignit les Illuminati en 1783 à Francfort. Il fut expulsé de France en 1786 à cause de "l'affaire du collier", qui fut organisée par les Illuminati. Cagliostro avait commandé un collier de diamants précieux au nom de Marie-Antoinette pour susciter la jalousie chez les pauvres. Avant cela, il avait prédit que la Bastille tomberait trois ans plus tard. En 1789, Cagliostro fut arrêté à Rome pour avoir été tenté de fonder une nouvelle loge maçonnique égyptienne, et fut condamné à mort puis à la prison à vie. Il mourut le 26 août 1795.

Cagliostro était également membre des Templiers, dont l'intention était de construire le "temple éternel", selon la déclaration d'Albert Pike en 1871. Ce prétexte de construction d'un temple fut utilisé par la suite pour signifier la construction d'une nouvelle société, qui favorise clandestinement le rôle d'une organisation de ce genre dans la vie politique.

En 1809, deux systèmes magiques distincts ont été développés au sein du système Misraïm. Il a été modernisé en France par le juif extrémiste Michel Bedarride. Ce système comportait 99 (95 + 4) degrés. Les deux systèmes ont été réunis en 1867. La nouvelle franc-maçonnerie égyptienne a pris le contrôle des 33 degrés du système écossais. L'un des plus célèbres grands maîtres de la franc-maçonnerie de Misraïm était l'anthroposophe Rudolf Steiner, qui a été en contact avec Lénine et Hitler. Il fonde le mouvement anthroposophique en 1912.

Le rite égyptien est fortement influencé par les cabbalistes juifs. Certains mots, comme Yahvé, étaient si puissants qu'ils ne devaient pas être écrits ou prononcés à haute voix. Cagliostro avait prétendu que le rite égyptien pouvait régénérer ses membres à la fois physiquement et moralement, et finalement les conduire à la perfection. Dans les loges du rite Misraïm, les hommes et les femmes étaient indistinctement acceptés. C'était inhabituel dans la franc-maçonnerie.

Les symboles

Selon le philosophe chinois Confucius (-551 -479 av. J.-C.), ce sont les signes et les symboles qui dirigent le monde et non les discours et les lois. Ainsi, les symboles sont des outils magiques pour contrôler les gens.

Le symbolisme de la franc-maçonnerie politique est basé sur des outils architecturaux. Le désir était de construire symboliquement un Nouveau Monde (le temple invisible) pour les non-maçons. En même temps, les francs-maçons utilisaient la magie cabalistique et sapaient la morale traditionnelle de la société. Leur propre devise a commencé à se répandre : Faites ce que vous voulez ! (François Rabelais, 1494-1553).

Ceux qui deviennent francs-maçons sont obligés d'"admettre" qu'ils étaient dans les ténèbres avant, mais que la lumière leur sera donné par la franc-maçonnerie. Les francs-maçons sont éclairés tout comme les Illuminati prétendent l'être.

Les expériences magiques des francs-maçons sont rehaussées par l'utilisation de secrets et de surprises. Lors de la cérémonie d'initiation, le candidat est obligé de se tenir les seins nus et les yeux bandés. Le bandeau sur les yeux est enlevé après l'initiation et le franc-maçon entre alors dans la lumière. Une fois le bandeau retiré, la question suivante est posée : "Qu'est-ce que tu vois ?" On s'attend à ce que l'initié réponde : "Je vois le soleil, la lune et le grand maître !" (Platonov, *L'histoire secrète de la franc-maçonnerie*, Moscou, 2000, vol. I, p. 529) Cela implique que le soleil brille le jour et la lune la nuit, tandis que le grand maître illumine la loge avec ses conseils.

Celui qui doit être initié porte aussi un nœud coulant autour du cou. Les frères expliquent ensuite qu'ils dirigent le nouveau frère et le maitrise par un nœud coulant. Le nœud coulant était également symbolisé par la corde que les Templiers arboraient sur leurs capes (Christopher Knight, Robert Lomas, *The Second Messiah*, Londres, 1998). La cravate moderne (nœud coulant) est un symbole maçonnique qui bloque le flux d'énergie du chakra de la gorge, ce qui affecte notre libre arbitre.

Les Templiers qui se sont enfuis en Écosse dès 1450 célébraient des cérémonies identiques. Un franc-maçon initié n'est pas autorisé à avoir de l'argent ou des objets métalliques dans ses poches pendant la cérémonie d'initiation. Cela symbolise qu'il est accepté dans la loge comme un homme pauvre et démuni (Bernard E. Jones, *Freemasons' Guide and Compendium*, Londres, 1950, p. 267).

La tête du candidat est recouverte d'un tissu ensanglanté. Le sang est utilisé comme substance particulièrement chargée et comme canal pour des énergies plus subtiles dans les formes les plus efficaces de magie noire.

Le franc-maçon allemand Johannes Friedrich Merzdorf a déclaré que le sang des initiés est versé dans un verre de vin, qui est ensuite bu par les frères *(Bauhutte*, annuaire 1879, p. 13). C'est une forme magique de cannibalisme.

La bannière rouge et blanche des Templiers se trouve parmi les symboles de nombreuses loges, car ils se considèrent comme ayant un lien spirituel avec les Templiers médiévaux. Aussi le flambeau des Templiers a été repris par les francs-maçons, ainsi que les processions aux flambeaux magiques. Les cortèges aux flambeaux ont été utilisés par les communistes, les socialistes et les national-socialistes. Le symbole du Parti conservateur britannique est une torche bleue.

Le nouvel initié doit jurer qu'il servira l'ordre et gardera ses secrets sous la menace d'être tué dans un horrible rituel. Des cérémonies et des serments comme celui-ci produisent des énergies extrêmement négatives.

Les francs-maçons qui sont acceptés dans la loge doivent prêter un serment de sang, dans lequel le novice promet de ne jamais discuter des objectifs ou des activités de l'ordre avec des étrangers. Il n'est pas non plus autorisé à visiter d'autres loges sans la permission de ses supérieurs. De plus, il accepte que sa gorge soit tranchée, son cœur arraché, sa langue et ses entrailles arrachées et jetées à la mer, son corps brûlé et les cendres répandues au vent, de sorte que rien de sa substance ne reste parmi les hommes et les maîtres maçons, s'il raconte à quiconque ce qu'il a appris des plans des francs-maçons. "Je confirme ce serment honnêtement et loyalement, que Dieu me vienne en aide à ma vie et à mon âme." (Sverre Dag Mogstad, *Frimureri - mysterieri, fellesskap, personlighetsdannelse / Franc-maçonnerie - Mystères, fraternité, développement personnel*, Oslo, 1994, p. 281).

Les francs-maçons finlandais doivent accepter de se faire couper l'oreille droite et la main droite, s'ils révèlent les secrets de l'ordre (journal finlandais *Iltalehti*, 8 août 1994, p. 10). Ceci a été rendu public par le journaliste Pertti Jotuni, un franc-maçon finlandais qui en avait assez de l'ordre et qui l'a quitté après 23 ans.

Autrefois au sein des maçons opératifs, la punition pour avoir révélé l'un des secrets de l'ordre était l'exclusion de la loge. Ils ne tuaient personne, pas plus qu'ils ne brulaient leurs intestins.

La magie cabalistique est incluse dans le dogme maçonnique, ainsi que les anciennes doctrines égyptiennes et alchimiques, l'astrologie babylonienne et divers symboles chargés de magie, dont beaucoup ont été repris des francs-maçons originels. Les loges maçonniques les plus puissantes utilisent encore la magie cabalistique pour contrôler et endommager leur environnement plus efficacement.

À Londres, différentes loges maçonniques louent pour leurs rituels magiques un grand temple de style égyptien dans le Great Eastern Hotel sur Liverpool Street.

Le compas était l'outil de l'apprenti, le compagnon utilisait l'équerre et le maître le marteau. La truelle, l'équerre, le compas, la boussole, le fil à plomb, le niveau, la règle à mesurer, le burin et le marteau n'étaient plus des outils de travail comme ils l'avaient été pour les constructeurs. Au lieu de cela, ils sont devenus des outils magiques utilisés dans des rites bizarres conçus pour atteindre des finalités politiques. Ces outils symbolisent officiellement le développement spirituel et la construction d'un Nouveau Monde (le Temple du Solomon). Maintenant, même le nom de "franc-maçon" n'a plus qu'une signification symbolique.

Selon le mythe, il y avait sept marches menant au Temple de Salomon. Dans la franc-maçonnerie d'aujourd'hui ces étapes représentent sept vertus. L'une de ces vertus est l'amour de la mort. L'aspect le plus dangereux du culte de la mort est la perte du respect de la vie. De cette façon, la lutte spirituelle – le sens de la vie, l'amour de la nature, l'art – le choix individuel et la conscience de la nature éphémère des phénomènes perdent leur sens. Celui qui s'égare dans le mystère de la mort finira par trouver le néant et endommagera ainsi son âme. Son développement spirituel en sera affecté.

Symboliquement, cet escalier spécialement construit dans la Loyal Loge N°251, à Barnstaple, en Angleterre, ne mène nulle part.

Le compas donne au franc-maçon un cadre dans sa relation à l'humanité. Il définit les limites du bien et du mal. En même temps, c'est un symbole de prudence.

L'équerre symbolise désormais l'intégrité et la morale de la franc-maçonnerie. Le fil à plomb fonctionne comme un symbole de justice. Le niveau symbolise l'égalité. Mais ces concepts n'existent pas en dehors du domaine d'activité des francs-maçons. L'égalité ne s'applique qu'à l'intérieur de l'Ordre. Les personnes extérieures à l'organisation sont appelées "chiens", selon le *Duncan's Masonic Ritual and Monitor* (p. 13) de Malcolm C. Duncan. Officiellement, on les qualifie de "profanes". Cette illusion de supériorité provient directement du judaïsme. Le rabbin Moses ben Nachman, le rabbin Raschi, le rabbin Abravanel, le rabbin Jalkut et d'autres comparent les gentils tantôt aux chiens, tantôt aux ânes ou aux porcs (*Commentaire sur Osée IV*, fol. 230, col. 4). Jésus lui-même est supposé avoir qualifié les juifs d'enfants et les païens (Gentils) de chiens (*Matthieu 15:26*).

Seuls les frères sont favorisés et pris en charge. Ils doivent être défendus même s'ils sont coupables de vol ou de meurtre.

La truelle du maître maçon est un symbole d'amour fraternel (maçonnique). Elle est utilisée pour forger magiquement une confrérie d'individus différents. Les accolades personnelles "supérieures" sont synonymes de plus grands secrets magiques détenus par les bâtisseurs du monde. Le marteau comme bâton du grand maître est devenu un symbole de puissance. Cela rappelle un phallus. Le tablier de peau d'agneau symbolise la pureté du franc-maçon, quoi qu'il fasse. Le tablier était utilisé par diverses sectes juives (y compris les Pharisiens et les Esséniens). Les Esséniens recevaient un tablier au moment de l'initiation, qu'ils utilisaient pour couvrir leur nudité et protéger leur esprit des pensées impures pendant les nombreux baptêmes de la secte (Christian D. Ginsburg, *The Essenes*, Londres, 1955, p. 41 ; *Babylonian Becharoth* 30, 6).

Le grand maître porte une robe bleu foncé lors de cérémonies importantes (Robert Schneider, *Die Fremaurerei vor Gericht / Le procès de la franc-*

maçonnerie, Berlin, 1937, p. 53). Le drapeau de l'Union européenne présente la même couleur bleu foncé. L'ouvrage *A New Encyclopaedia of freemasonry* par Arthur Edward Waite (New York, 1996, p. 115) déclare que les francs-maçons ordinaires utilisent le bleu ciel tandis que les plus hauts dirigeants portent un manteau bleu foncé.

Beaucoup d'autres symboles sont utilisés : le crâne (tiré des Templiers), les os, l'épée (également symbole des Templiers, destinée à endommager par la magie l'âme individuelle du franc-maçon), le poignard, la coupe, l'arche de l'alliance, trois bougies, l'équerre, le bloc de pierre (les possibilités de développement du franc-maçon), et la pyramide. Cette dernière représente le savoir du franc-maçon. L'épée symbolise la loi de la vengeance (par l'exécution des traîtres). Le crâne et les os symbolisent la vérité perdue, le mot de passe secret qui a été égaré lorsque le maître bâtisseur mythique Hiram Abiff a été assassiné.

Les francs-maçons ont repris un autre symbole important du Temple de Salomon : les deux piliers Jakin et Boaz, qui correspondent à Osiris et Isis (Nigel Pennick, *Sacred Geometry*, San Francisco, 1980, p. 62). Celles-ci sont représentées par les deux lignes droites du signe du dollar. Pour les francs-maçons, le pilier symbolise le revêtement de leur "vérité" et de leur "justice". Ces deux piliers jumeaux représentent la force et la stabilité. Dans la tradition soufie, que les francs-maçons ont reprise, le pilier signifie "homme" (Idries Shah, *Sufis*, Moscou, 1999, p. 439).

L'échelle de Jacob et une colonne intacte représentent officiellement la force et la sagesse. Le pilier cassé, qui se dresse près de l'autel avec l'inscription "adhuc stat" (encore debout) représente la mort des Templiers ; il a une signification toute particulière dans la maçonnerie.

Selon un rituel de l'un des 33 degrés (celui de l'Arche Royale), les restes du Pilier d'Hénoch (en trois parties) furent ramenés par les Templiers qui l'avaient trouvé sous le Mont Moriah à Jérusalem (Christopher Knight, Robert Lomas, *The Second Messiah*, Londres, 1998, pp. 282-286).

Hénoch fut l'architecte de la Grande Pyramide. Il a été intégré à la franc-maçonnerie comme l'un des fondateurs de la géométrie et de la maçonnerie par le franc-maçon James Anderson dans ses Constitutions de 1723. Hénoch a vécu 365 ans, un nombre sacré dans l'histoire primitive.

L'ingénieur britannique David Davidson, qui a publié en 1924 son œuvre monumentale intitulée *La Grande Pyramide*, a mentionné que les écrivains anciens appelaient la Grande Pyramide "le Pilier d'Hénoch". L'avant-propos de la version néerlandaise de l'*Histoire des Juifs* de Josèphe déclare : "Le judaïsme et l'hellénisme constituent les deux piliers de la culture humaine." (Flavius Josèphe, *Historie der Joden*, Arnhem, 1891)

Au-dessus de l'autel se trouve l'étoile de David, parfois l'étoile flamboyante à cinq branches avec la lettre G au centre. Le G représente le Dieu des francs-maçons, Jahbulon. C'est un composé des noms de trois dieux : le

Yahvé d'Israël, le Baal de Canaan (ou Bel de Babylone) et l'Égyptien On (l'autre nom du dieu de la mort Osiris). Les deux derniers sont également sollicités lors des cérémonies de magie noire satanistes. Le G représente officiellement la géométrie. Ce n'est qu'après avoir atteint un haut degré que le franc-maçon est informé que le Grand Architecte de l'Univers s'appelle Jahbulon. Dans le degré de la Sainte Arche Royale (13ème), l'apparition du dieu maçonnique Jahbulon est révélée. Il a un corps d'araignée et trois têtes - celle d'un chat, d'un crapaud et d'un humain. C'est ainsi que le dieu-père, le dieu des cieux et le dieu de la mort s'unirent.

Dans le *Dictionnaire infernal* de Louis Breton et J. Collin de Plancy (Paris, 1863), Jahbulon est représenté comme le démon Baal. Ainsi les francs-maçons vénèrent un horrible monstre.

Le chercheur anglais Stephen Knight a interviewé 57 francs-maçons qui avaient été "initiés à la Sainte Arche Royale", c'est-à-dire des maîtres maçons passés par le rite où ils ont appris le secret de Jahbulon, le dieu des francs-maçons. Ces francs-maçons de haut rang étaient heureux de répondre aux questions critiques de Knight jusqu'à ce qu'il demande : "Et Jahbulon ?" Puis la situation s'est soudain tendue. Ils voulaient changer de sujet, arrêter l'interview ou raconter des mensonges embarrassants (Stephen Knight, *The Brotherhood: The Secret World of the freemasons*, Londres, 1983, pp. 237-240). C'est bien compréhensible. Jahbulon n'est guère le genre de dieu que l'on admet ouvertement vénérer.

Il est très étrange qu'aucun de ces symboles ne soit utilisé pour favoriser le développement du bien. Un concept crucial fait défaut dans la maçonnerie libre, c'est la noblesse.

Le sol des loges maçonniques comporte un damier noir et blanc, supposé symboliser la relation entre le bien et le mal (le système manichéen), la lutte très importante entre le positif et le négatif (du point de vue des francs-maçons). Tout ce qui profite à la maçonnerie est bon et tout ce qui pourrait défavoriser l'ordre est mauvais. Ce type de sol est une tradition juive ; les rois hébreux avaient des sols à damiers dans leurs salles du trône où se tenait également deux piliers cassés (Flavius Josèphe, *Histoire des Juifs*). Un tel plancher symbolise le pouvoir de la justice. Chez les francs-maçons, ce schéma magiquement chargé active d'autres types d'expériences parapsychiques. La bannière des Templiers était également composée de carrés noirs et blancs, symbolisant la lutte entre le bien et le mal, ou le trajet des ténèbres vers la lumière.

Les officiers de police en Angleterre (également en Australie et parfois aux États-Unis) ont des bandes à damiers sur leur casquette, ce qui signifie que le bras séculier est également contrôlé par les francs-maçons.

En termes d'énergie, et aussi psychologiquement, ce type de modèle affecte les gens de façon extrêmement négative. Dans son étude *Concepts and Mechanisms of Perceptions* (Londres, 1974), le professeur Richard L. Gregory se réfère à des tests psychologiques réalisés en rapport avec le noir et des motifs à carreaux blancs. Si l'on regarde longtemps un sol en damier, on ressent certains phénomènes psychologiques - l'œil se concentre sur différents points, on éprouve alors un sentiment de léthargie et d'absence de stimulus, le risque d'accidents de la circulation augmente d'autant. Les gens commencent à se sentir mal. L'étage à damiers du parlement suédois (qui était alors situé dans le Centre culturel) a irrité de nombreux parlementaires dans les années 1970.

Le compas et l'équerre sont placés d'une manière particulière sur le livre saint en usage lors des cérémonies maçonniques. Habituellement, le *Grand Livre des Lois* des francs-maçons se trouve sur l'autel. C'est une source de lumière pour eux. Sans ce livre, les ténèbres règnent dans l'atelier maçonnique et ils sont incapables de travailler. Bien entendu, ils travaillent selon le plan que le Grand Maître Bâtisseur a établi.

Le compas maçonnique et l'équerre forment une *vesica piscis* (vessie de poisson), qui rappelle les organes génitaux féminins. La durée de vie doit être régulée par le niveau et la mesure. La *Vesica piscis* et une croix en T forment un *ankh* (croix surmontée d'une boucle) - le sceptre du dieu de la mort, la clé du royaume des morts.

Ces symboles magiquement chargés relient le franc-maçon à la réalité, que le symbole représente. Les symboles font ressortir une participation magique, ouvrant l'esprit à la réalité spirituelle derrière l'idée véhiculée. Cette réalité peut être bonne ou mauvaise. Le symbole peut aussi ouvrir la porte à l'expérience spirituelle. Les symboles dissimulent, mais parlent clairement à ceux qui en comprennent le sens.

Les symboles peuvent être des canaux de forces négatives ou d'événements positifs. Il peut donc être dangereux de porter des symboles étranges sans connaître leur origine ou comment ils affectent le corps. Les francs-maçons sont persuadés que leurs symboles magiques aux basses fréquences puissamment chargées affectent l'environnement. Inutile de dire que cette influence n'est pas positive.

Les obélisques, monolithes carrés s'effilant vers le haut, ont été érigés en Égypte il y a 3500 ans comme symboles des divinités les plus élevées, en particulier le soleil. Il y avait souvent une petite pyramide au sommet de l'obélisque, parfois couverte d'or et d'argent. Il existait aussi des obélisques cylindriques. Deux obélisques étaient érigés à l'entrée d'un temple. Les Babyloniens et les Assyriens érigeaient aussi des obélisques. Des obélisques commencèrent à être élevés au-dessus des morts en Europe pendant la Renaissance et après les deux guerres mondiales.

Il y avait un réseau logique d'obélisques à travers l'Égypte, parce qu'ils étaient placés dans une relation mathématiquement calculée avec les courants énergétiques de la Terre et l'orbite du soleil ou de la lune. Ils étaient utilisés comme outils pour déterminer les orbites planétaires et le passage du temps. Les Égyptiens disposaient d'un calendrier soigneusement établi.

Il était important pour les pharaons d'ériger des obélisques géants, car c'était un moyen de contrôler les idées des gens et d'amener des points de vue statiques (transe du consensus). De cette façon, les obélisques aidaient le pharaon à conserver le pouvoir sur le peuple égyptien. Les sujets du pharaon considéraient les obélisques avec crainte, comme il sied à un symbole du pouvoir.

L'obélisque maçonnique provient donc de l'Égypte ancienne, où il symbolisait le dieu soleil. L'obélisque était le symbole principal du culte d'Osiris, qui représentait l'énergie masculine : le phallus. Le culte du phallus est une partie extrêmement importante de la franc-maçonnerie (les obélisques érigés à travers le monde le prouvent suffisamment). Osiris était la divinité la plus vénérée de l'Égypte. Alors que le roi Osiris élevait les Égyptiens hors de leur état naturel, leur donnait des lois et leur apprenait à cultiver les champs. Osiris a interdit le cannibalisme. Il prônait la piété, la santé et le bien-être. Isis enseigna aux Égyptiens à cultiver le grain, le lin et la soie, et à filer, tisser et coudre leurs propres vêtements. Elle enseignait à ses sujets à utiliser des herbes pour guérir les maladies.

Le frère d'Osiris, Seth (appelé Typhon par les Grecs), dieu du désert, a formé une conspiration contre lui avec 72 autres. Le vautour Seth a attiré Osiris dans un cercueil, a fermé le couvercle sur lui, l'a cloué, l'a scellé avec du plomb fondu et l'a jeté dans le Nil. Cela s'est produit quand le soleil était dans le signe du Scorpion.

Isis a ensuite donné naissance à un fils, Horus, dans les marais. C'est pour cette raison que les francs-maçons se nomment eux-mêmes "les enfants de la veuve". Buto, la déesse du Nord, essaya de protéger le garçon, mais un jour un scorpion le piqua. Isis demanda ensuite de l'aide à Râ, le dieu du soleil. Le dieu l'écouta et envoya Thot lui apprendre une incantation, qui ramènerait son fils à la vie.

Pendant ce temps, le cercueil contenant le corps d'Osiris avait flotté le long de la rivière et avait atteint la mer. Il s'est finalement échouée à Byblos, sur la côte syrienne. Un bel arbre a poussé autour du cercueil. Le roi du pays aima l'arbre et le fit transformer en pilier qu'il plaça dans sa maison, mais il ne savait pas que le cercueil d'Osiris était dans l'arbre. Isis en a cependant été informée. Elle a demandé le pilier et le cercueil a été extrait. Isis l'ouvrit, puis le déposa et alla voir son fils Horus, qui avait été amené dans la ville de Buto.

Seth a trouvé le cercueil, a reconnu le corps et l'a déchiré en quatorze morceaux, qu'il a répartis à l'intérieur des terres. Isis traversa les marais à bord d'une barque de papyrus et chercha les morceaux d'Osiris. Elle a enterré chaque morceau où elle l'a trouvé. Elle a aussi enterré un portrait de lui dans chaque ville, afin que la vraie tombe d'Osiris ne soit jamais retrouvée.

Mais les organes génitaux d'Osiris avaient été mangés par les poissons. À leur place, Isis en fit forger une représentation qui était utilisée par les Égyptiens lors de leurs célébrations.

Le dieu à tête de chacal Anubis, Isis, Nephtis, Thot et Horus assemblèrent tous ensemble le corps déchiré du dieu et le ramenèrent à la vie, et ensuite il régna comme roi des morts dans l'autre monde (Sir James G. Frazer, professeur d'anthropologie sociale à Cambridge, *The Golden Bough: A Study in Comparative Religion*, Londres, 1890, réimprimé en 1981).

C'est la raison pour laquelle les francs-maçons adorent le nombre 13 - le nombre de parties du corps d'Osiris qui ont été trouvées. Ils ont l'intention de découper spirituellement l'humanité de la même manière. L'obélisque symbolise le phallus d'Osiris, qui a été perdu.

Les obélisques semblent avoir été associés au sacrifice dès le début, par exemple par le temple du soleil de Niusseras à Abou Sir, où un autel a été trouvé à côté de l'obélisque lui-même, avec des rainures dans la pierre pour le sang des sacrifices (Iorwerth Eiddon Stephen Edwards, *The Pyramids of Ancient Egypt*, Londres, 1947, p.134).

Dans de nombreux pays, il est de tradition de sacrifier des êtres humains ou des animaux pour les placer sous les fondations des maisons et des monuments. Le roi Mindon a construit le palais royal de Mandalay, en Birmanie, en 1857, sur les ossements des morts. Plus de 50 hommes et femmes ont été sacrifiés et enterrés sous le palais. Quatre ont été enterrés sous le trône.

À Galam, ce qui est aujourd'hui le Ghana en Afrique de l'Ouest, un garçon et une fille ont été enterrés au XIXème siècle devant les portes de la ville pour la rendre impénétrable.

Les sacrifices de fondation ont également été utilisés en Europe. En 1844, une femme a été cimentée dans le mur du château de Niedermanderscheid en Prusse (Bernard E. Jones, *The Freemasons' Guide and Compendium*, Londres, 1950).

Dans la chapelle Rosslyn, il existe un pilier dit de l'apprenti. Selon la légende, un apprenti y aurait été muré vivant. L'explication maçonnique est simple. Bien sûr, l'apprenti est mort en tant qu'*apprenti* lorsque le travail a été fait, puisqu'il a été initié au grade de *maître*. La cathédrale de Gloucester comporte une niche d'apprentissage, la cathédrale de Rouen une fenêtre d'apprentissage. La mosquée de Damiette possède une tour d'apprentissage (Bernard E. Jones, *The Freemasons' Guide and Compendium*, Londres, 1950, pp. 303-322).

Les communistes de l'Union soviétique ont hérité de la magie des francs-maçons et de ce culte de l'obélisque. Les communistes qui ont réussi à prendre temporairement le pouvoir en Lettonie en 1919 ont organisé une manifestation à Riga le 1er mai, où ils ont construit un certain nombre d'obélisques et une pyramide d'où les dirigeants communistes regardaient les masses de gens qui avaient reçu l'ordre de se rassembler et de défiler parmi les obélisques.

Les communistes avaient l'habitude d'ériger des obélisques sur des fosses communes. Un obélisque a été construit en 1960 sur les corps des soldats ennemis estoniens et allemands à Tallinn, capitale de l'Estonie occupée par les Soviétiques, dans le cimetière de Maarjamae, qui fut plus tard détruit.

Au XIXème siècle, les francs-maçons commencèrent à élever des obélisques en l'honneur de Baphomet. Les francs-maçons ont toujours planifié leurs pires crimes pour la période où le soleil est dans le signe du Scorpion.

Naturellement, ils commencèrent à utiliser l'œil qui voit tout, supposé représenter le dieu Osiris, le créateur. Albert Pike le confirme dans *Morales et dogme de l'ancien rite de la franc-maçonnerie écossaise*. L'œil est donc aussi appelé l'"Œil d'Osiris". C'est le symbole le plus important des francs-maçons Illuminati, et il ressemble à l'œil d'un serpent.

Dans le rite de Saint-Jean, la base de toute la franc-maçonnerie, des cercueils ainsi que des crânes et os sont utilisés au cours des cérémonies. L'objectif de ces éléments aux propriétés symboliques est d'illustrer le côté éphémère de la vie de l'homme. Le cercueil est considéré comme un symbole magique de renaissance dans une nouvelle vie (maçonnique), comme si le candidat avait été mort avant son entrée dans la loge et ne prenait vie qu'après son initiation. Ainsi, l'opposition des francs-maçons au monde extérieur, c'est-à-dire tous ceux qui ne sont pas initiés, est soulignée. Lorsqu'un franc-maçon est accepté au troisième degré, il doit s'allonger dans un cercueil et participer à une mise en scène de la mort et de la renaissance. C'est pourquoi le troisième degré est appelé le degré de mort. Un pacte destructeur avec la mort est ainsi formé.

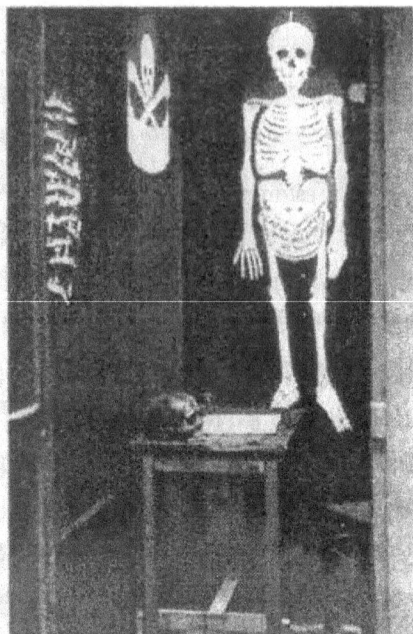

Chambre de méditation utilisée par les francs-maçons
du premier degré en France.

Les futurs membres de l'abominable culte vaudou de la magie noire sont placés dans une salle qui symbolise une tombe, puisque le candidat "meurt" et "renaît", lorsqu'il devient un initié au sein de la religion. Naturellement, cette secte utilise aussi des crânes comme objets de culte. Les rites comprennent également la consommation de sang et le culte des serpents vivants. Le démon vaudou Danbalah est appelé le Grand Architecte de l'Univers (Milo Giraud, *Secrets du Vaudou*, San Francisco 1985, p. 14, p. 17).

Aux États-Unis, le vaudou est pratiqué dans les régions entourant Charleston, la Nouvelle-Orléans et Galveston. Dans les Caraïbes (Cuba par exemple), on pratique le vaudou santeria, qui utilise le sacrifice humain.

Les cérémonies et les symboles magiques les plus importants de la franc-maçonnerie peuvent donc être considérés comme provenant de la forme la plus primitive de la magie noire : le vaudou. Des millions d'êtres humains ont été sacrifiés aux démons maçonniques. La franc-maçonnerie n'est qu'une forme légèrement plus sophistiquée du démonisme vaudou et fonctionne comme la magie au service de l'élite. Dans le même temps, les francs-maçons les moins bien classés sont de simples zombies sous l'influence de la transe du consensus.

Le mouvement moderne de sorcière (Wicca) est constitué d'un système à trois degrés et a été fondé dans les années 1950 par le franc-maçon Sir Gerald Brusseau Gardner, un disciple d'Aleister Crowley. Gardner a publié le magazine *Witchcraft Today*. Pour expérimenter les symboles de la mort, les apprentis sorciers devaient s'allonger dans une tombe ouverte. Beaucoup d'autres rituels ressemblent aussi à ceux de la franc-maçonnerie.

Le professeur Lars-Erik Bottiger a atteint le onzième degré de la franc-maçonnerie suédoise (Chevalier) et occupe la deuxième plus haute fonction dans l'ordre. Il affirme que le cercueil est également sorti et exposé dans la salle maçonnique lors de la cérémonie maçonnique du 18 mars de chaque année *(Nacka-Varmdo-Posten,* 11 novembre 1997, p. 12). Selon lui, cette fête est très ancienne. De nombreuses générations de francs-maçons ont célébré la grande fête de l'ordre en mémoire de la mort de Jacques de Molay, grand maître des Templiers, en 1314.

Bottiger a dit que "ce truc à propos du cercueil" était difficile à expliquer aux gens. "Ils trouvent cela affreux, quoi que vous leur disiez."

Lors de l'initiation au 4ème degré, le candidat doit évoluer par la "marche de la mort", un passage plein d'os et de crânes. On ne dit pas aux nouveaux venus qu'il est dommageable de se trouver parmi ces symboles de mort chargés d'une puissante énergie négative.

Le chiffre trois joue un rôle central dans la franc-maçonnerie moderne - dans les poignées de main, les salutations et les symboles. Nous voyons aussi le chiffre trois dans les chiffres magiques 12 et 13. Osiris avait douze aides (12 + 1). Israël se composait de douze tribus. Douze signes astrologiques composent le zodiaque. Le symbole de l'UE est un anneau féerique composée de douze étoiles. Le chiffre 13 symbolise le passage de la lune dans le zodiaque. La magie lunaire est cruciale pour la franc-maçonnerie.

Le groupe Bilderberg est composé d'un comité exécutif de 39 membres (13 x 3). Les chiffres 5 et 7 sont également importants dans la franc-maçonnerie.

Naturellement, le chiffre 33 joue également un rôle primordial. Pour preuve, le numéro de code du chef maçonnique Francis Bacon était 33.

Le symbole du grand maître est le soleil, qui symbolise la sagesse. Ainsi, le grand maître est toujours assis à l'est de l'assemblée de la loge. Le symbole le plus ancien de l'adoration du soleil est le triangle placé sur un rectangle. Cela représente la forme et l'espace. En trois dimensions, cela devient une pyramide au sommet d'une colonne, c'est-à-dire un obélisque. Le rectangle représente la vérité et la justice des francs-maçons.

L'aigle provient des symboles de la famille Rothschild. L'aigle était à l'origine une représentation du Phénix qui, selon la légende, vit pendant 500 ans, après quoi il se consume dans le feu pour finalement ressusciter de ses cendres et vivre encore 500 ans. Les deux têtes de l'aigle symbolisent le bien et le mal, qui s'équilibrent. Dans la franc-maçonnerie américaine, le Phénix comportait 13 plumes sur chaque aile jusqu'en 1841. Le symbole de l'aigle provient de l'Empire romain.

L'aigle à deux têtes symbolise le Baphomet sous forme d'anagramme. En effet, Baphomet épelé à l'envers donne : tem-oph-ab, qui peut être interprété comme tem = duplex (double), oph = avis (oiseau), ab = generatio (progéniture), c'est-à-dire la progéniture de l'oiseau-double (Margiotta, *Le culte de la nature dans la franc-maçonnerie Universelle*, Grenoble, 1897, p. 215). Mais cela peut aussi signifier *Templi omnium hominum pads abbas* (père du temple de la paix de tous les hommes).

Le symbole des Juifs Khazar était le bouclier rouge. C'est la raison pour laquelle le banquier Mayer Amschel a pris le nom de Rothschild. Ce symbole a également commencé à jouer un rôle secret dans les activités des francs-maçons de haut rang. Le banquier Nathan Mayer Rothschild (1777-1836) devient membre de la Loge de l'Émulation n°12 à Londres le 24 octobre 1802. De nos jours, il existe toujours des loges Rothschild.

Lors des réunions, les principaux francs-maçons chantent des hymnes à Satan. Seuls les plus hauts degrés utilisent la croix de Baphomet. Aleister Crowley, qui pratiquait la magie noire, utilisait la croix de Baphomet dans sa signature. Baphomet est un esprit maléfique, une entité monstrueuse associée à Lucifer que les Templiers médiévaux vénéraient.

Plusieurs transfuges ont révélé que les chefs maçonniques glorifient Baphomet. Albert Pike appelait Baphomet "l'élément primordial du grand-œuvre (la Franc-maçonnerie)".

Deux messages magiques sont écrits sur les bras du monstre. *Solve* sur le bras droit et *Coagula* sur le bras gauche. Cela signifie "dissoudre et coaguler". Ce sont les deux grands principes de l'alchimie. Selon une interprétation ésotérique, la franc-maçonnerie cherche à dissoudre ou à rompre avec tout ce qui est positif dans notre société tout en conservant et encensant tout ce qui est négatif pour subjuguer l'humanité. L'intention est d'empêcher le développement spirituel de l'humanité. Une autre explication est que les francs-maçons souhaitent dissoudre l'ordre actuel et permettre au Nouvel Ordre Mondial de se solidifier par magie.

Le philosophe ésotérique suédois Henry T. Laurency a donné une excellente description de la nature des francs-maçons dans son livre *De vises sten / La pierre philosophale* (Skovde, 1995, p. 319) :

> "Ils cherchent à entraver le développement spirituel naturel de toutes les manières possibles. Ils considèrent comme leurs ennemis tous ceux qui s'efforcent d'atteindre des objectifs plus élevés ou qui servent une cause supérieure. Selon les circonstances, ils promeuvent des dogme ou idées désorientantes, ainsi que des révolutions et des guerres. Ils s'efforcent d'apporter le chaos en toute chose."

Laurency a qualifié tous les membres des sociétés secrètes contrôlées par les loges noires de : "loups déguisés en brebis".

Les mots de passe et les mots sacrés sont tirés de l'hébreu. Le grand maître porte la robe aux couleurs symboliques d'un rabbin. Le tablier recouvert de symboles mystiques est également devenu un vêtement chargé de magie. Le tablier en cuir maçonnique est en réalité une transposition du tablier des grands prêtres israélites. Les Templiers portaient aussi des tabliers blancs sous leurs manteaux.

Beaucoup de ces secrets maçonniques ont été révélés par un transfuge anonyme dans le livre *Sarsena*.

L'Ancien Testament constitue la base des rituels maçonniques. Le cabbaliste franc-maçon américain Albert Pike a déclaré :

> "Toutes les vraies loges maçonniques doivent leurs secrets et leurs symboles à la Cabbale. Seule la Cabbale confirme l'union entre le monde matériel et le monde céleste. C'est la clé du présent, du passé et de l'avenir."

Comme chef de la franc-maçonnerie mondiale Pike savait de quoi il parlait.

Les rituels maçonniques consistent à s'asseoir dans une pièce sombre, porter des tabliers sexuellement explicite, être poussé dans le dos, se faire frapper sur le front, être menacé avec une épée, se coucher dans un cercueil, permettre à un nœud coulant d'être passé autour de son cou et y être accroché…

La couleur des loges de Saint-Jean reste bleue, tandis que celle des loges de Saint-André devient rouge. Le noir est la couleur secrète des degrés les plus élevés (31-33). Certains loges utilisent également le vert. Les francs-maçons des degrés inférieurs sont aussi appelés "Serviteurs de Saint Jean". Ce sont de simples "ouvriers".

Le rouge est considéré comme la couleur de l'esclavage. Les mouvements politiques créés par les francs-maçons utilisent le rouge dans leur symbolisme car ils cherchent à imposer une forme d'esclavage sous le contrôle de la franc-maçonnerie.

Selon Albert Pike, l'étoile à cinq branches symbolise l'"intelligence". Ce symbole est également lié à Sirius, la deuxième étoile la plus proche et la plus brillante. La lumière de Sirius nous parvient en neuf ans. Par magie, l'étoile à cinq branches représente aussi la bisexualité.

La vraie signification de l'étoile à cinq branches est : "Nous approchons de notre but !" Selon Karl Steinhauser, le pentagramme symbolise aussi la suprématie de la franc-maçonnerie. L'étoile à cinq branches est l'union de cinq points de contact. L'étoile rouge à cinq branches était le talisman du bourreau au Moyen Âge (les bourreaux étaient astrologiquement sous l'influence de Mars). Seul un bourreau était autorisé à porter ce symbole. Si l'on est exposé à l'étoile rouge à cinq branches ("l'empreinte du diable"), notre aura rétrécit immédiatement. Ceci peut être vérifié à l'aide d'une baguette de sourcier. L'étoile à cinq branches est donc le signe du mal et de la magie noire. Du temps de Sumer, c'était un symbole sacré représentant la divine proportion exprimée par le nombre d'or. Les prêtres de Chaldée pratiquant la magie noire chargeaient les cinq pointes d'énergie négative.

Le 15 janvier 2001, la télévision suédoise (SVT) révéla son nouveau logo : une étoile rouge à cinq branches. Veulent-ils ainsi montrer qu'ils sont de loyaux serviteurs de la franc-maçonnerie, propageant encore plus intensément leurs idéologies rouges ?

Après que les francs-maçons Vladimir Lénine, Lev Trotsky, Lev Kamenev,

Yakov Sverdlov, Grigori Zinoviev et d'autres conspirateurs agissant en tant que dirigeants bolcheviks aient pris le pouvoir en Russie, ils tuèrent des millions de personnes sous l'égide de l'étoile rouge à cinq branches.

Les dirigeants maçonniques font souvent intervenir des rabbins pour interpréter correctement les symboles de la franc-maçonnerie et de la mystique cabalistique afin d'initier les frères de rang supérieur à leur doctrine religieuse élitiste.

Le pélican et la licorne sont des symboles secrets de la franc-maçonnerie. Hermès est aussi souvent représenté sur les insignes et autres oripeaux de l'ordre. L'Hermès grec, le Mercure des Romains, était le dieu des messagers et des voleurs dans l'antiquité classique.

Avant que les imposteurs politiques ne s'emparent des loges, les choses signifiaient ce qu'elles étaient censées signifier. Un marteau était un marteau, une équerre était une équerre. Ce sentiment de naturalisme était également évident dans l'art et se retrouve dans l'art philosophique rare d'aujourd'hui. Le grand réalisateur russe Andreï Tarkovski dans son film "Le miroir" (1974) montre comment un garçon refuse de tirer sur le champ de tir pendant la Seconde Guerre mondiale. Il grimpe ensuite une colline et s'arrête au sommet. Soudain, un oiseau atterrit sur la tête du garçon.

Tarkovski s'est rendu à Stockholm lorsque "Le miroir" y a été présenté en 1983. Après le film, une femme lui a demandé : "Que signifiait l'oiseau qui a atterri sur la tête du garçon ?" J'étais à côté de Tarkovski quand il a répondu : "L'oiseau ne voulait rien dire !" - "Que voulez-vous dire ?" demanda la femme insatisfaite, habituée comme elle l'était au mode de pensée contre nature des francs-maçons. "N'était-ce pas un oiseau très inhabituel ?" Tarkovski riposta : "Non, c'était un oiseau ordinaire !" La femme ne pouvait pas comprendre : "Mais n'y avait-il pas quelque chose d'inhabituel ?" Tarkovski : "Bien sûr. Le garçon était inhabituel !" La femme : "Comment cela ?" Tarkovski : "Le garçon avait bon cœur ! Un oiseau ordinaire n'atterrirait que sur la tête d'un garçon au bon cœur !"

Dans cette scène, Tarkovski montrait le niveau de développement spirituel du garçon. Ce garçon a refusé de blesser d'autres personnes. De tels individus sont très rares dans notre monde, qui fait souvent penser à un asile de fous. Tarkovski a été influencé par le haïku japonais qui ne signifie rien d'autre que ce qu'il dit. Les questions incompréhensibles de la femme montrent comment les francs-maçons ont détruit notre façon naturelle de penser, où les choses ont un sens naturel et où le pseudo-symbolisme n'est rien de plus que de la magie noire malsaine.

Henry T. Laurency définit le symbolisme des francs-maçons come une "tentative parodique de faire semblant d'être propriétaire des symboles secrets d'un savoir supérieur" (*De vises sten / La pierre philosophale*, Skovde, 1995, p. 88).

Les descriptions maçonniques des rituels indiquent que tous les symboles maçonniques ont une double signification, une naturelle et une magique. La symbiose maçonnique est partout autour de nous (sur le billet de 20 couronnes suédois par exemple), dans les stations de métro (Kungstradgarden à Stockholm), sur les paquets de cigarettes, sur les vêtements et bien entendu dans l'architecture.

La magie maçonnique

Les francs-maçons croient de tout cœur que certains phénomènes magiques les aident à manipuler l'humanité. Si les francs-maçons n'adhère pas aveuglément à ces notions, ils ne sont jamais autorisés à progresser dans les rangs. C'est étrange, si l'on considère que les francs-maçons prétendent être des rationalistes dont l'idéal suprême est la raison humaine.

Le leader maçonnique américain Albert Pike, élevé au rang de Souverain Grand Commandeur de la Juridiction Sud en 1859, explique dans son livre *Morals and Dogma of the Ancient and Accepted Rite of Scottish Freemasonry* sa vision du monde de base du rite écossais :

> "La magie est la science des anciens *magis*... La magie réunit en une seule et même science, tout ce que la philosophie peut posséder de plus certain, et la religion d'infaillible et d'éternel. Elle concilie parfaitement ces deux termes... la foi et la raison... ceux qui acceptent (la magie) en règle générale peuvent donner à leur volonté un pouvoir souverain qui en fera les maîtres de tous les êtres intérieurs et de tous les esprits errants ; c'est-à-dire, les arbitres et les rois du monde...".

Le magicien noir et franc-maçon Aleister Crowley a affirmé :

> "La magie est la Science et l'Art de provoquer le changement en conformité avec la Volonté. Chaque changement bienvenu peut être évoqué, si l'on utilise la bonne force de la bonne façon, en utilisant le bon médium sur le bon objet."
> (Aleister Crowley, *Le Livre du Grand Magicien*, Paris, 1930)

La magie est l'art et la science de l'utilisation de la volonté pour changer notre conscience et remodeler certaines choses ou pour réaliser des métamorphoses. La magie est aussi l'art et la science d'appliquer une certaine force ou puissance pendant le changement ou d'expérimenter une énergie puissante pendant la métamorphose.

Si nous voulons obtenir des métamorphoses positives, nous avons affaire à la magie blanche. Si nous cherchons à nuire aux autres êtres vivants, les méthodes utilisées proviennent de l'arsenal des magiciens noirs.

Le pouvoir est émis par tous les noumènes psychologiques (êtres vivants), bien qu'à des degrés divers, également par la concentration et l'extension. Le pouvoir potentiel des objets psychiques est augmenté grâce à ses propriétés positives (dans le cas de la magie blanche) et diminué par ses associations négatives (par la pratique de la magie noire) à un autre noumène psychique, dans une certaine mesure, qui dépend à la fois du pouvoir potentiel du second noumène et de l'intensité de l'association.

La magie a un effet puissant sur notre environnement. La magie affecte les processus biologiques. Il est possible d'atteindre le *carezza*, une extase sexuelle de longue durée, à l'aide de la magie.

Le fondateur de l'art de la guérison psychosomatique, Rolf Alexander, a été capable d'affecter la forme des nuages, voire de les désintégrer, avec son énergie concentrée, même si le nuage était à dix miles de là, comme à Mexico City durant l'été 1951. Ce processus lui a pris 12 minutes. Ce phénomène magique est appelé psychokinésie en parapsychologie (Rolf Alexander, *Creative Realism*, New York, 1954, pp. 240-241). L'homéopathie est aussi de la pure magie.

La magie naît lorsque le monde intérieur commence à affecter la réalité extérieure, lorsque les énergies sont manipulées. Un examen du monde qui nous entoure nous donne une idée claire du monde intérieur confus des francs-maçons. En même temps, nous acquérons une vision désagréable de notre propre avenir en lisant leurs idéologies et visions rancunières et spirituellement déficientes. La manipulation magique par un praticien spirituellement induit en erreur et confus est donc particulièrement dangereuse. Saint Thomas d'Aquin a sagement déclaré que "toutes les choses physiques ne sont que de simples métaphores des choses spirituelles incarnées". L'avancée de la franc-maçonnerie prouve à quel point notre société est vraiment malade.

Certains objets, vêtements et symboles ont une forte charge magique, comme les instruments d'écriture, l'encre, les baguettes magiques (symbolisant le phallus du magicien), les bougies, l'encens, les cheveux, les capes et les combinaisons. D'autres objets pro-techniques dont la charge magique est plus faible, comme les pierres ou d'autres objets payants, sont appelés amulettes. Les objets avec une charge magique très puissante sont appelés talismans.

Les plus puissants d'entre eux sont les talismans d'Abramelin, des carrés aphoristiques magiquement chargés dans un but précis, qui apportent de grands changements dans l'environnement en un temps relativement court. Les talismans Abramelin sont des arrangements de lettres représentant et finalement réalisant les désirs les plus intimes du magicien. On utilise souvent des mots et des noms d'anges hébreux puissamment chargés. Par exemple Alampis, qui peut rendre le praticien invisible, ou Catan, qui peut détruire les mariages.

Le système magique d'Abramelin le mage est une forme individuelle de magie basée sur *Le Livre de la Magie Sacrée d'Abramelin le Mage, tel que livré par Abraham le Juif à son fils Lémec* (Londres, 1900), écrit en 1458 par Abraham le Juif. Ce livre a inspiré le magicien Éliphas Levi. Aleister Crowley, qui prétendait être la réincarnation de Levi, le considérait comme le meilleur et le plus dangereux livre de magie jamais écrit. La magie d'Abramelin suppose que le monde matériel a été créé par les mauvais esprits. Ces mauvais esprits peuvent être réduits en esclavage par le magicien, qui est protégé par l'Ange Gardien sacré. Le magicien peut utiliser les esprits comme serviteurs. L'ange apparaît au magicien et lui montre comment il peut contrôler les esprits bons et mauvais. Ce n'est qu'alors que le magicien peut guérir les malades, utiliser les talismans d'Abramelin qui font des miracles, gagner des richesses indicibles et dominer le magnétisme sexuel.

Le temple maçonnique d'Amsterdam comporte des talismans Abramelin au-dessus de la porte. Le magicien utilise des carrés remplis de lettres hébraïques pour exhorter l'un des milliers de démons ou de mauvais esprits à lui apporter la richesse, gagner l'amour d'une jeune fille, animer un cadavre pendant sept ans, ensorceler les autres, démolir des bâtiments, ouvrir des écluses, etc.

Les carrés aphoristiques magiques sont animés par la vie démoniaque qui les traverse. Crowley a affirmé que les talismans d'Abramelin étaient "aussi explosifs que la nitroglycérine et beaucoup plus dangereux". Ces talismans peuvent amener des soldats invisibles et fantomatiques à se battre pour les objectifs contre nature des francs-maçons.

La magie d'Abramelin ne peut être utilisée sans châtiment que par un maître qui a subi avec succès une purification spirituelle. Cette forme de magie diffère grandement de tous les autres systèmes rituels européens et son praticien n'utilise même pas le cercle magique traditionnel. Au lieu de cela, il choisit et purifie une zone, souvent un endroit isolé dans une forêt entourée d'une force magique.

Les magiciens modernes considèrent ce système comme extrêmement dangereux. Utiliser les talismans avant de les maîtriser est une pratique très téméraire.

Si on est attaqué par magie à l'aide de ces talismans, on peut se protéger en formant un triple cercle magique autour de soi, en utilisant des symboles magiques de protection ou des objets chargés d'énergie positive, ou en portant un vêtement d'une seule pièce chargé par magie.

Les pyramides sont aussi des talismans. Les Illuminati et le Grand Orient utilisent des pyramides, des triangles et des obélisques comme talismans pour influencer leur environnement.

Les amulettes étaient au centre de la magie égyptienne. Elles étaient portées par les morts et les vivants. Chaque partie du corps avait sa propre amulette. Beaucoup d'amulettes trouvées sur les momies sont inscrites avec des mots de puissance ou des formules magiques. Les amulettes les plus courantes sont le scarabée, une représentation en faïence, en pierre ou en bois du scarabée sacré protégeait le cœur ; l'oreiller sous la tête de la momie ; le collier d'or qui donnait au défunt le pouvoir de se libérer de ses bandelettes ; l'œil d'Horus, dieu égyptien du ciel et du soleil, qui offrait force et protection. Horus avait la tête d'un faucon (Lewis Spence, *Myths and Legends of Ancient Egypt*, Londres, 1915, p. 263).

Le magicien maçonnique dessine généralement un cercle magique, dans lequel il doit se tenir debout pour éviter les effets des forces du mal qu'il invoque. Lors de telles séances, le pentagramme aide le magicien : il permet de maitriser les forces démoniaques sollicitées.

Tandis que le pentagramme rétrécit sensiblement l'aura du porteur, les objets sacrés bouddhistes l'augmentent. Les salopettes d'une seule pièce ont la propriété d'augmenter considérablement le champ d'énergie (aura) du porteur, puisque le flux d'énergie passant dans le corps n'est pas perturbé. Ceci peut être démontré à l'aide d'une baguette de sourcier.

Le magicien Éliphas Levi (en fait Alphonse Louis Constant, 1810-1875) a décrit le fonctionnement de la magie dans son célèbre livre *Dogme et rituel de la haute magie* (Paris, 1854). Il prétendait qu'il existait trois lois fondamentales. La première loi stipule que la volonté humaine n'est pas une idée abstraite, mais une force matérielle et mesurable. Certaines figures géométriques sont utilisées dans la magie rituelle, ce qui aide le magicien à concentrer sa volonté. La deuxième loi stipule que le magicien peut influer sur des objets distants et provoquer des événements sur de grandes distances au moyen de son corps astral. La troisième loi stipule que chaque partie du macrocosme (l'univers) a une contrepartie dans le microcosme (l'individu).

Le magicien Raymond Lullus (1235-1315) développa encore le vin par ses expériences de transformation magique et découvrit "l'eau de la vie" (aqua vitae), c'est-à-dire les esprits.

Les magiciens croient que la connaissance cachée des connexions secrètes leur permet d'utiliser n'importe laquelle des forces cosmiques. Ils peuvent aussi faire jaillir la même force de leur propre âme et la transmettre à un objet magique ou à un processus magique. La volonté est contrôlée par un sens de l'imagination très développé.

Le magicien Agrippa a écrit :

"Rien n'est caché aux sages et aux sensés, tandis que les incrédules et les indignes ne peuvent connaître les secrets."

Il a également déclaré :

"Tout ce qui est semblable et donc connecté est attiré par le pouvoir de l'autre." C'est ce qu'on appelle la loi de résonance.

L'utilisation de sang magique rapproche le magicien du mal. C'est pourquoi la tête de l'initié maçonnique est recouverte d'un tissu sanglant lors d'une cérémonie officielle.

Les chefs maçonniques (surtout dans le Grand Orient) marquèrent leurs sacrifices de sang pour augmenter leur pouvoir en érigeant des obélisques dans les grandes villes, où ils exerçaient un contrôle total. Par ces moyens, les pouvoirs invisibles des illuminés ont créé un énorme champ de force négatif qui accumule l'énergie à l'aide d'obélisques. Les obélisques génère l'énergie qu'ils accumulent.

Napoléon a été encouragé à envahir l'Égypte en 1798 pour piller des sites où il y avait des restes de connaissances magiques anciennes et des objets magiques. Les francs-maçons en avaient besoin pour leurs rituels. Ils ont exigé que Napoléon, une fois sa campagne terminée, ramène un grand obélisque égyptien à Paris comme butin de guerre.

*Napoléon a ramené cet obélisque de Louxor qui fut plus tard
érigé sur le site de l'exécution de Louis XVI.*

En 1835, les francs-maçons érigèrent un obélisque d'Osiris vieux de 2500 ans provenant de Louxor, pesant 246 tonnes, à l'endroit où ils avaient guillotiné Louis XVI et Marie-Antoinette, une place appelée Place de la Révolution dans les années 1790 (elle est aujourd'hui appelée Place de la Concorde). Marie-Antoinette de Habsbourg était la fille de François de Lorraine, un descendant des mérovingiens. Elle fut sacrifiée pour l'avenir. Le sang semble augmenter le pouvoir des obélisques et donc aussi celui des francs-maçons.

L'érection de l'obélisque a eu lieu à la suite du coup d'État que les francs-maçons ont organisé en juin 1830 pour mettre Louis Philippe sur le trône. Ils voulaient se débarrasser de Charles X, le frère de Louis XVI (Martin Short, *Inside the Brotherhood*, Londres, 1997, p. 119), qui avait empêché les francs-maçons d'ériger l'obélisque sur le lieu où son frère avait été exécuté. Parmi les conspirateurs se trouvait le maçon libéral Adolphe Thiers (1797-1877), qui était alors ministre du Travail. Cinq ans plus tard, il est devenu premier ministre et l'obélisque fut érigé à l'endroit choisi. Il est élu président de la Troisième République en 1871.

À l'aide d'une baguette de sourcier, il est possible de déterminer que l'obélisque de la place de la Concorde a été placé sur une puissante ligne de rayonnement terrestre qui continue tout droit le long des Champs Élysées vers l'Arc de Triomphe et la Tombe du soldat inconnu.

Cette ligne de rayonnement terrestre est composée de plusieurs lignes d'énergie naturelle qui ont été formées en accomplissant certains actes rituels.

Les francs-maçons britanniques ont volé leur propre obélisque égyptien, érigé à l'origine par Touthmôsis III. L'obélisque de 3500 ans connu sous le nom d'aiguille de Cléopâtre se dresse sur le quai de Victoria, près de la Tamise à Londres. L'obélisque fut transporté d'Alexandrie à Londres et érigé le 13 septembre 1878. Le franc-maçon Dr Erasmus Wilson a payé le transport qui, en raison d'une puissante tempête dans le golfe de Gascogne, a entraîné la mort de six hommes. L'obélisque se trouvait à l'origine à Héliopolis, mais Cléopâtre ordonna que le monolithe de 186 tonnes soit déplacé à Alexandrie. L'obélisque était un symbole du soleil (Héliopolis signifie "la Cité du Soleil") en grec. Les inscriptions honorent les victoires du pharaon Touthmôsis III en Asie.

Le 22 février 1881, les francs-maçons (dont William Hulbert et William H. Vanderbilt) élèvent un troisième obélisque d'Alexandrie dans Central Park à New York derrière le Metropolitan Museum of Art. Cet obélisque a également été érigé à Héliopolis en Égypte en 1600 av. J.-C. par Touthmôsis III. Elle a été transportée à Alexandrie en 12 av. J.-C. par les Romains.

L'obélisque de New York repose sur des scorpions

Les francs-maçons ont érigé un obélisque (connu sous le nom de "la pyramide") composé de 13 pièces sur une place ouverte à côté du Palais Royal à Stockholm après le meurtre de Gustave III. Il est construit d'après les mesures de l'obélisque de Louxor avec un modèle miniature de la pyramide de Khéops au sommet. Les côtés de la pyramide de Chéops sont inclinés de 51°52' vers la base (Iorwerth E. S. Edwards, *The Pyramids of Ancient Egypt*, Londres, 1947, p. 87).

Les vampires maçonniques utilisent le verrou de Khéops sur leurs obélisques pour empêcher les ennemis d'entrer dans leur champ d'énergie magique. Placer le modèle miniature de la pyramide de Khéops au sommet de l'obélisque est un geste très astucieux.

La terre possède un réseau de lignes d'énergie à différentes fréquences. Les églises, les cimetières et les monuments anciens étaient souvent construits délibérément là où ces lignes d'énergie se croisaient. Il est dommageable pour un être humain de résider à proximité d'un puissant champ de rayonnement terrestre pendant une longue période. Les chats, cependant, aiment s'asseoir là où les lignes d'énergie se croisent, car ils sentent les vibrations des souris traverser les lignes, ce qui rend la chasse plus facile. Les loges maçonniques sont souvent construites sur de puissantes lignes d'énergie. C'est le cas des temples maçonniques d'Amsterdam et de Stockholm. Comme par magie, ces loges sont au centre de l'action et sont donc idéalement situées pour affecter le monde qui les entoure, comme une araignée au milieu de sa toile. Le fait que des francs-maçons de haut rang nient l'utilisation de la magie n'est donc rien d'autre qu'une hypocrisie impudente de leur part.

Le 12 décembre 2000, une expérience a eu lieu à l'obélisque de Stockholm. Une baguette de sourcier a été utilisée pour s'assurer que l'aura humaine était affectée si négativement dans le rayon immédiat de l'obélisque qu'elle s'est réduite à presque rien. En même temps, il a été déterminé que l'obélisque était érigé sur une puissante ligne d'énergie, qui s'étendait directement vers le palais Bååtska, le siège des francs-maçons suédois. D'autres expériences ont conclu que les deux lignes d'énergie, qui traversent également la porte de la loge, font rétrécir l'aura humaine à une fraction de son rayon initial. Être à l'intérieur d'une loge maçonnique ne peut pas être bon pour la santé. Les rituels maçonniques amènent les lignes d'énergie des loges et des obélisques à accumuler une fréquence extrêmement négative . En ce qui concerne les Églises, c'est l'inverse.

Aujourd'hui, il existe de véritables obélisques égyptiens à Londres, Kingston Lacy, Dorset, Durham (Angleterre), Istanbul, Paris, Florence, Rome, New York, Le Caire, Héliopolis, Louxor, Fayoum et Karnak. Les cinq derniers sites se trouvent en Égypte. Il y a 13 obélisques égyptiens à Rome, dont un au Vatican.

Aujourd'hui, les obélisques sont associés au sacrifice. Les francs-maçons soulevèrent un obélisque composé de 14 parties avec le flambeau Illuminati (ou Flamme de Lucifer) au sommet, sur la Dealy Plaza de Dallas, près du lieu où le Président Kennedy fut tué par balle le 22 novembre 1963 (sous le signe du Scorpion). L'obélisque est situé sur le 33ème parallèle, directement en face du palais de justice du comté et de la loge maçonnique de la ville (article de James Shelby Downard, *Masonic Symbolism in the Assassination of John F. Kennedy*).

Le 4 juin 1963, le Président John F. Kennedy a signé le décret exécutif no 11110 qui redonnait au gouvernement le pouvoir d'émettre de la monnaie, sans passer par la Réserve Fédérale. L'ordre de Kennedy donna au département du Trésor le pouvoir "d'émettre des certificats d'argent contre tout lingot d'argent ou dollars d'argent standard dans le Trésor". Pour chaque once d'argent dans le coffre-fort du département du Trésor américain, le gouvernement pourrait mettre de l'argent frais en circulation. Kennedy a mis en circulation près de 4,3 milliards de dollars en nouveaux billets. Les ramifications de ce projet de loi ont été énormes.

D'un trait de plume, Kennedy s'apprêtait à mettre la Federal Reserve Bank of New York en faillite. Si un nombre suffisant de ces certificats d'argent devaient être mis en circulation, ils auraient éliminé la demande de billets maçonniques émis par la Réserve Fédérale. C'est parce que les certificats d'argent étaient adossés à de l'argent métal et que les billets de la Réserve Fédérale ne sont adossés à rien d'autre qu'à une dette perpétuelle qui maintient le gouvernement et le peuple des États-Unis en esclavage.

Le décret 11110 aurait pu empêcher la dette nationale d'atteindre son niveau actuel, parce qu'elle aurait donné au gouvernement la capacité de rembourser sa dette sans recourir à la Réserve Fédérale et se voir imposer des intérêts pour cette création d'argent-dette.

Démanteler le système de la Réserve Fédérale et émettre de l'argent sans intérêt était un crime contre les intentions de l'élite financière maçonnique.

Après l'assassinat de John F. Kennedy cinq mois plus tard, aucun autre certificat en argent n'a été émis. Le décret n'a jamais été abrogé par aucun président américain et est toujours valide. Près de 6 trillions de dollars de dette ont été accumulés depuis 1963 (*President Kennedy: the Federal Reserve and Executive Order, The Final Call*, vol. 15, no 6, 17 janvier 1996, États-Unis).

Le président Kennedy voulait rappeler les conseillers militaires vietnamiens, mettre fin au "conflit" inutile avec l'Union soviétique et empêcher Israël de produire des armes nucléaires, devenant ainsi l'ennemi du franc-maçon David Ben-Gourion, le premier ministre d'Israël (Michael Collins Piper, *Jugement final : le chaînon manquant de l'assassinat de JFK*, Washington, 1998, traduit et publié par Omnia Veritas Ltd).

Dans sa lettre à Ben-Gourion, Kennedy indique clairement qu'il n'acceptera en aucun cas qu'Israël devienne un État nucléaire. L'historien israélien Avner Cohen confirme dans son livre *Israel and the Bomb* (1999) que le conflit entre John F. Kennedy et Israël était très puissant. L'historien américain Stephen Green a déclaré :

> "Dans les premières années de l'administration Johnson, le programme d'armement nucléaire israélien était considéré à Washington comme "le sujet délicat".

Lorsque le procureur de la Nouvelle-Orléans, Jim Garrison, a poursuivi le cadre commercial Clay Shaw pour conspiration dans l'assassinat il a découvert ses liens avec le Mossad.

Les États-Unis ont gaspillé deux milliards de dollars par mois dans leurs efforts de guerre criminelle au Vietnam. Kennedy a été remplacé par le franc-maçon de haut rang Lyndon Baines Johnson, qui a fait tout ce qui était en son pouvoir pour cacher la vérité derrière ce meurtre. Le tireur d'élite Lee Harvey Oswald n'aurait jamais pu tirer trois coups de feu, dont deux en moins de 5,6 secondes depuis sa cachette supposée au sixième étage du dépôt de livres de Elm Street à Dallas. Le procureur Jim Garrison, de la Nouvelle-Orléans, croyait qu'au moins trois tireurs d'élite étaient impliqués dans la fusillade. Le journaliste d'investigation américain Michael Collins Piper tente de montrer dans son livre *Jugement Final* que les services secrets israéliens du Mossad, ont été impliqués dans le meurtre du président Kennedy.

L'assistant photographe d'autopsie Floyd Riebe, le technicien en radiologie Jerrol Custer et un autre technicien, tous employés par l'US Navy et présents au Bethesda Naval Hospital, lorsque le corps de John F. Kennedy y a été amené après le meurtre, ont révélé lors d'une conférence de presse à New York le 28 mai 1992, que les photographies et radiographies de l'autopsie du président avaient été truquées. Il était clair d'après les photos authentiques que Kennedy a été touché par plus de deux balles et qu'au moins une d'entre elles a été tirée devant lui. Jerrol Custer a déclaré : "Les photos ont été retouchées pour qu'on ne puisse pas voir le grand trou de sortie à l'arrière de la tête." (*Expressen*, 29 mai 1992 - non rapporté dans la presse américaine !)

L'auteur Harry Livingstone, qui était présent à cette conférence de presse, a raconté dans son livre *High Treason 2* que Kennedy a été pris en embuscade avec une précision militaire par plus d'un sniper. C'était une conspiration, qui a été dissimulée au plus haut niveau.

Le cerveau préservé du président Kennedy a disparu d'une manière mystérieuse. Aujourd'hui, un examen confirmerait selon toute probabilité qu'il y avait au moins deux ou trois tireurs d'élite.

L'obélisque de marbre le plus haut de Washington, haut de 555 pieds et dédié au président et franc-maçon George Washington, fut achevé en 1885. C'était alors la plus haute structure de pierre au monde. Le monument de Washington a été conçu en 1838 par Robert Mills (1781-1855), d'après les mesures de l'obélisque de Louxor. Le chiffre 5 dans le symbolisme maçonnique représente la mort, tandis qu'une série de trois cinq représente le meurtre. Des médecins maçonniques furent responsables du meurtre du président George Washington. Le service de l'urbanisme de la ville a décidé qu'aucun bâtiment ne pouvait être plus haut que le Capitole. La Grande Loge maçonnique est orientée au nord, le Capitole vers l'est.

Washington, D. C. a été conçu en 1791 par l'architecte maçonnique Pierre Charles l'Enfant, qui a conçu les rues et les boulevards pour former un modèle magique avec la Maison Blanche au centre (Frederick Goodman, *Magic Symbols*, Londres, 1989, p. 6). En 1792, le père fondateur pose la première pierre de la Maison Blanche le 13 octobre, jour anniversaire de la mort des Templiers.

Le plan de la ville de Washington symbolise la tête de Baphomet et le triangle maçonnique. Certains endroits ont des noms très révélateurs, comme la place des francs-maçons. L'intention était de construire la Nouvelle Atlantide où le nombre 13 joua un rôle décisif. En traçant des lignes droites entre les cinq structures les plus importantes de Washington, D.C., on se retrouve avec un pentagramme. Un point du pentagramme se trouve sur le Capitole, un autre sur la Maison Blanche, un troisième sur l'obélisque de marbre (Charles L. Westbrook, *America's Oldest Secret: The Mysterious Street Lines of Washington, DC, The Talisman of the United States, Signature of the Invisible Brotherhood*, 1990). En 1800, le gouvernement fut transféré de la capitale provisoire de Philadelphie à Washington. Les trois obélisques de Washington jouent un rôle clé dans la magie symbolique du Nouvel Ordre Mondial (Peter Tompkins, *The Magic of Obelisks*, New York, 1982).

Les francs-maçons ne manquent jamais une occasion d'utiliser la magie pratique. Ils attendaient devant les portes de l'Hôtel de Ville de Paris quand Louis XVI le visita peu après la "révolution". Dès qu'il arriva, ils levèrent leurs épées sur lui. Officiellement, ils ont parlé de leur désir de protéger le roi avec ce "toit d'acier". C'est ce qu'on appelle aussi le salut maçonnique (Alexander Selyaninov, *The Secret Power of Freemasonry*, Moscou, 1999, p. 87). C'était en fait un acte symbolique montrant que le roi était sous l'influence des francs-maçons à partir de ce moment. Les épouses des francs-maçons reçoivent un "salut" similaire lors de leur visite à la loge.

*Les non-membres qui visitent une loge sont priés de passer
par un "tunnel d'épées".*

L'explication ésotérique de ce phénomène est la suivante. En pointant une dague sur un être humain, les francs-maçons déchirent des trous dans son aura en plaçant de l'acier froid dans son champ énergétique. Cela affaiblit l'individu au point où il se conforme totalement aux idées des francs-maçons. C'est un cas de violence symbolique contre l'âme. Une personne blessée temporairement ne peut résister à l'"illumination". Les psychopathes maçonniques croient qu'il est plus important d'endommager l'âme d'une personne que son corps.

Il y a des poignées en forme d'épée sur la porte principale qui mène hors de la loge au Freemason's Hall à Londres. Lorsque j'ai visité ce bâtiment pour la première fois en août 1998, le guide m'a expliqué que ces poignées magiquement chargées donnent à un franc-maçon qui quitte le bâtiment de l'énergie supplémentaire à utiliser dans la lutte contre les ennemis de l'ordre. Sur les murs se trouvent des peintures murales d'anges au sabot boursouflé (!), comme s'ils étaient des démons. L'ensemble du bâtiment dégage une énergie extrêmement négative, ce qui entraîne une diminution de l'aura. Les francs-maçons peuvent donc à juste titre être appelés des vampires de l'énergie.

Le banquet du jubilé à la grand loge de Hambourg en 1988.

Dans la bibliothèque de la Grande Loge d'Angleterre, j'ai trouvé de nombreux livres sur la magie, l'occultisme et d'autres phénomènes qui manquent d'explications officielles, dont les OVNIS. Toutes les tentatives au sein de l'UE pour former une commission d'OVNI chargée d'enquêter officiellement sur des cas étranges ont échoué. Les francs-maçons semblent très intéressés par les soucoupes volantes et ont recueilli beaucoup d'informations sur le sujet, alors qu'officiellement ils passent pour les plus grands sceptiques.

Les différentes sources d'énergie et de rayonnement dans l'univers nous affectent quotidiennement. Ce n'est qu'à notre mort que nous sommes libérés de l'univers physique. Le scientifique russe Semyon Kirlian a réussi à montrer à l'aide de son appareil que cette énergie continue à nous affecter après notre mort physique. Les planètes nous affectent dans une large mesure (astrologique). Il est à la fois grave et imprudent de ne pas en tenir compte. Les francs-maçons utilisent l'astrologie, la plus ancienne de toutes les sciences. Nous ne pouvons pas nous permettre d'ignorer cette connaissance.

François Mitterrand, ancien président de la France et franc-maçon du 33ème degré, s'intéressait beaucoup à l'astrologie. Il a demandé aux astrologues de lui fournir la date optimale pour un référendum sur le traité de Maastricht et a commandé des horoscopes pour les membres du gouvernement socialiste de l'époque (Bjorn Erik Rosin, "Mitterrand prisade sin stjarna" / "Mitterrand remercie sa bonne étoile", *Svenska Dagbladet*, 9 mai 1997, p. 1).

Les francs-maçons bolcheviks avaient une connaissance approfondie des secrets de l'astrologie. Leur astrologue en chef était Lev Karakhanan (Karakhanyan), plus tard commissaire populaire adjoint aux affaires étrangères. Naturellement, les dirigeants nazis qui étaient liés à la franc-maçonnerie internationale, étaient également intéressés par les secrets de l'astrologie.

Selon l'auteur bouddhiste Michael Tamm à Boston, les francs-maçons sont activement impliqués dans la guerre magique contre nous (Michael Tamm, *Reflections on Magical Warfare*, Boston, 1990). Michael A. Hoffman a écrit un livre révélateur sur la guerre psychologique que les francs-maçons mènent contre nous (*Secret Societies and Psychological Warfare*, Dresde, NY). Ces théories sont confirmées par des experts en radiation et magie de la terre. L'élite maçonnique, avec sa connaissance de la magie, utilise une fréquence de 1,2 oscillations par minute pour endommager et affaiblir l'humanité. Le 31 mai 2000, l'élite maçonnique du monde entier a transmis cette fréquence le long des lignes naturelles de Hartmann et Curry, les élargissant et faisant ressentir aux gens un effet troublant et déroutant semblable à celui de la prise de belladone. En d'autres termes, nous avons été spirituellement drogués dans l'intention de nous pousser à se dresser les uns contre les autres.

Le but de l'élite maçonnique comprend la transformation du monde selon leur propre perception magique des choses. C'est la raison pour laquelle des outils banals sont considérés comme des symboles magiques de violence et de domination.

Un obélisque moderne devant le quartier général
de la police métropolitaine de Toronto.

L'idéologie maçonnique

La base de l'idéologie maçonnique est censée être la tolérance, l'ouverture d'esprit, l'humanisme et la fraternité. Ces phrases ont été claironnées par les francs-maçons eux-mêmes. La devise officielle de la franc-maçonnerie est : *Lux ex tenebris* (la lumière émergeant des ténèbres). La franc-maçonnerie représente officiellement les valeurs humanistes, mais en réalité elle représente la pire forme d'athéisme et de matérialisme.

Le plus grand crime contre l'humanité des francs-maçons a été d'enlever la croyance ancienne que nous ne vivons pas une seule fois et que nous sommes entièrement responsables de nos actes devant les mondes invisibles. Il est donc important pour eux de ridiculiser toute connaissance de l'idée de réincarnation.

Le franc-maçon Joseph Fouché, qui fut commissaire de la convention, lors de la "grande révolution française" en 1793, ordonna de placer une enseigne rue du Cimetière à Paris. Le panneau y disait : "La mort est un sommeil éternel."

Heinrich Heydrich et Dieter Schwarz écrivent dans le livre *The World-View of Freemasonry* (Berlin, 1938) que l'ordre représente une philosophie humaniste, où "aucune distinction n'est faite entre races, peuples, religions ou convictions sociales et politiques". Selon la propagande actuelle, la franc-maçonnerie crée de meilleurs êtres humains. Les faits suggèrent une vérité toute différente.

Les francs-maçons ont pris sensiblement leurs distances par rapport à la chrétienté. Le *Lexicon of Freemasonry* d'Albert Mackey déclare que "la religion des francs-maçons n'est pas le christianisme". Il s'agit en fait d'une forme de démonisme-satanisme occulte.

Le Grand Orient d'Italie loua le Palazzio Borghese à Rome en 1893. Deux ans plus tard, en raison d'un différend sur le contrat de location, les francs-maçons ont dû quitter certaines parties du palais. Le représentant du propriétaire, le duc de Borghèse, a entrepris une inspection. Le journal *Corriere Nazionale* a déclaré qu'une pièce était fermée à clé. Les inspecteurs ont dû menacer de faire venir la police avant d'être autorisés à entrer dans la salle. Toute la pièce avait été convertie en un sanctuaire dédié à Satan. Les murs étaient recouverts de soie rouge et noire, une tapisserie avec une représentation tissée de Lucifer accrochée au mur du fond. Avant la tapisserie était un autel avec des triangles et d'autres symboles maçonniques.

Les francs-maçons italiens d'Ancône publièrent le périodique *Lucifer* dans les années 1880, où ils admirent à plusieurs reprises : "Notre chef est Satan !"

Lorsque les francs-maçons italiens ont découvert un monument au Grand Maître Giuseppe Mazzini le 22 juin 1883, ils portaient des drapeaux noirs. Le mât du drapeau était décoré d'une effigie en bois de Lucifer.

Le célèbre poète italien, professeur de littérature et grand maître adjoint des francs-maçons (*Felsinea*, Bologne) Giosue Carducci (1835-1907, prix Nobel de littérature en 1906) a écrit "Hymne à Satan", qui contient les vers :

"Nous te saluons, ô Satan ! Oh rébellion ! ("Salut, ô Satana ! Ô Ribellione !) Oh la force victorieuse de la raison ! (O, forza vindice della Ragione !)"

La Rivista della Massoneria Italiana" (vol. X, p. 265) des années 1880 :

"Mes frères, francs-maçons... Satan est génial !"

Manly P. Hall, franc-maçon du 33ème degré, a déclaré dans son livre *The Lost Keys of Freemasonry or the Secret of Hiram Abiff* que les francs-maçons ont toujours accès à "l'énergie bouillante de Lucifer".

Samuel Paul Rosen (1840-1907) a été actif comme rabbin en Pologne pendant de nombreuses années et en même temps réussi à atteindre le 33ème degré dans la franc-maçonnerie. Finalement, il en eut assez et commença à servir l'humanité à la place. Il a quitté la franc-maçonnerie et s'est converti au catholicisme. Dans son livre *Satan et le paradis* (*Satan et del*, Casterman, 1888), Rosen révèle qu'il existe une conspiration maléfique basée sur le satanisme implantée dans la franc-maçonnerie. Rosen a déclaré que la religion de la franc-maçonnerie est un culte de mort et que son but est de dégénérer la société (p. 335). Pour cette raison, les francs-maçons ont encouragé la fondation de mouvements politiques et pseudo-spirituels destructeurs pour les retardés spirituels et ceux qui sont dénués de discernement. Deux exemples effrayants de cette mort maçonnique - culte et sadisme - sont la destruction des cultures russe et chinoise suite à leurs soi-disant révolutions.

Le mouvement anarchiste, fondé par les francs-maçons pour les idiots utiles du monde politique, utilise les couleurs rouge et noir satanistes du Grand Orient. Lorsque la tristement célèbre anarchiste française, "révolutionnaire", féministe et maçonne Clémence Louise Michel (1833-1905) revint de son exil, elle fut saluée par 5000 anarchistes qui s'étaient réunis à Paris le 18 septembre 1880. Les anarchistes criaient : "Vive Satan !" La foule a failli faire une dépression nerveuse collective (*Vérité de Québec*, L'article de J. Chicoyne sur Michel, publié en janvier 1905).

Michel avait été active sur les barricades durant les évènements de la Commune de Paris, qui s'appelait la dictature du prolétariat du 18 mars au 28 mai 1871. Elle dirigeait un club révolutionnaire. Michel fut arrêté d'innombrables fois et déportée en 1872 en Nouvelle-Calédonie. Après huit ans, Michel a été amnistiée en 1880. Elle a fait des tournées à travers l'Europe pour promouvoir l'anarchisme jusqu'à sa mort. En 1881, elle participe au congrès anarchiste de Londres. Après une manifestation contre le chômage, elle a été condamnée à six ans de prison, puis graciée. De 1881 à 1895, elle vécut à Londres comme directrice d'une école libertaire. Puis elle est retournée en France.

Louise Michel était membre de la Loge La Philosophie Sociale au sein de La Grande Loge Symbolique Écossaise, selon des documents du Grand Orient de France.

La juive franc-maçonne et terroriste anarchiste Louise Michel

Les francs-maçons luttent pour l'obtention d'un internationalisme et d'un anti-nationalisme radicaux (Konrad Lehrich, *Der Tempel der Freimaurerei*) / *Le Temple maçonnique*, p. 7). Ils ont répandu la religion de la haine et de l'intolérance. Leur idéologie est basée sur des contes de fées et n'a rien à voir avec la réalité.

Le franc-maçon abbé de Raynal a écrit :

"Être charitable, c'est comme être malade." (Raynal, *Histoire Philosophique et Politique* / , La Haye, 1770-1776, Vol. 6)

Les francs-maçons prétendaient agir au nom de la science et de la raison. Cela n'a pas empêché les Jacobins de guillotiner un grand nombre de scientifiques. Le 7 mai 1794, le célèbre chimiste Antoine Laurent Lavoisier (1743-1794) est exécuté à Paris pour "conspiration contre le peuple français".

Albert E. Brachvogel a montré dans son livre *Parsifal - le dernier Templier* (1878) qu'il existait des liens étroits entre les Templiers et les francs-maçons. Kenneth McKenzie a également prouvé ce lien dans sa *Royal Masonic Cyclopaedia* (1875).

Un exemple de tablier maçonnique

L'historien maçonnique J. S. M. Ward montre que les rituels des Templiers font partie des cérémonies d'initiation maçonnique dans son livre *La franc-maçonnerie et les dieux antiques* (1921) :

> "Le Temple Saint à Jérusalem a été construit par Salomon, roi d'Israël, Hiram, roi de Tyr et Hiram Abiff, maître constructeur de la tribu de Nephtali en l'an 2992."

Concernant la Bible, les francs-maçons ne s'intéressent qu'à l'histoire fabriquée du maître constructeur Hiram.

Albert Pike revendique en 1871 dans son livre *Morals and Dogma of the Ancient and Accepted Scottish Rite of Freemasonry* (Charleston, 1871, pp. 213-214) :

> "Chaque loge maçonnique est un temple de religion, et ses enseignements sont des instructions religieuses."

Karl Gotthelf Baron von Hunde, grand maître de la 7ème province de franc-maçonnerie, qui comprenait toute l'Allemagne et la Prusse, a parlé du "grand secret" lors d'une convention maçonnique à Altenberg dans les années 1760 : **"Tout vrai maçon est un Templier."** (John Robison, *Preuves d'un complot*, Belmont, 1967, p. 41) Le baron von Hunde commença plus tard à utiliser le système de la stricte observance, qu'il avait appris des Templiers à Paris en 1742 (Pekka Ervast, *Vapaamuurarein kadonnut sana / La parole perdue des francs-maçons*, Helsinki, 1965, p. 71). Le baron von Hunde était en même temps membre de l'Ordre de l'Observance Absolue en Écosse.

Sur ce panneau pour The Freemason's Arms en face du Free Masons' Hall à Londres, deux anges maçons avec leurs sabots bioniques sont clairement visibles.

Chapitre IV

La puissante sphère financière

L e prêt d'argent à intérêt a été condamné par d'anciens philosophes tels que Platon, Plutarque, Sénèque et Cicéron. L'argent était pour eux quelque chose de mort ; quelque chose de mort ne peut pas pousser ni croitre à partir de lui-même. Aristote a écrit dans son ouvrage *Politique* (Livre Un, partie X) :

> "La pratique la plus détestée, et avec raison, est l'usure, qui réalise un gain à partir de l'argent lui-même, et non tiré de l'objet naturel de celui-ci. Car l'argent était destiné à être utilisé pour les échanges et non à croitre par la prise d'intérêt... C'est pourquoi, de tous les modes d'obtention de la richesse, c'est le plus contre nature."

Jusqu'à la fin du Moyen Âge, il était interdit aux chrétiens de facturer des intérêts. Percevoir des intérêts sur un prêt équivalait au meurtre et constituait un vol manifeste. Plus tard, ceux qui pratiquait le prêt à intérêt ont été traités comme des hérétiques.

Martin Luther l'a dit clairement : "Tous les usuriers sont des voleurs et doivent être envoyés à la potence !" Toute personne qui prêtait de l'argent à un taux d'intérêt de 5 à 6 % était considérée comme usurière. Au Moyen Âge, seuls les Juifs étaient autorisés à prêter de l'argent avec intérêts. Dans le Deutéronome, il est interdit au Juif de facturer des intérêts à son frère. Mais le goy (non-juif) n'était pas son frère. Et pour les extrémistes juifs, le pillage était un mode de fonctionnement et une aspiration légitime.

Pour garantir un développement économique normal, le roi de Babylone captura les voleurs israélites qui pillaient des caravanes dans le désert. Ces voleurs de caravanes vivaient du labeur et du travail des autres.

Le philosophe ésotérique suédois Henry T. Laurency a résumé la tournure des événements de la manière suivante dans sa grande œuvre *La Pierre philosophale* (*De vises sten*, Skovde, 1995, p. 249) :

> "Les Juifs étaient une tribu non civilisée de bergers qui, dans une certaine mesure, vivaient du vol. Ils avaient un dieu tribal Yahvé qui désirait un sacrifice de sang et empêchait jalousement d'autres dieux de recevoir aussi des sacrifices. L'exil babylonien fut le premier contact des Israélites avec une philosophie plus sensible et avec la culture... Grâce aux données historiques acquises et en partie grâce à leurs propres traditions orales, une histoire des Juifs a été construite. Les écrits des prophètes constituaient leurs propres révisions de ce qui avait été entendu en captivité."

Dans l'ancienne Babylonie, le taux d'intérêt légal était de 30 pour cent sur les crédits monétaires et 50 pour cent sur les céréales. En Assyrie, il n'y avait pas de limite supérieure pour le taux d'intérêt. Les agriculteurs étaient souvent tellement endettés qu'ils mouraient de faim avec leur famille. Cela a conduit à une exploitation impitoyable du sol.

Dans la ville d'Ourouk à Babylone vivaient deux frères qui prêtaient de l'argent avec intérêt. Quand un emprunteur ne pouvait plus rembourser son prêt, il perdait sa maison et devait commencer à travailler gratuitement pour les frères. L'esclave pouvait aussi être prêté à d'autres employeurs. C'est un exemple classique d'esclavage économique.

Il y a près de 3700 ans, le souverain de Babylone, Hammurabi (1848-1805 av. J.-C.), descendant de la dynastie amorite, interdisait par ses actes juridiques (contenant 93 paragraphes) la prise d'intérêts sur les intérêts, ce qui signifie que l'emprunteur, en plus des biens qu'il avait empruntés, devait donner le même montant en biens ou argent. Quiconque enfreignait la règle était sévèrement puni, bien que très peu s'y conformaient. Les 282 lois de Hammurabi écrites en acadien ont été trouvées en 1901 lors de fouilles à Suse dans l'ancien Élam (aujourd'hui Iran).

Hammurabi a compris que l'intérêt perçu sur l'intérêt conduirait à un terrible fardeau économique que le peuple ne serait pas en mesure de supporter. C'est pourquoi il a jugé nécessaire de punir sévèrement l'usure. Le taux d'intérêt le plus élevé permis a été fixé à 20%. Le commerce et l'économie en général se sont immédiatement améliorés, bien qu'il fut difficile de faire respecter la loi. Les Israélites appréciaient la pratique de l'usure et commencèrent à l'exploiter avec empressement.

Le prophète Mahomet a exigé que l'usure soit interdite. Il a recommandé que le prêteur agisse comme un investisseur qui reçoit une partie des bénéfices. S'il n'y avait pas de profit, on devrait se contenter de recouvrer l'argent.

Le Tribun romain Tibère Gracchus a essayé en 133 av. J.-C. d'encadrer le pouvoir des changeurs de monnaie par des lois plus strictes contre l'usure en limitant la propriété légale des terres à un jugérum par famille. Il a été assassiné la même année.

En 48 av. J.-C., Jules César a privé les changeurs d'argent du droit de battre monnaie et s'en est chargé lui-même pour le compte de l'Empire. Avec une masse monétaire plus importante, il a pu construire de nombreux bâtiments publics. Les gens ordinaires adoraient César pour sa contribution et ses efforts à rendre l'argent plus disponible et abondant. Après le meurtre de César, une réduction drastique de l'argent en circulation s'est produite. La masse monétaire a été réduite de 90%. Les impôts ont grimpé en flèche. En conséquence, la plupart des gens ont perdu leurs terres et leurs maisons. Les calomnies contre César se poursuivent encore aujourd'hui.

Jacques Attali, historien, académicien et juif franc-maçon, auteur du livre *Les Juifs, le monde et l'argent* (Paris, 2001) a déclaré dans le magazine

L'Express que les Juifs ont inventé le capitalisme. Attali souligne :

"Ma conclusion est que les Juifs ont toutes les raisons d'être fiers de cette partie de leur histoire."

Les juifs maçonniques voulaient donc acquérir autant de richesses que possible afin de servir leurs démons au cours des XIXe et XXème siècles.

Attali explique le fait que les Juifs soient devenus si riches, de la manière suivante :

"C'était une évolution naturelle. Il y a dans l'Islam le même tabou contre le prêt à intérêts qu'avec la chrétienté. Les Juifs étaient parmi les rares à savoir lire et écrire. Ils furent par la suite les seuls capables d'organiser les opérations de prêt dont le commerce de l'époque avait besoin. En plus de cela, les hommes d'affaires juifs instruits constituent le seul réseau international de prêteurs d'argent, de commerçants et de changeurs d'argent."

Pendant les trois premiers siècles de notre ère, les Juifs étaient le seul peuple en Europe à avoir le droit de prêter de l'argent. Attali a dû déformer l'histoire pour correspondre à sa thèse. Il y avait beaucoup de gens instruits et très savants qui n'avaient tout simplement pas envisagé de devenir riches par l'intermédiaire de l'usure. Les Juifs doivent-ils aussi être fiers que leurs coreligionnaires extrémistes aient développé un capitalisme d'État - le communisme, qui a fait un nombre incalculable de victimes ?

Le réformateur religieux juif Johann Calvin (né Cauin, 1509-1564) de Suisse a autorisé la prise d'intérêts et le franc-maçon Henry VIII d'Angleterre a réduit les lois contre l'usure. Les changeurs de monnaie ont une fois de plus pu s'affirmer et prospérer.

L'Église catholique n'a pas cédé à la pression contre les prohibitions concernant la perception des intérêts jusqu'en 1745.

L'économiste irlandaise Margrit Kennedy a souligné qu'un prêt de un pour cent double en 70 ans. Un prêt de 3% avec intérêts accumulés double en seulement 24 ans. Un prêt à 6% double en 12 ans, et à 12% le montant est doublé en seulement six ans.

Si quelqu'un avait prêté un cent en l'an 1 de notre ère et demandé un intérêt de 4 pour cent, en 1750 il aurait pu acheter un poids d'or équivalent à la Terre entière. (Avec un taux d'intérêt de 5%, cela aurait été possible dès l'an 1403.) En 1990, il aurait pu acquérir 12 246 pépites de cette taille.

Ces exemples extrêmes montrent à quel point la pratique folle du prêt à intérêt nuit à l'économie de chaque pays.

L'intérêt comme arme absolue

Selon les registres officiels espagnols, au cours des XVIème et XVIIème siècles, les Espagnols ont apporté plus de 16 000 tonnes d'argent pur et 185 tonnes d'or en provenance d'Amérique latine. L'or et l'argent étaient entre autres utilisés pour acheter des armes en Angleterre et en Flandre. L'Europe a ainsi reçu un afflux massif de capitaux, qui a peu à peu constitué la base des banques Rothschild et Baring. Ces banques ont ensuite prêté de l'argent à divers gouvernements.

Au XVIème siècle, la perception d'intérêts était de plus en plus utilisé. Les marchands de Venise étaient à la tête de ce développement. En 1571, les blanchisseurs d'argent anglais ont été autorisés à facturer un intérêt de 10 pour cent. Après la soi-disant Révolution française, l'utilisation du papier-monnaie se généralisa.

Les marchands d'or métal ont commencé à pratiquer la fraude économique pour devenir encore plus puissants. Ils prêtaient secrètement une partie de l'or qu'ils avaient déposé et conservaient les intérêts qu'ils portaient sur ce prêt illégal. Les négociants en or ont alors émis plus de reçus (billets de banque) sur les dépôts d'or qu'ils n'avaient d'or véritable, les ont à leur tour prêtés et ont facturé des intérêts sur ces billets, ce qui a permis de prêter beaucoup plus d'argent que ce que le créancier pouvait couvrir. Bientôt, ces escrocs ont prêté jusqu'à dix fois plus d'argent qu'ils n'en avaient en dépôt.

Cet abus de confiance est devenu courant dans toutes les régions du monde gérées par des francs-maçons. Les banques américaines ont le droit de prêter dix fois plus d'argent qu'elles n'en disposent réellement. Cela signifie que leur intérêt est en fait proche de 80 pour cent et non de 8 pour cent, ce qui est officiellement revendiqué. Les banquiers maçonniques créent de l'argent à partir de rien et nous forcent à payer des intérêts pour le leur rembourser.

Le Prieuré de Sion a initié avec l'aide des changeurs de monnaie (surtout le rabbin portugais Manasseh ben Israël, qui vivait aux Pays-Bas, et Antonio Fernandez Moses Carvajal) l'insurrection de 1642, dirigée par Oliver Cromwell, qui à son tour a conduit à la première république (Commonwealth) en Angleterre en 1649.

En 1643, un groupe important de Juifs richissimes arriva en Angleterre. Ils rencontrèrent l'ambassadeur du Portugal à Londres, Antonio de Souza (un juif converti, un marrane), où ils discutèrent de nouvelles initiatives et stratégies à adopter pour mener à bien leur projet de conquête du monde. Toutes leurs actions ont été coordonnées par Carvajal (révélé par le magazine allemand *Diagnosen*, février 1986, p. 50).

Après avoir déposé et exécuté Charles Ier en 1649 et s'être autoproclamé dictateur en 1653, Oliver Cromwell est devenu un tyran sanguinaire et hostile au développement culturel, laissant les changeurs de monnaie renforcer leur pouvoir financier. Sous le règne puritain du Lord Protecteur Cromwell, la musique et les autres activités culturelles étaient pratiquement interdites. Même les vêtements de couleur étaient prohibés. Ce n'est qu'après la mort d'Oliver Cromwell que le génial compositeur Henry Purcell a pu se produire en public. C'est Oliver Cromwell qui, en 1656, ayant négocié avec Manasseh ben Israël a une fois de plus laissé les Juifs s'installer en Angleterre.

En novembre 1688 (sous le signe du Scorpion), le roi catholique d'Angleterre Jacques II (Stuart) fut renversé par une invasion bien organisée, financée par les juifs riches d'Amsterdam et dirigée par le Prieuré de Sion et l'Ordre d'Orange. Le roi fut exilé en France et, en février 1689, Guillaume d'Orange, prince de Nassau, fut placé sur le trône d'Angleterre par un coup d'état, connu sous le nom de Glorieuse Révolution. Même les historiens officiels admettent que le peuple n'a pas participé à ce coup d'État.

À cette époque, l'Angleterre était en mauvaise posture après plus de cinquante ans de guerre avec la France et les Pays-Bas, et le nouveau roi, Guillaume III (d'Orange), demanda l'aide de plusieurs banquiers puissants. Ils ont accordé à l'État anglais un prêt de 1,25 million de livres mais ne livrèrent que 750 000 livres sterling. Les conditions du prêt étaient les suivantes : les noms des prêteurs ne devaient pas être révélés et ceux-ci se voyaient garantir le droit de fonder la Banque d'Angleterre, dont les administrateurs avaient la garantie d'établir une réserve d'or afin de pouvoir émettre des prêts d'une valeur de 10 livres pour chaque livre d'or déposée dans la chambre forte. Ils ont également été autorisés à consolider la dette nationale et le paiement sécurisé des annuités et des intérêts par le biais de l'imposition directe de la population.

La Banque d'Angleterre privée a été créée en 1694 avec un contrôle absolu sur la monnaie (le droit d'émettre des billets de banque). Les prêts d'argent sur l'usure ont pu se poursuivre à une échelle encore plus grande. Ainsi, le peuple anglais a souffert sous le poids d'une énorme dette nationale. Il a fallu augmenter les taxes et doubler les prix. Pour les banquiers maçonniques, il était nécessaire d'avoir le monopole de l'émission de la monnaie. De cette façon, ils ont pu réaliser d'énormes profits et contrôler les processus politiques de toute les nations placées sous leur égide financière.

La Banque d'Angleterre a été autorisée à prêter de l'argent pour un montant dix fois supérieur à la garantie fournie par le prêteur. Avec un taux d'intérêt de 5%, il n'a fallu que deux ans à la banque pour récupérer un montant égal au capital initial.

En 1698, la dette nationale est passée de un million et quart de livres à seize millions. En 1815, elle était de 885 millions de livres, en 1945 elle était passée à 22,5 milliards de livres et en 1960, la dette nationale était de 28 milliards de livres. En 1995, la dette publique avait atteint plus de 300 milliards de livres sterling, soit 45% du PNB. Depuis 1946, cette banque centrale appartient officiellement au gouvernement britannique. Aujourd'hui, la ville de Londres est le centre financier de l'Europe et est gardée par 2000 policiers privés.

Même le comité MacMillan, nommé en 1929, n'a pas réussi à découvrir qui gouvernait la Banque d'Angleterre. Un seul nom s'est échappé : celui de Rothschild. Toutes les grandes guerres ont été déclenchées et financées par le conglomérat économique issu d'une seule famille bancaire : celle des Rothschild.

Aux Pays-Bas, des sociétés secrètes ont pu fonder une banque centrale dès 1609. Environ 40 des plus importantes banques centrales du monde ont été créées de la même manière que la Banque d'Angleterre. C'est ainsi que les banquiers maçonniques règnent sur le développement à long terme du monde, avec les banques centrales comme intermédiaires, les politiciens comme marionnettes et les gens comme esclaves salariés ignorants, et le prêt à intérêts comme méthode imparable. Les banques contrôlées par les maçons peuvent donc gouverner la vie politique en agissant sans être vues. Le peuple anglais a renforcé le pouvoir de ces francs-maçons invisibles en payant des impôts pendant trois siècles. Les banques centrales sont censées maintenir la stabilité de l'économie. En réalité, cela fonctionne très différemment.

Benjamin Franklin a parlé des colonies britanniques en Amérique du Nord dans les années 1750 :

"Nulle part au monde on ne trouve un peuple plus heureux et plus prospère."

Il a expliqué que cela était dû au fait que "nous, dans les colonies, émettons notre propre monnaie", appelée "écriture coloniale"[5]. Il a expliqué plus en détail :

"En émettant notre propre monnaie, nous pouvons contrôler son pouvoir d'achat et nous ne sommes pas obligés de payer des intérêts à quiconque."

Dans ces colonies britanniques de la côte est de l'Amérique du Nord, appelée Nouvelle-Angleterre, existait une richesse contrastant fortement avec la pauvreté et la misère régnant en Angleterre. Il y avait assez d'argent et nul besoin de payer aucun intérêt à des banquiers privés pour l'utilisation de la monnaie nationale.

Quand les banquiers maçonniques en Angleterre ont entendu cela lors du discours de Benjamin Franklin au Parlement britannique, ils se sont assurés que le Parlement interdise aux colonies d'utiliser leur propre système financier et ont plutôt exigé qu'elles utilisent l'argent sans intérêt en or et argent métal. Seul un montant insuffisant de cet argent devait être disponible. La masse monétaire a été réduite de moitié et les colonies ont dû emprunter de l'argent à la Banque d'Angleterre. Il en a résulté des hausses d'intérêts et de prix. En l'espace d'un an, les rues des colonies étaient pleines de chômeurs.

Dans les manuels scolaires américains, la raison invoquée pour le déclenchement de la guerre d'Indépendance était la taxe sur le thé, mais selon Franklin, "les colonies auraient volontiers supporté la petite taxe" (de deux pour cent) "sur le thé et d'autres exigences si l'Angleterre n'avait pas supprimé aux colonies leur devise, créant chômage et insatisfaction". Le résultat de l'influence des banques anglaises sur le Parlement britannique fut l'apparition d'une horrible pauvreté en Amérique. Lorsque cette situation a été habilement provoquée, il était facile de préparer les gens à la guerre, ce que les francs-

---

[5] Colonial Script, N.d. T..

maçons ont fait avec grande satisfaction. Ils voulaient établir une base sûre pour leurs futures activités mondiales.

Parmi les hommes qui ont rédigé la Constitution de 1787, il y avait ceux qui pensaient qu'il fallait se protéger contre la puissance financière des banquiers internationaux. C'est pourquoi le paragraphe 8 de l'article premier de la Constitution stipule ce qui suit :

> "Le Congrès aura le pouvoir... d'émettre l'argent et d'en fixer la valeur."

Alexander Hamilton, franc-maçon et secrétaire aux finances du gouvernement de George Washington, et également agent des financiers internationaux, a ordonné la création d'une banque centrale privée et l'introduction du prêt à intérêt comme moyen de création de la monnaie nationale. Son argument était simple : "Une dette nationale limitée serait une bénédiction pour la nation." Il considérait qu'il était dangereux pour le gouvernement d'émettre sa propre monnaie.

C'est ainsi que les États-Unis ont obtenu leur première banque centrale en 1791. Il s'agissait d'une entreprise privée, mais son contrat n'a duré que vingt ans. Il n'a pas été renouvelé à son expiration. Andrew Jackson a fait référence au fait que la Constitution avait donné au Congrès le pouvoir d'émettre l'argent en quantité suffisante, mais de ne pas transférer ce droit à d'autres personnes.

L'historien Richard Boesen a révélé que le franc-maçon Nathan Rothschild (1777-1836), qui avait fondé sa banque à Londres en 1806 et qui finançait en partie les guerres napoléoniennes par l'intermédiaire de la Banque d'Angleterre, a ensuite lancé un ultimatum - soit le contrat était renouvelé, soit il y aurait une guerre. Jackson a traité les banquiers maçonniques de voleurs et a promis de les exterminer. Rothschild a donné ses propres ordres : "Donnez une leçon à ces insolents Américains. "forcez-les à retourner à un statut colonial."

Le gouvernement britannique commença à limiter le commerce maritime américain et à freiner l'expansion américaine au Canada. En 1812, le président James Madison n'eut d'autre choix que de laisser le Congrès déclarer la guerre à l'Angleterre. L'intention du chef des francs-maçons, Rothschild, était de détruire le pays à tel point que les Américains seraient obligés de demander une aide financière. La Grande-Bretagne, cependant, n'a pas réussi à récupérer les colonies perdues, et les États-Unis n'ont pas réussi à occuper le Canada. La guerre a eu lieu en 1814.

Nathan Rothschild, ancêtre de la branche londonienne de la famille. Il est devenu franc-maçon en 1802 dans la Loge de l'émulation à Londres.

De nombreuses vies ont été perdues, mais Rothschild n'a pas triomphé cette fois-ci. Le contrat renouvelé de la banque centrale a de nouveau été suspendu en 1836 sous la présidence d'Andrew Jackson (1829-1837), malgré le fait qu'il était grand maître de la loge du Tennessee. La banque centrale a été abolie.

Malgré cela, les banquiers européens et leurs agents américains ont réussi à exercer un contrôle étendu sur le système monétaire américain. Gustavus Myers admet dans son livre *History of the Great American Fortunes* (New York, 1907, p. 556) :

> "Sous la surface, les Rothschilds ont longtemps eu une influence puissante sur les lois financières américaines. Les archives légales montrent qu'ils constituaient le pouvoir contrôlant l'ancienne Banque des États-Unis."

Dans les livres traitant de l'histoire américaine, rien ne figure sur le rôle des banques dans la guerre d'Indépendance (1775-1783) et la guerre de Sécession (1812-1814). Rien non plus au sujet des "billets verts" sans dette émis par Abraham Lincoln. Leur existence n'est confirmé que par quelques rares encyclopédies spécialisées.

Pour financer la guerre de Sécession américaine, qui éclate le 12 avril 1861, le président Abraham Lincoln est contraint d'utiliser le droit du Congrès d'émettre sa propre monnaie. Entre 1862 et 1864, 450 millions de "billets verts" sans intérêt ont été imprimés. Lors de sa réélection en 1864, Lincoln a promis de commencer à combattre les banques dès que la guerre serait terminée.

Lord Goschen, le représentant du monde financier, a écrit dans le *London*

Times :

> "Si cette politique financière devient permanente, le gouvernement pourra, sans frais inutiles, créer le capital monétaire nécessaire. Il pourra payer sa dette et rembourser ses emprunts sans s'endetter indéfiniment. Il disposera d'assez d'argent pour commercer (sur le marché libre). Il sera ainsi plus sain que tout autre (avant) dans l'histoire. Si nous ne renversons pas ce gouvernement, il nous renversera."

Pendant la guerre civile, le Nord a été financé par les Rothschild par l'intermédiaire de leur agent américain August Belmont (en fait Schonberg) et le Sud par les frères Erlanger qui étaient eux-mêmes apparentés à la famille Rothschild. La guerre civile a pris fin le 9 avril 1865, et la franc-maçonnerie internationale s'est occupée à démettre le président Lincoln.

L'assassinat d'Abraham Lincoln a été perpétré par l'extrémiste juif John Wilkes Booth (de son vrai nom Botha), franc-maçon du 33ème degré, le 14 avril 1865 à Washington, D.C., cinq jours seulement après la fin de la guerre civile. Les ancêtres de l'orfèvre juif John Booth avaient été exilés du Portugal en raison de leurs opinions politiques radicales. Le père de John était Junius Brutus Booth (Stanley Kimmel, *The Mad Booths of Maryland*, New York, 1970). Izola Forrester, la petite-fille de Booth, a déclaré dans son livre *This One Mad Act* (1937) que Booth appartenait à la loge des Chevaliers du Cercle d'Or et au mouvement "révolutionnaire" de Mazzini Young America. Izola Forrester a révélé en détail que les francs-maçons étaient impliqués dans l'assassinat du président. Le meurtre subséquent de l'assassin de Lincoln fut organisé par Judah P. Benjamin, un important franc-maçon et agent de Rothschild (William Guy Carr, *Red Fog over America*[6], 1968, p. 194). Il était chef des services secrets confédérés et s'est ensuite enfui en Angleterre.

La loge maçonnique des Chevaliers du Cercle d'Or a été mêlée au complot. Ce nom avait commencé à apparaitre dans la presse et c'est ainsi que le Souverain Grand Commandeur maçonnique Albert Pike décida en 1866 de le renommer Kuklos Klan ; 'kyklos' en grec signifie 'cercle' (John Daniel, *Scarlet and the Beast*, Volume III, Tyler, Texas, p. 76)[7]. Les Chevaliers du Cercle d'Or sont d'abord apparus à Cincinnati, en Ohio, sous la supervision de Killian van Resselaer, organisateur du Rite Écossais du Midwest. De là, les Chevaliers se répandirent dans l'Ohio, l'Indiana et l'Illinois, descendant le Mississippi vers le sud jusqu'au golfe du Mexique, le Maryland et la Virginie. Le Cercle d'Or gérait un empire d'esclaves centré sur l'île de Cuba. Les Chevaliers ont armé et entraîné jusqu'à 100 000 hommes. Ils étaient organisés en loges appelées "châteaux".

---

[6] Traduit et publié par ESR sous le titre *Brouillard rouge sur l'Amérique*, NDÉ.

[7] Les deux premiers volumes de *Scarlet and the Beast — a history of the war between English and French freemasonry*, sont disponibles aux éditions Omnia Veritas, www.omnia-veritas.com. NDÉ.

Le Ku Klux Klan a été officiellement fondé en 1865 à Pulaski, au Tennessee, par le général Nathan Bedford Forrest en tant que nouvelle organisation. Forrest a officiellement dissous le Klan en 1869, et le gouvernement fédéral a écrasé les chapitres résiduels en 1871. En 1882, elle a été interdite. Le groupe raciste actuel du même nom a été fondé en 1915 par William Joseph Simmons et Simon Wolf et n'est donc pas issu de l'organisation maçonnique qui existait de 1866 à 1871.

Après le décès du président Lincoln, les choses se sont "normalisées". Le montant de l'argent en circulation, qui s'élevait en 1866 à 1907 millions de dollars ou 50,46 dollars par habitant, avait été réduit en 1876 à 605 millions ou 14,60 dollars par personne.

En conséquence, il y a eu 56 446 faillites en dix ans et une perte de deux milliards de dollars. En 1887, les banquiers maçonniques réduisirent le montant de l'argent en circulation à 6,67 dollars par tête. L'économiste irlandaise Margrit Kennedy a déclaré dans le livre *Interest and Inflation Free Money* que le taux d'intérêt augmente toujours quand il y a une pénurie d'argent. Cette situation entraîne à son tour des faillites et aggrave le taux de chômage.

Dans les manuels scolaires américains, on prétend que c'est pour le bien que le candidat démocrate à la présidence en 1896, William Jennings Bryan, n'a pas été élu, parce qu'il était contre l'or et l'"argent sain" des banques (c'est-à-dire l'argent créé à partir de la dette). Bryan expliqua dans son discours "Croix d'or" à la Convention nationale démocrate de Chicago le 9 juillet 1896 :

> "Quand nous aurons rétabli le système monétaire prévu par la Constitution, toutes les autres réformes nécessaires seront possibles, et tant que cela ne sera pas fait, aucune réforme ne pourra être accomplie."

Bryan n'a pas été élu et 17 ans plus tard, en 1913, le Congrès a adopté un projet de loi (présenté par le président maçonnique Woodrow Wilson), qui a abrogé le droit du Congrès d'émettre de la monnaie et transféré ce droit à un système de financement géré par la "Réserve Fédérale".

Le député Charles A. Lindbergh, père du célèbre aviateur, a déclaré ce qui suit à ce sujet :

> "Quand le président signera cette loi, le gouvernement invisible des prêteurs de deniers sera devenu légal. Le pire crime juridique du siècle est en train d'être accompli. Le jour du jugement n'est plus qu'à quelques années."

Celui qui a joué un rôle crucial en fournissant aux États-Unis une banque centrale, c'est Paul Warburg. Il s'agissait d'un immigrant allemand arrivé en Amérique avec son frère Félix. Les deux frères, qui étaient membres des Illuminati et également membres du B'nai B'rith, sont devenus associés de la maison bancaire Kuhn, Loeb & Co, dirigée par l'illuminatus Jacob Schiff, qui appartenait également au B'nai B'rith (Viktor Ostretsov, *Freemasonry, Culture, and Russian History*, Moscou, 1999, p. 583). Les Warburg étaient soutenus par Nelson Aldrich (le grand-père de Nelson et David Rockefeller), connu comme l'homme à tout faire de John Pierpoint Morgan, un associé des Rothschild de

Londres et Paris.

La famille de (Samuel Moses) Del Branco a déménagé d'Italie en Allemagne en 1559 en prenant le nom de Warburg. En 1798, la famille a fondé la banque de M. M. Warburg & Co.

L'historien Fredrick Lewis Allen a conclu en 1949 que la panique financière de 1907 avait été causée par le banquier maçonnique J. P. Morgan. Cela a servi de prétexte pour démontrer que seul un système de banque centrale permettrait de résoudre la crise.

Frank Vanderlip, qui travaillait pour Rockefeller, a admis plus tard dans le *Saturday Evening Post :*

> "Je ne pense pas qu'il soit exagéré de parler de notre expédition secrète sur l'île de Jekyll comme de la conception de ce qui allait devenir le système de la Réserve Fédérale."

Jekyll Island est une station balnéaire bien connue sur la côte de Géorgie.

Lors de la réunion de l'île de Jekyll à la fin de 1910, Paul Warburg a souligné que le terme de "banque centrale" devrait être évité en toutes circonstances. Il a été décidé de présenter le projet comme un système de réserves régionales.

On s'est assuré que le candidat de Morgan, le franc-maçon Thomas Woodrow Wilson soit élu président. Sa campagne a été financée par Jacob Schiff, Bernard Baruch, Henry Morgenthau, Adolph Ochs, éditeur du *New York Times,* et d'autres puissants financiers et maçons juifs.

Le franc-maçon de haut rang Edward Mandel House, conseiller de l'ombre du président Woodrow Wilson, par de nombreux historiens considérés comme le réel président des États-Unis sous l'administration Wilson, a proposé dans son roman *Philip Dru: Administrator - A Story of Tomorrow, 1920-1935* (New York, 1912), qui a été publié anonymement, une transition vers la mise en place d'un impôt progressif et d'une banque centrale. Ces exigences étaient connues grâce au programme Illuminati en cinq points. Le "Colonel" House était en faveur de la formation d'un gouvernement mondial en adoptant "le socialisme tel que Karl Marx l'avait rêvé". Pour ce faire, il était prêt à recourir à la fraude politique. Son héros Philip Dru s'empare du gouvernement des États-Unis avec l'appui d'un cartel secret de financiers riches et puissants.

Le projet de loi de la Réserve Fédérale a été présenté la nuit du 22 décembre 1913, lorsque la plupart des membres de la commission du Congrès dormaient. Le même jour, le projet de loi a été poussé à la hâte par la Chambre des représentants et le Sénat, le président Wilson a signé la Federal Reserve Act et le contrôle sur la masse monétaire a été transféré du Congrès aux banquiers maçonniques privés. Par quatre fois auparavant, le peuple américain avait réussi à se débarrasser d'une banque centrale, mais pas la cinquième fois.

La Federal Reserve Act a été saluée comme la victoire de la démocratie sur les trusts monétaires, ce qui n'était guère le cas. Paul Warburg a immédiatement commencé à travailler à la Réserve Fédérale pour un salaire sensiblement inférieur à celui qu'il recevait en tant que banquier. Ni le président, ni les membres du Congrès, ni le secrétaire au trésor n'ont d'autorité sur la Réserve Fédérale.

Le système de la Réserve Fédérale est en fait un cartel de 13 grandes banques privées, dont la Bank of New York est la plus importante.

Le président Woodrow Wilson a permis à la dette nationale de passer de 1 milliard de dollars à 455 milliards. Le paiement de l'intérêt est devenu le troisième poste le plus important du budget fédéral.

Les États-Unis ont emprunté jusqu'à quatre trillions de dollars à diverses banques privées en 1992. Dans le même temps, le déficit était de 285 milliards de dollars. En 1991, deux autres millions de personnes étaient enregistrées comme pauvres aux États-Unis. La dette nationale était légèrement inférieure à un trillion en 1980, elle était de cinq trillions en 1995. 32,9 millions d'Américains vivaient dans la pauvreté en 2002.

L'économiste Milton Friedman est convaincu que l'effondrement économique de 1929 a eu lieu parce que le système de la Réserve Fédérale a refusé d'acheter des obligations d'État, ce qui aurait donné aux banques plus de liquidités, et il a donc causé le crash monétaire, qui a conduit à son tour à la crise économique profonde qui s'est étendu à tout le pays.

Dans les années 1810, les francs-maçons avaient provoqué la pauvreté en Europe afin de préparer leurs révolutions socialistes. La situation à Guernesey, l'une des îles anglo-normandes, était particulièrement mauvaise. Faisant un peu plus de la moitié de la taille de Jersey, elle bénéficie d'un climat doux et humide et d'un sol fertile. Les gens n'avaient pas d'argent, alors la production s'est arrêtée et les travailleurs sont devenus inactifs. Il n'y avait pas de commerce et aucun espoir d'emploi pour les pauvres. La faillite était proche, puisque les impôts dûs à l'Angleterre et les intérêts aux créanciers ne pouvaient pas être payés et qu'aucun nouveau prêt n'était accordé. La situation était désespérée. Les gens commençaient à quitter l'île et à émigrer en Australie.

En 1815, Guernesey avait besoin d'un marché couvert. Il n'y avait pas d'argent. Puis quelqu'un a proposé que l'île fasse usage de ses anciennes prérogatives et émette son propre argent sans intérêt. Au début, la proposition a été rejetée, mais comme les habitants avaient un besoin urgent de 5000 livres et ne disposaient que de 1000 livres, celles émises sans intérêt par l'État de Guernesey. Cela s'ajoutait à l'approvisionnement en livres anglaises, que deux banques principales faisaient déjà circuler sur l'île.

Les travaux ont commencé dans la halle du marché, tout étant payé avec l'argent neuf. Une fois le hall terminé, les clients sont arrivés et les affaires ont été meilleures que prévu. En 1822, la halle du marché était payée. Les 4000 billets d'une livre ont été détruits. Le premier projet avec les nouveaux fonds a connu un tel succès qu'il a été rapidement suivi par d'autres.

À Glasgow, par comparaison, le marché original des fruits de Candleriggs a été construit en 1817, et coûtait 60 000 livres. Cet argent a été obtenu grâce à un prêt portant intérêt. Contrairement au marché public de Guernesey, remboursé 6 ans après sa construction, le marché de Glasgow n'a été payé qu'en 1956 - 139 ans plus tard ! Entre 1910 et 1956, pas moins de 267 886 livres ont été versées rien qu'en intérêts (Olive et Jan Grubiak, *The Guernsey Experiment*, Hawthorne, California, 1960, p. 14).

Peu après, la construction d'une nouvelle route était nécessaire. Il y avait du gravier, de la pierre et beaucoup de travail - mais pas d'argent pour payer les travaux. Au total, l'État a émis des billets d'une valeur de 55 000 livres sterling, qui ont servi à financer les nouveaux projets. Une nouvelle école a été construite, puis plusieurs autres. L'ensemble des abords de la halle du marché a été rénové et de nombreux autres bâtiments publics ont été construits, ainsi que l'élargissement des rues. Un nouveau port a été construit ainsi que les meilleures nouvelles routes d'Europe et de nouveaux égouts. La somme a été payée avec l'impôt et les billets ont de nouveau été détruits. Tous ces projets ont créé des emplois et stimulé l'économie.

En 1827, le Bailli de Lisle Brock a pu parler des "réalisations, qui font l'admiration des visiteurs et qui contribuent tant à la joie, à la santé et au bien-être des habitants". Les choses se sont certainement améliorées depuis 1815. Il est significatif que la grande dépression n'ait jamais perturbé Guernesey. Il n'y avait pas de chômage et l'impôt sur le revenu n'était que de 10%.

Les choses se sont encore améliorées. L'importation de farine anglaise coûteuse a été réduite. La masse monétaire n'a jamais dépassé 60 000 livres. Le chômage était pratiquement inexistant. Guernesey est devenue une communauté insulaire prospère. Mais les francs-maçons détestaient ce paradis, de peur que l'idée ne se répande dans d'autres parties de l'Europe. Dans ce cas, ils ne pourraient plus poursuivre leurs projets destructeurs. Les francs-maçons n'aiment pas les gens heureux.

En 1830, les banques lancèrent une contre-attaque et commencèrent à inonder l'île de leurs propres billets. Les banquiers Finkelstein & Co de Londres ont été les premiers à ouvrir un bureau sur l'île. Ils ont commencé leur propagande pour "l'argent meilleur", "l'argent réel". Les gens croyaient à ces foutaises, qui ont entraîné une pénurie d'argent et des demandes de prêts auprès des banques. L'huissier de justice s'est battu comme un lion pour sauver l'économie saine et le niveau de vie élevé de l'île, mais sans succès. Les intrigues et le travail de sape des francs-maçons ont renvoyé l'économie de l'île vers les banques et leur système d'exploitation parasitique.

L'expérience de Guernesey de 1816 à 1835 parle d'elle-même. Nous pouvons nous passer du modèle économique maçonnique et faire beaucoup mieux - mais essayer d'en finir avec les intérêts est considéré comme le pire crime contre l'humanité possible.

En 1837, 50 000 livres avaient été mises en circulation par le gouvernement dans le but premier de mener à bien des projets locaux tels que des digues portuaires, des routes, un nouveau marché, une église et un collège. Ces 50 000 livres ont plus que doublé la masse monétaire, mais il n'y a pas eu d'inflation.

En 1914, alors que les Britanniques limitaient leur propre masse monétaire, Guernesey en émettait davantage – 140 000 livres supplémentaires au cours des quatre années suivantes. En 1958, plus de 500 000 livres d'argent sans intérêt étaient en circulation à Guernesey et il n'y avait toujours pas d'inflation.

En 1990, un total de 6,5 millions de livres sterling étaient en circulation sans intérêt. Il n'y avait pas de dette publique comme dans le reste de la Grande-Bretagne, qui payait encore ses dettes de guerre. Et pourtant sur Guernesey, la prospérité était partout très évidente (Dr Jacques S. Jaikaran, *The Debt Virus: A Compelling Solution to the World's Debt Problems*, 1992).

Ce n'était pas nouveau. En 1793, Liverpool a souffert de graves problèmes de trésorerie et a résolu ce problème en créant, par une loi du Parlement, quelque 300 000 livres d'argent non remboursable, qui ont été utilisées pour des travaux publics dont la ville et ses habitants ont grandement bénéficié. Cette émission d'argent par la Liverpool Corporation a allégé la crise immédiate de la dette.

L'île de Guernesey a émis ses propres billets sans intérêt
pour reconstruire l'économie.

Le 30 juin 1934, le magazine londonien *New Britain* publie une déclaration du franc-maçon et ancien Premier ministre David Lloyd George :

"La Grande-Bretagne est esclave des puissances financières internationales".

Les banquiers maçonniques des vingt-cinq dernières années ont prêté de l'argent aux gouvernements des pays industrialisés, qui ont de plus en plus de mal à rembourser leur énorme dette. Le secteur privé (lire : maçonnique) est devenu exactement d'autant plus riche. Ce pouvoir monétaire (maçonnique) dispose d'assez de moyen pour arrêter tous les politiciens récalcitrants. Les politiciens élus au suffrage populaire n'ont plus aucun moyen de mener les politiques qu'ils souhaitent. Ils ne peuvent regagner leur pouvoir tant que les dettes n'ont pas été payées. Pour chaque dollar emprunté, les politiciens renoncent à plus de pouvoir. Les pays en développement se trouvent dans une situation bien pire. Ils ne sont même pas en mesure de payer des intérêts sur leurs prêts.

Au cours de la période 1982-1990, les banques des pays industrialisés ont reçu 1345 milliards de dollars d'intérêts et de rentes de ces pays pauvres.

Le 11 mars 1932, vers 17 heures, un homme acheta un pistolet à Paris, se présentant comme le célèbre financier international suédois Ivar Kreuger. Cependant à ce moment-là, Kreuger rencontra son compagnon Oscar Rydbeck, donc évidemment quelqu'un d'autre a acheté l'arme. Les journaux ont déclaré que le baron suédois Ivar Kreuger s'était suicidé le 12 mars, car son empire financier était au bord de la faillite. Rien de tout cela n'était pourtant vrai. Le médecin examinateur, Erik Karlmark, a immédiatement conclu que Kreuger avait été assassiné. Une proche parente, Eva Dyrssen, était présente pour le vérifier. Aucune autopsie n'a été pratiquée (Lars-Jonas Angstrom, *Kreuger-mordet / Le meurtre de Kreuger*, Stockholm, 2000, p. 55).

Ivar Kreuger avait prêté de l'argent à un taux d'intérêt très bas pour sauver des nations en difficulté. En 1930, il a prêté 27 millions de dollars à la Roumanie, un montant qui serait aujourd'hui égal à 500 millions de dollars. Le groupe Kreuger aidait de la même manière quinze gouvernements et 400 millions de personnes (Gustaf Ericsson, *Kreuger kommer tillbaka / Le retour de Kreuger*, Stockholm, 1936, p. 63). Tous les biens de Kreuger ont été pillés.

L'économiste germano-argentin Silvio Gesell (1862-1930) souhaitait introduire l'"argent gratuit". Margrit Kennedy raconte dans son livre *Interest and Inflation Free Money* (1988) comment les adeptes de la théorie de Gesell d'une économie libre dans les années 1930 ont fait plusieurs tentatives avec de l'argent sans intérêt dans divers pays, dont l'Allemagne, la Suisse, l'Espagne et les États-Unis. Le modèle utilisé dans la petite ville de Worgl, dans le Tyrol, en Autriche, a été particulièrement réussi. En 1932, les idées décrites dans le livre de Silvio Gesell *Die naturliche Wirtschaftsordnung* (*L'ordre économique naturel*, 1916) ont été présentées.

En août 1932, le conseil municipal de Worgl a émis ses propres billets de banque, appelés certificats de travail, d'une valeur de 32 000 schillings. S'appuyant sur un montant équivalent de schillings ordinaires en banque, la ville a mis en circulation 12 600 certificats de travail. La redevance sur l'utilisation de l'argent était de 1% par mois ou 12% par an. Ces frais devaient être payés par la personne qui avait le billet à la fin du mois, sous la forme d'un timbre d'une valeur de 1% du billet collé sur le dos.

Une piste de ski a été construite, les rues ont été rénovées ainsi que le réseau du canal. Ils ont construit des ponts, amélioré les routes et les services publics, et payé les salaires et les matériaux de construction avec cet argent, qui était accepté par le boucher, le cordonnier, le boulanger, et par tout le reste de la population.

La petite somme d'argent permettait à tout le monde de mettre cet argent en circulation avant d'utiliser l'argent "réel". En l'espace d'un an, 32 000 certificats de travail ont été en circulation 463 fois et ont ainsi permis l'échange de biens et services pour une valeur de 14 816 000 schillings. Par rapport à la monnaie nationale statique, elle a circulé huit fois plus vite. Le chômage a diminué de 25% en un an. Lorsque 130 communes autrichiennes commencèrent à s'intéresser à l'adoption de ce modèle, la Banque nationale autrichienne, le 1ᵉʳ septembre 1933 prohiba l'impression de n'importe quelle monnaie locale.

Le chômage est revenu, la prospérité a disparu et la situation s'est "normalisée", c'est-à-dire franc-maçonnée.

L'esclavage économique

Les frais d'intérêt sont toujours inclus dans les prix d'aujourd'hui, ce qui rend tous les biens et services très chers et laisse très peu d'argent dans le portefeuille. L'historien économique John King a souligné qu'en raison du paiement des intérêts, les entreprises doivent constamment augmenter leurs prix. Ceci est camouflé comme de l'inflation. Il a recommandé de supprimer les intérêts dès que possible, afin d'éviter une catastrophe économique. Tout le monde doit maintenant contribuer à payer les intérêts. Il est inclus dans tous les prix - environ 77% des loyers, par exemple. Les taxes et autres frais et impôts s'additionnent. Nous sommes ainsi devenus esclaves des banques. Toutes les marchandises seraient deux fois moins chères sans ce paiement d'intérêts exponentiels qui ne cesse de croitre.

Selon l'historien suédois Herman Lindqvist, les francs-maçons ont décidé dans les années 1810 que les salaires devaient être fixés au seuil de pauvreté. Une telle attitude témoigne d'un énorme mépris pour les gens ordinaires. Entre les années 1860 et 1910, plus d'un million de Suédois sont partis pour l'Amérique en raison de plusieurs années de famine, de pauvreté et de difficultés à subvenir à leurs besoins.

Pendant le Moyen Age, les conditions étaient bien meilleures que ne le prétendent les mythes maçonniques. Il a été calculé qu'un maçon saxon en plus de la nourriture gratuite, gagné l'équivalent dans la monnaie d'aujourd'hui d'au moins 13 300 euros par mois. Les artisans recevaient généralement divers avantages en sus de leur salaire. Malgré les salaires élevés, les heures de travail étaient courtes, normalement huit heures par jour, sur une semaine de cinq jours et demi. En Saxe, les compagnons miniers ne travaillaient que six heures par jour. Ce n'est qu'en 1479 qu'ils ont mis une heure de plus. Souvent, les compagnons profitaient d'un lundi libre, appelé lundi bleu, généralement sans réduction de salaire. En Suède, la loi de 1669 sur les corporations a mis fin à cette pratique (*Bonniers stora lexikon / Encyclopédie Bonnier*, Stockholm, 1985, p. 252). Pour ne pas être confondu avec les nobles, les artisans de Fribourg, en Saxe, ont été avisés de ne pas porter de bijoux en or et de vêtements en velours et satin, même s'ils pouvaient se le permettre. Le fait que l'économie et la vie culturelle ont prospéré était dû aux pièces en bractées, qui étaient à la base d'un système de retrait continu des pièces en circulation, parce qu'elles étaient souvent abimées. Le retrait avait lieu trois fois par an et servait également d'impôt. L'utilisation de vieilles pièces de monnaie n'était pas autorisée. Personne ne voulait s'accrocher à la "mauvaise" monnaie, pour ne pas connaitre de perte, puisque par l'échange de douze (anciennes) pièces, on n'en recevait que neuf (nouvelles). L'économie a prospéré parce que l'effet pernicieux de la monnaie génératrice d'intérêts n'était pas présent. Il n'y avait pas d'intérêts à payer. Pour les personnes fragiles, les personnes âgées et les malades, il y avait des maisons de malades et les riches fournissaient habituellement un logement, des vêtements et des repas gratuits aux pauvres. La richesse était répartie de façon relativement égale à tous les niveaux de la société (Margrit Kennedy, *Interest and Inflation Free Money*).

Tout cela a disparu lorsque les banquiers maçonniques ont pris le contrôle de l'économie. À partir de ce moment-là, personne ne pouvait se permettre une vie décente. Pour nous permettre de supporter cette misère, le mensonge selon lequel les choses étaient bien pires avant s'est propagé, ce qui n'est certainement pas vrai.

Le système d'intérêt actuel permet à ceux qui sont déjà riche de s'enrichir encore plus, tandis que ceux qui sont dans le besoin ont de plus en plus de mal à joindre les deux bouts. De 1968 à 1982, le revenu national de l'Allemagne de l'Ouest a augmenté de 300 pour cent, tandis que les intérêts sur la dette publique ont augmenté de 1160 pour cent. En 1982, les intérêts s'élevaient à 29 milliards de DM. Quand les intérêts sont abolis, l'inflation disparaît. Margrit Kennedy a souligné dans son livre que l'impôt sur le revenu doit également être aboli. Le gouvernement devra se contenter d'une TVA très basse, sinon l'économie souterraine va se développer. Actuellement, les taux d'intérêt augmentent lorsqu'il n'y a pas assez d'argent disponible.

Au cours des années 1982-1988, la Communauté européenne a perdu jusqu'à 735 000 emplois en raison de la crise de la dette, tandis que les États-Unis ont perdu 1,8 million d'emplois pendant la même période.

La dette publique suédoise était de 140 milliards de dollars à l'automne 1997, ce qui fait que la Suède est plus endettée que le Brésil ou l'Argentine. Les intérêts sur la dette nationale s'élevaient à 11 milliards de dollars par an, soit environ 40 fois plus que le coût des prestations de vieillesse. Chaque Suédois devait 16 000 dollars aux différentes banques en 1997. La moitié du revenu national suédois sert à payer des intérêts. Vingt-cinq pour cent des recettes d'exportation ont servi à soutenir la dette nationale en 1990. Le chef de la banque centrale, Bengt Dennis, a dit :

> "Dans les cercles où j'évolue, on s'attend à ce que la Suède garde un taux d'intérêt élevé."

Au début des années 1990, les banquiers *Salomon Brothers*, qui avaient accordé d'énormes prêts au gouvernement suédois, ont exigé que la couronne suédoise soit dévaluée. Le gouvernement s'y est conformé.

L'Argentine a payé quelque 200 milliards d'euros à ses créanciers, dont la plus grande partie a servi à couvrir le paiement des intérêts usuraires. L'Argentine a fait faillite au printemps 2002, avec une dette nationale de 132 milliards de dollars. Deux banques juives (Banco de Patricios et Banco de Mayo) se sont effondrées en 1998 en raison des activités criminelles des propriétaires. Ce fut un coup de grâce pour l'économie nationale.

La dette publique italienne à l'été 2001 s'élevait à la somme astronomique de 2 391 663 000 000 000 000 de lires (145 831 500 000 dollars), soit environ l'équivalent de 105% du PIB.

Le Sultanat de Brunei dans le nord de Bornéo bénéficie d'écoles et de soins médicaux gratuits. Il n'y a ni taxe ni TVA, mais le niveau de vie est très élevé. Les taux d'intérêt sont très bas. Le pays dispose d'énormes quantités de pétrole et de gaz qui exportées, génèrent d'importants revenus. Le sultan Muda Hassanal Bolkiah est l'un des hommes les plus riches du monde. Ses actifs sont estimés à environ 20 milliards de dollars.

La Norvège possède également du pétrole et du gaz en abondance, mais les politiciens rouges ne veulent pas abolir l'impôt sur le revenu et les autres taxes spoliatrices. Les prix sont terriblement élevés, les soins médicaux occasionnent de longues files d'attente.

Le 1er mai 1998, 222 ans exactement après la fondation de l'ordre des Illuminati (222 étant un tiers de 666, soit un tiers de 1998), la Banque Centrale Européenne a été créée, en fait un cartel de banques privées indépendantes de tout pouvoir politique. Tout le peuple est endetté par les impôts. Les banquiers maçonniques tentent ainsi de réaliser l'ancienne idée des Templiers de créer un super État européen par le biais du système bancaire.

Le "non" danois à l'euro lors d'un référendum en septembre 2000 et le "non" suédois en septembre 2003 ont toutefois montré que tout ne se passe pas comme prévu. Il n'est pas nécessaire d'être prophète pour voir que l'euro ne stabilise pas l'économie, mais il ne faut pas le dire à haute voix. Bernard Connolly, qui était chef du département de la politique de l'Union européenne à la Commission européenne à Bruxelles, a publié en 1996 un livre intitulé *The Rotten Heart of Europe*, dans lequel il affirmait que les taux de change fixes et l'union monétaire (UEM) entraîneraient l'instabilité et un chômage croissant. Il pensait que le résultat serait horrible. Connolly a été aussitôt viré.

Lors d'une visite en Suède en août 2003, M. Connolly a souligné que l'introduction de l'euro entraînerait une catastrophe économique et la chute des démocraties européennes.

Il affirme que l'euro est utilisé comme prétexte pour former un super-État économique, politique et militaire.

Les problèmes se sont aggravés dans le sud de l'Europe. Le Portugal, par exemple, est au bord de la crise politique et les émeutes dans les rues ne sont pas loin. Ce phénomène s'étendra ensuite au reste de l'Europe. Il a comparé la situation à l'effondrement économique de l'Argentine, mais les pays de l'UEM sont dans une situation bien pire. L'Argentine a pu couper ses liens avec le dollar, mais les pays de l'UEM ne peuvent abandonner l'euro. L'analyse de Connolly est considérée comme extrêmement pessimiste. Sa visite a été rapportée dans le grand quotidien suédois *Expressen* uniquement sur leur site Internet le 23 août 2003.

Mais que peut-on attendre d'autre d'une monnaie symbolisée par un signe stylisé de Satan ?

Un mètre mesurait un mètre en 1910, tout comme aujourd'hui. Un litre contenait un litre, mais une couronne de 2004 ne vaut pas du tout la même chose qu'en 1910. Sa valeur a fortement baissé. N'est-ce pas étrange ?

Les statistiques officielles suédoises et américaines indiquent qu'au début des années 70, environ 75 pour cent du revenu moyen des travailleurs étaient consacrés aux produits de première nécessité tels que la nourriture, le logement, l'habillement, l'éducation, les soins médicaux. Tandis qu'aujourd'hui, le travail de deux parents de travailler permet juste de joindre les deux bouts.

Dans les années 70, la valeur totale du commerce mondial de biens industriels était de 50%, le reste étant constitué de stocks de marchandises et d'actions boursières. En 2001, la relation était de 1% pour les marchandises et de 99% pour les titres. La spéculation domine donc.

Le système monétaire actuel encourage la fraude et l'extension de l'économie souterraine et a conduit à ce que ceux qui ont constamment besoin d'argent perdent de plus en plus au profit de ceux qui en ont beaucoup plus qu'il n'en faut. De plus en plus d'argent est amassé entre les mains de certains individus, qui se trouvent être tous des banquiers maçonniques. Si l'intérêt est aboli, tout le monde profitera du nouveau système, et pas seulement les 80 pour cent considérés comme pauvres.

Alfred Herrhausen, membre du conseil d'administration de la Deutsche Bank, a souligné :

> "Les tenants du système monétaire actuel, savent très bien qu'il ne peut pas durer, mais ils ne connaissent pas d'alternative ou ne veulent pas en chercher."

Du point de vue des francs-maçons, il est important de nous maintenir en esclavage économique, sinon ils auraient tout fait pour abolir l'intérêt. Par le biais des impôts et des taxes, le gouvernement perçoit la plus grande partie du résultat des activités économiques de la population. Que valent alors les belles phrases d'humanisme des francs-maçons ? Le but premier des dirigeants maçonniques a été de dissimuler du mieux qu'ils le pouvaient l'esclavage économique actuel. Il faut se demander si ils ont réussi...

La George Washington Lodge à Alexandria, Virginie.

Chapitre V

Le pouvoir mondial de la franc-maçonnerie

L es francs-maçons se disent frères et le devoir d'un frère franc-maçon est toujours d'aider un autre frère quoi qu'il arrive.

Elie Wiesel a écrit dans son livre *Legends of Our Time* :

"Certains événements ont lieu mais ne sont pas vrais. D'autres événements sont vrais mais ne paraissent jamais s'être produits."

C'est une référence à la sagesse talmudique en usage dans le monde d'aujourd'hui, où les francs-maçons exercent une influence prépondérante.

"Vous voyez donc, cher Coningsby, que le monde est gouverné par des personnages très différents de ce qu'imaginent ceux qui ne sont pas derrière les coulisses ", dit Sidonia dans le roman de Benjamin Disraeli, *Coningsby* (Londres, 1844, p. 233).

Disraeli a admis dans le même roman que Rothschild a financé toutes les révolutions de 1789, de 1830, et de 1848 en France. Il est donc compréhensible que Marx n'ait jamais formulé la moindre critique à l'égard des Rothschild.

Lors du Congrès du Parti communiste soviétique en 1979, le professeur Valeri Yemelyanov a déclaré que :

"la pyramide des francs-maçons juifs contrôle 80 pour cent de l'économie des pays capitalistes et 90 à 95 pour cent des médias".

En 1781, le leader maçonnique juif Johann Georg (Ivan) Schwartz était présent lors d'un congrès maçonnique à Francfort, où il représentait la franc-maçonnerie russe. Là, il a été décidé que la franc-maçonnerie russe devrait être dirigée par Schwartz, qui provenait en fait de Transylvanie. Lors de la convention organisée par Adam Weishaupt au château de Wilhelmsbad à Hanau en 1782, la Russie est devenue la huitième province de la franc-maçonnerie. C'est alors qu'il fut convenu d'annihiler la monarchie en France (Alexander Selyaninov, *The Secret Power of Freemasonry*, Moscou, 1999, p, 126). Schwartz devait plus tard devenir professeur à l'Université de Moscou, une institution gérée par ses frères maçons. Après la mort de Schwartz en 1784, son poste a été repris par le baron von Schröder.

En 1875, au Congrès maçonnique de Paris, la pratique illuministe de sacrifier le sang par le meurtre commis par des francs-maçons fut unanimement adoptée. Elle deviendra l'un des principaux secrets de la franc-maçonnerie

(Nicolas Deschamps, *Les sociétés secrètes*, Paris, 1881). En outre, si un franc-maçon perdait la vie, il devait immédiatement être vengé.

La franc-maçonnerie et la politique

Dès 1709, le périodique londonien *The Tatler* met en garde contre les francs-maçons, "qui sont impliqués dans des activités politiques dangereuses". Le franc-maçon Gonnoud déclara lors du banquet du couvent de la Grande Loge de France le 18 septembre 1886 :

> "On nous a accusés de trop nous préoccuper de politique, mais de quoi d'autre devrions-nous nous préoccuper ? Nous, francs-maçons, nous ne faisons que nous impliquer dans la politique... Nous déclarons formellement, par tous les moyens, que nous ne traitons ni de religion ni de politique. Est-ce de l'hypocrisie ? Au contraire, nous avons été obligés de garder le secret sur ce qui était notre seule préoccupation." (*Bulletin du Grand Orient de France*, 1886, p. 545 ; *Paris Maçonnique*, 1896, P. V - VI)

Lors d'une réunion de la loge en 1893, un autre frère maçonnique a déclaré :

> "La franc-maçonnerie est une organisation de pouvoir, qui soumet ses membres à des règles de discipline qui sont nécessaires à la gestion des affaires humaines." (Alexander Selyaninov, *Le pouvoir secret de la franc-maçonnerie*, Moscou, 1999, art. 48.)

Le franc-maçon Sicard de Plauzoles admet qu'il existe une guerre contre les ennemis de la franc-maçonnerie et de la République (*Convent du Grand Orient de France*, Paris, 1913, p. 393).

Ainsi, la franc-maçonnerie est engagée dans une guerre tout à fait dangereuse contre le monde pour accomplir des changements politiques et magiques radicaux, qui profiteront à ses propres intérêts pervertis ainsi qu'à ses membres corrompus.

> "La majeure partie de notre travail se fait dans les classes supérieures. C'est là que nous faisons de la politique et façonnons l'histoire du monde... et dans quel but toutes les cérémonies ont-elles lieu ? Ils servent à tromper nos ennemis !" (*Freimaurer-Zeitung*, Leipzig, 1875, année 28, p. 150)
>
> "Soit on forme et dirige l'opinion publique, soit on n'a aucune raison d'exister." (*Rivista Massonica*, 1889, p. 19)
>
> "La Révolution française de 1789 était une œuvre maçonnique parce que tous les hommes importants de cette période étaient francs-maçons. Par la suite, la franc-maçonnerie a également conduit les révolutions de 1830 et 1848. Toutes les convulsions italiennes de 1822 jusqu'aux derniers événements glorieux, à qui devraient-elles être attribuées sinon à l'Ordre... Si c'est ainsi qu'il est écrit dans plusieurs statuts maçonniques, que les francs-maçons sont pacifiques et doivent tenir les lois instituées pour sacrées, cela ne sert qu'à apaiser les soupçons des tyrans." (*Freimaurer-Zeitung*, Leipzig, 24 décembre 1864)

Claudio Jannet, professeur à l'Université de Paris, a déclaré dans son livre *La franc-maçonnerie* (Paris, 1873) :

"Les loges maçonniques sont les pourvoyeuses d'armées révolutionnaires... Sous leur influence se trouvent plusieurs organisations populaires, mouvements et sociétés aux noms variés - tous ne sont que des formes variées de l'unique franc-maçonnerie."

L'une de ces organisations est devenue plus tard l'Internationale. L'historien français Edouard Fribourg, l'un des fondateurs de l'Internationale, admet dans son livre *Association Internationale des Travailleurs* (Paris, 1871) que l'organisation a toujours défendu les intérêts de la franc-maçonnerie et non ceux des ouvriers. Il a souligné le fait que l'Internationale était partout soutenue par la maçonnerie (William T. Still, *New World Order: The Ancient Plan of Secret Societies*, Lafayette, Louisiane 1990, p. 137).

Les francs-maçons ont été élus au Conseil suprême (Alexander Selyaninov, *The Secret Power of Freemasonry*, Moscou, 1999, p. 50). Beaucoup d'ouvriers ont mené une lutte sanglante pour la franc-maçonnerie sans même soupçonner que certains hommes privilégiés étaient derrière leur agitation et leur but avec des slogans de solidarité qui sonnaient creux. En même temps, les francs-maçons incitent tous les ouvriers à se détacher de Dieu.

Les professeurs de psychiatrie russes Sikorsky, Rybakov et Kovalevsky, en 1906, avaient établi que les révolutionnaires étaient généralement des malades mentaux, avec un grand désir de tout détruire (Grigori Klimov, *La Cabbale Rouge*, Krasnodar, 1996, p. 35). Ainsi, les francs-maçons révocateurs ainsi que les dirigeants communistes et les socialistes radicaux étaient des gens totalement déséquilibrés. Ce ne sont en fait que des psychopathes.

Selon une étude du père de la criminologie moderne et professeur de psychiatrie, Cesare Lombroso (1835-1909, lui-même d'origine juive), à l'Université de Turin, les Juifs souffrent de quatre à six fois plus de maladies mentales que les autres groupes ethniques, et en Allemagne le taux est huit fois plus élevé que chez les autres Allemands (Grigori Klimov, *Les protocoles des anciens soviétiques*, Krasnodar, 1995, p.39).

Il est donc compréhensible que les extrémistes juifs soient surreprésentés parmi diverses sortes de "dirigeants révolutionnaires" et de grands maîtres maçons.

La revue du Grand Orient l'*Acacia* déclarait en 1910 :

"Les francs-maçons doivent marcher main dans la main avec le prolétariat. Du côté des francs-maçons se trouvent les pouvoirs intellectuels et les forces créatrices, tandis que du côté de la suprématie ouvrière et des forces destructrices. En les unissant, la révolution socialiste sera possible."

Lors de la Conférence maçonnique internationale à Bruxelles en 1910, il a été proclamé :

"À partir du jour où une alliance entre le prolétariat et la franc-maçonnerie sous notre direction sera assurée, nous constituerons une armée invincible."

Dans la lutte contre le développement spirituel de l'homme, la maçonnerie s'est jointe au socialisme, au communisme et au capitalisme international.

Le franc-maçon Konrad von Hagern a déclaré :

"Je suis totalement convaincu qu'il y aura un temps, et il doit venir, où l'athéisme deviendra le principe humain universel." (*Freimaurer Zeitung*, 15 décembre 1866)

Dans cette guerre contre l'humanité, qui est un processus lent, les francs-maçons sont libres d'enfreindre toute loi à volonté. Un procureur maçonnique ne peut pas poursuivre un frère maçonnique, un fonctionnaire franc-maçon ne peut pas dénoncer la fraude d'un autre frère maçonnique. Les juges français qui sont aussi francs-maçons sont plus fidèles à l'ordre maçonnique qu'aux lois de la France. Les politiciens maçonniques sont plus susceptibles de servir leurs frères que leur pays. Les directeurs de banque maçonniques mettent leurs "frères" en premier et avec d'autres banquiers maçonniques, ils bloquent les prêts et poussent même les non-maçons désirés à la faillite. De même, un franc-maçon policier aidera un criminel maçon.

Cette pratique de s'entraider en premier est fréquente au sein de l'administration centrale de l'Union européenne, où plusieurs hauts fonctionnaires sont francs-maçons (Brian Freemantle, *The Octopus*, Londres, 1995). Les francs-maçons du Grand Orient au sein de la Commission européenne et du Parlement européen ont surtout coopéré avec des groupes mafieux. Cela a été confirmé par des parlementaires européens tels que Leoluca Orlando, John Tomlinson, Terry Wynn et Peter Price.

Les loges maçonniques françaises et italiennes totalement criminelles ont une grande influence sur la Commission européenne à Bruxelles et le Parlement européen de Strasbourg. Cela a été admis par le porte-parole de la Grande Loge de Grande-Bretagne, John Hamill. Le Grand Orient belge est également impliqué criminellement. Ses frères maçonniques sont aux échelons supérieurs de la Commission européenne, où ils sont en mesure d'influencer les décisions prises par cet organe exécutif constitué de membres non élu. La Grande Loge de France a des membres très influents tant à la Commission qu'au Parlement. Le Grand Orient français est en effet considéré comme le plus actif et le plus puissant de toute l'Europe. Au sein des institutions centrales de l'UE, les francs-maçons font des ravages sans aucune entrave. Selon John Hamill, ils sont tous socialistes et ont des liens avec la mafia. Toutes les propositions d'enregistrement des francs-maçons au sein du Parlement européen ont été arrêtées (*ibid.*).

Selon le journaliste lituano-américain Valdas Anelauskas, la CIA a financé, même dans les années 1960, les organisations européennes qui œuvraient à la création des États-Unis d'Europe. L'organisation de renseignement de la CIA est contrôlée par la Franc-maçonnerie américaine.

Après des études approfondies, l'éminent historien français Bernard Faÿ a conclu que les sociétés secrètes de francs-maçons avaient organisé la Révolution américaine de 1776 ainsi que la Révolution française de 1789 (*Révolution et*

Franc-maçonnerie, Paris, 1935). Il a insisté sur le fait qu'une conspiration similaire était en cours dans l'Europe du XXème siècle. Pendant la Seconde Guerre mondiale, Faÿ a publié de nombreuses données importantes qu'il avait découvertes. En 1943, il participe à la production d'un film révélateur, *Les Forces occultes*, l'histoire d'un jeune Français qui infiltre la confrérie pour enquêter sur son rôle dans le déclenchement de la guerre. Le film montrait comment le pouvoir maçonnique sur plusieurs pays s'était progressivement développé. En même temps, de nombreux secrets occultes que les francs-maçons avaient cachés ont été révélés. Le film est aujourd'hui interdit de projection publique.

Bernard Faÿ est nommé directeur de la Bibliothèque Nationale de Paris, où il initie de précieuses recherches dans les archives françaises des sociétés secrètes et révèle les noms de 17 000 conspirateurs. Le gouvernement de Vichy a immédiatement déporté 520 francs-maçons dangereux et en a exécuté 117 considérés comme extrêmement dangereux.

Après la guerre, les francs-maçons ont eu leur revanche. Bernard Faÿ a été condamné par un tribunal maçonnique (connu sous le nom de tribunal des crimes de guerre) à la prison à vie en 1953. Après sept ans de service, il est gracié par le Président Charles de Gaulle en 1960.

La France a été l'endroit où la franc-maçonnerie a été le plus avidement utilisé politiquement. Louis XV se rendit vite compte que les francs-maçons constituaient une menace pour la société, et en 1738 les activités des loges furent interdites. Le 21 octobre 1738, le roi de Suède, Frédéric Ier, déclare la franc-maçonnerie illégale. Aucune réunion maçonnique n'était autorisée, les transgressions étaient punies de mort. Un peu plus tôt, la franc-maçonnerie avait également été interdite en Espagne.

Cependant, les mauvaises intentions des autres sont rapidement oubliées. Les pamphlets maçonniques français à partir des années 1740 ont commencé tout à fait légalement à propager la révolution et l'idée de l'instauration d'une république démocratique. Les gens devaient être égaux et vivre dans la liberté fraternelle, c'est-à-dire le genre de "liberté" que les loges maçonniques leur permettraient.

À la fin du XVIIIème siècle, la franc-maçonnerie a pris une orientation politique. La force motrice derrière tout cela était la confrérie des Illuminati financée par les Rothschild.

Alors que les loges britanniques agissent encore extérieurement comme des clubs de gentlemen avec seulement trois degrés et des règles strictes contre la discussion de la politique ou la religion pendant les réunions, il est apparu en France des loges qui, en raison de leur secret agissent comme un lieu de rencontre sûr pour la préparation de diverses intrigues politiques. Ces loges secrètes prirent soudain une nouvelle direction et commencèrent à se propager dans le but d'abolir toutes les religions, le gouvernement civil, la propriété privée, et d'œuvrer à la création d'une citoyenneté mondiale utopique (le cosmopolitisme). Les loges cosmopolites des Chevaliers Bienfaisants, des Philalèthes et des Amis Réunis, dirigées par le duc de Chartres, étaient appelées "loges améliorées". Il y avait 266 loges de ce genre en 1784 (John Robison, *Proofs of a Conspiracy*, Belmont 1967, p. 28). La Loge des Chevaliers Bienfaisants a publié l'un des premiers ouvrages propageant les idées cabalistiques et le cosmopolitisme.

Ces actions étaient nécessaires pour que les Illuminati, qui sont apparemment à l'origine de ce changement soudain, puissent gouverner le monde.

Les Illuminati

La société secrète qui contrôle tout dans la franc-maçonnerie a été fondée à Ingolstadt, en Bavière, le 1ᵉʳ mai 1776 sous le nom de Perfectibilistes (Orden der Perfektibilisten). Les fondateurs étaient le professeur d'université Adam Weishaupt, âgé de 28 ans, son étudiant le prince Anton von Massenhausen (alias Ajax), qui avait aidé à rédiger les statuts, et le conseiller Mertz (alias Tiberius). Le jeune Franz Xaver Zwack, âgé de 20 ans, a été enregistré comme Cato le 29 mai 1776.

Johann Georg (1717-1753), le père d'Adam Weishaupt, qui était de Westphalie a été nommé professeur de droit pénal à Ingolstadt en 1746.

Vraisemblablement en 1779, la nouvelle organisation secrète et subversive fut rebaptisée Orden der Illuminaten (L'Ordre des Illuminés), et Weishaupt l'intégra à certains endroits bien choisis à la franc-maçonnerie. Son slogan le plus important était :

> "Les Illuminati doivent régner sur le monde !"

Sous le nom de *les illuminés*, une secte similaire apparaît en Picardie en France en 1623, mais est dissoute en 1635.

Weishaupt a développé un système de secret sans précédent. Personne d'autre que les aréopages (c'est-à-dire les Illuminati les mieux classés) ne devait savoir qu'il était le leader. Tous les messages écrits étaient codés. Le chef et les autres membres ainsi que les loges ont reçu des noms secrets pris parmi les figures éminentes de l'antiquité.

Adam Weishaupt (alias Spartacus) a souligné :

> "La grande force de notre Ordre réside dans son secret. Qu'il n'apparaisse jamais sous son vrai nom, mais qu'il soit toujours caché par un autre nom et une autre activité."

Celui qui plus tard aida Weishaupt à être admis dans diverses organisations maçonniques fut son plus proche associé Adolf Baron von Knigge (Pat Brooks, *The Return of the Puritans*, Fletcher, North Carolina, 1976, pp. 68-69). Né en 1752 à Bredenbeck en Bavière, il atteint le plus haut degré des Templiers (le Chevalier Cypric) à Hanau en 1777. Knigge, alors âgé de 27 ans, devint l'un des

Illuminati de Francfort en juillet 1779 sous le nom de Philon, d'après le nom du célèbre sage juif. C'est en grande partie grâce à lui que l'Ordre s'est répandu dans toute l'Allemagne. L'argent et les faveurs sexuelles étaient utilisés pour manipuler des personnes occupant des postes élevés.

Adolph Knigge, un Illuminati de haut rang

Jakob von Manvillon, qui avait des projets de révolution en Allemagne, était l'un des élèves de Knigge (Augustin Barruel, *Mémoires pour servir à l'Histoire du Jacobinisme*, Londres, 1797).

Des loges Illuminati ont également été formés en Autriche, en France, en Belgique, en Hollande, au Danemark, en Suède, en Pologne, en Hongrie, et en Italie. En Hollande, l'illuminisme s'est répandu comme un feu de brousse. Les loges ont été fondées à Leyde, Harlem et Neuden.

La devise des Illuminati était la liberté, l'égalité et la fraternité. Dans le Programme du Parti communiste soviétique (Tallinn 1974, p. 29), il est dit que la bourgeoisie n'a utilisé ces mots de ralliement que pour faire tomber la classe dirigeante féodale aristocratique et s'emparer du pouvoir. En d'autres termes, il s'agit d'une fraude politique et la narration officielle n'est qu'un mensonge historique.

Weishaupt soulignait que l'Ordre régnerait sur le monde : "Chaque membre devient donc un souverain." Ils se croient tous qualifiés pour régner (John Robison, *Proofs of a Conspiracy*, Belmont, 1967, p. 123).

Robison, professeur de philosophie et secrétaire de la Société royale d'Édimbourg, en Écosse, a affirmé que les hommes maléfiques utilisaient la maçonnerie comme un outil pour atteindre leurs propres fins.

Weishaupt avait l'intention d'initier une guerre économique et psychologique entre les différentes nations et les différents peuples, et aussi de mener une guerre magique contre les opposants de l'illuminisme. Weishaupt affirmait que le plan pour le Nouvel Ordre Mondial ne pouvait pas être exécuté avec succès "autrement que par des sociétés secrètes qui prennent progressivement et discrètement le pouvoir". Son principal objectif était de lancer une révolution mondiale par le biais d'une stratégie astucieuse. Il souhaitait unir tous les peuples en une république mondiale universelle.

Dans le livre *Die Freimaurer* (Cologne, 1998, p. 27), le franc-maçon Marcel Valmy, cinéaste munichois, affirme que les Illuminati sont réellement responsables du bain de sang qui a eu lieu pendant la grande crise de 1789-1793 en France.

Le franc-maçon et socialiste juif Alexander Herzen de Russie a admis dans son livre *From the Other Shore / Depuis l'autre rive* (Tallinn, 1970, p. 109) :

"La République (en France) a annihilé les derniers droits, ceux que les rois n'avaient pas touchés."

Après le coup d'État en France, Cagliostro a déclaré depuis sa prison en Italie qu'il connaissait aussi la conspiration des Illuminati qui visait divers trônes ainsi que les autels.

Parmi les banquiers juifs qui auraient aidé à financer la Révolution française figuraient Daniel Itzig (1722-1799), David Friedlander (1750-1834), Herz Cerfbeer (1730-1793), Benjamin Goldsmid (1755-1808), Abraham Goldsmid (1756-1810), et Moses Mocatta (1768- 1857), partenaire des frères Goldsmid et oncle de Sir Moses Montefiore (Olivia Marie O'Grady, *The Beasts of the Apocalypse*, First Amendment Press, 2001, p. 123). Tous étaient reliés aux Illuminati.

Le révolutionnaire et franc-maçon Georges Jacques Danton était aussi un illuminatus. Dans l'ordre, il était connu sous le nom de Horace (Douglas Reed, *La controverse de Sion*[8], Durban, 1978, p. 151).

Le symbole astrologique de l'Ordre des Illuminati était le soleil. Afin de mieux tromper ses adeptes, la nature démoniaque de l'illuminisme était cachée derrière des termes chrétiens inoffensifs. Leur symbole caché est devenu une rose rouge, d'après celle représentant la dynastie Tudor en Angleterre. Quand la rose se flétrit, l'odeur est insupportable…

La Rose est un puissant symbole magique de la franc-maçonnerie. James Graham (33ème degré) a écrit dans le *Journal Scottish Rite* (janvier / février 2004, p. 37) : "En tant que maçons, nous utilisons des symboles pour enseigner et apprendre…" Il a déclaré que la franc-maçonnerie utilisent la rose comme un symbole ancien et important. En tant que maçons de rite écossais, la rose est un symbole important au 18ème degré, Chevalier de la Rose Croix. Albert Pike dans *Morals and Dogma* (Charleston, 1871, p. 291) disait que la rose "est un symbole

---

[8] *La Controverse de Sion*, de Douglas Reed, ouvrage indispensable, édité par Omnia Veritas Ltd, www.omnia-veritas.com.

de l'Aube, de la résurrection de la Lumière et du renouveau de la vie".

Le 1ᵉʳ mai 1912, les socialistes suédois ont commencé à utiliser la rose rouge comme symbole politique. Ce n'est qu'en 1979 que la rose a été officiellement adoptée comme leur symbole officiel. Était-ce peut-être pour montrer aux chefs secrets, pour lesquels ils commençaient maintenant à travailler sérieusement, qu'ils appliquaient le programme Illuminati en cinq points ?

Le général Illuminati Adam Weishaupt voulait que les personnes que nous appelons aujourd'hui les "faiseurs d'opinion" (c'est-à-dire les prêtres, les écrivains, les fonctionnaires) deviennent les instruments volontaires de l'Ordre, après quoi, selon les mots de Weishaupt, ils "devaient entourer les princes", c'est-à-dire user de leur capacité de conseillers pour influencer les décisions politiques dans une direction favorable aux Illuminati.

Lors de son initiation dans l'Ordre, le nouveau frère devait promettre : "Je n'utiliserai jamais ma position ou ma charge contre un autre frère."

Cette loyauté de groupe corrompue ne concernait cependant pas les frères en tant qu'individus mais seulement comme outils au service du pouvoir invisible de l'ordre. Ce pouvoir pourrait également être utilisé contre les frères eux-mêmes, c'est-à-dire si "la fin" (Weishaupt lui-même) l'exigeait.

Les disciples de Weishaupt devaient accepter un programme d'étude bien établi et travailler sur diverses idées complexes jusqu'à ce qu'ils aient acquis le titre d'"aréopagite" (comme les membres du concile d'Athènes antique, l'aréopage). Les Illuminati les plus élevés (le 13ᵉᵐᵉ degré) étaient appelés les aréopagites invisibles. Selon Weishaupt, un mensonge répété assez souvent est accepté par l'opinion publique comme la vérité. Ceux qui acceptaient la propagande des Illuminati, devaient être classés dans la catégorie des libéraux et des humanistes. Les autres devaient être discrédités.

En tant que dirigeant plus conservateur et patriotique, le duc Karl Theodor est arrivé au pouvoir en Bavière, il a prononcé une interdiction contre toutes les sociétés secrètes le 22 juin 1784. Un autre décret encore plus précis fut proclamé l'année suivante, le 2 mars 1785.

Le 11 février 1785, Weishaupt fut libéré mais interdit d'habiter Ingolstadt et Munich. Dans le même temps, l'université avait été informée que Weishaupt avait été mis aux arrêts. Le 16 février, il est entré dans la clandestinité et a été caché par son frère Illuminati, Joseph Martin, qui travaillait comme serrurier. Quelques jours plus tard, il s'enfuit d'Ingolstadt vers Nuremberg vêtu des vêtements de travail d'un artisan. Il séjourna peu de temps à Nuremberg, puis se rendit dans la ville libre de Ratisbonne où il poursuivit ses activités, mais un coup du sort se produisit qui mit la police sur les traces des Illuminati (Sofia Toll, *The Brothers of the Night*, Moscou, 2000, p. 291).

Le 20 juillet 1785, le coursier des Illuminati Jakob Lanz (qui travaillait comme prêtre) est frappé par la foudre à Ratisbonne et meurt. Weishaupt était avec lui. Lanz avait l'intention de se rendre à Berlin et en Silésie et a reçu ses dernières instructions de Weishaupt avant sa mort. Il avait cousu une liste de membres Illuminati et quelques papiers compromettants dans la robe du prêtre. Weishaupt ne le savait pas et fut victime de sa propre conspiration (Comtesse Sofia Toll, *Les Frères de la Nuit*, Moscou, 2000, p. 291).

La police locale a trouvé d'autres documents importants chez Lanz, y compris des instructions détaillées pour le projet de la révolution française. Certains de ces documents étaient adressés au grand maître du Grand Orient à Paris. Tout fut remis au gouvernement bavarois et le 4 août 1785, une nouvelle interdiction des sociétés secrètes fut prononcée.

Le 31 août, une ordonnance d'arrestation d'Adam Weishaupt a été rendue. La tête de Weishaupt a été mise à prix en Bavière. Il s'enfuit à Gotha, où l'Illuminatus Ernst, Grand-Duc de Saxe-Gotha, pouvait le protéger.

Les Illuminati avaient réussi à infiltrer de nombreuses positions clés de la société. C'est pourquoi l'enquête policière a progressé très lentement. Une perquisition chez Zwack, qui était directement liée aux documents secrets trouvés sur Lanz, n'a été effectuée que quatorze mois après sa disparition, soit les 11 et 12 octobre 1786.

Parmi les documents trouvés avec Zwack, il y avait un plan pour la création d'un ordre similaire pour les femmes, afin que les membres puissent se divertir. Furent également découverts un processus pour l'avortement, une poudre causant la cécité, une potion pour ouvrir des lettres scellées sans laisser de trace, et une thèse sur le suicide. Une correspondance très compromettante a également été appréhendée. Dans une lettre à Zwack (Caton), Weishaupt (Spartacus) mentionne que Socrate était toujours ivre, qu'Auguste avait une très mauvaise réputation et que Tibère avait agressé la sœur de son compagnon (Démocedis). Marc Aurèle s'est associé avec des escrocs et des menteurs à Munich. Les Illuminati (aréopagites) les mieux classés ne provoquent que des scandales (*Signastern*, Collected Documents, Volume 5, 1805, p. 266).

Comme l'interdiction des Illuminati fut proclamée le 4 août 1785, Zwack s'enfuit à Augsbourg et de là à Wetzlar. Après la mort du grand-duc Zwack est retourné en Bavière, où il a été réintégré comme fonctionnaire du gouvernement. Von Knigge se rendit à Brême, où il mourut comme officier le 6 mai 1796. Selon le général Illuminati Leopold Engel, plusieurs autres membres ont été démis de leurs fonctions.

L'œuvre sinistre des Illuminati commençait à être dévoilée. Les Rosicruciens spirituels étaient en tête de ces révélations. Jusqu'en 1790, jusqu'à 50 articles sur les Illuminati avaient été publiés avec de nombreux détails embarrassants sur les activités criminelles de la secte.

George Washington a déclaré qu'il connaissait les plans et les enseignements sinistres et dangereux des Illuminati. Thomas Jefferson, d'autre part, a rejeté les révélations du professeur John Robison dans son livre au titre on ne peut plus explicite : *Proofs of a Conspiracy against all Religions and Governments of Europe, carried on in the Secret Meetings of Free Masons,*

Illuminati, and Reading Societies, Collected from Good Authorities / Preuves d'une conspiration contre toutes les religions et tous les gouvernements d'Europe, menée dans les réunions secrètes des francs-maçons, des Illuminati et des sociétés de lecture, recueillies auprès des autorités compétentes, initialement publié à Londres en 1797 et l'année suivante à New York. L'abbé Auguste de Barruel (*Mémoires pour servir à l'histoire du jacobinisme*, quatre volumes, Londres, 1797), ainsi que le géographe Jedediah Morse, étaient également d'autres opposants sérieux aux plans des Illuminati.

Thomas Jefferson était très intéressé par l'astrologie, mais selon l'historien maçonnique américain Gordon Wood, il n'était pas franc-maçon. L'historien indépendant Fritz Springmeier a cependant montré que Jefferson était un illuminatus de haut rang (*Be Wise as Serpents*, Londres, 1991).

En 1786, le marquis de Mirabeau fonde une loge Illuminati dans un monastère jacobin à Paris. Ces membres Illuminati se sont rapidement appelés eux-mêmes 'Jacobins'. Un autre groupe Illuminati a été fondé la même année à Francfort sous le nom de l'*Œil qui voit tout*. Ce groupe devait plus tard être tristement célèbre sous le nom de Frankistes. La loge était dirigée par les Juifs extrémistes Jakob Frank et Michael Hess, ce dernier était un employé de Meyer Amschel Rothschild.

Weishaupt prétendait que le but de l'ordre était de :

> "faire avancer les idées humaines et sociales, d'obstruer toutes les tendances au mal, de soutenir la vertu partout où elle est menacée ou supprimée par la méchanceté, de promouvoir des individus méritants et de diffuser des connaissances utiles au sein du groupe et auprès de ceux qui sont dépourvus de toute éducation."

Il professait que le pouvoir de l'Église et de ses dogmes devait être remplacé par les préceptes des Illuminati.

L'Ordre des Illuminati avait été fondé sur des principes similaires à ceux de l'Ordre des Jésuites. Adam Weishaupt a travaillé pendant cinq ans pour mettre au point le système qui lui convenait. L'Ordre était divisé en trois grades alors que les Jésuites en comportaient quatre. Le premier degré se composait des novices et des membres les moins éclairés (connu sous le nom de Minerval), le deuxième rang étaient constitué de francs-maçons (et des récipiendaires du degré de chevaliers écossais), et la troisième classe - la classe mystérieuse - était réservée aux prêtres, les princes ainsi que les magiciens, avec à leur tête un roi ou général.

*Un obélisque à Ingolstadt, la ville natale
du fondateur des Illuminati.*

Le candidat Illuminati devait subir de nombreuses épreuves difficiles, prêter un serment de silence éternel et accepter que l'ordre régisse sa vie. D'un degré à l'autre, la procédure se répétait. Au lieu d'atteindre la sagesse, tous sont néanmoins devenus de misérables instruments entre les mains de Weishaupt. Il ne voulait pas du tout créer une société à l'éthique philosophique mais une société subversive qui œuvre à transformer ses membres en psychopathes. En d'autres termes, les manœuvres savantes de Weishaupt n'étaient rien d'autre que de l'escroquerie. Selon l'écrivain Rudolf Rockoffner, les Illuminati devinrent une puissante organisation criminelle (Rockoffner, *Frimureriet / La franc-maçonnerie*, Stockholm, 1866, pp. 35-36).

Les Illuminati admis au plus haut degré devaient porter une coiffe rouge aux réunions de l'ordre. Ce couvre-chef fut arboré par les rebelles Jacobins lors de la prétendue 'Révolution Française'. Pour humilier Louis XVI, les fonctionnaires Illuminati lui mirent un bonnet rouge sur la tête le 20 juillet 1792. Les révolutionnaires maçonniques le préparaient ainsi à sa rencontre avec la mort.

Le pouvoir socialiste supranational auquel les Illuminati aspiraient se résumait dans le concept de *Novus Ordo Seclorum* (le Nouvel Ordre Mondial). Quelques-uns des principaux points de ce programme étaient :

1- Suppression de toute religion, y compris toutes les confessions et doctrines qui ne pouvaient être utilisées comme instruments de l'illuminisme.

2- Suppression de tous les sentiments de nationalité et - à long terme - abolition de toutes les nationalités et instauration d'un gouvernement mondial illuministe.

3- Transfert successif de tous les biens privés et nationaux entre les mains des Illuminati.

Les méthodes pour y parvenir étaient l'établissement progressif de nouvelles lois fiscales, que les fonctionnaires illuministes devaient introduire. Les plans initiaux de Weishaupt prévoyaient également un impôt progressif sur le revenu et un impôt sur les successions encore plus contraignant.

Karl Marx souhaitait également la mise en place d'un impôt sur le revenu élevé et progressif dans son "Manifeste communiste". L'intention était d'affaiblir la société pour la rendre dépendante d'un état tout-puissant.

    4- Un système global d'espionnage et de dénonciation basé sur le modèle des "frères insinuants".

Le symbole de cela était l'œil qui voit tout placé au milieu de la pyramide qui est le symbole illuministe du pouvoir. On l'appelait aussi "le mauvais œil", qui symbolise celui d'Osiris. Ce symbole provient de la Confrérie du Serpent (Dragon) dans l'Égypte ancienne, proclamant également que Lucifer est la sagesse incarnée.

Et pour finir :

    5- Une règle morale globale, une uniformisation complète de la volonté, des souhaits et des aspirations les plus intimes de tous les peuples sous "l'unique volonté", celle des Illuminati.

Ceci est symbolisé par des branches d'olivier.

Ces cinq règles sont également indiquées par l'étoile symbolique à cinq branches de la franc-maçonnerie.

Le code secret des Illuminati est 666. Le numéro de code du roi Salomon était aussi 666. Chaque année, il exigeait 666 talents d'or (Rois 10:14). La conception de son trône incorporait le code 666. L'historiographie de Salomon est la base de la magie maçonnique.

Les Illuminati voulaient simplement abolir toute forme de gouvernement ordonné, le patriotisme, la religion et la famille pour finalement mettre en place un gouvernement mondial dictatorial placé sous leur direction. Les gens sains d'esprits ne travailleraient jamais pour la mise en place d'un programme aussi abominable, de sorte que les Illuminati "ordinaires" étaient nourris de phrases justes sur l'amour, la charité et ce que nous appelons aujourd'hui "l'idéologie" bienpensante. Plus on progressait dans l'ordre, plus les membres étaient primitifs. Plus les individus sont primitifs, plus les idéaux qui les guident sont bas.

En 1776, la même année que Weishaupt fonda son ordre, Moïse Mendelssohn (en fait Moïse Menachem-Mendel) forma un mouvement connu comme la *haskalah* uniquement pour les illuminés juifs. *Haskalah* est un terme hébreu signifiant l'illumination. Mendelssohn était en réalité le professeur "invisible" de Weishaupt (Marvin Antelman, *To Eliminate the Opiate*, New York-Tel Aviv, 1974). L'homme de confiance Mendelssohn finançait l'illuminé Mirabeau, et l'illuminatus Friedrich Nicolai était un proche de Mendelssohn. Derrière lui se trouvait le Kahal, le conseil juif secret (Moïse Samuels, *Mémoires de Moïse Mendelssohn*, Londres, 1825, p. 159).

Plusieurs écrivains ignorants ont prétendu que l'organisation n'existe plus et qu'elle a cessé d'exister dès les années 1780. Les Illuminati ont certainement disparu de la scène mais ont réapparu comme un réseau de sociétés de lecture dans toute l'Allemagne. Dans les archives de la ville de Dresde, il y a une lettre écrite par Frédéric Guillaume II de Prusse le 3 octobre 1789 de Berlin au Grand-Duc Frédéric Auguste III de Saxe, où il est dit que les Illuminati s'étaient répandus dans toute l'Allemagne et constituaient une secte tout à fait dangereuse.

Même plusieurs sources officielles bien contrôlées confirment que les Illuminati ont été recréés (c'est-à-dire réorganisés) à Dresde en 1880 (*Kleine W. P. Encyclopaedic*, Bruxelles / Amsterdam, 1949). C'est en fait Theodor Reuss, qui réorganisa l'ordre des Illuminati à Munich en 1880, selon les Archives spéciales de l'Union soviétique à Moscou.

Léopold Engel prit la direction générale de l'organisation mondiale Illuminati en 1893. L'*Encyclopédie nationale danoise* (Copenhague, 1997, vol. 9, p. 266) déclare que l'Ordre des Illuminati a été réorganisé en 1896 et que son siège a été transféré à Berlin. Au début, il y avait 8 + 2 degrés Illuminati secrets. Aujourd'hui, il existe 13 degrés.

Selon l'historien allemand Peter K. Koenig, l'organisation a été réorganisée sous le nom d'Ordo Illuminatorum, qui était pleinement actif en Allemagne au moins jusqu'à la fin des années 1970.

Leur pyramide maçonnique comporte treize marches. Sur le Grand Sceau des États-Unis, treize étoiles maçonniques à cinq pointes forment l'Étoile de David à six pointes représentée au-dessus d'une pyramide.

Efraim Briem, professeur et franc-maçon, affirme dans une encyclopédie suédoise (Vol. 14, Malmö, 1950) que "en 1906, un nouvel Ordre Illuminati fut fondé en Allemagne, qui se prétendait la continuation de l'ancien, sans qu'il y ait de liens réels entre eux". Cela signifie que l'Ordre était encore en activité en Allemagne.

Selon la *Meyers Enzyklopädisches Lexikon*, les groupes Illuminati de différents pays ont été réunis dès 1925 pour former une association mondiale, dont le siège social se trouvait l'année suivant la guerre à Berlin. Les préparatifs de la réorganisation de l'ordre allemand ont commencé en 1926.

Le quartier général des Illuminati s'installe en Suisse pendant la Première Guerre mondiale et à New York après la Seconde Guerre mondiale (bâtiment Harold Pratt). Les Rockefeller au lieu des Rothschild financent désormais les Illuminati (William Guy Carr, *Des pions sur l'échiquier*, 1954).

Après la Seconde Guerre mondiale et jusqu'en 1963, Julius Meyer fut le leader mondial des Illuminati (*ibid.*). Les Illuminati (Council on Foreign Relations) et le siège de la Commission Trilatérale sont situés au 58 East 68th Street à New York City et non au 345 East 46th Street (bureau 711), comme ils le prétendent officiellement.

Selon l'Encyclopédie norvégienne (*Store Norske Lexikon*, Oslo, 1979, vol.

6, p. 183), les Illuminati poursuivent toujours leurs activités comme organisation secrète.

Il y avait aussi la Société des Illuminés d'Avignon qui se rassemblait au Mont Thabor près d'Avignon. Le Groupe a été fondé en 1783 par le franc-maçon Antoine Joseph Pernetty à Avignon dans le sud de la France. Cagliostro et Frédéric Antoine Mesmer en étaient membres. Plus tard, ce groupe a été transféré à Montpellier et a été rebaptisé l'Académie pour les francs-Maçons Véritables.

Nous sommes dirigés par les francs-maçons

Pendant sa période subversive, entre 1868 et 1874, les francs-maçons ont déclaré la république en Espagne en 1873, mais les royalistes ont réussi à détruire la république en 1874, et Alfonso XII est monté sur le trône. Les francs-maçons ont tenté d'assassiner son fils, Alphonse XIII, le 31 mai 1906.

Lors de la célébration du 24 juillet 1854, organisée par le Grand Orient de Belgique, il a été convenu que la franc-maçonnerie pourrait désormais s'impliquer assez ouvertement en politique (Alexander Selyaninov, *The Secret Power of Freemasonry / Le pouvoir secret de la franc-maçonnerie*, Moscou, 1999, p. 104).

En 1886, le frère maçonnique Gonnoud déclarait :

> "Il fut un temps où nos statuts interdisaient que la franc-maçonnerie s'occupe de questions politiques et religieuses. Était-ce vraiment le cas ? Je ne devrais pas dire cela. Ce n'est qu'à cause de la loi et de la police que nous avons été obligés de cacher ce qui était notre seul but." (Alexander Selyaninov, *Le pouvoir secret de la franc-maçonnerie*, Moscou, 1999, p. 105)

Le coup d'État du franc-maçon Napoléon Bonaparte du 9-10 Novembre 1799 (sous le signe du Scorpion) fut organisé par le Grand Orient. Bonaparte avait été initié dans la loge de Philadelphie à Paris en 1798. Ses frères Joseph, Lucien, Louis et Jérôme étaient également francs-maçons. Joseph Bonaparte fut même grand maître du Grand Orient français. Le conseil personnel de Napoléon comportait six membres dont cinq étaient francs-maçons.

Napoléon était d'abord sympathique à l'égard des Juifs, mais il a changé d'avis par la suite en raison de certains événements. En 1806, il convoqua le Sanhédrin (le Conseil mondial juif), qui était l'instance dirigeante des Juifs du monde entier. Au lieu de leur donner le pouvoir politique et économique, il leur a imposé des restrictions. Adolf Hitler a utilisé une tactique similaire. Les sionistes et les dirigeants maçonniques étaient furieux et menaçaient de détruire l'empereur.

Le maître maçon et général d'armée Jean Victor Moreau était à la tête d'une conspiration pour renverser Napoléon (Henry Wilson Goil, *Goil's masonic Encyclopaedia*, Richmond, Virginie, 1995, p. 274).

Le 13 octobre 1809, l'étudiant Friedrich Staps tenta de tuer Napoléon à Schönbrunn près de Vienne. L'empereur français le désigna comme un illuminatus (Johannes Rogalla von Bieberstein, *Die These von der Verschworung 1776-1945 / La thèse de la conspiration 1776-1945*, Flensburg, 1992, p. 90).

Le coup d'État de Charles Louis Napoléon Bonaparte (neveu de Napoléon Ier), le 2 décembre 1851, fut aussi l'œuvre des francs-maçons au sein de l'armée. Il avait été élu président de la France le 10 décembre 1848, mais il voulait être couronné empereur. Le lendemain du *coup d'État*, son cousin Lucien Murat est nommé grand maître du Grand Orient.

Il existe une lettre envoyée du Grand Orient à Charles Louis Napoléon. Dans la lettre du 15 octobre 1852, il est mentionné que Charles Louis a été illuminé par la lumière de la franc-maçonnerie. Les francs-maçons aimaient être dépeints comme les soldats de l'humanité sous la direction de Charles Louis Napoléon. La lettre se terminait par le salut "Vive l'Empereur !" Le 2 décembre 1857, il est proclamé empereur de France sous le nom de Napoléon III.

Les francs-maçons agissaient à volonté. Lorsqu'on le leur demandait, ils fondaient une république - lorsqu'un empire servait leurs intérêts, ils en proclamaient un. Ainsi, lorsque Napoléon III décida de suivre une voie plus indépendante, une décision fut prise par le Grand Orient de France : l'empereur doit être destitué ! Les difficultés avaient commencé en 1861. Les francs-maçons voulaient la guerre avec la Prusse. L'empereur a essayé d'éviter cela, car il pensait que la France était mal préparée. Cela n'a fait aucune différence pour les francs-maçons. Ils devaient l'emporter et ils voulaient la guerre. C'est ce à quoi ressemblait vraiment leur soi-disant "amitié entre les nations" (Oleg Platonov, *La Couronne d'épines de la Russie : l'histoire secrète de la franc-maçonnerie 1731-1996*, Moscou, 2000, Volume II, p. 60). Le 19 juillet 1870, la guerre franco-prussienne éclata. La Prusse avait reçu toute l'aide possible pour écraser Napoléon III. Les francs-maçons ont remplacé le commandant en chef français Patrice de MacMahon (1808-1893) en août 1870 par le maréchal de France François Achille Bazaine (1811-1888), qui était un franc-maçon de haut rang. Sa tâche était de perdre la guerre.

Lorsque les Allemands capturèrent l'empereur français à Sedan le 2 septembre 1870, il fut renversé en France deux jours plus tard par une "révolution", où les francs-maçons avaient utilisé l'Internationale comme instrument docile servant leur visée. Napoléon III fut vilipendé au cours d'une campagne orchestrée de calomnie pleine d'accusations aussi folles que frénétiques (Paul Copin-Albancelli, *Le pouvoir occulte contre la France*, 1908). Ainsi, le 4 septembre 1870, un gouvernement maçonnique est arrivé au pouvoir par un nouveau *coup d'État*[9]. Neuf des onze membres du cabinet étaient francs-maçons, dont trois étaient des francs-maçons de haut rang et des extrémistes

---

[9] En français dans le texte, N. d.T..

juifs : Adolphe Isaac Crémieux, Alexandre Glais-Bizoin et Leon Gambetta.

Bien entendu, officiellement, les francs-maçons n'étaient toujours pas impliqués dans la politique. Néanmoins nous nous préoccupons ici uniquement de la réalité…

Les troupes françaises rendirent les armes à Metz le 27 octobre 1870. Cela causa un grand scandale en France. Les gens soupçonnaient Bazaine de trahison. Le chef maçonnique Léon Gambetta fut forcé de le faire poursuivre en justice. En 1873, Bazaine a été condamné à mort pour haute trahison, mais la peine fut commuée en vingt ans de prison par Mac-Mahon. L'année suivante, il "réussi" à s'échapper d'une île au large de Cannes et passa le reste de sa vie dans la pauvreté en Espagne.

La Franc-maçonnerie et les Illuminati ont, de toutes leurs forces, freiné le développement spirituel, été à l'origine de plusieurs assassinats politiques, de toutes les révolutions et de toutes les grandes guerres. Justin Sicard de Plauzoles, l'un des frères du Grand Orient, appelait la franc-maçonnerie "la mère de toutes révolutions". Selon lui, provoquer une révolution violente était le devoir divin des francs-maçons. Nedelko Cabrinovic, qui a participé à la conspiration ayant conduit à l'assassinat de l'archiduc autrichien François-Ferdinand à Sarajevo le 28 juin 1914, a déclaré lors du procès : "Dans la franc-maçonnerie, il est permis de tuer." (Extrait des ordonnances du procès.) Officiellement, il a été assassiné par l'organisation de *La jeune Bosnie* et la société secrète serbe *La Main noire*.

Le ministre autrichien des Affaires étrangères, le comte Ottokar Czernin (1872-1932), et un ami proche de François-Ferdinand, a révélé que l'archiduc, un an avant la Première Guerre mondiale, lui avait dit que les francs-maçons avaient décidé de le tuer.

L'organisation secrète *La Main Noire* a été fondée le 9 mai 1911 par le Colonel Dragutin Dimitrijevic (alias Apis), qui en devint le premier chef. Le franc-maçon Dimitrijevic, avec Voja Tankosic et d'autres conspirateurs, avait pris d'assaut le 10 juin 1903 le palais royal de Belgrade et tué le roi serbe Alexandre et la reine Draga, provoquant ainsi une "révolution". Le favori des conspirateurs, le prince héritier Pierre, monta alors sur le trône.

Dimitrijevic, après avoir fondé sa société secrète, envoya des assassins à Vienne pour tuer l'empereur François-Joseph, mais le plan échoua. Le 23 mai 1917, Dimitrijevic fut reconnu coupable de haute trahison et exécuté le 11 juin.

Le général Illuminati Giuseppe Mazzini avait prévu dans les années 1850 de couvrir toute l'Europe avec un réseau d'organisations maçonniques et de réunir toutes les nations européennes sous l'égide d'un comité central. En 1834, Mazzini coordonna des révolutions dans divers pays. Dès mars 1848, il rêvait de fonder les États-Unis d'Europe. L'Autriche-Hongrie s'opposait à ces plans, et c'est pourquoi le Grand Orient d'Italie exigea sa destruction et son démantèlement.

Giuseppe Mazzini a déclaré dans son manifeste de mars 1848 :

"L'Autriche étant le plus grand négateur du principe de fusion des nations européennes, elle doit disparaître. Guerre à l'Autriche ! L'initiative de cette révolution européenne mondiale, qui doit conduire à la création des États-Unis d'Europe, est au pouvoir de l'Italie, c'est donc le devoir de l'Italie. "La Rome des Peuples", dans sa nouvelle foi républicaine universelle, unira l'Europe, l'Amérique et toutes les parties du monde habité en une puissance mondiale globale et finale." (Mazzini, *Opere* Volume XIII, Rome, 1884, p. 179)

Des mesures similaires ont été prises plus tard à l'encontre de l'État allemand, qui sert de modèle aux projets de la franc-maçonnerie. Mazzini organisa la jonction des sociétés secrètes siciliennes de la Jeune Italie (Giovine Italia) à son réseau criminel implanté aux États-Unis. Il a reçu des fonds pour aider à miner la société américaine par ses liens avec les familles criminelles siciliennes (qui composent la mafia). Il contrôlait également les carabiniers, qui avaient prêté serment d'assassiner des personnes indésirables pour le compte du chef, y compris les rois d'Italie. Malgré les plans maçonniques, il n'y eut pas de république, mais le Royaume-Uni d'Italie fut proclamé.

Le 4 novembre 1848, le franc-maçon et célèbre écrivain français Victor Hugo (grand maître du Prieuré de Sion) déclare à l'Assemblée nationale :

"Le peuple français a posé sur l'ancien continent monarchiste les fondations d'une énorme structure, qui sera connue sous le nom des États-Unis d'Europe."

Le 19 juillet 2002, la chaine d'information suédoise TV4 a déclaré que les États-Unis d'Europe devraient être formés à la place de l'Union européenne (UE).

"Lors du Congrès maçonnique international, qui s'est tenu à Paris les 16 et 17 juillet 1889, une république mondiale a été proclamée ouvertement comme la finalité désirable... Lors de ce congrès, on s'attendait à ce que le jour de l'effondrement de toutes les monarchies d'Europe soit bientôt là." ("Weltrepublik", article dans *Mecklenburger Logenblatt*, 1889, p. 197)

Mazzini mourut le 11 mars 1872. Le 20 septembre 1873, Adriano Lemmi, banquier de Florence, en Italie, devient le nouveau général des Illuminati. Il a admis :

"La franc-maçonnerie a pour but de former et de diriger l'opinion publique. Elle veut avoir de l'influence sur le gouvernement, qui appartient à des institutions solides et puissantes. C'est pourquoi elle s'efforce de placer ses propres dirigeants dans l'administration, dans les assemblées législatives et aux plus hauts sommets du pouvoir."

Lemmi était un partisan du chef révolutionnaire Giuseppe Garibaldi, et un membre actif de l'Ordre du Rite Palladien Nouveau et Réformé fondé par Albert Pike.

Lemmi avait déjà été condamné à un an de prison pour vol et fraude en France (Sofia Toll, *The Brothers of the Night*, Moscou, 2000, p. 344). Entre les années 1885-1896, il a été le chef du Grand Orient d'Italie, une position qui lui permit de devenir l'instigateur performant de divers assassinats politiques. Lemmi était un ami proche du premier ministre italien Francesco Crispi (1887-

1891 et 1893-1898), également franc-maçon. Crispi, qui était un terroriste dans sa jeunesse, a mené une politique intérieure impitoyable. Lemmi est né de parents catholiques mais a dû se convertir à la foi mosaïque pour devenir un leader franc-maçon. Il a également été membre du plus haut Conseil maçonnique palladiste de Rome.

Après Lemmi, la direction fut reprise par le juif extrémiste Ernesto Nathan, qui fut également grand maître (Gran Maestro) du Grand Orient d'Italie entre 1896-1904 et 1917-1919. (Alexei Chmakov, *Le gouvernement international secret*, Moscou, 1912, p. 219).

Le franc-maçon juif de haut rang et avocat bien connu Adolphe Isaac Crémieux a déclaré :

> "L'intention des loges est d'anéantir l'Allemagne."

Il promit un million de francs à celui qui tuerait l'empereur allemand Guillaume Ier. Crémieux était un homme politique "libéral" et grand maître de la franc-maçonnerie de rite écossais et membre de l'Ordre du rite Memphis-Misraïm. En 1862, l'Ordre du Grand Orient prend le contrôle du rite juif de Misraïm. Son parent, Gaston Crémieux, était un extrémiste révolutionnaire et terroriste pendant la Commune de Paris en 1871 et fut exécuté après sa chute.

C'est Crémieux qui, en mai 1860, avec le Rabbin Élie-Aristide Astruc, Narcisse Leven, Jules Garvallo et d'autres à Paris, fonda la Grande Loge maçonnique juive de l'Alliance Israelite Universelle, qui utilisait le B'nai B'rith comme organe directeur. En 1863, Crémieux devient président du comité central du mouvement. La devise de cette organisation était : "Tous les Israélites sont des camarades !" En 1930, cette loge comptait déjà 30 000 membres. Adolphe Crémieux a été ministre de la Justice dans le gouvernement révolutionnaire de 1870.

Achille Ballori (franc-maçon du 33ème degré) qui, en 1901 était devenu président de la franc-maçonnerie italienne et grand maître de la Grande Loge, exigea en 1908 "la mise en œuvre immédiate du pouvoir des loges sur la scène politique".

Dans la loge La libre pensée à Aurillac (France), le frère maçonnique Pierre Roques, le 4 mars 1882, disait, en parlant du rôle de la franc-maçonnerie dans la Révolution française de 1789 :

> "Le rôle de la franc-maçonnerie est loin d'être terminé. Quand la révolution politique sera terminée, la franc-maçonnerie devra s'efforcer de révoquer la société." (Alexander Selyaninov, *Le pouvoir secret de la franc-maçonnerie*, Moscou 1999, p. 53)

Les loges ne sont pas ouvertes aux ouvriers. Ils doivent rester une sous-classe pour les francs-maçons qui trouvent toujours des moyens subtils d'opprimer les prolétaires. En même temps, les sociaux-démocrates sont les chiens de garde idéologiques les plus acharnés de la franc-maçonnerie. Ils sont spirituellement dégénérés et sont plus que disposés à entraver le développement des autres.

Dans la loge de l'Union Parfaite à Paris le 23 Juillet 1789, le texte suivant a été publié :

"Les premières étincelles de nos temples ont allumé le feu sacré qui, avec la vitesse du vent, s'est propagé d'est en ouest, du nord au sud et a allumé une flamme dans le cœur de tous les citoyens." (Pekka Ervast, *Vapaamuurarein kadonnut sana / La parole perdue des francs-maçons*, Helsinki, 1965, p. 77)

Le champ d'action politique de la franc-maçonnerie s'est étendu à tous les pays où des loges ont été fondées. Dès 1829, il y avait 3315 loges dans le monde (Alexander Selyaninov, *The Secret Power of Freemasonry*, réimpression, Moscou, 1999, p. 67).

La franc-maçonnerie moderne prêche l'internationalisme, le socialisme, le communisme, et le mondialisme ou globalisme : toute cette propagande sert à préparer les esprits pour la mise en place d'un gouvernement mondial.

Fred Zeller, grand maître du Grand Orient dans les années 1971-1972, a publié un pamphlet sur la façon de séduire les jeunes pour les faire adhérer aux idées du socialisme. Le franc-maçon allemand Raimund Mautner appelle le socialisme : "la franc-maçonnerie corporelle". D'autres francs-maçons ont également souligné que les maçons doivent tendre de toutes leurs forces vers un État socialiste.

La revue maçonnique allemande *Latomia* déclarait déjà en 1849 :

"Nous ne pouvons nous empêcher de saluer le socialisme (marxisme) comme un excellent camarade de la franc-maçonnerie pour ennoblir l'humanité, pour contribuer à son bien-être. Le socialisme et la franc-maçonnerie, ainsi que le communisme sont issus de la même source." (*Latomia*, n°12, juillet 1849, p. 237).

La revue maçonnique internationale *Kosmos* (n°29, 1906) l'admettait ouvertement :

"L'esprit de notre temps nous oblige à contrôler le socialisme, et certaines loges ont déjà trouvé les moyens d'atteindre ce but."

Lorsque l'Association Internationale des Travailleurs fut fondée à Londres le 28 septembre 1864, Luigi Wolff, secrétaire du dirigeant Illuminati Mazzini, était présent et a même rédigé les statuts de la nouvelle organisation, soumis au sous-comité le 8 octobre. Le conseil d'administration était composé uniquement de francs-maçons (Luber, Cremer et autres). Les activités de l'Internationale ont été bien accueillies par les francs-maçons. Son but était bien sûr de tendre vers le mondialisme.

La deuxième Internationale a été fondée à l'initiative de la loge *Le Socialiste* à Bruxelles en 1889 (*Bulletin du Grand Orient*, juin 1943).

La franc-maçonnerie représente le multiculturalisme contre nature. Le général juif Wesley Clark, franc-maçon de haut rang et commandant suprême des forces de l'OTAN au Kosovo, a admis à la chaîne de télévision CNN le 24 avril 1999 :

> "Il n'y a pas de place en Europe moderne pour des États ethniquement purs. C'est une idée du XIXème siècle et nous essayons d'entrer dans le XXIème siècle, et nous allons le faire avec des États multiethniques."

Les francs-maçons, ayant renoncé aux sentiments nationalistes, sont prêts à trahir leur pays, lorsque les intérêts de la franc-maçonnerie l'exigent. La franc-maçonnerie est donc par nature internationaliste.

Les communistes maçonniques ont illégalement proclamé des républiques soviétiques à Brême (entre le 10 janvier et le 4 février 1919), à Brunswick (28 février - 19 avril 1919), à Baden (22-25 février 1919), en Bavière (13 avril - 1er mai 1919) et Vogtland-Sachen (3 avril - 12 avril 1920). Des tentatives similaires ont été faites à Berlin, Leipzig et Hambourg.

Le magazine *National Geographic* a présenté la Russie moderne sur 60 pages en 1914. Le magazine a fait une prédiction :

> "Si la Russie continue à se développer à ce rythme, elle dépassera bientôt tous les pays occidentaux."

Selon l'avis de la franc-maçonnerie internationale, cela ne devait tout simplement pas se produire ; elle s'est alors chargée de détruire la Russie chrétienne par une révolution sanglante qui a occasionné la mort de millions de russes.

La revue maçonnique française l'*Acacia* a admis que la maçonnerie constitue le premier pas vers la mise en place d'un gouvernement mondial.

Les États-Unis : base de commandement et quartier général maçonnique

Le premier franc-maçon accepté d'Amérique a été John Skene, qui a débarqué à Burlington, dans le New Jersey en 1682. Son arrivée est relatée dans les documents officiels franc-maçon, mais le premier non-travailleur à devenir membre d'une guilde maçonnique en Amérique, a été le Juif Abram Moïse de Rhode Island en 1656.

Les Juifs extrémistes hollandais ont fondé leur loge magique à Newport, à Rhode Island, dès 1658 (Viktor Ostretsov, *Franc-maçonnerie, culture et histoire russe*, Moscou, 1999, p. 603). Ces faits sont trop sensibles pour être mentionnés officiellement, mais l'histoire secrète doit pourtant être révélée à ceux qui désirent connaitre l'origine des évènements qui affectent le monde.

Estienne (Stephen) Morin, le juif extrémiste français qui est apparu comme un leader maçonnique en Grande-Bretagne, a fondé la maçonnerie politique en Amérique. Ses disciples étaient d'autres juifs maçonniques tels que Moïse Michael Hays (1739-1805), Henry Andrews Francken, Bernard M. Spitzer, Isaac Dacosta (1798-1860) et Moses Cohen.

Il existe également une référence de 1658 concernant l'arrivée à Newport, Rhode Island, de quinze familles juives d'origine hollandaise apportant avec elles les trois premiers degrés de la franc-maçonnerie.

Moses Hays a mis en place à Newport, Rhode Island, et Charleston un noyau maçonnique de juifs cabalistiques, qui étaient devenus millionnaires dans la traite négrière, parmi eux se trouvaient les familles Lopez et de Leon. Hays était lui-même banquier. Tous ces gens se lancèrent bientôt dans le commerce de l'opium. Ces juifs richissimes ont importé le rite écossais aux États-Unis. Seules des personnes éminentes étaient acceptées dans leur rang.

L'élite maçonnique juive s'est organisée pour capturer les Noirs en Afrique, les transporter en Amérique et contrôler tous les marchés d'esclaves aux États-Unis. Le franc-maçon juif Aaron Lopez avait le contrôle de plus de la moitié des accords combinés dans la colonie de Rhode Island (avec Newport) est de notoriété publique (*Documents Illustrative of the History of the Slave Trade in America*, le Carnegie Institute, Washington). Pendant près de cinquante ans (1726-1774), il a géré plus de 5% de toutes les transactions avec les Noirs. Il y avait d'autres navires qu'il possédait, mais qui naviguaient sous d'autres noms. Les preuves de son trafic sont encore disponibles aujourd'hui pour ceux qui les cherchent...

Plus de 300 navires, appartenant aux Juifs (Isaac Gomez, Hayman Levy, Moses Ben Franks, Isaac Dias, Benjamin Levy et bien d'autres), étaient engagés dans la traite négrière.

L'agence juive Asiento, qui opéra plus tard depuis la Hollande et l'Angleterre, aida les francs-maçons juifs à fournir des esclaves noirs pour les colons. Avec la capture et le transport annuels d'un million d'esclaves noirs, il n'est pas difficile d'estimer que de 1661 à 1774 (113 ans), environ 110 millions d'esclaves ont été arrachés à leur pays natal.

Environ 10 pour cent, soit onze millions d'esclaves noirs, sont arrivés vivants dans les colonies.

Chaque Noir était évalué à environ 100 gallons de rhum, 100 livres de poudre à canon, ou en espèces pour la somme de 18-20 dollars. Plus tard, le prix augmenta à 40 dollars. Les noirs, achetés sur la côte africaine pour 20 à 40 dollars, étaient revendus par les mêmes marchands d'esclaves juifs maçonniques en Amérique pour 2000 dollars. 11 millions x 2000 dollars ! Cela vous donne une idée de la façon dont les dirigeants maçonniques juifs ont réussi à se bâtir des fortunes extraordinaires.

Déjà dès le début, les Juifs fondamentalistes étaient activement impliqués dans la propagation de la franc-maçonnerie en Amérique. Le livre du franc-maçon juif Samuel Oppenheim "*The Jews and Masonry in the United States before 1810*" (American Jewish Historical Society, 1910) le prouve.

Les juifs maçonniques extrémistes voulaient jouer le rôle principal. Le juif extrémiste espagnol Salomon Pinto devint membre de la loge Hiram à New York en 1763. Deux ans plus tard, il était déjà maître de chaire. Le banquier Moses Seixas fonda à Newport, Rhode Island, la loge juive King David dans les années 1780 et devint le premier grand maître de la Grande Loge de Rhode Island (1791-1800). Tous les membres étaient juifs.

D'autres Juifs maçonniques de premier plan étaient : H. Blum (grand maître de la grande loge) au Mississippi, Jacob Lampert au Missouri, Nathan Vascher au Texas, Benjamin Jacob en Alabama, et Max Meierhardt en Géorgie. En tant que grand maître de la grande loge, Meierhardt, a également été l'éditeur de *The Masonic Herald*. Le juif extrémiste Edwin Mark était grand maître en Louisiane dans les années 1879-1880 (Viktor Ostretsov, *Masonry, Culture, and Russian History*, Moscou, 1999, p 604). Les grands maîtres juifs bien connus étaient Solomon Bush en Pennsylvanie, Joseph Myers au Maryland et plus tard en Caroline du Sud, Abraham Forst à Philadelphie en 1781, et Solomon Jacobs en Virginie en 1810. Au moins 51 Juifs sont devenus de grands maîtres. Beaucoup de rabbins orthodoxes ont aussi participé au mouvement maçonnique aux États-Unis.

Le juif extrémiste Moïse Hays fut l'un de ceux qui, dès 1768, répandirent le rite écossais en Amérique. Il était inspecteur adjoint général de la franc-maçonnerie pour l'Amérique du Nord en 1768, et grand maître du Massachusett de 1788 à 1792. Paul Revere à Boston était grand maître adjoint sous ses ordres.

J. J. Lanier montre dans son article "*Jewish Masons in the American Revolution*" (*The Oklahoma Mason*, décembre 1924) que les francs-maçons juifs ont joué un rôle très important dans la révolution américaine.

Le juif maçonnique le plus fanatique était cependant Isaac Long, grand maître de la loge à Charleston, Caroline du Sud (Alexander Selyaninov, *Le pouvoir secret de la franc-maçonnerie*, Moscou, 1999, p. 119). En 1795, Long se rendit en Europe et revint six ans plus tard avec la statue de l'idole Baphomet dans ses bagages. Tous les maçons de Charleston ont dû commencer à vénérer cet horrible monstre. En outre, Long a apporté le crâne et les cendres de Molay, qui ont ensuite été conservés à Charleston. Après la mort de Pike en 1891, la statue de Baphomet fut envoyée à Rome (Oleg Platonov, *La couronne d'épines de la Russie : l'histoire secrète de la franc-maçonnerie 1731-1996*, Moscou, 2000, Volume I, p. 158).

Isaac Long a également rapporté avec lui d'Europe l'idée d'introduire le système à 33 degrés en Amérique, qu'il a également appelé le rite écossais ancien et accepté. Les premières grandes constitutions furent signées à Charleston le 31 mai 1801 (Domenico Margiotta, *Adriano Lemmi*, Grenoble, 1894).

En 1859, la position de Long fut reprise par le cabbaliste Albert Pike, qui était en étroite relation avec le leader Illuminati Giuseppe Mazzini en Italie.

La première loge en Amérique, St. John Lodge a été fondée le 24 juin 1731 à Philadelphie. Depuis Philadelphie et Boston (sa loge a été fondée le 30 juillet 1733) la franc-maçonnerie s'est répandue dans toute l'Amérique. Dès 1732,

Daniel Coxe, premier grand maître maçonnique en Amérique, propose de créer une confédération entre les colonies anglaises d'Amérique. Les maçons voulaient créer une nouvelle société multiethnique et une base exécutive pour ses activités internationales.

La loge mère de Londres a commencé à encourager les maçons dans les colonies américaines à conspirer et à s'agiter contre la domination britannique. Après avoir été contraints d'abolir l'argent émis sans intérêt, les colons ont dû faire face à d'énormes difficultés économiques. Les francs-maçons ont provoqué la guerre entre les Britanniques et les Français, qui à son tour causé des problèmes financiers encore plus graves pour l'Angleterre. Le gouvernement britannique a donc introduit des taxes encore plus élevées dans les colonies américaines. Cette politique a bien sûr été proposée à Londres par des conseillers maçonniques. En raison de l'opposition américaine, alors que la situation économique s'était gravement détériorée, les nouvelles taxes ont été abrogées - sauf celles sur le thé.

L'Andrew's lodge de Boston tenait habituellement ses réunions à *The Green Dragon* dans le nord de la ville. Les personnalités Paul Revere, John Hancock et Joseph Warren ont utilisé la décision britannique de 1773 d'exclure les colons du commerce du thé, comme prétexte pour commencer leur révolte. Les Britanniques avaient imposé une taxe de 3% sur tout le thé, ce qui a irrité de nombreux colons. Warren devint plus tard grand maître de la Grande Loge du Massachusetts et un radical de premier plan à Boston. Les Britanniques ont réussi à l'assassiner. Même dans l'histoire officielle maçonnique, il est admis que la Boston Tea Party a été planifiée et exécutée par la St. Andrew's lodge et la Loyal Nine de Boston. Ce sont les frères Bradlee affiliés à la St. Andrew's qui en ont eu l'idée. L'opération, a été cependant dirigée par l'élite maçonnique depuis Londres.

Le soir du 16 décembre 1773, des douzaines de frères de loge avec Paul Revere à leur tête, déguisés en Indiens Mohawks, prirent possession de trois navires britanniques et jetèrent 342 balles de thé à la mer. Le chef de ce raid était le franc-maçon Samuel Adams. Les historiens maçonniques l'admettent (Carl M. Hartreit, *De skjulte brödre / Les frères cachés*, Oslo, 1993, p. 141). Il s'agissait d'une initiative maçonnique prise pour protester contre les nombreuses taxes que la Grande-Bretagne avait imposé aux colonies américaines, alors que les habitants n'exerçaient aucune influence au Parlement britannique.

Déjà en 1770, les francs-maçons avaient utilisé le mensonge comme une arme politique en affirmant que les troupes britanniques tiraient sur des Bostoniens innocents, alors qu'il s'agissait en réalité d'une foule hostile.

En 1794, la loge du roi Salomon érigea un monument à la mémoire de Joseph Warren à Boston. La même année, Paul Revere devint le grand maître des francs-maçons du Massachusetts. En 1825, le général et franc-maçon français Marquis de Lafayette posa la première pierre d'un grand obélisque au même endroit.

En 1776, une loge spéciale a été créée pour les noirs anti-britanniques, et en 1784, une autre loge réservée aux noirs a été fondée sous le nom de la Loge Africaine N°459, qui est devenue connue sous le nom de la Franc-maçonnerie de Prince Hall d'après le premier franc-maçon noir. La Loge s'est ensuite déclarée comme la Grande Loge Africaine Indépendante N°1. À Boston, les Noirs ont obtenu encore une autre loge de Prince Hall à leur disposition en 1791, et en 1937 il y avait trente-cinq grandes loges pour les Noirs aux États-Unis.

Le commandant en chef George Washington (un autodidacte) a utilisé l'esprit maçonnique pour créer la solidarité entre ses troupes - des troupes qui n'avaient aucun pays auquel s'identifier. Lafayette a remarqué que Washington utilisait rarement des officiers qui n'étaient pas maçons. Il ne rassemblait autour de lui que les francs-maçons les plus fiables. La plupart des généraux aux ordres de Washington (trente-trois au total) étaient des frères maçonniques, parmi lesquels Israël Putnam, le baron von Steuben, Henry Knox, Horatio Gates, et bien sûr Lafayette. Seulement deux d'entre eux n'étaient pas maçons.

Les francs-maçons ont créé les États-Unis d'Amérique comme une base efficace pour leurs activités mondiales et pour atteindre leur but ultime : la suprématie mondiale. Les habitants autochtones, les Indiens d'Amérique se tenaient sur leur chemin et leur nombre a dû pour cela être réduit. En 1900, il restait à peine un million des quelque 30 millions d'autochtones qui habitaient le continent nord-américain à l'arrivée de Christophe Colomb.

Le franc-maçon Steven C. Bullock a admis :

> "Le premier rôle de la maçonnerie, l'élargissement des frontières de la direction politique, peut être considéré comme faisant partie de son soutien des valeurs éclairées. Comme les Révolutionnaires, la Maçonnerie prétendait rejeter les anciens moyens d'organiser la société, le paternalisme du mécénat... La maçonnerie peut rejeter les intérêts particuliers d'un petit groupe au profit du bien de l'ensemble." (Steven C. Bullock, *Revolutionary Brotherhood: Freemasonry and the Transformation of the American Social Order, 1730-1840*", Caroline du Nord, 1998)

Un passage lisible au Conseil suprême du 33ème du rite écossais de la franc-maçonnerie à Washington, D.C. déclare :

> "Les membres de la fraternité maçonnique ont toujours joué un rôle important dans l'histoire de notre nation."

L'un des dirigeants maçonniques les plus maléfiques de l'histoire des États-Unis fut le général Albert Pike (né le 19 décembre 1809 à Boston). Il avait étudié le droit à l'Université d'Harvard. Il est devenu l'un des avocats les plus connus du Sud. Pike savait lire et écrire dans 16 langues différentes. Pike est devenu franc-maçon en 1850 et a rejoint la franc-maçonnerie de rite écossais le 20 Mars 1853. En 1854, il est nommé inspecteur général adjoint de l'Arkansas, où il introduisit le rite écossais dans son État. Il fut élu Grand Commandeur du Consistoire de Louisiane en 1857. L'année suivante, Pike fut élu au Conseil suprême et le 2 Janvier 1859 il est devenu Souverain Grand Commandeur du Conseil suprême (leader de toute la franc-maçonnerie aux États-Unis). Il est également devenu Souverain Pontife de la Franc-Maçonnerie Universelle, leader ou grand prêtre de la franc-maçonnerie mondiale, et membre des Illuminati américains.

Les activités révolutionnaires de Giuseppe Mazzini (basé sur un violent anarchisme) avaient conduit à ternir la réputation du Grand Orient. C'est pourquoi Mazzini proposa une nouvelle organisation, totalement secrète, qui ne devait jamais être mentionnée dans les autres réunions de Loge, même si la congrégation n'était composée que de frères pleinement initiés. Selon l'historien italien Domenico Margiotta (*Adriano Lemmi*, Grenoble, 1894, p. 97), seuls quelques élus des degrés supérieurs communs devaient connaître le secret.

Margiotta avait été franc-maçon du 33ème degré au sein du rite Écossais de Florence qui, plus tard, a commencé à révéler tout le mal causé par la franc-maçonnerie. Le Grand Orient d'Italie a admis avec réticence que Margiotta était un franc-maçon de haut rang appartenant à la loge Savonarole de Florence. Si l'on examine le matériel qu'il a rendu public, il est évident que de nombreux crimes politiques sont le résultat des sinistre manipulations perpétrées par des loges maçonniques. C'est ainsi que Mazzini fut celui qui organisa le Congrès des travailleurs à Rome en octobre 1871 (Lady Queenborough, en fait Edith Starr Miller, *Occult Theocracy*, 1933, p. 214).

Giuseppe Mazzini a envoyé une lettre à Albert Pike le 22 Janvier 1870, dans laquelle il décrit à Pike la nouvelle organisation supérieure créée par toute la franc-maçonnerie pour atteindre leur but suprême :

> "Nous devons permettre à toutes les fédérations de continuer telles qu'elles sont, avec leurs systèmes, leurs autorités centrales et leurs divers modes de correspondance entre hauts grades d'un même rite, organisés comme ils le sont actuellement, mais nous devons créer un super rite, qui restera inconnu, auquel nous appellerons les maçons de haut degré que nous allons sélectionner (faisant évidemment référence au rite palladien nouveau et réformé). En ce qui concerne nos frères de la Maçonnerie, ces hommes doivent être tenus au secret le plus strict. Par ce rite suprême, nous gouvernerons toute la Franc-maçonnerie qui deviendra le seul Centre International, d'autant plus puissant que sa direction sera inconnue."
> (Lady Queenborough, *Occult Theocracy*, 1933, pp. 208-209)

Albert Pike a formé cette organisation totalement secrète qu'on appelle et le nouveau rite palladien réformé (ou Souverain Conseil de la Sagesse), qui avait été fondé à Paris en 1737. Il a d'abord eu trois centres importants, qui ont été Charleston, Rome, et Berlin. Grâce aux efforts de Mazzini, l'organisation a finalement établi un total de vingt-trois conseils subordonnés dans des endroits stratégiques à travers le monde, dont cinq Grands Directoires centraux à Washington, D.C. (Amérique du Nord), à Montevideo (Amérique du Sud), à Naples (Europe), à Calcutta (Asie), et à l'Île Maurice (Afrique), qui ont servi à recueillir et à centraliser les informations au niveau mondial. Toutes ces branches ont été depuis lors le quartier général secret des activités des Illuminati.

Le palladisme devint en effet un culte satanique démoniaque. Ce culte ou religion vénérait Lucifer comme un dieu, ce qui est démontré par son serment :

"La religion maçonnique doit être, par tous les initiés des hauts degrés, maintenue dans la pureté de la doctrine luciférienne."

Pendant la guerre de Sécession, Pike a servi du côté confédéré en tant que général de brigade. Il a été nommé par la Confédération pour être le commissaire des Indiens afin de créer une armée de guerriers indiens. Il devint gouverneur du territoire indien et réussit à créer une armée composée de Chickasaw, de Comanches, de Creeks, de Cherokees, de Miamis, d'Osages, de Kansas, et de Choctaws.

Ses unités de tribus indiennes ont commis des massacres si cruels que la Grande-Bretagne a menacé d'intervenir "pour des raisons humanitaires". Le président de la Confédération, Jefferson Davis (1809-1889), y fut contraint d'agir contre son propre général et de dissoudre les unités indiennes. Après la guerre civile, Pike a été reconnu coupable de trahison par une cour martiale pour ses mauvaises actions et il fut brièvement emprisonné.

Les francs-maçons se sont tournés vers le président Andrew Johnson, qui était lui-même franc-maçon (Greenville Lodge n°19). Le 22 avril 1866, le président Johnson a gracié Pike. Le lendemain, Pike a rendu visite au président à la Maison-Blanche. Johnson était en fait le subordonnée de Pike au sein de la franc-maçonnerie. Pendant neuf mois, la presse américaine a été tenue mal informée à ce sujet (William T. Still, *New World Order: The Ancient Plan of Secret Societies*, Lafayette, Louisiane, 1990, p. 123).

Le 20 juin 1867, le président Johnson fut promu - du quatrième au trente-deuxième degré au sein du rite écossais. Il se rendit plus tard à Boston pour dédicacer un temple maçonnique.

Albert Pike fut l'un des fondateurs de la fameuse organisation de suprématie blanche, le Ku Klux Klan, dont faisaient partie de nombreux francs-maçons. Les francs-maçons l'ont fermement nié, mais il fut en fait le premier Grand Dragon du Klan en Arkansas et a écrit l'hymne et les règles de l'organisation. Ses articles racistes dans son journal *The Memphis Daily Appeal* ont été écrits dans l'esprit du Ku Klux Klan, par exemple celui publié le 16 avril 1868. Pike montre ici son dégoût pour les Noirs et s'exprime en faveur de la formation d'une organisation pour "tous les Blancs du Sud qui s'opposent au suffrage des Noirs", car "avec les Noirs témoins et jurés, l'administration de la justice devient une dérision blasphématoire".

En 1868, il écrivait aussi :

"J'ai pris mes obligations envers les hommes blancs, pas envers les nègres, et quand je devrai accepter les nègres comme frères ou quitter la franc-maçonnerie, je quitterai la franc-maçonnerie". (Charles W. Ferguson, *Fifty Million Brothers*, New York, 1937, p. 186)

En 1868, Pike s'installe à Washington, D.C., et enseigne le droit au sein des cours fédérales jusqu'en 1880. Il mourut à son bureau dans son bureau au Scottish Rite Temple à Washington, D.C. le 2 avril 1891.

Albert Pike - leader de la franc-maçonnerie mondiale au XIXème siècle.

Albert Pike (son nom Illuminati était Limud Enhoff), qu'on appelait le Diable du XIXème siècle, était très obsédé par l'idée de la suprématie mondiale. Lorsqu'il devint maçon du 33ème degré, et en tant que haut Illuminatus dans son manoir de Little Rock, Arkansas, il développa des plans pour prendre le contrôle du monde au moyen de trois guerres mondiales et plusieurs grandes révolutions.

Pike a écrit une lettre à Giuseppe Mazzini (dont l'alias était Emunach Memed), datée du 15 août 1871 (ou comme il l'a écrit 0871). L'historien Domenico Margiotta a publié la lettre dans son livre *Le Palladisme : Culte de Satan-Lucifer*, Grenoble, 1895, p. 186).

L'antagonisme inhérent à différentes idéologies devait être exacerbé et exploser au cours de trois guerres mondiales et trois révolutions. La Première Guerre mondiale devait détruire les trois empires européens, qui étaient alors les derniers remparts contre l'illuminisme. L'un d'eux (la Russie) devait devenir un centre du totalitarisme athée (le communisme). La Seconde Guerre mondiale devait éclater en raison des tensions accrues entre la race juive (et son Sionisme méprisant et conquérant) et les manifestations extrêmes du nationalisme européen (nazisme et fascisme). Cette guerre affaiblirait l'Europe économiquement et politiquement et le communisme s'étendrait et deviendrait aussi fort que tout le christianisme, mais pas plus fort, jusqu'à ce que le temps soit venu de détruire définitivement toute la société. Une troisième raison au déclenchement de la Seconde Guerre mondiale était de créer un État juif en Palestine. Peu à peu, il serait possible d'accroître ainsi les tensions entre le judaïsme et l'islam jusqu'à ce qu'une guerre, qui impliquerait toutes les puissances du monde, éclate. Les trois révolutions qui faciliteraient cette dissolution soigneusement planifiée de toute civilisation humaine furent celles déclenchées en Russie, en Chine et en Indochine.

Quelqu'un semble avoir mis en œuvre la plus grande partie de ce plan diabolique, malgré le fait qu'il ait été annoncé dès 1895. En ce qui concerne la dernière étape, le général Pike a écrit ce qui suit :

> "Nous déchaînerons les nihilistes et les athées et provoquerons un formidable cataclysme social qui, dans toute son horreur, montrera clairement aux nations l'effet de l'athéisme absolu, origine de la sauvagerie et de la plus sanglante agitation. Alors partout, les citoyens, obligés de se défendre contre la minorité mondiale des révolutionnaires, extermineront les destructeurs de la civilisation, et la multitude, désillusionnée par le christianisme, dont les esprits déistes seront désormais sans boussole (direction), soucieux d'un idéal, mais sans savoir où rendre son adoration, recevra la vraie lumière à travers la manifestation universelle de la pure doctrine de Lucifer, enfin rendue publique, manifestation qui résultera du mouvement réactionnaire général qui suivra la destruction du christianisme et de l'athéisme, tous deux à la fois vaincus et exterminés en même temps."

Le communisme athée a été soudainement aboli en Union soviétique à la fin de la guerre froide en 1991 dans le cadre de l'effort d'élargissement de l'Union européenne - le plus sinistre des projets maçonniques, qui conduira à la formation des États-Unis d'Europe, le rêve de Giuseppe Mazzini.

Les présidents américains qui ont nui aux intérêts maçonniques ont été destitués ou assassinés, même s'ils étaient francs-maçons, et ont été remplacés par des frères plus fiables.

Les francs-maçons ont érigé un monument en l'honneur d'Albert Pike sur Judiciary Square au centre de Washington, D. C. La plaque de la statue le présente comme un orateur, un avocat, un philosophe, un scientifique, un écrivain, un philanthrope, un soldat et un poète.

En 1901, Theodore Roosevelt devient le vice-président de William McKinley. Le président McKinley avait été initié à la franc-maçonnerie le 3 avril 1865 à la Hiram Lodge N°21 de Winchester, en Virginie. Les maçons se sont assurés que Roosevelt, qui avait été initié le 2 janvier 1901, reçoive sa maîtrise au Matinecock Lodge N°806 à Oyster Bay, Long Island, le 24 avril 1901. Il fut membre honoraire de la Loge Philadelphia N°23 à Washington, D.C. et en août 1901 il fut également accepté dans l'ordre secret Ak-Sar-Ben à New York (Alexander Selyaninov, *The Secret Power of Freemasonry*, Moscou, 1999, p. 121). Plusieurs articles ont été publiés à propos de sa cérémonie d'initiation perverse dans la presse américaine le 26 août 1901.

Suspendu à une corde, Roosevelt volait dans les tunnels et les couloirs sous le temple maçonnique, tandis que l'on pouvait entendre des cris sauvages. Par la suite, il a été hissé jusqu'à un globe tournant, puis il est tombé aux pieds du grand maître. Il s'est finalement retrouvé sur une plate-forme tournant à grande vitesse. À côté de lui se trouvaient six belles femmes qui étaient en fait des mannequins de cire. Sur l'arène, il y avait plusieurs personnes à l'air ébahis qui applaudissaient chaque fois qu'un des mannequins tombait de la plate-forme. Ensuite, une explosion artificielle a eu lieu, la plate-forme s'est effondrée et Roosevelt s'est retrouvé dans une botte de foin.

D'autres politiciens de haut rang devenant membres de cette loge ont dû subir la même cérémonie d'initiation révoltante.

Le Président William McKinley (membre de la Loge Hiram N°21 à Winchester comme Roosevelt et de la Loge Canton N°60 à Canton, Ohio, en plus d'être un Templier) s'était montré inapte et le 14 septembre 1901, il est mort des suites d'une tentative de meurtre faite le 6 septembre à Buffalo, New York, par Leon Czolgosz, anarchiste et franc-maçon polonais. Le meurtrier était l'amant de la "révolutionnaire" Emma Goldman. Peu de temps après, Theodore Roosevelt a prêté serment comme prochain président des États-Unis, devenant ainsi le dixième franc-maçon à accéder à la plus haute fonction du pays. Il a été au pouvoir jusqu'en 1909.

Le président Théodore Roosevelt dans sa tenue de maçon

Lorsque Théodore Roosevelt visita l'Italie à l'été 1910, il fut reçu par le Grand Orient d'Italie dans le cadre de grandes festivités. Il est également devenu membre de la loge Rienzi à Rome. Le maire de la ville était le juif Ernesto Nathan, qui fut à deux reprises grand maître du Grand Oriente d'Italie, selon *Rivista della massoneria italiana* (1910). Entre les années 1917 et 1921, il fut également grand maître de la Grande Loge d'Italie. Nathan remercia Roosevelt pour ses faveurs accordées à la franc-maçonnerie américaine. Il a souligné les liens étroits entre les maçons italiens et le Grand Orient de France. Dans sa réponse, Roosevelt s'est déclaré très heureux que le maire de la Ville éternelle soit aujourd'hui franc-maçon (*ibid.*, p. 109).

Le Masonic Hall de Philadelphie

Immédiatement après la Seconde Guerre mondiale, des loges maçonniques ont été ouvertes dans les bases militaires américaines, comme *Verona American*, *George Washington* à Vicenza, *Benjamin Franklin* à Livorno (Leghorn), et *Harry Truman* près de Naples. À Rome, la Loge *Coliseum* a été fondé pour les officiers de haut rang et les diplomates.

Le haut commandement de l'OTAN est contrôlé par la franc-maçonnerie et sert ses objectifs maçonniques. On ne peut pas être le secrétaire d'État américain si on n'appartient pas à une loge importante. L'actuel secrétaire d'État Colin Powell est membre du Bohemian Club et du groupe Bilderberg.

L'objectif premier de la franc-maçonnerie américaine est la mise en œuvre du Nouvel Ordre Mondial par le biais de la mondialisation, ce qui signifie l'écrasement de tous les États nationaux.

Harry Shippe Truman

L'un des présidents maçonniques les plus maléfique des États-Unis fut Harry S. Truman (1884-1972).

Le 9 février 1909, il fut accepté comme apprenti dans la Belton Lodge N°450 de la maçonnerie symbolique à Fulton, dans le Missouri et le 18 mars de la même année, il fut nommé maître.

En 1911, il est devenu membre fondateur de la Grandview Lodge N°618 et a également été initié au rite écossais. Le 1er janvier 1912, il entra dans la loge *Les Parfaits*.

Le 29 mars 1917, il devient membre du conseil des chevaliers de Kadosch. Il a accédé au 32ème degré maçonnique le 31 mars 1919 et en novembre de la même année, il a été accepté dans la loge Orienti N°102 dans le cadre du rite d'York, qui contient 13 degrés. Les trois degrés les plus élevés sont ceux de Commandeur, de Chevalier de la Croix-Rouge, de Chevalier de Malte et de Templier des Templiers.

En décembre de la même année, il est devenu membre du Conseil Shekina N°12.

En juin 1928, il est initié à la loge des Templiers N°17 (Commandement palestinien). Entre les années 1925-1930, il était membre de la Grande Loge du Missouri. Il a été élu grand maître adjoint et en 1940, ce fut son tour d'être élu grand maître.

En 1941, il est nommé maître honoraire au sein de la maçonnerie symbolique. Selon un discours radiophonique prononcé par Truman en 1941, George Washington construisit les fondations des États-Unis sur des principes maçonniques. Truman voulait continuer dans le même esprit.

Le 19 octobre 1945, il accède au 33ème degré au sein du Rite écossais.

Le 22 février 1946, le Président des États-Unis et Grand Maître maçonnique Harry S. Truman se rendit à l'American United Lodge (George Washington Memorial) à Alexandrie, en Virginie et prêta serment de gouverner le pays selon les principes maçonniques.

En 1948, Truman est apparu lors d'une réunion maçonnique au lodge Beach Grove N°694, où il a dit :

> "Mon travail en tant qu'homme d'État repose sur des principes maçonniques. Je crois que ces principes de leadership doivent être répandus dans le monde entier, et c'est sur la base de ces principes qu'il faut construire la civilisation toute entière."

Dans le même discours, Truman déclarait en outre qu'il était plus important pour lui d'être grand maître maçonnique que président des États-Unis, car un grand maître disperse la bénédiction maçonnique dans le monde entier (Oleg Platonov, *The Secret of Lawlessness*, Moscou, 1998, p.404).

Comment Truman a-t-il alors répandu la bénédiction maçonnique ? Eh bien, entre autres en commettant des massacres rituels au Japon, lorsqu'en août 1945, il a donné l'ordre d'anéantir des centaines de milliers d'innocents dans les villes d'Hiroshima et Nagasaki. Le 6 août 1945, à 8 h 16 du matin, une bombe atomique appelée "Little Boy" explose à quelque 2000 pieds au-dessus d'Hiroshima, qui se transforme immédiatement en cendres et en ruines. 80 000 personnes ont été instantanément vaporisées et 160 000 sont mortes au cours des mois suivants, ce qui porte le nombre total de morts à Hiroshima à 240 000.

Truman était très heureux d'apprendre le bombardement d'Hiroshima et le meurtre d'un grand nombre d'innocents. Il en a plaisanté avec son personnel à bord du navire *Augusta,* au milieu de l'Atlantique. Il déjeunait et tapait sur son verre pour attirer l'attention de l'équipage. Il a qualifié l'explosion de l'enfer atomique sur une population civile de "succès retentissant". Le 9 août, une autre bombe atomique a été larguée, cette fois sur Nagasaki.

Ces actes maléfiques contre le Japon avaient été planifiés dès mai 1943. Il n'y eut jamais de discussion avec les autres alliés. Les scientifiques étaient contre l'utilisation de la bombe, mais ils ont été ignorés. Il aurait suffi de démontrer l'effet dévastateur de la bombe aux représentants japonais lors d'un essai aux États-Unis. Les américains, cependant, voulaient utiliser les Japonais comme cobayes. Après la guerre, une station médicale américaine fut établie à Hiroshima. Sa seule tâche consistait à documenter les symptômes des victimes de la bombe sans donner aucun traitement aux patients.

Le président Truman dans son habit de grand maitre.

Tony Benn (avant 1964, Sir Antony Wedgewood-Benn), qui était membre du gouvernement britannique, a déclaré que le Japon était prêt à se rendre bien avant le largage des bombes. Truman n'en voulut rien savoir.

L'administration Truman se composait uniquement de francs-maçons. L'un des plus importants était Bernard Manassé Baruch, juif franc-maçon du 33ème degré. Aucune décision n'était prise sans le consulter. Le secrétaire d'État George C. Marshall et le général Omar Bradley (West Point Lodge N°877, à New York) considèrent Baruch comme leur patron. Le banquier Bernard Baruch a gagné 200 millions de dollars pendant la Première Guerre mondiale. Il a également été conseiller du président Wilson.

L'enquête militaire américaine officielle sur les bombardements stratégiques de la Seconde Guerre mondiale a abouti à la conclusion suivante dans son rapport de 1946 :

> "Le Japon se serait probablement rendu avant le 31 décembre 1945, très probablement même avant le 1er novembre."

L'amiral William D. Leahy, chef d'état-major du président Harry Truman et coordinateur officieux des chefs d'état-major interarmées, a souligné que

> "l'utilisation de cette arme barbare à Hiroshima et Nagasaki ne nous a été d'aucune utilité matérielle dans notre guerre contre le Japon. Les Japonais étaient déjà vaincus et prêts à se rendre" (William D. Leahy, *I Was There*, New York, 1950, p. 441).

Les Japonais étaient prêts à se rendre dès le printemps 1945, et aux mêmes conditions qu'ils avaient acceptées lorsque les bombes ont été larguées, mais Truman n'était pas intéressé. Les États-Unis voulaient faire la démonstration de leurs super-armes, afin de faciliter la mise en place d'un gouvernement mondial totalitaire basé sur la menace de la terreur atomique.

Dans la nuit du 10 mars 1945, plus de 300 B 29 bombardiers ont largué 1700 tonnes de napalm et de bombes incendiaires au-dessus de Tokyo. Plus de 100 000 personnes ont été tuées ; l'équipage des derniers avions sentait l'odeur de chair humaine brûlée. Ces bombardements ont été qualifiés de "plus efficaces" en termes de nombre de victimes par avion que la tempête de feu au-dessus de Dresde du 13 au 15 février de la même année. C'était une destruction barbare et militairement insensée de la ville par 800 bombardiers. 3900 tonnes de bombes ont été larguées.

Au moins 250 000 personnes ont perdu la vie (*Askania Annual*, avril 1985). Un document officiel de la ville de Dresde, daté du 31 juillet 1992, estime le nombre probable de morts entre 250 000 et 300 000. Le chiffre souvent cité dans les médias politiquement corrects de 35 000 ne concerne que les victimes identifiées peu après. La plupart d'entre elles ont cependant été si gravement brûlés qu'aucune identification n'a été possible.

Dresde était l'une des plus belles villes d'Allemagne avec une grande quantité de trésors artistiques et culturels des XVIème et XVIIème siècles. Pendant une semaine, la ville a brûlé. Sur les 28 410 maisons du centre-ville de Dresde, 24 866 ont été détruites. Une superficie de 15 kilomètres carrés a été totalement détruite : 14 000 foyers, 72 écoles, 22 hôpitaux, 19 églises, 5 théâtres, 50 banques et compagnies d'assurance, 31 grands magasins, 31 grands hôtels et 62 bâtiments administratifs. Des parties de l'enceinte de la ville ont également été détruites. Cet acte maléfique avait également été planifié longtemps à l'avance. Environ un million de personnes vivaient à Dresde. Au moins un tiers des habitants étaient des réfugiés.

Il était également prévu d'abattre tous les bâtiments et monuments historiques de Bamberg sous prétexte que la ville bavaroise était un nœud ferroviaire. Au petit matin du 22 février 1945, 500 bombardiers américains décollèrent de leurs bases dans le sud de l'Angleterre. Mais quelque chose a protégé la cathédrale et le monastère ce jour-là. Le brouillard dense et la visibilité nulle ont eu pour effet que seulement deux divisions sur trois ont atteint Bamberg. Les bombardiers ont eu de la difficulté à localiser le chemin de fer et les 300 bombardiers géants ont surtout touché des vergers et des terres agricoles vides. La troisième division continua son vol et frappa les villes voisines de Schwenningen et de Villingen. Moins de 10% de Bamberg a été attaqué. Nuremberg, par comparaison, fut détruite à 98% le 2 janvier 1945.

Dans toute l'Allemagne, 19 grandes villes ont été détruites, parmi lesquelles Hambourg, Cologne, Essen, Dortmund, Düsseldorf, Hanovre, Mannheim, Wuppertal et Aix-la-Chapelle. En outre, 26 autres ont été gravement endommagées. Les historiens britanniques, Sir Charles Webster et Noble Frankland, ont déclaré dans leur ouvrage *The Strategic Air Offensive against Germany 1939-1945* (Londres, 1961) qu'au moins 600 000 civils, adultes et enfants ont été sacrifiés au cours de la folle fureur des bombardements et de la destruction orchestrée par la Grande Bretagne. Il faut ajouter à cela un nombre beaucoup plus élevé de victimes civiles grièvement blessées et mutilées. Le premier ministre Winston Churchill, qui était un alcoolique notoire, persévéra dans sa politique de terreur par de multiples bombardements de la population civile. Il comptait beaucoup sur son conseiller en aviation, l'immigrant juif et professeur d'Oxford Frederick Alexander Lindemann (Lord Cherwell), qui avait planifié ce bombardement de la terreur britannique contre la population allemande. Il n'a jamais été accusé de crimes de guerre, malgré le fait que ses calculs quant au résultat qu'il avait promis étaient totalement faux. Le 8 juillet 1940, Churchill écrivit qu'il fallait "une attaque absolument dévastatrice et exterminatrice contre les Allemands menée par des bombardiers très lourds sur la patrie nazie...". (Geoffrey Wheatcroft, *The Spectator,* 29 septembre 1979). Webster et Frankland susmentionnés étaient d'avis que le jugement de l'histoire serait dévastateur pour cet acte malfaisant.

Les États-Unis ont occupé le Japon jusqu'en 1952. Le président Bill Clinton a déclaré lors d'une conférence de presse en 1995 qu'il n'y avait aucune raison de présenter des excuses au Japon pour les deux attentats nucléaires.

L'accord de Yalta prévoyait une division politique de l'Extrême-Orient après la capitulation des Japonais. Wall Street était favorable à une telle division parce qu'à l'avenir, elle pourrait provoquer d'éventuels conflits armés. Lors de la conférence de Téhéran à l'automne 1943, il fut suggéré que l'Union soviétique participe à la guerre contre le Japon. Il n'y avait pourtant aucune justification logique ou militaire considérant que la première bombe nucléaire était presque prête.

Le président Franklin Delano Roosevelt a qualifié le ton employé par les alliés à Yalta de "familier", tout en sachant exactement ce que représentait le communisme. Il n'était ni naïf ni stupide. Il a déclaré :

> "De tous temps, mais maintenant plus que jamais, le monde a été gouverné par des sociétés secrètes."

L'historien Ottomar Kraintz a prouvé que l'ancêtre de Roosevelt était un Juif hollandais du XVIIème siècle (Claes Martenszen van Rozenvelt), dans son livre *Juda endecht Amerika* (*Un juif découvre l'Amérique*, Munich, 1938, pp. 128-129).

Roosevelt a exigé que le Japon soit divisé en différentes zones, semblable au plan établi pour l'Allemagne. L'Union soviétique aurait dû recevoir l'île d'Hokkaido et la partie nord de Honshu, l'île principale. Les États-Unis auraient dû avoir la partie centrale du Japon, la Grande-Bretagne occidentale Honshu et l'île de Kyushu. La Mandchourie et les îles japonaises Sakhaline Sud et les îles Kouriles ont également été remises aux Soviétiques pour leur participation à la reddition forcée du Japon. Truman s'opposa à un tel plan et quand il était au pouvoir, sa volonté l'emportait.

Le même jour où les Américains lancèrent la deuxième bombe atomique sur le Japon, le 9 août 1945, l'Union soviétique déclara sans aucune raison la guerre au Japon et rompit le pacte de non-agression entre eux. Le Japon s'est rendu le 15 août, mais les Soviétiques ont réussi à occuper quelques îles. Les troupes soviétiques entrèrent d'abord en Mandchourie, qui était alors le protectorat japonais Manchukuo (dont la capitale Xinjing, s'appelle aujourd'hui Changchun). Là-bas et à Sakhaline, 594 000 prisonniers de guerre ont été faits, selon les chiffres officiels de 1990. La majorité d'entre eux ont été amenés dans des camps en Sibérie, où 62 000 sont morts, dont 46 000 ont été formellement identifiés, soit environ dix pour cent probablement en raison de leur bonne condition physique. Les Japonais ont été utilisés comme travailleurs forcés dans la construction du chemin de fer principal Baïkal-Amur à proximité du lac Baïkal, ainsi que dans l'exploitation forestière. Beaucoup sont morts de faim et de froid. Ils ont également été soumis à un endoctrinement communiste intense.

Lorsque le Congrès américain a approuvé 125 millions de dollars d'aide à Chiang Kai-Shek en 1948, Truman s'est assuré que les fonds ne lui parviennent jamais et que Chiang soit ainsi battue par les troupes rouges de Mao Zedong. Les troupes de Chiang étaient constamment réduites. L'aide américaine au franc-maçon Mao Zedong passa par Moscou à partir de 1945 (William T. Still, *New World Order: The Ancient Plan of Secret Societies*, Lafayette, Louisiane, 1990, p. 172). La République populaire de Chine a été proclamée le 1er octobre 1949, en grande partie grâce à l'aide financière américaine fournie à Mao. L'aide à Chiang avait été suspendue et il n'avait plus de carburant pour ses chars ni de munitions pour son armée. Il a dû céder la place aux communistes. (Michael J. Goy, *The Missing Dimension in World Affairs*, South Pasadena, 1976, p. 103).

Tout cela était déjà prévu lors de la conférence de Potsdam de l'été 1945. Pour des raisons compréhensibles, les États-Unis ont voulu cacher leur rôle dans ce processus. Cela a été confirmé par Owen Lattimore, professeur à l'Université Johns Hopkins spécialiste de la Chine et de l'Asie, conseiller principal de Roosevelt pour la politique chinoise et conseiller de Chiang Kai-Shek :

> "Le problème était de savoir comment faire tomber [la Chine] sans donner l'impression que les États-Unis l'avaient poussée". (Gary Allen, *None Dare Call it Conspiracy*, Seal Beach, Californie, 1972, p. 76)

La société maçonnique secrète dirigée par Sun Yatsen, issue de la renaissance chinoise, avait juré, lors de l'exil de ses membres à Hawaï, de retourner en Chine et de renverser la dynastie Qing. Rien qu'en 1903, les francs-maçons ont à vingt-cinq occasions différentes essayé de faire tomber l'Empire Mandchourien ; l'année suivante, il y eut quatre-vingt-dix tentatives, et en 1905 ils réessayèrent quatre-vingt-cinq fois. Le gouvernement chinois légitime s'est défendu avec succès pendant huit ans. La franc-maçonnerie continua ses tentatives au même rythme jusqu'au 10 octobre 1911, date à laquelle plusieurs sociétés secrètes (dont la Tongmengui) de Wuchang firent leur révolution dite Xianhai (qui signifie "année du cochon"). Les francs-maçons dirigés par Sun Yatsen ont proclamé une république à Nankin le 1ᵉʳ janvier 1912. Le commandant en chef Yuan Shikai força la dynastie Qing, qui avait dirigé la Chine pendant 268 ans, à abdiquer le 12 février 1912. Yan est par la suite lui-même devenu président.

Les francs-maçons chinois avaient enfin atteint leur but premier. L'empereur Po Yi, âgé de six ans, fut renversé et il fut ainsi mit fin à un empire de 2000 ans. Po Yi fut autorisé à rester dans ses palais à Pékin, mais les trésors impériaux furent vendus et liquidés, ce qui est toujours le cas lors de ces changements de pouvoir organisé par la judéomaçonnerie. En 1934, les Japonais ont nommé l'empereur Po du protectorat Manchukuo, où il était déjà chef de l'État par intérim depuis deux ans. À la fin de la Seconde Guerre mondiale, Po fut capturé par les troupes soviétiques. Quand la République populaire de Chine a été proclamée, Po Yi a été extradé vers Pékin en 1950. Il fut l'un des rares monarques à ne pas être exécuté après une "révolution" maçonnique. Il a été libéré en 1959 après avoir subi un lavage de cerveau pendant neuf ans en prison et a été autorisé à travailler comme jardinier jusqu'à sa mort du cancer en 1967.

John F. Kennedy et Richard Nixon n'étaient pas francs-maçons, ce qui perturbait grandement l'ordre maçonnique tout-puissant en activité aux États-Unis. Kennedy fut assassiné, Nixon forcé de démissionner. Noam Chomsky croit que presque toutes les méthodes corrompues, qui ont conduit à la chute de Richard Nixon, ont également été utilisées par son prédécesseur Lyndon Johnson et d'autres présidents maçons. Le président Truman a illégalement bloqué l'enquête de Nixon sur le crime organisé. De puissantes forces maçonniques voulaient que Nixon démissionne. Derrière la discussion sur sa morale personnelle se cachaient des secrets politiques et économiques. C'est pourquoi il fut isolé par l'establishment, alors même qu'il avait accompli beaucoup pour les Illuminati.

Les principaux francs-maçons à la manœuvre pour se débarrasser de Nixon le 9 août 1974 en utilisant l'affaire du Watergate étaient : le juge en chef suédois-américain de la Cour suprême Earl Warren (maçon du 33ème degré), le sénateur Richard Russell (membre de la Winder Lodge). Le successeur de Nixon fut Gerald Ford, un maçon du 33ème degré et un membre du groupe de Bilderberg.

Le lobby juif américain s'était servi de l'affaire du Watergate pour briser Nixon avant qu'il ne contraigne Israël à effectuer les concessions territoriales nécessaires pour garantir la paix au Moyen Orient.

Le Washington Star rapportait ce qui suit le 1er décembre 1971 :

> "L'ancien président Lyndon B. Johnson confirme que Richard Nixon, en tant que président républicain, a été capable de faire des choses qu'un président démocrate n'a pas pu faire. "Pouvez-vous imaginer l'agitation, pensa-t-il, si j'avais été responsable de l'expulsion de Taiwan de l'ONU ? Ou si j'avais introduit un contrôle des prix et des salaires ? Nixon l'a fait, conclut-il avec un ton admiratif. "Si moi, Truman ou Humphrey ou un autre démocrate avions essayé ça, ils nous auraient totalement détruits."

Le New York Magazine de septembre 1970 comportait un article de John Kenneth Galbraith, le professeur socialiste de Harvard. Dans l'article intitulé "Nixon et le grand renouveau socialiste", Galbraith prétendait que le changement sous l'administration Nixon était le nouveau grand saut vers le socialisme. Ce jeu était dangereux, puisqu'il était qualifié de conservatisme. Nixon lui-même appelait sa politique "le Nouveau Fédéralisme".

L'historien Gary Allen, qui a écrit une biographie de Nixon, affirme que Nixon vivait dans une maison de New York appartenant à Rockefeller. Theodor White a déclaré dans son livre *The Making of the President 1960*, que Nixon était prêt à tout pour gagner la confiance de la famille Rockefeller. Comme de coutume, Rockefeller a donc agi par l'intermédiaire de Nixon, qui a pris comme conseiller un franc-maçon socialiste extrême et haineux, Henry Kissinger (né sous le nom d'Avraham Ben Elazar, selon *The Jewish Press*, 18 juin 1976).

Le cas de Kissinger

Heinz Alfred Kissinger est né le 27 mai 1923 à Fürth, en Allemagne centrale, fils d'un rabbin (*Washington Observer*, 15 avril 1971). Ses parents ont émigré aux États-Unis en 1938 et Heinz est devenu Henry. De 1943 à 1945, il a travaillé pour les services secrets américains. Plus tard, il a enseigné les sciences politiques à l'Université Harvard. Kissinger lui-même a été éduqué par le professeur William Yandel Elliott, qui a adhéré aux idées folles d'H. G. Wells.

En 1955, il développe une relation avec Nelson Rockefeller (Frank Capell, *Henry Kissinger: Soviet Agent*, Cincinnati, 1992, p. 29). Le pauvre réfugié juif est devenu une figure puissante grâce à la famille Rockefeller qui a commencé à l'utiliser comme mandataire. En 1956, il est nommé rédacteur en chef de l'influent magazine *Foreign Affairs.*

Henry Kissinger est un haut cadre de l'organisation maçonnique juive du B'nai B'rith. Il est également membre du groupe Bilderberg et de la Commission Trilatérale. Il fait partie de la Grande Loge Suisse Alpina, le club élitiste de Bohême, et il est membre des clubs Phi Beta Cappa, Cosmos, Federal City Club et Century Club.

Kissinger a été conseiller des présidents Richard Nixon et George Bush Sr. Tout au long des années 1961, 1969 et 1973, il a passé graduellement les contrôles de sécurité interne. Les informations sur lui étaient traitées par le Département d'État et non par le FBI. Au début de sa carrière de conseiller de Nixon, il a pris le contrôle des services de renseignement aux États-Unis (Frank Capell, *Henry Kissinger: Soviet Agent*, Cincinnati, 1992, p. 9).

En avril 1946, Kissinger a commencé à enseigner dans une école d'agents de renseignement. Durant cette période, il fut recruté comme agent soviétique par le KGB, sous le nom de code Bor (Gary Allen, *Kissinger: The Secret Side of the Secretary of State*, Seal Beach, Californie, 1976, p. 18).

Kissinger a été l'architecte derrière les bombardements de Noël sur Hanoï et Haiphong en 1972. Il est devenu secrétaire d'État sous le mandat du président Gerald Ford en 1973. Selon le *Wall Street Journal*, Kissinger a aidé Peter Wallenberg en Suède à exporter illégalement de la haute technologie vers l'Europe de l'Est communiste.

En apparence Kissinger était un libéral. Toutefois, le libéralisme est fondamentalement une idéologie de gauche. *Le Salt Lake City-Deseret News* rapportait le 27 mars 1970 que derrière la désignation de Kissinger comme conseiller à la sécurité nationale du président Nixon se trouvait Nelson Rockefeller.

C'est Henry Kissinger qui a renversé Richard Nixon en utilisant l'affaire du Watergate (Gary Allen, *The Rockefeller File*, Seal Beach, California, 1976, p. 176).

Kissinger a reçu le prix Nobel de la paix en 1973 pour avoir fait gagner la guerre du Vietnam aux communistes.

C'est Henry Kissinger qui est à l'origine de la crise pétrolière de 1973-1974, et il a fait adopter ses plans lors d'une réunion secrète à Stockholm, a révélé Cheikh Yamani, un ancien ministre du pétrole d'Arabie saoudite, dans *The Observer* le 14 janvier 2001. Kissinger a fait quadruplé le prix du pétrole en novembre 1973. La réunion à laquelle Sheik Yamani a fait référence était la convention du Bilderberg qui s'est tenue dans les environs de Stockholm en mai 1973. Cela a été confirmé dans le livre de William Engdahl *A Century of War: Anglo-American Oil Politics and the New World Order* (1993).

Au début des années 1960, cependant, un grave inconvénient avec lequel il n'avait pas compté s'est produit. Un agent communiste défectueux a révélé la couverture de Kissinger et le dénonça comme un espion soviétique sous le nom de code Bor.

En mars 1959, le colonel Michal Goleniewski, du service de renseignement polonais, avait envoyé une lettre sous l'alias Sniper à l'ambassadeur des États-Unis en Suisse, et avait révélé des informations secrètes ayant mené à l'arrestation des officiers du SIS George Blake et Gordon Lonsdale en Angleterre. Tous deux ont été jugés et condamnés en tant qu'agents soviétiques. Pendant Noël 1960, Sniper lui-même a fait défection. C'était un officier relativement haut gradé du KGB, qui a dénoncé de nombreux agents soviétiques opérant en Grande-Bretagne. L'information a été vérifiée et les espions ont été arrêtés. Un peu plus tard, Goleniewski a remis une liste d'agents soviétiques en Suède, que les services secrets suédois ont pu vérifier. Le gouvernement socialiste suédois, cependant, n'a permis l'arrestation d'aucun agent soviétique, à l'exception d'un dangereux traître, appelé Stig Wennerstrom.

Vinrent ensuite l'Allemagne de l'Ouest, le Danemark et la France. Encore une fois, toutes les informations se sont avérées exactes et des agents soviétiques ont été arrêtés. Au total, 5000 pages de documents top-secrets ont été livrées par Goleniewski, plus 800 pages de rapports de renseignements soviétiques et 160 microfilms. Toutes les informations étaient correctes.

Le 12 janvier 1961, Goleniewski arriva aux États-Unis. Il disposait d'informations extrêmement importantes sur un espion de haut niveau et a demandé à voir le président Kennedy, ce qui lui a été refusé. Au lieu de cela, il a vu le chef de la CIA et lui a révélé qui était l'agent secret soviétique : le professeur de Harvard et conseiller à la sécurité nationale, Henry Kissinger.

La CIA a réagi instantanément - Goleniewski a reçu 50 000 dollars pour se taire et a été expulsé. Kissinger était un membre si puissant du B'nai B'rith qu'ils ne pouvaient plus le toucher. Il a donc été autorisé à poursuivre ses activités nuisibles.

Kissinger envoyait toutes les informations les plus secrètes directement à l'Union soviétique. Cependant, cette information a été divulguée par la CIA et est parvenue à la presse de droite. *L'American Opinion* révèle les activités secrètes de Kissinger en avril 1975 (p. 35) et en mars 1976. Tout cela fut plus tard confirmé par l'historien Ladislav Bitman dans son livre *KGB: Soviet Misinformation* (New York, 1985, pp. 54-55).

L'agent soviétique Victor Louis a ouvertement rendu visite à Henry Kissinger à la Maison Blanche le 13 novembre 1971 (John Barron, *KGB*, Tel Aviv, 1978, p. 230).

Anatoli Filatov, qui travaillait pour le ministère des Affaires étrangères de l'Union soviétique, a été recruté (attiré dans un piège à caractère sexuel) au début des années 1970 par la CIA en Algérie. Grâce à lui, la CIA a obtenu des secrets très précieux sur les projets de Moscou. À un moment donné, fit surface une copie d'une lettre de l'ambassadeur soviétique à Washington, Anatoli Dobrynin (en fait le juif Gutman). Dans cette lettre, Kissinger confirme être un agent soviétique.

Le franc-maçon de haut rang David Aaron, qui travaillait pour la CIA et était en même temps conseiller du président Jimmy Carter, a fait tout son possible pour protéger son "frère" Kissinger des éventuelles représailles que sa double allégeance encourait. Il voulait punir Filatov pour avoir donné des informations sur Kissinger. Par l'intermédiaire d'un diplomate roumain, il a dénoncé Filatov comme agent américain. Filatov a été arrêté à Moscou et sommairement exécuté. Cela s'est transformé en un scandale majeur aux États-Unis, mais Kissinger a été sauvé une fois de plus.

Le franc-maçon David Aaron a trahi son pays pour sauver un frère maçonnique de haut rang en l'empêchant d'être dévoilé comme un agent étranger. L'affaire Kissinger a été étouffée. David Aaron n'a jamais été puni pour son horrible crime.

Pendant son mandat de secrétaire d'État, Henry Kissinger a veillé à ce que tous les anticommunistes connus soient libérés du département d'État (Gary Allen, *Kissinger: The Secret Side of the Secretary of State*, Seal Beach, Californie, 1976, p. 129). Kissinger ne pouvait pas tolérer les anticommunistes, pas même pour plaisanter.

Le 4 mars 1982, sur la chaîne de télévision américaine *Channel Eleven*, il a été affirmé que l'ancien secrétaire d'État Kissinger était sexuellement impliqué avec de jeunes garçons. La militante des droits humains, Ellen Kaplan, a demandé à Henry Kissinger dans la rue : "M. Kissinger, est-ce vrai que vous couchez avec des garçons à l'hôtel Carlyle ?" La femme de Kissinger, Nancy a ensuite tenté d'étrangler Ellen Kaplan, qui a signalé l'incident à la police et Nancy Kissinger a été arrêtée pour tentative d'homicide.

Lorsque le nouvel ordre mondial sera mis en œuvre, le monde sera très différent, a promis le franc-maçon Henry Kissinger dans une déclaration : "Il n'y en aura plus beaucoup, mais tout ira mieux pour les gens restant." Voilà une pensée humaniste remarquable.

Des plans sinistres

Le but premier des francs-maçons était le pouvoir exercé sur le monde réel. L'emblème des Nations Unies montre clairement que les 33 degrés de franc-maçonnerie contrôlent déjà le monde. Autour de ce symbole circulaire, contenant un réseau de 33 sections, il y a deux branches d'olivier avec 13 feuilles de chaque côté - qui symbolisent une concrétisation des moyens spirituels de développement. Pour la franc-maçonnerie, l'acacia est son signe symbolique principal, dont la signification ésotérique est une "activité très intense". Le bâtisseur mythique Hiram Abiff aurait été recouvert de feuilles d'acacia, ce qui pour les francs-maçons symbolise aussi l'immortalité.

Récemment, une commission pour la mise en place d'un gouvernement mondial a été formée par l'ONU. L'ancien Premier ministre suédois Ingvar Carlsson partage la présidence avec Shridath Ramphal. Jim Garrison, de la Fondation Gorbatchev, franc-maçon de haut rang, a déclaré au *San Francisco Weekly* (31 mai 1995) :

> "Voilà la prochaine phase de la mise en œuvre du développement humain... au cours des 20 à 30 prochaines années, nous aurons enfin un gouvernement mondial. C'est inévitable".

Un autre franc-maçon de haut rang bien connu, Zbigniew Brzezinski, a été tout aussi honnête quand il a déclaré dans les années 1970 :

> "Je ne me fais pas d'illusion sur le fait que le gouvernement mondial apparaîtra de notre vivant... Nous ne pouvons pas transférer le pouvoir à un gouvernement mondial en une seule étape... La condition nécessaire pour une mondialisation définitive et véritable est une régionalisation progressive, car c'est ainsi que nous nous dirigeons vers des unités plus grandes, plus stables et plus coopératives".

Cela ressemble étonnamment au plan stalinien :

> "Plus tard, les différentes régions pourront s'unir pour former une seule dictature mondiale." (Josef Staline, *Le marxisme et la question nationale*, Moscou, 1942)

Le célèbre franc-maçon James Paul Warburg a déclaré devant le Sénat américain le 17 février 1950 :

> "Nous aurons un gouvernement mondial, que cela nous plaise ou non. La seule question est de savoir si le gouvernement mondial sera obtenu par conquête ou par consentement."

David Rockefeller a déclaré :

> "Nous sommes au bord d'une transformation globale. Tout ce dont nous avons besoin, c'est de la bonne crise majeure et les nations accepteront le nouvel ordre mondial."

Strobe Talbot, qui était secrétaire d'État adjoint du président Clinton, a déclaré dans *Time Magazine* (p. 70) le 20 juillet 1992 :

"Le meilleur mécanisme pour la démocratie[...] est une fédération, une union d'États distincts qui attribuent certains pouvoirs à un gouvernement central tout en en conservant beaucoup pour eux. Le fédéralisme s'est déjà avéré l'expérience politique la plus réussie de toutes, et des organisations comme l'Association fédéraliste mondiale en font depuis des décennies la base d'un gouvernement mondial... Les États-Unis restent le meilleur exemple d'un État fédéral multinational... Peut-être que la souveraineté nationale n'était pas une si bonne idée après tout."

Ainsi les francs-maçons sont prêts à révéler leur pouvoir secret en introduisant un gouvernement mondial.

L'auteur suisse Karl Heise a publié la carte de l'Europe des francs-maçons britanniques de 1888. Il montre les nouvelles frontières de l'Europe telles qu'elles étaient après la guerre. Son étude intéressante *Entente - Freimaurerei und Weltkrieg / Entente - La franc-maçonnerie et la guerre mondiale* (Bâle, 1919) a analysé le rôle secret de la franc-maçonnerie dans la provocation de la Première Guerre mondiale.

Le journal britannique *The Truth* a publié en décembre 1890 une carte montrant les frontières européennes qui ne sont devenues réalité qu'en 1919. Trois grands empires avaient disparu ! Cette carte a été publiée comme une exagération satirique. En 1919, plus personne ne riait.

"La responsabilité de la guerre mondiale repose uniquement sur les épaules des financiers internationaux. C'est sur eux que coule le sang de millions de morts et de millions de mourants." (Compte rendu du Congrès, 67e Congrès, 4e session, 1923, document sénatorial no 346)

Jacques-Yves Cousteau, franc-maçon de haut rang, a déclaré dans une interview au *Courrier de l'UNESCO* (novembre 1991, p. 13) :

"Pour stabiliser la population mondiale, nous devons éliminer 350 000 personnes par jour. C'est une chose horrible à dire, mais c'est tout aussi horrible de ne pas le dire."

En une seule année, cela représenterait 128 millions de personnes. Cousteau signifiait que les dirigeants du monde avaient dix ans pour réduire la population, avant qu'il ne soit temps de prendre des décisions drastiques.

Thomas Ferguson, chargé de cas latino-américain au Bureau de la population (OPA) du département d'État, a écrit au début des années 1970 :

"Il y a un seul thème derrière tout notre travail - nous devons réduire la population. Notre incapacité à réduire la population par de simples moyens a jeté les bases d'une crise de sécurité nationale. Le gouvernement du Salvador n'a pas utilisé nos programmes pour réduire sa population. Maintenant, ils sont en guerre civile à cause de cela... Il y aura des dislocations et des pénuries alimentaires. Il y a encore trop de gens là-bas. Les guerres civiles sont un peu longues à trouver des moyens de réduire la population. Le moyen le plus rapide de réduire la population est la famine, comme en Afrique ou les maladies comme la peste noire. Nous examinons nos besoins stratégiques et nous disons que ce pays doit réduire sa population, sinon nous aurons des problèmes. Alors des mesures sont prises." (*Executive Intelligence Review, Special Report*, 25 juin 2000, p. 28-30)

Cyrus Vance (1917-2002, membre des Skull & Bones, de la Trilateral Commission, du Council on Foreign Relations, du Bohemian Club), qui est devenu en 1976 secrétaire d'État du président James Earl Carter, a édité en 1975 le rapport de 600 pages *Global 2000*, commandé par les élites au pouvoir.

Entre autres choses, il s'agit d'un plan visant à réduire la population mondiale au moyen de guerres, de famines, de maladies et de fléaux à 2,5 milliards de personnes d'ici l'an 2000. La population des États-Unis devrait être réduite à 100 millions d'habitants d'ici 2050.

1. L'objectif du Nouvel Ordre Mondial est d'établir un gouvernement mondial totalitaire. Pour atteindre cet objectif, les dirigeants maçonniques ont jusqu'à présent pris les mesures suivantes :

2. Ils ont pris le contrôle total du marché monétaire à travers les familles maçonniques Rothschild, Warburg, Schiff, Rockefeller, le spéculateur de devises George Soros.

3. Ils ont exercé une influence sur les médias par le biais des francs-maçons William Randolph Hearst, Adolph Ochs, Silvio Berlusconi, Rupert Murdoch *et al.*

Ils ont établi le contrôle du système politique à travers la franc-maçonnerie du Grand Orient en France, en Italie, en Amérique latine, en Russie, en Europe orientale et dans d'autres pays. Georges Pompidou, Dean Rusk, Walter Mondale, Franz-Joseph Strauss, Willy Brandt, Bruno Kreisky et de nombreux hommes politiques de premier plan étaient membres de diverses loges. Le dernier président de l'Union soviétique, Mikhaïl Gorbatchev, est devenu franc-maçon dans la loge des Templiers des États de l'Union, où il a reçu le grade de chevalier de Malte (*Novoye Russkoye Slovo*, New York, décembre 1989 ; Oleg Soloviov, *Freemasonry in World Politics in the 20th Century*, Moscou, 1998). Le 16 novembre 1991, le Président russe Boris Eltsine a également été initié dans cette loge (*Sovetskaya Rossiya*, 9 septembre 1993).

4. Ils ont diffusé un type révoltant de "divertissement" comme les films d'action avec violence ; la pornographie ; la musique populaire plagiée et malhonnête comme celle des francs-maçons George Gershwin et Irving Berlin (Israël Baline, un maçon du 32ème degré), venus de Russie ; et la musique hard rock ; la propagation des sports de compétition comme le football, qui a fait 300 victimes pendant les années 1980 et ils ont causé une guerre entre le Honduras et El Salvador en 1969, qui dura 4 jours et coûta 6000 vies, laissant 50 000 personnes sans foyer). Les francs-maçons Louis B. Mayer (Metro-Goldwyn-Mayer), Darryl Zanuck, Rupert Murdoch (20th Century Fox), Jack Warner (Warner Brothers) ont tous fait du mal à l'humanité en diffusant leurs films répugnants. Hollywood était déjà dans les années 1930 sous le contrôle des banquiers francs-maçons Kuhn, Loeb & Co. et Goldman Sachs.

Le B'nai B'rith a fondé au début des années 1920 une loge également à

Hollywood, avec Alfred Schwalberg, Baranay Bapaban (Paramount), Harry Goldberg (Warner Brothers) et d'autres personnalités de l'industrie du cinéma américain. La loge a reçu le numéro 1366. Entre 1925 et 1935, "le roi du cinéma" Willy Hayes donne au président du B'nai B'rith, Alfred M. Cohen, la possibilité de contrôler tous les scénarios ayant un rapport avec les Juifs.

Le B'nai B'rith a ensuite réussi à se camoufler et a fondé la Film Lodge à Hollywood le 16 novembre 1939. En 1974, elle a commencé à être connue sous le nom de Cinema Unit 6000, qui était une loge au sein du B'nai B'rith. En 1977, elle a été réorganisée sous le nom de Cinema-Radio-TV Unit 6000. Tous les maçons du B'nai-B'rith des médias étaient réunis dans cette loge.

En 1979, il y avait 1600 membres, dont des acteurs, des distributeurs, des réalisateurs, des scénaristes, des producteurs et des compositeurs. Tous ces francs-maçons ont eu une influence énorme sur le développement du divertissement violent. Larry Hagman, qui jouait le méchant producteur de pétrole J. R. Ewing dans le feuilleton "Dallas", est l'un des membres de cette loge. Un autre membre est Leonard Nimoy de "Star Wars" (Viktor Ostretsov, *Freemasonry, Culture and Russian History*, Moscou, 1999, p. 613).

5. Les francs-maçons ont fait en sorte que le plus grand nombre possible de jeunes soient dépendants de la drogue. Ce qu'on appelle la "culture des jeunes" est le pire crime contre les jeunes. Le franc-maçon George Soros propage la légalisation des drogues. Le Grand Orient favorise le trafic de stupéfiants par la mafia. La CIA a, avec le soutien tacite des dirigeants maçonniques, participé au trafic de drogue en provenance du Vietnam et aidé à distribuer la drogue aux jeunes dans les rues.

6. Ils ont répandu la confusion spirituelle par le biais de sous-cultures ou de sectes destructrices ou trompeuses qu'ils ont essayé de contrôler à des degrés divers. Le mouvement humaniste, l'Église mormone et les Témoins de Jéhovah en sont des exemples.

7. Ils ont provoqué le chômage et des crises économiques, par exemple le krach de Wall Street à New York le 24 octobre 1929.

8. Ils ont déclenché des guerres, des révolutions et des conflits armés et soutenu le terrorisme. Les francs-maçons, entre autres, ont causé deux guerres mondiales, la guerre de Corée et la guerre du Vietnam. Par exemple, le franc-maçon Jacob Venedy (1805-1871) fut l'un des dirigeants du comité révolutionnaire des cinquante, fondé à Francfort-sur-le-Main en mars 1848 pendant la plus grande révolution d'Europe en 1848. Le commissaire révolutionnaire Venedy menait la révolte à Berlin le 18 mars 1848. La loge P2, un autre exemple, a aidé à former l'organisation terroriste des Brigades rouges en 1969.

9. Ils ont installé des régimes totalitaires, par exemple en Russie en octobre 1917 et en Chine en 1949. (Plus d'informations à ce sujet peuvent être trouvées dans mon livre *Sous le Signe du Scorpion*, Omnia Veritas Ltd).

10. Enfin, ils veulent faire de l'ONU un gouvernement mondial totalitaire. Au sein de l'ONU, comme on l'a déjà dit, une commission pour la mise en place d'un gouvernement mondial est déjà en place.

L'expansion de la franc-maçonnerie

En 1829, il y avait 3315 loges maçonniques dans le monde. En 1986, il y avait 6 155 000 francs-maçons répartis au sein de 32 370 loges. D'après les sources officielles en 1998 il y avait 8660 loges comportant 358 214 francs-maçons en Angleterre, tandis que l'Écosse disposait de 1175 loges. Au total, il y a environ 600 000 francs-maçons en Grande-Bretagne. En France, il y a 120 000 francs-maçons qui fréquentent 700 loges (Ghislaine Ottenheimer, Renaud Lecadre, *Les Frères Invisible*, Paris, 2001, p. 21). En Suisse, il y a 3450 maçons dans 52 loges, en Hollande 162 loges avec 6673 francs-maçons. L'Espagne n'a que 2000 francs-maçons se réunissant dans 96 loges grâce à l'action de Franco et de l'Église catholique. La Finlande compte 5500 francs-maçons. En 2001, il y avait sept millions de francs-maçons dans le monde (Ghislaine Ottenheimer, Renaud Lecadre, *Les Frères Invisible*, Paris, 2001, p. 117).

Le 8 mars 1775, la première loge maçonnique pour femmes ouvre ses portes à Paris. Par conséquent, le 8 mars a été célébré plus tard comme la Journée internationale de la femme. L'initiative a été prise par la franc-maçonne Clara Zetkin. Le féminisme international est une autre partie de l'idéologie destructive maçonnique.

En 1931, il y avait sous les ailes de la Grande Loge 24 loges en Yougoslavie. Le franc-maçon Josip Broz Tito n'a pas interdit la franc-maçonnerie en Yougoslavie communiste, comme le franc-maçon Castro a également échoué à le faire à Cuba.

Au cours des années 1980, les francs-maçons serbes ont recommencé à être très actifs et en juin 1990, une nouvelle Grande Loge serbe a été créée à Belgrade avec le soutien de la Vereinigte Grosslogen von Deutschland (La Grande Loge Unie d'Allemagne). Elle est connue sous le nom de "Yugo-Slavia" et son but est de combattre le mal du nationalisme.

Aux États-Unis dans les années 1960, il y avait officiellement 4,5 millions de francs-maçons actifs fréquentant 16 000 loges. Aujourd'hui, il n'y en a plus que 2,5 millions. Selon le transfuge franc-maçon du 32ème degré Bill Schnoebelen, il devient de plus en plus difficile de recruter de nouveaux membres, puisque l'aversion envers la franc-maçonnerie est en hausse. Il existe aussi des loges pour les enfants et une formation pour les francs-maçons en devenir à travers le mouvement scout.

Sur les 41 présidents des États-Unis, 14 étaient francs-maçons, soit environ 30%. En 1929, année du krach boursier, environ 67 pour cent de tous les membres du Congrès appartenaient à la maçonnerie (Paul A. Fisher, *Behind the*

Lodge Door, Rockford, Illinois, 1994, p. 246).

Au Canada en 1998, il y avait 641 loges avec 71 799 francs-maçons.

En Turquie, 140 loges existent compotant 10 540 francs-maçons. Le Brésil dispose de 1745 loges avec 97 754 membres affiliés. L'Inde compte 306 loges réunissant 14 755 membres.

Vientiane au Laos disposait jusqu'en 1967 d'une loge écossaise, mais elle n'est plus active.

À Macao, le Grand Orient de Lusitanie a été fondé en 1911, tandis que les premières petites loges ont commencé à apparaitre dès 1872.

Aux Philippines, les Américains ont fondé la première loge en 1917, et en 1998 il existait 160 loges avec 14 000 membres.

En Corée du Sud, il y avait plusieurs grandes loges. La première loge, appelée Han Yang, a été fondée à Séoul le 5 novembre 1908. Une grande loge s'appelle Harry Truman N°1727. À Taiwan, il n'existe que 10 loges avec 754 membres actifs. Au Japon, seulement 18 loges avec 3743 francs-maçons ont réussi à s'établir (1980). La première loge anglophone a ouvert ses portes en 1865, la première loge japonaise n'a ouvert ses portes qu'en 1954. En 1867, la salle maçonnique de Yokohama fut construite. Pendant la Seconde Guerre mondiale, les francs-maçons ont été arrêtés comme traîtres au Japon (Jasper Ridley, *The Freemasons*, Londres, 2000, p. 239).

En Thaïlande, la loge St. John N°1702 a été fondée dès 1911. La deuxième loge écossaise ne fut pas établie à Pattaya avant 1993 sous le nom de Lodge Pattaya West Winds N°1803. L'année suivante, une loge française a été fondée à Chiangmai et en 1995, une loge irlandaise a été établie à Bangkok, appelée Morakot Lodge N°945.

En Indochine française (aujourd'hui le Vietnam) il existait une activité maçonnique très vivante. Le régime communiste actuel a officiellement interdit la franc-maçonnerie, mais comme il est d'usage dans les pays communistes les loges continuent leurs activités officieusement.

En Jordanie, seuls quelques loges sont actives. En Palestine, une grande loge israélienne a été fondée en 1933, avant la proclamation de l'État d'Israël. En 1988, il existait 60 loges maçonniques avec 3000 membres (*Liste des loges maçonniques*, 1989, pp. 254-255).

Yitzhak Rabin, assassiné le 4 novembre 1995, était grand maître maçonnique en Israël. En 1998, il y avait 78 loges dans ce petit pays.

Tous les dirigeants politiques africains sont des francs-maçons liés au Grand Orient (Ghislaine Ottenheimer, Renaud Lecadre, *Les Frères Invisible*, Paris, 2001).

Le Grand Orient du Brésil a été fondée à Rio de Janeiro le 17 juin 1822 et est aujourd'hui un ordre puissant en Amérique latine.

En Estonie, il y avait 250 francs-maçons en 2003. La première loge, appelée Isis, a été fondée dès le 12 octobre 1773. Selon le célèbre franc-maçon estonien Gunnar Aarma, le président estonien Konstantin Pats et le commandant en chef Johann Laidoner dans les années 1930 appartenaient aux loges suédoises (*Kuldne kroon Eesti lipul / La couronne d'or sur le drapeau estonien*, Tallinn, 1992, p. 35). Après la chute du pouvoir soviétique, la loge Fooniks (Phoenix) fut fondée à Tallinn le 12 juin 1993. Actuellement, il y a six loges, trois à Tallinn, et une à Tartu, une à Parnu et une à Haapsalu. En outre, une grande loge a été fondée en Estonie en mai 1999.

Toomas Hendrik est membre de la Commission trilatérale, qui est dirigée par les Illuminati, puisqu'il s'agit d'un organe maçonnique (Vladimir Krasny, *The Children of the Devil*, Moscou, 1999, p. 266).

Le premier Grand Maître de la Grande Loge d'Estonie fut Arno Koorna en 1999, devenu franc-maçon en Finlande le 1er décembre 1991). Le 19 septembre 1950, il avait été nommé secrétaire du Parti communiste à l'Université de Tartu. Un documentaire montre sa carrière de persécuteur des nationalistes et des "ennemis du peuple". Il ne s'en est jamais caché. Au cours des années 1990, le ministre des Finances, Siim Kallas, a été soupçonné d'avoir fait l'objet d'une corruption importante, mais il a été autorisé à continuer comme si de rien n'était et a été acquitté de tout acte répréhensible. Durant son mandat à la tête de la Banque d'Estonie, il s'est assuré que le célèbre symbole maçonnique de l'œil qui voit tout soit apposé sur les billets de 50 couronnes. Les francs-maçons sont très désireux de mettre leurs symboles magiques partout. Dans sa brochure de propagande, le Grand Maître Koorna souligne le fait que les francs-maçons sont des citoyens loyaux et respectueux des lois. Il souligne que la franc-maçonnerie n'a pas de centre international, ce qui n'est pas vrai. Koorna essaie de banaliser les crimes bien documentés de la franc-maçonnerie en prétendant qu'il n'y a eu que des "digressions" occasionnelles de la vraie franc-maçonnerie. Dans une interview pour le quotidien *Aripaev (Business Day)* du 13 décembre 1999, il affirme :

> "Nous sommes des hommes bons, qui veulent être encore meilleurs."

P2 - la plus tristement célèbre secte maçonnique

La loge maçonnique la plus infâme en Europe s'appelle P2, qui a été interprétée comme Propagande 2, mais devrait plutôt être comprise comme Palladisme 2 (Albert Pike était le fondateur de cette très secrète franc-maçonnerie palladiste), dont les centres sont à Charleston, Rome et Berlin.

La loge P2 a été officiellement fondée en 1966 par Giordano Gamberini, grand maître du Grand Orient d'Italie ; elle comporte 18 000 membres. En fait, un Conseil maçonnique palladien à Rome, formé par Giuseppe Mazzini et Albert Pike, a été transformé en une loge secrète maçonique en 1877 appelée *Propaganda Massonica*. Cette obédience a été introduite pour les francs-maçons qui visitaient la capitale à partir d'autres parties de l'Italie, et le roi lui-même en était membre. Plus tard, ses 23 conseils sont devenus des centres du terrorisme.

Avec les Illuminati, le Grand Orient français a joué un rôle de premier plan dans la prise de pouvoir jacobine en France en 1789, événement connu sous le nom de "Grande" Révolution française. Selon plusieurs historiens, dont Nesta Webster, le Grand Orient était sous le contrôle total des Illuminati.

Après la Seconde Guerre mondiale, lorsque la franc-maçonnerie fut à nouveau légale en Italie, la franc-maçonnerie italienne a été réorganisée par les Américains. L'émissaire de la CIA Gilliotti a personnellement commencé à nettoyer le Grand Orient d'Italie de ses membres les moins importants. Gianni Rossi et Francesco Lombrassa ont déclaré dans leur livre *Au nom de la Loge* (*In nome della 'loggia': Le prove di come la massoneria segreta la tentato di impadronarsi dello stato italian Iretroscena della P2 / Au nom de la "loge" : les preuves de la tentative de prise de contrôle de l'État italien par la franc-maçonnerie secrète - Les coulisses de la P2*), publié en 1981 que :

> "les Américains, en particulier ceux qui représentent la mafia et la CIA au sein de la franc-maçonnerie, tenaient... l'avenir du Grand Orient entre leurs mains".

En 1965, la P2 ne comptait que 14 membres. C'était devenu une loge réservée à l'élite. Les membres étaient connus sous le nom de *piduesti* (P2). Lorsque Gamberini au cours des années 1966-67 a réorganisé la loge sur ordre du grand maître de la Grande Loge, Lino Salvini, il a choisi Licio Gelli comme grand maître en 1967. Le petit entrepreneur Gelli, originaire d'Arezzo en Toscane, avait été initié au Grand Orient et à la P2 à Rome en 1965 après un long séjour à l'étranger. Il a également été membre de l'Ordre de Malte.

Licio Gelli, le grand maitre de la loge P2 (1966-1981)

Gelli avait combattu du côté franquiste pendant la guerre civile espagnole et avait également soutenu Mussolini. Pendant la Seconde Guerre mondiale, il a torturé et assassiné des partisans communistes après les avoir dénoncé. Il appartenait en même temps au parti communiste clandestin. Après la guerre, Gelli et le prêtre catholique Krujoslav Dragonovic organisèrent un réseau de transfert pour les nazis qui voulaient fuir en Amérique du Sud. Les honoraires de Gelli représentaient 40 pour cent de leurs avoirs (David Yallop, *In God's Name*, Londres, 1985, p. 172).

En 1954, Gelli lui-même a dû fuir en Argentine, où il est devenu le protégé du président Juan Péron. Il avait acquis la double nationalité. Gelli était également proche du président nicaraguayen Anastasio Somoza.

Sous le règne de Gelli, la P2 s'est rapidement développée. Il utilisait des procédés de chantages impitoyables pour recruter de nouveaux membres dans sa loge (Stephen Knight, *The Brotherhood*, Londres, 1994, p. 271). Tous les membres devaient se montrer loyaux envers Gelli et non envers l'État italien. Les membres de la P2 devaient obéir sous peine d'encourir une horrible punition. Il faisait chanter ses "frères" ; des documents compromettants ont été retrouvés dans sa villa en Toscane. Les frais d'adhésion étaient très élevés. Le siège de la P2 était situé à l'hôtel Excelsior de Rome. En fait, la P2 était gérée par la Grande Loge Suisse Alpina[10].

En 1973, le journaliste suisse Mattieu Paoli a commencé à enquêter sur le rôle de la loge Alpina dans la formation de la CE (Communauté Européenne). Le principal propagandiste était le Président de Gaulle, qui appartenait à cette loge. Le livre de Paoli *Les Dessous* a provoqué des remous au sein des institutions européennes. Il fallait éliminer son auteur. Les renseignements israéliens l'ont kidnappé, l'ont accusé d'espionnage et l'ont exécuté sans procès. Le Mossad est en fait devenu l'organisation terroriste au service des intérêts des Rothschild.

Grâce à un membre puissant de la P2, le banquier Michele Sindona, Gelli s'est lié à la Cosa Nostra dans les années 1970. La P2 a rapidement entretenu des liens étroits avec la mafia et s'est surtout impliquée dans le trafic de stupéfiants.

Agostino Cordova, procureur de la ville calabraise de Palmi et l'un des plus grands experts de la mafia, a pu en 1993 prouver les liens de Gelli avec la loge maçonnique calabraise *Roccella Ionica* impliquée dans des activités criminelles, ainsi qu'à la mafia locale, *Ndrangheta*, qui avait pour mission principale de détourner les bénéfices agricoles à la Commission européenne. Au moins dix pour cent du budget de l'UE sont perdus en raison de la fraude et de la corruption. Cordova a conclu que le Grand Maître Gelli de la P2, connu sous le nom de *Il Venerabile* (le Vénérable) a effectivement été impliqué dans des activités frauduleuses liées à des ventes importante d'armes et de drogues.

---

[10] Loge au sein de laquelle fut initié l'ancien président Chirac… NDÉ.

Tous les membres de la P2 étaient impliqués dans des crimes économiques. Le gouvernement s'est fait arnaquer de 2 milliards de dollars par an en impôts impayés. L'utilisation de faux documents indique que du pétrole brut a été vendu au lieu du pétrole, puisque le carburant diesel était plus lourdement taxé. Il y a également eu des transactions boursières frauduleuses et des exportations illégales de devises. En avril 1997, un cabinet d'expertise comptable international a affirmé que la fraude organisée escroquait les citoyens et les entreprises de l'Union européenne à hauteur de plus de 50 milliards de dollars par an. L'entreprise a enquêté sur la fraude pour le compte de la Commission européenne. Rien qu'en Italie, 200 000 personnes ne vivent que de cette fraude à grande échelle.

Lorsque le procureur Cordova, en février 1993, a révélé les liens criminels de Gelli avec la loge calabraise de *Roccella Ionica*, en fraudant la Commission, le ministre socialiste de la Justice, Claudio Martelli, a bloqué sa nomination comme procureur général de la Commission antimafia italienne et comme procureur de Naples, où la mafia locale est appelée la Camorra (Brian Freemantle, *Le poulpe*, Londres, 1995, p. 19).

Bientôt, le juge anticorruption Cordova a révélé que Martelli avait complètement arrêté ses enquêtes sur l'infiltration maçonnique mafieuse du centre du pouvoir de l'Union européenne (*ibid*, p. 256). Cordova a souligné qu'un membre de la Commission parlementaire anti-mafia était un franc-maçon appartenant à la P2. Martelli a démissionné de son poste et du Parti socialiste. Il s'est brièvement rendu à Londres pour suivre un cours d'économie.

La P2 était dans les années 1970 sous la grande influence du Grand Orient, mais Gelli voulait qu'elle soit plus indépendante.

La P2 est responsable de l'attentat à la bombe perpétré le 12 décembre 1969 sur la Piazza Fontana de Milan, à la Banque de Commerce, faisant 16 morts. Ses membres ont également organisé une autre explosion de bombe dans un tunnel contre le train *Italicus* entre Rome et Monaco, dans la nuit du 4 août 1974, dans le cadre d'un *coup d'état*[11] planifié, qui a échoué. Douze personnes sont mortes et 105 ont été blessées.

En décembre 1974, Lino Salvini, grand maître du Grand Orient d'Italie, proposa de fermer la P2. Il voulait répudier publiquement la loge. En mars 1975, Gelli forme la nouvelle P2 et devient à nouveau grand maître. La liste des membres n'était plus officiellement secrète pour le Grand Orient. Spartaco Mennini, premier secrétaire du Grand Orient d'Italie, ne connaissait cependant qu'un tiers des membres. Le reste de la liste Gelli la gardait pour lui ainsi que le Pentagone, qui disposait aussi d'une liste complète des membres de la P2 (Philip Willan, *Puppet Masters: The Political Use of Terrorism in Italy*, Londres, 1991, p. 69).

---

[11] En français dans le texte, N. d. T.

En juillet 1976, la P2 était soupçonné d'avoir tué le juge Vittorio Occorsio, qui enquêtait sur ses liens avec d'autres organisations criminelles orchestrées par les loges maçonniques.

En 1976, lorsque le franc-maçon Francesco Siniscalchi a informé le procureur général de Rome que Gelli était impliqué dans une activité criminelle, il a été ignoré. Mais la rumeur a quand même éclatée.

Le pape Jean-Paul Ier était une menace sérieuse pour la franc-maçonnerie. Il souhaitait mettre un terme aux transactions d'argent illégales effectuées par les francs-maçons du Vatican à destination de diverses banques du monde entier, ainsi que la corruption au sein de la papauté. Au Vatican, il y avait 100 francs-maçons à l'époque. Entre le 28 et le 29 septembre 1978, le pape mourut. La cause du décès était inconnue. Il n'était en fonction que depuis 33 jours. David Yallop prouve dans son livre *Au nom de Dieu* (Londres, 1985) que la P2 et Gelli ont organisé le meurtre du pape - et derrière la machination de la P2 se trouvait la Grande Loge Suisse Alpina.

En 1979, Licio Gelli a été choisi comme président de l'organisation internationale des loges maçonniques, l'Association Maçonnique Internationale (Vladimir Krasny, *Les enfants du diable*, Moscou, 1999, p. 272).

En 1980, Gelli a été interviewé dans la presse, où il a souligné que la franc-maçonnerie en Italie était pour lui comme un grand théâtre de marionnettes. Il a dit qu'il a toujours voulu être celui qui tire les ficelles. C'était une terrible violation de la politique officielle de la franc-maçonnerie.

Les francs-maçons italiens étaient contrariés. Le tribunal maçonnique s'est réuni au début de 1981 et Gelli a été banni de la franc-maçonnerie, et la loge P2 a été fermée. Toutes les actions de Gelli furent désormais considérées comme illégales. Le Grand Orient a donné l'autorisation à la police de perquisitionner le domicile de Gelli et les locaux de la P2. Il avait auparavant bénéficié de l'aile protectrice de la Grande Loge.

La franc-maçonnerie italienne allait envoyer un signal clair en punissant Gelli le 18 mars, le jour où le dernier grand maître des Templiers fut brûlé sur le bûcher. Le 18 mars 1981, la police a fouillé la villa Vanda de Gelli à Arezzo et a trouvé de nombreux documents compromettants. Dans le coffre-fort de Gelli, une liste de 962 membres appartenant à la P2 a été trouvée. Parmi eux se trouvaient 19 hauts magistrats, quatre ministres (dont le ministre de l'Industrie Antonio Bisaglia), trois ministres adjoints, divers industriels, des diplomates, 195 officiers militaires de haut rang (30 généraux, dont Giulio Grassini, et huit amiraux), des chefs de la police, des banquiers, des journalistes et des vedettes de télévision, des éditeurs (dont Franco LiBella, éditeur du *Corriere della Sera*), 58 professeurs universitaires, les chefs des différents partis politiques (sauf les communistes) et les directeurs des trois services secrets. Parmi les socialistes de Bettino Craxi, 35 étaient membres de la P2. Au début, seuls ces 962 noms ont été divulgués.

La police a également trouvé 150 lingots d'or d'un poids total de 165 kilos dans la maison d'Arezzo. La valeur de l'or était d'environ 2 millions de dollars. Ils ont été trouvé dans les énormes pots de fleurs qui se trouvaient sur la terrasse devant la maison, alors qu'ayant été fouillée 34 fois auparavant, rien de valeur n'avait été découvert.

Le 5 mai 1981, la police a perquisitionné le siège du Grand Orient d'Italie au 8 via di Pancrazio à Rome, où le registre des membres de la P2 et la correspondance ont été saisis.

Puis il s'est avéré que le nombre réel de francs-maçons affiliés à la P2 était de pas moins de 2600, dont 422 étaient employés dans la fonction publique, bien que leurs positions réelles restent inconnues. Il a été révélé que la P2 avait des liens étroits avec la Banca Nazionale di Livomo. Parmi les membres de la loge figurait également Silvio Berlusconi, qui était considéré comme le roi italien des médias. Au début, il a nié être membre de la P2, mais les dossiers démontrèrent qu'il en était devenu membre le 26 janvier 1978. Son numéro de membre était 1816, attribué sous le code E.19.78. Il a été recommandé comme membre par le leader socialiste Bettino Craxi, qui est revenu au pouvoir le 4 août 1983. Le ministre socialiste des Finances de Craxi, Pietro Longo, était également membre de la P2 (n°2223).

Le 11 mai 1994, Silvio Berlusconi est devenu Premier Ministre italien, malgré une carrière couverte de scandales et de fraudes. Il a acquis sa villa à Ancône par l'intermédiaire de l'avocat Cesare Previti (plus tard gratifié du titre de ministre de la Défense), qui administrait le domaine pour une jeune fille mineure dont les parents étaient morts au cours d'une tragédie. Berlusconi y a vécu pendant dix ans sans même payer le faible honoraire convenu ni l'impôt foncier (Giovanni Ruggeri, *Berlusconi gli affari del Presidente / Les affaires du président Berlusconi*, Rome, 1995). Berlusconi a été réélu Premier ministre en mai 2001.

En juin 2002, M. Berlusconi a fait virer trois présentateurs de journaux qui se sont exprimés ouvertement. Enzo Biagi, Michele Santoro et Daniele Luttazzi étaient parmi les journalistes les plus populaires de la télévision nationale italienne (RAI). Ils avaient révélé certaines de ses activités criminelles. Comme franc-maçon typique, Berlusconi a nié toute implication dans ce nouveau scandale.

Revenons maintenant à Gelli. Le service de renseignement français, contrôlé par le Grand Orient français, a empêché la police de sécurité italienne d'arrêter Gelli en mars 1982, afin qu'il puisse s'échapper en Suisse (David Yallop, *In God's Name*, Londres, 1985, p. 444). Il a été condamné en son absence, accusé d'espionnage politique, militaire et industriel. Il était considéré comme une menace pour la sécurité nationale. Interpol a toutefois réussi à l'interpeller à Genève le 13 septembre 1982, lorsqu'il a tenté de retirer 120 millions de dollars d'un compte bancaire secret avec un faux passeport. Le compte avait été gelé à la demande du Gouvernement italien. Il a été placé en détention dans l'une des prisons de haute sécurité de Suisse. Champ Dollon près de Genève.

Le 10 août 1983, Gelli s'est échappé. Gelli aurait versé 12 000 francs suisses à un gardien de prison, Umberto Gerdana. Selon l'amiral Emilio Massera (un membre de la P2), Gelli avait cinq faux passeports à sa disposition. Il a d'abord fui en Argentine et plus tard en Uruguay, un pays avec lequel la franc-maçonnerie italienne entretient des relations particulièrement bonnes, mais il est revenu en Suisse en 1987. Il a été extradé vers l'Italie en 1988 et a été placé en liberté surveillée après un mois de détention.

Le 8 mai 1981, une enquête a été ouverte et le 21 mai 1981, le gouvernement a rendu publique la liste des membres de la P2. Il y avait entre autres des membres du cabinet (le ministre de la Justice Adolfo Sarti, Giulio Andreotti, le premier ministre 1972-1973 et 1976-1979), et 43 membres du parlement. Andreotti est redevenu Premier ministre en 1989 comme si de rien n'était. Il était également membre du Prieuré de Sion (Baigent, Leigh & Lincoln, *The Messianic Legacy*, Londres, 1986. p. 426).

Le gouvernement italien du Premier ministre Arnaldo Forlani est toutefois tombé le 25 mai 1981. Le scandale a failli conduire à la dissolution de l'OTAN.

Le 9 juin 1981, une nouvelle perquisition a eu lieu au siège du Grand Orient à Rome. Les listes de tous les francs-maçons italiens ont été saisies et les archives scellées.

Ce n'est que le 15 juillet 1981 que Giovanni Spadolini a pu former un nouveau gouvernement qui a pris ses fonctions le 28 juillet.

La P2 a été déclarée illégale et "dissoute" par une loi du Parlement le 21 janvier 1982. Dans le vaste dossier de l'organisation encore en activité, la P2 est décrite comme "une structure de pouvoir invisible liée à la criminalité économique, aux milieux politiques et militaires et au service de renseignement, formée pour être un État dans l'État".

La CIA s'est assurée que la P2 recommence à fonctionner. En l'absence de Gelli, Armando Corono, qui était le plus proche associé de Spadolini, est devenu le nouveau grand maître le 27 Mars 1982. L'élite maçonnique a toujours grand besoin de disposer de telles loges subversives.

Le 2 juillet 1990, l'ancien agent de la CIA et du Mossad, Richard Brenneke, a été interviewé par la télévision italienne. Il a dit ce qui suit :

"Je connais la P2 depuis 1969 et j'ai eu des accords avec la P2 en Europe depuis cette époque et j'ai eu des contacts avec elle aussi récemment, jusqu'au début des années 1980. Le gouvernement américain a envoyé de l'argent à la P2. Dans certaines périodes, la somme était d'environ 1 à 10 millions par mois...

L'argent de la CIA pour la P2 avait plusieurs objectifs. L'un d'eux était le financement du terrorisme. Un autre objectif était d'obtenir l'aide de la P2 pour faire entrer clandestinement de la drogue d'autres pays aux États-Unis. Nous nous en sommes servis pour créer des situations favorables à l'explosion du terrorisme en Italie et dans d'autres pays européens au début des années 1970...

Depuis le début des années 1970, la P2 a été secrètement utilisée pour faciliter le trafic de drogue et pour favoriser la déstabilisation politique. Cela a été fait subrepticement pour empêcher les gens d'être au courant de l'implication du gouvernement américain. Dans de nombreux cas, cela s'est fait directement par l'intermédiaire des bureaux de la CIA à Rome et, dans d'autres cas, par l'intermédiaire des centres de la CIA dans d'autres pays...

La P2 a collaboré avec des agences du gouvernement américain pour envoyer des armes en Iran après la réunion de 1980.

Je sais que Bush était à Paris le même jour pour des réunions portant sur la liberté des otages et le paiement d'une rançon pour leur liberté. Gelli a participé à ces rencontres... Mes accusations sont très graves et je ne les formulerais pas sans disposer de preuves formelles."

Richard Brenneke a revendiqué une étroite collaboration avec la P2 depuis plus de 20 ans. Le véritable contrôle de la P2 se situait en Suisse et aux États-Unis. Le journaliste Mino Pecorelli, membre de P2, a également révélé que la loge était contrôlée par la CIA. Brenneke a confirmé que la loge poursuit ses activités comme P7 en Italie, en Autriche, en Suisse, et en Allemagne.

128 autres francs-maçons ont été impliqués avec Gelli dans une conspiration massive de vente d'armes et de drogues (Brian Freemantle, *The Octopus: Europe in the Grip of Organised Crime*, Londres, 1995, p. 19).

En juillet 1990, le président italien Francesco Cossiga a exigé une enquête sur les allégations de Brenneke selon lesquelles la CIA aurait payé Licio Gelli pour encourager les activités terroristes en Italie à la fin des années 1960 et 1970.

Gelli fut également l'un des principaux architectes des nombreuses opérations du groupe terroriste communiste des Brigades Rouges (Brigate Rosse). Gelli et la P2 les ont formées en 1969. *La Repubblica* était contrariée par le fait que parmi les membres de la P2 se trouvait également le juge Guido Barbara, qui devait poursuivre les Brigades rouges (Juan Maler, *Das Jiingste Gericht*, Buenos Aires, 1982, p. 25).

La P2 et les Brigades rouges ont organisé l'enlèvement et l'assassinat du leader démocrate-chrétien Aldo Moro (premier ministre de 1963 à 1968, puis chef de l'État et du gouvernement, puis président du Conseil national en 1974-1976).

Selon la liste secrète P2, il était aussi membre de la loge. Lors de l'enlèvement du 16 mars 1978, les cinq gardes du corps de Moro ont également été tués. Les autorités ont refusé de négocier avec les terroristes. Le secrétaire politique démocrate-chrétien Flaminio Piccoli a déclaré que Moro avait été tué le 9 mai 1978, parce qu'il ne voulait pas que l'Italie se transforme en une arène maçonnique pour faciliter la poursuite de diverses activités illégales.

Une demi-heure avant l'agression (à 8 h 30), une station de radio avait déjà diffusé l'histoire de l'enlèvement d'Aldo Moro. Les Brigades rouges avaient leurs complices. Un agent de renseignement était présent, comme en témoignent les photos de presse. Il a expliqué qu'il devait déjeuner avec un ami - à 9 heures du matin ?

Tous les membres du groupe de crise qui devait retrouver Moro appartenaient à la P2, à savoir le directeur de la police secrète, le général Bassini, le chef des renseignements, le général Santo Vito, le général Walter Perusi, le général Raffaele Giudice, directeur de la police financière. Les experts antiterroristes ont démissionné pour protester contre l'incompétence et le laisser-aller. Ils ont prétendu que c'était une pièce de théâtre pour sauver les apparences auprès du grand public.

Corrado Guerzoni, qui était un proche collaborateur de Moro, a témoigné à Rome le 10 novembre 1982 lors du procès du tueur présumé que Moro était gravement menacé. Lors d'une visite officielle aux États-Unis, Henry Kissinger s'est présenté dans la chambre d'hôtel de Moro et l'a menacé :

> "Soit vous changez votre politique, soit vous payerez de votre vie votre opposition."

Aldo Moro a été bouleversé et est immédiatement rentré en Italie. Son épouse Eleonora l'a confirmé dans son témoignage. Moro s'en tenait pourtant à sa politique. La presse américaine ne l'a pas rapporté, mais en Italie, cette menace a été largement relayée.

Le plan pour tuer Moro a été coordonné au plus haut niveau. Cela est démontré par le fait que sa protection policière a été retirée, bien que l'on savait que de nombreux terroristes rouges tristement célèbres étaient rassemblés à Rome à l'époque. L'enlèvement et le meurtre relevaient d'une opération conjointe entre la CIA, le KGB, la mafia, les Brigades rouges et les francs-maçons. Lors de l'interrogatoire, de nombreux membres des Brigades rouges ont admis qu'ils savaient que la CIA était impliquée.

L'écrivain italien Lionardo Sciascia et le réalisateur Giuseppe Ferrara étaient convaincus que la police savait exactement où se cachait Moro, mais qu'ils avaient l'ordre de ne pas le retrouver (Bjorn Kumm, *Terrorismens historia / L'histoire du terrorisme*, Lund, 1998, pages 172-173).

Mino Pecorelli, journaliste et membre de la P2, était propriétaire de l'hebdomadaire *L'Osservatore Politico* et avait de nombreux contacts au sein du service de renseignement italien. Il a fait part à son frère Giulio Andreotti de son intention de publier un article sur le rôle d'Andreotti dans l'enlèvement et le meurtre d'Aldo Moro. Peu après, Pecorelli fut assassiné sur ordre d'Andreotti. Le chef de la mafia défait Tommaso Buscetta l'a révélé 15 ans plus tard. Ce n'est que le 17 novembre 2002 qu'Andreotti, âgé de 83 ans, a été condamné à 24 ans de prison pour avoir commis le meurtre de Mino Pecorelli en 1979. La Cour suprême l'a toutefois acquitté le 30 octobre 2003.

Gelli a profité de l'occasion pour se débarrasser d'autres membres P2 répréhensibles : Giorgio Ambrosoli, Antonio Varisco et Boris Giulian. Ils en savaient beaucoup trop et pouvaient menacer la sécurité et la position de Gelli (David Yallop, *In God's Name*, Londres, 1985, p. 440).

Un des procureurs contre P2 a déclaré plus tard :

> "La Loge P2 était une secte secrète, qui reliait les hommes d'affaires à la politique pour détruire l'ordre constitutionnel italien."

Début juillet 1981, Maria, la fille de Licio Gelli, s'envola pour l'Italie. À l'aéroport Fiumicino de Rome, elle a été arrêtée et son sac a été fouillé. Dans un compartiment caché ont été trouvés des documents secrets de la P2 en provenance du Département d'État à Washington, D.C., parmi lesquels "The Plan for the Democratic Renaissance".

Les autorités ont révélé que Gelli était également un agent du KGB, qui faisait des affaires secrètes et entretenait des liens cachés avec des pays communistes, parmi lesquels le dictateur roumain Nicolae Ceausescu, qui selon Pier Carpi (*L'affaire Gelli*, Bologne, 1982) était un franc-maçon.

Il était évident que la P2 était indirectement liée à l'agression du Pape Jean-Paul II et que la loge avait organisé l'explosion à la gare de Bologne, le bastion du communisme en Italie, le 2 août 1980, où 85 personnes ont été tuées et 200 blessées. Gelli a financé lui-même cet attentat.

L'hebdomadaire italien *Panorama* a révélé en septembre 1984 que Stefano delle Chiaie, le franc-maçon italien et leader terroriste qui, en 1982, avait été désigné par l'ex-maçon Ciolini comme cerveau derrière l'attentat de Bologne, est devenu plus tard consultant pour le groupe terroriste communiste *Sendero Luminoso* au Pérou. À la fin des années 1960, il était à la tête du groupe néo-nazi *Avanguardia Nazionale* à Rome. Au milieu des années 80, il a travaillé avec *Alianza Argentina Anticomunista*, une organisation de 2000 hommes, financée par les profits de la drogue. Plus tard, il a dirigé une armée privée sud-américaine (en réalité un groupe d'assassins).

Panorama a déclaré que la décision de placer la bombe à Bologne a été prise par la Grande Loge Suisse Alpina qui possède des loges annexes à Lausanne et Monte-Carlo. La P2 n'a servi que d'intermédiaire dans l'organisation du bombardement.

En octobre 1984, le général Pietro Musumeci, chef du département national du renseignement militaire italien (SISMI), a été chargé de couvrir l'incident de Bologne. Le Général était aussi membre de la P2 (David Yallop, *Au nom de Dieu*, Londres, 1985, p. 465).

Dès le début, la P2 était également financé par le KGB, qui avait recruté Gelli très tôt. L'objectif du KGB était de déstabiliser l'Italie et d'affaiblir le flanc sud de l'OTAN. Dans le même temps, la P2 était bien sûr également financée par la CIA.

L'écrivain britannique Stephen Knight a publié un document secret, daté du 4 juin 1981, qu'il avait reçu du service de renseignement MI6. Dans le document il montre que le KGB était derrière la formation de la loge P2 et qu'ils ont utilisé des loges maçonniques pour infiltrer les nations occidentales avec leurs agents. Les agents communistes qui étaient francs-maçons en Occident ont reçu une aide substantielle dans leur carrière de la part de leurs frères de loge. On peut citer Georges Ebon, arrêté en France dans les années 1950 (Terry Walton, *KGB en France*, Moscou, 1993, pp. 67-68).

Ce document souligne le fait qu'au sein des services de renseignement, les francs-maçons accèdent plus facilement aux postes de direction. Le plus grand succès du KGB a été la nomination de leur agent Sir Roger Hollis au poste de directeur du MI5, où il a servi de 1955 à 1965. L'enquête officielle n'est toutefois pas parvenue à cette conclusion. Hollis était franc-maçon, et selon le document susmentionné, les hauts fonctionnaires qui étaient aussi francs-maçons n'étaient généralement jamais poursuivis lorsqu'ils étaient soupçonnés d'avoir mal agi. Soit l'affaire était classée, soit elle était déboutée sans suite faute de preuves. Par conséquent, l'auteur du document a exigé que les chefs des services de renseignement ne devraient pas appartenir à un ordre maçonnique.

Stephen Knight a souligné que les francs-maçons en Grande-Bretagne ont une très grande influence. Le Prince Charles est le premier dans les temps modernes à rompre la tradition selon laquelle les hommes prétendant au trône doivent être francs-maçons.

En 1980, le chimiste Ilya Dzhirkvelov, qui était stationné en Italie, a fait défection vers l'Ouest et a révélé que le KGB utilisait les loges maçonniques à ses propres fins. Les agents soviétiques en Grande-Bretagne (ainsi qu'en Italie) ont été particulièrement efficaces, car ils ont réussi à s'infiltrer dans les loges les plus puissantes. Dzhirkvelov a expliqué comment le KGB a donné des instructions à ses agents britanniques de devenir francs-maçons, puisque la société était dirigée à partir de ces loges.

Licio Gelli a pillé la plus grande banque privée italienne, Banco Ambrosiano, d'un milliard de dollars en 1982. Il a utilisé 200 millions de dollars pour acheter des armes à l'Argentine pour la guerre des Malouines. Le général argentin Carlos Suirez et l'amiral Emilio Massara, qui ont participé à la planification de l'invasion, étaient également membres de la loge P2. L'escroquerie a mis la banque en liquidation peu après. La Banco Ambrosiano, propriété du Vatican, a laissé un déficit de près d'un milliard de dollars. Ce fut le plus grand scandale bancaire des temps modernes en Italie.

Le gérant et propriétaire en chef de la Banco Ambrosiano Roberto Calvi, ses gardes du corps maçonniques Florio Carboni et Sylvano Vittot, est parti de son domicile à Rome d'abord en Suisse le 10 juin et est arrivé à Londres le 15 juin 1982. Il a déclaré à la presse : "Sono massone, ma della loggia di Londra." ("Je suis franc-maçon, mais j'appartiens à la loge de Londres", *La Nazione*, Rome, 11 décembre 1981), mais il était aussi membre de la loge P2. Le 18 juin, il a été retrouvé pendu sous le pont Blackfriars sur la Tamise à Londres, à quatre miles du Chelsea Cloister, où il séjournait, non loin du London Freemasons' Hall. Le verdict officiel, publié par Scotland Yard, concluait à une mort par suicide. Il souffrait cependant beaucoup de vertiges, et n'aurait jamais pu descendre sous le pont pour se pendre. En outre, il a été conclu qu'il avait d'abord été étranglé.

Le franc-maçon Calvi, appelé le banquier de Dieu, avait juste avant menacé de révéler le rôle de la loge P2 dans le crash bancaire. Il a été accusé de 65 crimes différents, dont le blanchiment d'argent, la fraude, la falsification de documents et le parjure. Il est intéressant de noter que les membres de la loge P2 se déguisaient en moines blackfriar (Dominicains) pour leurs rites magiques. Plus tard, la police ordinaire a repris l'enquête et a conclu qu'il s'agissait d'un meurtre.

La veille du "suicide" de Calvi, sa secrétaire Graziella Corrocher s'est jetée par la fenêtre au quatrième étage du siège de la banque à Milan. Elle avait également tenu les livres de compte pour la loge P2. Et le 2 octobre 1982, un autre employé de la banque, Giuseppe Dellacha, sauta par la fenêtre de la banque et se "suicida" (David Yallop, *In God's Name*, Londres, 1985, p. 436).

Roberto Calvi après son "suicide" le 18 juin 1982.

De l'argent noir de la mafia (provenant de vols et d'enlèvements) aurait été blanchi dans un centre financier à Londres avec l'aide de Calvi. Ce centre financier était également en relation étroite avec la Grande Loge de Londres, qui était dirigée par le duc de Kent. En 1981, Calvi a avoué devant le juge Guido Viola à Milan :

> "Je suis devenu membre de la Grande Loge de Londres parce que Gelli et Umberto Ortolani m'y ont convaincu. Si je ne l'avais pas fait, il m'aurait été impossible de faire des affaires à Londres."

Le banquier, mafioso et franc-maçon (P2) Michele Sindona, conseiller financier du Vatican et de la mafia, a été arrêté en 1980 aux États-Unis, accusé d'avoir ordonné au gangster William Arico de tuer le comptable Giorgio Ambrosoli en Italie.

Sindona a été condamné à 25 ans de prison aux États-Unis. Il était originaire de Sicile. En 1986, il a été extradé vers l'Italie pour y être jugé pour meurtre et condamné à la prison à vie. En septembre 1986, il a accepté de parler aux enquêteurs du rôle d'autres personnes dans l'affaire Banco Ambrosiano. Avant qu'il ne puisse le faire, du cyanure a été glissé dans son café dans sa cellule surveillée par la télévision dans la prison de Voghera. Son assassin n'a jamais été retrouvé (Brian Freemantle, *The Octopus: Europe in the Grip of Organized Crime*, Londres, 1995, p. 18). Les derniers mots de Sindona furent : "Ils m'ont empoisonné."

Lorsque le livre de Stephen Knight *The Brotherhood* a été publié à Londres en 1985, le Parlement britannique a exigé une enquête sur les liens de la loge P2 avec la franc-maçonnerie britannique.

Gelli est retourné en Italie au début de 1988, mais il a préféré vivre encore en Suisse et en France. Finalement, il a été réarrêté en Suisse et extradé vers l'Italie. Il a été condamné à 12 ans d'emprisonnement pour fraude, mais a rapidement été libéré sous probation. Ses quatorze "frères" maçonniques ont été condamnés à de longues peines de prison pour complicité dans l'attentat terroriste de Bologne, mais ont été libérés à l'été 1990 pour "manque de preuves".

En mai 1998, Gelli s'est enfui sur la Côte d'Azur, bien qu'il n'ait pas été autorisé à quitter l'Italie, mais en septembre 1998 il a été arrêté en France. Lors d'un nouveau procès, le rôle criminel de Gelli au sein de la loge P2 a également été investigué. La loge P2 a continué sans relâche à conspirer contre la République italienne.

En outre, la P2 était soupçonnée d'avoir participé à l'assassinat du Premier ministre suédois Olof Palme. Licio Gelli a envoyé un télégramme le 25 février 1986 - trois jours avant l'assassinat - à l'un des associés de George Bush, Philip Guarino : "

> Dites à notre ami Bush que le palmier suédois sera coupé !"

Guarino a admis qu'il connaissait Gelli mais qu'il ne se souvenait pas d'un tel télégramme. Cette information a été divulguée par la CIA à l'associée du président Ronald Reagan, Barbara Honegger, qui l'a utilisée dans son livre *October Surprise*. Cela a été confirmé par l'agent de la CIA Ibrahim Razin dans une interview pour la télévision italienne en mai 1990.

Razin a déclaré :

> "Au cours de l'été 1986, j'ai interrogé un chef très important de la mafia américaine, dont je ne peux citer le nom, qui m'a dit qu'un tel télégramme avait été envoyé de Gelli à Philip Guarino, à l'époque un des membres les plus remarquables du cercle républicain autour de Bush.

Ennio Remondino, journaliste de la RAI :

> "Avez-vous une indication précise sur l'existence du télégramme ?"

Razin :

> "Actuellement, le FBI a ouvert une enquête sur cette histoire. L'existence du télégramme est également indiquée par les archives de l'Agence nationale de sécurité."

Remondino :

> "D'où ce télégramme a-t-il été envoyé et qui l'a reçu ?"

Razin :

"Il a été reçu avec la signature de Licio Gelli et a été adressé à Philip GuariN°Il a été envoyé d'Amérique du Sud, d'une des régions les plus au sud du Brésil. D'après les informations les plus fiables, il a été envoyé par un homme appelé Ortolani au nom de Licio Gelli ou en tout cas sur les instructions de Gelli."

Ce patron de la mafia avait des contacts étroits avec Licio Gelli.

Le plus déconcertant, c'est qu'un diplomate soviétique et agent du KGB connaissait ce plan quelques jours à l'avance, quand il en a parlé à sa femme dans leur chambre... Sa maison a été mise sur écoute par la police secrète suédoise (SAPO).

Comment un diplomate soviétique pouvait-il savoir à l'avance qu'Olof Palme allait être assassiné ? Le traducteur, qui a traduit les cassettes, s'est rendu compte que Moscou était à l'origine du meurtre *(Expressen*, 24 août 1989). Le procureur en chef Anders Helin a d'autre part pensé de l'affaire: "Ça ne voulait rien dire." L'information a été jugée insensée. Le procureur général Jan Danielsson a découvert les cassettes d'écoute, mais le gouvernement suédois ne l'a pas laissé les utiliser en raison des relations sensibles avec l'Union soviétique *(Svenska Dagbladet,* 17 septembre 1990).

En 1987, non loin du lieu de l'assassinat, cinq obélisques au total ont été érigés pour "orner" la zone. Un obélisque se trouve à quelques mètres de l'endroit où Palme a été abattu.

En 1994, la P2 a de nouveau été déclarée illégale. Il avait complètement infiltré la Grande Loge et le Grand Orient d'Italie. Giuliano di Bernardo, grand maître du Grand Orient, n'a pas réussi à éliminer les pires criminels. En 1993, il passa en revue les documents secrets de la loge et quitta l'ordre en déclarant : "J'ai vu le monstre de près." (Brian Freemantle, *The Octopus,* Londres, 1995, p. 14) Le grand maître actuel est Gustavo Raffi.

Giuliano di Bernardo quitta Rome pour Milan. Il y fonda une nouvelle loge indépendante du Grand Orient d'Italie. Il commença à coopérer avec la police dans l'enquête sur les liens entre la franc-maçonnerie et la mafia.

Le 16 avril 1994, Licio Gelli a été condamné à 17 ans de prison. Au cours du procès de la loge P2, il n'a été accusé que d'avoir exercé une influence indue et d'avoir divulgué des secrets d'État. Onze des autres francs-maçons inculpés ont été acquittés.

Leoluca Orlando, maire de Palerme et membre du Parlement européen, a fondé le Parti antimafia La Rete (Le Réseau). Orlando a réalisé que le crime organisé tire sa force de ses liens avec la franc-maçonnerie. À l'écrivain Brian Freemantle, il a souligné qu'il fallait "ne pensez jamais à la mafia sans franc-maçonnerie, les deux sont liés". 15 gardes du corps armés gardaient constamment la famille d'Orlando.

La loge P2 a été impliquée dans d'énormes racket financiers, le commerce des armes, les trafics d'art illégaux, le trafic de drogue, le terrorisme et les assassinats politiques. Malgré tout ce qui a été révélé, les membres de la loge ont gardé leurs positions clés au sein de la société italienne.

Dans ses mémoires, *Ma vérité*, Gelli affirmait que la loge P2 n'était qu'"un club d'amis pétris de bonnes intentions".

Le franc-maçon français Jean-Christophe Mitterrand (membre du Grand Orient), fils de l'ancien président François Mitterrand, était impliqué dans le commerce illégal d'armes en Angola. En janvier 2001, une commission d'enquête française a demandé aux autorités suisses de geler ses comptes bancaires sur place.

Tina Anselmi, présidente de la commission P2, s'en est plainte :

> "La loge P2 n'est en aucun cas morte. Elle exerce encore du pouvoir. Elle est présente au sein des institutions. Elle évolue à couvert dans la société. Elle dispose encore d'argent, de moyens et d'instruments . Elle possède encore des centres de pouvoir pleinement opérationnels en Amérique du Sud. Elle est aussi capable de conditionner, au moins en partie, la vie politique italienne." (David Yallop, *Au nom de Dieu*, Londres, 1985, p. 446)

Leoluca Orlando était d'avis que grâce au réseau de la franc-maçonnerie la mafia sillonne l'Europe. Il considère qu'il s'agit là d'un grave problème international (Brian Freemantle, *op. cit.*, p. 15).

Beaucoup moins de chose ont été écrite sur la loge sœur de P2, la Iside 2 ou A2, qui a été fondée par les associés de Licio Gelli. La A2 est devenu un centre sophistiqué pour diverses activités criminelles. La loge a été au début des années 1980 impliquée dans le meurtre du juge Carlo Palermo, qui a été le premier à vérifier les liens entre la mafia, la franc-maçonnerie et les organisations d'espionnages bulgares et syriennes.

Plusieurs enquêtes menées par le juge Ciaccio Montaldo ont soigneusement vérifiées les liens que la mafia de Trapani, en Sicile, avait avec A2. Parmi les membres de la loge secrète A2 se trouvaient également des employés de l'ambassade de Bulgarie à Rome (Antonio Caspari, "Freemasonry, Mafia, and Communism", *Stoppa Knarket*, n°4, 1988, pp. 8-9).

En juin 1993, le Grand Maître d'Iside 2 Giuseppe Mandalari a été condamné dans un tribunal de Trapani pour avoir fondé une société secrète (Claire Sterling, *Crime without frontiers: The Worldwide Expansion of Organized Crime and the Pax Mafiosa / Le crime sans frontières : L'expansion mondiale du crime organisé et de la Pax Mafiosa*, Londres, 1994, p. 230).

Les francs-maçons du monde entier sont moralement responsables des crimes commis par les loges telles que le Grand Orient de France, la P2, la loge A2, la P1, la P3, et la loge *Albert Pike* de Calabre.

La Commission d'enquête parlementaire à Rome a conclu que la franc-maçonnerie italienne est devenue la principale victime des activités de Gelli, et non la société italienne. À quoi fallait-il s'attendre ? La franc-maçonnerie en Italie est très puissante. Elle compte plus de 500 lodges.

Le Club 45 ou "La Loge Rouge de Vienne"

L'origine de la loge Club 45, également connue sous le nom de "Loge Rouge de Vienne", peut être retracée en évoquant trois hommes influents : Leopold Gratz, Hannes Androsch et Udo Proksch.

Vers la fin des années 60, le jeune parlementaire et secrétaire du SPO (Parti socialiste autrichien), Leopold Gratz, réunit un groupe d'amis de l'Association des Étudiants Socialistes, qui avaient tous commencé leur carrière en 1945 (d'où le nom de "Club 45"). Ils se sont engagés à une amitié à vie et à un soutien mutuel inconditionnel dans leur carrière personnelle. Leur but était l'influence politique, le pouvoir réel, le succès et l'argent. Cela vous semble familier ?

À peu près à la même époque, en 1969, le chancelier Bruno Kreisky envoya son protégé Hannes Androsch (plus tard ministre des affaires étrangères) à l'université de Harvard pour un an. Là, il a participé aux séminaires de Henry Kissinger. Androsch était particulièrement excité par les conférences de Kissinger sur "l'organisation et l'exercice du pouvoir".

De retour en Autriche, Androsch savait quoi faire. Il a dit à quelques amis qu'ils devraient créer une organisation maçonnique spéciale au sein du SPO. De cette façon, un petit groupe pourrait atteindre relativement rapidement le sommet, d'abord au sein du parti, puis dans tout le pays.

Le troisième homme de la troïka originale, l'aventurier, marchand d'armes et agent soviétique Udo Proksch, a décidé de combiner les plans des deux jeunes lions socialistes en une seule organisation et concept. Bien sûr, il avait ses propres plans en plus de ça. Proksch imaginait un groupe sur le modèle de la loge maçonnique italienne P2, dont l'organisateur et plus tard grand maître Licio Gelli fut son modèle.

Depuis que le scandale de la loge P2 a éclaté en 1981 et que l'existence de la loge secrète a été révélée du public, le Club 45 a été comparé à la P2, et "La Loge Rouge de Vienne" a été appelée la loge P2 autrichienne. Il y avait cependant d'importantes différences. La P2 comptait trois mille membres de tous les partis politiques à l'exception des communistes. Le Club 45 ne comptait qu'environ trois cents membres, tous socialistes et "très honorables et très respectés" (selon Kreisky).

Le Club 45 est indissolublement lié au *Cafe Demel* à Vienne. En avril 1972, Udo Proksch acquiert par procuration l'ancien café. Tous les anciens clients avaient fui, quand la nourriture s'est détériorée et que les prix ont augmenté. Pour beaucoup d'anciens clients, la limite a été atteinte lorsque les nouveaux propriétaires ont célébré l'anniversaire de la Révolution d'Octobre en Russie, avec le Palais d'Hiver en feu et les portraits de Lénine en massepain (!).

Au lieu de l'ancienne clientèle se rassemblait maintenant l'élite du parti social-démocrate autrichien : Leopold Gratz, Helmut Zilk, Hannes Androsch, Erwin Lanc, Franz Vranitzky, Fred Sinowatz et Karl "Charly" Blecha. Le chancelier Bruno Kreisky a coupé le ruban lors de la grande réouverture suite au renouvellement entrepris par les nouveaux propriétaires.

Pendant de nombreuses années, la vie du club a prospéré subrepticement dans "La Loge Rouge". Lors de leurs réunions de loge dans les étages supérieurs du *Cafe Demel*, à l'abri de tout contrôle démocratique, les maçons du café rouge ont conspiré et constamment amélioré leurs positions. Comme en Italie dans le cadre de la loge P2, un État au sein de l'État a rapidement existé. Il fut un temps où l'Autriche était pratiquement dirigée par le Club 45 du *Cafe Demel*. Il fut un temps où personne ne pouvait être membre du gouvernement autrichien sans être franc-maçon.

Parmi les socialistes éminents qui, entre les années 1974 et 1989, sont arrivés au gouvernement en devenant membres de la "Loge Rouge", on peut citer les suivants : Franz Vranitzky (chancelier), Fred Sinowatz (chancelier), Hannes Androsch (vice-chancelier), Leopold Gratz, Karl Blecha, Heinz Fischer, Helmut Zilk, Karl Sekanina, Gunther Haiden, Herbert Salcher, Franz Kreuzer, Willibald Paar, Gerhard Weissenberg, Karl Lausecker, Ernst-Eugen Veselsky, Karl Lutgendorf et Erwin Lane.

Les personnes les plus puissantes dans les milieux financiers autrichiens étaient, bien sûr, aussi des membres de la maçonnerie des cafés : Walter Flottl (banque BAWAG), Karl Vak (Zentralsparkasse der Gemeinde Wien), Hannes Androsch (Creditanstalt), Helmut Kienzl (Nationalbank), Theodor Mellich (Girozentrale), Otto Binder et Erich Gottlicher (Wiener Stadtische Versicherung) ; des dirigeants de sociétés nationales comme Walter Fremuth (Verbundgesellschaft), Kurt Meszaros (OMV), Heribert Apfalter (VOSEST), et Johann Buchner (Chemie Linz).

Il y avait des dirigeants des médias comme le rédacteur en chef de *Kronen-Zeitung* Friedrich Dragon et le président de l'ORF (télévision nationale autrichienne) Teddy Podgorski, ainsi que le chef de la police de Vienne Karl Reidinger.

L'habile propriétaire du *Cafe Demel* Udo Proksch savait comment utiliser cette étrange franc-maçonnerie à ses propres fins, et il n'était pas seul. On peut montrer que toutes les grandes affaires de corruption en Autriche entre le milieu des années 70 et les années 80 ont été planifiées et coordonnées dans l'une des salles du café (Hans Pretterebner, *Der Fall Lucona: Ost-Spionage, Korruption und Mord im Dunstkreis der Regierungsspitze / L'affaire Lucona : espionnage oriental, corruption et meurtre dans la sphère des dirigeants gouvernementaux*, Vienne, 1989, p. 84).

Il était donc naturel que le Club 45 soit également le centre idéal pour le commerce illégal des armes. Proksch a catégoriquement nié avoir quoi que ce soit à voir avec cela. Dès le 1er juin 1976, il existait un document (n°84-Verschl-HbeschA / 76) du Heeres-Beschaffungsamt (fournisseur autrichien d'armes de défense), dans lequel figuraient plus de 50 personnes impliquées dans cette activité, Proksch étant numéro 25 sur la liste.

Après le meurtre de l'homme politique italien Aldo Moro en 1978, la police de plusieurs pays a tenté de retrouver l'arme du crime, une mitraillette tchétchène de type Skorpion. La recherche n'a pas conduit directement en Tchécoslovaquie, mais d'abord en Autriche.

Le 19 avril 1978, quelques mois avant le meurtre d'Aldo Moro, 150 mitrailleuses de ce type avaient été envoyées dans un dépôt à Niederosterreich, propriété de Proksch. De là, les armes avaient été expédiées en Italie.

Le 25 novembre 1979, le journal viennois *Kurier* demandait à Proksch :

"Monsieur Proksch, êtes-vous un espion pour le compte de l'Est et aussi un marchand d'armes ? Et comment expliquez-vous que le quartier général de la police allemande vous considère comme le fournisseur d'armes de poing tchèques aux terroristes italiens ? Il est bien connu qu'Aldo Moro a été tué avec une telle arme."

Proksch a rejeté la question en disant :

"Ce qui est arrivé à Aldo Moro ne m'intéresse pas. Je ne connais pas un seul membre de la Brigade Rouge Italienne."

Avec des amis importants comme les frères de la "Loge Rouge ", Proksch s'est libéré, bien sûr. Il a dit :

"*Club 45* est ma protection contre les intrigues dirigées contre moi." (Hans Pretterebner, *op. cit.*, pp. 75-89)

Le marécage sans fond qui constitue la franc-maçonnerie politique même dans un pays relativement petit comme l'Autriche a fait qu'un arriviste et non franc-maçon comme Jorg Haider est devenu très populaire. Les gens en ont assez de la fraude et de la corruption. Les francs-maçons en Autriche et dans toute l'Union européenne craignent que des politiciens anti-maçonniques n'accèdent au pouvoir. Non seulement cela menacerait la structure maçonnique du pouvoir, mais cela exposerait aussi les intrigues pourries et traînerait les criminels devant les tribunaux.

L'influence maçonnique en Suède

Au cours des XVIIIème et XIXème siècles, la plupart des hauts fonctionnaires en Suède étaient membres de l'Ordre *(Frimuraren*, The Freemason, N°3, 2000, p. 12). l'influence maçonnique était encore beaucoup plus importante qu'aujourd'hui. Les francs-maçons de haut rang étaient Oscar Themptander, premier ministre (1884-1888), Johan Bjornstierna, général et ministre de la Guerre, Anders Skjoldebrand, et Arvid Lindman (en fait Salomon Achates), qui a été premier ministre deux fois (1906-11 et 1928-30). Lindman a également été membre du 33ème degré du Conseil suprême de la Grande Loge d'Angleterre, selon le catalogue de la Grande Loge suédoise de 1934. Cela montre que la franc-maçonnerie suédoise était bien dirigée à partir d'un centre de commandement international.

Cela explique aussi pourquoi le leader conservateur et ministre des Affaires étrangères Arvid Lindman a soutenu Lénine qui passait par Stockholm le 13 avril 1917. Il ne faisait qu'assister un de ses frères maçonniques.

Le journal *Aftonbladet* a produit l'analyse suivante faite par le journaliste Goran Skytte en janvier 1985 :

> "Les membres de l'Ordre des francs-maçons suédois exercent une grande influence dans la société suédoise. Les francs-maçons ont des membres dans toutes les institutions importantes : la fonction publique, l'armée, les affaires, la politique, l'Église, les médias... Ces francs-maçons ont des serment de loyauté les uns envers les autres qui en font pratiquement un État au sein de l'État, un pouvoir caché dont le public n'est pas conscient."

Le Grand Maréchal Tom Christian Bergroth a déclaré en août 1994 que l'Ordre des francs-maçons suédois n'a pas de liens avec le Grand Orient et les Illuminati. Ce n'était pas vrai.

Le quotidien concurrent *Expressen*, le 12 janvier 1995, faisait la une des journaux :

> "Des Suédois connus boivent du sang dans la société secrète".

Le journal a publié les noms de plusieurs membres secrets. Les francs-maçons ont menacé de se venger. Le franc-maçon conservateur Sten Svensfils a admis :

> "J'utilise la franc-maçonnerie comme un politicien se doit de le faire."

Il souhaitait que plus de politiciens appartiennent à la franc-maçonnerie.

Un mois plus tard, le rédacteur en chef du journal Olle Wastberg a été licencié et peu après le président du conseil Johan Bonnier. L'un des journalistes, Curt Radstrom, qui était un franc-maçon secret de haut rang, a reçu une grosse somme d'argent pour avoir été compromis.

Le franc-maçon et homme politique socialiste défait Roland Brannstrom (Skelleftea) a révélé qu'il n'est pas rare que les hommes politiques sociaux-démocrates soient aussi francs-maçons (*Expressen*, 12 janvier 1995, p. 16).

Selon le franc-maçon Trevor W. McKeown, un groupe appelé les Illuminati de Stockholm a été fondé en 1721, également connu sous le nom de Rite Swedenborg. Emanuel Swedenborg a été initié comme franc-maçon en 1706, ce qui a été confirmé plus tard par le roi Gustave III, qui lui-même était franc-maçon. Ce groupe se compose des membres de la Grande Loge de Suède qui avaient atteint le onzième degré secret d'honneur. En l'an 2000, il y avait 67 francs-maçons de ce type en Suède et 56 en Norvège.

Le nombre de membres en Scandinavie diminue. En 1971, la Suède comptait près de 26 000 francs-maçons. En l'an 2000, il en restait 14 000, dont 8000 seulement étaient des membres actifs. Le taux de perte de membres a été de 45% en 30 ans.

En 1993, il y avait 2500 chefs d'entreprise, plus de 200 policiers, près de 500 avocats et 900 militaires appartenant à la franc-maçonnerie.

Le 7 mars 1998, le Grand Maître suédois Gustaf Piehl a nié que la franc-maçonnerie était impliquée dans l'occultisme de toute sorte. Qu'en est-il des cérémonies magiques avec cercueils et crânes et même du culte rendu à la divinité Baphomet, alors ? Au milieu des années 1980, des photos de crânes et d'os dans le sous-sol du palais maçonnique de Stockholm ont été publiées dans les journaux.

L'Ordre des francs-maçons suédois a été classé comme une secte inoffensive dans un rapport officiel du gouvernement (1998). Ce n'est peut-être pas si étrange si l'on considère que le président de l'enquête était le franc-maçon de haut rang Sten Svensson.

Certains francs-maçons sont également membres des Templiers ainsi que l'ancien rédacteur en chef de *The Freemason*, Roland Swerin. Le nouveau Grand Maître depuis septembre 2001 est le Professeur de Physique Anders Fahlman. Depuis 2001, les lois générales de l'Ordre sont accessibles au public.

Odd Fellows est, cependant, le plus grand Ordre en Suède, fondé le 29 Octobre 1884 et étroitement lié à la franc-maçonnerie. Il comporte 39 600 membres dans 168 loges, surtout des hommes, mais les 80 loges Rebecca comptent 12 100 femmes. L'Ordre est dirigé par le grand sire. Le nombre de membres est également en baisse constante.

Les *Odd Fellows* sont originaires des guildes et de l'artisanat des terres anglaises médiévales. Le plus ancien document imprimé d'une loge Odd Fellows apparaît dans une référence à une réunion de loge à The Globe Tavern à Londres en 1748. Cette loge était la numéro neuf, donc apparemment il y avait au moins neuf loges associées Odd Fellows à ce moment-là. En 1803, les Odd Fellows ont été ravivés par une organisation appelée London Union Odd Fellows, qui est devenu plus tard connu sous le nom de la Grande Loge d'Angleterre et a assumé l'autorité sur toutes les Odd Fellow lodges.

Par l'intermédiaire d'émigrants anglais, l'Ordre a été transféré en Amérique, d'où il est revenu sous une forme partiellement différente en Europe. Parmi les premiers documents de l'ordre en Amérique, il y a celui de cinq frères de l'ordre anglais qui se sont rencontrés à New York en 1806 et ont formé la Loge Shakespeare N°1. Les fondateurs étaient trois constructeurs de bateaux, un comédien et un chanteur - un groupe digne du nom Odd Fellows.[12]

L'Ordre des Odd Fellows a été officiellement fondé par le franc-maçon Thomas Wildey et quatre autres membres de l'Ordre Anglais à Baltimore, Maryland, le 26 avril 1819 (Washington Lodge N°1). En 1821, la Grande Loge du Maryland et des États-Unis d'Amérique fut fondée. Thomas Wildey fut également le premier grand-père (grand maître) de la première grande loge (auparavant, le chef était appelé noble grand-père).

---

[12] En français, Drôles de compagnons, N. d.T..

L'Independent Order of Odd Fellows en Amérique du Nord (les États unis et le Canada) est devenu indépendant de l'Ordre en Angleterre en 1834.

Il ne comporte que sept degrés. Selon sa propagande, il enseigne l'amitié, l'amour et la vérité. Plusieurs loges forment ensemble un campement. Le premier degré dans un camp concerne la foi, le second l'espérance et le troisième la miséricorde. On dirait le jargon des communistes.

Les symboles comprennent un crâne, un œil et une main tenant un cœur.

Certains Odd Fellows lodges aux États-Unis ont malheureusement pris en charge certaines cérémonies particulièrement perverses de la franc-maçonnerie américaine. James Madison, membre de la Loge Knickerbockers à New York, raconte son initiation aux Odd Fellows dans son livre *Exposition of the Awful and Terrifying Ceremonies of the Odd Fellows* (New York, 1847).

Quand il est entré dans la chambre de la loge, on lui a mis un sac sur la tête. On l'a ensuite hissé jusqu'au plafond avec un crochet métallique dans la jambe de son pantalon, on l'a fait tourner jusqu'à ce qu'il ait le vertige et puis on l'a projeté sur le sol. Par la suite, on l'a amené dans une pièce à l'agencement complètement déstructuré. Après avoir prêté serment, six "squelettes" dansants apparurent. L'un d'eux a crié : "Je suis tombé sur un poignard, quand j'ai témoigné contre un frère !" Un autre "squelette" proférait menaçant : "Comme un chien meurt, ainsi meurt le traître."

Les Carbonari

Les Illuminati et les francs-maçons travaillaient très habilement en coulisses. En Italie, les Illuminati ont commencé à infiltrer les Carbonari pour utiliser l'organisation à leurs propres fins.

Les Carbonari (brûleurs de charbon de bois) était une société secrète qui a vu le jour en 1806 à Naples et était composée de francs-maçons, de mafiosi et d'officiers militaires. Les membres célébraient des rituels qui étaient semblables à ceux des maçons, mais trouvaient leur origine dans les guildes des charpentiers. Le chef était appelé maître et était assisté par les deux cousins, Oak et Elm. Leur table était une planche à découper et leurs sièges étaient des ballots de brindilles. Ils portaient des tabliers de cuir et s'entouraient d'attributs magiques comme des haches, des branches et des guirlandes de feuilles de chêne. Ils se reconnaissaient en se frottant trois fois le sourcil droit avec la main droite. Le mot de passe était de se frotter leur lobe d'oreille droit avec la main droite. Les membres s'identifiaient aussi par des poignées de main secrètes, différentes pour chaque classe.

Leur lieu de rencontre s'appelait 'cabane' (baracca). La loge suprême Alta Vendita (la Place du Marché) a été fondée en 1828 et son grand maître était Joseph Picilli.

Le mouvement armé des Carbonari a été établi dans le sud de l'Italie en

1807 et constituait un véritable État au sein de l'État. Les Carbonari, dont la tactique directrice était la conspiration, ont participé à toutes les insurrections du royaume de Naples jusqu'en 1835. Leur slogan était : "Il est juste de tuer les rois d'Italie !" Les troupes autrichiennes ont réussi à réprimer toutes leurs tentatives de prise du pouvoir. Après 1840, les idées psychopathiques des Carbonari se répandirent dans toute la péninsule des Apennins.

Les leaders les plus importants étaient d'éminents francs-maçons et Illuminati tels que le comte Camilio di Cavour, Giuseppe Garibaldi, et Giuseppe Mazzini. Mazzini était toujours vêtu de noir comme s'il était en deuil pour son pays. Il s'est fait connaître comme le "Génie maléfique de l'Italie" et a essayé de poursuivre les activités des Illuminati à travers l'Alta Vendita, le véhicule principal des Carbonari. Cavour a réformé l'économie italienne et a introduit la *lire* comme monnaie. À partir de novembre 1859, après la formation du gouvernement provisoire, la nouvelle monnaie est devenue la lire. Cavour a été nommé premier ministre de la Sardaigne en 1852. Il a également fondé et édité le journal *Il Risorgimento* (Le Réveil) en 1847. C'est finalement devenu le nom donné au mouvement d'unification.

Le siège des Carbonari était situé à Rome. Dans les années 1820, le mouvement comptait 700 000 membres armés. Ils prétendaient qu'ils pouvaient éclairer le monde avec le feu sacré (de l'illuminisme !). Le symbole de leur message de vérité était le charbon de bois, la source de lumière. Un arbre à l'envers symbolisait le roi assassiné. Ils prônaient l'élimination des loups (tyrans) dans la forêt (société).

Les membres de la même loge s'appelaient eux-mêmes *boni cugini* (les bons cousins). Les non-Carbonari étaient appelés *pagani* (païens). Les Carbonari étaient divisés en deux classes : les apprentis et les maîtres. Aucun apprenti ne pouvait accéder au grade de maître avant d'avoir atteint six mois de présence.

Les couleurs de Carbonari étaient le bleu (l'espoir), le rouge (l'amour) et le noir (la foi). Lors de leurs rassemblements, ils arboraient cinq triangles lumineux symbolisant le programme en cinq points des Illuminati.

Le novice, qui devait être recommandé par trois membres, était traîné dans un sac depuis l'antichambre jusqu'au seuil de la cabane. Le maître donnait trois coups de pied vers la porte et prononçait des paroles cérémonieuses : "Bons cousins, on a besoin d'aide !"

Une réponse rituelle permettait au novice d'entrer. Selon le rite symbolique, le candidat était traîné à travers "la forêt", "le feu" et "l'eau", avant de prêter serment. Ce n'est qu'à ce moment-là qu'il était libéré du sac.

Quand le carbonaro avait reçu le plus haut degré, il était informé de ce que les symboles représentaient réellement. Avant cela, ils lui avaient menti et l'avaient séduit avec des histoires chrétiennes pieuses.

Un traître perdait la tête, son corps devait être brûlé sur le bûcher, ses cendres répandues dans toutes les directions, le bourreau se lavant dans l'eau.

Le mouvement se répandit en Espagne, en Suisse, dans les Balkans et en Allemagne, où les Carbonari utilisèrent le nom d'Union des Morts.

À la tête du mouvement se trouvait l'Alta Vendita, au sein de laquelle les députés étaient choisis parmi les autres *vendite*. Une petite hachette était le symbole distinctif d'un maître, les apprentis étaient indiqués par un petit fagot porté à la boutonnière.

La similitude entre la société secrète des Carbonari et la franc-maçonnerie est évidente. Les francs-maçons pouvaient directement intégrer les Carbonari comme maîtres. Son drapeau rouge, bleu et noir était l'étendard de la révolution en Italie jusqu'à son remplacement par le rouge, le blanc et le vert en 1831.

Les Carbonari sont apparus en France vers 1820. Deux ans plus tard, ils comportaient 60 000 membres, recrutés parmi les officiers militaires naïfs, les étudiants et les travailleurs ordinaires. Le marquis de Lafayette devient le grand maître du mouvement militant de conspiration et organisa un complot contre Louis XVIII.

Les Carbonari firent en sorte que Louis Napoléon Bonaparte, neveu de Napoléon Ier, soit élu président de la seconde République française. Sous le Second Empire, lorsque les autorités ont commencé à travailler contre ce mouvement maçonnique, les Carbonari ont commis plusieurs attaques terroristes. Leur but était de renverser la dynastie des Bourbons pour de bon.

En 1860, Mazzini avait formé une organisation appelée *Oblonica,* un nom dérivé du mot latin 'obelus', qui signifie 'une broche ou une dague'. Au sein de ce groupe, il a établi un cercle intérieur, une bande moderne de criminels, appelée la mafia, qui était un acronyme pour Mazzini, Autorizza, Furti, Incendi, Awelenamenti (Mazzini, autorise les vols, les incendies criminels, les empoisonnements).

Extrait de l'instruction permanente de l'Alta Vendita :

"Écrasez l'ennemi qui qu'il soit, écrasez les puissants au moyen de mensonges et de calomnies, mais écrasez-le surtout dans l'*œuf.* C'est à la jeunesse que nous devons aller. C'est elle que nous devons séduire ; c'est elle que nous devons mettre sous la bannière des sociétés secrètes. Pour avancer par étapes, calculées mais sûres, de cette façon périlleuse, deux choses sont de première nécessité. Vous devez avoir l'air d'être simples comme des colombes, mais vous devez être prudents comme le serpent. Vos pères, vos enfants, vos femmes elles-mêmes, doivent toujours ignorer le secret que vous portez dans votre sein. S'il vous plaît, pour mieux tromper l'œil inquisitorial, d'aller souvent vous confesser, vous êtes, de droit, autorisé à garder le silence le plus absolu sur ces choses. Vous savez que la moindre révélation, que la moindre indication qui vous a échappé au confessionnal, ou ailleurs, peut entraîner de grandes calamités et que la sentence de mort est déjà prononcée sur les révélateurs, volontaires ou non."

Piccolo Tigre, un agent juif de l'Alta Vendita, a déclaré dans sa lettre, datée du 18 janvier 1822 :

"Se trouver membre d'une loge, se sentir appelé à se protéger de sa femme et de ses enfants, pour atteindre à la connaissance d'un secret qui ne vous est jamais confié, est pour certaines natures un plaisir et une ambition. Les loges, aujourd'hui, peuvent bien créer des êtres avides, elles ne feront jamais naître des citoyens. Il y a trop de dîners parmi les justes adorateurs et les justes révérends frères de tous les Anciens. Mais ils forment un lieu de dépôt, une sorte de haras [d'élevage], et un centre par lequel il faut passer avant de venir chez nous. Les loges ne forment qu'un mal relatif, un mal tempéré par une fausse philanthropie, et par des préceptes encore plus faux comme en France. Tout cela est trop pastoral et trop gastronomique ; mais c'est une activité qu'il faut encourager sans cesse. En enseignant à un homme à lever son verre jusqu'aux lèvres, on devient possédé par son intelligence et sa liberté, on en dispose, on le retourne et on l'étudie. Vous devinez ses penchants, ses affections et ses tendances ; puis, quand il est mûr pour nous, nous le dirigeons vers la société secrète dont la franc-maçonnerie ne peut être que l'antichambre.

L'Alta Vendita désire que sous un prétexte ou un autre, autant de princes et de riches que possible soient introduits dans les loges maçonniques. Les princes d'une maison souveraine, et ceux qui n'ont pas l'espoir légitime d'être rois par la grâce de Dieu, tous désirent être les rois par la grâce d'une révolution. Le duc d'Orléans est franc-maçon, le prince de Carignan l'était aussi. Il ne manque pas en Italie et ailleurs, de ceux d'entre eux qui aspirent aux honneurs assez modestes du tablier et de la truelle symboliques. D'autres sont déshérités et proscrits. Flattez tous ceux qui sont ambitieux et en quête de popularité ; monopolisez-les pour la franc-maçonnerie. L'Alta Vendita verra ensuite ce qu'elle peut faire pour les utiliser au service du progrès. Un prince, qui n'a pas de royaume à attendre, est une bonne fortune pour nous. Il y en a beaucoup dans cette situation difficile. Faites-en des francs-maçons. La loge les conduira au carbonarisme. Un jour viendra, peut-être, où l'Alta Vendita daignera les affilier. En attendant, ils serviront de chaux pour les imbéciles, les intrigants, les bourgeois et les nécessiteux. Ces pauvres princes serviront nos fins, tout en pensant ne travailler que pour leurs propres besoins. Ils forment une magnifique enseigne, et il y a toujours assez de fous pour être prêts à se compromettre au service d'une conspiration, dont un prince ou un autre semble être le meneur."

En 1870, le mouvement Carbonari des Illuminati a été remplacé par le mouvement de la croisade socialiste qui s'avéra encore plus efficace. Certains des membres de Carbonari ont rejoint la Jeune Italie, qui avait été fondée et dirigée par Mazzini. Cette société secrète faisait partie du réseau de sociétés "révolutionnaires" de la *Young Europe* (Giovine Europa), qui opérait depuis la Suisse sur instruction de Mazzini dans les années 1934-1936.

La résistance contre la franc-maçonnerie

Parfois, l'élite au pouvoir a essayé d'empêcher les francs-maçons de prendre le contrôle total de la situation politique. Ceci peut être illustré par l'exemple suivant.

Fredrik Guillaume III de Prusse (1797-1840), le 20 octobre 1798, publia un édit qui interdisait les sociétés secrètes et les ordres secrets agissant clandestinement, car susceptibles de nuire au grand public. Mais en 1814, il rejoint les francs-maçons à Paris à cause de son frère Alexandre Ier, tsar de Russie, qui faisait partie de la franc-maçonnerie depuis 1803. Il ne comprenait pas à quel point les loges maçonniques pouvaient être dangereuses.

Fredrik Wilhelm III n'est même pas intervenu contre la franc-maçonnerie en 1830, lorsque sa croyance a été ébranlée à cause de la révolte en Belgique, qui a été provoquée et exécutée par les francs-maçons. Les membres de la Maison Royale hollandaise ne voulaient pas se laisser contrôler par les frères maçonniques. Alexandre Ier, cependant, a suivi l'exemple autrichien et fait interdire la franc-maçonnerie en Russie en août 1822. En 1825, il fut assassiné par les francs-maçons comme "traître". La dépouille mortelle a disparu, comme l'exigeaient les rituels. Un cercueil vide a été enterré.

> "Du corps du traître, aucune trace ne nous rappellera sa trahison."

À Milan et Venise, la franc-maçonnerie a été interdite en 1814. En Prusse, plusieurs loges ont été fermées en 1820, en raison d'intrigues politiques. En Bavière, la franc-maçonnerie a de nouveau été interdite en 1845. Mais depuis la levée de l'interdiction précédente, les francs-maçons ont recommencé plus intensément que jamais leurs activités de sapement.

Un autre exemple est celui des États-Unis. Le capitaine William Morgan, qui avait atteint un haut degré au sein de la franc-maçonnerie et occupait une position centrale dans l'ordre, a découvert certains des terribles secrets maçonniques dans sa Loge n°433 de Batavia, à New York. Il a voyagé à travers les États-Unis pour avertir les autres loges maçonniques. En 1826, il expliqua qu'il était de son devoir d'avertir le grand public des plans secrets des francs-maçons. Morgan voulait exposer les activités louches de l'élite maçonnique dans un livre. Il a signé un contrat avec l'éditeur Colonel David C. Miller. Le livre, *Freemasonry Exposed*, a été publié en août 1826.

Cela a amené les membres des loges concernées au bord d'une dépression nerveuse. À cette époque, il y avait 50 000 francs-maçons aux États-Unis.

Des avertissements contre Morgan ont été rapidement diffusés. Dans les journaux ont été publiées des annonces, comme celle-ci à Canandaigua, New York, le 9 août 1826 :

> "Si un homme se faisant appeler William Morgan est aperçu, que tout le monde soit sur ses gardes, en particulier LES CONFRÉRIE DES FRANCS-MAÇONS... Morgan est considéré comme un escroc et un homme dangereux."

Les francs-maçons de Batavia et des Illuminati en Amérique et en Europe étaient inquiets. Ils ont décidé de le punir pour avoir rompu son serment et trahi ses frères. Richard Howard, un Illuminatus anglais, fut envoyé en Amérique pour assassiner Morgan (Michael di Gargano, *Irish and English Freemasons and their Foreign Brothers*, Londres, 1878, p. 73).

Les francs-maçons ont piégé Morgan dans un complot pour le tuer. Quelques francs-maçons se sont rendus chez Morgan et l'ont kidnappé le 11 septembre 1826, affirmant qu'il leur devait de l'argent et qu'ils avaient le droit de le garder en garde à vue jusqu'au remboursement de la dette de deux dollars et 68 cents. Le franc-maçon qui a eu l'idée de la dette était Nicholas Chesebro.

Les francs-maçons ont également affirmé que Morgan avait volé une chemise. Le 13 septembre 1826, le franc-maçon Lotan Lawson se rendit à la prison de Canandaigua, à environ 80 kilomètres à l'est de Batavia, et dit qu'il était un ami de Morgan et qu'il était venu rembourser sa dette et obtenir sa libération. Dans la rue, Lawson invita Morgan à monter dans sa voiture, mais Morgan refusa. Deux autres francs-maçons, Chesebro et Edward Sawyer, sont alors apparus et se joignant à Lawson, ils ont forcé Morgan à monter dans la voiture. Les gens présents dans la rue ont entendu Morgan pleurer : "Au secours ! Au Meurtre !" pendant que la voiture s'en allait.

Une nuit, entre le 17 et le 21 septembre, ils l'ont emmené en bateau sur la rivière Niagara, ont attaché à ses pieds des poids en métal et l'ont jeté dans la rivière, où il s'est noyé.

L'idée était de faire peur aux autres francs-maçons et de les forcer à se soumettre. L'un des conspirateurs, John Whitney, a avoué le meurtre à son médecin sur son lit de mort en 1860.

L'éditeur de Morgan, David Miller, le 13 Septembre, a également été pris dans les griffes maçonniques, mais a réussi à s'échapper avec l'aide des autorités. Le 4 octobre, Miller a imprimé 5000 dépliants qui, en gros caractères, décrivaient l'enlèvement de Morgan et demandaient l'aide du public. Il était bien connu, cependant, que les francs-maçons étaient capables d'organiser des expéditions punitives pour ceux qui se risquaient à révéler leurs secrets. Certaines sources maçonniques ont affirmé que Morgan avait reçu 500 dollars et un cheval pour fuir au Canada pour ne jamais revenir.

Le gouverneur de New York, De Witt Clinton, a nommé plusieurs commissions pour enquêter sur le sort de Morgan. Le 1ᵉʳ janvier 1827, les francs-maçons Lotan Lawson, John Sheldon, Nicholas Chesebro et Edward Sawyer furent accusés d'enlèvement et de meurtre. Plus tard, dix francs-maçons supplémentaires ont été condamnés à la prison pour complicité au crime.

Les francs-maçons ont encore une fois riposté en falsifiant le livre de Morgan et l'ont publié avec un contenu déformé en décembre 1826, une manipulation typique pour ceux qui ne veulent pas que la vérité éclate. L'imprimeur qui a imprimé le livre de Morgan a dû faire face à un incendie criminel en août 1826.

L'historien américain Emanuel M. Josephson a révélé dans son livre *Roosevelt's Communist Manifesto* (New York, 1955, p. 24) que la Loge colombienne des Illuminati fut fondée à New York en 1785. Son premier dirigeant fut le gouverneur De Witt Clinton.

Il y a eu beaucoup de publicité négative au sujet de l'affaire Morgan. Partout dans le Midwest et le nord-est des États-Unis, les francs-maçons étaient isolés. Le public a exigé que les enseignants et autres personnes intéressées quittent l'Ordre ou perdent leur emploi. Les francs-maçons ont été interdits de faire partie d'un jury. Ils ont été insultés dans la rue. L'affaire Morgan a suscité le ressentiment du public contre les sociétés secrètes en général et les francs-maçons en particulier. Les politiciens en faveur de la franc-maçonnerie coupèrent leurs liens avec l'Ordre. Pas moins de 141 publications anti-maçonniques apparurent bientôt.

Après le procès et la publication du livre de Morgan, 45 000 francs-maçons ont quitté leur loge. Près de 2000 loges ont été fermées. Plusieurs des loges restantes cessèrent leurs activités. Dans le seul État de New York, il y avait 30 000 francs-maçons. Lorsque le livre de Morgan fut publié, le nombre de membres tomba à 300 (William J. Whalen, *Christianity and American Freemasonry*, 1987, p. 9).

L'un de ceux qui ont quitté la franc-maçonnerie à ce moment-là était un jeune avocat, Millard Fillmore, qui devait devenir en 1850 le 13ème président des États-Unis. Il a également commencé à mettre en garde contre les francs-maçons.

John Quincy Adams (1825-1829), président des États-Unis, était un opposant déterminé à la société secrète et à la fraternité de la franc-maçonnerie. Il déclara :

"La maçonnerie doit être abolie à jamais".

Adams se justifia de cette manière :

"Elle est mauvaise - essentiellement maléfique – elle sème le mal, de qui ne peut jamais sortir rien de bien... L'existence d'un tel ordre est une tache immonde sur la morale d'une communauté." (Wiliam G. Sibley, *L'histoire de la franc-maçonnerie*, 1913)

Adams écrivit trois lettres à l'historien colonel William Leet Stone, un franc-maçon de haut rang, Templier et rédacteur en chef du *New York Commercial Advertizer*, dans lesquelles il exposa comment Thomas Jefferson utilisait des loges maçonniques à des fins de subversions Illuministes. Ces lettres sont toujours consultables à la bibliothèque de Whittenburg Square à Philadelphie.

Les Illuminati l'ont puni en ruinant ses chances de réélection. La réputation d'Adams a été totalement détruite dans la presse qui était déjà contrôlée par les Illuminati. Il allait faire des révélations à leur sujet dans un livre, mais le manuscrit lui fut volé.

En raison de l'affaire Morgan, David C. Bernard, David Miller et 41 anciens francs-maçons ont fondé l'Anti-Masonic Society à Le Roy, New York, au printemps de 1828, pour se faire par la suite appeler le Parti anti-maçonnique. Ils voulaient interdire la franc-maçonnerie et ont organisé des manifestations dans les villes de la côte Est. Millard Fillmore est devenu membre du parti en 1828.

À Batavia, à New York, un monument en l'honneur de William Morgan a été érigé mentionnant : "au respectable citoyen de Batavia, martyr de la liberté d'écrire et proclamer la vérité, qui fut enlevé et assassiné par les francs-maçons pour avoir révélé les secrets de leur ordre."

William Wirt a été désigné comme candidat la présidence des États-Unis par le Parti anti-maçonnique à Baltimore en Septembre 1831. Lors de l'élection de 1832, il obtient huit pour cent des voix (1 262 755). Sa plus grande participation a eu lieu dans le Vermont. Son succès limité fut dû à l'affaire Morgan, mais les gens étaient également conscients de la menace de la franc-maçonnerie internationale. Les effets du scandale s'atténuèrent lentement dans les années 1840. Une ombre inquiétante plane cependant sur les sectes maçonniques depuis lors. Tout le monde n'est pas un idiot victime de lavage de cerveau, comme l'assume la direction maçonnique qui chapeaute l'Ordre.

Entre 26 et 30 Septembre 1896 un Congrès anti-maçonnique a eu lieu à Trente en Italie, où 36 évêques catholiques ont également participé. Quelque 18 000 personnes ont défilé dans les rues de Trente pour protester contre la franc-maçonnerie.

Une autre grande manifestation contre les francs-maçons fut organisée par le Colonel Émile Sonderegger à Genève, en Suisse, le 9 novembre 1932. Le 28 novembre 1937, il y eut un référendum pour interdire toutes les sociétés secrètes. Les partisans de l'interdiction (235 000 voix) ont lourdement perdu. Les deux tiers (514 000) ont voté contre. Tous les partis politiques ont soutenu les francs-maçons. Le mouvement anti-maçonnique de Sonderegger s'est rapidement effondré après l'échec du référendum.

Au cours de la Seconde Guerre mondiale, les nationalistes serbes ont émis une série de quatre timbres portant des symboles protecteurs lors d'une exposition anti-maçonnique à Belgrade en 1941. Les francs-maçons détestent ces symboles qui réduisent le flux d'énergie des symboles maçonniques chargés négativement.

Les timbres de l'exposition anti-maçonnique de Belgrade en 1941. La surtaxe est allée à la campagne contre la franc-maçonnerie internationale.

Lorsque le franc-maçon Bela Kun (en fait le juif Aaron Moritz Kohn) proclama le 20 mars 1919 la République soviétique de Hongrie avec la dictature du prolétariat comme système politique, il signa un décret pour dissoudre les loges maçonniques. Il a fait exactement comme les Jacobins en France, où la plupart des loges furent fermées pour ne pas être utilisées par la contre-révolution. Ils savaient à quel point la maçonnerie pouvait être une force puissante à des fins politiques. Bela Kun a cependant autorisé les activités du Grand Orient, puisque ses camarades communistes appartenaient à cet ordre. Il était également membre du B'nai B'rith.

La franc-maçonnerie a été déclarée illégale en Hongrie en 1920, lorsque l'amiral Miklos Horthy est arrivé au pouvoir. Le 18 mars 1946, un nouveau gouvernement sous contrôle maçonnique annula l'interdiction et rétablit son statut juridique. Staline interdit à nouveau la franc-maçonnerie en Hongrie le 13 juin 1950, parce que les loges étaient "les lieux de rencontre des ennemis de la république démocratique populaire, des éléments capitalistes et des partisans de l'impérialisme occidental" ("Anti-Maçonnerie", un article dans "Coil's Masonic Encyclopaedia", pages 58-59).

De nombreux dictateurs étaient opposés à la franc-maçonnerie, même s'ils savaient qu'il s'agissait d'un ennemi beaucoup trop puissant et dangereux à combattre.

Benito Amilcare Andrea Mussolini, un jeune socialiste était contre l'entrée italienne dans la Première Guerre mondiale. Tout à coup, il a changé d'avis et a participé à la guerre en tant que fantassin. La syndicaliste juive Margherita Sarfatti l'a transformé en fasciste. Le 23 mars 1919, Mussolini et ses amis syndicalistes juifs Aldo Finzi, J. Pontremoli, A. Jarach, Elio Jona et Cesare Sarfatti fondèrent à Milan leur parti fasciste *Fasci italiani di combattimento*, aux orientations politiques fortement nationalistes. Mussolini a pleinement utilisé le syndicalisme et les préceptes du socialisme Fabien[13].

Le fascisme n'est rien d'autre qu'une autre forme du socialisme Fabien dont les francs-maçons ont jeté les bases.

Mussolini nomma le franc-maçon juif Carlo Foa pour éditer le journal fasciste *Gierarchia* (*Hiérarchie*) Elio Jona était le financier du journal fasciste *Il Popolo d'Italia* (*Le peuple italien*).

Mussolini a été soutenu par les francs-maçons et a bénéficié de leur aide dans son accession au pouvoir. L'homme le plus puissant de Venise, le comte Giuseppe Volpi di Misurata, le 31 octobre 1922 a porté ce socialiste et fasciste au pouvoir (sous le signe du Scorpion). Volpi a été ministre des Finances dans le premier gouvernement de Mussolini (1925-1928).

Le franc-maçon Volpi était le bras droit du banquier Giuseppe Toeplitz, un juif polonais à la tête de la Banca Commerciale Italiana. Giuseppe Volpi avait été le relai des financiers qui ont contribué à provoquer les guerres des Balkans de 1912-1913. Le même Volpi di Misurata fut l'architecte de la mise en place de l'État de Libye en 1934 (*Le Taurillon*, 11 septembre 1987).

Parmi les francs-maçons qui ont aidé Benito Mussolini au pouvoir se trouvaient les banquiers new-yorkais J. P. Morgan, et Kuhn, Loeb & Co (Gurudas, *Treason*, San Rafael, CA, 1996, p. 83). Le *Chicago Tribune, le New York Times* et le *Wall Street Journal ont* très tôt félicité Mussolini pour avoir rendu la stabilité et la prospérité en Italie. La presse américaine l'a même qualifié de nouvel empereur romain et l'a comparé à Napoléon. Le 20 juillet 1936, *Time Magazine* publia un article très favorable sur Mussolini, le qualifiant de sauveur de l'Italie.

---

[13] Promu par la *Fabian Society*, NDÉ.

L'Américain Illuminatus John J. McCloy devient conseiller financier du gouvernement fasciste de Benito Mussolini. M. McCloy a été président du Conseil des Relations Étrangères (CFR), sous le contrôle des Illuminati, de 1953 à 1970. Il a également été une figure de proue du groupe Bilderberg.

Après l'arrivée au pouvoir des fascistes en 1922, les Juifs étaient surreprésentés dans l'administration centrale, l'armée et l'enseignement supérieur. De nombreux Juifs rejoignirent le Parti fasciste, où ils purent atteindre des positions élevées, certaines très proches de Mussolini (Meir Michaelis, *Mussolini and the Jews: German-Italian Relations and the Jewish Question in Italy 1922-1945*, Institute of Jewish Affairs, The Clarendon Press, Oxford, 1979).

Les francs-maçons juifs les plus importants appartenant au gouvernement de Mussolini étaient Aldo Finzi (bras droit de Mussolini et vice-ministre de l'Intérieur), et Guido Jung (ministre des Finances 1932-35). L'idéologue en chef fasciste était le juif Illuminatus Gino Arias, qui utilisait le modèle économique de la gestion du monde du travail par les monopoles syndicalistes. Il était membre du Conseil fasciste qui régnait sur le pays. Les membres étaient également les banquiers juifs maçonniques Giuseppe Toeplitz et Otto Herman Kahan. Les conseillers de Mussolini dans les affaires économiques étaient tous juifs : H. Ancona, A. Luria et T. Meyer. L'idéologue d'Hitler, Alfred Rosenberg, a traité Mussolini de laquais des juifs. La contribution juive au mouvement fasciste est vérifiée par William Rubinstein, professeur d'histoire à l'Université du Pays de Galles à Aberystwyth dans son étude *A People Apart: The Jews in Europe, 1789-1939* (Oxford, 1999).

Le franc-maçon Winston Leonard Spencer Churchill a dit que s'il avait été italien, il aurait mis une chemise noire et aurait rejoint Mussolini. Churchill a été initié le 24 mai 1901 à la Studholme Lodge N°1591 à Londres et est devenu un maître de la Rosemary's Lodge N°2851 l'année suivante.

Mussolini a été fait franc-maçon honoraire, mais il a trahi la confiance des banquiers maçonniques et a proclamé dès 1924 que chaque membre de son parti fasciste étant franc-maçon devait quitter une de ces organisations. Le général Luigi Capello, l'un des plus grands chefs d'état-major des fascistes les plus connus et grand maître adjoint du Grand Orient, la première grande loge d'Italie, ont quitté le Parti fasciste afin de ne pas trahir les idéaux de la franc-maçonnerie.

En 1925, Mussolini donna une interview dans laquelle il déclara qu'en Italie la Franc-maçonnerie était une organisation politique soumise au Grand Orient de France.

À l'été 1925, Mussolini ordonna la dissolution de la maçonnerie en Italie. Dans une lettre ouverte au Duce, Domizio Torrigiani, grand maître du Grand Orient d'Italie, a exigé le respect des principes démocratiques. Mussolini lui ordonna de s'exiler sur l'île de Lipari en 1927, où il mourut peu après.

Le 4 novembre 1925, le socialiste maçon Tito Zaniboni tenta de tuer Mussolini. Le général Capello fut arrêté pour complicité et condamné à 30 ans de prison (Sven G. Lunden, "The Annihilation of Freemasonry", *The American Mercury*, n°206, février 1941).

Suite à l'agitation anti-maçonnique, les chemises noires ont été impliquées dans de nombreuses actions illégales contre les francs-maçons entre le 26 septembre 1925 et le 4 octobre 1925. Ils sont entrés dans les maisons de nombreux francs-maçons bien connus à Milan, Florence et d'autres villes et ont tué 137 d'entre eux. Le Grand Maître Raol Palermo s'est échappé mais a été arrêté et assassiné.

Le 9 janvier 1926, Mussolini confisqua les biens des loges.

Hélas, il n'a persécuté que les francs-maçons qui n'aimaient pas son mode de gouvernement.

Les francs-maçons n'ont jamais pardonné à Mussolini d'avoir tenté de limiter leurs moyens d'action, après l'avoir aidé à organiser sa marche sur Rome le 27 octobre 1922 qui força le roi Victor Emmanuel III (également franc-maçon) à le nommer Premier ministre le 31 octobre. Les francs-maçons mentirent au roi en lui déclarant que la garnison de Rome n'avait que 6000 hommes (en réalité il y en avait 28 000) pour faire face aux chemises noires fascistes qui étaient 100 000 (en réalité 40 000).

En toute confidentialité, Eugenio Chiesa fut élu nouveau grand maître en 1930. Après la Seconde Guerre mondiale, Guido Laj est devenu le grand maître légitime.

Wiener Freimaurer-Zeitung a déclaré dans son n°5-6 d'août 1925 que Mussolini ne se débarrasserait pas des francs-maçons par sa loi anti-terroriste - la loi anti-maçon qu'il avait fait promulguer. Cela ne mettrait pas fin à la franc-maçonnerie en Italie.

Le mot 'fascisme' vient du mot latin 'fasces' qui signifie 'paquets de bâtons'. Dans la Rome antique, le fagot de bâtons était un symbole pour les fonctionnaires qui avaient le droit de punir leurs sujets.

C'était un symbole radical présent lors du coup d'État des Illuminati, également connu sous le nom de Grande Révolution française de 1789 (Paul Johnson, *Modern Times*, New York, 1983). Dans le quartier général des Illuminati à Ingolstadt, il y avait une peinture au plafond, où un vieil homme tenait un paquet de bâtons dans sa main. Cela symbolisait le pouvoir détenu par les Illuminati comme il le fut plus tard entre les mains des fascistes.

Sous Mussolini la presse était restée libre. Aucune police secrète n'avait été établie. L'économie était contrôlée par des conseils économiques corporatifs. Pour Mussolini, le socialiste Kurt Eisner était un grand exemple. Son peuple était vêtu de vestes en cuir noir, tout comme les commissaires de Lénine. La rhétorique de Mussolini rappelait le langage violent de Lénine, en disant : "Il n'y a pas de vie sans effusion de sang !"

Sous Mussolini, la Cosa Nostra fut persécutée et forcée de se cacher. De nombreux mafiosi ont fui aux États-Unis, où ils ont pu opérer librement. Pendant la Seconde Guerre mondiale, la mafia fournit aux troupes américaines des informations sur la situation militaire en Sicile. Après le débarquement américain en 1943, la mafia avait à nouveau les mains libres. Les mafiosi étaient des maires de villes siciliennes. Et les Américains ne pouvaient que regarder les dirigeants de la mafia exécuter publiquement leurs ennemis.

Les autorités américaines ont libéré 200 gangsters pendant la guerre, venus d'Italie à l'origine, pour les renvoyer dans leur ancienne patrie afin de reprendre leurs activités mafieuses. L'ancien ministre allemand de la Recherche et de la Technologie, Andreas von Biilow, l'a décrit dans son livre *Im Namen des Staates / Au nom de l'État* (Munich, 1998, p. 173). Le commandant des unités américaines en Sicile a utilisé la mafia dans la lutte contre le gouvernement nationaliste de Rome.

Lorsque le général Miguel Primo de Rivera est arrivé au pouvoir en Espagne en 1925, il a ordonné l'interdiction de la franc-maçonnerie dans son pays. En septembre 1928, il fit fermer le Grand Orient et d'autres loges subversives. Après la révolution de 1931, elles furent cependant tous rouvertes.

L'adversaire le plus efficace de la franc-maçonnerie a été le chef de l'État espagnol Francisco Franco (un juif marrane chrétien). Il savait qu'il existait une vraie conspiration maçonnique. Les dirigeants maçonniques du Conseil Suprême, du 33ème degré à Washington, D.C. à l'automne 1936 ont exhorté leurs sbires communistes et socialistes du monde entier à soutenir les rouges de la guerre civile espagnole et à lutter contre Franco. Ils ont influencé la politique de plusieurs gouvernements.

Les divers conseils suprêmes maçonniques à travers le monde se sont réunis dès 1931 dans la ville fortement maçonnique de La Havane, à Cuba, pour tenir un congrès international afin de discuter des questions communes concernant les changements politiques auxquels le monde faisait face.

En 1938, Franco a publié un décret ordonnant que tous les symboles liés à la franc-maçonnerie soient pilonné sur les pierres tombales des francs-maçons enterrés en Espagne. L'appartenance à la franc-maçonnerie est devenue une infraction pénale, punissable par la prison pour tout homme ayant jamais été lié à l'Ordre, ou toute personne qui ne dénonçait pas la franc-maçonnerie en révélant à la police les noms de tous les francs-maçons avec lesquels ils avaient été associés (Hamilton, *Freemasonry: A Prisoner of War*, organe officiel du Conseil suprême 33ème degré, *The New Age*, novembre 1948, p. 655-656).

Le 2 mars 1940, Franco a publié un décret "pour la répression du communisme et de la franc-maçonnerie" faisant de l'appartenance maçonnique un crime passible de six ans de prison pour les moins de 18 ans. Les biens des loges ont été confisqués. De nombreux francs-maçons ont été jugés devant les tribunaux et condamnés à de longues peines d'emprisonnement. Un tribunal militaire espagnol spécial a été créé pour réprimer la franc-maçonnerie. Environ 2000 hommes ont été emprisonnés jusqu'à 30 ans, en fonction de leur grade et de leur activité au sein de la franc-maçonnerie (Hamilton, *Freemasonry: A Prisoner of War, The New Age*, novembre 1948, p. 655). Le ministre de la Justice de Franco a affirmé que seulement 950 francs-maçons avaient été emprisonnés et 500 ont été libérés en 1945, bien qu'ils aient été interdits d'emploi ou d'exercice de leur profession en Espagne ("Maçons mais pas libres", *Newsweek*, 25 juin 1945, pp. 114-115).

L'article 1 du décret stipulait que l'on ne peut être communiste, appartenir à un ordre maçonnique ou à d'autres sociétés secrètes. Tous les francs-maçons qui étaient également communistes devaient automatiquement être condamnés à douze ans et un jour de prison. Cela ne s'appliquait qu'aux "circonstances aggravantes".

L'article 6 expliquait qu'il s'agissait des francs-maçons du 18ème au 33ème degré ou de ceux ayant été membres du comité central de la Grande Oriente espagnole.

Tous les francs-maçons ou communistes devaient quitter leur organisation dans les deux mois suivant la proclamation, et tous les membres de la fonction publique ou les dirigeants du secteur privé devaient être démis de leurs fonctions.

De nombreux francs-maçons ont fui à l'étranger et se sont vu confisquer leurs biens. Ce n'est que vers la fin des années 1970, plusieurs années après la mort de Franco en 1975, que l'interdiction de la franc-maçonnerie a été abolie.

Franco a estimé qu'il était important d'informer le peuple du danger de la franc-maçonnerie. Il a écrit plus de cinquante articles sur la franc-maçonnerie dans la revue *Arriba* entre les années 1946 et 1951. En 1952, les articles ont été rassemblés dans un livre, appelé *Masoneria*[14], sous le pseudonyme de J. Boor. Il a été réédité en 1982 lorsqu'il fut publiquement déclaré que le véritable auteur en était Franco.

Les francs-maçons le calomnient encore en Espagne et de par le monde.

Le Premier ministre nationaliste portugais Antonio de Oliveira Salazar a également interdit la franc-maçonnerie en 1931, qui ne put plus fonctionner ouvertement jusqu'après sa mort en 1970. Le Grand Maître José de Matos fut arrêté et placé en hôpital psychiatrique contre son gré.

Fujivara, qui a représenté le Japon au Congrès Weltdienst à Berlin en 1938, a déclaré :

> "La judéo-maçonnerie oblige les Chinois à faire de la Chine le fer de lance d'une attaque contre le Japon, forçant ainsi le Japon à se défendre contre cette menace. Le Japon n'est pas en guerre contre la Chine, mais contre la franc-maçonnerie, représentée par le général Chiang Kaishek, le successeur de son maître, le franc-maçon Sun Yatsen." (Henri Rollin, *L'Apocalypse de notre temps*, Paris,

---

[14] *Masoneria*, par Francisco Franco, publié par Omnia Veritas Ltd, www.omnia-veritas.com.

1991, p. 514)

La franc-maçonnerie a été interdite en Turquie par le président Mustafa Kemal Ataturk en 1935, même si lui-même était franc-maçon. De même, le gouvernement français de Vichy persécuta la franc-maçonnerie à partir de 1940. L'activité maçonnique n'était autorisée ni en Roumanie, ni en Bulgarie, ni en Yougoslavie pendant la guerre.

La raison en était simple. Au cours des deux siècles précédents, les francs-maçons sans mandat public se sont mêlés de politique, ont commis des actes de terrorisme, ont planifié et exécuté des meurtres, ont provoqué des révolutions et des guerres. Il y avait certainement lieu d'interdire ce mouvement antidémocratique et destructeur qui utilisait des moyens démocratiques pour nuire à la société toute entière.

En Autriche, la franc-maçonnerie a été interdite en 1938, et la plupart des francs-maçons ont été envoyés dans des camps de concentration. La même chose s'est produite en Tchécoslovaquie un an plus tard. Les francs-maçons finlandais fermèrent volontairement leurs loges pendant la guerre pour impressionner favorablement leurs alliés nazis.

Le pape Pie XII en 1958 condamna tous ceux qui "attachent leur nom à la franc-maçonnerie".

Dans le monde d'aujourd'hui, il est plus que jamais nécessaire d'un mouvement anti-maçonnique pour exclure les francs-maçons des institutions démocratiques et des centres du pouvoir, y compris les parlements. Par exemple, sur 155 parlementaires norvégiens, seuls 11 étaient francs-maçons en 1983, soit 7%. Il y avait également 250 officiers de police de haut rang, 250 cadres de banque, 400 officiers et 110 ecclésiastiques.

La Birmanie (maintenant Myanmar) et le Cambodge n'autorisent aucune activité maçonnique sur leur territoire. Il est remarquable que le général U Ne Win soit arrivé au pouvoir en 1962 lors d'un coup d'État en Birmanie et qu'il ait introduit en 1974 le système politique maçonnique favori - le socialisme - tout en fermant toutes les loges. Depuis, la Birmanie est devenue le producteur mondial d'opium et d'héroïne.

La plus grande loge de l'Indonésie était le Grand Orient hollandais. Le président Sukarno a interdit toute activité maçonnique en 1961. En Corée du Nord, la franc-maçonnerie est officiellement interdite, comme en Égypte, en Iran et en Irak.

Les serments horribles des francs-maçons et les menaces de châtiments hideux pour les "traîtres" n'ont pas leur place dans une société démocratique. Cette obligation du serment peut même provoquer des troubles de la personnalité chez certains adeptes particulièrement fragiles.

Le Premier ministre britannique Tony Blair a déclaré à l'automne 1999 qu'il estimait inapproprié que les hauts fonctionnaires des institutions judiciaires (police, procureurs et juges) et de l'administration gouvernementale soient francs-maçons. Sa déclaration a soulevé de vives protestations de la part du camp maçonnique. Elle a été immédiatement étouffée.

En Norvège, le président de la commission de la justice, Jorgen Kosmo, au début des années 1990, a dissuadé la police et d'autres employés judiciaires d'être francs-maçons.

Un membre du cabinet norvégien, Stein Ludvigsen, a refusé de quitter sa loge, malgré les protestations de l'opposition. Les conflits d'intérêts devaient être évités à tout prix (mentionné dans le quotidien norvégien *Dagsavisen*, 22 octobre 2001).

En 2001, le Parlement finlandais a promulgué une loi interdisant au juge d'appartenir à la même société secrète que l'accusé. Une telle loi est en vigueur dans de nombreux autres pays.

À l'automne 1997, le Comité spécial des affaires intérieures de la Chambre des communes britannique a demandé à la Grande Loge Unie d'Angleterre une liste des francs-maçons employés dans le système de justice pénale (*The London Times*, 20 février 1998). Au sein de la police des West Midlands, la corruption mafieuse était répandue. Quatre policiers sur cinq étaient francs-maçons, et pour un non-maçon, il était très difficile de faire carrière. Dans la liste des membres, les noms de 30 juges ont été trouvés. Au sein de Scotland Yard, une loge spéciale est opérationnelle - Manor St. James, à laquelle appartiennent 200 policiers du centre de Londres.

Le ministre de l'Intérieur a dû se conformer à la recommandation du comité et signer un projet de loi exigeant que tous les candidats à des postes élevés dans le système judiciaire, déclare s'ils sont francs-maçons ou non. Le syndicat de la police s'est opposé à cette inscription, néanmoins si cette règle n'est pas respectée, on peut être accusé d'outrage.

Cette corruption maçonnique au sein de la police britannique est décrite en détail par Martin Short dans *Inside the Brotherhood* (Londres, 1997).

Stephen Knight a conclu qu'un policier britannique ne pouvait pas devenir chef de police, à moins d'être franc-maçon (Stephen Knight, *The Brotherhood*, Londres, 1994, pp. 49-80).

Le 27 juillet 2004, les chefs de police ont averti tous les officiers qu'ils seraient licenciés s'ils appartenaient au Parti national britannique. L'attaché de presse du BNP, Phil Edwards, a déclaré :

> "C'est le genre de chose qu'ils faisaient en Union soviétique, en supprimant le droit démocratique des gens d'adhérer à un parti politique légal." (*The Guardian*, 28 juillet 2004, p. 4)

Mais est-il pratique courante que l'expérience et la compétence d'un policier ne compte pas à moins qu'il n'appartienne à la franc-maçonnerie ? Il en va de même en Union soviétique, où toutes les carrières sont fermées aux non-membres du Parti communiste. En Union soviétique, la société organisée ne comptait que 3 millions de communistes. En Grande-Bretagne, environ un demi-million de francs-maçons remplissent une fonction similaire, et aux États-Unis il y a au moins 2,5 millions de ces conspirateurs.

La police britannique sert les intérêts de la franc-maçonnerie et non ceux du grand public. Scotland Yard, déjà en 1877, était tellement corrompu que trois chefs de police de premier plan ont été condamnés aux travaux forcés. L'organisation a été restructurée. En 1977, c'était à nouveau le même cas de figure. Ensuite, il a été révélé que des détectives et de hauts fonctionnaires acceptaient fréquemment des pots-de-vin. 13 détectives, tous francs-maçons, ont été condamnés à de la prison. Ils avaient reçu de l'argent de magasins de porno à Londres en échange de leur silence sur leur activité bizarre et illégale.

Dans le monde d'aujourd'hui, les francs-maçons tentent de désarmer toute opposition visant à l'essence de la franc-maçonnerie. À la Grande Loge Suisse Alpina, il existe depuis les années 1920 la commission centrale pour la lutte contre les opposants à la franc-maçonnerie. Les francs-maçons surveillent de près et recueillent toutes les déclarations anti-maçonnique, des articles et des livres dans le monde entier. Tout cela est ensuite analysé et des mesures appropriées sont prises. La franc-maçonnerie internationale publie des instructions spéciales sur la façon de traiter leurs adversaires. Parmi d'autres documents maçonniques dans les archives spéciales à Moscou, le critique russe de la franc-maçonnerie Viktor Ostretsov a trouvé un rapport sur un renégat franc-maçon ayant quitté l'ordre. De tels francs-maçons sont appelés des caméléons sans caractère. Des portraits "analytiques" d'anti-maçons sont également répertoriés.

La propagande joue aujourd'hui un rôle encore plus grand pour la franc-maçonnerie qu'avant. C'est pourquoi il existe un bureau de propagande à la Grande Loge de Vienne. Les parallèles avec le système communiste sont frappants (Viktor Ostretsov, *Freemasonry, Culture, and Russian History*, Moscou, 1999, p. 579).

Le monde maçonnique

En 1900, la décision de créer une agence maçonnique internationale fut prise lors d'un congrès maçonnique à l'Hôtel du Grand Orient de France à Paris. En 1903, l'idée est reprise par Edouard Quartier-la Tente, ancien grand maître de la Grande Loge Alpina en Suisse. Cette agence est chargée de mieux coordonner la lutte maçonnique contre le monde.

Une enquête sarcastique sur divers réseaux a été publiée le 26 décembre 1992 dans le respecté magazine *The Economist*. Les Illuminati ont été présentés comme la "matrice de tous les réseaux de pouvoir" et comme les "véritables dirigeants du monde". Le magazine mentionne Adam Weishaupt et le 1er mai 1776, et affirme que la conspiration des Illuminati "est immense et terrifiante" et que "c'est le réseau de ceux qui gèrent les réseaux". Ensuite, il souligne que "de nombreux présidents américains ont été des Illuminati ; certains d'entre eux ont été tués par les Illuminati et le symbole Illuminati - celui de l'œil dans la pyramide est toujours présent sur le billet d'un dollar." J'ai trouvé ce symbole à l'été 1986 parmi d'autres documents Illuminati dans les archives d'Ingolstadt.

La franc-maçonnerie et de nombreuses autres organisations, dont le Mouvement Scout International, fondé par le franc-maçon Robert Baden-Powell en 1908, sont contrôlées par les Illuminati. L'emblème scout international est un lys, expliqué comme symbole de pureté, alors qu'en fait il est le symbole de la victoire de la franc-maçonnerie sur la dynastie royale française des Bourbon. Les sources maçonniques admettent librement que le Mouvement des Boy Scouts est sous l'influence de la franc-maçonnerie. Les francs-maçons contrôlent également les syndicats du monde entier.

Aux États-Unis, le franc-maçon Samuel Gompers (Dawson Lodge N°16 à Washington, D.C.) était un grand syndicaliste et un fauteur de troubles. Il veilla à ce que les socialistes et les communistes commencent à célébrer l'anniversaire des Illuminati, le 1er mai 1889. C'est ainsi que le réseau secret des Illuminati fut magiquement renforcé. À Washington, D.C. un monument a été érigé par les francs-maçons en l'honneur de Samuel Gompers.

Au printemps 1999, la Fondation pour l'information sur les crimes contre l'humanité commis par le communisme a été créée à l'initiative du Parti libéral suédois (Folkpartiet). Quand j'ai suggéré que les forces derrière l'avancement du communisme devraient également être examinées, cela a été rejeté. Le Parti libéral suédois sert-il les intérêts des francs-maçons en cachant les faits historiques ?

L'ancien Président de la République française, Jacques Chirac, et bien d'autres chefs d'État sont des francs-maçons de haut rang. Il était membre de la Grande Loge Suisse Alpina (Ghislaine Ottenheimer, Renaud Lecadre, *Les frères invisible*, Paris, 2001, p. 61). Nous sommes entièrement sous la férule du pouvoir maçonnique. L'appartenance d'un politicien à la franc-maçonnerie est pourtant rarement mentionnée.

À l'âge de 15 ans, William Jefferson Blythe (plus tard Clinton) est devenu membre du département jeunesse de la Jacque de Molay Lodge (DeMolay Order for Boys) dans la petite ville de Hope, en Arkansas (*Freemasonry Today*, été 1998, p. 24). Son beau-père Wo Vaught était un franc-maçon du 32ème degré.

L'Ordre DeMolay a été fondé par Frank S. Land à Kansas City, Missouri, en 1919. Le 26 juin 1999, James C. McGee est élu nouveau grand maître de DeMolay International.

Le trafic de drogue via un terrain d'aviation à Mena (Arkansas) s'est déroulé sans perturbation, alors que Clinton était gouverneur. Des témoins non désirés de cette activité ont été victimes d'"accidents mortels". Clinton était impliqué dans le trafic de drogue avec les Contras (Patrick Matrisciana, *The Clinton Chronicles Book*, Hemet, California, 1994). En tant que président, il a commis le crime grave de parjure. À la surprise de nombreux avocats, il n'a cependant pas été emprisonné.

Bob Woodward, rédacteur en chef adjoint du *Washington Post*, a déclaré dans son livre *The Agenda: Inside the Clinton White House* (1994) que le président Clinton a manifesté des accès de colère violents et causé des conflits amers entre ses conseillers politiques.

En Grande-Bretagne, il existe une puissante organisation maçonnique appelée *The Round Table* avec des succursales dans le monde entier. Elle se soustrait soigneusement à l'examen officiel, mais exerce néanmoins une influence subtile sur la vie des gens. Le grand architecte politique du monde fut Alfred Milner, qui planifia et finança les "révolutions" en Russie en 1917 pour "célébrer" le 200ème anniversaire de la franc-maçonnerie moderne.

The Freemason Chronicle a déclaré en 1902 :

> "La grandeur de la Grande-Bretagne est l'œuvre des francs-maçons." (p. 319).

Michel Baroin, ancien grand maître du Grand Orient en 1979, a déclaré :

> "L'heure de la franc-maçonnerie est arrivée. Nous avons tout ce dont nous avons besoin dans nos loges, hommes et méthodes." *(Humanisme,* septembre 1979)

Gary H. Kah a écrit dans son livre *En Route to Global Occupation* (Boblesville, 1992) que le mouvement marxiste était :

> "complètement dominé par les sociétés secrètes, qu'il s'est finalement frayé un chemin en Russie où, avec l'aide des loges russes existantes, l'assistance de Trotsky et Lénine, et le soutien extérieur des financiers internationaux, il a soumis le peuple russe".

Domenico Anghera, grand commandant souverain du Conseil suprême du Rite écossais, a déclaré dans un discours peu avant la guerre franco-prussienne en 1870 :

> "Notre première étape en tant que bâtisseurs du nouveau temple à l'honneur de la gloire de l'humanité, devrait être la destruction. Afin de détruire l'ordre social existant, nous avons supprimé l'éducation religieuse et les droits de l'homme." (Domenico Margiotta, *Le culte de la Nature dans la Franc-maconnerie Universelle*, Genève, 1897, p. 45)

Domenico Anghera voulait dire que c'est à cause des francs-maçons que les sentiments pour son pays, sa religion et sa famille ont disparu.

La revue maçonnique autrichienne *Her Zirkel* a admis le 13 décembre 1908 :

"Nous sommes assermentés ensemble ; nous conspirons chaque jour avec malice contre l'ordre social existant. N'attendons pas trop longtemps pour utiliser nos forces destructrices. Nous ne demanderons pas ce qu'il faut construire à la place de ce que nous avons détruit."

La revue maçonnique du Mecklembourg déclarait en 1910 :

"La pensée directrice est toujours centrée sur la destruction et l'anéantissement, parce que le pouvoir de cette grande société secrète ne peut naître que des ruines de l'existant."

Le magazine américain de la loge *The Foreword* en 1927 a déclaré ouvertement :

"Nous voulons soutenir la construction du grand monument que le grand peuple de la Bible doit maintenant mener à son terme."

Les francs-maçons nous construisent donc un monde nouveau sur les ruines de l'ancien qu'ils ont détruit. Ils déclarent :

"que la franc-maçonnerie construit le temple (de Salomon) dans le cœur des hommes et des nations".

Nous vivons ainsi induit en erreur dans le monde sans scrupules façonné par les francs-maçons. Si quelqu'un est mécontent, il doit se plaindre de l'activité secrète des francs-maçons. Mais les francs-maçons sont des trompeurs trompés. Ils n'admettent jamais leurs erreurs, même si leur activisme incessant nous a fait endurer une souffrance indescriptible.

En général, aucun individu n'atteindra un poste important sans avoir été recommandé par une loge maçonnique. Les médias sont utilisés pour assurer la victoire des candidats francs-maçons. Même le corps des officiers militaires est imprégné de franc-maçonnerie.

Voici une liste de francs-maçons célèbres :

George C. Marshall, Darryl Zanuck (20th Century Fox), Yitzak Rabin, Yassir Arafat, Jesse Jackson, Louis Farrakhan, Benjamin Disraeli, Ludvig van Beethoven, Jacques Delors, Thomas Chalmers, Jimmy Carter, Walter Rathenau, Arthur Conan Doyle, Duke Ellington, Chiang Kaishek, Boris Yeltsin, Clark Gable, George Gershwin, Joseph Ignace Guillotin, Oliver Hardy, Joseph Haydn, Hector Berlioz, Giacomo Puccini, Luigi Cherubini, Giuseppe Verdi, Rudyard Kipling, Mark Twain (Samuel L. Clemens), Mao Zedong (Grand Orient), Oscar Wilde, Charles Hilton, Émile Zola, Alexander Pope, Thomas Lipton, Charles Lindbergh, Louis B. Mayer (Metro-Goldwyn-Mayer), Jean Sibelius, Jonathan Swift, Al Gore, William Taft, Edwin Aldrin, Leroy Gordon Cooper, Jacques Chirac, Valery Giscard d'Estaing, Roald Amundsen, Louis Armstrong, John Glenn *(Concord Lodge n°. 688)*, Henry Bell Laurence, George Soros, Helmut Kohl (Grand Orient), Arthur Wellington, Harry Houdini (Erich Weiss), Samuel Colt, Mel Gibson, Denzel Washington, James Cameron (33°), Paul Whitman, Bob Dole, Jose Rizal, Leonardo DiCaprio, Walter P. Chrysler, Alan Greenspan, Carl Sagan, Albert Einstein, André Citroën,

Francis J. Bellamy, Frederic A. Bartholdi, Moses Cleaveland, George M. Cohan, Carlo Collodi, Telly Savalas, Sidney Wagner, George M. Dallas.

Le roi suédois actuel a refusé de devenir franc-maçon et donc grand maître. À sa place, c'est le banquier Gustaf Piehl qui est devenu grand maître ("Le roi rejette les francs-maçons", quotidien suédois *Expressen*, 21 avril 1997). Sa Majesté n'aime pas les cérémonies secrètes. Les francs-maçons ont témoigné à la fois de leur colère et de leur tristesse. Des lettres de félicitations de toute la Suède ont honoré le roi pour sa décision de rejeter les francs-maçons *(Dagen*, 30 avril 1997).

Officiellement, la Franc-maçonnerie est une organisation caritative qui parraine des hôpitaux pour enfants, des orphelinats, des établissements d'enseignement et des maisons de retraite. Le Grand Orient français en a assez de ce double discours et explique que la charité n'a rien à voir avec la maçonnerie.

La revue maçonnique hongroise *Kelet* déclarait en juillet 1911 (n°9) :

"Nous jetons les bases d'un nouvel ordre social, où la charité n'est qu'une couverture. Le serment de secret n'aurait aucun sens, s'il ne concernait que la charité, et les affreux serments maçonniques seraient tout aussi inutiles..."

"Les Constitutions maçonniques irlandaises" confirment ceci :

"On a demandé au conseil si les fonds d'une loge pouvaient être utilisés à une fin, qui n'était pas maçonnique. Ils ont statué que les fonds d'une loge ont été recueillis uniquement auprès de sources maçonniques à des fins maçonniques seulement, et ne devraient pas être utilisés à toute autre fin que ce soit." (*Laws and Constitutions of the Grand Lodge of Free and Accepted Masons of Ireland*, Dublin, 1934, p. 117).

Notre société a été infectée par la franc-maçonnerie élitiste perverse sous une forme ou une autre, qui a provoqué la plus grande crise spirituelle de l'histoire de l'humanité. Nous avons été trop faibles pour résister à sa perfidie impitoyable. Les francs-maçons en sont conscients et nous tyrannisent donc idéologiquement (par le socialisme et le communisme et tous les autres 'ismes' contre nature), économiquement (par le taux d'intérêt), chimiquement (par les additifs toxiques présents dans notre alimentation, et par l'industrie pharmaceutique), et culturellement (par la promotion systématique de la laideur). La grande majorité des gens n'ont aucune idée qu'ils sont des jouets entre les mains de ces forces astucieuses et perverses.

Dans la société d'aujourd'hui, "construite" par les francs-maçons, un individu spirituel est considéré comme anormal, ce qui montre que cette société est elle-même anormale. Le développement spirituel n'est favorisé que dans un cadre approprié, et non dans un environnement impitoyable et matérialiste.

Ils se sont emparés de notre histoire, de notre dignité humaine, de notre sagesse, de notre honneur, de notre sens des responsabilités, de notre perspicacité spirituelle et de nos traditions. Ceux qui ont commis ces forfaits contre les acquis d'une civilisation multiséculaire devraient être considérés comme les pires des criminels.

Nous sommes cependant tous en partie responsables, parce que nous n'avons pas réussi à agir contre la folie maçonnique en raison de notre énorme crédulité. Nous avons été totalement dupes et nous avons ignoré tous les signaux d'alarme.

Le scientifique allemand Robert Eberthardt a dit :

> "N'ayez pas peur de vos ennemis - au pire ils vous tueront. N'ayez pas peur de vos amis - au pire, ils vous trahiront. Ayez peur des apathiques, parce qu'ils ne tueront pas et ne trahiront pas, mais c'est par leur apathie silencieuse, que la trahison et le meurtre existent dans ce monde."

Il est essentiel de bien faire. Celui qui est mécontent du monde des francs-maçons, devrait aider à diffuser des informations sur le travail maléfique de ces "anges de lumière". Le fait est que ces "forces de lumière" ne peuvent elles-mêmes pas supporter que l'on jette la moindre lumière sur ses agissements...

Les francs-maçons continuent de menacer le monde entier. Quand mettra-t-on fin à leur pouvoir illégal et mondial ? Illégal parce que la Constitution suédoise garantit que "tout pouvoir politique émane du peuple" et que la plupart des constitutions des États démocratiques sont fondées sur un principe similaire.

Les francs-maçons prétendent que leur mouvement est synonyme de liberté politique et de dignité humaine. Les faits disent le contraire. Le franc-maçon Sven G. Lunden dans son article "The Annihilation of Freemasonry", publié dans *The American Mercury*, n°206, février 1941, affirme que la maçonnerie a combattu les tyrans. Par contre c'était toujours aux grands maîtres de décider de qui était un tyran.

Selon le politologue suédois Anders Westholm, la maçonnerie constitue un danger pour la démocratie. Mais ces gens au pouvoir sont cachés et restent intouchables. Niklas Stenlas, un autre politologue, a déclaré que les sociétés secrètes sont un problème pour toute société prétendument démocratique :

> "Des personnes influentes se rencontrent et ont accès à un réseau d'une efficacité inégalée, ce qui renforce leur influence. Il existe souvent des voies directes qui remontent directement vers le parlement lui-même."

En 1996, la Cour suprême suédoise a rendu un arrêt concernant une loi qui interdit l'utilisation du crâne humain comme symbole. La loi n'a été appliquée que sur les néonazis. Les francs-maçons ont été exemptés, malgré le fait que ce symbole maléfique soit partout présent dans la maçonnerie.

Cela signifie que la loi est appliquée de manière sélective. Les francs-maçons sont au-dessus de la loi. À quoi d'autre pouvait-on s'attendre ? La franc-maçonnerie est une confrérie pour les puissants et les influents. C'est une organisation qui parle avec une langue fourchue. Selon les francs-maçons anglais Christopher Knight et Robert Lomas, les francs-maçons disposent d'environ 50 000 crânes dans différentes loges à travers le monde (*The Second Messiah*, Londres, 1998, p. 117).

Gustav Karlsson et Lars-Olof Engstrom, les maçons les plus éminents de la ville suédoise de Gavle, ont affirmé que les rituels avec des crânes ne servent qu'à stimuler l'imagination, et qu'ils n'ont aucune signification plus profonde *(Gefle Dagblad,* 23 janvier 1985). C'est un mensonge puéril qu'aucune personne raisonnable ne peut prendre au sérieux.

Les loges nationales isolées n'existent pas, même si les francs-maçons suédois le prétendent. Chaque frère maçonnique du monde entier participe à la construction du "Nouveau Monde" - le Temple de Salomon, ce qui signifie transformer chaque état en une province sous un gouvernement mondial dirigé par les francs-maçons. Ces francs-maçons qui ne sont pas encore conscients du passé sulfureux de leur secte criminelle devraient la quitter dès que possible, s'ils veulent vraiment aider l'humanité.

Les principaux francs-maçons sont des fanatiques mentalement dérangés, égarés par leurs propres utopies destructrices. Ils sont devenus des créatures psychopathes, montrant de nombreux signes de leur comportement malade. Ils valorisent leur secte et méprise le reste de l'humanité. Ils se sont abaissés au niveau du reptile, ce qui exclut toute spiritualité. Les êtres humains spirituellement développés n'ont jamais recours à la violence. La maçonnerie est devenue un club pour les personnes déséquilibrées, avides de carrière et irréalistes. Par conséquent, les gens doués de perspicacité ne deviennent jamais francs-maçons.

Une loge allemande du rite suédois

Le psychologue C. G. Jung, dont le grand-père était grand maître de la Grande Loge Suisse, a déclaré :

"J'ai souvent vu des gens devenir névrosés, quand ils acceptent des réponses insuffisantes ou fausses aux questions fondamentales de la vie." (C. G. Jung, *Ma vie.*)

"La Franc-Maçonnerie a créé un type particulièrement dégénéré, qui met la main dans la poche de son voisin et crie qu'il a été volé", écrit M. d'Estoc dans son livre sur l'essence de la Franc-Maçonnerie (volume I, "Partie historique", Paris,

1906, p. 270).

Max Doumic a écrit dans son ouvrage *La Franc-Maçonnerie est-elle Juive ou Anglaise ?* (Paris, 1906, p. 193) que tout ce qui provient de la franc-maçonnerie porte la marque du mensonge. Elle présente une fausse version de l'histoire en cachant certains faits et en déformant d'autres. Il voulait dire que sous l'influence de la franc-maçonnerie, nous nous sommes égarés dans tous les domaines de la vie, nous vivons donc dans une atmosphère d'absurdités et de mensonges permanent.

Les francs-maçons sont fiers de la pseudo-histoire malveillante qu'ils ont écrite pour nous. La question est de savoir combien de temps nous accepterons encore leurs contes de fées insolents.

En raison de l'éducation très superficielle des intellectuels, beaucoup d'entre eux ont été influencés par la vision déformée, en noir et blanc, du monde des francs-maçons, et ont donc en toute bonne foi porté préjudice aux autres, tant mentalement que physiquement.

Le journaliste australien John Pilger a écrit :

> "Les tromperies des gouvernements démocratiquement élus sont bien plus formidables que celles des dictatures, uniquement à cause des illusions qu'elles créent impunément".

Dans le monde confus d'aujourd'hui, il y a cependant beaucoup de gens doté d'intelligence. En février 2003, le Parlement ukrainien a adopté une résolution visant à poursuivre les francs-maçons. Ils devaient être condamnés à une peine de 3 à 5 ans de prison ; les employés du gouvernement et les officiers militaires de haut rang devaient purger une peine de 7 à 10 ans. Si un franc-maçon causait la mort de quelqu'un et portait atteinte aux intérêts de l'État, il serait passible d'une peine maximale de 15 ans de prison.

Au-dessus d'une des colonnes du Freemason's Hall à Londres, il y a un symbole de la puissance maçonnique mondiale : le globe enveloppé dans un filet.

Les francs-maçons de haut niveau savent que la capacité de la plupart des gens à analyser et à tirer des conclusions est primitive et limitée. Ils ne craignent donc pas que le public ne lie leur symbole de puissance mondiale et le logo de l'ONU, qui comporte une grille de 33 sections recouvrant le monde entier. Comme on s'en souvient bien, la divinité maçonnique Jahbulon arbore le corps d'une araignée. Les araignées ont tendance à tisser leur toile.

Il convient également de noter que les communistes aimaient traîner leurs ennemis capturés dans un immense filet, ce qui s'est produit par exemple dans les États baltes.

En 1940, à Kaunas, en Lituanie, le NKVD (la police politique soviétique) traînait les prisonniers dans les rues dans un immense filet.

Au Moyen-Âge, les moines qui se rendaient à Rome en passant par la Suisse recevaient l'ordre de porter un bandeau sur les yeux, afin de ne pas être tentés par la beauté de la nature. De nos jours, beaucoup de gens se laissent aveugler par les mensonges des médias, pour éviter de voir leurs illusions brisées par une rencontre brutale avec la réalité.

Diverses institutions puissantes, y compris les banques de la City de Londres City dispose de leurs propres loges maçonniques. La Lloyd's Bank a sa Black Horse Lodge sur Lombard Street. La Banque d'Angleterre a une loge qui porte son propre nom, l'une des plus ancienne, établie en 1788 (Melvyn Fairclough, *The Ripper and the Royals*, Duckbacks, 1992, p. 70).

Ceux qui veulent plus d'informations sur l'influence des francs-maçons sur la politique et l'économie au cours des 220 dernières années en Europe, sont invités à lire mon livre *Sous le signe du Scorpion* (Omnia Veritas Ltd, 2016).

Chapitre VI

La nature maléfique et sanglante de la franc-maçonnerie

Aujourd'hui, notre niveau de connaissance est superficiel et déficient, et les faits auxquels nous avons accès nous égarent. Ils sont basés sur les mythes et la tromperie des francs-maçons. Le mythe le plus dangereux nous force à penser qu'il n'y a pas de complot de la part de l'élite financière et des francs-maçons. De telles idées ne sont rien d'autre que des théories "d'extrême droite" sur une conspiration impossible. Cette vision maçonnique est propagée par les communistes, les socialistes et les libéraux conservateurs. Ceux qui détiennent le pouvoir s'assurent que toute personne qui traite sérieusement des informations importantes sur le complot soit discréditée.

L'idée même d'un complot malveillant est horrible et dégoûtante, même pour le magazine conservateur suédois *Contra*, qui a travaillé contre les communistes mais a nié que le Parti communiste de l'Union soviétique était une puissante organisation internationale conspiratrice, qui a reçu toute l'aide nécessaire de l'Occident. *Contra* a refusé d'examiner les motifs qui sous-tendent cette allégation et s'est donc jointe au réseau international de désinformation qui dissimule des faits indésirables. Leurs principaux auteurs peuvent être aveuglés par la propagande officielle (c'est-à-dire les mensonges), mais aucune personne sensée ne nierait quelque chose dont elle ne sait rien.

L'histoire du monde contient de nombreux secrets gardés par la franc-maçonnerie internationale. Les secrets les plus vils de tous sont associés au socialisme et au communisme.

La mise en place du socialisme et du communisme est sans aucun doute liée à la loge maçonnique la plus puissante et la plus dangereuse d'Europe, le Grand Orient de France, qui a son siège au 16 rue Cadet à Paris. Le lecteur ne trouvera pas un seul mot sur le Grand Orient dans l'Encyclopédie nationale suédoise (*Nationalencyklopedin)*. Cette œuvre monumentale ne parle de la franc-maçonnerie qu'en terme positif.

Si nous examinons l'histoire de la franc-maçonnerie, nous découvrons que l'Ordre est étroitement associé au socialisme et au communisme ainsi qu'au crime organisé. La tâche première de la franc-maçonnerie est de combattre la connaissance du monde réel et d'ignorer les faits de la véritable histoire. Ceux qui nient cette conspiration évidente portent la responsabilité morale des cruels abus que l'humanité subit de la part des francs-maçons. Il ne faut pas rejeter une hypothèse avant de l'avoir soigneusement examinée.

Les francs-maçons ont utilisé leur arme terrible du socialisme sous ses diverses formes.

L'auteur et franc-maçon juif Heinrich Heine (né Chaim Biideburg) était convaincu que le communisme était une barbarie totale. Une organisation qui propage quelque chose d'aussi vil et dégoûtant doit donc aussi être considérée comme barbare. Heine fut initié à la franc-maçonnerie à la loge Les Trinosophes à Paris en 1844.

Les francs-maçons de Paris sont commémorés dans toute la ville. Peu de gens savent que le marquis de Lafayette (Marie-Joseph Motier, 1757-1834) était un franc-maçon très puissant. Le 25 décembre 1775, Lafayette, âgé alors de 18 ans, ouvre à Paris la loge de *La Candeur* grâce à la fortune familiale. En 1777, il fonde la Grande Loge de Pennsylvanie. Lorsque Lafayette revint en France, il devint grand maître du Grand Orient, poste qu'il conserva jusqu'à sa mort en 1834.

Le contexte historique du Grand Orient

Le Grand Orient de France a été fondé à Paris dans les années 1771-1773. Son but était d'infiltrer le gouvernement et de le détruire. Le premier Grand Maître fut Louis Philippe d'Orléans (jusqu'en 1792, officiellement jusqu'en 1793, quand il fut exécuté pour "trahison" de la révolution).

D'autres grands maîtres importants furent Alexandre Roettiers de Montaleau (1795-1804), Joseph Bonaparte (1805-1814), Jacques Mitterrand (1962-1963, 1967-68), Fred Zeller (1971-1972) et Jean-Robert Ragache (1987, 1989-1991).

Alain Bauer est le grand maître du Grand Orient de la France depuis le 8 septembre 2000, et selon ses propres dires, "incroyablement juif". Il voulait un drapeau rouge comme cadeau pour son septième anniversaire. Bauer avait 19 ans, quand il est devenu membre du Parti socialiste et des francs-maçons. À 21 ans, Bauer est promu vice-président de l'Université de Paris 1 (*Le Point*, 4 janvier 2002, p. 24). Le syndicaliste Alain Bauer dirige une entreprise qui agit en tant que consultant auprès des mairies françaises sur les questions relatives aux services de surveillance vidéo.

Le Grand Orient dispose d'un budget annuel de 4 millions d'euros.

Au début du XIXème siècle, le Grand Orient adopta également le système des 33 degrés en rejoignant la Grande Loge générale écossaise de France (Carl Dahlgren, *Frimureriet / Franc-maçonnerie*, Stockholm, 1925, p. 114). Les armoiries du Grand Orient représentent un œil qui voit tout, 40 étoiles à cinq branches, un marteau (contre les ennemis) et un serpent qui se mord la queue. Ce serpent est l'Ouroboros, le démon tentateur de la genèse biblique.

Lorsque j'ai pénétré pour la première fois dans le siège du Grand Orient à Paris en septembre 1999, j'ai été confronté à un grand triangle rouge avec des slogans sur ses trois côtés : Liberté, Égalité, Fraternité. Cela montre que le Grand Orient est à l'origine de la soi-disant Révolution française. Les francs-maçons ne le nient pas, mais ils affirment dans leur périodique *Humanisme* (n°240, juin 1998) que cette orgie de violence était bien leur œuvre. La république a été déclarée par le franc-maçon Jean-Marie Roland le 21 septembre 1792. Le versificateur de la Marseillaise était le franc-maçon Claude Rouget de l'Isle *(Humanisme*, n°235, septembre 1997, p. 24).

> "C'est la franc-maçonnerie qui a préparé notre Révolution, la plus grande des épopées populaires des annales de l'histoire, et c'est à la franc-maçonnerie que revient le plus grand honneur d'avoir fourni à cet événement inoubliable la formule, qui est l'incarnation de tous ses principes". ("Déclaration principale du Conseil de l'Ordre du Grand Orient de France", Paris, 1936)

Partout dans le musée de la loge on peut observer des mots-clés comme *Solidarité* et *Vive la République !* Selon le Grand Orient l'Ordre lutte activement contre le racisme et la xénophobie. Le lecteur reconnaîtra probablement ces slogans cosmopolites (c'est-à-dire mondialiste), avec lesquels les médias nous attaquent tous les jours. Et cette attaque contre tout sentiment de patriotisme se fait au nom de la solidarité internationale ! Mais comme le suggère l'écrivain suédois Lars Adelskogh, la société multiculturelle n'est rien d'autre que la dernière utopie du socialisme, et un "idéal" qui reste voué à l'échec.

Avant la Révolution française, le Grand Orient comptait 67 loges à Paris et 463 dans le reste du pays, les colonies et d'autres pays. Pendant la révolution, il ne restait que trois loges à Paris. Les "révolutionnaires" ne voulaient pas faire la publicité de leur lien avec la franc-maçonnerie, les dirigeants maçonniques qui s'opposaient à ce plan secret furent exécutés. Ces faits ont été exploités dans la propagande moderne.

De nombreuses loges étaient sous l'influence du Grand Orient, dont *Les Amis Réunis*, fondée à Paris le 23 avril 1771. Elle comportait 12 degré (pas de diplômes). Le Grand Orient était à son tour contrôlé par les Illuminati. Le Grand Orient entretient toujours cette relation intime avec "les illuminés". *Les Amis Réunis* ont été une excellente couverture pour les Illuminati.

Lors de ma visite à Versailles en septembre 1999, un guide m'a dit que tout le domaine avait été pillé pendant la révolution. 65 000 meubles ont été vendus aux enchères. Seules quelques pièces ont été retournées par certains vendeurs, par exemple la famille Rothschild, qui a rendu une table. Le trône du roi a disparu sans laisser de traces. Seules quelques chambres sur des centaines dans le palais sont ouvertes au public. Le Louvre n'abrite que les vestiges de l'ancienne richesse artistique de la France. Les deux tiers des joyaux de la couronne sont toujours manquants.

Le franc-maçon Benjamin Disraeli a décrit comment ses frères maçonniques ont organisé des émeutes en Europe au printemps 1848 :

> "Quand les sociétés secrètes, en février 1848, ont surpris l'Europe, elle furent elles-mêmes surprises par l'occasion inattendue, et se trouvèrent peu capables de saisir l'occasion, si ce n'avait été la présence des Juifs qui, malheureusement, depuis quelques années, se sont connectés avec ces associations inavouées que des gouvernements débiles ont laissé prospérer, car sans eux les appels à l'insurrection n'auraient pas dévasté l'Europe. (Benjamin Disraeli, *Lord George Bentinck: a Political Biography*, Londres, 1882, p. 357).

Après la Révolution de février 1848, des membres du Grand Orient sont devenus ministres dans le gouvernement provisoire. L'un d'eux était Victor Schoelcher (1804-1893). Leur but était de renverser la monarchie de Juillet, qui ne servait plus les intérêts du Grand Orient. Le 24 février 1848, le roi Louis Philippe est contraint d'abdiquer. Les francs-maçons ont déclaré leur deuxième République, qui a été la graine d'un nouvel empire. Louis Philippe était le fils de Philippe d'Orléans.

Cela s'est produit en dépit du fait que Louis Philippe lui-même était un membre de la loge *Les Trois Jours*. Il était devenu roi des francs-maçons (officiellement des bourgeois) le 7 août 1830 par un coup d'État du 27 au 29 juillet, connu sous le nom de Révolution de Juillet et qui avait déposé Charles X. Mais le pantin Louis Philippe avait joué son rôle et n'était plus nécessaire.

Benjamin Disraeli (1804-1881) affirme dans son livre *Lord George Bentinck: a Political Biography* de 1882 :

> "Ce n'était ni les parlements ni les populations, ni le cours de la nature, ni le cours des événements, qui ont renversé le trône de Louis Philippe... Le trône a été surpris par les sociétés secrètes, toujours prêtes à ravager l'Europe... Les associations secrètes sont toujours vigilantes et toujours préparées."

En 1849, tous les principaux socialistes étaient membres du Grand Orient.

Le socialisme et la franc-maçonnerie ne font qu'un. Les francs-maçons socialistes les plus importants étaient Pierre Leroix et le modèle et l'idéologue des anarchistes, Joseph Proudhon. Proudhon prétendait que tous les biens privés étaient des biens volés, qui devaient être confisqués à la moindre occasion et écrivait dans son livre *La justice dans la Révolution et dans l'Église* que la signification des termes "atelier socialiste" et "loge maçonnique" était identique. Dans ce contexte, je peux également citer Armand Barbes, Félix Pyat (membre de l'Assemblée Nationale, 1848), Jules Simon, Jean Mace (1815-1894), Jules Valles. L'anarchiste Louise Michel a joué un rôle plus important en tant que "révolutionnaire" qu'en tant que franc-maçonne (Alec Mellor, *Logen, Rituale, Hochgrade - Handbuch der Freimaurerei / Loges, Rituels, Hauts Degrés - Manuel de la Franc-maçonnerie*, Graz, 1967, p. 477). Louis Blanc était aussi un "franc-maçon révolutionnaire".

La direction de la Commune de Paris en 1871 (18 mars - 29 mai) était entièrement composée de membres du Grand Orient. Le franc-maçon Eugène Pottier a écrit le célèbre hymne de l'*Internationale*. La section française de l'Internationale appartenait à la franc-maçonnerie (Alec Mellor, *Logen, Rituale, Hochgrade - Handbuch der Freimaurerei*, Graz, 1967, p. 477).

La revue française *Commune* a écrit le 27 mai 1871 qu'une délégation maçonnique avait été reçue à la mairie de Paris. Lefrance, membre de la Commune de Paris et de la loge *133*, a déclaré qu'il avait "compris depuis longtemps que le but de la Commune était le même que celui de la franc-maçonnerie". Un autre franc-maçon a déclaré :

> "La commune est le nouveau temple de Salomon."

Et ce "temple" a fait de nombreuses victimes. L'Union soviétique est devenue le temple parfait pour les francs-maçons, un temple dans lequel plus de cent millions d'individus ont été sacrifiés.

En 1879, les républicains juifs et maçons (Léon Gambetta, Jules Ferry et Jules Grévy) prennent le pouvoir et forment un nouveau gouvernement. Gambetta avait joué un certain rôle dans les horreurs de la Commune de Paris (mars - mai 1871). Jules Grévy devient président de la France en 1879. Léon Gambetta (1838-1882) était un frère de loge extrêmement important (il était membre de la Loge *La Réforme* à Marseille), et devint Premier ministre en 1881. Ferry est devenu premier ministre après la mort de Gambetta en 1882, et était connu pour sa "politique" agressive envers le reste du monde.

Le Grand Orient est contrôlé par un conseil, au sein duquel 33 francs-maçons sont élus chaque année. Ce conseil est l'organe exécutif de l'Ordre et ses activités sont coordonnées par un bureau dirigé par un président qui est à la fois grand maître (Alexander Selyaninov, *The Secret Power of Freemasonry*, Moscou, 1999, p. 13).

De 1877 à 1878, les dirigeants du Grand Orient ont disposé de toute mention de Dieu ou de l'immortalité de l'âme dans leur constitution. Le nom du 'Grand Architecte' a été abandonné de leurs statuts et ils sont ainsi devenus indépendants de la loge mère anglaise à Londres. Le Grand Orient proclame qu'il représente la franc-maçonnerie ou l'humanisme athée. Toutes les sociétés humanistes modernes ont été affectées par l'idéologie contre nature du Grand Orient.

Le juif franc-maçon Léon Gambetta,
premier ministre de la France (1881-1882)

L'Ordre du Grand Orient publie la revue *Humanisme,* un nom qui sonne aussi faux que la *Pravda* (vérité) communiste. L'Association des étudiants conservateurs de Suède a publié une série d'articles dans son magazine *Svensk Linje (Politique suédoise),* "Le Satanisme, un autre nom pour l'humanisme ?" (n°1-2 et n°3-4, 1999). La franc-maçonnerie est basée sur une forme bizarre de satanisme. Il n'est donc guère surprenant que de jeunes libéraux se soient portés à la défense du satanisme, prétendant qu'il s'agit de la même chose que l'humanisme.

En 1996, le Grand Orient de France (GODF) comptait 38 800 membres répartis dans 900 loges en France et à l'étranger. En 2000, l'organisation comptait 980 loges et 41 000 membres. Les bureaux du siège du Grand Orient sont appelés ateliers (n°1, n°2, etc.).

Une plaque dans le musée de la loge à Paris représente un franc-maçon s'appuyant sur un cadavre et essayant en même temps de construire un nouveau monde pour nous, un temple invisible. Mais il n'est pas possible de construire un monde sur des cadavres, des mensonges, des pillages et des injustices. Une telle société serait extrêmement instable et déséquilibrée. Le meurtre et d'autres expressions de violence ainsi que les mensonges font partie du modèle que le Grand Orient considère comme une société parfaite.

Cette assiette maçonnique exposée au siège du Grand Orient à Paris montre que la franc-maçonnerie construit son nouveau monde sur les cadavres de ses victimes. Photo : Juri Lina

L'influence des francs-maçons sur le Parti socialiste italien fut à un moment donné si monumentale que le parti commença à exclure les francs-maçons en 1914 (Alec Mellor, *Logen, Rituale, Hochgrade - Handbuch der Freimaurerei*, Vienne, 1985, p. 476).

Sous la IIIe République (1870-1940), la franc-maçonnerie française est très active en politique. Le fait que la position idéologique de la franc-maçonnerie s'oriente vers le socialisme a été confirmé par une thèse, *La franc-maçonnerie française sous la Troisième République* de Mildred J. Headings à l'Université Johns Hopkins de Baltimore (*Studies in Historical and Political Science*, série LXVI, n°1, 1949, pp. 283- 284).

Le porte-parole de la Grande Loge Unie, John Hamill, a affirmé :

> "Les membres du Grand Orient ont toujours été très politisés, très attachés aux politiques sociales en tant que groupe plutôt qu'en tant qu'individus." (Brian Freemantle, *The Octopus*, Londres, 1995, p. 16)

"Le Grand Orient est socialiste au sens le plus large du terme ", écrit l'auteur français Maurice Talmeyr dans son livre *Comment on fabrique l'opinion* (p. 27).

En France, il existe environ 35 systèmes maçonniques différents. Les trois plus grands sont le Grand Orient de France, la Grande Loge de France (26 000 membres) et la Grande Loge Nationale Française (27 000 membres).

Il existe aussi une loge extrêmement secrète dans le Grand Orient appelée *Demain*. Au moins dix ministres de Mitterrand étaient membres de cette loge secrète (Ghislaine Ottenheimer et Renaud Lecadre, *Les frères invisibles*, Paris, 2001, p. 21).

Dans les régions où le Front national a pris le pouvoir - Vitrolles, Orange,

Marignane et Toulon - le Grand Orient a été contraint de fermer plusieurs loges et de les remplacer par une "loge itinérante", qui est sous la protection directe de Paris.

En 1998, le Grand Orient expulse le frère maçonnique Jean-Pierre Soisson, un homme politique régional de Bourgogne réélu avec l'appui des voix du Front National (*ibid.*, p. 66).

Le siège du Grand Orient, rue Cadet, Paris.

La justice des francs-maçons

Dans certaines circonstances, c'est le devoir civique le plus élevé et le plus sacré du franc-maçon de prendre les armes contre le gouvernement légal d'une nation, selon *The Freemason Chronicle* (Londres, 1875, I, p. 81). Pour cette raison, la franc-maçonnerie avait déjà été interdite dans plusieurs parties de l'Europe : à Naples en 1731, en Pologne en 1734, aux Pays-Bas et en France en 1735. Catherine la Grande interdit les activités des sociétés secrètes le 8 avril 1782 et de nouveau en 1794 afin d'empêcher la poursuite des activités des loges en Russie. Les francs-maçons avaient simplement refusé de lui obéir. La loge Osiris a simplement poursuivi ses actions contre la Russie. Les gens ordinaires considéraient les francs-maçons comme des traîtres criminels.

Le juif-russe socialiste maçon Alexander Herzen (du Grand Orient) s'est battu pour la destruction totale du gouvernement de l'époque. Il y aurait une destruction générale accompagnée d'une grande effusion de sang. "Qu'est-ce qui naîtra de tout ce sang ? Qui sait ?" se demanda-t-il. Il s'est félicité de la destruction et du chaos qui s'annonçaient.

Le Grand Orient voulait contrôler la politique non seulement en France mais aussi à l'étranger, de préférence dans toute l'Europe. Les membres du Grand Orient étaient particulièrement intéressés par l'ingérence dans les affaires intérieures de la Russie. En tant que dernier bastion de la chrétienté dans le monde, ils éprouvaient une haine particulière pour la Russie. À partir de 1890, le Grand Orient de France pris en charge la formation de tous les émigrants révolutionnaires de Russie en organisant une école internationale pour révolutionnaires. De nombreux juifs extrémistes russes ont commencé à poursuivre des "études révolutionnaires" dans cette école (Youri Ivanov, *The Jews in Russian History*, Moscou, 2000, p. 94). Derrière l'association révolutionnaire juive se trouvait le Grand Orient. Cet Ordre a aidé les "révolutionnaires" à échapper à la justice.

En 1897, il y avait 5 215 800 Juifs vivant en Russie (près de cinq pour cent de la population). Toute l'activité révolutionnaire était entre les mains des Juifs extrémistes, qui contrôlaient la plupart des 370 loges maçonniques (*ibid.*, p. 97).

Les dirigeants qui troublaient les plans du Grand Orient devaient être assassinés. Dans la franc-maçonnerie, tuer un ennemi est justifié.

Le Tsar Paul Ier (le fils de la Grande Catherine) a donné aux francs-maçons libre cours à nouveau, en dépit de l'interdiction officielle. Il est devenu grand maître de l'Ordre de Malte. Les francs-maçons l'ont "remercié" en le tuant dans la nuit précédant le 11 mars 1801 (24 mars du calendrier grégorien). Le meurtre de Paul Ier de Russie a été organisé par le comte Pavel Stroganov, représentant du Grand Orient de France. Il appartenait également à la loge Les Neuf Sœurs. Plusieurs francs-maçons russes ont été impliqués dans le meurtre du Tsar. D'après Oleg Platonov, le comte Stroganov était venu en Russie depuis la France en tant qu'agent d'influence maçonnique en service commandé.

Après cet assassinat politique, de plus en plus de loges en Russie sont passées sous l'influence du Grand Orient français.

Les décabristes en Russie étaient en fait des Illuminati. Le colonel franc-maçon Pavel Pestel (1793-1826) fut un décabriste tristement célèbre. Le représentant le plus important des Illuminati était Ernst Benjamin-Solomon Raupach, qui vivait avec le comte Sergei Volkonsky. Les Illuminati avaient fondé Soyouz Blagodentsviya, une société subversive. En 1822, Raupach a été expulsé pour ses activités contre l'État russe.

Le 14 décembre 1825, la révolte des décabristes éclate et est ensuite réprimée par le gouvernement. 1271 d'entre eux ont été tués. Les francs-maçons avaient monté les soldats et les civils les uns contre les autres, répandant des mensonges comme le font aujourd'hui les communistes, les socialistes et les libéraux. Tous ces individus fanatiques sont les outils de la franc-maçonnerie.

En 1876, trois francs-maçons juifs, Lieberman, Grigori Goldenberg et Zuckerman, se sont rencontrés dans une loge du Grand Orient à Londres pour élaborer un plan d'assassinat du tsar russe Alexandre II. Ils ont trouvé un assassin convenable, le juif extrémiste Leon Hartman (1850-1913), qui était membre du comité exécutif de l'organisation terroriste Narodnaya Volya (la volonté du peuple, fondée par les francs-maçons). Il tenta de faire sauter le train du tsar près de Moscou le 19 novembre 1879 (sous le signe du Scorpion).

La tentative échoua et Hartman réussit à s'échapper à Paris, où le Grand Orient le recueillit. Il a été arrêté à Paris grâce à l'ambassade de Russie, mais les francs-maçons locaux ont protesté alors qu'il devait être extradé vers la Russie. Pendant ce temps, le Grand Orient l'aida à s'échapper en Angleterre, où il fut célébré et immédiatement initié à la loge Les Philadelphiens (Youri Ivanov, *Les Juifs dans l'histoire russe*, Moscou, 2000, p. 93). Il s'est installé plus tard aux États-Unis, où il a été loué par les anarchistes.

Le statut de franc-maçon de Hartman est confirmé par une lettre de Garibaldi à Gabrielle Pia du 6 mars 1880 (Vasili Ivanov, *The Russian Intelligentsia and Freemasons from Peter I until Today*, Moscou, 1997, p. 346).

Le Grand Orient n'a pas abandonné. Plusieurs tentatives d'assassinat furent commises sur le tsar. Les francs-maçons ont finalement réussi à tuer Alexandre II avec une bombe le 1er Mars (13 Mars) 1881 en utilisant l'organisation Narodnaya Volya (le testament du peuple). Comme l'assassin était une Juive, Chesia Mironova-Helfman, cela provoqua des pogroms violents contre les Juifs. Vera Figner, une autre juive, était l'une des principales opératrices. Helfman a été condamnée mais libérée et déportée en 1879. Elle s'est échappée la même année.

Giuseppe Garibaldi (1807-1882) a été transformé en héros national italien par les francs-maçons. Garibaldi est devenu franc-maçon en 1833 et était membre de la Jeune Italie et du Grand Orient dirigé par Mazzini. En 1834, il fut condamné à mort par contumace pour avoir participé à une mutinerie dans la marine sarde mais réussit à s'échapper au Brésil en 1836.

Garibaldi a vécu en Uruguay entre 1836 et 1848. Après son arrivée en Uruguay, il a utilisé le mouvement "révolutionnaire" de l'ancien président Fructuoso Rivera contre le président légal Manuel Oribe, car Oribe ne voulait pas de guerre contre l'Argentine. En juin 1838, Rivera vainquit Oribe avec l'aide de Garibaldi. Oribe s'est enfui à Buenos Aires en Argentine. Garibaldi devint alors le dictateur virtuel de l'Uruguay entre 1838 et 1843, tandis que le pouvoir reposait officiellement sur Rivera. Pendant ce temps, Garibaldi a entrainé l'Uruguay dans une guerre contre l'Argentine. Le 16 février 1843, Oribe déposa la dictature avec l'aide des forces d'élite argentines. Le nouveau président Joaquin Sujrez prit ses fonctions en mars 1843.

Garibaldi fonda la loge Les Amis de la Patrie à Montevideo en 1844 (Karl R. H. Frick, *Licht und Finsternis / Lumière et obscurité*, Part 2, Graz, 1978, p. 206). En décembre 1845, il dirige la première légion italienne qui défend Montevideo contre les Britanniques et les Français.

En avril 1848, Garibaldi retourna en Italie et se mit au service du gouvernement provisoire à Rome. En 1849, il combat la supériorité française mais doit fuir à nouveau le pays. Les terroristes illuministes de Garibaldi, dont certains s'appelaient les Carbonari, portaient de longues chemises de bourreau cramoisi. Après ses actes de terreur "révolutionnaires" commis entre 1848 et 1849, Garibaldi est devenu un homme pourchassé, en fuite et forcé de rester à l'écart. Il a vécu en Afrique du Nord, aux États-Unis et au Pérou. Il retourna en Italie en 1854. La tentative de Garibaldi de faire du Tyrol une partie de l'Italie en 1859 a cependant été un échec. La guerre s'est soudainement terminée alors qu'il était prêt à engager le combat contre l'ennemi.

Le 6 mai 1860, Garibaldi quitte Gênes avec 1067 hommes et commence un nouveau soulèvement. Le 11 mai, il débarque à Marsala, en Sicile, avec ses chemises rouges. Là, il a vaincu une force supérieure en nombre et s'est fait Seigneur de l'île en s'en proclamant dictateur. Comme Garibaldi se qualifiait de socialiste, il a fondé une dictature socialiste. Impitoyable, Garibaldi a exhorté ses complices :

> "Que nos cœurs n'aient aucune pitié."

Six mois plus tard, c'était le tour de l'Italie continentale. Le 8 novembre 1860, Garibaldi entre à Naples avec le roi de Sardaigne, Victor Emmanuel II à ses côtés. Le franc-maçon Victor Emmanuel voulait être le roi de toute l'Italie. Mazzini et Cavour lui ont donné le trône.

En 1862, Garibaldi participe à l'assaut de l'État pontifical, où il est capturé. Il est amnistié et organise rapidement un nouveau soulèvement, après quoi interné de force, il parvint à s'échapper.

Au cours de la même année, son travail acharné pour détruire l'ancien ordre mondial lui valut l'accession au 33ème degré, puis il devint grand maître du rite écossais à Palerme, et en 1864, l'Assemblée constituante de Naples élut Garibaldi grand maître honoraire du Grand Orient de l'Italie. Il est devenu le "Premier Franc-maçon italien".

Le Grand Orient italien a été fondé par Napoléon Bonaparte à Milan en 1805. Garibaldi était également grand maître de l'Ordre du rite Memphis-Misraïm. Allié aux syndicats du crime, il a planifié des crimes atroces contre des personnes politiquement indésirables.

En 1867, Garibaldi a fondé le Conseil suprême des francs-maçons en Italie et l'Association pour la paix et la liberté, qui a commencé à préparer l'avènement des États-Unis d'Europe. Cette union mettrait fin aux États nationaux, après quoi les francs-maçons espéraient fonder un super-État mondial. Le rêve maçonnique des États-Unis d'Europe devait se réaliser à tout prix, même s'il fallait utiliser le feu et l'épée. Au lieu de cela, la méthode graduelle étape par étape a été choisie, ce qui implique un nombre incalculable d'actions politiques en coulisse.

Différents États-nations seraient fondés et d'autres détruits sur la voie de la constitution d'un empire mondial.

Garibaldi est resté un agitateur et a de nouveau été condamné à la prison. Il fut bientôt libre et prit le parti de la France dans la guerre contre l'Allemagne en 1870-1871. Son seul but était la destruction, défrichant ainsi le terrain pour la construction du nouveau temple de Salomon.

À Madrid, le jeune anarchiste Mateo Morral lança une bombe sur le cortège nuptial royal le 31 mai 1906. Alphonse XIII et son épouse Victoria Eugenia ont cependant survécu. Le terroriste s'est immédiatement suicidé. Il a été découvert qu'il travaillait dans une maison d'édition, qui appartenait à l'anarchiste et franc-maçon connu Francisco Ferrer. La police soupçonnait Ferrer d'avoir planifié cet attentat sur la vie du roi, puisqu'il avait été suspecté dans deux meurtres politiques antérieurs. Ferrer fut arrêté le 4 juin 1906. Son avocat Bulot (un frère maçon) s'est occupé de la défense. Ferrer fut libéré le 12 juin *(Revue Maçonnique,* janvier 1907, n°310, p. 13).

En juin 1909, de violents troubles ont commencé à faire surface en Espagne. Les francs-maçons ont provoqué une émeute à Barcelone, au cours de laquelle 97 bâtiments, dont 76 églises catholiques, chapelles et salles de réunion, ont été incendiés et des religieuses violées puis assassinées (Edward Cahill, *Freemasonry and the Anti-Christian Movement*, Dublin, 1959).

L'instigateur principal fut une fois de plus Francisco Ferrer. Il a été condamné pour avoir causé l'émeute à Barcelone et exécuté le 13 octobre 1909. Il était le franc-maçon et l'anarchiste le plus célèbre d'Espagne, et fut déclaré martyr par les forces obscures.

L'ancien franc-maçon Sidonio da Silva Pais est arrivé au pouvoir le 8 décembre 1917 en renversant le gouvernement maçonnique au Portugal. En tant que président, il a consciemment commencé à soutenir les intérêts nationaux. Il a décrété l'amnistie pour tous les prisonniers politiques. Les francs-maçons le considéraient comme un traître et une vermine qu'il fallait liquider. Le 14 décembre 1918, Pais fut assassiné dans la gare de Rossio à Lisbonne, abattu par un syndicaliste et ancien soldat du Front occidental. Pais était en route pour Braga afin d'éviter une guerre civile .

En février 1920, le Grand Maître portugais Sebastiao Magalhaes de Limas fut arrêté pour sa part dans le coup d'État maçonnique le 14 mai 1915, contre le dictateur Pimenta de Castro. Les francs-maçons internationaux ont immédiatement commencé à agir. Peu de temps après, de Limas et son ami maçonnique, le grand maître adjoint José de Castro, furent relâchés, car "il n'y avait aucun motif pour l'arrestation".

Le franc-maçon juif hongrois Hollander a dit dans un discours le 16 avril 1905 :

> "Le but final de la social-démocratie et de la franc-maçonnerie sont un seul et même but." (*Grossversammlung der Symbolischen Grossloge von Ungarn / Compilation des Grandes Loges Symboliques de Hongrie*, Budapest)

Le franc-maçon Ludvig Balint a écrit en 1918 dans le magazine *Eotvos* (Hongrie) :

> "Les idées qui rendent les gens heureux sont en même temps nos buts, c'est-à-dire le cosmopolitisme, l'athéisme, le communisme."

Le plus grand succès de l'élite maçonnique dans la tromperie des gens est la propagation des idées socialistes utopiques qui reposent uniquement sur des mensonges contradictoires. Pour les personnes intelligentes, il est facile de voir à travers cette fraude sociale, mais la plupart des gens n'ont pas la capacité de penser clairement et sont donc facilement victimes des mensonges socialistes.

La tâche première des francs-maçons est d'occulter l'information correcte et de provoquer la stagnation économique et spirituelle dans la société, qui ne peut alors plus échapper à l'emprise des banquiers maçonniques.

Michel Reyt, qui a obtenu le 33ème degré au sein du Grand Orient a fondé l'association *Sages*, dont l'objectif est de fournir de l'argent au Parti socialiste (Ghislaine Ottenheimer et Renaud Lecadre, *Les frères invisibles*, Paris, 2001, p. 25).

L'influence cachée des francs-maçons a été et est toujours énorme. Dix-huit des maréchaux napoléoniens étaient francs-maçons, dont Bernadotte, Brune, Jourdan, Kellermann, Masséna, Mortier, Murat, Ney, Oudinot, Poniatowski et Serurier (la revue française *Historia*, n°48, juillet-août 1997).

Si l'on observe un président d'entreprise, un président de conseil d'administration ou un ministre franc-maçon, on découvre un nombre important de frères maçonniques qui gravitent autour de lui : comptables, secrétaires, avocats, conseillers en relations publiques, banquiers, etc. Comme les francs-maçons deviennent plus puissants, ils repoussent les non-maçons loin des positions de pouvoir.

"Quand l'un de mes collaborateurs, franc-maçon, insiste pour qu'on emploie un homme de cinquante ans, dont je n'ai jamais entendu parler auparavant, je sais immédiatement ce qui se passe", a déclaré le président du conseil d'administration de France Télévision Marc Tessier, qui est lui-même présumé appartenir à la loge Spartacus, qui attire les responsables des stations de radio et télévision (Ghislaine Ottenheimer et Renaud Lecadre, *Les frères invisibles*, Paris, 2001, p. 33).

Plus d'un tiers des membres du Conseil économique et social, troisième chambre de l'Assemblée nationale française, sont francs-maçons. Le hall d'entrée du bâtiment du Conseil est couvert de symboles maçonniques : deux colonnes avec des images d'Horus et d'Isis. Horus tient un globe et une mitre dans ses mains. Isis tient une équerre dans le creux de son bras. Les autres symboles sont la lune, le soleil, le ciel étoilé, la pyramide, la pierre sculptée et la chaîne à trois maillons.

Le secteur de l'énergie, l'industrie nucléaire et les télécommunications sont des bastions de la franc-maçonnerie.

Alain Grange Cabane, directeur général d'une association patronale mentionnée : La première fois que j'ai rencontré Patrick Le Lay, président de TF1, j'ai dit : "Je pense que nous appartenons à la même famille". Le Lay a répondu :"Je sais que nous le savons. Nous sommes devenus amis. Je suis devenu ami avec Jean Miot de la même façon." Miot était alors président du conseil d'administration de l'Association des employeurs de la presse à Paris (*ibid*, p. 35).

Il existe une règle théorique au sein de la Grande Loge Nationale Française que ni la politique ni la religion ne doivent être discutées dans la loge. En pratique, cela ne s'applique qu'aux loges bleues, c'est-à-dire aux degrés les plus bas. Dans les degrés supérieurs, appelés chapitres, tout est débattu. Le travail du Grand Orient et de la Grande Loge de France est centré sur la société dès le début (Ghislaine Ottenheimer et Renaud Lecadre, *Les frères invisibles*, Paris, 2001, pp. 49-50).

La salle du Temple du Grand Orient, Paris.

Le Grand Maître du Grand Orient, Alain Bauer, admet qu'il y a un manque d'idées et qu'il existe une pauvreté philosophique dans son ordre. Il n'y a guère eu d'idées nouvelles ces derniers temps, si ce n'est les actions de protestation contre la visite du pape et la mobilisation générale contre le Front national.

La corruption maçonnique

Les dirigeants maçonniques admettent qu'un abus de pouvoir se produit, mais prétendent en même temps que l'ordre lui-même traite sévèrement de ces questions. Ce n'est pas vrai. Presque tous ceux qui ont tenté de lutter contre la corruption au sein de la franc-maçonnerie ou qui ont averti les instances supérieures de l'ordre, des francs-maçons de premier plan comme Jean Verdun, Pierre Marion, Pierre Bertin et Thierry Meyssan, ont été exclus ou ont eux-mêmes choisi de quitter la franc-maçonnerie (*ibid*, p. 9). Les frères ont l'obligation de s'entraider, même au péril de leur vie.

Le franc-maçon Jacques Médecin fut maire de Nice de 1966 à 1995. Ses deux plus proches collaborateurs Jean-Paul Claustres et Jean Oltra étaient aussi francs-maçons. Avec plusieurs autres francs-maçons, ils ont fondé un réseau entier d'organisations locales fictives, qui ont reçu des subventions gouvernementales financées par l'argent des contribuables. Beaucoup des frères maçonniques que Médecin impliquait dans ses activités criminelles, étaient membres du Grand Orient, mais quand leur présence mettait mal à l'aise les autres frères, ils sont allés à la Grande Loge Nationale Française où ils ont fondé leur propre loge (No 475). D'autres employés de l'administration locale ont afflué en masse dans cette loge. On estime que les frères niçois ont réussi à voler un milliard de francs entre 1983 et 1989 (Bernard Bragard, Frederic Gilbert et Catherine Sinet, *Le feuilleton niçois*, Paris, 1990). Médecin a ensuite déménagé en Uruguay, où il est décédé.

Un autre exemple de comment un frère qui s'est rendu indésirable dans un ordre peut être "réutilisé" dans un autre : Guy Kornfeld a été expulsé du Grand Orient en 1986 pour avoir volé 180 000 francs aux frères de sa loge, Salvador Allende. Quatre ans plus tard, il fut accepté sans difficulté dans la Grande Loge Nationale de France. En mai 1990, Kornfeld a été interpelé lors d'un contrôle d'identité dans une banque à Monaco et arrêté. Il transportait 3,6 millions de francs en bons d'État, qui avaient été dérobé dans un vol à main armée en Belgique une semaine auparavant (*ibid*, p. 86).

Afin d'attirer les gens influents, la Loge nationale française a formé des *loges d'appel*, basées sur la loge secrète Demain au Grand Orient, où les rituels ont été réduits au minimum. Les ministres et autres hommes de pouvoir se sentent chez eux dans ces loges. La loge Spartacus a été créée pour les responsables de la radio et de la télévision, la loge La Bannière Étoilée est destinée aux hommes d'affaires qui souhaitent investir aux États-Unis, la loge Les Chevaliers de Jérusalem est destinée à ceux qui sont particulièrement intéressés par Israël, L'Esprit Olympique est destiné aux sportifs, Les Cabires est destiné aux maçons intéressés aux questions Franco-Africaines. La cotisation annuelle pour certaines de ces loges exclusives est de 10 000 francs, ce qui permet de payer dix réunions. Les dîners, qui sont appréciés dans le cadre des réunions, coûtent 750 francs chacun (Ghislaine Ottenheimer et Renaud Lecadre, *Les frères invisibles*, Paris, 2001, p. 94).

La corruption maçonnique a ses propres signes. Le signe de reconnaissance du premier degré, le degré de l'apprenti, consiste à placer la main à travers la gorge avec quatre doigts serrés et le pouce à angle droit, puis à tirer la main de gauche à droite, comme si on se coupait la gorge. Ceci est aussi appelé "le signe de la gorge" et symbolise le fait que le frère préfère se faire trancher la gorge plutôt que de révéler les secrets de la franc-maçonnerie.

Pour le diplôme de compagnon, la main droite est posée sur le cœur. La main est arrondie, comme pour saisir le cœur. En même temps, l'avant-bras gauche est levé avec une main ouverte. Cela signifie : Que mon cœur soit déchiré si je trahis les secrets.

Au troisième degré, au niveau de la maîtrise, la main droite avec le pouce pointé est placée sur le côté gauche de l'abdomen à la hauteur du nombril. Quiconque trahira la franc-maçonnerie mourra de cette manière.

Ces signes de reconnaissance sont décrits par de nombreuses sources. Il y a plusieurs signes de reconnaissance pour le plus haut degré, dont les profanes ne sont pas au courant. L'une d'elles consiste à placer l'index et l'annulaire de la main droite sur les lèvres trois fois de suite. Cela montre que l'on a été informé des secrets les plus importants.

Les maçons se reconnaissent en se posant des questions simples comme "Quelle heure est-il ?", "Quel âge avez-vous ? Si vous répondez : "Neuf ans et demi" ou "cinquante ans", cela montre que tu n'es pas un frère. On est censé répondre : "Il n'y a plus de temps" ou "Je suis très vieux". Vous pouvez aussi montrer que vous êtes un frère en demandant : "Travaillez-vous aussi jour et nuit ?"

Ceux qui n'ont pas atteint le diplôme de maîtrise n'ont pas le droit de visiter d'autres loges. Ils doivent obéir à leur maître et à tous ceux qui possèdent un degré supérieur au leur.

La destruction de la Russie

Les francs-maçons sont toujours prêts à jouer à un jeu de chat et de souris pour saper leurs ennemis. La victime est autorisée à jouer le jeu selon les termes du chat, jusqu'à ce qu'il soit ensorcelé par la transe du consensus et que son esprit soit totalement paralysé. C'est exactement ce qui est arrivé au tsar Nicolas II de Russie.

À la fin des années 1890, le franc-maçon Philippe Vashod fonda la loge maçonnique Krest i Zvezda (la Croix et l'Étoile) dans le Palais d'Hiver et plus tard à Tsarskoye Selo, afin d'entourer le tsar et le détruire. Il a même piégé Nicolas II pour qu'il rejoigne la loge. Mais le tsar n'a été informé d'aucun secret important. Philip Vashod devint conseiller pour les questions d'État (Viktor Ostretsov, *Freemasonry, Culture, and Russian History*, Moscou, 1999, p. 387). Le franc-maçon Leonti Kandaurov (émissaire du tsar à Paris) le confirme (*Archives historiques centrales de Moscou*, section 730, I).

La franc-maçonnerie française a obtenu le feu vert dans la Russie tsariste, malgré le fait qu'elle représentait en fait l'athéisme et le républicanisme. Nicolas II en était conscient. En s'associant avec les francs-maçons, il a détruit les chances de développement de la Russie.

Entre 1900 et 1902, 10 000 personnes, pour la plupart des Juifs russes, ont été formées aux États-Unis. Leur mission était de retourner en Russie après leur entraînement révolutionnaire afin de répandre la terreur et d'écraser le régime tsariste. La plupart des ressources financières pour ces activités provenaient du milliardaire sioniste Jacob Schiff et d'autres banquiers juifs aux États-Unis.

Ces banquiers ont également financé la guerre russo-japonaise en 1904 et la révolution de 1905 en Russie (Nikolov Dichev, *The Evil Conspiracy*, Urgench, 1992, p. 99).

En 1904, le Grand Orient s'est prononcé contre le gouvernement russe, le qualifiant de honte pour le monde civilisé. L'Ordre du Grand Orient de France s'est constamment impliqué dans les affaires intérieures de la Russie en y soutenant les "révolutionnaires dès 1905-1906, lorsque de nombreux agitateurs étaient actifs" (Oleg Platonov, *Russia's Crown of Thorns: The Secret History of Freemasonry 1731-1996 / La couronne d'épines de la Russie : L'histoire secrète de la franc-maçonnerie 1731-1996, Moscou, 1996*, p. 172).

Le tsar a été influencé par plusieurs francs-maçons agissant comme des amis proches. Le prince Alexandre Mikhaïlovitch était l'un d'eux. La mère de Mikhailovich était juive. Un autre était le duc Nikolaï Nikolaïevitch, qui a convaincu le tsar de signer le Manifeste du 17 octobre 1905, qui a ouvert la voie aux francs-maçons. Ce document a donné plus de pouvoir au Parlement, qui était entièrement sous le contrôle des maçons. La compréhension du tsar de la franc-maçonnerie russe a été acquise principalement par ces messieurs maçonniques de haut rang qui étaient incapables de dire la vérité et qui, en réalité, voulaient le déposer et le tuer.

En 1905, à Saint-Pétersbourg, le secrétaire du Conseil suprême maçonnique, David Bebutov, a remis 12 000 roubles au chef des révolutionnaires sociaux en échange du meurtre du tsar Nicolas II. Mais ces plans n'ont pas pu être réalisés. En 1906, les francs-maçons tentèrent à nouveau de tuer le tsar avec l'aide des révolutionnaires sociaux. Ils ont même utilisé un sous-marin. Il était également prévu de construire un avion à cette fin (*ibid.*, p. 179). L'action a été organisée par le tristement célèbre terroriste et franc-maçon Nikolaï Tchaïkovski (un révolutionnaire socialiste), qui avait conçu l'avion qui devait attaquer le tsar par les airs. Lorsque leur acolyte Jevno Azef a été arrêté, les plans ont été suspendus.

Lorsque le Général V. Teplov devint membre de la loge, un "frère" voulut savoir ce qu'il pensait du projet d'éliminer physiquement le tsar. Teplov répondit avec la franchise d'un militaire : "Si on me l'ordonne, je le tuerai." (Sergei Melgunov, *En route pour le coup d'État du Palais*, Paris, 1931, p. 185)

Durant l'automne 1905, les francs-maçons ont mené toutes les tentatives pour prendre le pouvoir en Russie. Parmi les conspirateurs se trouvaient deux membres du Conseil national, Alexander Guchkov et Mikhaïl Stakhovitch (qui a également agi comme diplomate), ainsi que d'autres francs-maçons bien connus comme Sergei Urusov, un propriétaire terrien qui avait trahi le tsar. Il s'occupait des contacts avec le Grand Orient de la France.

Urusov était simultanément le président du Conseil suprême maçonnique de la Russie. Ces hommes ont immédiatement voulu faire partie d'un gouvernement russe. Les francs-maçons Vladimir Rozenberg et Georgi Lvov ont également participé à ce plan. Ils ont cherché à imposer le modèle républicain français à la Russie.

Les directeurs maçonniques sanglants, dont Alexander Parvus et Léon Trotsky, avaient déclenché une vague de terreur dévastatrice en 1905. Les crimes "révolutionnaires" commis en 1905-1906 étaient de grands progrès, selon les francs-maçons. Les francs-maçons ont continué à assassiner leurs ennemis en Russie. Entre 1906 et 1908, le mouvement révolutionnaire contrôlé par les francs-maçons fit 26 268 tentatives d'assassinat - 6091 Russes furent tués et plus de 6000 blessés (Vladimir Krasny, *Les enfants du diable*, Moscou, 1999, p. 181).

En décembre 1905, Boris Nikolsky, professeur de droit et membre du Conseil national, prononce un discours devant l'Assemblée russe et le tsar. Nikolsky a parlé des activités des Juifs et des francs-maçons en Russie, c'est-à-dire des activités subversives. Le tsar a tellement détesté ce discours qu'il en a interdit la publication. Nicolas II voulait conquérir des éléments de la gauche qui le haïssaient encore malgré tout.

La franc-maçonnerie était désigné comme une organisation criminelle dans les rapports de la police secrète. C'était vrai, puisque les loges violaient constamment la loi russe. Le tsar avait accès à ces rapports.

Le tsar fit dissoudre le parlement à deux reprises - en juillet 1906 et en juin 1907. À ce stade, la Douma avait enfreint la loi à maintes reprises. Le député maçonnique et avocat Yevgeni Kedrin reçut le 7 septembre 1906 un avis du Grand Orient de la France qui proclamait que les Russes souffraient à cause de la tyrannie du tsar et que le Grand Orient de France donnait aux opposants du régime les moyens de vaincre ce despotisme, selon les archives spéciales de l'URSS, rendues publiques en lien avec l'affaiblissement du régime communiste en 1989.

Après plusieurs tentatives de révolution en 1905 et 1906, le Grand Orient ouvrit de nouvelles loges en Russie : L'Anneau de Fer à Nijni Novgorod (Kilvein en était le grand maître), Kiev (avec Steingel comme grand maître) et dans d'autres villes. Le comte Alexei Orlov-Davydov a financé ces nouvelles loges (Oleg Platonov, *La couronne d'épines de la Russie: L'histoire secrète de la franc-maçonnerie 1731-1996*, Moscou, 1996, p. 172).

En 1906, le Grand Orient incite ses membres à servir les intérêts supérieurs du socialisme international. Le Grand Orient promit tout le soutien imaginable pour la poursuite des activités anti-gouvernementales en Russie. La décision concernant ce soutien devait toutefois rester secrète *(ibid.*, p. 178).

Laferre, l'un des dirigeants de la franc-maçonnerie mondiale, a déclaré lors d'une conférence maçonnique internationale en 1908, que les francs-maçons étaient prêts à financer une conspiration contre la Russie. Il a précisé :

> "Le Conseil de l'Ordre fera tous les sacrifices nécessaires pour réaliser un véritable progrès pour cette nation qui n'a pas encore été délivrée des ténèbres et où le triomphe de la franc-maçonnerie est sur le point de se réaliser." *(Kolokol*, 9 novembre 1908)

Lors d'une visite d'État en Suède en 1909, Nicolas II fut victime d'une tentative d'assassinat. L'anarchiste qui avait été engagé a attaqué la mauvaise personne, cependant, et a fini par tuer un colonel suédois en uniforme réglementaire.

Au milieu de 1911, le vice-ministre de l'Intérieur, le général de corps d'armée Pavel Kurlov, a publié un rapport spécial au ministre de l'Intérieur Piotr Stolypine, dont le contenu a profondément perturbé les francs-maçons russes. Le rapport traitait du lien des francs-maçons avec les activités terroristes contre l'État russe et ses représentants. Il semble que Stolypine ait pris cette menace contre l'État de la part des francs-maçons très au sérieux et a décidé d'imposer des mesures contre eux. Stolypine n'était pas seulement ministre de l'Intérieur, mais aussi président du Conseil des ministres, c'est-à-dire Premier ministre.

Auparavant, en 1910, un agent de police nommé Boris Alexeyev avait été envoyé à Paris pour recueillir des informations sur le Grand Orient français, d'où provenaient les actions contre la Russie. Mais Stolypine fut assassiné à l'opéra de Kiev le 1er septembre 1911 en présence du tsar. Le meurtrier, le juif franc-maçon Dmitri (Mordekai) Bogrov, a été arrêté. Peu après, le dirigeant principal du Grand Orient russe, Alexandre Kerensky (en fait le juif Aaron Kurbis) s'est échappé à l'étranger. À la suite de quoi, un rapport d'Alexeyev a été transmis à Paris.

Le rapport mentionne que :

"les dirigeants maçons sont parvenus à la conclusion que le président du Conseil des ministres... est un individu qui porte atteinte aux intérêts de la franc-maçonnerie. Une telle décision, prise par le Conseil suprême, est connue depuis plusieurs mois... Il s'avère que les chefs secrets de la franc-maçonnerie sont mécontents de la politique de Stolypine et ont utilisé les liens intimes entre le Grand Orient de France et les comités révolutionnaires en Russie pour mettre à exécution le plan, qui n'était alors qu'un projet. On dit aussi que l'aspect purement technique du crime et certains détails des circonstances, qui ont permis l'assassinat, ont été préparés par les francs-maçons" (Oleg Platonov, *La couronne d'épines de la Russie : L'histoire secrète de la franc-maçonnerie 1731-1996*, Moscou, 1996, pp. 198-200).

Léon Trotsky avait rencontré Bogrov le matin du 1er septembre 1911 dans une salle de réunion d'un café à Kiev. Après le meurtre de Stolypine, les habitants de Kiev voulaient tuer tous les Juifs présents à Kiev, mais le gouvernement a envoyé un régiment de cosaques pour empêcher un bain de sang (*The War by Common Law*, Minsk, 1999, p. 42).

Le meurtrier juif Bogrov a été pendu. Il était membre du Grand Orient. Le terroriste et franc-maçon Manuil Margulies (un homme de main d'Alexandre Guchkov) était le chef du complot.

Les plans de Stolypine pour lutter contre les francs-maçons n'ont jamais aboutis. Après son assassinat, le franc-maçon Vladimir Kokovtsev (1853-1943) devient premier ministre. Il avait auparavant occupé le poste de ministre des Finances. Il fut le seul ministre tsariste à recevoir une pension élevée du gouvernement provisoire au printemps 1917, tandis que d'autres furent emprisonnés. Les bolcheviks ne l'ont jamais inquiété non plus. Il a dû rendre de biens grands services à la franc-maçonnerie internationale (Viktor Ostretsov, *Freemasonry, Culture, and Russian History*, Moscou, 1999, p. 399).

L'extrémiste juif Nikolaï Maklakov est devenu le nouveau ministre de l'Intérieur en 1912. Son frère, l'avocat Vasili Maklakov, était un franc-maçon notoire. Les francs-maçons ont immédiatement commencé à infiltrer le gouvernement russe, qui était condamné à périr. Après le meurtre de Stolypine, la police n'a plus reçu les informations nécessaires sur les dommages causés par les francs-maçons. Les responsables du renseignement ont été remplacés par des agents maçonniques, qui ont délibérément négligé de transmettre les informations reçue à leurs supérieurs.

Par l'intermédiaire du vice-ministre de l'Intérieur et franc-maçon, Vladimir Dzhunkovsky, l'organisation internationale des francs-maçons avait également pris le contrôle de la police russe. Dès le début, les francs-maçons ont soutenu les activités de sape de Lénine. En 1912, les francs-maçons contrôlaient tout le corps diplomatique russe.

Le 18 février 1912, le banquier maçonnique Salomon Loeb prononça un discours à Philadelphie, déclarant la nécessité de créer un fonds pour permettre d'envoyer des armes et des dirigeants en Russie. Ces dirigeants enseignaient aux jeunes juifs à exterminer les oppresseurs comme des chiens. Il a souligné que "nous allons mettre la Russie à genoux". Grâce aux fonds, tout cela serait réalisé (*Philadelphia Press*, 19 février 1912). Comme le lecteur s'en souviendra, les francs-maçons considèrent tous les non-maçons comme des chiens.

Du 28 août au 1er septembre 1911, la Franc-maçonnerie internationale a tenu son deuxième Congrès socialiste international au palais des Odd Fellows sur Bredgade à Copenhague. Les principaux organisateurs étaient le franc-maçon Walter Rathenau et la loge maçonnique juive du B'nai B'rith. Parmi les participants se trouvaient les célèbres francs-maçons Karl Liebknecht, Rosa Luxembourg, Lénine, Trotsky, Hjalmar Branting (Suède), Georges Clémenceau et d'autres représentants importants des forces destructrices (Aage H. Andersen, *Verdensfrimureri / La franc-maçonnerie mondiale*, Copenhague, 1940, p. 29). Rathenau était également membre du B'nai B'rith.

Selon Nina Berberova, chercheur de la franc-maçonnerie russe, Lev Trotsky a été pendant six mois membre d'une loge maçonnique russe à l'âge précoce de dix-huit ans. Il a quitté la loge, quand il est devenu un membre de loges étrangères, dont *Art et Travail* en France (L. Hass, *Freemasonry in Central and Eastern Europe*, Wroclaw, 1982).

Au printemps 1914, Trotsky se rendit à Venise en tant que membre de la Grande Loge de France, pour rencontrer son frère maçonnique V. Gacinovic pour discuter des plans pour l'assassinat de l'archiduc François Ferdinand. Les frères maçons Trotsky, Radek et Zinoviev ont tous été informés du projet d'assassinat du prétendant au trône d'Autriche-Hongrie (Youri Begunov, *The Secret Powers in Russian History*, Moscou, 2000, p. 220).

En 1916, Trotsky étudie la tactique révolutionnaire dans la loge française *Les droits de l'homme* (Youri Ivanov, *Les Juifs dans l'histoire russe*, Moscou, 2000, p. 124). Il était également membre du puissant Ordre juif du B'nai B'rith qui, aux États-Unis, lui fournit des moyens financiers lors de son retour en Russie au printemps 1917 (Charles W. Ferguson, *Fifty Million Brothers: A Panorama of American Lodges and Clubs*, New York, 1937, p. 253).

Ceci a été confirmé par le politologue autrichien Karl Stein-Hauser. Trotsky était également membre de la Loge Shriner, dont seuls les francs-maçons ayant atteint le 32ème degré peuvent être membres (Johan van Leers, *The Power Behind the President*, Stockholm, 1941).

Lors de son séjour en Amérique en 1917, Trotsky devint également membre de la Loge de Memphis Israël (Vladimir Istarkhov, *The Battle of the Russian Gods*, Moscou, 2000, p. 154).

Il a obtenu le 33ème degré à Moscou en 1919, tout en recevant un doctorat en droit de l'Université de Moscou d'une délégation de frères étrangers (Grigori Bostunich, *Freemasonry and the Russian Revolution*, Moscou, 1995, pp. 55-56).

Léon Trotsky a joué un révolutionnaire dans le film d'espionnage américain "My Official Wife". Fidel Castro a également participé à des films hollywoodiens ("Bathing Beauty" en 1944 et "Holidays in Mexico" en 1946).

En juillet 1914, le Grand Orient a commencé à exhorter la Russie à se joindre à la guerre contre l'Allemagne. Les conseillers maçonniques dirigeaient de plus en plus les décisions prises par le tsar. Il a été manipulé pour faire des erreurs désastreuses.

L'assassinat de Grigori Raspoutine, un moine proche de la famille du tsar et en possession de pouvoirs parapsychiques, a été planifié lors de la Convention générale maçonnique à Bruxelles pendant la Première Guerre mondiale. Raspoutine avait voulu empêcher la Russie de participer à la guerre. Le franc-maçon Alexandre Guchkov (membre du Grand Orient) avait auparavant organisé une campagne de diffamation contre Raspoutine. La force motrice derrière les plans était le franc-maçon et extrémiste juif Vasili Maklakov (Oleg Platonov, *La Couronne d'épines de la Russie : L'histoire du peuple russe au XXème siècle*, Moscou, 1997, volume 1, p. 456). Le comte Felix Yusupov, également franc-maçon, a assassiné Raspoutine sur la colline du Parlement le 29 décembre 1916. Yusupov souffrait de graves problèmes mentaux, que Raspoutine avait essayé de guérir. Le référent de Yusupov était le Grand-Duc Dimitri Pavlovitch.

Le tsar n'a pas fait poursuivre les meurtriers. Ils ont tout simplement été déportés. Les fossoyeurs de la nation russe ont interprété cela comme la preuve que le meurtre était désormais autorisé, car les meurtriers ne risquaient plus d'être poursuivis.

En 1915, l'ambassadeur britannique George Buchanan (franc-maçon) recevait presque quotidiennement la visite du ministre russe des Affaires étrangères Sergueï Sazonov, du chef des octobristes Alexandre Guchkov, du président de la Douma, Mikhaïl Rodzianko, du chef du Parti des cadets et député Pavel Milyukov. Ils étaient tous des criminels et des conspirateurs maçonniques, visant à renverser le règne du tsar. Buchanan a joué un rôle très important dans la tragédie russe, les soutenant moralement et financièrement (*ibid*, volume 2, p. 35).

En janvier 1917, un certain nombre de conspirateurs maçonniques influents, dont le général Nikolaï Ruzsky, rencontrèrent l'ambassadeur Buchanan à Petrograd. Ils discutèrent d'un coup d'État et décidèrent qu'il aurait lieu le 22 février 1917 (Fazarov, *The Mission of Russian Emigration*, Stavropol, 1972, volume 1). La date a par la suite été reportée au lendemain, le 23 février. Le 24 mars 1917, la revue juive *Jevreyskaya Nedelya* (Semaine juive, n° 12-13) publia un article sur la "Révolution de février" sous le titre révélateur de : "Ce qui s'est passé le jour de Purim", soit le 23 février 1917.

Les francs-maçons Alexandre Guchkov et Alexandre Kerensky préparaient le renversement du tsar. Le général Alexandre Krymov (franc-maçon) est nommé gouverneur général de Petrograd, ce qui neutralisa toutes les tentatives de sauvetage du tsar. Kerensky collabora étroitement avec Genrikh Sliozberg, le chef du B'nai B'rith russe (Lady Queenborough, *Occult Theocracy*, 1933, p. 466).

Fin février 1917, une délégation de sionistes locaux rendit visite à l'ambassadeur Buchanan pour le remercier de sa contribution à la destruction de la monarchie en Russie (Oleg Platonov, *La couronne d'épines de la Russie : L'histoire secrète de la franc-maçonnerie 1731-1996*, Moscou, 2000, Volume 2, p. 35).

Le tsar Nicolas II était au courant de la conspiration maçonnique et connaissait les membres par leur nom, mais il n'a rien fait pour l'arrêter. Au contraire, au début de janvier 1917, il ordonna à la police de ne pas arrêter Guchkov et Kerensky (Viktor Ostretsov, *Freemasonry, Culture, and Russian History*, Moscou, 1999, p. 406). Il a continué à financer le Comité pour les industries de guerre, un nid de vipères destiné à conduire la Russie tsariste à la destruction. Un soutien financier a également été accordé à diverses organisations de gauche, la branche élargie de la franc-maçonnerie. Nicolas II est le premier exemple de la façon dont la franc-maçonnerie induit la paralysie de la pensée et l'isolement de la réalité chez les individus spirituellement faibles.

Les francs-maçons ont forcé le tsar à abdiquer le 2 mars (15 février) 1917, sous la menace que s'il ne le faisait pas, sa famille serait tuée. C'est ce qu'Anna Vyborova, une amie proche de la famille tsar, a révélé dans ses mémoires. Le tsar, qui se trouvait alors à Pskov, renonça à la couronne en faveur de son frère cadet Mikhaïl, qui allait devenir un monarque constitutionnel. Le lendemain, les francs-maçons ont également forcé Mikhaïl II à renoncer au trône. Ce fut le dernier tsar russe.

Un film documentaire anglophone de langue russe, "*The Russian Revolution*" (Moscou, 1993), admet :

> "Les politiciens, les puissants magnats de l'industrie et les membres des forces militaires qui n'ont pas pu parvenir à un accord avec le tsar ont commencé à

envisager une conspiration. Beaucoup d'entre eux, qui étaient apparemment des ennemis politiques, étaient en fait des alliés en coulisses. Ils étaient tous membres de la confrérie maçonnique Veliky Vostok (Grand Orient), fondée à Saint-Pétersbourg en 1912. Cette organisation était dirigée par le Conseil suprême, qui comptait 300 membres. En 1916, l'avocat populaire Alexandre Kerensky est nommé président du Conseil suprême. Lui et d'autres membres du Grand Orient préparaient un coup d'État contre le tsar."

Ce film a été financé par les Juifs américains Alexander Aisenberg, John Doukas et Matthew King Kaufman. Ils devaient penser que le temps était venu de dire la vérité.

Sergei Melgunov, historien russe en exil, montre comment, en février 1917, au moment du coup d'État, la branche militaire des francs-maçons était dirigée par Alexandre Guchkov, tandis que la branche civile était dirigée par Alexandre Kerensky (Melgunov, *Sur la route du coup du palais*, Paris, 1931).

Après le renversement du tsar, une commission maçonnique n'a pas été en mesure de trouver un seul document prouvant les crimes présumés du tsar (Oleg Platonov, *La couronne d'épines de la Russie : L'histoire secrète de la franc-maçonnerie 1731-1996*, Moscou, 1996, p. 271). Malgré cela, la commission a exigé son exécution. Le plan n'a cependant jamais été mené à bien. Lorsque la famille royale britannique proposa à la famille du tsar de venir en Angleterre, les forces maçonniques dirigées par Jacob Schiff s'assurèrent que la menace d'une grève générale l'empêche de se réfugier en Angleterre.

Un grand nombre de documents concernant les atrocités commises par les francs-maçons ont cependant été retirés des archives et détruits. Alexandre Kerensky, qui était membre du gouvernement maçonnique provisoire, ordonna la destruction de tous les documents répréhensibles, y compris une édition originale des *Protocoles des sages de Sion*.

Kerensky a également reçu de l'argent de l'Allemagne, une autre raison pour laquelle le gouvernement provisoire n'était pas disposé à poursuivre les bolcheviks. Kerensky a fait incarcérer temporairement Trotsky pour l'empêcher de trop parler. Il risquait de révéler la véritable source d'aide financière du gouvernement provisoire utilisée pour le programme du coup d'État. Kerensky avait l'intention de garder cette information secrète (Igor Froyanov, *Octobre 1917*, Saint-Pétersbourg, 1997, p. 81).

Le 24 mars 1917, le *New York Times* rapportait que le banquier juif Jacob Schiff avait rendu hommage à Léon Trotsky :

> "C'était la personne que nous espérions et que nous nous efforcions de former pendant toutes ces années."

Schiff (un membre dirigeant du B'nai B'rith) avait fait en sorte que Trotsky arrive aux États-Unis en janvier 1917 et qu'il puisse vivre confortablement en mettant une limousine à sa disposition.

Les Gardes rouges furent ensuite obligés de porter un médaillon autour du cou, à l'image de Trotsky (Grigori Bostunich, *Freemasonry and the French*

Revolution, Moscou 1995, p. 89).

Des banquiers internationaux de Grande-Bretagne, des États-Unis, de Russie, d'Allemagne et de France se sont réunis en Suède à l'été 1917. Ils ont convenu pour Kuhn, Loeb & Co. de déposer 50 millions de dollars dans une banque suédoise pour le compte de Lénine et Trotsky, selon Oleg Platonov.

De plus, l'avocat de John P. Morgan, Elihu Root, a versé 20 millions de dollars supplémentaires aux "révolutionnaires" via un fonds de guerre. Cet argent provenait de Jacob Schiff, comme le confirment les documents du Congrès américain du 2 septembre 1919.

Une prétendue "délégation de la Croix-Rouge" se rendit en Russie en août 1917 avec l'intention de discuter avec les dirigeants bolcheviks des derniers détails d'une prise de pouvoir des rouges. Parmi les membres de cette délégation, sept étaient médecins, les autres banquiers de New York, parmi lesquels John P. Morgan et Jacob Schiff. La délégation était dirigée par William B. Thomson, chef de la Banque fédérale de réserve de New York, qui a remis aux bolcheviks au moins un million de dollars (*The Washington Post,* 2 février 1918). Les banquiers cachaient derrière cette délégation leur véritable intention, qui consistait notamment à remettre de grosses sommes d'argent aux bolcheviks (Antony Sutton, *Wall Street et la révolution bolchévique,* Le Retour aux Sources, www.leretourauxsources.com).

Le Congrès maçonnique international qui s'est tenu à l'Hôtel du Grand Orient de France à Paris du 28 au 30 juin 1917 a souligné que la Russie représentait un obstacle pour la constitution du gouvernement mondial maçonnique. Cela a donné toute licence au Grand Orient pour détruire la Russie avec l'aide du communisme.

Après l'arrivée au pouvoir des bolcheviks, il devint vital d'interdire les critiques contre les bandits rouges. Le 28 novembre 1917, le colonel Edward Mandel House, conseiller présidentiel et franc-maçon de haut rang, envoya un télégramme au président Wilson, l'exhortant à faire taire toute critique des bolcheviks :

> "Il est d'une importance capitale que ce genre de critique soit étouffée."

Le télégramme a été classé secret et l'est resté pendant les six années suivantes.

Les livraisons d'armes aux ennemis des bolcheviks (les gardes blancs) ont été stoppées, comme l'avait prévu le marchand d'armes Basil Zaharoff.

En avril 1919, le ministère britannique des Affaires étrangères et du Commonwealth publia un livre blanc sur la Russie soviétique, dans lequel il était dit que la prise du pouvoir par les bolcheviks avait été organisée et financée par des banquiers internationaux. Il a été souligné que des criminels chinois étaient importés pour coopérer avec les agents de contrôle en vue de terroriser le peuple russe. Le livre blanc a été retiré à la hâte et remplacé par une version abrégée dépourvue de ces informations sensibles (Dr Kitty Little, *Subversive Infiltrators*

Into Westminster and Whitehall: Promotion of a Federal Europe / *Infiltrés subversifs à Westminster et Whitehall : Promotion d'une Europe fédérale*, Jamai, 1995, p. 4).

Lénine était un franc-maçon du 31ème degré (Grand Inspecteur Inquisiteur Commandeur) et membre de la loge française Art et Travail (Oleg Platonov, *La couronne d'épines de la Russie : L'histoire secrète de la franc-maçonnerie 1731-1996*, Moscou, 2000, Volume 2, p. 417).

Lors de sa visite au siège du Grand Orient, rue Cadet à Paris en 1905, Lénine écrivit son nom dans le livre d'or (Viktor Kouz-Netsov, *Le secret du coup d'État d'octobre*, Saint-Pétersbourg, 2001, p. 42). Lénine était membre de la loge la plus malveillante du Grand Orient, les Neuf Sœurs, en 1914 *(Analyste soviétique*, juin 2002, p. 12). Lénine appartenait également à la loge de l'Union de Belville.

Le franc-maçon français Rozie de la loge Jean Georges à Paris salue ses frères maçons Lénine et Trotsky *(La Libre Parole*, 6 février 1918).

Beaucoup de bolcheviks, à part Lénine et Trotsky, étaient francs-maçons : Boris Solovyov, Vikenti Veresayev, Grigori Zinoviev (Grand Orient), Maxim Litvinov, Nikolaï Boukharine (en fait Moshe Pinkhus-Dolgolevsky), Christian Rakovsky, Yakov Sverdlov, Anatoli Lunacharsky (en fait Balich-Mandelstam), Mechislav Kozlovsky (franc-maçon polonais), Karl Radek (Grand Orient), Mikhaïl Borodine, Leonid Krasin, Vladimir Dzhunkovsky, et beaucoup d'autres. Dans les archives du KGB, l'historien Viktor Bratyev a trouvé un document selon lequel Lunacharsky appartenait au Grand Orient français (Anton Pervushin, *The Occult Secret of the NKVD and the SS*, Saint-Pétersbourg, Moscou 1999, p.133).

Lors du IVe Congrès du Comintern, Lev Trotsky a annoncé que les camarades Zinoviev, Radek et Boukharine étaient francs-maçons (Viktor Brachev, *The Freemasons in Russia*, Saint-Pétersbourg, 2002, p. 439).

Avant même la prise du pouvoir en octobre 1917, Zinoviev, Trotsky et Kamenev ont visité la loge Les étudiants de Saint-Pétersbourg (Youri Begunov, *Les pouvoirs secrets dans l'histoire russe*, Moscou, 2000, p. 308).

"Ce qu'il nous faut, c'est de la haine ", disait Anatoli Lunacharsky, le commissaire du peuple chargé des affaires éducatives.

Lénine, Zinoviev, Radek et Sverdlov étaient également membres du B'nai B'rith. Cela a été confirmé par les spécialistes des activités du B'nai B'rith, dont Schwartz-Bostunich (Viktor Ostretsov, *Freemasonry, Culture, and Russian History*, Moscou, 1999, pp. 582-583).

Jusqu'à la fin des années 1990, un secret particulièrement sombre concernant Lénine était bien caché, comme le montre la correspondance entre Lénine et son camarade de parti et frère franc-maçon Grigori Zinoviev (Radomyslsky). Lénine écrivit à Zinoviev le 1er juillet 1917 :

"Grigori ! Les circonstances m'obligent à quitter Petrograd immédiatement… Les camarades ont suggéré un endroit… C'est si ennuyeux d'être seul… Rejoins-moi et passons de merveilleuses journées ensemble, loin de tout…"

Zinoviev répondit à Lénine :

"Cher Vova ! Tu ne m'as pas répondu. Tu as probablement oublié ton Gershel [Grigori]. J'ai préparé un nid douillet pour nous… C'est un endroit merveilleux où il fait bon vivre, et rien ne viendra troubler notre amour. Viens ici dès que tu peux, je t'attends, ma petite fleur. Ton Gershel."

Dans une autre lettre Zinoviev voulait s'assurer que Lénine ne couche pas avec d'autres hommes dans leur appartement. Il finit par envoyer un baiser marxiste à son Vova. Il a suggéré qu'ils ne cachent rien à la femme de Lénine, Nadezhda Krupskaya, lui rappelant la première fois qu'elle les avait découverts ensemble… (Vladislav Shumsky, *Hitlerism Is Horrible, but Zionism Is Worse / L'hitlérisme est horrible, mais le sionisme est encore pire*, Moscou, 1999, p. 479).

Ainsi, les deux frères maçonniques pratiquèrent l'amour de David pour Jonathan. Cela nous permettra peut-être de comprendre pourquoi les francs-maçons sont des partisans si volontaires de la libération homosexuelle.

En Russie, le grand-père de Lénine, le Kalouk Nikolaï Oulianov, a eu quatre enfants de sa propre fille Alexandra Oulianova (officiellement connue sous le nom d'Anna Smirnova). Le père de Lénine, Ilya, était le quatrième de ces enfants, né lorsque Nikolaï Oulianov avait soixante-sept ans (Vladimir Istarkhov, *La bataille des dieux russes*, Moscou, 2000, p. 37). Ilya Oulianov a épousé la Juive Maria Blank, dont le père, Moisha Blank, avait été accusé d'un certain nombre de crimes, dont la fraude et le chantage. La consanguinité a probablement joué un rôle très important dans la perversion de Vladimir Oulyanov-Lénine. Il était doté d'une agressivité congénitale énorme due à des lésions cérébrales importantes, il souffrait souvent de crises de nerfs et était bisexuel.

Les officiers de l'OGPU, Gleb Boky et Alexander Barchenko entre autres, appartenaient également aux francs-maçons. Beaucoup d'entre eux étaient membres de la Loge de la Fraternité des Travailleurs Communs.

Le franc-maçon Léonid Krasin a servi d'intermédiaire en se procurant de l'argent pour le Grand Orient à Paris. Il parvint à trouver des receveurs appropriés, qui achetèrent l'or et les antiquités que les bolcheviks avaient expropriés du tsar. Il était en contact avec le franc-maçon Dmitri Rubinstein, qui agissait comme grand receveur. Krasin a également reçu l'aide du général Youri Lomonosov pour exporter l'or du tsar de Russie via la capitale estonienne de Tallinn vers les banquiers étrangers qui avaient financé la montée au pouvoir des bolcheviks. Le franc-maçon Youri Lomonosov avait auparavant exercé les fonctions de vice-ministre des Transports au sein du gouvernement tsariste. Sa femme Raisa Rozen était juive. Il pouvait compter sur une confiance totale des cercles maçonniques.

Les francs-maçons soviétiques voulaient transformer le Comintern en une organisation maçonnique afin de constituer une menace plus efficace pour le reste du monde. Le grand frère oriental Zabreshnev travaillait pour la branche internationale du Comintern.

Selon l'historien russe Vasili Ivanov, la Russie s'est transformée, dès le début des années 1930, en une nation typiquement maçonnique, qui montrait clairement que la franc-maçonnerie et le socialisme étaient des branches émanant du même arbre sombre.

Vasili Ivanov a décrit la situation comme suit :

> "Pour que les idéaux maçonniques triomphent, il fallait tuer l'âme du peuple russe, arracher le peuple à son Dieu, effacer son caractère national, piétiner sa glorieuse histoire, ternir l'intellect de sa jeune génération et élever un *nouveau genre de peuple sans Dieu ni patrie* : des créatures sauvages à deux pattes qui, une fois formées, se glisseraient dans la cage maçonnée. (A. Balabukhi, éditeur, *The Occult Powers of the Soviet Union*, Saint-Pétersbourg, 1998, p. 358)

Le soutien sanglant aux communistes

Le procès-verbal dressé lors d'une réunion de la Grande Loge d'Allemagne en 1917 enregistre la déclaration suivante :

> "Lénine, anarchiste et révolutionnaire, représente l'idéal politique de la franc-maçonnerie internationale." (Archives spéciales de Moscou, 1421-1-9064 et 815 ; Viktor Ostretsov, *Freemasonry, Culture, and Russian History*, Moscou, 1999, p. 585).

En 1919, après l'accession de Lénine au pouvoir, il établit des contacts secrets avec le Grand Orient français de Paris. Alors qu'il vivait à Paris, il avait fréquemment visité la loge (Viktor Ostretsov, *Freemasonry, Culture, and Russian History*, Moscou, 1999, p. 584).

Lénine, par ailleurs ingrat, ne manifesta sa reconnaissance qu'envers ses maîtres maçonniques de Paris, qui l'aidèrent à prendre le pouvoir. En 1919, il envoya d'énormes sommes d'argent au Grand Orient pour la rénovation de l'édifice parisien, pour sa propagande et d'autres activités, tandis que des millions de Russes mouraient de faim dans les rues de Petrograd et de Moscou (Oleg Platonov, *La Couronne des épines russe : L'histoire du peuple russe au XXème siècle*, volume 1, Moscou, 1997, p. 577).

En octobre 1920, la *Libre Parole* publie des informations sur la réunion du Conseil du Grand Orient du 20 décembre 1919, tenue rue Cadet. Officiellement, la direction de la loge souhaitait garder un visage sérieux et montrer une attitude anti-bolcheviste. Le magazine rapporte que le frère Millet a admis que le Grand Orient avait accueilli avec enthousiasme la prise de pouvoir bolchevique, déclarant que grâce aux bolcheviks, le Grand Orient avait pu reconstruire le temple, le bâtiment de la loge de la rue Cadet. Le Frère Giuarte a souligné, sans plus de précision, que le mouvement bolchévique, à travers des périodes critiques, a rendu un énorme service au Grand Orient.

Le Grand Maître portugais, Sebastiao Magalhaes de Limas, était également dans les meilleurs termes avec la république bolchevique de Russie.

Le Frère Lankin de Paris a admis qu'il y avait des bolcheviks parmi les membres du Grand Orient de France, et que la loge aidait les bolcheviks dans leurs activités mondiales.

Des représentants de la franc-maçonnerie internationale venaient souvent en Russie soviétique pour discuter des questions d'actualité avec Lénine, Trotsky, Boukharine, Boukharine, Petrovski, Lounatcharski et d'autres frères maçonniques (Oleg Platonov, *La couronne d'épines de la Russie : L'histoire secrète de la franc-maçonnerie 1731-1996*, Moscou, 1996 p. 283).

La franc-maçonnerie internationale a poursuivi avec empressement la destruction bolchévique d'un pays florissant et de sa culture nationale. Le Grand Orient a contribué à répandre des mensonges sur la situation en Russie avant l'arrivée au pouvoir des bolcheviks, prétendant que le pays était dans un état misérable et que les choses s'amélioraient constamment à tous égards. Ils n'ont pas mentionné que sous la Russie tsariste, toutes les sociétés qui employaient plus de 100 personnes offraient des soins médicaux gratuits.

En 1919, le dirigeant du Conseil du Grand Orient, Lang, déclarait que le bolchevisme signifiait évolution, par conséquent il s'agissait d'un phénomène très positif.

Le 5 juillet 1843, le chef franc-maçon Ragon de la loge *Le Socialiste* à Bruxelles présenta les grandes lignes du programme d'action révolutionnaire, qui fut à l'origine du Manifeste communiste ultérieur. *Le Socialiste* s'appropria la proposition, et la plus haute autorité maçonnique belge, le Conseil Suprême de Belgique accepta à l'unanimité le programme anarchiste de Ragon :

> "comme correspondant à la vision maçonnique de la question sociale, et que le monde unifié dans le Grand Orient doit s'appliquer à réaliser" (*Bulletin du Grand Orient,* juin 1843).

Le 17 novembre 1845, Karl Marx devient membre de la loge *Le Socialiste* à Bruxelles. En février 1848, sur l'insistance de la direction maçonnique, fut publié son Manifeste communiste.

Marx et Engels étaient tous deux francs-maçons du 31ème degré (Vladimir Istrarkhov, *La bataille des dieux russes*, Moscou, 2000, p. 154).

Le professeur et franc-maçon suisse Zimmermann a déclaré lors d'une convention maçonnique à Winterthur :

> "Le marxisme est le phénomène le plus noble du XXème siècle."

D'autres francs-maçons éminents ont considéré le marxisme comme :

> "la philosophie intime de la franc-maçonnerie, les sciences sociales à destination des masses".

En 1919, le *Wiener Freimaurer Zeitung* rapportait que "les francs-maçons, émus, saluaient les drapeaux rouges du prolétariat révolutionnaire". Le franc-maçon juif Raimund Mautner désignait le marxisme comme "la franc-maçonnerie incarnée" *(Der Zirkel,* no 4, vol. 37, p. 61).

Il est donc facile de comprendre pourquoi le leader socialiste autrichien, franc-maçon et assassin politique Friedrich Adler maintenait des communications fréquentes et secrètes avec le leader maçonnique Rothschild. En 1916, Adler avait été condamné pour le meurtre du Premier ministre autrichien Karl von Sturgkh, mais il a été libéré après avoir passé une brève période en prison.

Les gardes blancs étaient voués à l'échec après l'arrivée au pouvoir des bolcheviks, puisque les gouvernements alternatifs de Kolchak, Yudenich, Denikin et Wrangel, étaient tous respectivement contrôlés dans toutes les régions par des forces maçonniques.

Les francs-maçons français avaient souvent la situation soviético-russe à l'ordre du jour de leurs réunions. Pour aider les bolcheviks à faire triompher leur propagande, ils ont planifié des mesures communes contre les tendances antisoviétiques de droite qui sévissaient en Occident (Oleg Platonov, *La couronne d'épines de la Russie : L'histoire secrète de la franc-maçonnerie 1731-1996,* Moscou, 1996, p. 297).

La plupart des francs-maçons du monde entier étaient en faveur du régime soviétique basé sur la terreur de la violence politique. Sans ce soutien, il se serait effondré. Bien qu'il y ait eu des désaccords entre les francs-maçons et les bolcheviks non informés, leur collaboration s'est poursuivie. Le Grand Orient de France condamnait les attitudes antisoviétiques de certaines loges. En 1933, le bureau international de coopération de la franc-maçonnerie accepta une résolution d'opposition à la propagande antisoviétique sévissant au sein de la loge de l'Étoile Polaire à Paris.

Certains francs-maçons, agissant en tant que révolutionnaires sociaux de gauche du parti, proclamaient qu'il n'était pas nécessaire de lutter contre les bolcheviks, car le soutien du général blanc Kolchak constituait un crime contre la Russie.

Le franc-maçon et ancien ministre des Affaires étrangères Pavel Milyukov a souligné en 1924 que les communistes évoluaient vers la démocratie, et que les exilés russes n'étaient pas autorisés à s'ingérer dans ce processus en préconisant l'anticommunisme *(Svobodnaya Rossiya,* 1924).

Lorsque les bolcheviks condamnèrent à mort certains francs-maçons russes rebelles, ces sanctions furent secrètement changées en peines de prison probatoires (Oleg Platonov, *La couronne d'épines de la Russie : L'histoire secrète de la franc-maçonnerie 1731-1996,* Moscou, 1996, p. 284).

Beaucoup de dirigeants communistes occidentaux, et surtout français, ont gardé leur appartenance maçonnique secrète. Les francs-maçons français (en particulier les membres du Grand Orient de France) ont apporté tout leur soutien aux communistes soviétiques. Le franc-maçon Richard N. Coudenhove-Kalergi, d'autre part, souhaitait établir une organisation maçonnique anticommuniste. Inutile de dire que cela ne s'est pas produit. Les socialistes constituaient la majorité des membres opérant dans les loges occidentales.

Les francs-maçons bolcheviks avaient besoin de sacrifices humains. Selon Lénine, ils sacrifiaient des gens à Moloch, comme l'a révélé le dirigeant bolchévique défait Georges Salomon (Georges Salomon, *Among Red Rulers*, Stockholm, 1930, p. 56). Le nom du démon Moloch est dérivé de l'expression hébraïque *la-molek* ("au roi"), qui est utilisée en relation avec le sacrifice.

Comment les communistes maçonniques ont-ils fait leurs sacrifices rituels — des sacrifices à Moloch ? Une pièce du siège de la Tchéka à Kiev en 1920 contenait un bassin, qui abritait autrefois des poissons rouges. Elle était remplie du sang d'êtres humains sacrifiés. Le long des murs des crochets avaient été fixés pour y faire pendre plusieurs cadavres humains. Sur les épaules des officiers, des bandoulières avaient été gravées, et les poitrines des chrétiens étaient gravées de croix. Certains avaient été écorchés, laissant des carcasses ensanglantées sur les crochets. Sur une table se trouvait un pot contenant une tête coupée dans de l'alcool. La tête avait appartenu à un homme d'une beauté saisissante âgé de la trentaine (Aleksei Shiropayev, *The Prison of the People*, Moscou, 2001, p. 75).

Quand, au printemps 1920, le conspirateur expérimenté Alexandre Guchkov réalisa que les bolcheviks n'avaient aucune intention de partager leur pouvoir avec ces francs-maçons originaires de Russie, il commença à comploter contre la Russie depuis Berlin (Oleg Platonov, *La Couronne d'épines de la Russie : L'histoire du peuple russe au XXème siècle*, volume 1, Moscou, 1997, p. 580). Cela, ne mena nulle part, puisque les francs-maçons continuèrent à soutenir le régime bandit à Moscou. La franc-maçonnerie internationale voulait certainement aider les bolcheviks à construire la fausse façade du communisme.

En 1932, le Grand Orient a convoqué une convention extraordinaire à Paris, où le président Gaston Bergier a déclaré :

> "Il nous a été rapporté en personne par notre premier frère du Grand Orient, Radek, que le gouvernement soviétique a l'intention de rester en contact étroit avec la franc-maçonnerie dans le monde entier, et qu'il nous demande d'influencer les frères américains à faire tout ce qu'ils peuvent pour persuader le gouvernement Roosevelt de reconnaître le pouvoir soviétique. C'est notre devoir moral de soutenir nos frères russes et de combattre avec eux notre ennemi commun." (Oleg Platonov, *L'histoire secrète de la franc-maçonnerie*, volume 2, Moscou, 2000, p. 113).

Pas plus d'un mois plus tard, au début de 1933, les États-Unis ont fait reconnaître le pouvoir soviétique. L'étape suivante consistait à faire légaliser l'activité des loges maçonniques par le gouvernement soviétique sur son territoire. Elles ont été autorisées à agir librement. Karl Radek (le juif Chaïm Sobelsohn), qui était déjà membre du Grand Orient français avant que les bolcheviks ne prennent le pouvoir, est nommé grand maître de la Grande Loge soviétique de *L'Étoile Polaire*.

Les dirigeants de divers mouvements révolutionnaires ont toujours été francs-maçons : Giuseppe Mazzini, Giuseppe Garibaldi, Aurelio Saffi, Agostino Bertani, Simon Bolivar (le libérateur de l'Amérique du Sud), Francisco de Miranda (un général, qui a fondé la loge *Lautaro* et est devenu généralissime au Venezuela en 1812), Francisco I. Madero, Venustiano Carranza (un général qui a mené "la révolution" au Mexique en 1913-1914), Alvaro Obregon, Plutarco Elias Calles, Jose Marti, Salvador Allende, Fidel Castro et beaucoup d'autres...

Le général Simon Bolivar (1783-1830) devient franc-maçon en Europe. Il appartenait à la Loge des métiers d'art de Cadix, en Espagne, et fut maître de la Loge des *Neuf Sœurs* (une branche du Grand Orient) à Paris en 1807. Benjamin Franklin était également membre de la même loge et en fut un temps son grand maître. À Paris, Bolivar devient membre des Templiers. Il est à l'origine de "révolutions" au Venezuela, en Équateur et au Pérou, et fonde finalement la Bolivie. En 1824, il fonde la loge Libertas N° 2 au Pérou. Bolivar a acquis les cheveux de George Washington, qu'il a envoyés à Lafayette, qui pensait en tirer un pouvoir spécial (Manly P. Hall, *America's Assignment With Destiny*, California, 1998, p. 102).

Francisco Madero était le fils d'un riche propriétaire terrien au Mexique. Il a étudié l'économie en France, où il est devenu franc-maçon. Le 5 octobre 1910, il se révolte contre le régime. En 1911, il réussit à renverser le dictateur Porfirio Diaz, avec l'aide des États-Unis. Il est ensuite devenu président du Mexique. Madero fut destitué et assassiné par le général Victoriano Huerta en février 1913.

Les millionnaires juifs maçonniques ont mené la révolution mexicaine en 1910-1917. À la fin, Plutarco Elias Calles, franc-maçon du 33ème degré, s'est assuré une position de pouvoir indirecte. En 1924, il devient président du Mexique, s'assurant que le Mexique reconnaisse le pouvoir soviétique à Moscou la même année. La fortune des Calles s'élevait à 80 millions de pesos, malgré le fait qu'il soit né dans une famille juive pauvre.

Son camarade Aron Saez (dont la fortune s'élevait à 40 millions de pesos) était un autre franc-maçon et extrémiste juif participant à la "révolution" qui n'a rien amené de positif aux Mexicains. 20 000 catholiques ont été assassinés (Louis Marshalko, *The World Conquerors*, Londres, 1958, p. 54). Pendant les quatre années de présidence de Calles, tous les biens appartenant à l'Église ont été confisqués et les prêtres se sont vu interdire d'enseigner la religion aux enfants. À partir de 1928, Calles est devenu l'éminence grise derrière trois présidents à court terme : Portes Gil, Pascual Rubio et Abelardo Rodriguez.

Un autre franc-maçon était José Marti (1853-1895), fondateur du Parti révolutionnaire cubain en 1892, qui a mené la rébellion contre l'Espagne en 1895.

Même le dirigeant communiste chinois Mao Zedong appartenait au Grand Orient (John Daniel, *Scarlet and the Beast*, volume III, Tyler, pp. 33-35). Il veillait à ce que certains frères maçonniques de haut rang à l'étranger soient constamment approvisionnés en narcotiques en provenance de Chine.

La Loge du Nord de la Chine, n° 570, a été fondée à Shanghaï en 1849. Plus tard, la branche chinoise de la franc-maçonnerie devait devenir très puissante. Une nouvelle grande loge a été ouverte dans le Temple maçonnique de Shanghaï le 18 mars 1949 avec un grand nombre d'invitations envoyées aux représentants d'autres loges. Après la proclamation de la République populaire de Chine, la plupart des loges ont poursuivi leurs activités comme si de rien n'était. La plupart d'entre elles avaient cependant déménagé à Hong Kong pour des raisons de sécurité. En 1962, le ministère chinois de l'Intérieur a exprimé le souhait que les loges s'enregistrent de la même manière que les autres organisations. Les francs-maçons n'étaient pas disposés à publier les listes de leurs membres, et ont donc préféré déménager à Hong Kong ou à Taïwan. Selon des sources maçonniques, les membres n'ont pas été persécutés en Chine communiste. Cela était probablement dû au fait que les francs-maçons étaient actifs dans les plus hauts rangs du gouvernement (entre autres choses comme conseillers).

Fidel Castro Ruz est né en 1926, fils d'un riche propriétaire terrien dans les environs de Santiago de Cuba. Les parents de sa mère Lina Ruz, qui était juive, ont émigré de Turquie. Le père de Fidel Castro, Angel Castro, est devenu millionnaire en travaillant pour la United Fruit Company des Rockefeller. Alors qu'il était étudiant à l'Université de La Havane Castro, il était aussi un hooligan notoire (Paul Johnson, *Modern Times*, New York, 1983). Fidel a rejoint l'UIR, une organisation antifasciste et anti-catholique. Il s'associe aussi aux communistes. Ses amis étaient tous communistes. Castro est alors devenu un agent du KGB.

Alors qu'il était à l'université, il a tué Manolo Castro-Campos avec Ortiz le 22 février 1948. Il a également été impliqué dans l'assassinat d'un policier Fernandez et dans l'affaire Lionel Gomez.

Castro a participé à l'invasion de la République dominicaine par Confetti Key le 20 septembre 1947, une rébellion organisée par un groupe d'étudiants terroristes. Il était armé d'une mitraillette (Hugh Thomas, *Cuba: Or Pursuit of Freedom*, 1998, pp. 814-916).

Le journaliste Gerardo Reyes a écrit dans son article "Scotland Yard Investigated Castro for Assassination" (*El Nuevo Herald*, 10 avril 2001) que Fidel Castro était considéré comme l'un des suspects dans le meurtre du leader libéral colombien Jorge Eliecer Gaitin par les enquêteurs de Scotland Yard, qui a enquêté en juillet 1948, selon Paul Wolf, un détective américain.

Castro a pris rendez-vous avec le candidat présidentiel Gaitan.

Le 9 avril 1947, à 11 heures, Castro et son associé Del Pino se sont rencontrés à la Cafétéria Colombia à Bogota avec l'assassin de Gaitan, Juan Roa Sierra, un étudiant et franc-maçon âgé de 22 ans, quelques heures avant qu'il ne tue le politicien dans une rue du centre de Bogota. L'assassinat a provoqué des émeutes qui ont fait 5000 morts. Les agents de la CIA William A. Wieland et Robottom ont gardé un œil sur les événements.

L'ambassadeur de Cuba à Washington, Octavio Belt, était présent à Bogota, et chargé de fournir un avion à Castro et aux autres terroristes communistes pour rentrer à Cuba.

Castro a obtenu son diplôme de droit en 1949 à La Havane et a ensuite travaillé comme avocat. À cette époque, il est également devenu franc-maçon. Il manquait de principes et se qualifiait lui-même de "révolutionnaire". Il puisait son inspiration dans le dictateur espagnol Primo de Rivera. Cependant, tant que l'économie cubaine était florissante, il était incapable d'y introduire le communisme.

Castro et Batista ont planifié tous les détails de la reprise de Batista de 1948 à 1950, parfois dans la villa Cookyness de Batista. Batista a été appelé un symbionte, parce que le seul but de le porter au pouvoir était en réalité d'aider Castro vers sa prise de pouvoir communiste. Castro a reçu sa formation communiste à l'ambassade soviétique de La Havane de 1948 à 1949. Le *coup d'État*[15] de Batista le 10 mars 1952 n'a été qu'une répétition d'un mauvais téléfilm.

Le 26 juillet 1953, Castro a mené une émeute armée contre le dictateur Fulgencio Batista à Santiago de Cuba, ce qui lui a valu officiellement une peine de 15 ans de prison. Il a cependant bénéficié d'une amnistie en 1955, après quoi il s'est installé au Mexique.

Exilé au Mexique, Castro obtient encore plus d'aide des communistes. Les anciens combattants des brigades rouges d'Espagne ont entraîné Castro au Mexique. La presse mexicaine les a accusés d'être des terroristes communistes. Le président socialiste Lazaro Cardenas et les banquiers londoniens les ont protégés. Cardenas leur a également fourni des armes et mis à leur disposition plusieurs fermes et maisons sécurisées où ils pouvaient s'entraîner et vivre.

Benjamin Vega a publié les interviews de Castro dans *Alerta*, un journal appartenant à Vasconcelos et Batista.

Le 2 décembre 1956, il est revenu de Tuxpan avec 82 terroristes qui ont débarqué près de Belic-Niquero, à Cuba, avec l'intention de combattre Batista avec le soutien de la CIA.

Les autorités cubaines ont surveillé le débarquement. Ils n'ont rien fait, car Fidel Castro était de mèche avec Batista.

Le siège permanent de Castro se trouvait à Hacienda Sevilla, la plus grande ferme de Cuba, dans la Sierra Maestra, à l'est de Turquino Peak. L'Hacienda Sevilla appartenait à la Standard Oil de Rockefeller.

Les Américains ont également pu approvisionner Castro à partir de Guantanamo Bay. En 1957, des navires de la marine américaine ont été pris en

---

[15] En français dans le texte, N. d.T..

flagrant délit de transport de matériel à Castro, à Caimanera-Guantanamo.

Pour justifier le fait que Batista n'utilise pas son armée de l'air pour la seule grande opération militaire de la guerre, le plan "H", Castro fit kidnapper par son frère Raúl cinquante citoyens américains dans la région. Le consul américain à Santiago le 18 juillet 1958, négocia sans autorisation avec les rebelles la libération des otages. Il a fait promettre à Batista de ne plus utiliser son armée de l'air, ce que Batista a accepté avec plaisir.

M. William A. Wieland, qui dirigeait le bureau du département d'État pour les Caraïbes à Washington, a déclaré à Earl Smith, qui était ambassadeur à La Havane en 1957 :

> "Cuba vous a été assigné pour superviser la chute de Batista. La décision a été prise : Batista doit partir." (Earl Smith, *The Fourth Floor*, New York, 1962)

Smith n'était pas un franc-maçon, et il souhaitait mettre en garde le public américain contre Castro. Il a été arrêté et le département d'État a commencé à travailler dans son dos.

Le 17 décembre 1958, lors d'une réunion avec des officiers de haut rang de l'armée qui ne faisaient pas partie du complot, Batista déclara publiquement que l'ambassadeur Earl Smith lui avait dit qu'il devait partir. La nouvelle s'est répandue à tous les commandants de garnison et a mis fin à la volonté de l'armée de se battre. Les rebelles n'avaient pas encore pris une seule garnison ou ville importante.

À La Havane, la CIA était très pro-Castro ("The Communist Threat to the USA through the Caribbean: Hearings of the Internal Security Sub-Committee, US Senate", Washington, D. C, 1959-62). Le principal avocat de Castro était Herbert Matthews du *New York Times*, qui l'a présenté comme le T. E. Lawrence des Caraïbes.

En juillet 1959, le major Pedro Diaz Lanz, de l'armée de l'air cubaine, fait une tournée aux États-Unis et révèle que Castro est un communiste. Ce fait a été tenu à l'écart des médias. Le département d'État dissimulait délibérément les liens communistes de Castro, le fait que ses partisans avaient été formés par l'Union soviétique et qu'il était en train de mener une révolution communiste.

Soudain, toutes les ventes d'armes à Cuba ont été arrêtées par la Maison-Blanche. Une cargaison de fusils a été interceptée dans le port de New York (Paul Johnson, *Modern Times*, New York, 1983). Les États-Unis n'armaient qu'un seul des camps — les "révolutionnaires" de Castro.

L'économie cubaine se détériora et le soutien à Castro s'accrut d'autant. Avant l'embargo sur les armes, il n'avait pas compté plus de 300 partisans terroristes.

Batista s'exila sur l'île de Madère (au Portugal) et mourut en Espagne au début des années 1970.

Après l'arrivée au pouvoir des communistes le 8 janvier 1959, le franc-maçon Fidel Castro a fermé les 339 loges maçonniques à Cuba qui comptaient environ 35 000 membres, à l'exception du Grand Orient, où il avait lui-même été initié dans sa jeunesse. Plus tard, il a fait rouvrir toutes les loges. En 1998, Cuba comptait 314 loges avec un total de 24 000 membres.

Après avoir pris le pouvoir, Castro a fait emprisonner 100 000 opposants. Ce n'est qu'en 1961 qu'il a introduit le communisme. Le 2 décembre 1961, Castro proclama :

"Je suis communiste depuis mon adolescence."

Après la chute du communisme en Union soviétique, Castro a exprimé son opinion qu'il valait mieux périr comme l'Atlantide que d'abolir le socialisme.

Robert Hill, ambassadeur des États-Unis au Mexique, a déclaré sous serment lors d'une audience au Sénat : "Des membres du Département d'État et du *New York Times* ont porté Castro au pouvoir." Ces personnes comprenaient Robert McNamara, Theodore C. Sorenson, Arthur M. Schlesinger, Jr, Roy Rubottom, McGeorge Bundy, J. William Fulbright, Herbert Mattews et Roger Hilsman.

William A. Wieland prétendait que les autorités et les services de renseignements militaires savaient à l'avance que Castro avait des projets pour la mise en place du communisme. Malgré cela, la presse américaine l'a dépeint comme un leader patriotique et bienveillant. Plusieurs observateurs étaient d'avis que l'opération de la Baie des Cochons du 17 avril 1961, destinée à se débarrasser de Castro, était un échec délibéré.

Earl E. Smith, ancien ambassadeur des États-Unis à Cuba, a déclaré :

"Castro n'aurait pas pu prendre le pouvoir à Cuba sans l'aide des États-Unis. Les agences gouvernementales américaines et la presse américaine ont joué un rôle majeur dans l'arrivée au pouvoir de Castro... Le Département d'État est intervenu de manière conséquente... pour provoquer la chute de Batista, permettant ainsi à Fidel Castro de prendre le pouvoir à Cuba." (Lettre à l'éditeur, *The New York Times*, 26 septembre 1979, p. A 24).

L'historien Jean Boyer a souligné que l'argent et les armes de Castro ne provenaient pas de Moscou mais des États-Unis. C'est le président Eisenhower qui a aidé Castro à prendre le pouvoir.

Castro a exploité l'aide étrangère pour devenir immensément riche. Il possède au moins 32 maisons à Cuba, dont trois à La Havane. Lui et ses biens sont gardés en permanence par 9700 gardes du corps. Il a eu au moins 14 enfants de plusieurs femmes différentes (Georgie Ann Geyer, *Guerilla Prince: The Untold Story of Fidel Castro*, Boston, 1991). La fortune personnelle de Castro est estimée à près d'un milliard de dollars. Il serait quatre fois plus riche que la reine d'Angleterre Elizabeth II.

Les États-Unis ont également cessé toute aide au président de droite du Nicaragua, Anastasio Somoza, et ont secrètement accordé tout leur soutien aux sandinistes marxistes. Avec l'aide des États-Unis, les Sandinistes ont ainsi réussi à prendre le pouvoir.

Les États-Unis ont affirmé qu'Anastasio Somoza avait établi une dictature de la terreur au Nicaragua et ont exigé la libération de prisonniers politiques innocents. La Maison-Blanche a commencé à agir frénétiquement pour renverser le président. Lorsque les Sandinistes sont arrivés au pouvoir, on a découvert que les prisons nicaraguayennes ne détenaient pas plus de 59 terroristes communistes, considérés comme des prisonniers politiques par les Américains. Après l'arrivée au pouvoir des Sandinistes le 17 juillet 1979, le monde (c'est-à-dire les francs-maçons) ne se souciait plus des dizaines de milliers de nouveaux prisonniers politiques ou du fait que 150 000 Nicaraguayens aient fui le pays pour échapper à la terreur communiste.

Somoza a ensuite affirmé dans ses mémoires que le Nicaragua avait été victime d'une conspiration internationale.

Robert Pastor, un conseiller de la Maison-Blanche pour la sécurité nationale, avait demandé à Daniel Oduber, président du Costa Rica :

> "Quand va-t-on parvenir à éjecter ce fils de pute de la présidence ?" (Anastasio Somoza et Jack Cox, *Nicaragua Betrayed*, Boston, 1980, pp. 79-80)

Le FMI (Fonds monétaire international) bloquait tout crédit au gouvernement de Somoza. Les États-Unis ont veillé à ce que les autres pays participants à un projet commun de centrale électrique s'en retirent. Le marché du café nicaraguayen fut fermé. Le Nicaragua de Somoza était ainsi coupé du monde. L'exportation de viande vers les États-Unis a également été suspendue.

Les États-Unis ont pareillement fermé le marché du pétrole du Nicaragua. Les Sandinistes savaient alors que la victoire était à portée de main (*ibid.*, p. 259). Les États-Unis ont cessé d'envoyer du matériel militaire à Managua. D'énormes sommes d'argent ont quitté le Nicaragua, empêchant le gouvernement d'acheter des armes ailleurs. Finalement, tous les marchés aux armes ont été fermés au Nicaragua par les États-Unis. L'armée nicaraguayenne manquait de munitions et n'était pas en mesure de combattre les communistes.

Les États-Unis ont immédiatement donné 75 millions de dollars d'aide au nouveau régime marxiste, ainsi que de la nourriture et des médicaments pour une valeur de trois millions de dollars. Le Congrès américain a alloué 8 millions de dollars de son fonds d'aide, l'envoyant au gouvernement communiste du Nicaragua. À l'origine, l'argent était destiné à d'autres pays (Jack Cox, Anastasio Somoza, *Nicaragua Betrayed*, Boston, 1980, p. 288).

Avant que le président Jimmy Carter n'approuve l'aide au Nicaragua, les dirigeants sandinistes ont affirmé : "Nous sommes marxistes !" Apparemment, cela ne posait aucun problème…

On savait aux États-Unis que les dirigeants communistes nicaraguayens Tomas Borge et Moises Hassan étaient des amis proches du dictateur Fidel Castro. Borge, qui était ministre de l'Intérieur, était un tueur notoire, qui avait organisé l'exécution du leader de l'opposition Bravo. Humberto Ortega était un communiste qui avait étudié à Moscou.

Après ce coup d'État, l'ex-président Somoza n'était plus le bienvenu aux États-Unis.

La contribution maçonnique à la Russie soviétique

Beaucoup trop de francs-maçons étaient heureux de travailler pour les bolcheviks. Mikhaïl Skobelev était franc-maçon et membre du gouvernement provisoire en 1917. En 1922, il est devenu bolchevique et a commencé à travailler pour le gouvernement soviétique.

L'un des dirigeants du Parti des cadets de droite, Nikolaï Nekrasov (1879-1940) avait été ministre des Transports dans le gouvernement provisoire. Auparavant, il avait occupé le poste de secrétaire général du Conseil suprême du Grand Orient en Russie. Après la démission de Nekrasov, Alexandre Kerensky, franc-maçon du 32ème degré, fut nommé secrétaire général à l'été 1916. Plus tard la même année, il céda ce poste à Alexander Galpern. Kerensky a reçu son 33ème degré aux États-Unis. Il était également membre du B'nai B'rith.

En 1918, Nikolaï Nekrasov changea son nom en Golrofsky, et commença à travailler pour les bolcheviks. Il est devenu l'un des dirigeants de l'Union Coopérative. Il a également enseigné à l'Université de Moscou. En 1921, il a été arrêté par la Tchéka, mais a été libéré de manière inattendue. Le chef de la Tchéka, Félix Dzerjinski, avait donné l'ordre : "L'enquête doit être arrêtée immédiatement." La même année, il a commencé à travailler pour l'Organisation syndicale centrale de la Russie soviétique (Platonov, *L'histoire secrète de la franc-maçonnerie*, Moscou, 1996, p. 364).

Le franc-maçon Sergei Urusov avait été ministre de l'Intérieur du gouvernement du tsar et plus tard aussi dans le gouvernement provisoire. Après la prise de pouvoir par les bolcheviks, il occupe un poste important à la Banque Nationale (*La grande encyclopédie soviétique*, Volume 56, Moscou, 1936, p. 301). Il était en fait l'émissaire des francs-maçons français.

Alexandre Manuilov était le principal de l'Université de Moscou. Il est devenu l'un des directeurs de la Banque Nationale bolchevique. Le célèbre économiste Vladimir Groman était un menchevik franc-maçon, préférant travailler pour les bolcheviks. Maximilian von Mekk s'est élevé au rang de fonctionnaire important au sein de la Commission populaire pour les transports. L'historien Mikhaïl Lemke est devenu un bolchevique dévoué et a commencé à falsifier l'histoire.

Le vice-ministre tsariste des Finances Nikolai Kutler et le vice-ministre de l'Intérieur, le général Vladimir Dzhunkovsky étaient deux autres francs-maçons de haut rang qui ont servi le communisme en travaillant pour la Tchéka. Même le président de la Douma, le franc-maçon Fiodor Golovin, a réussi à atteindre une position élevée en Russie soviétique.

Le ministre tsariste de la Guerre, le franc-maçon Alexei Polivanov, s'est joint aux bolcheviks et a servi dans l'Armée Rouge. Grigori Petrovsky, un autre franc-maçon, a été nommé commissaire du peuple pour les affaires intérieures. Il travaillait encore pour le gouvernement dans les années 1950.

Gleb Boky, le tchekiste suprême à Petrograd, protégeait ses frères maçonniques de toutes persécutions. En 1919, Boky était membre de la Fraternité commune. Au milieu des années 1920, on trouvait des francs-maçons partout dans l'administration soviétique (Platonov, *La couronne d'épines de la Russie : L'histoire secrète de la franc-maçonnerie 1731-1996*, Moscou, 1996, p. 292). Le franc-maçon de haut rang Dmitri Navashin était le conseiller de l'économie planifiée du gouvernement soviétique. Les bolcheviks étaient très prévenants avec ces frères maçonniques. Avant 1925, aucun mal ne semble leur avoir été fait.

En 1925, le général Boris Astromov, secrétaire général de la Franc-maçonnerie Autonome russe, contacta la police politique, la GPU. Dans une lettre, il souligne les objectifs communs des francs-maçons et des bolcheviks. Ce gradé militaire a été d'une aide précieuse pour établir le communisme *(ibid.,* p. 293). Astromov a souligné que le symbole communiste, l'étoile rouge à cinq branches, était un symbole maçonnique, tout comme le marteau et la faucille.

Les communistes prônaient aussi la fraternité, tout comme les francs-maçons. Les francs-maçons sont des citoyens du monde sans loyauté envers aucune nation en particulier, comme le sont les communistes. Les deux groupes prônent l'"égalité". La confiscation communiste de la propriété privée était une idée maçonnique. La franc-maçonnerie ainsi que le communisme sont enracinés dans le "mouvement" de la classe ouvrière, et l'organisation pionnière a été copiée du mouvement scout maçonnique occidental.

Astromov, le chef de la franc-maçonnerie autonome, a réalisé que si la franc-maçonnerie était légalisée en Russie soviétique, le mouvement serait empêché d'agir avec efficacité. Agir en secret était préférable. La franc-maçonnerie autonome soviétique était en fait constituée de la réunion d'un grand nombre de loges. Astromov en avait pris la direction après le décès du Grand Maître Vladimir Telyakovsky en 1924.

Janvier 1925 a vu le rétablissement de la loge de l'étoile Polaire en France pour les francs-maçons russes, avec un certain nombre de membres transférés du Grand Orient de France. La loge avait été fondée avant 1917. De nombreux terroristes notoires y étaient actifs, dont Nikolaï Avksenchev, maître en 1925-1927 et 1931, et Pavel Pereverzev (1929-1930), ancien membre de plusieurs organisations terroristes (Platonov, *La couronne d'épines de la Russie : L'histoire secrète de la franc-maçonnerie 1731-1996*, Moscou, 1996, p. 307). Avksenchev a ensuite rejoint le gouvernement provisoire en tant que ministre des Affaires étrangères. Pavel Pereverzev était ministre des Finances dans le même cabinet.

L'Étoile Polaire est devenue la première loge des exilés russes en France.

Le Grand Orient de France a permis à ses membres de se réunir à son siège à Paris.

Le 10 février 1927, le Consistoire russe devient le centre administratif de la franc-maçonnerie. À partir de 1930, le centre reçoit une aide financière de Paris.

De nombreux membres du Grand Orient, dont Teplov, Lobolensky et le comte Alexandre Orlov-Davydov, n'ont cependant pas adhéré, car à leur avis les activités de la loge renaissante étaient beaucoup trop publiques.

La Loge de la Russie Libre, fondée le 9 novembre 1931, bénéficiait de contacts très fréquents avec le sionisme international.

Vladimir Jabotinsky, un russophobe radical, appartenait à cette loge (*ibid*, p. 308).

Les organisations de réfugiés étaient également sous contrôle maçonnique. Seuls ces individus spirituellement perdus pouvaient déterminer qui était un réfugié politique russe.

Une organisation qui a commencé à agir avec empressement sous l'autorité maçonnique était l'Union des Juifs russes. Son budget était plusieurs fois supérieur à celui de tous les autres syndicats de réfugiés réunis (*ibid., p. 311*).

Les francs-maçons n'étaient pas prêts à lâcher la Russie, même après la chute du communisme. Le journaliste franc-maçon Lev Lyubimov a exposé leurs plans en 1934 :

> "Après la chute des bolcheviks, la maçonnerie se chargera de l'éducation du peuple russe." (*Vozrozjdenije*, 3 octobre 1934).

Lyubimov a ensuite quitté la franc-maçonnerie et est retourné en Union soviétique en 1948.

Après la Seconde Guerre mondiale, un groupe de francs-maçons russes en exil s'est rendu à l'ambassade soviétique à Paris pour exprimer leur soutien à l'Union soviétique. La délégation était conduite par Vasili Maklakov (maçon du 33ème degré), qui avait organisé le meurtre de Grigori Raspoutine. Les francs-maçons ont rendu hommage à Staline et l'ont piégé. Ils essayaient de rapprocher idéologiquement les émigrants russes de l'Union soviétique.

La lutte de Staline contre la franc-maçonnerie

Les francs-maçons soviétiques ont subi de graves revers à l'époque de Staline. Bien qu'ils aient encouragé Staline à frapper l'Église — l'ennemie historique dangereuse et rivale de la franc-maçonnerie — ainsi que les forces nationalistes, ils se sont retrouvés victimes de persécutions à la fin des années 1920 et au début des années 1930. Le dictateur soviétique Joseph Staline en avait assez de la franc-maçonnerie et a livré une bataille intense contre les sociétés secrètes au milieu des années 1930, même si la franc-maçonnerie soviétique avait été légalisée quelques années auparavant.

À partir de 1926, Staline exécute systématiquement les francs-maçons, puisqu'il ne fait plus confiance aux conspirateurs. Selon lui, ils avaient atteint leur but et n'étaient plus nécessaires. Les francs-maçons ont été remboursés en nature.

Leningradskaya Pravda rapporte le 5 janvier 1928 qu'"il n'y a pas très longtemps, quatre loges maçonniques étaient actives à Leningrad". Staline les a toutes fait fermer. En 1931, les Templiers de l'Union soviétique furent liquidés (Anton Pervushin, *The Occult Secrets of the NKVD and the SS*, St Petersburg, Moscou, 1999, p. 153).

Une "révolution" avait été planifiée le 25 mai 1937 à Venise par deux staliniens et francs-maçons italiens, Carlo et Nelli Rosselli, qui avaient prévu de mener 2600 terroristes dans une attaque provoquant une guerre civile. Staline voulut soudain annuler l'opération et opposa son veto à toute activité des frères Rosselli contre l'Italie. Les frères communistes ont ignoré le veto. Le NKVD, avec l'aide d'une organisation de droite, a ensuite organisé le meurtre des frères (Franco Bandini, *II cono d'ombra: Chi armo la mano degli assassini dei fratelli Rosselli / Les acteurs de l'ombre : Qui a armé les assassins des frères Rosselli ?* Rome, 1990). Carlo Rosselli était membre de la loge Italia Nuova à Paris.

C'est alors que la franc-maçonnerie internationale a pris une décision importante : l'Union soviétique doit être manœuvrée vers une guerre sanglante contre l'Allemagne (Platonov, *La couronne d'épines de la Russie : L'histoire secrète de la franc-maçonnerie 1731-1996*, Moscou, 1996, p. 298). Les francs-maçons s'assurèrent qu'il n'y ait pas de sanctions économiques à l'encontre d'un grand nombre d'Allemands. Ils voulaient qu'Hitler puisse menacer l'Union soviétique.

En 1948, le franc-maçon Igor Krovoshein, du 32ème degré, membre du gouvernement en exil, retourna en Union soviétique. Les contrôleurs ont pu révéler sa mission, et il a été arrêté et envoyé dans un camp de travail. En 1957, les frères français l'aident à rentrer en France. L'auteur maçonnique Bronislaw Sosinsky est également retourné en Russie en 1960.

Les archives maçonniques secrètes

Le Département d'État américain a initié une coopération étroite avec le Grand Orient français à la fin des années 1930, comme en témoignent les documents suivants dans les archives du Grand Orient, qui ont été confisquées et placées aux Archives spéciales de Moscou en 1945.

Dans le cadre de l'occupation allemande pendant la Seconde Guerre mondiale, les francs-maçons en France ont été touchés par de sérieux revers. Le gouvernement de Vichy, où le maréchal Philippe Pétain joue un rôle central, s'opposa à la franc-maçonnerie et fit fermer le Grand Orient en 1940. Le 13 août

1940, le maréchal Pétain fit adopter une loi exigeant la dissolution de toutes les sociétés secrètes. Les fonctionnaires appartenant aux francs-maçons ont été forcés de démissionner soit de leurs postes ou de leurs loges. Pétain fit arrêter les principaux francs-maçons (5000 au total) et les envoie dans des camps de concentration. Les conspirateurs ont cependant poursuivi leurs activités dans les camps.

Pétain en profita pour confisquer les archives des francs-maçons, qui furent remises aux Allemands. Les francs-maçons ont pris leur revanche sur lui en 1945, quand il a été condamné d'abord à mort et ensuite à la prison à vie. Quatre-vingt-seize députés maçonniques avaient voté en faveur des pleins pouvoirs à Pétain depuis Vichy (Ghislaine Ottenheimer, Renaud Lecadre, *Les frères invisibles*, Paris, 2001, p. 63).

En 1945, au château d'Altan dans le Nieder-Schlesien, l'Armée Rouge trouva 25 grands wagons de chemin de fer contenant des documents d'archives très sensibles, y compris des documents de diverses loges maçonniques en Allemagne, en France, en Belgique, en Hollande, au Luxembourg, en Pologne et en Tchécoslovaquie (Platonov, *op.cit .1*, p.3).

Ces documents d'archives ont donné une image complète du pouvoir secret exercé par la franc-maçonnerie internationale. Tout le matériel a été apporté à Moscou, où il a servi de base aux Archives spéciales de l'Union soviétique (*Osoby Arkhiv*, 0A). Le président d'avant-guerre de la Tchécoslovaquie Edvard Benes (1884-1948) s'est également révélé être un franc-maçon de haut rang. Un autre membre important du Grand Orient était Émile Vandervelde (1866-1938), ministre socialiste des Affaires étrangères de Belgique, qui représenta son pays à la Société des Nations en 1925-1927. Il a été président du Bureau Socialiste International (1900-1920) et de l'Internationale Socialiste des Travailleurs (1929-1935).

Avec l'aide des archives maçonniques secrètes, Staline a pu faire chanter plusieurs politiciens maçonniques occidentaux qui craignaient d'exposer leurs activités louches.

Le juif extrémiste Andrei Kozyrev (en fait Aaron Friedman) qui, après la chute du communisme, devint ministre des Affaires étrangères russe organisa la restitution des documents maçonniques secrets au centre maçonnique de Paris. Le 20 mai 1994, la Russie a remis plus d'un million d'actes secrets à la France. Selon le bibliothécaire du Grand Orient, Pierre Mollier, c'était "bien plus qu'un cadeau de Noël". Ces documents contenaient des informations importantes sur la conspiration maçonnique mondiale. L'historien russe Oleg Platonov a réussi à copier plusieurs de ces documents avant leur départ de Russie.

Freemasonry Today (janvier 2002) a écrit sur ces documents :

> "Le 14 juin 1940, l'armée allemande entre à Paris et prend le même jour le contrôle des bâtiments du Grand Orient, rue Cadet, située au centre de la ville... Le 1er juillet 1940, le ministre allemand des Affaires étrangères, Alfred Rosenberg, informe Martin Borman que de "grands trésors" ont été découverts dans les locaux

maçonniques occupés. Des équipes ont été dépêchées sur place pour saisir les documents relatifs au fonctionnement du Grand Orient, le plus grand corps organisé de la franc-maçonnerie française. Ils ont saisi des documents historiques précieux, ciblant spécifiquement les dossiers couvrant les relations extérieures du Grand Orient depuis le milieu du XIXème siècle, et une attention particulière a été accordée aux années précédant immédiatement le déclenchement de la guerre de 1939... Les archives ont été transportées en Allemagne."

La franc-maçonnerie joue le même rôle dans la société occidentale que le Parti communiste en Union soviétique. Sans appartenir à la franc-maçonnerie, il n'y a aucune chance raisonnable d'une carrière rapide, peu importe à quel point on a du talent. Les francs-maçons contrôlent complètement la science et influencent la vie culturelle dans une certaine direction (Robert Lomas, *Freemasonry and the Birth of Modern Science*, Gloucester, Massachusetts, 2002). La vie culturelle actuelle est ainsi devenue pratiquement inconsciente. Nous avons assisté au début de la sénilité culturelle. Beaucoup de cinéastes médiocres n'ont pu faire une carrière que grâce à leur appartenance maçonnique : John Ford, John Huston, William Wyler, Peter Sellers, Charles Chaplin et autres. Le réalisateur soviétique et faussaire de l'histoire, Sergei Eisenstein, était aussi franc-maçon. Il appartenait à la Loge Stella, fondée en 1920, à l'époque soviétique. Selon l'éminent réalisateur russe Andrei Tarkovski, Eisenstein ne connaissait même pas le langage du cinéma.

Le 20 mars 1936, tous les documents Illuminati furent confisqués par les national-socialistes allemands. Tout le matériel des archives a été transféré à Moscou en 1945. Quelque 1400 mètres de documents d'archives ont ensuite été restitués à l'Allemagne de l'Est et à la Stasi.

Depuis 1989, les documents maçonniques des Archives spéciales de Moscou sont disponibles pour étude. Les archives contiennent également le tronc suédois, le *Schwedenkiste*, qui a joué un rôle important dans l'histoire de la franc-maçonnerie. La boîte contient des lettres et des documents appartenant à l'Ordre des Illuminati, fondé par Adam Weishaupt en 1776, et qui infiltra systématiquement les loges maçonniques de l'époque. De nombreux francs-maçons de premier plan ont été des Illuminati, et l'histoire de l'Ordre Illuminati est considérée comme une partie importante de l'histoire de la franc-maçonnerie dans son ensemble.

La partie suédoise est d'un grand intérêt. Johann Christoph Bode, frère principal des Illuminati, mourut à Weimar en décembre 1793. Bode avait été recruté par Knigge à Wilhelmsbad à l'été 1782. Bode avait également accès à la partie la plus importante de la correspondance Illuminati à Gotha et Weimar. Ces documents ont été conservés en lieu sûr par l'illuminatus de haut rang Ernst Duke von Gotha. Après sa mort en 1804, ses propres papiers et les archives de Bode ont été retournés à la Grande Loge de Suède, comme le duc von Gotha n'était pas convaincu qu'ils seraient à l'abri de publication si elles étaient conservées par une loge allemande. Le roi maçonnique de haut rang Charles XIII de Suède lui a assuré que les documents ne parviendraient jamais au public. En 1880, le duc Ernst II (petit-fils d'Ernst von Gotha) demanda que les documents des Illuminati soient restitués à l'Allemagne. Trois ans plus tard, les archives contenant 20 volumes de documents associés devinrent la propriété de la loge Ernst zum Kompass Lodge à Gotha. En 1909, l'historien Carl Lepp a nommé le matériau *Schwedenkiste*. Léopold Engel, le grand maître juif des Illuminati, a utilisé le matériel *Schwedenkiste* lorsqu'il a publié son livre sur l'Ordre Illuminati. René le Forestier, qui n'était pas franc-maçon, a également fait référence à ce matériau.

Plus tard dans les années 1920 et 1930, cependant, les instructions du duc ont été suivies, et le matériel sensible n'a pas été publié. Aucune de ces informations n'a été divulguée à la presse, même si une grande quantité d'informations a atteint la partie maçonnique contrôlée de la presse à ce moment-là.

L'influence cachée

Dans son livre *Le club des Jacobins sous la Troisième République*, Paris, 1900, l'historien français Paul Nourrisson a montré comment toutes les lois étaient discutées au Grand Orient avant d'être adoptées au Parlement.

Jean Bidegain a publié un extrait d'un protocole maçonnique dans son livre *Masques et Visages Maçonniques : Documents inédits* (Paris, 1906, p. 187) :

> "Le franc-maçon Schwander était d'avis que la maçonnerie devait étendre sa main protectrice sur le mouvement socialiste."

Mais il a souligné qu'il était important pour la franc-maçonnerie de ne pas se compromettre par ces procédures furtives. Selon Bidegain, la franc-maçonnerie soutenait une association très secrète, la Chevalerie de Travail, qui endoctrinait ses membres avec un socialisme très militant. Bidegain a souligné que toute la politique est régie par l'ordre maçonnique, ce qui ne favorise pas le développement de l'humanité mais seulement les intentions secrètes des francs-maçons. Ces intentions finiront par détruire les traditions qui créent l'harmonie dans toute société (Sofia Toll, *Les Frères de la Nuit*, Moscou, 2000, p. 347).

Le 24 octobre 1883, sous le signe du Scorpion, 17 Illuminati socialistes acceptent de fonder la Société de la Vie Nouvelle à Londres. Le 7 novembre 1883, un groupe se réunit pour discuter de la formation d'une société nouvelle et potentiellement influente. Le groupe fut divisé en deux factions, et le 4 janvier 1884, l'une d'elles fonda la Fabian Society. Le 25 janvier, J. G. Stapleton fut nommé comme son premier président. Le but de la société était une introduction lente et secrète du socialisme, d'où son nom, tiré du chef militaire romain Quintus Fabius Maximus Cunctator (Le retardateur). Grâce à une manœuvre astucieuse, il a vaincu l'armée beaucoup plus importante d'Hannibal. L'autre faction a poursuivi ses activités pendant encore quinze ans sous le nom de *The Fellowship / La fraternité*.

En mai 1884, le journaliste maçonnique George Bernard Shaw en devient membre. (Il a reçu le prix Nobel de littérature en 1925.) Il a été relativement vite promu à l'un des principaux postes de la Fabian Society. Sa maîtresse Florence Farr était membre de l'Ordre de l'Aurore Dorée. Shaw a suggéré de ne jamais appeler le socialisme par son vrai nom, afin de ne pas effrayer les gens. Il s'est qualifié de socialiste marxiste.

En mars 1885, le franc-maçon Sidney James Webb (1859-1947) en est devenu membre, et l'année suivante Graham Wallas, un autre franc-maçon, les a également rejoints. Shaw, Webb, Wallas et Sidney Olivier ont été appelés "les quatre grands". Sidney Webb a fondé la London School of Economics en 1895. Elle a reçu des contributions économiques des banquiers maçonniques Rothschild, Julius Wernher et Ernest Cassel. En 1912, Webb fonde un périodique propagandiste, *The New Statesman*. Il se retrouve plus tard parmi les dirigeants du Parti travailliste.

Les autres membres de ce groupe étaient les francs-maçons Edward Pease, Havelock Ellis, Frank Podmore, Annie Besant, John Galsworthy, R. H. Tawney, G. D. H, Cole, Harold Laski, Israel Zangwill, et Israel Cohen.

Le fabianisme s'est également répandu dans d'autres pays, notamment aux États-Unis et en Australie, ainsi qu'au Canada, en Nouvelle-Zélande, au Danemark, en Allemagne, en Espagne et en Inde. Aux États-Unis, le Fabianisme le plus influent fut Dean Acheson, qui en 1933 fit tout ce qu'il put pour persuader les États-Unis de reconnaître l'Union soviétique.

L'écrivain, franc-maçon et agent de renseignements Herbert George Wells est devenu membre en février 1903. Wells était un franc-maçon comme l'a précisé le magazine *The American Mason* (octobre 2001, p. 24). La Grande Loge du Minnesota confirme également l'adhésion de Wells. Wells souhaitait agir plus ouvertement et plus intensément et a suggéré que le nom soit changé pour adopter celui plus évocateur de *The British Socialist Society*. Les dirigeants du complot n'approuvèrent pas cette suggestion et, en 1908, il quitta le groupe.

Le but secret de ce groupe était d'établir une société socialiste athée, et sans classe, qui préparerait la voie à la victoire finale du communisme. En 1891, le groupe se joignit à la Deuxième Internationale, créée par les francs-maçons dans le but de transformer l'Angleterre en un pays socialiste.

En 1890, les Fabians quittent le Parti libéral. Par la suite, ils ont aidé à fonder le Comité de représentation des travailleurs, qui en 1906 est devenu le Parti travailliste, pour finir par reprendre en 1918 toutes les idées principales de la Fabian Society.

En 1946, la Fabian Society comptait 8400 membres, dont Bertrand Russell (Pandit) Motilal Nehru, père du premier Premier ministre indien Jawaharlal Nehru, Ramsey MacDonald (Premier ministre britannique 1924, 1929-35), Julian Huxley, Aldous Huxley et John Maynard Keynes. Un de ses membres était aussi Harold Wilson, qui est devenu plus tard Premier ministre. Près de la moitié des députés travaillistes étaient des Fabiens.

Le siège social de la société se trouve au 11 Dartmouth Street à Londres. Il publie *The Fabian Journal* et *The Fabian News Magazine*. Les fabianistes exigent une nationalisation totale de l'activité industrielle.

En septembre 1902, les Fabians Beatrice et Sidney Webb forment un club d'élite, les Coefficients, qui se réunissent une fois par mois à l'hôtel St Ermin's à Londres pour un dîner, généralement composé de 10 à 14 personnes. Plus tard cette année-là, H. G. Wells est devenu un membre éminent. Les autres membres étaient les francs-maçons Richard B. Haldane, Lord Robert Cecil, Lord Edward Grey, Bertrand Russell, Lord Alfred Balfour et Lord Alfred Milner. Haldane, Cecil, Grey et Millner étaient ministres du gouvernement libéral pendant la Première Guerre mondiale. L'idéologue en chef du groupe des Coefficients était Wells.

Beaucoup de ces messieurs étaient membres de la Loge Illuminati, la Table Ronde britannique, aussi appelée le Cliveden Set, d'après le nom du siège de la famille Astor. Lord Waldorf Astor était un puissant magnat de la presse (propriétaire notamment du *The Times*). Cette organisation maçonnique, fondée et financée par le franc-maçon Cecil Rhodes (Apollo University Lodge N° 357, et Prince Rose-Croix de la Loge N° 30), le 5 février 1891, ne cachait pas son soutien à Lénine et Hitler. Cette organisation d'élite comprenait également des membres tels que Rudyard Kipling, Arthur Balfour et Lord Rothschild. Après la mort de Rhodes en 1902, Lord Alfred Milner a été désigné comme son nouveau chef.

De la Table ronde sont nées un certain nombre d'autres organisations : en 1919, l'Illuminati Royal Institute of International Affairs (RIIA) à Londres ; en 1921, le Council on Foreign Relations (CFR) à New York ; en 1925, l'Institute of Pacific Relations (IPR). L'idéologue le plus important de la Table ronde américaine était le journaliste Fabian Walter Lippmann.

L'illuminatus défectueux, le professeur Vitus Renner, témoigne sous serment le 7 avril 1785 :

> "Les Illuminati ne craignent rien de plus que d'être reconnus sous leur nom véritable. Ils se cachent sous le manteau de la franc-maçonnerie."

Le porte-parole international de cette conspiration était H. G. Wells. En 1884, il avait reçu une bourse pour étudier à la Normal School of Science à South Kensington, où pendant trois ans, son professeur fut Thomas H. Huxley, un fervent défenseur des fausses doctrines de Darwin. Wells a souligné sa contribution décisive à l'affaiblissement du concept de Dieu.

Après la Seconde Guerre mondiale, les fils de Huxley, Aldous et Julian, ont énormément contribué au lavage de cerveau de la jeune génération avec de la musique rock, du sexe et de la drogue, ce qui a permis d'obtenir un contrôle social plus largement étendu. Wells a plus tard désigné Hitler comme son frère jumeau en esprit.

Dès 1855, le socialiste maçon Alexander Herzen observait :

> "Il est possible d'égarer toute une génération, de l'aveugler, de l'émousser et

de l'orienter vers des mauvais buts… " (Alexander Herzen, *From the Other Shore*, Tallinn, 1970, p. 130).

Pendant la Première Guerre mondiale, Wells a dirigé le service de propagande du service de renseignement britannique. Il a été conseiller en matière de développement d'équipements militaires pendant les deux guerres mondiales.

En 1901, Wells publia Anticipations of the Reaction of Mechanical and Scientific Progress on Human Life and Thought / Anticipations de la réaction au progrès mécanique et scientifique sur la vie et la pensée humaines, où il introduisit pour la première fois l'idée d'une "conspiration ouverte" menant à un "État mondial avec une langue et un gouvernement unique".

Wells a exigé que les moins dignes et méritants soient tués. L'élite doit décider qui est le moins digne. Wells a écrit :

> "Pour une multitude de créatures méprisables et stupides, motivées par la peur et impuissantes autant qu'inutiles, malheureuses ou haineuses, heureuses au milieu d'un déshonneur sordide, faibles, laides, inefficaces, nées de convoitises débridées, de l'incontinence et de la stupidité, les hommes de la Nouvelle République auront moins de pitié et de bienveillance".

Wells a souligné :

> "Ils soutiendront, je l'anticipe, qu'une certaine partie de la population — la petite minorité, par exemple, affligée de maladies contagieuses, de troubles mentaux transmissibles, de ces hideuses habitudes incurables de l'esprit, comme le besoin d'intoxication. — n'existe que par la souffrance, par pitié et patience, et dans l'idée qu'elle ne se propage pas ; et je ne prévois aucune raison de supposer qu'ils hésiteront à tuer quand cette souffrance sera devenue intolérable…
>
> Ils auront un idéal qui fera que tuer en vaudra la peine ; comme Abraham, ils auront la foi de tuer, et ils n'auront pas de superstition au sujet de la mort… Tous ces meurtres se feront avec un opiacé…
>
> Si des peines dissuasives sont utilisées dans le code du futur, la dissuasion ne sera ni la mort, ni la mutilation du corps, ni la mutilation de la vie par l'emprisonnement, ni aucune chose horrible comme cela, mais une bonne douleur causée scientifiquement, qui ne laissera qu'un souvenir." (Wells, *Anticipations of the Reaction of Mechanical and Scientific Progress Upon Human Life and Thought*, Londres, 1901, pp. 299-300)

En 1905, il publie son livre *Une utopie moderne*. Wells était d'avis que la conspiration pourrait très bien être rendue publique, par opposition aux complots secrets des francs-maçons français.

Dans son essai *The Open Conspiracy: Blueprints for a World Revolution* (Londres, 1929), Wells expose les principales caractéristiques de cette entreprise maçonnique :

• Le contrôle des ressources naturelles de la planète
• La réduction de la population mondiale par la guerre
• Le remplacement d'un ordre mondial multipolaire, composé de nations souveraines, par une dictature mondiale unipolaire.

Wells pensait que l'existence même des États nationaux conduirait inévitablement à la guerre et qu'il valait donc mieux les éliminer. Une race suprême établirait le nouvel état du monde. Cette nouvelle prêtrise serait composée des "conspirateurs ouverts".

Tout cela s'inscrit dans les objectifs du Grand Orient, tels qu'ils ont été publiés en 1982 dans leur magazine :

> "Le concept de race s'est révélé irréel grâce aux découvertes de la biologie ; les concepts de frontières, annihilés par le développement des communications ; le concept de classe, affaibli par le progrès de l'égalité ; tous ces concepts dépassés devraient être abolis afin d'intégrer pleinement l'homme dans un cadre universel.
>
> Telle est, en effet, la grande révolution des temps modernes, la vraie révolution, qui demeure et dont le Grand Orient de France ne peut pas se détacher, s'il veut rester fidèle à ses propres principes." *(Humanisme,* novembre 1982, p. 84).

Wells a souligné que les idées et la moralité doivent être contrôlées de manière à ce que les gens souhaitent "volontairement" la mise en place du Nouvel Ordre Mondial, ce "complot ouvert", qui doit être introduit pas à pas.

La "conspiration ouverte" est planifiée comme un réseau insidieux, un système imbriqué, se développant comme une nation à l'intérieur de la nation, éventuellement pour abolir cette même nation et établir un gouvernement mondial. Ce réseau doit agir comme "une sorte de société secrète ouverte… une maçonnerie libre, informelle et ouverte". Elle influence et dirige le gouvernement existant de toutes les façons imaginables. La "conspiration ouverte" se fonde sur les idées de Darwin.

Wells insistait :

> "Toutes ces valeurs et attitudes obsolètes avec lesquelles nos esprits sont encombrés doivent être effacées si l'on veut que la nouvelle foi soit libre. Nous devons les éliminer non seulement de notre esprit, mais aussi de l'esprit des autres qui deviendront nos associés."

Wells a estimé qu'il était nécessaire que la "conspiration ouverte" utilise une sorte de lavage de cerveau chez les jeunes, afin de créer de "meilleures" personnes à l'aide de la psychologie de masse. Il appelait ce processus une "lutte culturelle".

L'idée de la conspiration ouverte, selon Wells, est de tuer l'âme humaine, de détruire la conscience et la moralité humaines et de transformer les êtres humains en créatures sans volonté. La conspiration ouverte ôterait à l'homme sa valeur, car elle le priverait de liberté et ferait de lui un sujet d'un empire mondial. La conséquence de cette conspiration serait de réduire la capacité cognitive de l'homme à voir à travers l'horrible folie des psychopathes maçonniques.

Les gens suivent les francs-maçons comme s'ils étaient enchantés, comme l'équipage suivait le capitaine démoniaque Achab, qui complètement dissocié de la réalité, poursuivait fanatiquement la baleine blanche fantomatique, Moby Dick. Finalement, il finit par laisser périr le navire, car la plupart des membres de l'équipage n'osèrent pas interroger Achab et la minorité ne put lui résister. Ils étaient tous enchantés.

Wells a admis :

> "Le complot ouvert n'est pas tant un socialisme qu'un rejeton plus complet, qui a assimilé tout ce que ses ancêtres socialistes ont pu concevoir."
> "La "conspiration ouverte" n'est pas tant un idéal de socialisme qu'un plan plus vaste qui a dévoré et digéré tout ce qui était utile à ses ancêtres socialistes."
> (*The Open Conspiracy* / *La conspiration ouverte*).

Le plan de Wells a été mis en œuvre de façon effrayante au cours des 75 dernières années dans la plupart des pays de l'OCDE. Wells croyait ardemment à la "mondialisation", l'objectif le plus destructeur des Illuminati. Aujourd'hui, la conspiration ouverte des Fabiens est menée par le membre de la Société et le Premier ministre britannique Tony Blair.

Les réunions secrètes des Illuminati étaient appelées des synodes. Ceux qui, au sein d'un même district, ont atteint le degré moyen, les époptes, constituent un synode. Chaque district compte neuf époptes. Leur travail consiste à faire de la propagande, c'est-à-dire à créer et à manipuler l'opinion publique. D'après la constitution de Weishaupt ceux qui appartiennent au degré d'épopte dirigent l'opinion publique. Au nom de la science, les Illuminati cherchent à bouleverser le monde. Les époptes agissent comme des apôtres. Ceux qui obtiennent le diplôme doivent avoir abandonné leur foi en Dieu (Augustin Barruel, *Mémoires pour servir à l'histoire du jacobinisme*, Hambourg, 1798-1799). Wells était l'un de ces époptes.

Ensuite, il y a bien sûr les degrés supérieurs: Initié du Sanctuaire de la Gnose, Rex Summus Sanctissimus, Frater Superior, et Chef extérieur de l'Ordre (12ème degré). Au-dessus d'eux se trouve le Conseil suprême de l'Ordre, dont les membres sont appelés aréopage. Leur président est le roi secret des Illuminati, dont le nom et la résidence ne sont connus que des aréopages. Les aréopages sont la classe invisible, la partie cachée de la conspiration.

Si, en raison des activités criminelles d'un membre Illuminati, il y a un risque que des secrets de l'ordre tombent entre de mauvaises mains, il doit se suicider. La direction exige le suicide dans de tels cas. Pour protéger les secrets de l'ordre, l'adepte Serge du Portugal, s'est tué dans les années 1790. Weishaupt l'a souligné : "Aucune puissance mondaine ne peut sauver celui qui nous trahit."

Les francs-maçons avaient besoin d'une organisation internationale, capable de contrôler toutes les nations. Elle a été créée le 28 avril 1919 à Paris sous le nom de Société des Nations à l'initiative des francs-maçons Woodrow Wilson et Jan Christiaan Smuts (1870-1950, Premier ministre d'Afrique du Sud 1919-1924), et était à l'origine dirigée par les francs-maçons James Eric Drummond (libéral anglais polytechnicien, 1876-1951), et Joseph Avenol (1879-1952). Sa charte est entrée en vigueur le 10 janvier 1920. Selon sa propagande, la Société des Nations mettrait fin à toutes les guerres.

L'élite maçonnique avait été à l'origine de la Première Guerre mondiale, qui dura quatre ans, trois mois et onze jours. Huit millions de soldats ont été tués, une vingtaine de millions de civils sont morts de maladies et de famines, ce qui provoqua des bouleversements sociaux considérables. Vingt millions de soldats ont été grièvement blessés et trois millions finirent handicapés ou estropiés à vie. La guerre coûtait 100 millions de dollars par jour. Pendant que les gouvernements francs-maçons orchestraient le conflit, les hommes d'affaires anglais vendirent de la nourriture aux Allemands, prolongeant ainsi la guerre de plusieurs années. Les livraisons étaient effectuées par des intermédiaires scandinaves.

L'élite maçonnique proposa plus tard sa solution, la Société des Nations, qui établirait officiellement la paix et la coopération entre les nations du monde, tout cela n'était qu'une ruse pour préparer l'instauration d'un gouvernement mondial.

La Convention de la Grande Loge de France de 1922 admettait que la Société des Nations conduirait à la formation des États-Unis d'Europe et d'une fédération mondiale (Vasili Ivanov, *L'Intelligentsia russe et la Franc-maçonnerie de Pierre Ier à nos jours*, Moscou, 1997, p. 476).

La tentative a été un échec. Le 25 septembre 1919, le Sénat américain a voté contre l'adhésion à la Société des Nations. Quand le président Wilson a été informé, il a fait une dépression nerveuse. Peu de temps après, il a subi un accident vasculaire cérébral qui a paralysé le côté gauche de son corps. Le 19 mars 1920, le Sénat a de nouveau voté contre l'adhésion des États-Unis à cette Société des Nations, prélude à la formation d'un gouvernement mondial totalitaire.

L'Allemagne constituait le principal obstacle à la réalisation des plans de la Table ronde britannique pour un gouvernement mondial dirigé par Londres et New York.

Lord Lionel Rothschild était un membre tout-puissant de la Table ronde, qui a financé à la fois Cecil Rhodes et le leader de la franc-maçonnerie britannique, Alfred Milner. De cette façon, ils ont pu construire leur empire minier (à travers la DeBeers Consolidated) en Afrique du Sud. Rothschild était satisfait de Milner et l'a donc nommé président du conseil d'administration de Rio Tinto Zinc.

Avant la Première Guerre mondiale, un franc-maçon de haut rang, René Viviani (1863-1925), occupait le poste de Premier ministre de la France. Après la guerre, il représenta la France à la Société des Nations. En 1925, l'éminent franc-maçon (du Grand Orient) et chef des radicaux français, Léon Bourgeois (1851-1925), devient chef de la délégation française à la Société des Nations (Pierre Mariel, *Les Francs-Maçons en France*, Paris, 1969, p. 204).

La Grande-Bretagne était également gouvernée par de puissants francs-maçons occupant de hautes fonctions politiques, dont Lord Alfred Milner (1854-1925), secrétaire conservateur à la guerre dans le cabinet de Lloyd George en 1918-1925 et secrétaire des colonies en 1919-1921, ainsi que délégué à Versailles en 1919. Pendant la Première Guerre mondiale, il a fait partie du cabinet de guerre de la coalition.

En 1936, un délégué du Grand Orient posa une question lors d'un discours à Paris : "Est-il juste d'utiliser la bonté pour lutter contre le mal ?" Au contraire, rien n'était plus dommageable à son avis. Le mal est défini par tout ce qui n'est pas bénéfique pour les intérêts des francs-maçons et du Grand Orient en particulier, même si cela peut favoriser le développement spirituel de l'humanité.

Le 1er mars 1931, le franc-maçon de haut rang Gabriel Terra devient président de l'Uruguay. Deux ans plus tard, il établit une dictature de droite qui dura jusqu'au 19 juin 1938. Sans le soutien des loges américaines, son règne n'aurait pas été possible.

Les Archives spéciales de Moscou contiennent des documents qui montrent que le B'nai B'rith (Fils de l'Alliance) est supérieur à toutes les autres branches de la franc-maçonnerie, qu'il constitue en fait une sorte de franc-maçonnerie dans la franc-maçonnerie. Les 1090 loges du B'nai B'rith n'ont pas de noms, seulement des numéros. Le président du B'nai B'rith International est Richard D. Heideman.

Le B'nai B'rith a été fondé sous le nom de *Bundesbriider* par douze francs-maçons juifs allemands le 13 octobre 1843 au café Saint-Germain à New York. Seuls les Juifs et les demi-juifs sont admis dans l'Ordre. La loge américaine du B'nai B'rith travaille en étroite collaboration avec les Illuminati. Le B'nai B'rith est représenté à l'ONU depuis sa fondation ("*Lexikon des Judentums*").

Un accord a été signé le 12 septembre 1874 à Charleston entre le B'nai B'rith et le Conseil Suprême du Rite Écossais, concernant leur coopération étendue et la formation d'une confédération générale de loges israéliennes. Les signataires de ce document étaient Armand Levi et Albert Pike, alias Limud Enhoff, son nom maçonnique, grand maître du Palladium. Dans son édit, publié à l'occasion de cet accord, Pike a déclaré que l'année était en fait 874 (Oleg Platonov, *La couronne d'épines de la Russie : L'histoire secrète de la franc-maçonnerie 1731-1996*, Moscou, 2000, Vol. II p. 102).

En Union soviétique, le B'nai B'rith agissait ouvertement dès 1988. En mai 1989, la revue juive l'*Arche* a rapporté la visite à Moscou d'une délégation de 21 membres de la branche française du B'nai B'rith du 23 au 29 décembre 1988. Le président, Mac Aron, fonda une loge qui comptait bientôt 63 Juifs russes, dont les financiers Vladimir Gusinsky, Mikhaïl Fridman et Mikhaïl Khodorkovski, et l'homme politique Grigori Yavlinski (Oleg Platonov, *La Russie au pouvoir de la franc-maçonnerie*, Moscou, 2000, p. 25). Le B'nai B'rith a établi des loges à Saint-Pétersbourg, Kiev, Odessa, Nijni Novgorod et Novossibirsk.

Beaucoup de choses dépendent du soutien du B'nai Brith, entre autres si un pays est autorisé à devenir membre de l'OTAN. C'est ce qui a été clairement indiqué le 13 septembre 2002, lorsque les dirigeants du B'nai B'rith et du Comité juif aux États-Unis ont promis au président letton Vaira Vike-Freiberga, en visite aux États-Unis dans le cadre de ses travaux, qu'ils soutiendraient l'adhésion de la Lettonie à l'OTAN. Henry Kissinger a également rencontré le président letton afin de discuter de l'expansion de l'OTAN. Le représentant du B'nai B'rith Saul D. Joftes a déclaré en 1969 que le but du sionisme (et donc de ses organisations, y compris le B'nai B'rith) est d'obtenir un contrôle mondial avec l'aide d'un gouvernement mondial (*Washington Observer,* 12 décembre 1969).

Les francs-maçons infiltrent des mouvements idéologiques extrêmes ou en créent de nouveaux, se dressent les uns contre les autres et atteignent ainsi leurs objectifs de changement social. En même temps, ils tentent, par le biais de clubs exclusifs, de contrôler et de gouverner l'élite de la société, qui ne lui pas encore affiliée.

Le Rotary International, par exemple, est entièrement entre les mains des francs-maçons. Ce mouvement a été fondé à Chicago en mars 1905 par le franc-maçon Paul Harris, qui appartenait également au B'nai B'rith. Les deux tiers des membres du Comité français du Rotary étaient des maçons dès les années 1930. De 1933 à 1934, le président du Rotary club français était Ulysse Fabre, qui était en même temps grand maître de la loge Orange de la Cité Future, selon le registre du Grand Orient. Les périodiques maçonniques ont loué les activités des clubs Rotary, car ceux-ci sont très utiles pour la franc-maçonnerie. En 1952, le mouvement comptait un million de membres répartis dans 7650 clubs dans 84 pays. En Suède, le Rotary compte 30 000 membres officiants au sein de 522 clubs. Aujourd'hui, le Rotary est également présent en Russie. Le célèbre réalisateur Stanislav Govorukhin est membre de ce club exclusif. Le Rotary est également actif en Estonie aujourd'hui (12 clubs avec près de 400 membres).

Il existe également plusieurs autres groupes ou clubs similaires tels que les Lions et Le Cercle. Le Lions International a été fondé en 1917 par Melvin Jones, un membre du B'nai B'rith. En 1968, les Lions comportaient 470 000 "frères" aux États-Unis et 160 000 dans le reste du monde, sur un total de 17 441 clubs.

Le Bohemian Club a été fondé en 1872 à Monte Rio, dans le comté de Sonoma, à 75 miles au nord de San Francisco. Ce club a été infiltré et transformé en confrérie. Le 15 juillet de chaque année, plusieurs dizaines de dirigeants participent à un rituel, vêtus en "prêtres" en tenue de robe rouge Illuminati, gardiens du feu, vénérant une chouette en pierre énorme comme Moloch. Ils pratiquent ensuite la magie en brûlant une effigie. Une torche de la lampe de la Communauté est utilisée pour allumer le feu.

Ce club d'élite de Grove Camp rappelle l'espace clos, comme le faisait la nomenclature soviétique. Il compte 2700 membres masculins, parmi lesquels Henry Kissinger, George Schultz (ancien secrétaire d'État), Helmut Schmidt, Tom Clausen, directeur de la Banque mondiale, Caspar Weinberger (ancien secrétaire à la Défense), Paul Volcker (ancien président de la Réserve Fédérale), Gerald Ford, George W. Bush, président des États-Unis, Colin Powell (membre du CFR) et d'autres personnalités importantes sur la scène politique.

George W. Bush est également membre de la loge secrète Skull and Bones et du Hillbilly Camp. Il ne faut pas s'étonner que George W. Bush ait nommé son "frère" Colin Powell secrétaire d'État. Tous s'acquittent avec empressement des frais d'adhésion de 2500$ et de la cotisation annuelle de 600$.

Le 15 juillet 2000, le documentariste Alex Jones et son associé Mike Hanson, équipés de deux caméras vidéo cachées et déguisés en membres du Bohemian Club, ont infiltré avec succès le complexe culte de l'élite.

Alex Jones parle de cette soirée :

"Soudain, la chouette fut illuminée par des projecteurs et une centaine de prêtres en robe noire, rouge et verte sortirent en courant. La plupart d'entre eux étaient en noir, certains en rouge et d'autres en argent ou en vert... J'étais là, témoin de quelque chose tout droit sorti des "Visions de l'enfer" du peintre médiéval Hieronymus Bosch : des croix de métal en feu, des prêtres en robes rouges et noires avec le grand prêtre en robe d'argent avec une cape rouge, un corps ligoté en feu criant de douleur, un grand hibou en pierre, des dirigeants mondiaux, des banquiers, des journalistes et des dirigeants universitaires engagés dans ces activités. C'était de la folie totale."

Les vieux poussaient des cris de haine :

"Oh ouais ! Brûle ça bâtard ! Tuez-le ! C'est ce qu'il mérite !"

Charles Taze Russell, franc-maçon du 32ème degré, a fondé les Témoins de Jéhovah en 1879 aux États-Unis dans une tentative de manipuler ceux qui sont en dehors des loges, mais n'ont pas peur de jouer le rôle d'idiot utile. Son successeur était Joseph Franklin Rutherford. Ils utilisaient des symboles maçonniques et Illuminati.

Joseph Smith et Brigham Young, fondateurs de l'église mormone en 1830, étaient tous deux des francs-maçons de haut rang. Dans leurs cérémonies, les mormons portent des robes blanches avec une équerre sur le côté droit et un compas sur la gauche. Jusqu'en 1937, les mormons n'étaient pas autorisés à devenir francs-maçons (Charles W. Ferguson, *Fifty Million Brothers*, New York, 1937, p. 28). Le chef mormon Heber C. Kimball souhaitait, cependant, que tous les gens soient francs-maçons.

Le mouvement hippie a été fondé et dirigé par deux francs-maçons juifs, Herbert Marcuse et Jerry Rabin. Ils ont fait tout ce qui était en leur pouvoir pour initier les jeunes à la drogue et à la musique rock dissonante, réduisant ainsi au silence leurs protestations contre la société maçonnique stagnante et régressive.

Ceux qui essaient de saper notre société ne s'intéressent pas à la paix et au bonheur. Ils préfèrent la misère et le chaos. Le franc-maçon Henry Kissinger a déclaré :

"Je préfère le chaos et la guerre civile en Russie aux tendances qui mèneraient à une nation unie, forte et gouvernée centralement." (Platonov, *La couronne d'épines de la Russie : L'histoire secrète de la franc-maçonnerie 1731-1996*, Moscou, 1996, p. 418).

Ainsi le franc-maçon de haut rang Zbigniew Brzezinski, conseiller du président Jimmy Carter, a déclaré :

"La Russie sera divisée et placée sous tutelle."

L'affaiblissement de la position de l'Union soviétique en 1985-1991 a coûté jusqu'à 90 millions de dollars (*ibid.*, p. 404). Les politiciens russes, ou plutôt les mercenaires politiques sont constamment soutenus de l'étranger, en particulier des États-Unis.

En juin 1992, les francs-maçons ont organisé un séminaire intitulé Les droits sociaux des citoyens européens, où ils ont plaidé pour une Europe sans frontières. Derrière le séminaire se trouvaient entre autres le Grand Orient de France, la Grande Loge de France, la Grande Loge de Turquie, la Grande Loge Symbolique d'Espagne, la Grande Loge d'Italie. Des francs-maçons de Russie étaient représentés, dont le maire de Saint-Pétersbourg, Anatoli Sobchak (*Pravda*, 21 juillet 1993).

Un an plus tard, une autre convention similaire fut organisée. Les francs-maçons ont nommé une commission, la Grande Europe, comprenant de nombreux francs-maçons bien connus tels que Jacques Chirac (alors maire de Paris), et Wilfried Martens (ancien Premier ministre belge). Les participants russes étaient Anatoli Chubays, Anatoli Sobchak et Gleb Yakunin. Le 21 décembre 1993, la commission a présenté son résultat intitulé "Grande Europe", un document maçonnique typique.

Le lecteur a pu être frappé par l'occurrence fréquente du mot "grand" en relation avec les francs-maçons : grand maître, grande loge, le Grand Orient, la Grande Révolution française, la Grande Europe. Les francs-maçons souffrent-ils de folie des grandeurs ?

Lors d'une conférence de presse en avril 1990, le Grand Maître du Grand Orient, Jean-Robert Ragache, annonce que sa loge est également présente en Russie.

Beaucoup de figures puissantes sont devenues encore plus puissantes en devenant francs-maçons, comme le banquier Vladimir Gusinsky (B'nai B'rith), Youri Loujkov (ancien maire de Moscou, membre du Grand Orient), et Anatoli Sobchak (membre de la loge le magistère).

En mai 1991, Radio Liberté de Munich exhortait les citoyens soviétiques à devenir membres de la loge Pouchkine à Paris (Oleg Platonov, *La Russie sous le pouvoir de la franc-maçonnerie*, Moscou, 2000, p. 30). Lorsque le poète russe Alexandre Pouchkine a découvert les buts maléfiques véritables de la franc-maçonnerie, il ne voulut plus rester membre de ce mouvement, il a été provoqué en duel et assassiné de sang-froid. Pouchkine en tant qu'ennemi de la franc-maçonnerie était considéré comme dangereux (Platonov, *L'histoire secrète de la franc-maçonnerie*, Moscou, 2000, Vol. I, pp. 559-560).

La vraie politique se détermine et se décide dans les loges maçonniques. La politique a toujours été faite par les puissances d'argent. L'élite maçonnique peut voler et racketter le monde entier sans craindre de poursuites ou des représailles.

En quelques jours à l'automne 1992, le super voleur et franc-maçon George Soros (membre du B'nai B'rith) a réussi à extorquer 18 milliards de dollars à la Suède, causant d'énormes dégâts au pays. Il a mené une opération similaire contre la Grande-Bretagne, empochant au passage 2 milliards de dollars. En septembre 1992, il a gagné près de 300 millions de dollars en spéculant contre la lire italienne. L'Italie a été contrainte de dévaluer la lire de 30%.

Les attaques de Soros contre les monnaies des pays d'Asie du Sud-Est ont été un facteur important à l'origine des fortes dévaluations de ces monnaies, qui ont commencé à l'été 1997. Lors de la réunion du FMI à Hong Kong en septembre 1997, le Premier ministre malaisien Mahathir bin Mohamad a qualifié ces activités d'"extorsion". Le 23 août 1997, il a fait la déclaration suivante :

> "Tous ces pays ont travaillé pendant 40 ans pour essayer d'améliorer leur économie, mais ils ont vu un laxisme rampant s'accompagner d'un afflux d'argent pour spéculer contre leur monnaie".

Il n'a pas hésité à désigner Soros comme l'un des voleurs.

Soros, le pirate de la monnaie et dirigeant du Quantum Fund, a clairement déclaré le 4 septembre 1998 que Mahathi bin Mohamad "devrait être destitué du pouvoir". La protection des intérêts nationaux ne peut pas être autorisée. Seuls les politiciens qui nuisent à l'intérêt national sont autorisés à rester au pouvoir dans le monde maçonnique macabre d'aujourd'hui. En octobre 2003, Mahathir a déclaré :

> "Les Juifs gouvernent le monde par procuration".

Les médias maçonniques ont bien sûr immédiatement protesté.

Le conseil d'administration du Quantum Fund de Soros comprend des représentants de la famille Rothschild, dont les financiers Nils O. Taube et Richard Katz. Certaines institutions qui s'occupent du blanchiment d'argent y sont également présentes. George Soros a même souligné :

> "Je ne peux pas, et ne veux pas, assumer les conséquences sociales de mes actes."

Seul un criminel endurci peut s'exprimer ainsi. C'est peut-être pour cette raison que le président du comité bancaire américain, Henry Gonzalez, l'a nommé "Soros le Golem ".

Soros a fait en sorte qu'une organisation spéciale, le Magistère, soit fondée pour l'élite politique russe. Soros est lui-même membre du Magistère tout comme Alexander Yakovlev (Chevalier de Malte) et Eduard Shevardnadze (Chevalier de Malte) ainsi que Yegor Gaidar, Anatoli Chubays, Leonid Abalkin, Stanislav Shatalin, Evgeni Yevtushenko, Ernst Neizvestny, Anatoli Sobchak, Ivan Brodsky et de nombreuses personnes connues.

Ils ont tous reçu un soutien économique des États-Unis, tout comme le franc-maçon Grigori Yavlinsky. C'est la Commission Trilatérale qui s'en est chargée.

Au cours des années 1993-1997, Soros a versé au moins 6 millions de dollars à des organismes américains de promotion de la légalisation des drogues. Il a également fondé ses propres instituts pour la légalisation des drogues et pour l'euthanasie, avec des bureaux dans sa "fondation caritative", l'Institut pour une Société Ouverte (Open Society). À en juger par ses activités, il semblerait que pour Soros, une "société ouverte" soit un pays qui ouvre ses portes à ses attaques spéculatives et prédatrices.

Avec la thérapie de choc que Soros et sa bande ont imposée aux pays d'Europe de l'Est, il a annihilé toutes les possibilités raisonnables d'une politique de réforme économique réussie.

Le Président Boris Eltsine est devenu Chevalier de Malte le 16 novembre 1991. En août 1992, il a signé le décret n° 827, en vertu duquel des contacts officiels avec la franc-maçonnerie devaient être établis (Oleg Platonov, *La Russie sous le pouvoir de la franc-maçonnerie*, Moscou, 2000, p. 34).

Les organisations maçonniques en Russie sont financées par les milieux sionistes.

Les francs-maçons ont toujours servi les intérêts du sionisme.

Jean Izoulet, haut gradé du Grand Orient et initié à l'organisation Alliance Israélite Universelle, écrit dans son *Paris, la capitale des religions* en 1931 :

> "Le sens de l'histoire du siècle dernier est que trois cents financiers juifs, tous maîtres des loges, règnent sur le monde."

Adolphe Isaac Crémieux, grand maître de l'Alliance israélite universelle, coopérait étroitement avec le Grand Orient et avait fondé, avec Karl Marx en Angleterre, une société secrète dont le but était de préparer au nom du prolétariat la révolution maçonnique mondiale.

Le franc-maçon Crémieux a fait connaître les objectifs des francs-maçons :

> "Les nations doivent disparaître. Les religions doivent cesser d'exister. Israël seul continuera d'exister, puisque son peuple a été choisi par Dieu." *Archives israélites*, Paris, 1861, n° 25).

Le grand maître franc-maçon juif Adolphe Isaac Crémieux

Les francs-maçons promus au 18ᵉᵐᵉ degré en Grand Orient sont admis dans l'Alliance Israélite Universelle comme membres correspondants.

Selon le calendrier maçonnique autrichien, Vienne comptait 13 loges en 1916. 12 d'entre elles avaient à leur tête des grands maîtres juifs.

En 1923, il y avait 300 000 francs-maçons en Angleterre, parmi lesquels 43 000 Juifs. La loge Shelby comptait 75% de Juifs. La loge Hiram était entièrement composée de Juifs. Ce fut la cause d'un tel scandale que le grand maître, le prince Edward, fut contraint d'y mettre fin.

L'un des éminents fonctionnaires de l'UE est Jacques Attali, qui a été qualifié de Seigneur de l'Europe. Il appartient au B'nai B'rith. Il fut l'éminence grise du président français François Mitterrand, franc-maçon dont le frère, le général Jacques Mitterrand, a été grand maître du Grand Orient en 1962-63 et 1969-70 (selon la revue maçonnique *Humanisme,* n° 235, septembre 1997, p. 12).

Quelques francs-maçons ont collaboré avec le régime de Vichy. L'un de ces collaborateurs était François Mitterrand (Josiah E. DuBois Jr, *Generals in Grey Suits*, Londres, 1953). Il n'a jamais été poursuivi pour sa collaboration avec le régime d'occupation. Mitterrand rencontra le maréchal Pétain en octobre 1942. On ne sut jamais de quoi ils avaient parlé. Jusqu'en 1986, Mitterrand s'est associé au chef de la police sous le régime de Vichy, autre franc-maçon.

Le prédécesseur de Mitterrand, Valéry Giscard d'Estaing, n'était pas un frère maçon lorsqu'il a commencé sa campagne électorale en 1974, mais il a été persuadé par les membres du parti d'y adhérer, car sinon il n'aurait pas eu une chance contre Mitterrand qui lui l'était. Il a donc rejoint la loge du Grand Orient Franklin Roosevelt (du nom du président maçonnique américain).

Le Grand Orient était également à l'origine de la campagne dirigée contre Augusto Pinochet, le chef militaire du Chili, puisqu'il avait causé la mort du frère maçonnique Salvador Allende. Allende était devenu franc-maçon en 1935, dans la loge Progreso N° 4 à Valparaiso. Avant d'être élu président, son grand-père aussi avait dû intégrer la maçonnerie. Le 3 novembre 1998, le Grand Orient français a demandé que justice soit rendue en ce qui concerne Pinochet. Il a été officiellement accusé d'avoir ordonné l'assassinat de 3000 gauchistes (dont beaucoup étaient des terroristes). Dans le même temps, les médias ont gardé le silence sur le fait que Pinochet a ainsi sauvé la vie de centaines de milliers de compatriotes, qui figuraient sur la liste à abattre des terroristes marxistes. Même le Mahatma Gandhi, un non-violent, considérait qu'il était juste de tuer des fous qui assassinent des innocents, sauvant ainsi bien d'autres personnes. Les policiers ont également le droit de riposter pour se défendre et protéger la population. D'après le Grand Orient, Augusto Pinochet ne disposait pourtant pas de ce droit, bien qu'il soit aussi franc-maçon (appartenant à une autre loge), et avait établi des contacts étroits avec des bandes criminelles impliquées dans la contrebande d'armes et de drogue.

Le fait que Pinochet soit franc-maçon est mis en évidence par un entretien avec Roger Letrei, grand maître du Grand Orient de France (*Le Point*, mai 1989). Quand un franc-maçon de gauche est compromis, un franc-maçon de droite prend la relève.

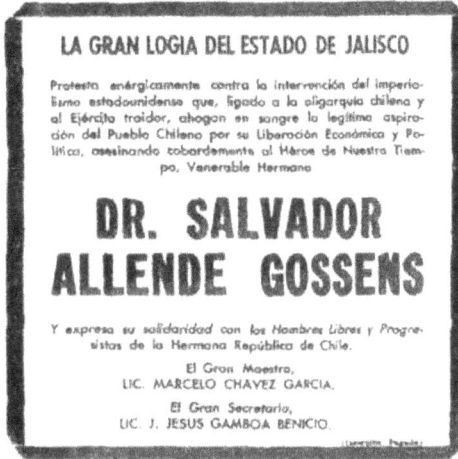

LA GRAN LOGIA DEL ESTADO DE JALISCO

Protesta enérgicamente contra la intervención del imperialismo estadounidense que, ligado a la oligarquía chilena y al Ejército traidor, ahogan en sangre la legítima aspiración del Pueblo Chileno por su Liberación Económica y Política, asesinando cobardemente al Héroe de Nuestro Tiempo, Venerable Hermano

DR. SALVADOR ALLENDE GOSSENS

Y expresa su solidaridad con los Hombres Libres y Progresistas de la Hermana República de Chile.

El Gran Maestro,
LIC. MARCELO CHAVEZ GARCIA.

El Gran Secretario,
LIC. J. JESUS GAMBOA BENICIO.

La Grande Loge du Mexique dirigée par le Grand Maître Marcelo Chavez et le Grand Secrétaire Jesus Gamboa protestant dans une publicité dans un journal contre l'ingérence des États-Unis dans les tentatives du frère maçonnique Salvador Allende d'introduire le changement social (socialisme) au Chili.

Le périodique maçonnique français *Humanisme* n° 235 (septembre 1997) a publié sur sa page éditoriale une déclaration prônant l'interdiction du Front national, le parti nationaliste français.

De même, l'objet principal de la haine des francs-maçons suédois est le parti démocrate national. Les médias répandent des mensonges à son sujet le qualifiant de parti néonazi.

Paddy Ashdown, franc-maçon et chef du Parti libéral en Grande-Bretagne, a tenté de menacer de guerre tous les nationalistes et "racistes" s'ils continuaient leur résistance contre l'introduction d'une politique étrangère et de sécurité commune. Il a estimé que l'opposition de l'opinion publique à l'immigration conduirait à une telle guerre. Il n'y avait qu'une seule possibilité d'éviter la guerre : l'élargissement de l'UE. Selon lui, une bataille s'engage entre les nationalistes et les fédéralistes. Pour assurer une victoire fédéraliste, le droit de veto devrait être aboli et la monnaie commune introduite. Paddy Ashdown était de l'avis que plus tôt les monnaies nationales pourront être éliminées, mieux ce sera (pour l'Union Européenne).

Contrôler et influencer l'éducation dans une direction particulière semble être la tâche la plus importante de la franc-maçonnerie. J. Masse du Grand Orient disait :

"Celui qui contrôle le système éducatif contrôle la France."

Il a souligné que les sociétés maçonniques feraient tout pour garder le contrôle de la France. Ils sont même prêts à retirer les enfants à leurs parents (Alexander Selyaninov, *The Secret Power of Freemasonry*, Moscou, 1999,

p. 318). En 1907, le franc-maçon Debner déclara dans un discours au Grand Orient :

> "Les parents ne doivent jamais oublier qu'ils n'ont le droit de garder leurs propres enfants que grâce à l'autorité que leur donne la société."

Tout cela est en tout point conforme à l'esprit des Illuminati, car comme Weishaupt l'avait souligné, les parents ne devraient pas avoir le droit d'être responsables de l'éducation de leurs enfants.

Un congrès maçonnique à l'Hôtel du Grand Orient à Paris en 1903 a adopté une résolution pour faire un ajout à la législation sur les droits civils. Le congrès a voulu retirer aux parents le droit d'éduquer leurs enfants, leur faisant ainsi perdre leurs droits de parents et de citoyens (*ibid.*, p. 318).

Nous savons par l'histoire que ni les francs-maçons ni les socialistes ne sont capables de dire la vérité. Et une fois que vous avez commencé à mentir, vous devez continuer à le faire. Telle est la vraie nature rouge sang de la franc-maçonnerie.

Chapitre VII

Comment les francs-maçons ont aidé Hitler à prendre le pouvoir

En juin 1929, banquiers et industriels se réunirent en secret à New York pour discuter de la situation en France et en Allemagne. C'est surtout l'Illuminati John Davison Rockefeller, Jr, qui a parlé. Tous se sont mis d'accord sur le fait que le progrès économique français devait être stoppé. Pour y parvenir, il fallut lancer une révolution communiste ou au moins une révolution nationale-socialiste. Finalement, les banquiers ont décidé qu'un régime national-socialiste serait préférable. Plus tôt, ils avaient remarqué Adolf Hitler.

Ces informations ont été publiées dans un livre de "Sidney Warburg", *De Geldbronnen van het Nationaal-Socialisme* (*Les financiers du National-Socialisme*), publié en 1933 à Amsterdam avant d'être mystérieusement retiré des ventes. Ce curieux ouvrage a plus tard refait surface en Suisse où il fut traduit en allemand. Le livre est toujours conservé dans les archives sociales de Zurich. James et Paul Warburg ont déclaré qu'il s'agissait d'un horrible faux antisémite (Antony C. Sutton, *Wall Street and the Rise of Hitler*, Sudbury, 1976, pp. 133-148, traduit en français et publié par le Retour aux Sources, *Wall Street et l'ascension d'Hitler*)[16].

Les 7 et 8 novembre 1918, le socialiste, franc-maçon et journaliste juif Kurt Eisner (en fait Salomon Kosmonowski) avait pris le pouvoir au nom du socialisme à Munich. En octobre de la même année, il a été libéré de prison. Pendant le coup d'État, il agita le peuple et organisa le rassemblement de 100 000 Allemands naïfs. Avec quelques centaines de francs-maçons, il occupa les bâtiments du parlement et du gouvernement et proclama une République socialiste. Le roi bavarois fut renversé et contraint à l'exil. Un conseil ouvrier et militaire avec bien entendu des francs-maçons à sa tête s'est emparé du pouvoir officiel. Eisner s'est autoproclamé Premier ministre et ministre des Affaires étrangères. Dans le gouvernement, figuraient à la fois des mencheviks et des bolcheviks. La plupart d'entre eux étaient cependant francs-maçons. Eisner a

---

[16] Voir également *La trilogie Wall Street*, Antony Sutton, Omnia Veritas Ltd, www.omnia-veritas.com.

falsifié des documents officiels de l'État pour exagérer la dette de guerre bavaroise. Le franc-maçon Rudolf von Sebottendorf se plaignait cependant dans son discours à la Société de Thulé que les ennemis de l'Allemagne — les Juifs — avaient pris le pouvoir.

D'autres juifs maçonniques ont provoqué un *coup d'État*[17] similaire à Berlin le 9 novembre. Tout cela s'est passé sous le signe du Scorpion. De nombreux événements négatifs des XIXe et XXème siècles ont frappé l'humanité à l'époque où le soleil traversait le signe du Scorpion. Le régime soviétique a été mis en œuvre le 8 novembre 1917 et l'Union Européenne a également été proclamée sous ce signe le 1er novembre 1993. Les livres des sociétés juives secrètes interdites aux non-juifs arboraient sur leurs couvertures un scorpion symbolique.

Trois mois après le *coup d'État* socialiste du 21 février 1919, Kurt Eisner fut assassiné par l'officier allemand Anton Arco-Valley, qui avait été expulsé de la Société nationaliste et occulte de Thulé à cause de son sang juif. Il voulait avec ce meurtre montrer qu'il était loyal aux idéaux allemands.

Dans un vieux périodique de l'époque, parmi un groupe d'officiers, on peut voir le caporal Adolf Hitler marchant avec un insigne rouge communiste dans la procession funèbre en l'honneur du socialiste juif Eisner. Plus tard, Hitler a caché qu'il avait sympathisé avec les sociaux-démocrates. Eisner appartenait à la même loge maçonnique *Art et Travail* que Lénine (Hans Jurgen Ewert, *In der Zeitenwende*, Fischbachau, 1986, p. 52). Mais il était aussi membre de la Loge Zum aufgehenden Licht (la Lumière Ascendante) et celle de Der Isar, sans oublier son appartenance au B'nai B'rith, la franc-maçonnerie internationale réservée aux seuls juifs.

Kurt Eisner, le juif franc-maçon et agitateur socialiste

---

[17] En français dans le texte original, N.d. T..

Le 6 juillet 1922, le journal juif *Tribune Juive* admettait :

"La Révolution allemande s'est faite à l'initiative des Juifs".

Déjà à Vienne, Hitler était entouré d'amis juifs, et il dépendait de divers encadreurs et vitriers juifs pour vendre les aquarelles dont il tirait à l'époque l'essentiel de ses revenus. Hitler a obtenu le soutien financier d'au moins trois boutiques d'art juives. L'historien Ken Anderson a admis dans son livre *Hitler and the Occult* (New York, 1995, p. 37) que les premiers contacts de Hitler avec les Juifs avaient été étonnamment cordiaux. Malgré ses attaques ultérieures contre les Juifs, il respectait et protégeait le médecin juif Éduard Bloch, qui avait soigné gratuitement la mère d'Hitler alors qu'elle souffrait d'un cancer. En 1940, Hitler autorise la famille Bloch à émigrer aux États-Unis (Richard Swartz, "Hitler's political antisemitism was Established in Vienna", *Svenska Dagbladet*, 9 janvier 1997). Mais Hitler n'appréciait pas que les Juifs contrôlent le Parti social-démocrate en Autriche.

Dans le chaos qui émergea de l'assassinat d'Eisner, quelques maçons bolcheviks en profitèrent pour établir un nouveau gouvernement rouge avec Johann Hoffmann à sa tête. Mais le gouvernement a ruiné l'économie et a dû fuir à Bamberg au début d'avril 1919. Puis quelque chose d'étrange s'est produit. Le 7 avril 1919, un groupe d'intellectuels, d'anarchistes et de représentants de l'Alliance paysanne sous la direction de Gustav Landauer arrive au pouvoir et établit un nouveau gouvernement qui tente de normaliser l'économie en se débarrassant du "méchant de l'histoire" : la perception des intérêts usuraires.

Les francs-maçons ont alors redouté de perdre leur emprise secrète sur la communauté. Le nouveau gouvernement de Bavière n'était au pouvoir que depuis une semaine, lorsque les communistes maçonniques le renversèrent le 13 avril. Landauer s'est rangé du côté des bandits. Son idéal était celui de l'anarchiste maçonnique Francisco Ferrer.

Ainsi, l'initiative du ministre des Finances, Silvio Gesell, d'introduire un système sain pour une économie sans perception d'intérêt et sans inflation, fut entravée. Willy Hess a écrit ce qui suit dans son livre *Silvio Gesell und die Freiwirtschaft* (*Silvio Gesell et l'économie libre*, Winterthur, 1985, p. 22) :

"Les réformes de Gesell ont été considérées comme un coup fatal porté au capitalisme, et devaient être combattues avec tous les moyens disponibles."

L'information sur cette courte période dans l'histoire politique allemande est dure à trouver. Dans les livres d'histoire ordinaire, on a l'impression que le criminel politique maçonnique Leviné a pris le contrôle immédiatement après le meurtre d'Eisner. Ce n'était pas du tout le cas. On voulait simplement effacer le nom de Silvio Gesell des livres d'histoire, bien que ce fut le seul phénomène positif qui se produisit à cette époque.

Les communistes juifs maçons avec Eugène Leviné, Ernst Toller (le chef de l'Armée Rouge locale), Max Levien, Erich Miihsam (fils d'un rabbin), Arnold Wadler et Tobias Axelrod occupèrent le sommet du pouvoir pendant deux semaines (13 avril — 1er mai 1919). Ils proclamèrent la République soviétique de Munich, puis la République soviétique de Bavière. Tous ses dirigeants appartenaient à la loge maçonnique secrète Numéro Onze, située dans la Brennerstrasse à Munich. La plupart d'entre eux étaient venus de Russie jusqu'en Bavière après avoir participé à la terreur révolutionnaire rouge de 1905.

Eugène Leviné devient président du Conseil des commissaires du peuple de la République soviétique de Bavière. Il était né à Saint-Pétersbourg en 1883 sous le nom de Nissen Berg. Eugène Leviné a violé la comtesse Westarp, la célèbre nationaliste, avant de la faire tuer, elle et d'autres personnes.

Tobias Axelrod (franc-maçon du 33ème degré et Illuminati) était le grand maître de la loge et devint commissaire du peuple pour les affaires économiques. Il a immédiatement annulé les mesures financières de Gesell. En 1918, il avait fondé un bureau d'information à Copenhague pour le compte de la Russie soviétique (Mikhail Demidenko, *Tracing the SS to Tibet*, Saint-Pétersbourg, 1999, p. 177).

Le juif et franc-maçon extrémiste galicien Ernst Neurath est devenu le commissaire du peuple pour l'idéologie communiste de la République soviétique.

Ces "révolutionnaires" voulaient s'emparer d'autant d'or et de bijoux que possible à Munich. Les milices communistes ont pris des otages pour s'emparer des richesses des citoyens. Eugène Leviné et Max Levien ont aussi assassiné leurs otages. Par exemple, le 26 avril 1919, les gardes juifs révolutionnaires prirent sept membres de la société de Thulé en otage et par la suite (le 30 avril) les a tous assassinés, y compris le comte Gustav von Turn und Taxis. Partout à Munich, on pouvait voir des soldats de l'Armée Rouge commettre diverses atrocités. Le Tribunal révolutionnaire était derrière ce terrorisme organisé.

La Société de Thulé fonda rapidement une unité spéciale de combat, la Thulé, dont la tâche était de combattre la République soviétique de Bavière les armes à la main.

Adolf Hitler a également réussi à jouer le rôle des bolcheviques pendant ces deux semaines. Il est devenu le numéro deux du conseil de bataillon de l'Armée Rouge de la République soviétique. En d'autres termes, Hitler a commencé sa carrière politique en tant que militant dans un conseil militaire soviétique. On raconte qu'il était indécis dans ses orientations politiques. Ces faits sont absents des descriptions habituelles de la manière dont Hitler est arrivé au pouvoir. Les documents pour le prouver sont eux cependant toujours là.

Les troupes blanches qui avaient encerclé Munich ont réussi à renverser les communistes maçonniques les 1er et 2 mai, ce que les Illuminati ont considéré comme un revers très difficile. Landauer a été arrêté le 1er mai et exécuté le lendemain. Eugène Leviné a été immédiatement arrêté et condamné à mort le 3 juin. Deux jours plus tard, on lui a tiré dessus. Toller a été condamné à cinq ans de prison et Miihsam à 15 ans de prison. Le meurtrier de masse Max Levien (né en 1885 à Moscou) s'est d'abord échappé à Vienne et s'est installé en 1921 en Russie soviétique où il est devenu membre du Comité exécutif central et actif dans le Comintern. Les bandits maçonniques rouge sang avaient joué leur rôle et avaient dû quitter la Bavière.

Max Levien était devenu chef de la Ligue Spartakiste rouge et avait fondé un parti communiste à Munich après la Première Guerre mondiale (David Korn *Wer ist wer wer im Judentum: Lexikon der Jiidischen Prominenz / Who's Who du Judaïsme : Encyclopédie des célébrités yiddish*, Volume 2, FZ-Verlag, Munich, 1999, p. 188). Il avait essayé d'exterminer autant d'Allemands nationalistes que possible. Les dirigeants des Spartakistes appartenaient à l'Ordre Illuminati. Les Juifs Tobias Axelrod, Karl Liebknecht et Rosa Luxemburg appartenaient au Nouvel Ordre Illuminati (Friedrich Wichtl, *Freimaurerei, Sionismus, Kommunismus, Bolschewismus / Franc-maçonnerie, Sionisme, Communisme, Bolchevisme*, Munich, 1921, p. 15). Karl Liebknecht était également membre du B'nai B'rith (*Zeiten-Schrift*, n° 32, 2001).

En septembre 1919, Hitler devient membre du petit Parti Ouvrier Allemand (DAP) à Munich, après avoir assisté à ses réunions pour le compte du renseignement militaire (William L. Shirer, *The Rise and Fall of the Third Reich*, New York, 1960). Au début des années 1920, Hitler reprit la fonction de propagande du parti. Il finit par contrôler tout le parti. Le mouvement a commencé à se développer rapidement. Hitler utilisa habilement le mécontentement face à l'aggravation des conditions sociales. Déjà le 1er avril de la même année, le mouvement reçut son nouveau nom : le Parti National-Socialiste Ouvrier Allemand (NSDAP). À l'été 1921, Hitler devint le chef officiel du parti.

En novembre 1922, l'ambassade américaine à Berlin envoya le capitaine Truman Smith à Munich pour obtenir des informations sur Adolf Hitler et son Parti national-socialiste *(ibid)*.

Le juif franc-maçon et assassin politique Max Levien

Au début de 1923, Lénine et Grigori Zinoviev, chef du Comintern, décidèrent que l'Allemagne était prête pour une révolution bolchévique. Les communistes la considéraient comme un territoire clé de la révolution mondiale et voulaient utiliser le mécontentement de la population à leur profit. Le Comintern et l'Aide Rouge ont désespérément essayé de mettre en œuvre le plan en Allemagne alors que le soleil était sous le signe du Scorpion. Leur prise de pouvoir devait avoir lieu à minuit le 22 octobre 1923.

Le lendemain à l'aube, Hambourg, Berlin et d'autres grandes villes seraient aux mains des bolcheviks. Toutes ces opérations ont été menées par les francs-maçons Karl Radek (en fait le juif Sobelsohn), Bela Kun, et Josef Unschlicht (membre de la Tchéka et du renseignement militaire soviétique) de Moscou. L'opération devait être étendue à toute l'Allemagne. Officiellement, Radek était stationné dans la Délégation commerciale soviétique à Berlin. Les fonctionnaires communistes allemands pensaient cependant que les préparatifs n'étaient pas suffisants pour une entreprise d'une telle ampleur (le temps n'était pas encore venu), et voulaient reporter la "révolution" de trois mois. Les francs-maçons de haut rang, qui contrôlaient divers mouvements communistes, avaient simplement d'autres projets pour l'Allemagne.

Seulement, ils ont "oublié" d'informer le chef terroriste Ernst Thalmann. C'est pourquoi, avec ses 300 "révolutionnaires", il a commencé sa tentative de *coup d'État* à Hambourg le 23 octobre à 5 heures du matin. Le 25 octobre, tous les terroristes ont été vaincus.

Hitler reçut l'attention dont il avait besoin quand, le 8 novembre 1923, il tenta de monter une contre-offensive — un coup d'État très mal organisé à Munich. Par la suite, il se cacha temporairement dans la maison d'une femme juive appelée Hanfstaengl à Munich. Hitler s'est fait connaître non seulement en Allemagne mais aussi à l'étranger. Le nom d'Hitler faisait la une des journaux du monde entier. Il a pleinement utilisé le procès qui lui a été fait et a transformé la défaite en une victoire idéologique. Il a été libéré après moins de neuf mois, alors même qu'il avait été condamné à cinq ans de prison (la loi prévoyait pourtant une peine d'emprisonnement à vie pour atteinte à la sureté de l'État).

En prison, il dicta son manifeste politique *Mein Kampf*, dont la première partie fut publiée le 18 juillet 1925 et la seconde partie en 1927. Il a abondamment cité le livre d'Henry Ford *Le Juif international*. Plus tard, le livre lui rapporta d'importants droits d'auteur — en 1930, ils s'élevaient à 50 000 Reichmarks — et au total, il en gagna plus d'un million. *Mein Kampf* a d'abord été traduit en russe et imprimé en édition limitée pour le Comité central à Moscou en 1928. Staline commença à admirer Hitler et décida de le soutenir sur le chemin du pouvoir (Viktor Suvorov, *Suicide*, Moscou, 2000, pp. 55-56).

Il a fallu plusieurs années pour réorganiser le Parti National-Socialiste. En janvier 1927, les national-socialistes et leur lutte pour le pouvoir et le socialisme semblaient sans avenir. Suite à sa condamnation, Hitler ne fut autorisé à s'exprimer publiquement qu'en 1927. Depuis 1925, Hitler était apatride, n'ayant pas réussi à devenir citoyen allemand. Ce n'est qu'en 1932 qu'il a enfin obtenu la citoyenneté allemande.

Après quelque temps, il a été considéré par les banquiers de Wall Street comme un pion particulièrement prometteur. Ils décidèrent de parier sur Adolf Hitler et de provoquer ainsi le chaos en Europe.

Pour le contacter, un représentant fut diplomatiquement dépêché en Allemagne. Cette personne s'appelait Sidney Warburg, il s'agissait évidemment d'un pseudonyme. Pour aider Hitler à accéder au pouvoir les banquiers maçonniques lui offrirent leur soutien économique. En retour, ces faiseurs de rois éminemment puissants souhaitaient le voir adopter une politique étrangère agressive assortie de représailles contre la France. Ces banquiers avaient prévu que la France se tournerait alors vers la Grande-Bretagne et les États-Unis et que le gouvernement français se retrouverait en grande difficulté économique. Il fut décidé de ne pas révéler à Hitler les raisons de ce soutien miraculeux.

L'accord entre Hitler et les banquiers en juin 1929 fut signé entre autres par John D. Rockefeller, Jr, J. H. Carter (représentant de la Guaranty Trust Company et de la National City Bank of New York), le banquier Tommy Walker et le président des États-Unis Herbert Clark Hoover (1929-1933), la plupart étant francs-maçons de hauts rangs. Le magnat de la presse William Randolph Hearst (propriétaire de Consolidated Publications) était également présent à cette réunion. Cette information importante, l'ancien professeur d'économie Antony Sutton la donne dans son livre *Wall Street and the Rise of Hitler* (Sudbury, Angleterre, 1976)[18]. L'information a été vérifiée et rendue plus précise par le politicien et auteur allemand G. Schmalbrock.

William Collins Whitney, l'un des directeurs de la Guaranty Trust Company, était membre de la société secrète des Skull & Bones et des Illuminati.

La confrérie des Skull & Bones est étroitement liée à la franc-maçonnerie et aux Illuminati. Littéralement *La Société de l'Ordre du Crâne et des Os* s'appelait autrefois *La Fraternité de la Mort*.

Les Skull & Bones, était à l'origine la loge numérotée 322 d'un ordre allemand secret, qui a été fondé à l'Université de Yale dans les années 1832-1833 par le général William Huntington Russell et Alphonso Taft, qui fut plus tard secrétaire de guerre dans l'administration du président Ulysse S. Grant. Tous deux étaient francs-maçons. L'Ordre a été fondé grâce aux revenus du trafic illégal de stupéfiants. Chaque année, 15 nouveaux membres sont sélectionnés.

Le grand-père du président George W. Bush, Prescott Sheldon Bush, et d'autres hommes affiliés à cet ordre, ont profané la tombe de Geronimo, se sont emparé de son crâne et d'autres reliques du chef Apache pour les exposer dans

---

[18] *Wall Street et l'ascension d'Hitler*, d'Antony Sutton est disponible au Retour aux Sources, www.leretourauxsources.com, cf. également du même auteur *La trilogie Wall Street*, www.omnia-veritas.com.

une de leur vitrine. Certains membres prétendent que ces restes seraient toujours en possession de l'ordre ; les demandes de restitution sont bien entendu restées vaines. Bush Senior a même prétendu qu'ils avaient été "égarés".

Beaucoup de personnages éminents ont été membres de l'Ordre, tels William Howard Taft, président des États-Unis, Henry Luce, fondateur du *Time Magazine*, et Averell Harriman, diplomate et confident des présidents américains.

John D. Rockefeller, Jr, était à l'époque membre de l'organisation maçonnique The American Protective Association (APA), fondée le 13 mars 1887 à Clinton, Iowa, par le franc-maçon Henry Francis Bowers (Paul A. Fisher, *Behind the Lodge Door: Church, State, and Freemasonry in America / Derrière la porte de la Loge : l'Église, l'État et la franc-maçonnerie en Amérique*, Rockford, Illinois 1994, p. 79).

Son frère Percy Rockefeller participa également au financement des bolcheviks et des national-socialistes. Percy Rockefeller appartenait également à la Skull & Bones Society.

En outre, le banquier George Herbert Walker (le père de George H. Bush, président des États-Unis durant les années 1989-1993) a aidé à financer Adolf Hitler. Parmi eux se trouvait Prescott Sheldon Bush, son gendre.

Prescott Bush et Averell Harriman ont soutenu l'accession d'Hitler au pouvoir avec 100 millions de dollars versés de 1926 à 1942 par l'intermédiaire de leur banque new-yorkaise Harris & Brothers Harriman. Le Congrès a toutefois dissous la banque, mais les membres du conseil d'administration ont reçu environ 1,5 million de dollars chacun après la guerre.

En étudiant certains documents dissimulés au grand public par le pouvoir maçonnique occulte, nous pouvons découvrir les véritables circonstances de la prise du pouvoir par Hitler. Nous y trouvons également les noms des responsables du déclenchement de la Seconde Guerre mondiale. Ces personnages de l'ombre n'ont jamais été jugés à Nuremberg. Selon Antony Sutton, le procès pour crimes de guerre de Nuremberg était une farce politique, où ni les atrocités soviétiques ni les crimes horribles perpétrés par les alliés, aussi bien pendant qu'après la guerre, ne furent jamais mentionnés.

Les dirigeants nazis ont été accusés de crimes contre la paix (à cause du déclenchement de la guerre). Le gouvernement allemand a été décrit comme conspirant contre la paix. Au contraire, ce sont les vainqueurs qui sont à l'origine de ce crime. L'Allemagne tenta d'éviter la guerre, car elle n'y était pas préparée, comme le montrent les statistiques découvertes par l'historien de guerre Viktor Suvorov dans son livre "*Suicide*" (Moscou, 2000).

À partir d'avril 1945, les forces américaines et françaises tuèrent plus d'un million de prisonniers de guerre allemands. La plupart ont été internés dans des camps américains. Eisenhower a créé un règne de terreur jamais vu auparavant dans l'histoire militaire américaine. Sa politique génocidaire fut un crime de guerre sans précédent, car les prisonniers n'avaient aucune chance de s'échapper des camps de la mort (James Bacque, *Other Losses*, Toronto, 1991).

Il existe un mythe trompeur selon lequel ce sont les capitalistes allemands, dirigés par Fritz Thyssen, le fabricant de locomotives Ernst von Borsing et le magnat du charbon Emil Kirdorf dans la région de la Ruhr, qui ont fourni l'essentiel du soutien financier à Hitler. Jusqu'en 1933, Thyssen ne contribua qu'à hauteur de 2 millions de RM. Il s'agissait d'une somme relativement faible. Le Parti communiste allemand a reçu à lui seul des dizaines de millions de marks de Moscou.

Le fait que le capitalisme allemand en général n'avait aucun lien avec le Parti nazi est facilement prouvé en étudiant les documents trouvés dans les archives des grandes entreprises. Le parti nazi avait adopté dès le début une attitude nettement anticapitaliste. Lorsque les nazis, en novembre 1932, tentèrent de faire signer aux grands capitalistes allemands une pétition pour la nomination d'Hitler au poste de chancelier, seul Fritz Thyssen qui était en fait un de leurs partisans la signa.

Franz von Papen était complètement entre les mains de l'élite financière maçonnique cosmopolite. L'élite financière allemande a quant à elle, joué un rôle minime, comme l'a confirmé l'historien américain Henry Asby Turner Jr dans son ouvrage majeur *German Big Business and the Rise of Hitler* (Oxford, 1987). Malheureusement Turner ne dit rien sur le rôle joué par les grandes entreprises américaines et la franc-maçonnerie dans l'ascension d'Hitler vers le sommet du pouvoir.

L'essentiel du financement ayant permis à Hitler d'accéder au pouvoir provenait de grands capitalistes juifs, dont les entreprises étaient basées en Allemagne et qui étaient étroitement liés à la franc-maçonnerie internationale, en particulier IG Farben et la famille Warburg, qui servaient de couverture aux Rothschild. En 1937, Max Warburg changea le nom de sa banque ; la Warburg & Co devint la Brinkman Bank, afin de camoufler son implication. Herr Brinkman était un gentil (non-juif) qui n'attirait pas l'attention.

Les rencontres d'Hitler avec ses bailleurs de fonds

La rencontre entre Hitler et "Sidney Warburg" eut lieu à Munich en juin 1929 et fut organisée par le maire de Munich Deutzberg. Hitler a exigé 100 millions de marks (24 millions de dollars) des Américains. Le 25 octobre 1929, une autre réunion fut organisée, à laquelle participèrent d'importants banquiers et des représentants des grandes fiducies. Parmi les participants figuraient Henry Deterding, le directeur de la Royal Dutch-Shell et un franc-maçon de haut rang. Georg Bell, l'un des dirigeants des SA, était son agent au sein du mouvement nazi. La SA (Sturmabteilung) était composée des tristement célèbres chemises brunes. Le symbole des SA était constitué de grandes étoiles à cinq branches. Les banquiers new-yorkais considéraient la somme exigée par Hitler comme beaucoup trop importante, et lui donnèrent à peine 10 millions de dollars. Cet argent fut transféré à la Mendelsohn Bank d'Amsterdam, contrôlée par les frères Warburg, des francs-maçons de haut rang et Illuminati. Ils faisaient partie de l'empire financier des Rothschild. Dix des principaux dirigeants nazis avaient le droit de retirer cet argent par chèque dans dix villes allemandes différentes.

Par la suite, la Schröder Bank de Francfort-sur-le-Main y a également participé. Le baron Kurt Schröder était le banquier personnel d'Hitler et le SS-Gruppenführer (équivalent du lieutenant général de l'armée). À partir de 1938, la Schröder Bank représentait les intérêts financiers nazis en Grande-Bretagne. Aux États-Unis, Schröder et Rockefeller ont fusionné certains de leurs intérêts commerciaux. Avery Rockefeller, le fils de Percy Rockefeller, était vice-président de la Schröder Banking Corporation de New York (Antony Sutton, *Wall Street and the Rise of Hitler*, Sudbury, 1976, p. 81).

Henry Deterding avait promis d'envoyer 500 000 livres à Hitler, qui recevrait en outre 20% des bénéfices allemands réalisés par la filiale Rhenania-Ossag de Shell. Selon l'historien Oswald Dutch, Deterding et Yahudi Samuel (de la Royal Dutch Shell) ont donné 30 millions de livres à Hitler en 1931.

Même le falsificateur de l'histoire William L. Shirer démontra qu'Hitler avait été libéré de ses dettes en 1929 (*L'ascension et la chute du Troisième Reich*). Soudain, il disposait de beaucoup d'argent, d'une voiture avec chauffeur, d'une villa à Ober-Salzbourg et d'un appartement de luxe dans la rue Printzregent à Munich. Selon Shirer, il n'a jamais été établi combien d'argent les banquiers et les magnats industriels allemands ont donné au Parti National-Socialiste avant janvier 1933. Les chiffres sont connus, cependant, tout comme les énormes contributions financières des francs-maçons américains. Mais ces informations sensibles sont extrêmement désagréables pour ces personnages obscurs qui façonnent l'histoire depuis les coulisses.

Peu après l'accord passé entre Hitler et les banquiers internationaux, le magnat de la presse américaine William Randolph Hearst (1863-1951) commença à montrer un grand intérêt pour le Parti nazi et son chef Adolf Hitler. Même *le New York Times* a diffusé les discours d'Hitler. Le *Harvard University Magazine* a publié une longue enquête sur le nazisme.

Le magnat de la presse britannique Harold Sidney Rothermere (1868-1940) ajoute sa voix aux propagandistes nazis.

Selon les informations acquises par Staline après la fin de la guerre, 40 000 entreprises juives ont continué à financer le renforcement de la machine de guerre allemande même après 1938.

La campagne promotionnelle en faveur d'Hitler

John D. Rockefeller Jr était particulièrement intéressé par les déclarations anticommunistes d'Hitler régulièrement citées dans la presse.

Dans les années 1920, Rockefeller avait fait appel à la célèbre agence de publicité Ivy Lee & T. J. Ross de New York pour donner une image positive des bolcheviks auprès du grand public. Ils devaient être considérés comme des idéalistes et des humanistes charitables. Lee prétendait que les communistes étaient "des gens bien" et qu'il n'y avait pas de problème communiste. Il s'agissait simplement d'un malentendu psychologique. Une déclaration de Frank Vanderlip, comparant Lénine à George Washington, fut même publiée avec enthousiasme. La même agence a également compilé la brochure de propagande insidieuse *L'URSS — une énigme*. Le meurtrier de masse Staline y était surnommé "Oncle Joe" d'une manière familière.

En mai 1927, Ivy Lee se rendit en Union soviétique convoquée par Staline et Radek pour discuter de la propagande communiste en Occident. En même temps, il en profita pour affiner les méthodes manipulatrices des idéologues soviétiques.

En 1939, Joseph Staline fut élu 'Homme de l'année' par *Time Magazine* (après les exterminations massives de 1937-38). Le même honneur a été accordé à Mikhaïl Gorbachov en 1987, après sa promesse d'exterminer le peuple afghan.

Après l'arrivée au pouvoir d'Hitler en janvier 1933, l'agence de publicité Ivy Lee & Ross fut de nouveau mise à contribution pour manipuler la population américaine. Ivy Lee a été chargé de relayer les méthodes de propagande d'Hitler et Goebbels. Ses services ont été payés par la branche américaine d'IG Farben, dirigée par la famille Warburg. Le 13 mars 1933, *Time Magazine* publia un article rendant hommage à Hitler, surnommé le Messie allemand. Le magazine arborait sa photo en couverture. Pour des raisons de propagande, Adolf Hitler a été élu 'Homme de l'année' par *Time Magazine* en décembre 1938, pour être parvenu à "maintenir la paix dans le monde".

Dès 1936, l'ancien premier ministre britannique et grand maître maçonnique David Lloyd George (en fait le juif David Levi-Lowit), de retour d'Allemagne, avait proclamé : "Heil Hitler !" À son avis, Hitler était un grand homme, et les Allemands étaient la plus heureuse des populations.

Le 4 octobre 1938, Winston Churchill déclara la même chose. La mère de Churchill, Jennie, était une Juive américaine dont le nom de jeune fille était Jerome. La mère de Jennie, Clara Hall, était un quart Iroquoise (*Jerusalem Post*, 18 janvier 1993). Randolph le père de Winston est mort des suites de la syphilis à l'âge de 47 ans.

En 1956, Churchill déclara au président Eisenhower :

> "Je suis sioniste, bien sûr, et je le suis depuis la Déclaration Balfour." (Herbert Mitgang, "The Official Churchill in One Volume", *The New York Times*, 6 novembre 1991)

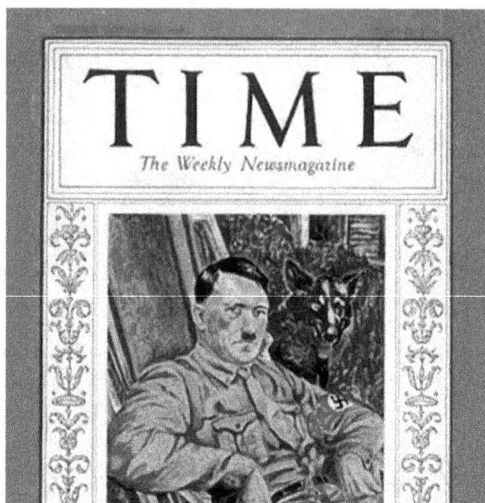

L'Encyclopédie populaire *Bonnier* (*Konversationslexikon*, Stockholm, 1926, vol. 8, p. 634) déclare à propos du National-Socialisme :

"Un mouvement qui vise l'intervention de la société au profit des classes les plus pauvres et l'extension du contrôle de l'État sur l'économie sociale, en mettant fortement en avant la solidarité nationale entre classes. Le nazisme s'oppose ainsi au socialisme international fondé sur la lutte des classes. Le nazisme est principalement représenté en Allemagne, où Hitler a fondé en 1920 un parti National-Socialiste, qui coopéra avec la droite. Le Nationalsozialer Verein, actif en 1896-1909, est considéré comme son prédécesseur."

La même encyclopédie qualifiait Hitler de travailleur social-démocrate, qui s'est distingué pendant la guerre mondiale (vol. 5, p. 779). Le Nationalsozialer Verein représentait à l'origine le socialisme chrétien.

"Sidney Warburg", avec les représentants de James Warburg et plusieurs dirigeants de compagnies pétrolières américaines, s'est rendu à Berlin, où ils ont rencontré Hitler, Gregor Strasser, Hermann Goering, von Heydt (Thyssen), et un avocat allemand à l'hôtel Adlon. Les Américains ont exprimé leur souhait que l'Allemagne ne soit plus obligée de payer des dommages de guerre à la France. L'Allemagne avait déjà versé près de 10 milliards de dollars de dommages et intérêts aux seuls États-Unis.

En octobre 1931, Hitler a envoyé une lettre aux banquiers maçonniques internationaux, qui a conduit à une nouvelle réunion à la Guaranty Trust Company. Certains financiers (Montagu Norman, Royal Dutch Shell et Glean) ne considéraient pas Hitler comme capable d'actions de représailles envers eux. D'autre part, Rockefeller, J. H. Carter et McBean persistaient à défendre leur investissement dans Hitler. Tous se sont mis d'accord pour lui maintenir leur soutien.

"Sidney Warburg" se rendit une fois de plus en Allemagne, où il rencontra le banquier von Heydt (Thyssen), qui lui expliqua que les troupes SS avaient besoin de mitrailleuses, de revolvers et de fusils de bonne qualité.

Warburg rencontra de nouveau Hitler, qui lui fit part de son intention de prendre le pouvoir. Deux options s'offraient à lui : une révolution ou un coup d'État, qui prendrait trois mois pour un coût de 500 millions de marks. Il avait aussi un autre plan, qui impliquait une prise de pouvoir légale. Cela devait prendre trois ans et coûter quelque 200 millions de marks. Hitler a suggéré que les banquiers eux-mêmes décident, quel plan était le plus approprié.

De l'avis des banquiers new-yorkais, ces montants étaient toutefois beaucoup trop élevés. Une semaine plus tard, ils n'ont envoyé à Hitler que 15 millions de dollars, exigeant des initiatives agressives sur les pays voisins.

Hitler a accepté d'utiliser les 15 millions de dollars pour sa propagande électorale. L'argent a été transféré à trois banques : la Mendelsohn & Co. à Amsterdam, la Rotterdamsche Bank à Rotterdam et la Banca Italiana à Rome. Chaque banque a reçu 5 millions de dollars.

Au total, entre 1929 et 1932, Hitler a reçu au moins 32 millions de dollars des financiers américains (Morgan, Lamont, Rockefeller, la Kuhn, Loeb & Company, la General Electric Company, la National City Bank et autres) (cf. Antony Sutton, op. cit. p. 134). D'autres contributions provenaient d'autres sources américaines, britanniques et allemandes.

Les tentatives d'enquête sur les revenus secrets d'Hitler

Après cela, le ministre socialiste allemand de l'Intérieur, Carl Severing, a découvert que les nationaux-socialistes d'Adolf Hitler recevaient d'énormes sommes d'argent en provenance de l'étranger. Il en informa immédiatement le Chancelier Heinrich Bruning, qui donnera beaucoup plus tard l'ordre d'interrompre le discours d'Hitler à l'adresse des Américains le 11 décembre 1931.

Carl Severing ordonna à son assistant, le Dr Abegg, de découvrir tout ce qu'il pouvait sur Hitler et ceux qui lui fournissaient de l'argent, en vue de poursuivre Hitler en justice. En outre, Hitler n'était pas détenteur de la citoyenneté allemande. Le gouvernement a organisé une réunion au cours de laquelle, selon un procès-verbal secret, le général de division Kurt von Schleicher a déclaré que les montants reçus par Hitler de l'intérieur du pays étaient bien inférieurs à ce qu'il prétendait. Schleicher devint chancelier le 2 décembre 1932. Le parti avait besoin de 80 à 100 millions de marks. Cette information venait du dirigeant de la SA Ernst Rohm, reconnu plus tard pour sa pédérastie. Les SA reçurent de l'argent du fonds secret du Reichswehr, mais le montant était très modeste. La campagne électorale avait déjà commencé et les autorités n'avaient pas eu assez de temps pour enquêter sur les sources secrètes des finances d'Hitler. Il était bien connu, cependant, qu'Hitler avait accès à d'énormes sommes pour couvrir le coût de ses campagnes de propagande massive auprès du peuple allemand.

Dès le 20 décembre 1922, le *New York Times* déclarait que le constructeur automobile Henry Ford finançait le mouvement national-socialiste et antisémite d'Adolf Hitler à Munich. Le *Berliner Tageblatt* a publié une protestation contre l'implication de Ford dans la politique allemande. Hitler a plus tard remercié Ford dans une lettre pour ses généreuses contributions aux nazis. Henry Ford était aussi franc-maçon (affilié à la Palestine Lodge N° 357, de Detroit, dans le Michigan, 1894).

Quels étaient les objectifs d'Hitler ?

Après cinq ans de recherches, l'historien suisse Wolfgang Hanel a pu démontrer que les informations reçues de l'ancien gauleiter Hermann Rauschning, concernant les intentions secrètes d'Hitler, n'étaient que de pures inventions. Il n'avait en fait pas rencontré Hitler "plus de cent fois" comme rapporté, mais il s'était seulement entretenu quatre fois avec lui et jamais seul. Les citations que Rauschning prétendait être celles d'Hitler provenaient en fait de différentes sources, parmi lesquelles Ernst Jünger et Friedrich Nietzsche. L'histoire de la visite nocturne d'Hitler par des démons a été tirée d'une nouvelle de Guy de Maupassant. Les livres *Hitler Speaks* (Londres, 1939) et *The Voice of Destruction* (Londres, 1940), largement diffusés par Rauschning, avaient pour but d'enflammer l'opinion publique dans de nombreux pays, surtout aux États-Unis, pour l'inciter à faire la guerre à l'Allemagne. Le cerveau derrière ce projet était le journaliste juif hongrois Emery Reves, qui dirigeait un influent bureau de propagande anti-allemand à Paris dans les années 1930. Reves écrivit plus tard un livre, *The Anatomy of Peace*, contenant la propagande habituelle des Illuminati selon laquelle les nations devraient être démantelées et un gouvernement mondial établi à leur place.

Les découvertes sensationnelles de Wolfgang Hanel ont été publiées en 1983 dans le magazine historique révisionniste *Journal of Historical Review*. Deux ans plus tard, deux périodiques allemands influents. *Die Zeit* et *Der Spiegel* ont admis que Hanel avait raison. Dans un long article, *Der Spiegel* a écrit que le livre de Rauschning *Hitler parle* est une falsification, une distorsion de la première à la dernière page...

> "Hanel ne prouve pas seulement qu'il s'agit d'un faux, il montre aussi comment cet impressionnant canular a été rapidement concocté et quels sont les éléments à partir desquels il a été formé." (*Der Spiegel*, 7 septembre 1985).

Nous avons accès à plusieurs sources originales qui révèlent le type de société socialiste que les nazis avaient réellement l'intention de construire.

Joseph Goebbels souligne dans son livre *Le bolchevisme en théorie et en pratique* (Berlin, 1936) que :

> "notre lutte contre le bolchevisme n'est pas une lutte contre, mais au contraire une lutte pour le socialisme, une lutte inspirée par la conviction profonde que le vrai socialisme ne peut être réalisé que si les éléments les plus vulgaires et les plus primitifs du socialisme... sont éliminés en premier".

Il n'avait pas l'intention de défendre les intérêts antisocialistes et capitalistes, mais les nazis furent obligés de le faire quand même.

Max Warburg, le banquier juif franc-maçon de haut rang

Car en réalité ce fut Max Warburg, un franc-maçon juif de haut rang, qui était derrière les orientations politiques d'Hitler.

Dès 1926, Joseph Goebbels rêvait d'une alliance entre nazis et communistes pour résoudre les problèmes sociaux. De nombreux membres des SA étaient d'anciens communistes mécontents du chômage de masse. Dans de longs articles du *National-sozialistische Briefe* et du *Volkischer Beobachter*, Goebbels avait défendu la Russie soviétique, traitant Lénine de libérateur de la nation. Selon lui, les principaux Juifs bolcheviks d'Europe occidentale pratiquaient l'exploitation économique.

En 1928, il prononça un discours (via Zentral Sprechabend) devant les groupes munichois, où, selon un rapport publié dans la presse nazie, il déclarait :

> "On nous reproche d'utiliser des méthodes marxistes à Berlin. Bien sûr, nous nous sommes battus avec des méthodes marxistes. Ces méthodes sont simplement les meilleures, et les seules bonnes, si nous voulons gagner les masses. Nous avons juste besoin d'améliorer un peu notre pratique. Nous ne nous adressons pas seulement à certaines classes, mais au peuple allemand tout entier." (*Adolf Hitler, par le journaliste juif Konrad Heiden*, Zurich, 1936)

De cette façon, le peuple allemand a été amené à accepter les idées des Illuminati sous une nouvelle forme. Les méthodes marxistes (c'est-à-dire Illuminati) qui convenaient si bien aux communistes maçonniques comme aux nazis maçonniques ne peuvent jamais être adéquates pour les personnes pleinement développées. Goebbels aurait déclaré ouvertement :

> "Lénine est mon idole !" (*Der Spiegel*, n° 46, 1986).

Goebbels a été impressionné par le film de propagande de Sergei Eisenstein *Le cuirassé Potemkine*. Il a souligné :

"Une personne qui n'a pas de vision définie du monde pourrait aisément devenir bolchevique en voyant ce film."

Ernst Niekisch a même fondé ce qu'il a appelé le bolchevisme national.

En novembre 1932, les nazis dirigés par Goebbels coopérèrent ouvertement avec les communistes pour organiser la grève des travailleurs des transports à Berlin. Les capitalistes allemands (Kay Glans, "Nazismen och stor-kapitalet i nytt ljus" / "Le nazisme et les grandes entreprises sous un nouveau jour", *Svenska Dagbladet*, 2 juillet 1987) ont désapprouvé cela. Hitler a également condamné cette action.

Les nazis voulaient construire un "État populaire fondé sur le socialisme" (à partir d'un tract distribué lors de la campagne électorale de 1932). Dans cette Volksgemeinschaft (alliance populaire), le prolétariat et la classe moyenne devaient fusionner. Les socialistes suédois souhaitaient également construire un État-providence fondé à l'origine sur les principes de pureté raciale. Le leader socialiste franc-maçon Hjalmar Branting a fondé l'Institut des Études Raciales en 1922.

Les nationaux-socialistes allemands souhaitaient également introduire une économie sans la servitude de l'intérêt. L'usure devait être punie de mort.

Le peuple de l'Allemagne nazie était organisé en tant qu'être collectif unifié autour de valeurs communes. Les communistes est-allemands ont utilisé le même système après la Seconde Guerre mondiale. Hitler a appris de Lénine. C'est la raison pour laquelle les SS ont commencé à combiner le contrôle de l'État sur l'économie avec le système des camps de concentration. Il y eut des commissaires en Allemagne ainsi qu'en Union soviétique et en France pendant la "Grande Révolution" de 1789-1793.

Le socialisme d'Hitler était du même caractère que celui de Lénine. Goebbels a souligné qu'un socialiste devait renoncer à son individualisme pour le bien commun. Hitler a aussi appris de Staline. Afin de renforcer le pouvoir du parti et le contrôle de l'État sur l'économie, des plans quadriennaux ont été introduits (Staline avait utilisé des plans quinquennaux depuis 1929). Ces plans étaient semblables à ceux du New Deal de Roosevelt. Dans le Troisième Reich, le contrôle de l'économie était si strict qu'on peut effectivement le qualifier d'économie planifiée d'un autre type après 1936.

Le terme "Troisième Reich" exprimait la conviction des nazis que les deux périodes de grandeurs précédentes seraient remplacées par une troisième et éternelle époque, où la dichotomie entre la droite et la gauche serait remplacée par une troisième option, une option nationale et sociale. Le terme a été formulé par l'écrivain allemand Arthur Moeller van den Bruck dans son livre *Le Troisième Reich* (*Das dritte Reich*, 1923). Pendant la guerre, Hitler a rejeté le terme, et même interdit son utilisation.

Hitler utilisa habilement la situation économique difficile de l'Allemagne. Le pays subissait d'énormes dégâts, conformément au Traité de paix signé par l'Allemagne vaincu à Versailles. Chaque année, l'Allemagne devait payer

132 millions de marks en or, soit 25% de la valeur de ses exportations. En fait, 20% étaient considérés comme la limite absolue pour éviter la faillite. Hitler jura de faire annuler le traité de paix de Versailles.

La position allemande s'est encore détériorée puisque la France et la Belgique n'ont pas eu la patience de réclamer leur part des dommages de guerre. C'est ainsi qu'ils ont occupé la région de la Ruhr, avec l'intention d'utiliser la force pour en obtenir autant que possible. Wall Street (par l'intermédiaire de Douglas Dillon, Harris, Speyer, Kuhn, Loeb et d'autres financiers proéminents) a ensuite accordé à l'Allemagne un prêt de 800 millions de dollars. L'argent a servi à la constitution des sociétés géantes IG Farben (Internationale Gesellschaft Farbenindustrie), contrôlées par Rothschild et Warburg, et Vereinigte Stahlwerke.

Louis Rothschild était un homme important à Chicago dans les années 1890. Il appartenait à la Grande Loge du Rite maçonnique écossais, et avait atteint le 32ème degré. Lord Lionel Walter Rothschild est devenu franc-maçon pendant ses études à Oxford. Il a été recruté par Lord Alfred Milner, le chef de la Table ronde.

Paul Warburg était marié à Nina Loeb, la fille du banquier Salomon Loeb. Kuhn, Loeb & Co, était la société financière la plus influente aux États-Unis au début des années 1900. Le frère de Paul, Felix Warburg, était marié à Frieda Schiff, dont le père était le célèbre Jacob Schiff. Schiff, un sioniste de premier plan, était le principal propriétaire de Kuhn, Loeb & Co. Il avait financé Léon Trotsky dans sa prise de pouvoir bolchevique. Auparavant, il avait aidé Alexandre Kerensky (le juif Aaron Kirbis) à accéder au pouvoir en Russie. Jacob Schiff avait en outre ordonné d'exécuter la famille du tsar, comme en témoigne le télégramme envoyé à Lénine.

Contrôler un gouvernement qui reçoit des prêts de banques privées étrangères est très facile. Selon Antony Sutton, plusieurs sociétés financières juives : Dillon, Read & Co, Harris, Forbes & Co et National City Company - ont été les principaux instigateurs de la création du conglomérat chimique d'IG Farben et de Vereinigte Stahlwerke (Antony Sutton, *Wall Street and the Rise of Hitler*, Sudbury, 1976, p. 163).

Ensemble, ces sociétés ont produit 95% des explosifs utilisés par les nazis pendant la Seconde Guerre mondiale.

IG Farben a joué un rôle important dans le financement des nazis, même si Hitler qualifiait l'entreprise d'"organisation juive internationale". Selon l'historien Anton Chaitkin, Max Warburg, l'un des principaux actionnaires, a donné l'ordre à d'autres Juifs importants de la communauté financière de ne pas le boycotter ni de protester contre la persécution des Juifs par Hitler.

Après tout, la famille Warburg avait grandement contribué à la création de la banque centrale américaine, la Federal Reserve (la Réserve Fédérale), en 1913.

IG Farben est devenue la première entreprise industrielle chimique mondiale, fabriquant tout, des armes aux médicaments. Dès 1928, l'entreprise décide de soutenir Adolf Hitler et son programme. La direction de la société était entièrement composée de francs-maçons.

IG Farben avait fourni le chlore gazeux pendant la Première Guerre mondiale. Cette société avait élaboré des plans pendant la Seconde Guerre mondiale pour fluorer les populations des pays occupés, car il avait été constaté que la fluoration causait de légers dommages à une partie spécifique du cerveau. Ces dégâts ont un effet très particulier. Ils rendent en particulier plus difficile la défense de sa liberté pour la personne affectée. Elle devient ainsi plus docile envers l'autorité.

IG Farben a officiellement commencé à soutenir Hitler en 1931. À l'automne 1932, au moins 400 000 marks furent versés aux nazis sur ordre du président d'IG Farben Carl Bosch (Joseph Borkin, *Hitler and IG Farben*, 1978). IG Farben a également apporté un soutien financier à la SS de Himmler, tout comme les grandes entreprises américaines ITT et General Motors.

Le 4 février 1999, la Deutsche Bank a été contrainte d'ouvrir ses archives de l'ère nazie. La Deutsche Bank a admis avoir financé le camp de concentration d'Auschwitz et l'effort de guerre nazi, tout ça sur ordre d'IG Farben.

La société juive IG Farben a donné au total 70 millions de Reichsmarks aux nazis. Sans l'aide d'IG Farben, les nazis n'auraient jamais pu agir avec autant d'efficacité. IG Farben était satisfaite d'utiliser les prisonniers d'Auschwitz pour tester ses médicaments.

Dans son livre *All Honourable Men* (Boston, 1950), James Stewart Martin révèle que l'usine IG Farben près de Cologne a été complètement épargnée par les bombardements pendant toute la durée de la Seconde Guerre mondiale. Cela est rendu encore plus évident par le fait que les bâtiments avoisinants ont été totalement démolis. Les usines Ford et les usines United Rayon sur le Rhin n'ont jamais été bombardées non plus. John Foster Dulles et Allen Dulles (tous deux membres du CFR) ont participé au financement d'Hitler [*ibid*, p. 51]. Toutes les sociétés allemandes appartenant à des cartels germano-américains ont échappé aux bombardements.

Le quartier général d'IG Farben était indemne après la vague intensive de bombardements américains qui s'était abattue sur Hanovre, même si de grandes parties de la ville avaient été complètement détruites. Les pilotes américains reçurent l'ordre d'épargner les bâtiments qui constituaient l'épine dorsale de la machine de guerre allemande. Après la guerre, IG Farben a été démantelé en trois nouvelles entités : Hoechst, Bayer et BASF *(Frankfurter Allgemeine,* 6 février 1999).

La diffusion de cette information a été détournée en donnant la priorité à la saison du carnaval allemand. La possibilité de poursuivre les puissants francs-maçons qui avaient soutenu Hitler n'a jamais été envisagée. Mais les documents sont toujours là ! Même les entreprises sont encore là, bien qu'ayant adopté des noms différents. Pourquoi ces entités n'ont-elles jamais été amenées à payer des dommages et intérêts ?

Les manipulations maçonniques secrètes

En 1928, Wall Street a élaboré ce qu'on a appelé le Plan Young, qui exigeait que l'Allemagne paie ses dommages de guerre en espèces plutôt qu'en biens commerciaux. Le franc-maçon Owen D. Young œuvrait en fait pour le compte du banquier J. P. Morgan. Lorsque le plan a été mis en place, il fut suivi d'une augmentation spectaculaire du taux de chômage, ce qui entraîna une détérioration de la situation en Allemagne dans les années 1929-1933. En 1932, six millions d'Allemands étaient au chômage. La production industrielle avait chuté de 40% depuis 1929.

Lors de son interrogatoire en septembre 1945, le magnat de l'industrie Fritz Thyssen déclara :

> "Les gens étaient désespérés. Hitler a promis de mettre fin à la situation préoccupante du chômage. Le gouvernement était faible et les conditions de vie de la population s'aggravaient."

"Sidney Warburg" a de nouveau rencontré Hitler peu avant son arrivée au pouvoir. Hitler lui a parlé du succès du parti. Le nombre de membres du Parti National-Socialiste avait triplé en quelques années. Hitler voulait encore 100 millions de marks, mais Wall Street a offert un maximum de 7 millions de dollars (environ 24 millions de Reichsmarks de 1933). Hitler a accepté leur offre et l'argent a été transféré via des banques étrangères. Ces informations ont ensuite été rendues disponibles par d'autres sources (*Financial World History*, Zurich, 1936).

Hitler a en outre été financé par Paul Warburg, un membre du conseil d'administration d'IG Farben (ou GAF, comme sa raison sociale l'indiquait après Pearl Harbor), dont l'équipe dirigeante se composait entièrement des hommes de Rockefeller, ainsi que de son frère Max Warburg, le directeur d'IG Farben en Allemagne. Des documents portant la signature d'Hitler figurant à côté de celle du juif richissime Max Warburg ont été publiés. L'un de ces documents mentionne Hjalmar Schacht comme président de la Banque Nationale. Schacht était un franc-maçon, comme le confirment elles-mêmes des sources maçonniques. Il appartenait à la Grande Loge prussienne (Dieter A. Binder, *Die diskrete Gesellschaft: Geschichte und Symbolik der Freimaurer* / La société discrète : histoire et symbolisme des francs-maçons, Graz, 1988, pp. 77, 90).

De l'avis d'Antony Sutton, Hitler n'aurait jamais été capable de s'emparer du pouvoir sans les contributions de la plus grande société chimique du monde. Le directeur juridique d'IG Farben était August von Knieriem, l'oncle paternel d'Olof Palme, le futur Premier ministre suédois.

Entre 1932 et 1939, General Motors a investi près de 30 millions de dollars dans IG Farben. General Motors a également soutenu le mouvement politique d'Hitler. Au début des années 1940, l'IG Farben a coopéré avec 53 sociétés américaines. L'industriel américain William R. Davies fut nommé fournisseur officiel de la marine allemande.

Le camp de concentration d'Auschwitz constitua par la suite un des projets principaux d'IG Farben. L'investissement s'élevait à 300 millions de dollars d'aujourd'hui. Lors du procès de Nuremberg, seuls trois cadres allemands (tous non francs-maçons) ont été condamnés pour esclavage, conspiration contre l'humanité et d'autres crimes. Les financiers donneurs d'ordres américains n'ont jamais été mentionnés. Les directeurs allemands d'AEG ont été poursuivis de la même manière, alors que les directeurs américains ont échappé à tout jugement pour les mêmes faits reprochés à leurs homologues nazis.

Lors des procès de Nuremberg, tout a été fait pour éviter de révéler les activités des Américains qui avaient financé Hitler. Les capitalistes allemands qui s'étaient associés aux activités des entreprises américaines ont également pu s'en tirer sans difficulté. Seuls deux financiers allemands ont été condamnés : Fritz Thyssen et Emil Kirdorf (après sa mort en 1937). L'Union soviétique a essayé de révéler d'autres noms. Les États-Unis s'y sont opposés, ce qui a conduit à l'acquittement du directeur général de l'AEG, M. Buecher. Il fut affirmé qu'à part IG Farben, Siemens et AEG étaient les entreprises allemandes les plus fortes et étaient dirigées par des antinazis convaincus. Antony Sutton a cependant pu publier un document prouvant qu'AEG avait transféré de l'argent sur le compte de la Nationale Treuhand (le fonds qui gérait les finances du parti nazi naissant) de Hitler, ayant servi à couvrir les frais de sa campagne électorale (Sutton, *Wall Street and the Rise of Hitler*, Sudbury, 1976, p. 56).

Aucune mesure n'a été prise contre l'Illuminati Paul Warburg, qui a pourtant financé Hitler et était directeur général de la succursale américaine d'IG Farben. Il n'était pas possible de l'accuser de crimes contre l'humanité. Sous la pression de Rockefeller, les Américains n'ont pas été inculpés. Les usines américaines présentes en Allemagne (Opel et Ford) ont fabriqué 90% des camions de trois tonnes utilisés par la Wehrmacht.

Bien sûr, Moscou a gardé le silence sur le rôle joué par Wall Street, puisque les communistes étaient dépendants de la même source de financement. Il ne fut jamais fait remarquer que les États-Unis étaient le seul pays à avoir tiré profit de la Seconde Guerre mondiale. Toutes les autres nations ont perdu de l'argent et se sont retrouvées avec d'énormes dettes.

Les informations disponibles aujourd'hui montrent avec quelle facilité Hitler a acquis la technologie américaine (Charles Higham, *Trading With the Enemy*, New York, 1984).

Les banquiers comptaient sur la défaite allemande dans une guerre à grande échelle, et s'attendaient à prendre le contrôle total de l'Europe une fois la guerre terminée.

Lors des élections législatives d'avril 1932, les nationaux-socialistes augmentèrent leurs sièges de 107 à 162. Le 31 juillet, une autre élection parlementaire a eu lieu qui a donné aux nazis 13 745 000 votes, soit 37% des voix, soit 230 sièges au Reichstag. Le Parti nazi était maintenant le plus grand et le plus puissant d'Allemagne, grâce à une campagne de propagande massive.

Le 6 novembre, les nazis ont perdu deux millions de voix et 34 sièges au Reichstag. Deux jours plus tard, Hitler a demandé à rencontrer le président Paul von Hindenburg. Hitler a exigé d'être nommé chancelier. Une fois de plus, on lui a refusé l'accès. Kurt von Schleicher devint chancelier d'Allemagne le 2 décembre 1932.

Dans le petit État libre allemand de Lippe, des élections locales ont été organisées le 15 janvier. Hitler en a profité pour faire bonne impression. Les nazis ont fait campagne massivement et ont obtenu un petit nombre de voix supplémentaires par rapport au total de l'élection précédente. Mais ils ont utilisé leurs propres journaux largement diffusés pour exagérer la signification du vote et prétendre une fois de plus que les nazis étaient l'avenir. Cette tactique a bien fonctionné et a même impressionné le président Hindenburg.

Le dimanche 22 janvier 1933, une réunion secrète eut lieu au domicile de Joachim von Ribbentrop. Von Papen, Oskar le fils de Hindenburg, Hitler et Goering y était présent. Hitler prit Oskar à part et entreprit pendant une heure de le convaincre que les nazis devaient être intégrés au gouvernement selon ses conditions. Oskar est sorti de la réunion convaincu que c'était inévitable. Franz von Papen a ensuite promis sa loyauté à Hitler.

Le 28 janvier, Schleicher se rendit auprès d'Hindenburg et lui demanda à nouveau de dissoudre le Reichstag. Hindenburg refusa. Schleicher a alors démissionné. Le 29, une fausse rumeur circula selon laquelle Schleicher était sur le point d'arrêter Hindenburg et d'organiser une prise de pouvoir militaire contre le gouvernement. Quand Hindenburg entendit parler de cela, cela mit fin à son hésitation. Le franc-maçon Paul von Hindenburg décida alors de nommer un autre franc-maçon, Adolf Hitler, comme prochain chancelier d'Allemagne.

Vers midi le 30 janvier 1933, un nouveau chapitre de l'histoire allemande commença lorsqu'Adolf Hitler ému aux larmes émergea du palais présidentiel comme chancelier de l'Allemagne. Entouré d'admirateurs, il est monté dans sa voiture et a été conduit dans la rue bordée de citoyens enthousiastes. s'exclama Hitler : "Nous l'avons fait ! On a réussi !"

Le magicien Franz Bardon (alias Frabato, 1909-1958) occupait un poste élevé au gouvernement (Franz Bardon, *Frabato*, Wuppertal, 1979). Selon Bardon, Hitler appartenait au *Der Freimaurerischer Orden der Goldene Centurie* à Dresde, communément appelé la Loge 99. Toutes les 99 loges de cet ordre comportaient 99 membres. Chaque loge vénérait un horrible démon. Ce démon aidait les membres à gagner de l'argent et acquérir du pouvoir. Les membres des 99 Loges étaient aussi des industriels et des banquiers. Le fait qu'Hitler était vraiment un franc-maçon de haut rang est confirmé par Norman MacKenzie dans son livre *Secret Societies* (New York, 1967). Son appartenance a également été confirmée par Moscou, où sont conservés tous les documents se rapportant à ce sujet.

En 1933, le franc-maçon Rudolf von Sebottendorf publia un livre intitulé *Les Magiciens*. Il ne souhaitait plus rester dans les coulisses du Parti National-Socialiste. Le livre a été immédiatement interdit et des ordres pour le passer au pilon ont été donnés. Seuls quelques exemplaires ont été sauvés, dont l'un se trouve encore à Moscou. Selon ce livre, Hitler avait obtenu le rang de grand maître de l'ordre allemand en 1932.

Sur les films et les photos, Hitler a souvent été montré adoptant une posture essentielle : les bras croisés sur la poitrine. C'est le signe du grand maître, le symbole du pouvoir (Youri Vorobyov, *Le chemin de l'Apocalypse : Un pas du serpent* (Moscou, 1999, p. 94). Le modèle symbolique de ce signe maçonnique secret est l'image d'Osiris, représenté tenant ses bras croisés sur sa poitrine, ses mains tenant le bâton du serpent et le fléau. Ces attributs symbolisent l'ordre et le châtiment.

Le 30 janvier 1933, Wall Street a placé son candidat à la tête de l'Allemagne. Le 27 février 1933, un incendie s'est déclaré dans le bâtiment du Reichstag. Après la guerre, les historiens falsificateurs en ont imputé la responsabilité aux nazis. Il est maintenant établi que le feu n'a pas été allumé par les nazis sous la direction de Goering. C'est en fait le communiste Marinus Van der Lubbe qui a mis le feu au parlement. En 1962, l'historien britannique Fritz Tobias publia une enquête détaillée montrant que les preuves présentées précédemment comme démontrant l'implication nazie étaient fausses. L'examen des dossiers de police a révélé que Van der Lubbe était bien conscient des implications politiques de son acte. Edward Calic, le secrétaire de la commission d'enquête sur cet attentat, avait produit un certain nombre de faux documents, qui ont servi de base à la rédaction d'un faux rapport. Les nazis en ont profité pour interdire toutes les organisations communistes.

Après les élections de novembre 1932, les coffres du parti étaient vides, mais soudain l'argent s'est mis à affluer. Après les nouvelles élections du 5 mars 1933, Hitler et les nationalistes allemands obtiennent une majorité de 16 voix au Parlement, ce qui leur permet de réaliser leurs projets. À partir du 23 mars, Hitler est devenu le dictateur de l'Allemagne. Il n'avait plus besoin de consulter le Parlement. Son pouvoir était illimité. La révolution nationale-socialiste pouvait commencer.

En 1933, les nazis ont interdit toutes les chansons anti-juives, y compris la chanson des chemises brunes *Quand le sang juif coule sur le couteau*.

En octobre 1933, Hitler dissout le parlement.

Hitler souhaitait effacer les dettes de 12 milliards de marks des paysans et abaisser le taux d'intérêt à deux pour cent. Les taux d'intérêt s'élevaient à quatorze pour cent du revenu total des agriculteurs, auxquels s'ajoutait environ le même montant en impôts et en cotisations de sécurité sociale. L'objectif d'Hitler était d'abolir complètement les intérêts sur les prêts des agriculteurs et de les exempter complètement d'impôts. Mais d'éminents francs-maçons, dirigés par Warburg, interdirent à Hitler d'abolir les impôts et la charge des intérêts sur les emprunts contractés. Hitler a toutefois réussi à abaisser le taux d'intérêt à six pour cent. Plus tard, il souhaitait introduire un système qui limiterait la capacité d'opprimer la société par la spéculation sur le capital, mais ceux qui l'avaient aidé à prendre le pouvoir désapprouvaient cette initiative, car c'est par cette activité spéculatrice qu'ils règnent sur les régimes politiques de toutes les nations prétendument démocratiques. Abraham Lincoln a été assassiné pour avoir tenté d'abolir les taux d'intérêt sur les prêts gouvernementaux et en ayant permis à son gouvernement d'émettre une monnaie affranchie de la dette et des intérêts versés aux banquiers.

Hitler a créé du travail pour les six millions de chômeurs allemands. De février 1933 au printemps 1937, le nombre de chômeurs est passé de six millions à moins d'un million. Finalement, le chômage a totalement disparu. Les nazis ont introduit le concept de "cahier d'exercices", qui venait à l'origine de l'Union soviétique. Aucun travailleur allemand ne pouvait être employé sans son carnet de travail. Le même système a ensuite été utilisé en Suède et dans de nombreux autres pays jusqu'aux années 1960.

Le produit national brut a doublé de 1932 à 1937. Des autoroutes ont été construites à travers le paysage d'une manière moins dommageable pour l'environnement naturel, même si cela en augmentait le coût. Chaque travailleur allemand devait posséder une voiture économique, et Hitler lui-même a aidé à concevoir une voiture appropriée : la Volkswagen (voiture du peuple). Cette politique économique incroyablement prospère était dirigée par le directeur de la Banque Nationale, Hjalmar Schacht, qui selon le fonctionnaire SS Hans Werner Woltersdorf était aussi un franc-maçon.

IG Farben, ainsi que d'autres grandes entreprises, avait besoin de ces améliorations et s'est donc montrée particulièrement satisfaite.

En 1933, le gouvernement américain considérait que le temps était venu de reconnaître l'Union soviétique. De nombreuses compagnies américaines (Electric Boat Company, Ford Company, Seversky Air-Craft Corporation, General Electric et d'autres) ont aidé à bâtir l'économie soviétique, et de nombreux financiers, tels que Kuhn, Loeb & Co, Morgan, Rockefeller, les Warburg, Douglas Dillon (en fait le juif Lapowitz), Cyrus Eaton, et David Kendall, ont également énormément investi dans la mise en place du communisme (Antony Sutton, *Wall Street and the Bolshevik Revolution*, Morley, 1981).[19]

Le 2 août 1934, le président allemand Paul von Hindenburg mourut. Hitler n'a jamais révélé que l'héritage politique de Hindenburg dissimulait un désir de

---

[19] Disponible traduit en français, *Wall Street et la révolution bolchévique*, Le Retour aux Sources, www.leretourauxsources.com.

réintroduire la monarchie. C'était hors de question pour Hitler et les francs-maçons qui l'avaient porté au pouvoir.

Tout étranger, aussi antinazi soit-il, pouvait visiter l'Allemagne et voir et observer tout ce qu'il voulait voir, à l'exception des camps de concentration et des sites militaires (comme c'est le cas dans tous les pays). Aucun anticommuniste n'a été autorisé à visiter l'Union soviétique, et aucun étranger n'a pu être témoin d'une grande partie de la vie quotidienne soviétique. N'importe qui, à l'exception de quelques milliers de citoyens allemands inscrits sur la liste noire, pouvait voyager à l'étranger. Ce n'était pas le cas des citoyens soviétiques. Seuls quelques élus étaient autorisés à voyager à l'étranger.

Ce haut niveau de prospérité a été rendu possible parce qu'en 1934, l'Allemagne a abandonné l'étalon-or international, et a commencé à émettre de l'argent en fonction de ses propres besoins, avec une monnaie basée sur la valeur du travail réellement accompli.

Au cours des années 1923-1929, l'économie américaine a connu un taux de croissance élevé. Selon les chercheurs déjà cités Gary Allen et Antony Sutton, cette tendance devait être infléchie, car elle ne rentrait pas dans le cadre prévu par les financiers internationaux pour le redécoupage du monde en fonction de leurs intérêts futurs. Le 24 octobre 1929, un jour qui devint notoire sous le terme de *Mardi Noir*, un effondrement du marché boursier fut organisé à Wall Street. En conséquence, un nombre record de 13,2 millions de chômeurs fut déclaré aux États-Unis en 1932, et l'indice de production tomba de 120 à 57 (100 ayant été fixé pour l'année 1930).

Cette terrible crise économique, organisée par les banques, a eu des répercussions dans le monde entier. L'objectif de ces groupes financiers criminels est le contrôle de l'économie mondiale. Aujourd'hui, cet objectif est atteint grâce au Fonds Monétaire International (FMI) et à la Banque Mondiale, dont les intentions sont criminelles et prédatrices, indépendamment de la propagande officielle trompeuse.

Le *Mardi Noir* d'octobre 1929 a contribué à l'élection de Franklin Delano Roosevelt, qui a promis la mise en place de toutes sortes de réformes. Roosevelt avait coopéré avec Owen D. Young, le fameux initiateur du fameux plan Young qui avait porté Hitler au pouvoir en Allemagne…

Les principaux banquiers avaient contracté la quantité d'argent en circulation et le volume des échanges en augmentant le taux d'intérêt (le taux plancher auquel sont consentis les emprunts du monde entier), mais ils n'accordèrent que très peu d'attention aux besoins financiers de l'industrie. Le resserrement économique a provoqué une dépression qui, en 1934, a atteint le pire niveau en 100 ans dans le monde occidental.

Grâce à la politique économique de Hjalmar Schacht, l'économie allemande s'est de nouveau rapprochée de la prospérité. Finalement, cela a même mené à une pénurie de main-d'œuvre. Le taux de mortalité infantile allemand était inférieur à celui de la Grande-Bretagne. Le système de sécurité sociale a été développé d'une manière plus efficace. Hitler a ordonné l'utilisation de ressources énergétiques naturelles telles que le vent et l'eau. Il prévoyait que le carburant du futur serait l'hydrogène. Les Jeunesses Hitlériennes vouaient un culte à la nature.

En Allemagne, dans les années 1930, un grand nombre d'agriculteurs produisaient du méthane à partir de fumier, utilisant le gaz pour alimenter les tracteurs et les moissonneuses-batteuses, car le coût du carburant ordinaire avait augmenté trop rapidement (Bjorn Gillberg et Arthur R. Tamplin, *Mord med statligt tillstand. Hur miljopolitiken forkortar vara liv / Meurtre par consentement du gouvernement : Comment la politique environnementale raccourcit nos vies*, Helsingborg, 1988, p. 120).

Le National-Socialisme s'est avéré bien supérieur au système démocratique. Hitler a réussi à résoudre les crises sociales et économiques contre lesquelles les pays démocratiques luttaient sans aucun résultat. Les gens étaient satisfaits d'un système basé sur l'économie de marché avec un leader centralisé, bien que les droits de l'homme ne soient pas très bien respectés par les autorités.

La politique menée par Hitler concernant l'or, le crédit et les intérêts fut un coup dur pour le système économique européen. Les dirigeants de la Bourse de Londres, qui étaient tous francs-maçons, considéraient cet état de fait comme une menace pour leurs efforts de contrôle du commerce national et international. Ils ont exigé que l'Allemagne retourne à l'esclavage sous le régime des taux d'intérêt, et menaçant de détruire le pays par la guerre à moins que la demande ne soit satisfaite. Des négociations secrètes ont eu lieu entre Londres et Berlin pendant plusieurs années. En août 1933, le juif Samuel Untermeyer, président de l'Organisation Mondiale Sioniste, menaçait de détruire l'Allemagne si elle poursuivait sa nouvelle politique économique. C'était l'homme qui avait auparavant dirigé le pillage de l'empire financier Kreuger, qui avait sauvé plusieurs pays en accordant des prêts à bas taux. Untermeyer considérait les Juifs comme les aristocrates du monde.

Le gouvernement maçonnique de la Pologne a initié la persécution systématique des Allemands qui y vivaient. Entre mars et septembre 1939, les autorités polonaises firent interner plus de 50 000 Allemands, dont beaucoup sont morts dans ces camps de concentration. Le maréchal polonais Edward Rudz-Smigly annonça à l'été 1939 :

"La Pologne veut une guerre contre l'Allemagne."

Des milliers d'Allemands ont été massacrés par les Polonais à la suite de l'intervention du gouvernement. 12 857 victimes ont pu être plus tard identifiées (*Die Polnischen Greueltaten an den Volksdeutschen in Polen, Les atrocités polonaises contre les Allemands de souche en Pologne*, Berlin, 1940). Ceci a été confirmé par l'historien est-allemand Theodor Bierschenk en 1954, sur la base de documents polonais. Selon l'écrivain social-démocrate Otto Heike de Lodz, il y aurait eu au moins 15 000 victimes. L'Allemagne a été le seul pays à protester, les documents qui le prouvent subsistent encore.

Les francs-maçons ont compris que l'Allemagne n'accepterait pas cette situation indéfiniment et qu'elle devrait réagir. Hitler avait l'intention de mettre un terme à la terreur et aux tueries.

On peut se demander pourquoi le gouvernement allemand a attendu si longtemps. La réponse est simple. La Pologne préparait une attaque éclair avec 700 000 hommes contre Berlin. Varsovie n'attendait que le feu vert de Londres. L'équipement militaire polonais était fondamentalement moderne, mais selon le mythe mensonger de l'histoire officielle, la Pologne ne disposait que d'une faible cavalerie. L'Allemagne ne pouvait plus attendre. Hitler a utilisé Staline comme allié par le pacte de non-agression du 23 août 1939. Le 1er septembre 1939, Hitler attaqua, malgré le fait que l'Allemagne n'était pas dotée d'une économie de guerre performante à cette époque, comme l'admet même l'historien Paul Johnson (*Modern Times*, New York, 1983).

Des membres de la minorité ethnique allemande massacrés
en Pologne à l'été 1939.

Les conducteurs de tank polonais se tenaient prêts

Conformément au traité secret avec les nazis, l'Union soviétique en a profité le 17 septembre pour occuper les parties biélorusse et ukrainienne de la Pologne. Au cours des 21 mois de régime soviétique qui ont précédé l'attaque allemande du 22 juin 1941, jusqu'à 750 000 personnes appartenant à ces minorités ethniques ont été tuées. 1 250 000 des anciens citoyens polonais (dont des Juifs non communistes), furent déportés en Sibérie et en Asie centrale en février 1940. Les jeunes enfants, les personnes âgées et les malades sont morts de froid, qui atteignait parfois moins 30-40 degrés (Celsius). Les voies ferrées à l'est étaient bordées de cadavres gelés. Une nouvelle vague de déportations a également tué ses victimes par la soif. Près de la moitié sont morts dans les wagons scellés pendant le transport. Parmi les survivants, 120 000 ont été autorisés à quitter l'Union soviétique en 1942 dans le cadre de la création de l'armée polonaise sous le général Wladyslaw Anders. En juin 1941, jusqu'à 100 000 Polonais furent fusillés par le NKVD, la police secrète soviétique (Jan T. Gross, *Revolution From Abroad: The Soviet Conquest of Poland's Western Ukraine and Western Byelorussia / La révolution de l'étranger : La conquête soviétique de l'Ukraine occidentale et de la Biélorussie occidentale en Pologne*, Princeton University Press, 1988). En comparaison, les nazis n'étaient que des enfants de chœur.

Burton Klein a publié un livre, *Germany's Economic Preparation for War / La préparation économique de l'Allemagne à la guerre* (Cambridge, 1959), dans lequel il rejette l'accusation commune selon laquelle l'Allemagne disposait d'une économie militaire entièrement axée sur la guerre :

> "La France et l'Angleterre ont dépensé chacune autant ou plus en armements, et ensemble leurs dépenses militaires étaient bien supérieures."

L'historien A. J. P. Taylor, en 1961, a également souligné la responsabilité de la Grande-Bretagne dans cette militarisation à outrance.

Dans son rapport final au président Franklin D. Roosevelt, le général George C. Marshall a noté qu'Hitler n'était nullement préparé à une longue guerre, encore moins à une guerre de conquête territoriale. En fait, il n'était même pas préparé à une guerre contre l'Angleterre et la France, et encore moins contre l'Union soviétique. C'est ce qu'a confirmé un éminent spécialiste de la préparation économique militaire, le colonel A. G. Texley, dans un article paru dans *Quartermaster Review*, en juin 1948.

L'éminent historien américain, le professeur David Leslie Hoggan, montre dans son ouvrage The Forced War: The Origins and Instigators of the Second World War / La guerre forcée : les origines et les instigateurs de la Seconde Guerre mondiale, San Francisco 1961) que Hitler ne voulait pas de guerre en 1939 et que ses revendications sur la Pologne étaient plus modestes que beaucoup de publications américaines et britanniques l'ont présenté. Hitler avait demandé l'autorisation de faire passer une autoroute à travers le couloir polonais et le retour de la ville allemande de Dantzig au Reich. En mars 1939, la Pologne refusa de négocier. L'ambassadeur britannique Kennard (un franc-maçon) fit pression sur les Polonais pour qu'ils ne négocient toujours pas en août 1939.

Publié pour la première fois en Allemagne en 1961, le livre de Hoggan était basé sur sa thèse. Il a décrit les Britanniques et les Polonais comme les agresseurs et l'Allemagne comme la victime. Le livre de Hoggan affirmait également que les politiques juives allemandes étaient bénignes, ou du moins plus clémentes que celles de la Pologne.

Le professeur Hoggan expliquait :

> "La responsabilité ultime du déclenchement de la guerre germano-polonaise incombait à la Pologne et à l'Angleterre, et la responsabilité d'étendre la guerre à toute l'Europe incombe principalement à l'Angleterre."

M. Hoggan a obtenu son doctorat en histoire de l'Université Harvard en 1948 et a occupé plusieurs postes importants dans l'enseignement universitaire.

Plutôt que d'aider l'Allemagne, la Grande-Bretagne a déclaré la guerre à 11 heures le 3 septembre. La France hésitait au début, mais six heures plus tard, elle a fait de même. Ce sont ces nations qui avaient promis à la Pologne leur "aide", au cas où l'Allemagne oserait défendre les Allemands de souche en Pologne. La Pologne a continué à semer la terreur contre tout ce qui était allemand, même après la guerre. Après le 1ᵉʳ septembre 1939, ni l'Angleterre ni la France ne montrèrent le moindre intérêt pour le sort de la Pologne. Pendant plusieurs jours, les représentants officiels de ces nations refusèrent de voir l'attaché militaire polonais qui demandait une aide militaire. Les alliés prétendirent qu'ils n'avaient pas de temps à consacrer à la Pologne.

Ce n'est que le 9 septembre que les officiers militaires britanniques ont accepté de rencontrer une délégation polonaise à Londres. Même à cette époque, le chef de l'état-major général britannique, William Edmund Ironside, n'était pas en mesure d'assurer la livraison d'armes à la Pologne. Il n'existait tout simplement aucun plan pour aider la Pologne. On prétendait que la Grande-Bretagne avait déjà bombardé l'Allemagne et que 44 avions étaient arrivés en Roumanie pour les Polonais. Il s'agissait d'un effroyable mensonge de la part d'un soi-disant "allié" (Mikhaïl Meltioukhov, *Staline's Lost Opportunity*, Moscou, 2000, p. 102). Tout ce que l'Angleterre avait fait, c'était de bombarder les villes allemandes de Wilhelmshaven et Cuxhaven le 5 septembre.

Le Congrès juif mondial déclara la guerre à l'Allemagne le 5 septembre 1939. Les nazis considéraient cette initiative comme une base légale pour l'incarcération de tous les Juifs apparemment hostiles. Dès juin 1934, le juif Emil Ludvig avait déclaré :

> "Hitler ne veut pas la guerre, mais il y sera forcé." *(Les Annales)*

Quand Hitler a attaqué la Pologne le 1ᵉʳ septembre, l'Allemagne ne possédait pas plus de 2980 chars au total. Selon l'historien David Irving, Hitler était un excellent stratège, bien meilleur que ses généraux (*Hitler's War*, Londres, 1977). C'est lui qui planifia l'opération blitzkrieg contre la France, qui commença le 10 mai 1940.

Après deux semaines de combats en Pologne, les chars allemands manquaient de carburant et les bombardiers étaient à court de bombes. Si l'Union soviétique n'avait pas attaqué le 17 septembre avec l'intention de détruire la Pologne, Allemagne aurait été battue (Viktor Suvorov, *Suicide*, Moscou, 2000, p. 314).

L'historien militaire Basil Henry Liddell Hart évoque l'échange de télégrammes qui a eu lieu entre les ministères britannique et allemand des Affaires étrangères en 1939-1940. Le lieutenant-colonel J. Creagh Scott a parlé du même échange le 11 août 1947 au Chelsea Town Hall à Londres (mentionné dans le journal *Tomorrow* le 6 novembre 1947).

Creagh Scott témoignait :

> "Pendant toute la période de la guerre télégraphique, en 1939-1940, de longues négociations ont eu lieu entre les ministères des Affaires étrangères allemand et britannique, au cours desquelles les Britanniques ont suggéré d'annuler la guerre si l'Allemagne voulait rétablir l'étalon-or et réintroduire les taux d'intérêt.

J. Creagh Scott dévoilait ainsi les forces maçonniques insidieuses qui régissent les gouvernements depuis les coulisses (*Hidden Government*, Londres, 1954). Dans le monde entier, les gens ne comprenaient pas pourquoi il n'y avait pas eu de combats sur le front occidental en 1939-1940. Le public ne savait rien des négociations en cours entre les belligérants.

Le banquier juif Montagu Norman, porte-parole des financiers anglais, ne s'intéressait pas du tout au sort de la Pologne ou d'autres petites nations, mais seulement au fait que l'Allemagne réintègre le système financier accolé à l'étalon-or. La réponse de l'Allemagne a bien entendu été négative. Montagu Norman était à cette époque à la tête de la Banque d'Angleterre, contrôlée par les Rothschild.

Winston Churchill a rassuré Norman en lui promettant que l'étalon-or serait rétabli en Allemagne. Telle est la véritable raison pour laquelle l'Allemagne a été détruite et 55 millions de personnes ont été tuées pendant la Seconde Guerre mondiale.

Montagu Norman et Hjalmar Schacht se rencontrèrent secrètement en octobre 1935 à Badenweiler, Schwarzwald, pour négocier des prêts pour Hitler. Le banquier Norman n'était rien d'autre qu'un coursier pour le compte des Rothschild (Eustace Mullins, *The World Order: Our Secret Rulers*, Staunton, 1992).[20]

La Seconde Guerre mondiale a été déclenchée pour que l'élite financière puisse contrôler l'économie, diviser le monde entier en factions communistes et capitalistes, et faciliter l'introduction éventuelle d'un gouvernement mondial.

---

[20] Traduit en français et publié par Omnia Veritas Ltd, *L'Ordre Mondial, nos dirigeants secrets, une étude sur l'hégémonie du parasitisme*, Eustace Mullins. www.omnia-veritas.com

L'Union soviétique a accepté ces plans. Christian Rakovsky, l'émissaire soviétique à Paris et l'agent de liaison entre l'élite soviétique et la haute finance, interrogé par l'officier du GPU Gabriel Kuzmin à Moscou le 26 janvier 1938, souligne qu'il avait accès à ces informations non en tant que franc-maçon, mais en comme porte-parole des financiers.

En 1919, Lénine l'avait nommé responsable du gouvernement soviétique en Ukraine. Il a géré avec succès la région pour les bolcheviks pendant la guerre civile. Staline l'a nommé ambassadeur soviétique à Paris en 1925. Rakovsky appartenait à la puissante faction trotskiste qui recevait ses ordres des Rothschild. De nombreux membres de ce groupe ont été fusillés lors de la purge du Parti communiste de Staline en 1937.

Selon Rakovsky,

> "Hitler, cet homme sans instruction et au tempérament primaire, a restauré grâce à son intuition naturelle et même contre l'opinion technique de Schacht, un système économique d'un genre très dangereux".

Les communistes avaient simplement parlé d'abolir l'exploitation économique, alors qu'Hitler l'avait effectivement fait. Rakovsky accuse Hitler d'avoir éliminé l'emprise de "la finance internationale privée sur l'État". Selon lui, il avait accompli :

> "quelque chose de si complètement contre-révolutionnaire que, comme vous le voyez déjà, il a, par magie, pour ainsi dire, radicalement éliminé le chômage parmi plus de sept millions d'ouvriers et de travailleurs".

Il a souligné :

> "Si Hitler y est parvenu malgré tous les économistes bourgeois qui l'entourent, alors il était tout à fait capable, en l'absence de toute menace de guerre, d'appliquer son système aussi à la production en temps de paix... Il n'y avait donc qu'une solution pour mettre un terme à ce miracle : la guerre."

Rakovsky a suggéré de provoquer une offensive de l'est qui devait s'étendre progressivement vers l'ouest, sous forme d'une déclaration de guerre soviétique contre l'Allemagne nazie. Cette mesure a été prise pour profiter à l'élite financière internationale et aux dirigeants maçonniques. Hitler les avait après tout laissés tomber, et avait dû être maltraité et détruit par une guerre sur deux fronts.

Rakovsky se demandait :

> "Quelle force peut conduire l'Europe vers un suicide complet ? Une seule force en est capable : l'argent. L'argent est le seul et unique pouvoir."

Toutes les informations concernant Rakovsky sont tirées de la publication de Bruno Schubert *Free-Economy Association* (Huntington, 1972). Les protocoles d'interrogatoire de Rakovsky ont été clandestinement sortis d'Union soviétique après la Seconde Guerre mondiale par le médecin du NKVD Josef

Landovsky, et publiés sous le titre *Sinfonía en Rojo Mayor*[21] (*Symphonie en rouge majeur*) en Espagne en 1950. La transcription complète a été publiée en anglais en 1968 sous le titre *The Red Symphony : X — Ray of Revolution.*

La transcription de 50 pages de son interrogatoire n'était pas destinée à être rendue publique. Il confirme que les Illuminati aux ordres de Rothschild avaient l'intention d'utiliser le communisme pour établir une dictature mondiale gérée par les super riches.

Le sort du général Wladyslaw Sikorski prouve que la Grande-Bretagne ne se souciait pas de la Pologne. Il s'était enfui à Londres et était devenu chef du gouvernement polonais en exil. Lorsque les Allemands découvrirent le massacre soviétique d'officiers polonais dans la forêt de Katyn en avril 1940, Sikorski avait l'intention de condamner publiquement ce massacre. Les Britanniques espéraient qu'il se tairait, mais comme il ne le faisait pas, il n'y avait qu'une seule option : se débarrasser de Sikorski. Le 4 juillet 1943, lors d'un vol vers l'armée polonaise du général Anders à Alexandrie, en Égypte, le pilote s'éjecta en parachute au-dessus de Gibraltar et l'avion s'écrasa. Sikorski était définitivement hors d'état de nuire.

Après avoir conquis la Pologne, von Ribbentrop se rendit de nouveau à Moscou le 27 septembre 1939, où il rencontra Staline. Un pacte concernant les frontières mutuelles et l'amitié entre l'Allemagne et l'Union soviétique fut signé.

Le 28 septembre, l'Allemagne et l'Union soviétique publièrent une déclaration commune expliquant que les deux pays avaient "résolu" la question de la désintégration de la Pologne, exhortant l'Angleterre et la France à faire la paix avec Hitler. La Grande-Bretagne et la France furent averties qu'à moins d'accepter un traité de paix, elles seraient tenues responsables de la guerre.

Staline, qui était un tyran cruel, disait néanmoins parfois la vérité quand cela lui convenait. Dans la *Pravda* du 29 novembre 1939, il déclarait :

> "Ce n'est pas l'Allemagne qui a attaqué la France et l'Angleterre, c'est la France et l'Angleterre qui ont attaqué l'Allemagne et elles sont responsables de la guerre."

En novembre 1939, le Comintern organisa un mouvement pacifiste visant à mettre un terme rapide à la "guerre injuste des voleurs impérialistes". Le 9 octobre, *Izvestiya* avait rapporté que faire la guerre pour écraser l'hitlérisme était une folie politique et criminelle. À Moscou, Walter Ulbricht a condamné l'attitude anti-hitlérienne des puissances occidentales.

À l'été 1940, la Grande-Bretagne était au bord de la faillite et incapable de faire la guerre. Mais Londres attendait de l'aide de Wall Street.

---

[21] Œuvre disponible ainsi que sa traduction en français par Omnia Veritas : *Sinfonía en Rojo Mayor*, ISBN 978-1910220467 ; *Symphonie en Rouge Majeur*, ISBN 978-1910220559 ; www.omnia-veritas.com

La contribution américaine

En 1938, dans une interview pour le *New York Times*, le franc-maçon Henry Ford déclarait :

> "Quelqu'un a dit un jour que soixante familles dirigent les destinées de la nation. On pourrait tout aussi bien dire que si quelqu'un mettait en lumière les vingt-cinq personnes qui s'occupent des finances de la nation, les véritables fauteurs de guerre du monde seraient mis en évidence."

Hitler a également reçu un important soutien financier d'Henry et Edsel Ford pour développer son industrie militaire. Les principaux bailleurs de fonds étaient toutefois la Standard Oil (Rockefeller), General Motors, General Electric, ITT, la banque de J. P. Morgan et Bernard Baruch. La Standard Oil s'appelle aujourd'hui Exxon, entre autres dénominations de diverses succursales. Tous ces entreprises et banquiers ont également aidé Franklin Delano Roosevelt à accéder au pouvoir en 1933.

C'est précisément ce même groupe de banquiers et d'industriels internationaux qui ont également soutenu l'arrivée au pouvoir des bolcheviks en Russie. Dans son livre *Wall Street and the Bolshevik Revolution*,[22] Antony Sutton fait référence à des documents très intéressants provenant de diverses archives appartenant au gouvernement américain. Selon ces documents, la même élite financière a armé les deux parties lors des guerres de Corée et du Vietnam, pour pouvoir tuer le plus grand nombre de personnes possible.

L'Illuminati J. P. Morgan était très heureux de la prise du pouvoir par Hitler. Il avait fait ses propres préparatifs pour la mise en place d'une dictature fasciste aux États-Unis en 1933-1934, mais le général Smedley Darlington Butler a révélé ce complot ourdi par Wall Street au grand public. Le Congrès, et en particulier les membres Dickstein et MacCormack (tous deux francs-maçons), a veillé à ce qu'aucune information concernant ce complot ne fasse l'objet d'une enquête (Antony Sutton, *Wall Street and the Rise of Hitler*, Sudbury, 1976, p. 175).

Le président Roosevelt était également désireux de dissimuler les détails de cette entreprise criminelle. Ce n'est que dans les années 1950 qu'une petite partie de ces préparatifs a été mise à la disposition des historiens.

L'ambassadeur américain à Berlin, William Dodd, écrit dans son journal que l'ambassade a reçu en 1933 la visite de banquiers et d'industriels de Wall Street, qui admiraient tous Adolf Hitler et cherchaient de nouvelles opportunités de faire affaire avec le régime nazi. Par exemple, Henry Mann, représentant de la National City Bank, et Winthrop W. Aldrich de la Chase Bank, ont rencontré Hitler le 1er septembre 1933 pour discuter de cette question (Antony Sutton, *Wall*

---

[22] *Wall Street et la révolution bolchevique*, d'Antony Sutton, Le Retour aux Sources. cf. également, *La trilogie Wall Street*, Omnia Veritas Ltd.

Street and the Rise of Hitler, Sudbury 1976, pp. 15 et 133).

Dodd écrit le 19 octobre 1936 de Berlin au président Roosevelt :

"Même si je crois que la paix est notre meilleure politique, je ne peux éviter les craintes que Wilson a soulignées plus d'une fois dans ses conversations avec moi, le 15 août 1915 et plus tard : l'effondrement de la démocratie dans toute l'Europe sera une catastrophe pour les peuples. Mais que pouvez-vous faire ?

À l'heure actuelle, plus d'une centaine de sociétés américaines ont des filiales ou des accords de coopération. Les DuPonts ont trois partenaires en Allemagne qui les aident dans le domaine de l'armement. Leur principal allié est la compagnie I. G. Farben, qui fait partie du gouvernement, qui donne 200 000 marks par an à une organisation de propagande chargée d'influencer l'opinion américaine. La Standard Oil Company (la filiale new-yorkaise) a envoyé 2 000 000$ ici en décembre 1933 et a fait un don de 500 000$ par an pour aider les Allemands à fabriquer du gaz Ersatz à des fins de guerre... Le président de l'International Harvester Company m'a dit que leurs affaires ici augmentaient de 33% par an (la fabrication d'armes, je crois), mais qu'ils ne pouvaient rien en retirer. Même nos aviateurs ont un arrangement secret avec Krupps. La General Motor Company et Ford font d'énormes progrès par l'intermédiaire de leurs filiales et n'en retirent aucun profit. Je mentionne ces faits parce qu'ils compliquent les choses et ajoutent aux dangers de la guerre."

Il est impossible de trouver tous les faits relatifs à ces affaires, parce que certains documents ont été détruits en 1945. Mais selon une enquête menée par le ministère américain de la guerre peu après la Seconde Guerre mondiale, les Allemands n'auraient jamais été en mesure de mener une guerre sans le soutien d'IG Farben et des autres géants de l'industrie américaine.

Il est significatif que la multinationale américaine General Electric, qui, dans les années 1920 et 1930, a fourni de l'électricité à l'Union soviétique, ait joué un rôle essentiel dans l'établissement du régime nazi. La presse allemande n'avait à l'époque aucune idée que General Electric exerçait le monopole technique total sur l'industrie électrique soviétique qui, selon le plan GOELRO, a été construite avec l'argent et les ingénieurs américains et grâce aux travaux forcés des Russes.

Hitler fut également aidé par AEG (Allgemeine Elektrizitats-Gesellschaft, la compagnie allemande d'électricité générale) et OSRAM, multinationale dont le conseil d'administration disposait chacune de cinq membres américains affiliés à Wall Street.

Henry Ford, qui avait pourtant financé Hitler dès le début, a fait construire après 1933 une usine automobile moderne en Union soviétique. L'usine était située près de Gorky (aujourd'hui Nijni Novgorod) et a commencé à fabriquer des camions pour l'Armée Rouge, peu de temps après que les États-Unis aient diplomatiquement reconnu l'Union soviétique.

En 1932, l'élite financière avait retiré tout soutien au président américain Herbert Hoover. Ce dernier s'en est plaint, mais la presse l'a fait taire. L'élite financière préférerait soutenir un franc-maçon et avocat puissant, comme Franklin Delano Roosevelt. En 1933, après sa victoire électorale de novembre

1932, Roosevelt a commencé à mettre en œuvre son programme socialiste sous le nom de New Deal, qui impliquait un contrôle renforcé de l'économie par l'État. Le New Deal a été salué comme une étape du Nouvel Ordre Mondial, le fameux *Novus Ordo Seclorum* des Illuminati. L'explication officielle était que la crise économique devait être surmontée. L'économie de marché fut remodelée. Les syndicats acquirent une grande influence qui commença dangereusement à ralentir l'économie, car un certain nombre de gangs du crime organisé en prirent le contrôle.

Les agences gouvernementales créées pour faire face à la crise ont essentiellement copié les institutions mises en place lors de l'entrée des États-Unis dans la Première Guerre mondiale en 1917. Roosevelt a aussi délibérément relancé la rhétorique de l'époque. Le gouvernement a déclaré la guerre à la Grande Dépression. Seule la menace d'une guerre pouvait faire accepter aux Américains épris de liberté une augmentation des impôts et l'intrusion d'un gouvernement régulateur au sein d'une activité économique autrefois libre. Malgré cela, le New Deal a été un échec dans les années 1930. La reprise économique a été faible et, en 1939, le pays est entré dans une nouvelle période de récession. Seul le réarmement massif lié à la Seconde Guerre mondiale a remis les choses en marche, comme le montre l'historien Michael Sherry dans son livre *In the Shadow of War: The United States since the 1930s* (Yale University Press, 1995).

La Cour suprême a toutefois rejeté la demande de Roosevelt selon laquelle le gouvernement fédéral devait contrôler l'économie. La Cour suprême a plutôt limité la participation des États et du gouvernement fédéral à l'activité économique. Roosevelt souhaitait augmenter le nombre de membres afin de pouvoir nommer des juges ouverts à sa philosophie. Le Congrès a refusé d'élargir la taille de la Cour suprême. Le président Truman, de son côté, a commencé à nationaliser l'industrie sidérurgique.

Le président Roosevelt appartenait au cercle de Wall Street, qui tirait d'énormes bénéfices de son soutien au régime national-socialiste en Allemagne.

Roosevelt a reconnu officiellement l'Union soviétique dès 1933, afin de permettre aux intérêts commerciaux américains de participer davantage à la construction de l'économie soviétique. Il a donné sa permission pour financer les plans quinquennaux de Staline. L'ancien président Herbert Hoover a qualifié le programme du New Deal de fasciste, qui n'était rien d'autre qu'une forme corporative de socialisme.

Rockefeller ainsi que Morgan, qui avait aidé Hitler dans son accession au pouvoir, ont continué à aider l'Union soviétique. D'après Le *Washington Post* (2 février 1918), Morgan avait donné 1 million de dollars aux bolcheviks. En 1967, la valeur boursière de Morgan était de 92,6 milliards de dollars.

L'homme chargé de recevoir les contributions des banquiers et des administrateurs américains était Rudolf Hess, qui connaissait les secrets des transactions liées aux fonds de provenance américaine. Hess, l'adjoint d'Hitler, s'était envolé pour l'Écosse en mai 1941 pour tenter de trouver une solution aux négociations sur l'étalon-or et donc un accord sur les conditions du rétablissement de la paix.

Hess avait cru aveuglément au rêve du général médium Karl Haushofer que le voyage serait un succès. Mais le rêve ne s'est pas réalisé et Hess a été arrêté.

Après son parachutage au-dessus de l'Écosse le 10 mai 1941, plusieurs astrologues, qu'il avait protégés, furent arrêtés. Ils étaient considérés comme des complices de l'erreur de jugement de Hess.

En 1946, Hess a été condamné à la prison à vie à Nuremberg. Pendant son séjour à la prison de Spandau à Berlin, il a écrit ses mémoires. Quand il eut rempli trois volumes, on les lui retira et on les brûla. Il recommença et le même processus se répéta. Les vainqueurs ne voulaient pas que la vérité soit révélée. Hess est décédée à la prison de Spandau à l'âge de 93 ans, le 17 août 1987, dans des circonstances mystérieuses. Il était bien trop faible pour s'être suicidé.

L'étroite collaboration entre nazis et sionistes

Moses Hess a inventé le terme national-socialisme, communément abrégé en nazisme, qu'il avait l'intention d'utiliser pour l'expansion du nationalisme juif — et ce dès 1862. Le lien entre le sionisme et le nazisme allemand existait donc déjà dès le début et se développera plus tard, tant sur le plan idéologique que politique.

Des documents trouvés par l'historien allemand Klaus Polkehn, révèlent une vaste coopération entre les principaux dirigeants nazis et sionistes. Ces informations ont été publiées par le professeur israélien Israel Shahak dans le journal israélien *Zo Haderekh* le 2 septembre 1981. Les nazis et les sionistes avaient un intérêt commun à persécuter les Juifs européens pour les forcer à émigrer en Palestine. Les principales organisations sionistes dans cette étroite coopération étaient Lohamei Harut Israël (plus tard connu sous le nom du Gang Stern) et Irgun Zvai Leumi. Parmi les chefs de file figuraient aussi Yitzhak Shamir et Menachem Begin, qui devinrent plus tard tous deux Premiers ministres israéliens.

Lenni Brenner a divulgué en 1984 dans son livre *The Iron Wall* que le Gang Stern en 1940 a remis un mémorandum à un diplomate allemand à Beyrouth. Il a été suggéré que les Juifs de Pologne reçoivent une formation militaire pour combattre les Britanniques en Palestine.

Après la victoire, un État juif — "un Hebraïum" (maison nationale hébraïque) — devait être créé, qui concluait alors un traité avec l'Allemagne nazie et serait régi selon les mêmes principes totalitaires. De nombreux politiciens juifs extrémistes, par exemple les membres du Parti Révisionniste en Palestine, étaient vêtus de chemises brunes dans les années 1930 (Donald Day, *Framat, Kristi stridsman / En avant les guerriers du Christ*, Helsinki, 1944, p. 139-140). L'organisation terroriste sioniste du *Betar* était organisée comme les SS. C'est pourquoi Israël utilise aujourd'hui encore des méthodes nazies.

L'émissaire de Heinrich Himmler, Léopold von Mildenstein, accompagné de fonctionnaires sionistes, a visité la Palestine en 1933 et 1934. Par la suite, des articles ont été publiés dans le journal *Der Angriff* de Goebbels qui saluait la lutte juive pour la construction de nouvelles colonies en Palestine dans les termes les plus favorables.

La majorité des Juifs qui ont quitté ou ont été contraints de quitter d'autres pays européens ont préféré s'installer en Allemagne (Ingrid Weckert, *Feuerzeichen: Die Reichskristallnacht / La Nuit de Cristal : un repère*, Tubingen, 1981).

Le 23 décembre 1935, une interview du dirigeant sioniste allemand Georg Kareski fut publiée dans *Der Angriff*. Il était satisfait des nouvelles lois de Nuremberg qui interdisaient formellement tout rapport sexuel entre Juifs et Aryens. En mots de gratitude, il a salué ces lois comme une réalisation des souhaits du sionisme. Dans ce contexte, il devint permis de lever le drapeau bleu et blanc sioniste en même temps que la croix gammée.

Les nazis voulaient tout faire pour répondre à la demande des sionistes de voir le plus grand nombre possible de Juifs s'installer en Palestine. En 1933, l'administration hitlérienne et l'Organisation centrale sioniste signèrent un accord pour l'émigration juive en Palestine. Il y avait tellement de nouveaux colons que beaucoup d'Arabes soupçonnaient Hitler d'être juif et crypto-sioniste. Rien qu'en 1934, 120 000 Juifs allemands émigrèrent en Palestine. Jusqu'en septembre 1940, 500 000 Juifs d'Allemagne et de Pologne occupée avaient émigré en Palestine.

En 1950, des sources juives officielles affirmaient que le nombre total de Juifs en Palestine en provenance de divers pays européens ne s'élevait qu'à 80 000. Pas moins de 420 000 des personnes présentes sur le territoire israélien ont été répertoriées comme ayant été gazées dans les camps, alors même qu'elles étaient vivantes et en bonne santé... les sionistes les considéraient comme des victimes de l'holocauste et réclamèrent de lourdes rétributions pour compenser leur soi-disant persécution par le régime nazi (Weckert, *Feuerzeichen: Die Reichskristallnacht / La Nuit de Cristal : un repère*, Tubingen, 1981).

Fin février 1937, Feiwel Polkes, représentant du mouvement de la Haganah sioniste, rencontra les responsables SS Herbert Hagen et Adolf Eichmann au Restaurant *Traube* à Berlin pour des discussions amicales sur les moyens appropriés de déjouer les autorités britanniques, qui étaient considérées trop strictes dans leurs limitations de l'immigration en Palestine. Polkes voulait aussi que les Allemands empêchent les Juifs de s'installer dans d'autres pays. Il était de notoriété publique que les Juifs allemands n'étaient pas attirés par la Palestine, mais qu'ils préféraient s'établir dans d'autres pays. En retour, Polkes fournirait au Sicherheitsdienst (SD), le service de sécurité SS, "toutes les informations secrètes possibles en préservant en même temps les intérêts de l'Allemagne dans tout le Proche-Orient" (Andreas Bliss, *Der Stopp der Endlosung / La fin de la solution finale*, Stuttgart, 1966).

En octobre 1937, Adolf Eichmann se rendit au Caire et prit la route de la Palestine.

Les négociations échouèrent, car la plupart des Juifs n'étaient pas disposés à s'installer en Palestine. Le 15 mai 1935, le journal SS *Das Schwarze Korps* rapporte :

> "Les jours où la Palestine accueillera chaleureusement ses fils perdus ne sont pas loin. Nous leur souhaitons bonne chance, et que la bonne volonté de la nation allemande soit avec vous !"

Quand l'émigration juive de Pologne et d'Allemagne a débuté, un certain nombre de pays ont commencé à se plaindre. En quelques années, la Roumanie avait reçu 500 000 Juifs de l'Est, dont beaucoup représentaient une menace pour la nation en raison de leurs activités révolutionnaires communistes.

Au cours des premiers mois de 1937, la Suède a accordé 15 222 demandes de permis de travail et de séjour, la plupart d'entre elles à des immigrants juifs désignés comme "allemands", "russes" ou "polonais".

Les sionistes ont fait tout ce qui était en leur pouvoir pour supprimer les informations sur leur coopération avec les nazis dans les années précédant la Seconde Guerre mondiale.

La coopération a entraîné une provocation sioniste sans précédent : la *Nuit de Cristal*, qui a eu lieu sous le signe du Scorpion. La véritable cible était le peuple allemand. Ingrid Weckert a trouvé des informations d'archives autres que la propagande nazie habituelle et en 1981 elle a publié ces informations dans un ouvrage détaillé *Feuerzeichen: Die Reichskristallnacht*, Tubingen.

L'explication officielle était qu'un Juif polonais de dix-sept ans, Herschel Feibel Grynszpan, avait tiré sur le secrétaire de l'ambassade d'Allemagne à Paris, Ernst von Rath, pour protester contre la déportation de sa famille. Bien que Grynszpan ne disposait pas de papiers d'identité valides ni d'argent, il a pu, le matin du 7 novembre 1938, acheter une arme à feu pour 250 francs et se rendre à l'ambassade une heure plus tard. Par esprit de vengeance, les nazis fanatiques étaient censés avoir brûlé et détruit des biens juifs.

Alors qu'ils enquêtaient sur les événements de la *Nuit de Cristal*, des inconnus sont apparus, se faisant passer pour des représentants de la direction du parti. À plusieurs reprises, le gauleiter (chef de district) a reçu des appels téléphoniques anonymes d'hommes prétendant représenter les chefs du parti. La direction du parti n'avait cependant jamais donné d'ordre de détruire des biens juifs. Ces agents anonymes ont été les premiers à jeter des pierres contre les vitrines des magasins juifs. Ils ont ensuite mené l'attaque contre les résidences juives. Toutes les émeutes ont été menées par un groupe central d'agents bien entraînés.

Les provocateurs profitèrent du fait que les 8 et 9 novembre 1938, toute prise de décision au sein du parti nazi avait été déléguée à des hommes de rang inférieur et moins expérimentés, alors que les dirigeants nazis étaient occupés à célébrer l'anniversaire du coup d'État de Munich en 1923.

Dès les premières informations faisant état des troubles, le commandant de la SA, Viktor Lutze, ordonna que les biens juifs ne soient pas endommagés. Au cas où il y aurait encore des manifestations anti-juives, les SA interviendraient pour les arrêter. Suite à cet ordre de Lutze, les membres de la SA ont commencé à surveiller les magasins juifs dont les vitrines avaient été cassées. Les SS et la police ont reçu des directives similaires pour rétablir l'ordre public. Malgré cela, au moins trois des 28 unités SA refusèrent d'obéir aux ordres et envoyèrent leurs hommes pour détruire les synagogues et autres biens juifs

Todesurteil für Juden-Mörder

Das Reich gewährt allen Einwohnern Rechtsschutz.
Das furchtbare Verbrechen in Bahn geübt

En décembre 1937, plusieurs journaux allemands rapportaient que l'assassinat de Juifs serait passible de la peine de mort. Josef Reinhardt aurait été condamné à mort pour le meurtre d'un marchand juif Abraham et de sa femme Gentille. Il était précisé qu'un meurtre était un meurtre, quelle que soit la victime.

Pas plus de 180 synagogues ont été détruites, non 1400 comme le prétend la propagande. 7500 fenêtres ont été cassées et non 100 000. Dans de nombreux cas, les assaillants ont été combattus ensemble par des Juifs aux côtés des membres des SA.

Heinrich Himmler ordonna à Reinhard Heydrich de mettre fin à toutes les manifestations et de protéger les Juifs des manifestants. Les télégrammes donnant les ordres sont toujours disponibles dans les archives. Quand Hitler fut informé à 1 heure du matin des émeutes à Munich, et qu'une synagogue avait été incendiée, il était furieux et ordonna au chef de la police de Munich de se présenter immédiatement à lui. Il a ordonné que l'incendie soit éteint immédiatement et que toutes les manifestations et émeutes à Munich soient arrêtées. Il s'est assuré qu'un télex était envoyé à tous les gauleiters à 3 heures du matin. L'ordre donné fut :

"Instructions émanant de la plus haute autorité : l'incendie criminel ou l'agression de magasins juifs ou d'autres biens juifs ne doivent en aucun cas se produire."

Dans la matinée du 9 novembre, Goebbels a parlé à la radio interdisant toutes les actions contre les Juifs. Quiconque violerait cette proclamation serait sévèrement puni.

Il s'est avéré que c'était la loge maçonnique juive du B'nai B'rith, en coopération avec l'organisation sioniste de la LICA (Ligue Internationale contre l'Antisémitisme) à Paris, qui était derrière la *Nuit de Cristal* perpétrée le 9 novembre 1938. L'objectif de la provocation de la LICA était d'encourager l'émigration des Juifs allemands (Weckert, *op. cit.*, pp. 254-256).

Le B'nai B'rith avait infiltré les parties vitales du mouvement nazi : les SS, les SA et le parti lui-même. Ces francs-maçons avaient réussi à infiltrer les opérateurs téléphoniques dans les bureaux des gauleiters. Lorsqu'ils reçurent les ordres de Lutze, ils les modifièrent en leur contraire.

Les dirigeants nazis n'ont engagé aucune action en justice contre le B'nai B'rith, qui a été autorisé à poursuivre ses activités subversives. Le B'nai B'rith comptait 12 000 membres répartis dans 80 loges en Allemagne, dont trois à Berlin. Le B'nai B'rith était la seule organisation juive autorisée par Hitler à rester active et ouverte sous le régime nazi après 1933 (Viktor Ostretsov, *Franc-maçonnerie, culture et histoire russe*, Moscou, 1999), bien que la propagande affirme qu'elle a été dissoute en Allemagne en 1937 (*Lexikon des Judentums*). Mais Hitler avait en fait d'abord fermé les opérations du B'nai B'rith en Allemagne en 1939.

Ce n'est qu'au début de la guerre, en novembre 1939, que les documents du B'nai B'rith ont été confisqués. La bibliothèque de la loge juive VOBB a été confisquée en avril 1938.

En 1952, Nahum Goldman, président du Congrès juif mondial, demandait 500 millions de dollars au chancelier allemand Konrad Adenauer en réparation des dommages subis par les Juifs pendant la *Kristallnacht*. Quand Adenauer a remis en question la justification de cette affirmation scandaleuse, Goldman a répondu : "Tu peux te justifier autant que tu veux, je veux l'argent !" Et il lui fut donné. C'est ce qu'on appelle la chutzpah, l'insolence juive ! Pour la petite histoire, la femme d'Adenauer était juive…

Dans les années 1930, Cyrus Adler, président du Comité juif américain, coordonna les activités du B'nai B'rith et du *New York Times* afin de bloquer toute mesure politique américaine contre Hitler.

Les francs-maçons américains n'avaient aucun intérêt à lutter contre le nazisme, mais cherchaient simplement une occasion convenable pour satisfaire leur soif de sang. Le président Roosevelt était fermement opposé au soutien de tout groupe antinazi, car il souhaitait tuer le plus grand nombre possible d'hommes blancs aryens allemands (Colonel John Beaty, *The Iron Curtain over America*, p. 74). Le général Mark Clark, un franc-maçon et commandant de la Cinquième Armée américaine, a déclaré aux soldats de la Cinquième Armée américaine :

"Il n'y a pas de limite au nombre d'Allemands que vous pouvez tuer." (*The New York Times*, 13 février 1944)

Les membres de la SA qui avaient pris part aux troubles ont été jugés par le tribunal. Le parti avait ses propres tribunaux avec Walter Busch à sa tête. Tous les documents sont encore disponibles.

Herschel Grynszpan a survécu à la guerre, même s'il avait été rapatrié en Allemagne. Après la guerre, il est retourné à Paris, où il aurait dû être jugé pour meurtre. Au lieu de cela, il a reçu un nouveau nom et de nouvelles pièces d'identité. Sa famille a aussi survécu à la guerre et a réussi à émigrer en Palestine. Quelqu'un avait payé 4000 livres pour leur faciliter le transfert, car la famille ne disposait pas d'argent.

Suite à la *Nuit de Cristal*, le Centre National Pour l'Émigration Juive a été créé.

La collaboration sioniste avec Hitler allait si loin que certains d'entre eux furent déclarés aryens, parmi lesquels le banquier Oppenheimer et l'avionneur Ernst Heinrich Heinckel.

Dans son livre *Bevor Hitler kam* (*Avant qu'Hitler n'arrive*, Genève, 1975), le professeur juif d'histoire Dietrich Bronder a montré quels Juifs ont financé Adolf Hitler, l'aidant ainsi à prendre le pouvoir. Cela explique pourquoi un grand nombre de Juifs ont reçu des documents aryens. Il prouve également que la plupart des dirigeants nazis étaient juifs ou mi-juifs, ou étaient mariés à des femmes juives. Le livre de Bronder est interdit en Allemagne.

En 1943, les services secrets américains ont compilé un dossier sur Hitler. Le matériel a été classifié et n'a été publié qu'en 1972. Le psychiatre Walter C. Langer, qui pendant la guerre avait analysé toutes les informations secrètes sur Hitler pour la Maison-Blanche, a publié le matériel délicat dans son livre *The Mind of Adolf Hitler* (New York, 1972). Il relate des faits similaires à ceux rapportés par Dietrich Bronder.

La direction nazie comprenait également des Juifs pourvus des "bons documents", parmi lesquels le chef des SS Heinrich Himmler (que l'écrivain juif Willi Frischauer a formellement identifié comme juif dans son livre *Himmler: Evil Genius of the Third Reich*, Londres, 1953). Les activités homosexuelles d'Himmler ont été filmées par le photographe nazi Walter Frenz. Wilhelm Canaris, le chef de l'Abwehr, était un Juif d'origine grecque. Les autres juifs étaient Alfred Rosenberg, qui développa l'idéologie nationale-socialiste en s'inspirant du Talmud et du fameux livre de Bulwer-Lytton *The Coming Race* (1871), et Joseph Goebbels, dont la première petite amie était juive et qui n'appréciait que les professeurs juifs (Grigori Klimov, *The Protocols of the Soviet Elders*, Krasnodar, 1995, pages 328-329). L'ascendance juive de

Goebbels a également été démontrée par l'historien David Irving. Sa famille venait de Hollande, on le surnommait d'ailleurs le "rabbin" à l'école. Sa femme était la fille adoptive d'une famille juive appelée Friedlander. Sa belle-mère avait même été insultée par des membres de la SA dans un café juif, après quoi elle a répondu qu'elle se plaindrait à son gendre le Dr Goebbels (Konrad Heiden, *Adolf Hitler*, Zurich, 1936, p. 350).

Le vice-chancelier du Reich, Rudolf Hess, était né en Égypte d'une mère juive. Dans les milieux homosexuels de Munich, il était connu sous le nom de "Fraulein Anna" (Bronder, *op. cit.*). Il est en revanche beaucoup moins connu que dans les années 1920, Hitler a abusé sexuellement du petit-fils de Richard Wagner, Wieland Wagner (*Time Magazine*, 15 août 1994, p. 56). Cette information est pourtant bien documentée.

Julius Streicher, le rédacteur en chef de *Der Sturmer*, était un autre homosexuel juif. Son vrai nom, Abraham Goldberg, a été rendu public après sa pendaison le 16 octobre 1947, suite au procès de Nuremberg (Bronder, *op. cit.*).

Lors du procès de Nuremberg, Streicher a admis :

> "Notre modèle était celui de la loi juive" (Nikolai Ostrovsky, *Le Temple de la Bête*, Moscou 2001, p. 120).

L'officier SS Adolf Eichmann et le ministre du Travail Robert Ley étaient juifs, tout comme les généraux SS Erich von dem Bach-Zelewski (1899-1972) et Odilo Globocnik (1904-1945). Après la guerre, Bach-Zelewski fut assigné à résidence pendant dix ans. En 1958, il a de nouveau été traduit en justice et condamné à la prison à vie (Bronder, *op. cit.*).

Le jeune Rudolf Hess étudiant et membre de la Société de Thulé.

Le bras droit de Goering, le maréchal Erhard Milch était à moitié juif, selon *Time Magazine* (7 février 1972), mais sa mère était juive. Goering l'a déclaré aryen, bien que son père soit aussi juif. Selon Bronder, Goering lui-même était juif, tout comme sa seconde femme.

En 1961, l'écrivain britannique Charles Wighton a publié son livre *The Story of Reinhard Heydrich*, qui est basé sur des sources nazies. Il a montré que le chef du SD Reinhard Heydrich était juif du côté de sa mère. Son père (Bruno Ziiss) était également juif, et Heydrich lui-même était homosexuel. Hitler avait une bonne opinion de Heydrich, et croyait que ses racines non aryennes garantiraient son obéissance.

Le général Karl Haushofer, professeur d'université et directeur de l'Institut de géopolitique de Munich, était marié à une Juive. Son fils juif Albrecht Haushofer, plus tard, n'a eu aucun problème à travailler pour le ministère des Affaires étrangères de l'Allemagne nazie. Il était à la fois scientifique et politique (David Korn, *Wer ist wer ist wer im Judentum / Who is Who du Judaïsme : Encyclopédie des juifs éminents*, Vol. 2, FZ Verlag, Munich, 1999, pp. 124-125). En 1940, Albrecht Haushofer devient professeur à Berlin. Il a participé à la planification du vol de Hess vers l'Écosse en 1941, et a été exécuté plus tard soupçonné de complicité dans la tentative de meurtre d'Hitler en juillet 1944. Le 10 mars 1946, Karl Haushofer assassina sa femme rituellement, puis, devant un autel bouddhiste noir, il s'éventra à l'aide d'une courte épée japonaise de style samurai (harakiri).

Selon le livre de Henneke Kardel *Adolf Hitler: Begriinder Israels / Adolf Hitler : Créateur d'Israël* (Genève, 1974), l'avocat d'Hitler Hans Frank était à moitié juif, car son père était un avocat juif de Bamberg. Le livre a été interdit en Allemagne et, conformément à une décision de justice, toutes les copies trouvées sur place ont été coulées dans un bassin portuaire de Hambourg en 1974.

Lors de la nomination d'Hitler comme chancelier, Frank a été nommé ministre de la Justice en Bavière. En 1934, il est nommé ministre sans portefeuille. Lorsque la Pologne a été occupée à l'automne 1939, Frank a été nommé gouverneur général.

Un secret bien gardé était que le père d'Hitler, Alois, avait épousé une femme juive et que les demi-frères et demi-sœurs d'Hitler étaient donc tous juifs. Sa demi-sœur Angela était employée par Hitler comme femme de ménage à Obersalzburg, tandis que son demi-frère vivait à Berlin.

Eva Braun était à moitié juive et avait été présentée à Hitler par le photographe à moitié juif Heinrich Hoffman.

De nombreux officiers de la Wehrmacht étaient juifs : au moins deux maréchaux, dix généraux, commandant plus de 100 000 soldats, quatorze colonels et trente capitaines.

Dans une vingtaine de cas, des soldats d'origine juive ont été décorés de la Ritterkreuz, l'une des plus hautes distinctions de mérite de l'armée allemande. Cette information a été vérifiée plus en détail par l'historien américain Bryan

Rigg, lui-même d'origine juive (William D. Montalbano, *Judiska soldater slogs for Hitler / Des soldats juifs ont combattu pour Hitler*, *Dagens Nyheter*, 5 janvier 1997).

Des milliers d'hommes d'origine juive, et des centaines d'hommes désignés comme juifs par les nazis ont servi dans l'armée sous les ordres d'Hitler. Une douzaine de listes d'exceptions portant sa signature existent toujours. Plus de 1200 cas sont bien documentés. Dans un document, signé personnellement par Hitler, il a utilisé son droit d'exception pour 77 officiers supérieurs répertoriés sur la liste, car les lois nazies de 1935 interdisaient à quiconque avait un grand-père juif de devenir un officier. La liste contenait également les noms des hauts responsables de l'administration civile qui ont coopéré avec les militaires.

Le demi-Juif Werner Goldberg, blond aux yeux bleus, était utilisé par la propagande nazie comme le soldat allemand idéal. Le commandant Paul Ascher et le général Johannes Zukertort étaient tous deux juifs. Le colonel à moitié juif Walter H. Hollaender a été décoré de la Ritterkreuz et de la Croix d'or allemande. Hitler déclara Helmut Wilberg, demi-juif et plus tard général de la Luftwaffe, aryen en 1935 (ce dernier reçut également la récompense militaire de Croix des chevaliers Hohenzollern avec épées).

Un officier allemand en uniforme aurait rendu visite à son père dans le camp de concentration de Sachsenhausen. Ce dernier était un juif religieux ayant adopté une identité non juive et était devenu capitaine de l'armée, avant d'épouser une femme juive de sa ville natale et réussit à rester un juif orthodoxe pendant toute la durée de la guerre.

Helmut Schmidt, chancelier allemand (1974-1982), était officier de l'armée de l'air (Luftwaffe), même si son grand-père paternel était juif.

Dans les années 1921-1937, le juif Ernst Hanfstaengl était un ami proche d'Adolf Hitler, et plus tard, il fut également une relation de confiance de Franklin Roosevelt. L'écrivain autrichien Rudolf Kommoss l'avait prévenu :

"Si un parti dirigé par des Juifs antisémites ou mi-juifs devait émerger, il faudra faire attention !" (Ernst Hanfstaengl, *Hitler: The Missing Years*, Londres, 1957).

430 000 Juifs soviétiques ont combattu des Juifs allemands pendant la Seconde Guerre mondiale (Aron Abramovich, *In the Decisive War*, Saint-Pétersbourg, 1990, p. 25). Le haut commandement de l'Armée Rouge comprenait de nombreux Juifs, dont les généraux Solomon Raikin, Isaak Revzis, Simon Reizin, Josef Rubin, Mikhail Belkin, Zelik Yoffe et Grigori Preizman.

Qui était Hitler ?

Adolf Hitler est né le 20 avril 1889 à 18h30 à Branau am Inn en Autriche. Selon son horoscope, il devait devenir un homme d'action, qui s'exposerait à un danger personnel dû à des initiatives inutilement négligentes, et serait susceptible de provoquer une crise. Les positions des planètes indiquaient que son destin était d'être un leader. Son horoscope indiquait clairement qu'il était pourvu d'un grand don d'orateur.

Il a été déclaré que le grand-père paternel d'Hitler était juif, mais il n'existe aucune preuve de cette affirmation. Sa grand-mère, Anna Schicklgruber, était une paysanne qui a donné naissance à un fils, Alois. L'identité de son père n'a jamais été établie. Ses deux frères figurent bien à l'état-civil, l'un fermier et l'autre meunier, ainsi qu'un juif de Graz, Frankenberger. Anna Schicklgruber travaillait pour ce Juif quand elle est tombée enceinte et il a payé une pension pour l'éducation d'Alois jusqu'à ce qu'il ait 14 ans. Alois devint plus tard le père d'Adolf Hitler. Il existe donc de fortes présomptions indiquant que son grand-père était ce juif plutôt que le meunier Johann Georg Hiedler. Un parent de la mère d'Adolf, Johann Salomon, était lui également juif. Le biographe d'Hitler, Konrad Heiden, le mentionne sans que cela n'ait jamais soulevé la moindre interrogation des historiens officiels...

Selon le médecin juif Kurt Kreuger, le parrain d'Hitler était un Juif, nommé Prinz. Il prétend que le vrai père d'Hitler était un juif vivant dans les environs (Kurt Kreuger, *I was Hitler's Doctor*, New York, 1953).

La propagande antinazie a prétendu qu'Hitler n'avait apparemment jamais lu de livres. En fait, il était assez érudit. À Vienne, il préférait mourir de faim, plutôt que de renoncer à acheter un livre essentiel. Il était également réputé pour emprunter un grand nombre de livres. Il lisait habituellement un livre par jour, surtout des livres sur l'histoire et la mythologie allemandes (William L. Shirer, *The Rise and Fall of the Third Reich*). Mais il s'est également imprégné d'ouvrages sur le marxisme, la magie orientale, le yoga, l'hypnose, l'astrologie, la religion, l'occultisme, le talmudisme, la numérologie, la graphologie, la psychologie cinétique, la magie noire, le symbolisme alchimique... Il a lu des œuvres de Hegel, Homère, Ovide, Cicéron, Nietzsche, Schelling, Dante, Schiller et beaucoup d'autres. Il conservait tout ce qui était essentiel dans sa mémoire prodigieuse. Ses connaissances incluaient également la mécanique et la biologie. Bien qu'autodidacte, il avait une connaissance plus approfondie que la plupart des universitaires médiocres titulaires de diplômes.

Le franc-maçon estonien Gunnar Aarma, qui a interviewé Hitler le 30 septembre 1930, a témoigné le 30 août 1994 dans le journal *Eesti Elu* qu'Hitler lui avait fait "une impression très favorable". Selon Aarma, c'était un homme intelligent.

Les francs-maçons jugeaient Hitler suffisamment capable pour parier sur lui comme perdant dans la guerre majeure qu'ils avaient provoquée.

Hitler était également impliqué dans le pillage et le détournement de fonds sur le mode communiste en vigueur de l'époque. Selon le chef de la Gestapo, Heinrich Müller, Hitler détenait 188 457 322 francs suisses sur son compte personnel suisse à la fin de la guerre. Le code du compte était "Wolf" (Gregory Douglas, *Geheimakte Gestapo-Müller: Dokumente und Zeugnisse aus den US-*

Geheimarchiven, Berg am Stamberger See, 1996, Vol. 2, p. 258). Cela peut expliquer pourquoi, rien qu'en 1939, Hitler a pu se permettre d'acquérir 264 œuvres d'art exclusives.

La CIA a engagé Müller en 1948. Il a travaillé pour la CIA à Washington, D.C. jusqu'à sa mort en 1963 (*Spotlight,* 3-10 janvier 2000, p. 2). Müller avait ménagé la plupart des loges maçonniques allemandes, c'est pourquoi il a été épargné. De plus, la CIA avait besoin de sa connaissance des communistes. Müller et d'autres dirigeants de la Gestapo ont également contribué à transformer l'OSS (Office of Strategic Services) en CIA (Central Intelligence Agency).

Hitler était beaucoup trop vigoureux et indépendant, et il commençait à s'écarter de la doctrine maçonnique. Ses problèmes de santé ont donc servi d'excuse pour le droguer. Il avait constamment des problèmes de digestion, y compris des flatulences et de la constipation, ce qui indique un manque de vitamine B. Il était incapable de digérer sa nourriture correctement. Mais au lieu de lui donner des vitamines et des minéraux, on lui a administré des médicaments chimiques à hautes doses, ce qui a complètement ruiné sa santé. Ce fait était connu des services de renseignements américains, d'après des rapports qui sont maintenant disponibles.

Le médecin juif d'Hitler, Theodore Morell, professeur de psychiatrie et membre de la Société de Thulé, a pu maintenir Hitler dans la condition requise par les financiers du national-socialisme. Hitler recevait jusqu'à 20 comprimés de belladone et de strychnine par jour. Tous les médecins connaissent les effets de la belladone. Elle aggrave les problèmes digestifs plutôt que de les soulager. La belladone provoque la paralysie du système nerveux central et des organes internes tels que l'estomac, inhibant la sécrétion dans le tube digestif et les muqueuses. La belladone a aussi un effet négatif sur le cerveau. Plus l'intelligence est élevée, plus elle est nocive. La sensibilité du patient se détériore, il devient maniaque et sujet à des accès de colère hystériques. La belladone affecte également la vision et l'ouïe, peut accélérer la parole, causer des vertiges et même des symptômes semblables à ceux de la rage. Elle provoque une paralysie de la moelle épinière et des muscles de l'estomac. Le processus digestif est ralenti et le patient devient colérique.

La strychnine est aussi un poison qui provoque des crampes, de l'amnésie et des maux de tête, ainsi que des difficultés à se tenir droit et à marcher.

En plus de cela, Hitler prenait aussi de l'atropine, ce qui provoque l'exaltation et la désorientation. Il avait des hallucinations, des palpitations cardiaques et une constipation aggravée. Les faits ont été révélés par le neurochirurgien américain Bert Edward Park dans son livre *The Impact of Illness on World Leaders / L'impact de la maladie sur les dirigeants du monde* (1986). Il n'est donc pas vrai que Morell était un "médecin ignorant et sans scrupules" comme on l'a prétendu plus tard. Après la guerre, Morell a dit aux alliés qu'il avait délibérément empoisonné Adolf Hitler.

Entre autres substances, le Führer recevait de grandes quantités de caféine, de cardiazol, de coramine, de sympatol — pour un total de 28 médicaments et drogues (Hugh Trevor-Roper, *The Last Days of Hitler*, Londres, 1947, p. 68). Hitler exigeait qu'on lui prescrive des médicaments naturels, mais ceux-ci étaient neutralisés par la prise de pervitine, un proche parent de l'amphétamine, qui a commencé à détruire son cerveau. Il se réveillait souvent en tremblant la nuit. À cause de son insomnie, il est devenu hystérique et a avoir peur du noir.

Hitler a préféré Morell à ses autres médecins, les professeurs Karl Brandt et Hans Karl von Hasselbach. Dès 1934, Brandt accusait pourtant Morell de "négligence criminelle" (David Irving, *Hitler's War*, Londres, 1977, p. 713).

Le Dr Theodore Morell était également franc-maçon (comme indiqué dans le livre d'Hans Werner Woltersdorf, *The Ideology of the New World Order*, 1992, p. 110).

Le Führer commençait chaque journée fatigué, grincheux et mal à l'aise. Après sa dose quotidienne de pervitine, il se métamorphosait complètement. Ses yeux devenaient maniaques, sa parole était rapide et confuse et son corps tremblait. Les cures de Morell comprenaient également de fortes doses de testostérone, l'hormone sexuelle masculine. En 1945, Hitler prenait 92 produits chimiques différents.

Le président John F. Kennedy s'est également fait détruire le cerveau par des quantités d'amphétamines et de stéroïdes. Le médecin juif Max Jacobson rendait visite à la famille Kennedy quatre fois par semaine pour administrer les injections. Dès l'été 1961, les Kennedy avaient développé une dépendance aux amphétamines.

Après l'attentat du 20 juillet 1944, Hitler reçut des doses maximales de cocaïne pour son trouble sinusal. Deux fois par jour, il prenait une solution de cocaïne sous forme de vaporisateur nasal. À un moment donné, il a fait une overdose, ce qui a entraîné un effondrement, une perte de conscience et une crise d'épilepsie. La cocaïne provoque la dépression et la perte d'énergie et d'appétit, et affecte le cœur. Le sommeil normal devient impossible. Les effets — évanouissements, étourdissements, palpitations cardiaques, altération de l'odorat, maux de tête et insomnie — sont incurables. Le cerveau cesse de fonctionner correctement et on est réduit à l'état de zombie, un instrument approprié entre les mains des forces du mal. La cocaïne cause des dommages permanents aux cellules nerveuses.

Les drogues, surtout les opiacés comme la morphine et l'héroïne, détruisent les cellules nerveuses des ganglions de la base du cerveau, provoquant des symptômes de type Parkinson. Hitler était atteint de la maladie de Parkinson dès le milieu des années 1930. Sa maladie s'est détériorée à partir de 1940, et il a commencé à se désintégrer mentalement.

Hitler est devenu bizarre et irrationnel. Ses névroses notoires et ses explosions de colère étaient de plus en plus fréquentes, chaque fois qu'on le contredisait. Il semblait fonctionner sous l'alternance des décharges et des symptômes de sevrage de son système nerveux en état d'ébriété.

Dans son livre *The Impact of Illness on World Leaders*, Edward Park suppose qu'Hitler souffrait d'un trouble cérébral primaire, un type d'épilepsie du lobe temporal.

En fait, il devait être en remarquablement bonne santé pour pouvoir résister à des attaques de si grandes quantités de produits chimiques. Ses prises inconsidérées sont en partie responsables des décisions criminelles d'Hitler sous l'influence de ces terribles drogues et toxines.

Si l'on ne peut plus contrôler son cerveau, d'autres forces sont prêtes à le faire, et elles sont en général tout sauf bienveillantes.

L'historien allemand Anton Joachimsthaler découvrit qu'Hitler avait ordonné l'exécution de l'amant d'Eva Braun, Hermann Fegelein, un officier de liaison entre Hitler et les Waffen SS. Fegelein s'était fiancée à la sœur d'Eva Braun au cours de l'affaire. Hitler a découvert sa tricherie lorsqu'au jour où Fegelein a téléphoné à Eva Braun, lui demandant de s'enfuir avec lui. Joachimsthaler avait accès aux lettres du secrétaire privé d'Hitler et d'un ami proche d'Eva Braun.

Hitler est finalement devenu physiquement un homme brisé. Il ne voulait pas endurer les conséquences de ses actes, et selon l'histoire officielle rapportée, le soir du 30 avril 1945, il s'est suicidé. La nuit d'après ce jour est la Nuit de Walpurgis, quand les forces obscures tiennent leur célébration. Le corps d'Hitler n'a jamais été retrouvé, selon Anton Joachimsthaler (*The End of Hitler*, Munich, 1998). Les explosions d'artillerie avaient complètement détruit la zone. Il ne restait plus rien du corps d'Hitler, même s'il se trouvait peut-être encore là. Les communistes ont falsifié toutes les photos et les soi-disant preuves. Les dossiers de l'autopsie, qui ont été mis à disposition en 1992, ont également été falsifiés.

Le fait qu'Hitler a été autorisé à rester au pouvoir aussi longtemps, en dépit du fait qu'il s'agissait manifestement d'un être déséquilibré, malade et donc dangereux, est la preuve qu'en tant que leader affaibli et confus, il était très utile aux dirigeants maçonniques. Si cela n'avait pas été le cas, il aurait été renversé immédiatement.

La RAF britannique avait même prévu de kidnapper Hitler avec l'aide de son pilote Hans Baur, comme le confirment plusieurs documents conservés dans les archives nationales à Londres. Le dossier a été déclassifié en 1972. Apparemment, Baur était prêt à s'enfuir en Grande-Bretagne avec Hitler. Les documents n'expliquent pas pourquoi l'enlèvement n'a jamais eu lieu.

Une autre théorie, avancée entre autres par le chef de la Gestapo, Heinrich Müller, indique qu'Hitler a réussi à s'échapper d'Allemagne.

La raison pour laquelle le corps d'Hitler n'a jamais été retrouvé est que son corps et celui d'Eva Braun avaient été brûlés et que les cendres avaient été transportées comme une relique par un sous-marin vers une base allemande en Antarctique. Auparavant, des informations incorrectes sur l'évasion présumée d'Hitler étaient délibérément propagées. Plus tard, plusieurs officiers allemands, qui à l'époque étaient dans la marine, et qui ont ensuite déménagé aux États-Unis, ont contacté l'historien russe Valentin Prusakov, qui avait écrit sur Hitler. Il a publié leur histoire dans *Hitler's Remains* (Moscou, 1994).

Le *Washington Post* a trouvé facile de sélectionner Hitler comme la personne la plus diabolique du siècle :

> "Il n'y a pas d'alternative. Adolf Hitler était bien le plus maléfique." (1ᵉʳ janvier 1996).

Pourtant, Hitler reste un enfant de chœur comparé à Lénine ou Staline, le pire de tous.

La magie des nationaux-socialistes

L'idéologie nationale-socialiste est fondée sur de nombreux idéaux défendus par la loge maçonnique Germanenorden et la mystique Société de Thulé. Les Germanenorden (fondés en 1912 à Leipzig) sont à l'origine de la Hammer League. L'ordre a bientôt comporté jusqu'à 100 loges, sous la direction de Herman Paul. Les Germanenorden ont été dissous en 1916 et réorganisés par Philip Stauff en 1918. Le franc-maçon Rudolf von Sebottendorf était membre d'un des groupes dissidents, les Germanenorden Walvater. Son vrai nom était Adam Alfred Rudolf Glauer. Il est devenu maître de la loge en 1918. À l'automne 1919, l'ordre comptait 1500 membres, dont Hermann Goering. La loge principale de l'ordre, située à Munich, fut rebaptisée Société Thulé, sous la direction de l'astrologue "Baron" Rudolf von Sebottendorf. Les membres vénéraient le continent perdu de Thulé.

Sebottendorf était avant tout un expert soufi. Il croyait que la tradition ésotérique de l'Islam, en particulier le soufisme, était le courant le plus pur de la Sagesse Ancienne et qu'elle avait nourri l'occultisme européen à travers les Rose-Croix, les alchimistes et les francs-maçons authentiques du Moyen Âge (Wulf Schwartzwaller, *The Unknown Hitler*, Berkeley Books, 1990). En 1917, il était rentré en Allemagne de Turquie où il avait fait la connaissance d'une famille juive appelée Termudi de Salonique. Le père de la famille était membre de la loge maçonnique française du rite de Memphis. À cause de Termudi, Sebottendorf a été initié dans la même loge. Il a également repris la bibliothèque occulte de Termudi (Anton Pervushin, *The Occult Secrets of NKVD and the SS*, Saint-Pétersbourg, 1999, p. 278). Le fait que Sebottendorf était ouvertement franc-maçon était très embarrassant pour les nazis, qui faisaient tout leur possible pour cacher les origines maçonniques de leur mouvement.

En 1919, la Société de Thulé a pris pour symbole une croix gammée mâle aux bras tournés vers la droite et aux lignes courbes, tournant dans le sens inverse des aiguilles d'une montre (le pouvoir coulait du centre vers l'extérieur, par les extrémités des croix). Le swastika femelle est une image miroir du mâle. La puissance est aspirée vers le centre par les extrémités. La croix femelle tourne également dans le sens inverse des aiguilles d'une montre, comme la Terre nourricière, pour rassembler le pouvoir. Un principe explosif unilatéral, après avoir produit de l'énergie, conduit à l'épuisement. La croix gammée mâle est magiquement robuste, tandis que le swastika femelle est très sensible et très énergivore. Les deux tournent dans le même sens, comme la radiesthésie le confirmera.

Le but de la Société de Thulé était de lutter contre le marxisme primitif allemand, qui encourageait l'envie au sein des classes populaires. Les dirigeants de la société, dont le journaliste et occultiste Dietrich Eckart, ont commencé par fonder un club de travailleurs politiques pour la diffusion des idées sur la biologie raciale. Le 5 janvier 1919, le syndicat des travailleurs allemands (Deutscher Arbeiterverein) est fondé. Le journal *Munchner Beobachter* l'organe de publication de la Société Thulé est devenu le journal du parti, le *Volkischer Beobachter*.

Cela explique l'intérêt des nazis pour les phénomènes magiques et l'astrologie. Parmi les membres de la Société magique de Thulé, il y avait des juges, des chefs de police, des avocats, des enseignants, des professeurs, des industriels, des médecins, des scientifiques et des gens très riches. Le chef de la police de Munich, Ernst Pohner, son adjoint Wilhelm Frick et le ministre bavarois de la Justice Franz Gurtner en étaient membres. Frick est devenu ministre de l'Intérieur sous le Troisième Reich. L'avocat Hans Frank, qui devint plus tard le ministre de la Justice d'Hitler, Rudolf Steiner, Rudolf Hess, Alfred Rosenberg et le magicien Hans Horbiger en étaient également tous membres.

Rudolf Steiner était également grand maître de Mystica AEterna, qui appartenait au Rite Memphis-Misraïm. Cette loge était ouverte aux membres masculins et féminins. Steiner s'est plus tard fâché avec Hitler. En 1909, Steiner a commencé à avoir des contacts étroits avec son frère maçonnique Lénine à Zurich. Dans un rapport rédigé par l'agent américain Norman Armond le 2 avril 1923, on voit comment Steiner protégeait les intérêts du régime soviétique. Il a travaillé activement pour que les pays occidentaux lèvent officiellement leur embargo commercial sur l'Union soviétique. Steiner travaillait ainsi pour les Illuminati.

En tant qu'agent du renseignement militaire, Hitler assista à une assemblée générale du Parti ouvrier allemand le 12 septembre 1919. Après sa première rencontre personnelle avec Hitler, Dietrich Eckart s'est immédiatement rendu compte qu'il avait trouvé l'homme attendu par la Société de Thulé. Au cours de sessions spiritualistes, il avait reçu des informations détaillées sur le futur dirigeant de l'Allemagne. Par l'intermédiaire d'Eckart, Hitler est entré en contact avec la Société Thulé.

Eckart était un occultiste éminent initié à l'art de la magie noire par Aleister Crowley (en fait Edward Alexander Crowley, 1875-1947) dans une confrérie magique, l'Abbaye de Thélème, fondée par Crowley en 1920 à Cefallu, Sicile. Crowley a initié plusieurs autres occultistes qui devinrent tous de proches collaborateurs d'Hitler aux secrets de la magie. Crowley vénérait le Baphomet. Tous les membres de la confrérie étaient punis, s'ils oubliaient d'éviter la première personne dans leur discours.

Après la mort présumée d'un membre de la confrérie, Raoul Loveday, victime d'une intoxication alimentaire en 1923, la presse britannique a commencé à publier des articles sur les orgies magiques de Crowley. Les membres avaient sacrifié un chat et consommé son sang au cours d'un rite magique, peu avant la mort de Loveday. Le dirigeant italien Benito Mussolini a ensuite forcé Crowley à quitter le pays, car il avait pratiqué la magie sexuelle perverse (il avait eu des relations homosexuelles avec Victor Neuberg et d'autres personnes) et la maltraitance rituelle sur des enfants. Selon plusieurs sources, il aurait sacrifié des enfants. Crowley lui-même a déclaré qu'il avait sacrifié 150 jeunes garçons entre 1912 et 1928. Il pratiquait aussi la magie des opiacés. Crowley encourageait les sacrifices humains, en particulier ceux des enfants.

À l'âge de 21 ans, à minuit le 31 décembre 1896, alors qu'il séjournait à Stockholm, Crowley a vécu une expérience mystique qui la éveillé à la magie. Depuis le début des années 1900, Crowley était asthmatique et ses médecins lui avaient recommandé de prendre de l'héroïne, car tous les opiacés ont pour effet d'élargir les bronches. Le cerveau de Crowley a cependant été détruit. On aurait dû lui donner l'adrénaline à la place, qui est plus efficace dans de tels cas. À Cefallu, Crowley consommait de l'opium ainsi que de la cocaïne, du cannabis et de l'héroïne.

Le franc-maçon Karl Kellner fonda l'Ordo Templi Orientis en 1895. Après sa mort en 1905, le magnat de la presse Theodor Reuss reprit la direction de l'Ordre. L'OTO prétendait être l'héritier des Templiers. L'ordre a également commencé à pratiquer des orgies rituelles de magie (principalement celles des membres qui avaient atteint le 9ème degré). L'un de ces membres était Rudolf Steiner. En 1902, Kellner fonda avec le théosophe Franz Hartmann et l'occultiste Heinrich Klein la section allemande du Rite Memphis-Misraïm.

Crowley est devenu franc-maçon du 33ème degré (rite écossais) à Mexico en 1900. Il était également un franc-maçon du 97ème degré dans le système égyptien Misraïm, qui contient 90 degrés communs et sept degrés secrets. Plus tard, Crowley a également travaillé pour le service de renseignements britanniques du MI5. Il mourut d'une overdose d'héroïne le 1er décembre 1947. Son livre *Liber Legis* (*Le Livre de la Loi*) a révélé de nombreux secrets de la magie rituelle.

Mein Kampf comprend de nombreuses idées et pensées dérivées du *Livre de la Loi* de Crowley.

En 1912, Crowley entre en contact avec l'OTO et en devient membre la même année. Il prit le nom magique de Baphomet, la divinité vénérée par les Templiers et les Illuminati. Il est devenu le chef de la loge britannique Mysteria Mystica Maxima. En 1904, Crowley avait commencé à se désigner lui-même comme la Bête 666. Lorsque le Grand Maître Theodor Reuss mourut en 1922, Crowley endossa la fonction de grand maître de l'Ordo Templis Orientis. Beaucoup de loges et de membres quittèrent l'ordre en signe de protestation.

Crowley avait cependant réussi à prendre le contrôle de toute l'organisation.

Bien qu'il en ait lui-même été membre, Hitler interdit l'OTO en Allemagne en 1937 (Ken Anderson, *Hitler and the Occult*, New York, 1995, p. 125). L'OTO avait utilisé diverses méthodes afin d'aider Hitler à accéder au pouvoir. En 1907, Crowley avait fondé sa propre organisation, l'Astrum Argentinum (A... A...), reprenant le système des diplômes de l'Aurore d'Or, dont Crowley avait été exclu.

Dans la loge magique Astrum Argentinum (Étoile d'Argent), qui était en tout point semblable à une loge maçonnique, Crowley enseignait la magie noire. Il enrôla ses 30 membres du Mysteria Mystica Maxima, et s'autoproclama Maître du Temple (Magister Templi). Pendant la Seconde Guerre mondiale, Churchill consulta Crowley sur des questions de magie. Après cela, il a commencé à utiliser son fameux signe de la victoire en forme de V.

Le premier professeur de magie d'Hitler fut un petit bossu juif, Ernst Pretzsche, qui tenait une librairie occulte à Vienne. Il donnait occasionnellement de la nourriture à Hitler, quand il avait faim et mettait en gage ses livres occultes.

Pretzsche avait grandi à Mexico où son père avait été apothicaire. Il avait étudié la magie rituelle des Aztèques. Après le retour de la famille en Europe et l'ouverture de la librairie d'Ernst Pretzsche, il fit la connaissance du magicien Guido von List, qui, dans sa Loge Sanglante, prétendait pouvoir faire matérialiser les mauvais esprits. Lorsque l'existence de cette loge a été révélée, cela a provoqué un certain scandale dans les pays germanophones.

Pretzsche a enseigné la magie noire au jeune Hitler et lui a révélé le secret des symboles astrologiques et alchimiques (Ken Anderson, *Hitler and the Occult*, New York, 1995, p. 75).

Le juif franc-maçon Churchill

Le franc-maçon et magicien Aleister Crowley

Pretzsche a encouragé Hitler à utiliser la mescaline, que l'on trouve dans le cactus mexicain du peyote (Lopopophora williamsii) pour ouvrir son troisième œil, le centre de la clairvoyance dans le cerveau, et ainsi accéder aux chroniques Akasha, où l'histoire réelle du monde, toute expérience et toute connaissance vraie sont stockées. Von List devint plus tard membre de la Société de Thulé.

Hitler avait auparavant pratiqué la méditation et le contrôle de l'esprit. En prenant du peyote (mescaline), Hitler s'est exposé à un processus qu'il était incapable de contrôler. Il a également découvert ses vastes capacités psychiques. Il est devenu une sorte de médium sans centre spirituel.

Dans les chroniques Akasha, Hitler a pu voir des images de l'histoire du monde ainsi que de ses propres incarnations antérieures, selon l'occultiste Walter Johannes Stein qui, à plusieurs reprises, a parlé à Hitler de ses expériences magiques.

Hitler était fortement fasciné par la lance sacrée Longinus, qui avait été un talisman maléfique utilisé par les seigneurs de guerre allemands. À plusieurs reprises, Hitler s'est rendu près de la lance dans le trésor de la Hofburg à Vienne.

Le "Baron" Jorg Lanz von Liebenfels était le compagnon d'Hitler à Vienne. Il publia un périodique antisémite et devient le guide spirituel d'Hitler (Wilhelm Daim, *The Man Who Gave Hitler the Ideas*, Vienne, 1958). Lanz était un extrémiste juif et homosexuel. Il s'est rendu en Suisse pour rencontrer Lénine, qu'il admirait.

Un autre ami juif de la jeunesse hitlérienne était Ignatz Timotheus Trebitsch-Lincoln, qui a aidé à financer les activités du jeune Hitler à Vienne, selon l'historien juif Dietrich Bronder.

Au front pendant la Première Guerre mondiale, Hitler a pris des risques extrêmes pour prouver que le destin ne le laisserait pas mourir. Il a reçu la croix de fer pour sa bravoure exceptionnelle, un prix très rarement décerné. De nationalité autrichienne, il avait servi pendant la guerre en tant que volontaire.

Pendant la guerre, Hitler a eu un fils. Hitler et Charlotte Lobjoie se sont rencontrés en 1916 dans la ville française de Vavrin, occupée par les Allemands. Ils ont commencé une relation qui a duré presque deux ans. Cet enfant, Jean Loret, est né le 18 mars 1918, quelques mois seulement après que le caporal Adolf Hitler eut quitté la France. Plus tard la même année, Hitler fut informé de la naissance de son fils. Dans les années 1930, il souhaita faire venir Jean en Allemagne pour l'éduquer, mais cela ne se produisit jamais. La mère de Jean était une alcoolique, qui avait travaillé comme strip-teaseuse à Paris, et Hitler ne voulait pas d'un scandale. Mais après que les Allemands eurent occupé la France, il ordonna à la Gestapo de retrouver son fils. Sans l'informer qu'il était le fils du Führer, la Gestapo reçut l'ordre de prendre des dispositions à son égard. Jean Loret bénéficia d'un emploi subordonné à la Gestapo doté d'un généreux salaire ainsi que d'une voiture de fonction, ce qui était extraordinaire pour un jeune Français de 23 ans en temps de guerre.

En 1944, la Gestapo ordonna la destruction de tous les documents prouvant que Jean Loret était un collaborateur, afin de lui éviter des sanctions. Jean Loret ne comprenait pas pourquoi la Gestapo était si impliquée avec lui, mais sa mère lui confia le secret sur son lit de mort.

Vers la fin des années 1970, Jean Loret s'est tourné vers l'historien Verner Maser, qui ne le croyait pas au début, mais qui fut bientôt convaincu de la véracité de son histoire après avoir mené une enquête approfondie. Il a ensuite raconté l'histoire du fils d'Hitler dans un livre. Jean Loret est décédé en 1985. Son fils, le petit-fils d'Hitler Philippe Loret, ne s'intéressa pas à son ascendance. Sa sœur est mariée à un professeur juif.

Toutes les tentatives de meurtre d'Hitler ont échoué. Maurice Bavaud, un étudiant en théologie suisse de 22 ans, tente à plusieurs reprises de tirer sur Hitler, mais échoue et est arrêté le 9 novembre 1938, alors qu'il tente de quitter le pays en train sans billet valable.

Hitler avait peur des mauvais présages. Le 13 octobre 1938, il confisque la lance Longinus et l'emmène à Nuremberg. Le même jour où Hitler se serait suicidé (30 avril 1945), la lance est tombée aux mains des Américains.

Pendant quelques mois en 1920, Hitler a pris des leçons d'astrologie avec l'astrologue juif Erik Jan Hanussen (en fait Hermann Herschel Steinschneider). Hanussen devint plus tard le clairvoyant national et l'oracle officiel du Parti nazi. Il est devenu membre du parti en 1931. Hanussen a également agi en tant que conseiller privé d'Hitler. Hitler a créé une nouvelle académie dirigée par Hanussen, qui a été nommé docteur honoris causa. Joseph Goebbels a pris des leçons privées auprès de Hanussen sur l'art d'influencer les masses et sur l'astrologie. Il est devenu plutôt performant pour dresser des horoscopes. Rudolf Hess était également très intéressé par la connaissance de la magie.

En mars 1933, Hanussen prédit :

"Hitler finira comme une torche brûlante."

Peu de temps après, Hanussen fut assassiné, selon le filleul de Hanussen, Hans Mayer, qui était journaliste.

En septembre 1939, quelques jours après le début de la guerre, les SS employèrent Karl Ernst Krafft, un célèbre astrologue suisse, pour prédire que la vie d'Hitler serait en danger du 7 au 10 novembre 1939. Le 8 novembre 1939, dans la brasserie Burgerbraukeller de Munich, une bombe explosa, faisant huit morts et 63 blessés. Hitler s'y était rendu pour célébrer avec des vétérans du parti, mais il avait quitté la fête tôt pour prendre un train pour Berlin. Il n'a jamais reçu l'avertissement de Krafft. L'astrologue personnel d'Hitler, Berger, était un franc-maçon.

À l'exception de Wilhelm Wulff, qui travaillait pour Himmler, les astrologues devinrent finalement un embarras pour les nazis. Leurs prédictions étaient très inconfortables. Les choses ont commencé à mal tourner pour Krafft qui fut arrêté en juin 1941 et emmené au camp de concentration d'Oranienburg, où il mourut quelques mois avant la capitulation allemande. Il avait recommandé à Rudolf Hess de se rendre en Écosse le 10 mai 1941 pour y négocier un traité de paix distinct. Hess a été retardé, et sa mission a échoué. Il a par la suite été considéré comme un traitre.

L'historien britannique John Charmley était d'avis que la Grande-Bretagne aurait dû accepter une paix séparée avec l'Allemagne après la chute de la France.

Mais rien n'était prévu pour une telle paix. Et Hitler s'en est tenu à sa politique économique.

À l'automne 1940, Winston Churchill avait employé l'astrologue judéo-belge Louis de Wohl, qui s'était échappé d'Allemagne nazie en 1935, pour découvrir pour le compte du Cabinet de Guerre britannique quels conseils les astrologues d'Hitler lui administraient (Jan Bojen Vindheim, *Mysteries of the West*, Oslo, 1990, p. 145). De Wohl avait prédit que la mort d'Hitler serait violente.

Le 10 mai 1940, Hitler avait attaqué avec succès la Hollande et la Belgique contre l'avis de ses généraux. L'astrologue d'Hitler, Krafft, avait recommandé une guerre éclair, et Hitler lui-même avait prédit le succès de l'action. Il a également été en mesure de prédire l'occupation de la Rhénanie.

L'opération *Barbarossa*, en revanche, s'est déroulée sans consulter d'astrologues, ce qui s'est avéré fatal. Hitler venait aussi d'être malade. Il avait rejeté la demande de Staline pour une paix séparée en juillet 1941 et en octobre 1941 (Staline était prêt à évacuer le gouvernement en Sibérie le 15 octobre). Deux ans plus tard, en 1943, il rejeta de nouveau la proposition de Staline. Hitler souhaitait cependant faire la paix avec la Grande-Bretagne et les États-Unis. Roosevelt rejeta l'offre allemande d'une "reddition honorable" au printemps 1943. Les manipulateurs francs-maçons voulaient que la guerre continue jusqu'à ce que le monde ressemble de plus en plus au nouveau temple de Salomon où règne un esclavage sans égal.

En mars 1936, Hitler confia à son entourage proche :

> "Je vais partout où la providence me mène, comme un somnambule."

Il était évident que quelqu'un d'autre guidait ses actions. Il tombait souvent par terre lors de ses accès de fureur.

Le professeur Karl Haushofer, directeur de l'Institut de géopolitique de Munich, devint le deuxième mentor ésotérique d'Hitler en remplacement de Dietrich Eckart. Certains historiens l'ont désigné comme l'un des Illuminati, ce qui a été officiellement nié (Friedrich Paul Heller et Anton Maergerle, *Thule*, Stuttgart, 1995, p. 46). Hess avait présenté Haushofer à Hitler comme un maître de la magie et un expert de la culture orientale. En 1919, Karl Haushofer fonda à Munich l'Ordre occulte des Bruder des Lichts (Frères de Lumière), qui plus tard à Berlin fut rebaptisé la Société Vril (du nom d'un livre d'Edward Bulwer-Litton). Haushofer était l'élève du magicien et métaphysicien russe Georg Gurdjieff. Haushofer était également membre de la Société de Thulé et de la loge maçonnique Golden Dawn, fondée en 1917 à Vienne (parmi ses membres se trouvait également Rudolf von Sebottendorf). Cette loge était reliée à Georg Gurdijeff.

Les membres de la Société Vril croyaient que l'intérieur de la Terre était habité par une civilisation très avancée (Agharti) qui avait accès à l'énergie Vril. Selon Haushofer, l'énergie Vril était la force magique la plus puissante de l'univers, mieux connue sous le nom d'énergie éthérique ou *prana*. Avec l'aide de cette énergie, il était possible de dépasser la gravité. Des machines volantes spécialement conçues seraient capables d'utiliser cette énergie pour atteindre l'antigravité.

Haushofer rendit régulièrement visite à Hitler à la prison de Landsberg en 1924. Il initia Hitler aux secrets les plus profonds de la magie et lui souffla l'idée du "Lebensraum" (espace vital). C'est Haushofer qui encouragea Hitler à écrire *Mein Kampf*. Hitler est également devenu membre de la Société Vril.

Haushofer a été appelé le plus grand magicien d'Allemagne. Il est devenu connu comme le général clairvoyant. Sur le champ de bataille pendant la Première Guerre mondiale, il a correctement prédit l'heure d'une attaque ennemie et indiqué les endroits qui seraient touchés par des obus ennemis. Il a prédit quand Paris serait envahie par les troupes allemandes ainsi que la réoccupation allemande de la Rhénanie et l'heure exacte de la mort du président Roosevelt.

Une Société Vril avec la croix gammée comme symbole principal existe aujourd'hui en France. Son dirigeant est Jean Claude Monet.

Haushofer considérait le Tibet comme la patrie des magiciens les plus puissants du monde. Il s'était rendu au Tibet et était entré en contact avec le Ge-lugs-pa (ordre des chapeaux jaunes), qui avait été fondé en 1409 par le réformateur bouddhiste Tsong-kha-pa. Haushofer a été initié dans cette secte et a juré de se suicider si sa mission échouait.

À cause de Haushofer, Hitler commença à envoyer des expéditions de recherche au Tibet dès 1926, afin d'acquérir la connaissance de la magie noire, mais ses intentions échouèrent.

À l'automne 1925, l'émissaire de Lénine, Nikolaï Roerich, un franc-maçon et artiste bien connu, s'était rendu au Tibet avec l'assassin tchékiste Yakov Blumkin dans le but d'obtenir des connaissances magiques pour les bolcheviks. Il a cependant échoué.

Les magiciens tibétains (des bonzes) se sont joints au camp nazi pour les aider à combattre l'influence de la franc-maçonnerie internationale. Les bonzes sont souvent considérés comme les membres de la religion originelle et primitive du Tibet, pleine de rituels et de sorts obscurs. Les bonzes avaient une puissante réputation de magiciens auprès des gens du peuple. Les nazis ont choisi de ne pas leur parler de leur coopération avec la franc-maçonnerie, et que leur bataille contre les Illuminati n'était en fait qu'une illusion.

Les monastères bouddhistes avaient prononcé des mises en garde contre les activités secrètes, nuisibles et contre nature des francs-maçons. Ceci a été confirmé par le moine bouddhiste estonien Karl Tonisson. Dans un livret, publié dès 1923, il prévoyait l'occupation soviétique des États baltes. Après sa mort en Birmanie en 1962, il a été déclaré bodhisatva (un saint homme), car son corps n'a commencé à se décomposer qu'après plusieurs jours.

Les dirigeants nazis avaient choisi d'utiliser la magie tibétaine. Ils croyaient que le Tibet était la patrie originelle du peuple aryen. Les SS envoyèrent aussi des expéditions dans les Andes.

Les magiciens tibétains, qui pratiquaient la religion originelle, devinrent connus dans le cercle intérieur nazi sous le nom de Société des Hommes Verts. Vers la fin de la guerre, le 25 avril 1945, dans un sous-sol d'une banlieue de Berlin, des soldats soviétiques ont découvert les corps de six lamas tibétains qui s'étaient suicidés, une pratique qui n'était autorisée que dans le cas exceptionnel où des secrets magiques tombaient entre les mains des ennemis. L'un d'eux portait des gants verts. Plus tard, plus d'un millier de corps d'hommes asiatiques portant des uniformes allemands furent retrouvés, mais sans les insignes de rang habituels. Tous s'étaient suicidés.

À Königsberg, les nazis disposaient d'un laboratoire, le Königsberg 13, dirigé par le Reichsführer SS Heinrich Himmler, où diverses méthodes magiques étaient étudiées. Les nazis voulaient utiliser la magie pratique pour combattre l'ennemi présumé — les Juifs internationaux — qui, depuis l'antiquité, pratiquait également la magie. Himmler s'intéressait beaucoup à la géomancie, aux énergies de la terre et aux lignes de Ley. Il croyait que le siège SS de Wewelsburg était devenu un centre de pouvoir (Michael Baigent, Richard Leigh et Henry Lincoln, *The Messianic Legacy*, Londres, 1987, p. 203).

La police de sécurité soviétique, le NKVD, disposait d'un laboratoire similaire à Moscou où tous les dirigeants étaient des Juifs communistes. Staline avait aussi des conseillers sur les questions ayant trait à la magie. L'astrologue et télépathe juif Wolf Messing en faisait partie. En Pologne, en 1937, Messing réussit à prédire que 1945 serait une année fatale pour Hitler et son régime. Au début, seule la presse polonaise a osé publier les prédictions de Messing, plus tard, elles ont été relayées par de grands journaux du monde entier. Quand les Allemands ont occupé la Pologne, ils ont essayé de trouver Messing. Il fut arrêté par la Gestapo mais parvint à s'échapper en Union soviétique où, en 1940, il prédit que des chars soviétiques occuperaient Berlin. En 1943, lors d'une apparition à l'opéra de Novossibirsk, il prédit que la guerre prendrait fin entre le 1er et le 5 avril 1945 avec la défaite de l'Allemagne.

Le 9 avril 1951, le magazine *LIFE* rapportait que le général Eisenhower, le commandant suprême des alliés, avait fait part à Staline de l'intention des Américains d'arrêter leur avancée sur l'Elbe, donnant à l'Armée Rouge l'honneur d'être la première à marcher sur Berlin. C'était le président Truman qui a empêché Eisenhower d'avancer à travers l'Allemagne vers Berlin. Après l'occupation de Berlin par l'Armée Rouge, les alliés ont dû attendre plusieurs mois avant d'être autorisés à entrer dans la ville.

Après la guerre, les Américains ont abandonné un grand nombre de fusées V2 de Werner von Braun aux Russes dans un tunnel souterrain d'une montagne allemande. Officiellement, les fusées avaient été "accidentellement laissées là".

Himmler avait réorganisé les SS en ordre de Chevaliers (Ordre de l'Étoile d'Argent) selon le modèle des Jésuites lui-même initiateur de l'ordre des Illuminati. Les SS avaient emprunté certains rites magiques spécifiques aux francs-maçons, mais certains rituels étaient directement issus des Templiers. Les membres de la SS portaient des uniformes noirs soigneusement conçus avec un vieux symbole magique : des crânes argentés. Ces symboles ont également été trouvés sur des bagues magiques. Ceci a été suggéré par le magicien personnel de Himmler, le brigadier SS Karl Maria Wiligut (1866-1946), également connu sous le nom de K. M. Weisthor (Nicholas Goodrick-Clarke, *Les racines occultes du nazisme*, St Petersburg, 1993, p. 197). En 1924-1927, Wiligut avait été soigné dans un hôpital psychiatrique à Salzbourg. Le double S, ou runes du soleil, ressemblait à deux éclairs. La direction de l'ordre était extrêmement exigeante envers ses membres.

La SS signifiait officiellement 'Schutzstaffeln' (corps de garde), mais le vrai sens était Schwarze Sonne — le Soleil Noir. Himmler en était le grand maître. Le siège des SS se trouvait au château de Wewelsburg en Westphalie (au nord-ouest de l'Allemagne), qu'Himmler acheta en 1934 et reconstruisit les 11 années suivantes au coût de 13 millions de marks pour en faire un temple dédier à son culte SS.

La salle de banquet centrale du château contenait une énorme table ronde avec 13 chaises en forme de trône pour accueillir Himmler et ses invités.

12 de ses associés les plus proches ("apôtres") reproduisaient, comme certains auteurs occultes l'ont fait remarquer, un sabbat de 13 personnes — sous cette salle se trouvait la salle des morts, où des socles de pierre soutenaient une table également en pierre. À la mort de chaque membre du cercle intérieur des SS, ses armoiries étaient brûlées et, avec ses cendres, placées dans une urne sur un de ces socles pour être vénérées.

Hitler et le chef des SS, Himmler, pratiquaient la magie noire. La force spéciale d'Himmler, ou les Unités de Tête de Mort pratiquaient des rituels de magie fraternelle élaborés. Dans sa jeunesse à Vienne, Hitler s'était abonné au périodique magique *Ostara*.

En 1933, le professeur de psychologie et occultiste Friedrich Hielscher fonda l'Institut Public de Recherche Occulte Et Culturelle — le Deutsche Ahnenerbe (l'héritage allemand). Parmi les conseillers figuraient le franc-maçon et diplomate suédois Sven Anders Hedin. L'Ahnenerbe était dirigé par le Standartenfuhrer Wolfram Sievers. En 1939, l'institut devint un département de la SS dirigé par Himmler.

Les dirigeants nazis utilisaient un pendule pour localiser les navires de guerre sur les cartes marines. Ludvik Straniak a réussi à localiser le cuirassé *Prinz Eugen* qui était en mission secrète. Plus tard, les nazis lui ont ordonné de trouver des informations sur les troupes ennemies en utilisant le pendule sur les cartes terrestres.

Les ressources dont disposait l'Ahnenerbe pour l'enquête occulte étaient plus importantes que celles dont disposait le Projet Manhattan (pour le développement de la bombe atomique). L'Ahnenerbe a ensuite été rattaché à la Société Vril.

La croix gammée (ou croix de feu), qui dans l'Antiquité était un signe de bonheur et de chance, est le symbole magique le plus ancien, le plus complexe et le plus répandu de tous. La première occurrence remonte à Sumer (Carl G. Liungman, *Tanketecken*, Stockholm, 1993, p. 228).

Swastika est un terme sanskrit signifiant 'porte-bonheur'. Il est présent sous forme de mandala dans de nombreuses cultures asiatiques. En Europe (de la Méditerranée au nord de la Norvège), cette croix représentait aussi la fertilité et la renaissance, comme dans l'Égypte ancienne et à Sumer, où, cependant, elle était généralement remplacée par l'Osiris ou la croix ankh, qui était une croix avec le sommet en forme de cercle ou de boucle ovale. Des croix gammées ont été trouvées sur de vieux sarcophages juifs en Palestine. Le signe est également connu dans les cultures arabes depuis l'Antiquité. La croix gammée est le symbole du plus haut dieu, le Soleil. Au Japon, elle représente la richesse et une longue vie. C'est aussi devenu un signe sacré du bouddhisme et du jaïnisme. Les adorateurs de Vishnu l'utilisent. Le symbole protégeait le porteur contre les énergies négatives chez les Amérindiens, qui le voyaient comme représentant le cercle de la vie. Dans l'Antiquité, la Grèce le considérait comme le *crux gammata gammadion*, composé de quatre (*gamma*). Le symbole apparaît également lorsque deux bobines de méandres sont croisées. Une croix tournant autour de son centre symbolise le mouvement éternel de l'univers. Les premiers chrétiens utilisaient aussi ce symbole comme croix de feu. Il a été trouvé dans les catacombes de Rome comme symbole du Christ et la source de son pouvoir sur le monde. En Scandinavie, la croix gammée était connue comme le marteau de Thor.

Les musulmans considèrent la croix gammée comme signifiant les quatre directions principales — le Chroniqueur (ouest), la Mort (sud), le Prêcheur (est), la Vie (nord) ainsi que les quatre saisons, gouvernées par les anges.

Comme nous l'avons déjà mentionné, il existe deux types de swastikas représentant le mâle et la femelle, les aspects du soleil et de la lune. Le fait que la croix gammée inversée soit féminine est suggéré par les images d'Artémis et d'Astarté présente dans la région de la pudenda. En Chine, les deux versions sont utilisées pour signifier les forces du yin et du yang (féminin — masculin).

La croix gammée pointe vers les quatre points cardinaux du zodiaque, les quatre éléments et autres choses de ce genre. Dans certaines régions de Chine, la croix gammée était utilisée pour augmenter l'énergie des talismans "féminins". C'était généralement un signe positif, mais aussi le signe utilisé par les Japonais pour le chiffre magique 10 000 (100 x 100).

Il y a une certaine confusion quant à la version de la croix gammée qui est la plus positive. Au Japon médiéval, le swastika (manji) servait de talisman contre les forces du mal. Swastika signifie "bénédiction". En Inde, le swastika était considéré comme un symbole de malchance et de souffrance. Cette croix gammée inversée (swastika) symbolisait la nuit et glorifiait les forces de mort et la destruction. C'était aussi le symbole de Kali, la déesse de la mort, qui règne sur le côté obscur de la vie. Le swastika est représenté dans la salle de bal du palais royal de Fontainebleau en France.

Les croix gammées connectées, parfois appelées nœuds de Salomon, symbolisent l'insondabilité divine et l'infini.

Dans le cadre du coup d'État de février 1917, les puissances obscures de la franc-maçonnerie, qui s'étaient infiltrées dans le gouvernement russe en préparant le renversement du Tsar, commencèrent à utiliser une croix gammée maçonnique légèrement camouflée sur les billets de 250 roubles.

Les dirigeants bolcheviks ont décidé d'utiliser les propriétés magiques de la croix gammée mâle. Selon le franc-maçon Marcel Valmy, ce symbole est également présent dans la franc-maçonnerie (*Die Freimaurer*, Cologne, 1998, p. 89).

Le premier symbole bolchevique fut donc la croix gammée, retrouvée sur les uniformes de l'Armée Rouge et sur la note de 250 roubles jusqu'en 1922 (Akim Arutyunov, *Le dossier Lénine non retouché*, Moscou, 1999, p. 453). La croix gammée a également été trouvée sur les billets communistes de mille, cinq mille et dix mille roubles.

Dans son livre *L'histoire du peuple russe dans les années 1990*, Oleg Platonov écrivait :

> "Le premier symbole bolchévique était la croix gammée, que… les autorités voulaient utiliser comme élément principal sur le blason national". (Vol. I, Moscou 1997, p. 520)

Sous ce symbole, l'Armée Rouge a tué près de 20 millions de personnes. Il faut souligner que par rapport aux criminels communistes, Hitler et ses compagnons étaient des enfants de chœur. Hitler avait été influencé dans son enfance par la croix gammée païenne, qui était liée à l'histoire allemande et figurait sur les armoiries d'un monastère à Dambach, où il chantait dans la chorale des garçons.

*En 1917, l'Union soviétique envisage d'utiliser ce symbole
sur les uniformes de ses soldats.*

Hitler fut cependant impressionné par la magnificence de la croix gammée à angle droit inversé communiste, et commença à l'utiliser comme symbole nazi le 20 mai 1920. Le dentiste Friedrich Krohn, un cadre de la direction du parti (qui était également membre du Germanenorden) recommandait l'utilisation du swastika, qui favorisait la santé et apporterait équilibre et succès à l'organisation masculine. Elle se trouve également dans le bouddhisme comme symbole des enseignements ésotériques de Bouddha, la roue de la vie, mais Hitler a insisté pour utiliser la croix gammée masculine. Dans le bouddhisme, la croix gammée yin féminine est utilisée à certaines fins pour atteindre l'équilibre spirituel. Cependant, la Société de Thulé s'intéressait surtout à l'utilisation de la croix gammée masculine, car elle faisait siéger des tribunaux secrets et condamnait des gens à mort.

Mais fatalement, la croix gammée n'a pas fonctionné entre les mains de ces hommes mauvais. Elle a réduit l'aura des masses masculines combattantes. Les nazis, cependant, prirent des mesures pour leur propre sécurité, produisant de l'énergie sans en accumuler. Pour les nazis donc, ce symbole magique fonctionnait comme une force d'exploitation par la joie (Kraft durch Freude).

Les nazis voyaient cependant la croix gammée comme un symbole de la renaissance nationale. En 1935, la croix gammée aux couleurs originales de l'Allemagne (rouge, noir et blanc) est devenue le drapeau officiel allemand, qui avait été supprimé par les francs-maçons en 1848.

Dans les années 1920, une partie de l'industrie alimentaire américaine, qui sympathisait avec les tendances totalitaires en Europe, a commencé à utiliser le swastika sur ses produits (céréales pour petit déjeuner, Coca-Cola, soda Uncle Sam, etc.).

Quand Hitler parlait en public, il avait la capacité d'envoûter son public comme un hypnotiseur. Lorsque le public faisait le salut romain de la main droite, le chef recevait l'énergie qu'il envoyait de la main gauche par un geste magique.

En juillet 1926, Hitler se tenait dans sa voiture lors d'un congrès du parti à Weimar, en Thuringe, où il avait la permission de parler, et alors que 5000 hommes passaient devant lui, il les salua pour la première fois le bras droit tendu (Alan Bullock, *Hitler: A Study in Tyranny*, New York, 1961).

Lors du premier Congrès sioniste à Bâle en 1897, les délégués juifs levèrent la main droite en chantant un vieux psaume hébreu :

> "Si je t'oublie, Jérusalem, que ma main droite oublie son devoir." (Johannes Hagner, *Se, han kommer med skyarna / Voici qu'il vient des cieux*, Stockholm, 1941, p. 48).

Il y avait évidemment un pouvoir magique sous-jacent derrière cet ancien salut romain.

Les Journées du Parti à Nuremberg en 1937 furent une splendide épopée de magie rituelle : fanfares, marches, mouvements rythmiques, le mantra magique ("Heil und Sieg" était utilisé comme "Sieg Heil" ; Hess conduisant les masses en récitant le mantra), de beaux uniformes, des processions aux flambeaux en forme de croix gammées, de puissants faisceaux lumineux et, pour finir, les discours enflammés de Hitler. Dans la Rome antique, le salut était "Ave !" La loge maçonnique de la Confrérie de l'Aurore d'Or saluait ses membres d'un "Heil" (Anton Pervushin, *Les secrets occultes des SS et du NKVD*, Saint-Pétersbourg, Moscou, 1999, p. 298). Les nazis ont repris tous ces rituels.

Le Bureau occulte nazi a été fermé après l'arrivée au pouvoir d'Hitler. En 1934, toutes les activités prophétiques, la recherche magique et la littérature ésotérique furent officiellement interdites ou déclarées absurdes en dehors de leur propre cercle intérieur. Le palais occulte de Berlin fut fermé. L'astrologue Jorg Lanz von Liebenfels s'est vu empêché de publier ses livres, bien qu'il ait été un ami d'Hitler dès sa jeunesse. Les connaissances occultes semblaient inadaptées aux masses. En Union soviétique, les communistes avaient agi de la même manière.

Les Français Jacques Bergier et Louis Pauwels rapportent dans leur livre *Le matin des Magiciens : la réalité fantastique* (Kiev 1994) que les nazis ont envoyé des expéditions au Tibet jusqu'en 1943. Cette année-là, Himmler envoya Otto Rahn, qui avait un père allemand et une mère de Buryatya, une région bouddhiste de l'Union soviétique. Le but de son voyage était le monastère le Quartier du Ciel. Les nazis voulaient un dessin détaillé de l'emplacement des bâtiments du monastère, car ils savaient qu'il était organisé selon le principe du mandala magique. Mandala signifie le flux d'énergie ininterrompu entre le centre et ses différentes unités, créées par et orientées vers le centre. Tous les bâtiments placés sur la spirale en forme de cœur étaient orientés vers le nord.

Le quartier général d'Hitler, le Wolfschauze (forteresse du loup) en Prusse orientale, a été conçu et construit comme une copie presque exacte de ce monastère Tibétain. (le prénom Adolf signifie d'ailleurs "loup noble".) Certains des bâtiments, cependant, ne correspondaient pas au plan d'origine. Otto Rahn considérait cela comme un affaiblissement du système. L'un de ces bâtiments était une structure en bois où une bombe a explosé le 20 juillet 1944. Le bunker du Führer ainsi que la maison de Bormann étaient entourés d'un chemin en forme de cœur. Les alliés n'ont jamais réussi à découvrir cet endroit en dehors de Kętrzyn malgré leurs tentatives répétées.

Le Tibet a également été à l'origine des nombreux motifs de camouflage magiques utilisés par les nazis pour leurs uniformes de combat. Il y avait plus de 400 modèles différents. Plusieurs d'entre eux ont été adoptés par d'autres nations (les Américains, par exemple, ont volé l'un des motifs, l'appelant camouflage en forêt). Depuis les années 80, la Bundeswehr utilise les modèles de camouflage Waffen-SS pour ses uniformes, ses combinaisons d'aviation et de combat.

Après la Seconde Guerre mondiale, la franc-maçonnerie internationale considérait le Tibet comme une menace sérieuse à leurs desseins maléfiques. C'est la raison pour laquelle la Chine a été utilisée pour détruire le Tibet, qui avait accès aux secrets ancestraux de la nature. Les communistes chinois mirent tous les monastères en ruines et tuèrent autant de lamas que possible parmi les plus initiés.

Pendant les procès de Nuremberg, aucune mention n'a été faite de la magie utilisée par les nazis, puisque même les régimes maçonniques victorieux de l'Union soviétique, de l'Europe occidentale et des États-Unis utilisaient leurs propres méthodes de magie noire.

En 1961, *The Secret Book* que Hitler aurait dicté en 1926 fut imprimé à Munich, mais fut immédiatement retiré de la circulation. Il est douteux qu'il en ait été le véritable auteur.

Le nazisme et la franc-maçonnerie

Les idéologies communiste et nationale-socialiste sont toutes deux issues du mouvement secret des Illuminati. Ces idéologies sont comme deux aspects de la même doctrine sociale. Quand Hitler arriva au pouvoir, il ordonna la célébration du 1er mai (l'ordre des Illuminati avait été fondé le 1er mai 1776). Le fascisme provenait également de la même branche Illuministe. Le but était de briser totalement notre monde traditionnel, construit sur des valeurs spirituelles, en le remplaçant par des pseudo-valeurs matérialistes.

Alfred Rosenberg a reçu l'ordre d'incorporer les valeurs maçonniques dans l'idéologie nazie (Helmut Neuberger, *Freimaurerei und National-Sozialismus / La franc-maçonnerie et le national-socialisme*, Hambourg, 1980, pp. 62-63).

Les loges maçonniques exerçaient une grande influence dans la société autrichienne, en particulier à Vienne, à la fin du XIXème siècle. Mais Hitler n'en parle pas dans *Mein Kampf*. Le livre ne révèle rien sur la franc-maçonnerie. Le lecteur a l'impression qu'Hitler a obéi au code maçonnique du silence. Dans l'ensemble, le livre rappelle la littérature ennuyeuse du parti soviétique.

Au printemps 1933, le ministère allemand de l'Intérieur envoya une lettre importante (document n° 8540 dans les Archives spéciales) aux Illuminati, affirmant qu'il n'y avait plus besoin de contacts secrets en Allemagne pour protéger les intérêts des Illuminati. Quand les nazis s'emparèrent du pouvoir, les objectifs des Illuminati avaient été adoptés par l'État lui-même. Ils n'avaient donc aucune raison de poursuivre leurs activités en Allemagne. La lettre prouvait que les nazis et les Illuminati avaient le même but : détruire l'Ancien Monde et "construire" un monde nouveau et meilleur. Ce n'est cependant pas ce qui s'est passé (Viktor Ostretsov, *Franc-maçonnerie, culture et histoire russe,* Moscou 1999, pp. 586-588).

En juin 1933, la direction Illuminati a publié une circulaire à ses loges. Le document indiquait que l'ordre des Illuminati avait été dissous à la suite de la prise du pouvoir par les nazis. Au même moment, le quartier général des Illuminati envoyait un message au quartier général de la police pour l'informer que l'ordre était en cours de réorganisation pour devenir la Ligue mondiale des Illuminati. La réorganisation avait commencé dès 1926.

Les listes de tous les membres d'Illuminati ont été remises aux autorités allemandes. En 1932, un grand nombre de nouveaux membres avaient été réélus (document n° 8543). Himmler était actif dans plusieurs organisations liées aux Illuminati.

Une nouvelle loge maçonnique a été fondée à Königsberg en 1934. D'autres ont été rebaptisés afin de mettre l'accent sur le "fondement chrétien" de l'Ordre.

Une demande globale pour dissoudre les loges maçonniques est venue en 1935. C'était une réaction à la déclaration maçonnique de guerre contre l'Allemagne du 5 janvier 1935. Ce jour-là, le président du B'nai B'rith Alfred Cohen avait déclaré la guerre à l'Allemagne au nom de tous les juifs, francs-maçons et chrétiens. La guerre contre le peuple allemand se poursuivit même après la reddition de la Wehrmacht en mai 1945.

Cette déclaration de guerre fut en fait une déclaration plus forte et plus exigeante que la précédente présentée par des juifs et des francs-maçons extrémistes le 24 mars 1933 dans le journal britannique *Daily Express* et d'autres grands journaux du monde entier. Le but était de faire pression sur le gouvernement allemand pour forcer les Juifs à émigrer en Palestine. Les produits allemands ont donc fait l'objet d'un boycott dans le cadre de la déclaration de guerre.

La *Chronique juive* exigeait, le 14 décembre 1938, que le boycott de l'Allemagne se poursuive jusqu'à ce que toutes les loges soient rouvertes et leurs biens restitués.

Les juifs déclarent la guerre à l'Allemagne

En même temps, le gouvernement allemand fut contacté par des représentants sionistes de la Yeshiva en Palestine, offrant de mettre fin au boycott à condition que l'émigration juive d'Allemagne en Palestine soit accélérée. Les négociations se terminèrent en mai 1933 avec la signature de l'Accord Haavara (l'Accord de Transfert). Cet accord est devenu par la suite un facteur important dans la naissance de l'État d'Israël. Suite à cet accord, les sionistes ont donné à l'Allemagne plus de 20 millions de dollars entre 1933 et 1939.

L'accord Haavara permettait à tout Juif allemand d'émigrer, emportant avec lui tous ses biens, à condition qu'il s'installe en Palestine. L'accord est resté en vigueur jusqu'à la fin de 1941, lorsque les États-Unis se sont joints à la guerre.

Tous les Juifs qui refusaient d'émigrer étaient envoyés dans des camps de concentration. La première déclaration de guerre sioniste est survenue dès 1932, bien avant l'arrivée au pouvoir des nazis. Les puissances maçonniques voulaient la guerre. Des déclarations de guerre ont été faites à plusieurs reprises en 1939 et 1942.

En Allemagne, la franc-maçonnerie faisait face à de très fortes oppositions. En 1937, Joseph Goebbels organisa une exposition anti-maçonnique à Munich. Selon les documents de leur correspondance interne disponibles aujourd'hui, les francs-maçons ont continué comme d'habitude. La direction nazie a exigé que les membres du parti quittent les loges. Dès juin 1934, le nazi Fritz Werner avait quitté la loge des Illuminati. Il a même exigé une confirmation écrite qu'il n'était plus membre.

Adolf Eichmann appartenait à la loge maçonnique Schlaraffia (Schlaraffenland était le pays des rêves allemand). Ernst Kaltenbrunner, futur chef du Reichsicherheitshauptamt (autorité de sécurité nationale), expliqua à Eichmann la nécessité de quitter sa loge, car en tant que nazi il ne pouvait être franc-maçon (Hannah Arendt, *Eichmann à Jérusalem*, 1963).

Comme l'a dit le Premier ministre prussien, Hermann Goering, en 1933 :

"L'Allemagne nationale-socialiste n'a pas de place pour la franc-maçonnerie."

Il a également admis que c'était l'argent juif qui faisait vivre les nazis.

Au début des années 1930, l'Allemagne comptait dix grandes loges, 690 sous-lodges et un total de 70 000 francs-maçons. Avant la guerre, le mouvement maçonnique allemand était le deuxième plus grand mouvement au monde.

En 1934, la Gestapo se mettait parfois en grève, par exemple lorsque la loge Hohle se faisait confisquer ses biens à Tilsit. La loge Andrea Strenua, d'autre part, a été autorisée à poursuivre légalement ses activités à Tilsit même en 1939. La loge Montana a été dissoute en 1939 et la loge Irene en 1940. La loge Zur Einigkeit à Francfort-sur-le-Main n'a été fermée qu'en 1941, de même que plusieurs autres loges à Marienburg et dans d'autres villes.

En 1926-1935, la Grande Loge d'Allemagne encouragea les membres de la loge Zur Edlen Aussicht à Fribourg à devenir membres du Parti nazi (Viktor Ostretsov, *Franc-maçonnerie, culture et histoire russe*, Moscou, 1999, pp. 586-588). C'était leur devoir de franc-maçon.

En 1933, George Frommholz avait quitté sa loge pour devenir membre du Parti Nazi. Selon les archives restantes, il a été promu au rang de Truppenfuhrer dans les SS. Au sein des SS, il dirigeait la Brigade des Crânes. En 1949, il redevient franc-maçon. Il officiait au grade de maître de la loge Zum Totenkopf und Phonix. En 1974, Frommholz devient grand maître des Grandes Loges Unies d'Allemagne (Martin Short, *Inside the Brotherhood*, Londres, 1997, pp. 28-29).

En 1935, les nazis commencèrent progressivement à confisquer les archives des loges maçonniques, qui furent remises au Reichsicherheitshauptamt et utilisées à des fins diverses. Selon les informations officielles, les loges maçonniques ont été interdites ainsi que d'autres sociétés secrètes en 1937. En fait, seules certaines des loges ont été persécutées par les nazis, comme le montrent les documents des Archives spéciales soviétiques.

La direction nazie a écrit des lettres polies à diverses loges maçonniques leur demandant de l'aide. Les loges étaient tenues de distribuer des tracts nazis parmi leurs membres. Toutes les lettres se terminaient par le : "Heil Hitler !" en usage à l'époque.

Toutes les sociétés théosophiques et ésotériques, ainsi que l'ordre allemand et la société de Thulé ont été interdites le 20 juillet 1937. La même année, le Nouvel Ordre Templier NTO (fondé en 1907) est interdit. Les librairies vendant de la littérature occulte ont été forcées de fermer. La Société de Thulé existe encore aujourd'hui, sous l'alias Chevaliers de Poséidon (Robert Charroux, *Archives des autres mondes*, 1977). Rudolf von Sebottendorf, le chef de la Société de Thulé, fut déporté à l'été 1934.

Bien que Benito Mussolini ait expulsé toutes les loges maçonniques d'Italie, elles ont continué leurs activités à l'étranger. Les francs-maçons étaient très déçus car ils avaient participé à la célèbre marche sur Rome, et avaient également aidé les fascistes de diverses autres manières (Paul A. Fisher, *Behind the Lodge Door*, Rockford, Illinois 1994, p. 223).

Dans un discours de 1938, Hitler condamna la franc-maçonnerie internationale. Ce n'était pourtant qu'une fausse déclaration d'intention, amplement démontrée par les documents maçonniques eux-mêmes.

Le projet nazi de création d'une confédération européenne

En 1987, l'historien allemand Hans Werner Neulen a publié son livre *L'Europe et le Troisième Reich : un projet d'unification des structures de pouvoir allemandes 1939-45*. D'après les documents SS présentés dans ce livre, il est évident que les nazis ont souhaité mener à bien le programme paneuropéen conçu par le franc-maçon Coudenhove-Kalergi, qui avait recueilli un large soutien de la part de toutes les loges maçonniques dans les années 1920.

Le comte Coudenhove-Kalergi pensait que les peuples d'Europe cesseraient de se battre entre eux et économiseraient des milliards s'ils étaient unis dans un même espace commercial et défensif dépourvu de barrières douanières. Cela mettrait fin une fois pour toutes à toutes les inégalités sociales par des mesures radicales (notamment par la mise en place du socialisme). Toutes les routes devaient mener au programme de la Pan-Europe, qui était non seulement considérée comme la meilleure, mais aussi la seule solution possible. Coudenhove-Kalergi ne voyait pas d'autre issue. En 1923, son premier livre sur l'Europe paneuropéenne est publié. Il pensait que tout le monde voulait mettre fin aux guerres et aux maux sociaux. Selon les francs-maçons, la fédération européenne était le seul remède aux plus grands dangers qui menaçaient l'Europe. La fédération permettrait la création d'une race métisse. Son livre *Idéalisme Pratique* (1925)[23] contient la déclaration suivante :

> "L'homme du futur sera un métis. Pour ce qui est d'une Pan-Europe, je souhaite un mélange Négroïde-Eurasiatique avec de grandes variations dans les types de personnalités… Les Juifs en prendront naturellement la tête, car la Providence a donné à l'Europe une race spirituellement supérieure constituée par le peuple Juif." (Pages 22 et 50.)

D'autres plans maçonniques concernant la restructuration de l'Europe

---

[23] Coudenhove-Kalergi, *Idéalisme Pratique : Le plan Kalergi pour détruire les peuples européens*, Omnia Veritas Ltd, www.omnia-veritas.com.

furent publiés dans le périodique *Wiener Freimaurerzeitung* en septembre 1925 et octobre 1926.

Richard N. Coudenhove-Kalergi a écrit dans son autobiographie :

"Au début de 1924, nous avons reçu un appel téléphonique du Baron Louis de Rothschild. Un de ses amis, Max Warburg de Hambourg, avait lu mon livre et souhaitait faire notre connaissance. À ma grande surprise, Warburg nous a spontanément offert 60 000 marks d'or, pour financer le mouvement pendant ses trois premières années... Jusqu'à la fin de sa vie, il a continué à s'intéresser sérieusement au mouvement paneuropéen.

En 1925, Max Warburg s'arrangea pour que ses frères aux États-Unis, Félix et Paul, m'invitent à une tournée américaine, afin de me présenter Paul Warburg et Bernard Baruch. En Amérique, le comte a discuté de l'unité européenne avec Hoover, Kellogg, Young et Lippmann, mais a aussi découvert que le soutien américain à l'unité de l'Europe reposait sur des bases mutuellement incompatibles."

En 1966, Coudenhove-Kalergi publie à Vienne le livre *Pan-Europe : 1922 à 1966*, où il déclare (p. 95) que la jeune génération vivra dans les États-Unis d'Europe. À la page 103, il révèle son intention d'étendre les États-Unis d'Europe jusqu'à Vladivostok.

Dès 1930, l'hebdomadaire américain *Saturday Evening Post* publiait un article de Winston Churchill intitulé "The United States of Europe". En 1942, Churchill, alors Premier ministre de Grande-Bretagne, a déclaré :

"J'attends avec impatience la constitution des États-Unis d'Europe."

De nouveau en septembre 1946, il déclarait :

"Nous devons construire une sorte d'États-Unis d'Europe."

À Paris, en 1948, il a souligné que son objectif était de créer les États-Unis d'Europe, qui seraient gouvernés par un gouvernement unique, un parlement fédéral, une cour de justice et un conseil économique transnational.

En mai 1948, le Mouvement pour une Europe Unie organise son congrès européen. Son principal défenseur fut une fois de plus Winston Churchill. L'une des sept résolutions du congrès se lisait comme suit :

"La création d'une Europe unie doit être considérée comme une étape cruciale vers la création d'un monde uni."

Bien entendu, ils entendaient par là un gouvernement mondial.

Le franc-maçon Jean Monnet était le principal défenseur d'une Europe intégrée. Il a dirigé le comité pour les États-Unis d'Europe. Monnet était le fils d'un marchand de vin français. Il était venu au Canada à l'âge de 20 ans pour travailler à la banque juive de Lazard Frères. Après la Première Guerre mondiale, il participe aux négociations de paix de Versailles. En 1919, il est nommé secrétaire général adjoint de la Société des Nations. Derrière le mouvement européen se trouvait aussi Joseph Retinger, un franc-maçon du 33ème degré. Les francs-maçons ont utilisé la menace du communisme pour arriver à leurs fins.

Les nazis voulaient établir une confédération européenne, sur le modèle du système économique soviétique. Le plan a été rendu public en 1942. Ils voulaient une Europe régionalisée. Le ministre des Finances Walter Funk a publié le livre *La Communauté européenne* dans lequel il a présenté à Goering la "nécessité d'unifier largement l'Europe après la guerre".

Goebbels proclama :

"Dans 50 ans, l'Europe sera unie et le mot "patrie" ne sera plus utilisé."

Un plan secret existait pour socialiser toute l'économie allemande, et la refonder sur une base communiste (c'est-à-dire Illuminati). Ernst Kaltenbrunner, le directeur du Reichssicherheitshauptamt, était contre. Il considérait qu'il était trop dangereux d'implanter le système communiste de cette façon.

L'intention était de réduire le pouvoir d'Hitler dans le nouveau système — le faisant président du Reich allemand, et d'étendre le rôle du Reichsführer Heinrich Himmler, qui deviendrait ainsi le leader de la confédération européenne. L'un des architectes de ce projet fut l'Hitlerjugend Reichsleiter Baldur von Schirach (jusqu'en 1940).

Selon des documents et des photographies trouvés dans les archives nazies, les troupes SS ont également participé à des travaux agricoles. L'intention était de montrer que les SS étaient au service du peuple.

Les nazis prétendaient vouloir une forme flexible de socialisme, un système juste qui garantirait les droits des petites nations. La confédération unirait les nations européennes sur les plans économique et politique. Il devait s'agir d'une société socialiste amicale, d'une Volks-Gemeinschaft, dirigée par un socialisme libertaire avec des droits civils pour tous et un passeport européen commun. Il n'y aurait pas de taux d'intérêt, les banques et les grandes entreprises seraient nationalisées, il ne serait plus possible de gagner beaucoup d'argent et les autorités policières seraient soumises à un contrôle juridique. L'hégémonie allemande sur les autres nations membres serait ainsi complètement abandonnée. Le programme national-socialiste initial devait être respecté. Le souhait exprimé était de créer les États-Unis d'Europe, où toutes les nations seraient égales (Hans Werner Neulen, *Europa und das Dritte Reich: Einigungsbestrebungen im deutschen Machtbereich 1939-1945*).

Le 15 février 1945, le ministre de la Propagande, Joseph Goebbels, publia une directive interdisant strictement la discrimination à l'égard des autres peuples européens, en particulier ceux d'origine slave — ce qui ressemblait vraiment à une conversion en attendant la potence.

En d'autres termes, les nazis voulaient mettre en œuvre un programme qui créerait les États-Unis d'Europe et que le leader Illuminati Giuseppe Mazzini avait préconisé dès mars 1848. La Charte SS incluait le concept des États-Unis d'Europe. C'était en fait une reconstitution de l'Empire mérovingien sous un nouveau nom.

Otto Ohlendorf, le chef de la SD-Inland (sécurité intérieure), avait été nommé par Himmler comme Graalshuter der Idee (idéologue du Graal). Avant la guerre, il avait énoncé plusieurs idées, comme le contrôle juridique de l'internement dans les camps de concentration et le statut de minorité pour les Juifs, ce qui conduirait au respect de tous les droits des peuples présents sur un même territoire.

Ce projet de confédération rendrait moralement impossible le déclenchement d'une nouvelle guerre de destruction fraternelle en Europe. Dans son livre *The Tained Source: The Undemocratic Origins of the European Idea / La source cachée : Les origines antidémocratiques de l'idée européenne* (Londres, 1997), le journaliste britannique John Laughland a souligné que Joachim von Ribbentrop et Joseph Goebbels voyaient l'avenir selon le principe du Nouvel Ordre Mondial. Goebbels voulait abolir toutes les frontières entre les nations. L'avenir de l'Europe serait assuré par le progrès technologique interdépendant. Un nouveau régime monétaire était nécessaire pour protéger l'Europe de la concurrence du reste du monde.

Dès 1942, les nationaux-socialistes planifiaient l'introduction d'une monnaie européenne commune. Le plan a finalement été lancé par les francs-maçons en 1970, sous la direction de Pierre Werner, Premier ministre du Luxembourg.

Les nazis du premier cercle croyaient vraiment en ce grand plan. Ils l'avaient appelée la Communauté Économique Européenne (Europaische Wirtschaftsgemeinschaft), ce qui signifiait un marché du travail, des communications et une politique industrielle communs.

Les nazis voulaient également faire la paix avec l'Union soviétique. Le dirigeant nazi belge Léon Degrelle a un jour demandé à Hitler ce qu'il ferait si Staline venait à lui. Hitler répondit :

"J'ordonnerai que lui soit facilité l'accès au plus beau château d'Europe."

Comme le projet de confédération nazie s'est écarté des plans maçonniques initiaux pour la formation des États-Unis d'Europe (doté d'une économie sans intérêts et de nations non métissées), les États-Unis d'Amérique ont ruiné toutes les tentatives de concrétiser ces idées.

Utilisant des méthodes plus raffinées et plus pacifiques, les francs-maçons au sein de l'Union européenne tentent actuellement de mettre en œuvre le programme nazi-illuminati sans ces digressions. Prétendre que l'Union Européenne rappelle un tant soit peu les plans nazis pour une réorganisation similaire de l'Europe est généralement considéré comme politiquement incorrect.

Le ministre allemand des Affaires étrangères Joschka (Joseph Martin) Fischer (un ancien terroriste de gauche) membre de l'Université Humboldt de Berlin a déclaré au Parlement européen le 12 mai 2000 qu'il était grand temps de créer une fédération européenne. Il a parlé d'une transition de l'UE vers un parlementarisme à part entière au sein d'une fédération européenne, comme l'avait exigé le franc-maçon Robert Schuman 50 ans auparavant. Il s'agit d'un Parlement européen et d'un gouvernement européen exerçant respectivement les pouvoirs législatif et exécutif de la fédération. Les francs-maçons ont accueilli avec joie la suggestion de Fischer.

La déclaration de la CE du 9 mai 1950 déclarait que la fondation en béton de la future fédération avait été posée.

Le ministre français des Affaires européennes le juif Pierre Moscovici a déclaré au printemps 2002 :

"Nous devons nous diriger vers la création des États-Unis d'Europe. Je parle des États-Unis, car il s'agit d'une fédération européenne. Beaucoup de gens pensent que l'idée d'états unis est une suite logique à l'introduction d'une monnaie commune : l'euro."

L'objectif est apparemment de créer les États-Unis d'Europe, avec tous les États membres transformés en États fédéraux dotés de peu de pouvoir.

Les plans sinistres qui se trament en coulisses

Dès 1938, le président Roosevelt porte la production d'avions militaires de 10 000 à 20 000, puis à 50 000 en mai 1940. Les États-Unis n'étaient pourtant pas en guerre, mais ils se préparaient à la guerre.

L'amiral James O. Richardson était parvenu, dans une analyse, à la conclusion qu'il serait préférable pour les États-Unis, si Hitler attaquait Staline en premier. Il a été décidé à San Diego en mai 1941 que Hitler devait attaquer Staline et non l'inverse. Ce serait plus bénéfique pour les intérêts de l'élite maçonnique. (Igor Bunich, *L'or du parti*, Saint-Pétersbourg, 1992, p. 133).

La Grande-Bretagne avait l'intention d'occuper la Norvège et le Danemark en avril 1940. Hitler fit une contre-offensive et occupa ces pays le 9 avril 1940. Les forces d'occupation britanniques étaient déjà en marche. Hitler s'était opposé à l'invasion, mais son chef de la marine Erich Raeder a montré que l'Angleterre avait forgé des plans pour ignorer la neutralité norvégienne et exploiter ses eaux territoriales. Le livre *Den nionde april* (*Le 9 avril*), de Michael Tamelander et Niklas Zetterling, publié en 2000, raconte cet épisode peu connu.

Au début de la Seconde Guerre mondiale, Winston Churchill avait formé des plans pour occuper le nord de la Suède afin d'empêcher le minerai de fer suédois d'atteindre les Allemands. Dans un rapport secret daté du 20 décembre 1939, il est affirmé que

"le fer suédois serait un facteur décisif dans la guerre, et la victoire irait au côté qui contrôlerait finalement ces mines vitales".

Churchill avait l'intention de construire une base navale britannique à Stockholm. Le reste du cabinet et les militaires ont hésité, et l'attaque contre la Suède a été reportée à plusieurs reprises. Hitler, cependant, avait l'intention d'y arriver le premier, comme il l'a fait avec la Norvège et le Danemark.

Le 30 avril 1945, Churchill souhaitait au moins se préparer au soutien militaire suédois en Norvège au cas où les troupes d'occupation allemandes refuseraient de se rendre, lorsque le reste des troupes nazies déposèrent les armes *(Dagens Nyheter,* 25 mai 1987). Les Alliés disposaient de couloirs aériens sûrs à travers la Suède tout au long de la guerre.

Staline avait planifié une attaque sur le territoire d'Hitler (Opération Tonnerre), même s'il avait purgé les meilleurs leaders de l'Armée Rouge. L'attaque devait avoir lieu le 6 juillet 1941. Quatre jours plus tard, le 10 juillet, l'attaque devait prendre fin. Le Haut Commandement de l'Armée Rouge avait déjà reçu le 21 juin (la veille de l'attaque d'Hitler) l'ordre d'attaquer la Roumanie le 6 juillet 1941. Le commandant de cette opération devait être le maréchal Semyon Timochenko. Il aurait dû se rendre à Minsk le 22 juin pour préparer l'attaque, au cours de laquelle 4,4 millions d'hommes auraient dû être utilisés. Mais les Allemands ont attaqué les premiers.

Staline avait l'intention de se frayer un chemin à travers les pays capitalistes comme un brise-glace et d'occuper les territoires occupés par Hitler, pour ensuite livrer toute l'Europe au communisme, selon les livres *Le brise-glace* (Moscou, 1992), *M Day* (Moscou, 1994) et *La Dernière République* (Moscou, 1996), tous écrits par Viktor Suvorov (en fait Vladimir Rezun), un agent du GRU[24] ayant fait défection.

Sur le cercueil de Lénine, Staline avait promis d'étendre les frontières de l'Union soviétique *(Pravda,* 30 janvier 1924). Le 19 août 1939, Staline avait déjà pris la décision finale sur l'attaque à venir contre l'Europe (Viktor Suvorov, *M Day,* Tallinn, 1998, p. 23). La Suède a également été prise pour cible pour être occupée et soviétisée.

Les espions d'Hitler avaient mis Berlin en garde contre l'attaque de Staline et, le 18 décembre 1940, Hitler publia l'ordre n° 18 de préparer un plan pour une première frappe contre l'Union soviétique le 16 mai 1941, dans ce qui fut l'opération *Barbarossa.*

Le 11 mars, l'Union soviétique a décidé de mener l'attaque le 12 juin 1941 (Mikhaïl Meltioukhov, *L'occasion perdue de Staline,* Moscou, 2000, p. 283). Le 30 avril 1941, Hitler changea la date de l'attaque au 22 juin. Le 9 mai, Moscou avait ignoré les rumeurs sur la concentration des troupes sur ses frontières occidentales.

Le 17 mai, les autorités soviétiques ont interdit à tous les journalistes et diplomates étrangers de se rendre aux frontières occidentales de l'Union. Après le vol de Hess pour l'Écosse, Staline a reporté les plans d'attaque. Le 24 mai, le commandement militaire soviétique décida d'une nouvelle date pour l'attaque, le 6 juillet 1941. Le 10 juin, la Wehrmacht a reçu l'ordre de lancer l'offensive

---

[24] Direction générale des renseignements de l'État-Major des forces armées russes, N.d.T..

contre l'Union soviétique le 22 juin.

La Grande-Bretagne a essayé de calmer l'Union soviétique, promettant de leur venir en aide contre l'Allemagne. Staline reçut directement de Londres des informations sur l'attaque allemande prévue. Mais il ne croyait pas que les rapports étaient vrais (Mikhaïl Meltioukhov, *L'occasion perdue de Staline*, Moscou, 2000).

Par cette attaque, Hitler a assez ironiquement sauvé l'Europe d'une certaine destruction. Certains manuels scolaires estoniens affirment déjà que l'Allemagne nazie, en attaquant l'Union soviétique, a empêché une attaque soviétique contre l'Allemagne (M. Laar, M. Tilk et E. Hergauk, *Histoire pour les CM2*, Tallinn, 1997, p. 190). L'historien M. Laar est identique à l'ancien Premier ministre estonien Mart Laar. En Occident, les vieux mensonges de la propagande communiste se répètent encore.

Malgré les rapports de ses espions, Staline a été totalement pris par surprise. Il ne pouvait pas comprendre la témérité d'Hitler, faisant la guerre sur deux fronts simultanément. Staline avait même du mal à croire les rapports de guerre qui lui parvenaient. Il les considérait comme une provocation, tout comme la veille, il n'avait pas cru aux récits des déserteurs allemands au sujet de l'imminence de l'attaque. Ce n'est que dans la soirée du 22 juin qu'il a donné l'ordre de résister.

Un mythe courant veut que l'Allemagne ait attaqué l'Union soviétique sans déclarer la guerre. En fait, l'Allemagne a déclaré la guerre à l'Union soviétique tôt le matin, lorsque Ribbentrop a remis une note à l'ambassadeur soviétique. La note disait que l'Allemagne était forcée d'attaquer afin d'empêcher une offensive soviétique planifiée. Par conséquent, les francs-maçons ont gardé le silence à ce sujet. Une des raisons pour lesquelles Ribbentrop a été pendu après le procès de Nuremberg était la fausse accusation que l'Allemagne n'avait jamais déclaré la guerre à l'Union soviétique. Même les historiens soviétiques ont admis par la suite que la note avait été remise (*Histoire de la Seconde Guerre mondiale*, Moscou 1973-82, vol. 4, p. 31). C'est donc l'Union soviétique qui a violé l'accord Molotov-Ribbentrop, et non l'Allemagne. En Occident, les mensonges staliniens sont encore acceptés comme vérité.

Les soi-disant divisions noires ont été formées à partir de prisonniers de camps de détention russes, qui ont été entraînés de manière très approfondie à Sotchi sur la mer Noire et envoyés pour combattre les Allemands derrière les lignes en juillet-août 1941. Staline avait plus d'un million de parachutistes de ce genre à sa disposition à des fins d'attaque, ce qui était plus que toutes les armées occidentales réunies en avaient pour le même but.

Staline disposait d'un total de 15 000 chars, soit cinq fois plus qu'Hitler. Il avait aussi des tanks spéciaux (les Avtostradnye tanki), qui pouvaient fonctionner sur les autoroutes allemandes. La plupart des 15 000 chars étaient des amphibiens. Les Allemands manquaient quant à eux de chars lourds.

L'Allemagne n'avait pas plus de six divisions de chars. Berlin a perdu un tiers de ses chars. Hitler avait un total de 3410 chars d'assaut, dont 210 étaient dépourvus de canons. Aucun d'entre eux n'était amphibien (Viktor Suvorov, *Suicide*, Moscou, 2000, p. 192, p. 299). Avec une armée si mal équipée, il n'était guère possible de prolonger son Lebensraum, une preuve concluante qu'il s'agissait bien d'une guerre préventive.

Wilhelm Canaris, le chef du renseignement militaire, n'a jamais informé Hitler de l'énorme capacité militaire de l'Union soviétique, sinon Hitler n'aurait jamais osé se lancer à l'attaque du dispositif russe. Selon le professeur William Carroll Quigley (1910-1977), l'amiral Canaris travaillait pour l'élite maçonnique mondiale dans la trahison d'Hitler (Carroll Quigley, *The Secret Society that Started World War II*). Canaris avait été recruté par les services de renseignement britanniques avant l'arrivée au pouvoir des nazis. Hitler a osé attaquer principalement à cause des revers soviétiques essuyés pendant leur guerre contre la Finlande (1939-1940).

Suvorov cite les maréchaux Georgi Joukov, Alexander Vasilevsky, Vasili Sokolovsky, Nikolai Vatutin, Ivan Bagramyan et d'autres, qui ont tous confirmé que Staline préparait une attaque et non une défense comme on l'a plus tard affirmé. C'est la raison pour laquelle les pertes de Moscou ont été si énormes : 600 000 hommes dans les trois premières semaines, 7615 chars, 6233 avions de combat (dont 1200 ont été détruits le premier jour), et 4423 pièces d'artillerie.

Un grand nombre de soldats russes se sont laissés prendre en otage. À la fin de la première année, 3,8 millions avaient été remis aux Allemands. L'Armée Rouge a simplement refusé de se battre pour le communisme. La plupart des 1,2 million restants ont été tués au combat. Joseph Staline a été choqué. Avec l'aide de troupes d'obstruction, les commissaires ont commencé à tuer tous les soldats soviétiques réticents à aller de l'avant.

Les financiers de Wall Street ont paniqué et ont commencé à envoyer toutes sortes de matériel en Union soviétique aussi vite qu'ils le pouvaient. En août 1941, les États-Unis commencèrent à se concerter avec Moscou sur la manière la plus efficace de repousser les troupes d'Hitler. Hitler n'a pas été capable de planifier ses opérations, puisqu'il était malade à l'époque grâce aux bons soins du Dr Morrell. Les États-Unis, quant à eux, continuèrent à fournir une aide militaire et économique aux nazis, mais à une plus petite échelle.

L'aide s'est poursuivie pendant la guerre

L'élite financière américaine a continué à soutenir l'Allemagne même pendant la guerre qu'elle avait elle-même provoquée, et a ensuite apporté une "solution" : la division de l'Europe en deux blocs idéologiques. Ils voulaient que ce désastre dure le plus longtemps possible.

Le sénateur et franc-maçon de haut rang Harry S. Truman, qui devint vice-président puis président des États-Unis, expliqua la situation après l'attaque d'Hitler contre l'Union soviétique le 11 septembre.

24 juin 1941, dans le *New York Times :*

> "Si nous voyons que l'Allemagne gagne, nous devons aider la Russie, et si la Russie gagne, nous devons aider l'Allemagne. Et de cette façon, qu'ils en tuent autant que possible, bien que je ne veuille en aucun cas voir Hitler victorieux. Ni l'un ni l'autre ne tiendront jamais leur promesse."

À l'époque, Truman (1884-1972) n'était pas seulement un franc-maçon du 32ème degré, il était également le grand maître de la Grande Loge du Missouri (1940-41). Cette information est disponible au temple maçonnique d'Alexandrie, en Virginie.

La Grande-Bretagne et la France déclarèrent la guerre à l'Allemagne le 3 septembre 1939, mais cette guerre devint une guerre très étrange, passive et unilatérale. Les francs-maçons espéraient que le chancelier allemand annulerait sa décision de ne pas évaluer la monnaie allemande en or. Selon Hitler, la base de la valeur de l'argent devait être le travail. Les banquiers de Wall Street ont désapprouvé. Ils détestaient également les projets d'Hitler de baisser les taux d'intérêt et finalement de les abolir (Bruno H. Schubert, *Free-Economy Association, Inc, USA,* Huntington 1972).

Hitler a essayé de persuader le Premier ministre britannique Neville Chamberlain d'agir contre les conspirateurs et de signer un accord de paix avec l'Allemagne. Chamberlain a accepté. La grande presse aux ordres des juifs maçonniques lança alors une violente campagne contre lui, le contraignant à démissionner de son poste de Premier ministre en mai 1940, pour être remplacé par Winston Churchill. Neville Chamberlain quitta finalement le gouvernement en octobre 1940.

Le 1er août 1940, Gustave V de Suède se tourna vers le monarque britannique George VI qui lui proposa d'agir comme médiateur. Mais le Premier ministre Churchill s'est opposé à toute nouvelle négociation. Londres n'aurait rien à voir avec un traité de paix, à moins que l'Allemagne ne retourne à l'ancien système économique d'exploitation qui enrichissait la fraternité maçonnique des banquiers internationaux.

Les négociations avec Hitler ont échoué. Les banquiers ont menacé de déclencher la guerre à moins que la situation ne redevienne normale. Ce n'est que le 6 juin 1944 que les États-Unis et la Grande-Bretagne ouvrirent un second front par l'invasion de la Normandie.

Pendant ce temps, divers capitalistes poursuivaient leurs affaires avec Hitler. Rien qu'en 1941, les usines Ford en France ont réalisé un bénéfice de 58 millions de francs sur les produits qu'elles ont réussi à vendre aux Allemands. La Maison-Blanche en était consciente, mais elle a tout fait pour le cacher au public.

En mars 1942, la Royal Air Force a bombardé l'usine Ford de Poissy, en France. Une lettre subséquente d'Edsel Ford au directeur général de Ford, M. Sorenson, au sujet de ce raid de la RAF, commente ce qui suit :

"Des photos de l'usine en feu ont été publiées dans les journaux américains, mais heureusement aucune référence n'a été faite à la Ford Motor Company."

Le gouvernement de Vichy a versé 38 millions de francs à la Ford Motor Company en réparation des dommages causés à l'usine de Poissy. Cela n'a pas été rapporté dans la presse américaine, car le grand public n'aurait pas apprécié de telles nouvelles (Josiah E. DuBois, Jr, *Generals in Grey Suits*, Londres, 1953, p. 251).

DuBois affirme que ces messages privés de Ford en Europe ont été transmis à Edsel Ford par le secrétaire d'État adjoint Breckenridge Long.

Tout au long de la guerre, les pétroliers de Rockefeller ont fourni du carburant aux sous-marins d'Hitler, leur permettant de couler avec succès des navires américains. Les sous-marins se ravitaillaient généralement dans les environs immédiats des îles Canaries (Charles Higham, *Trading With the Enemy*, New York, 1984, p. 61).

L'historien juif Ladislas Farago, qui travaillait à l'époque pour les services de renseignements américains, était d'accord :

"La guerre sous-marine menée par Hitler contre la marine britannique pendant l'hiver 1942-1943 fut un succès grâce à l'aide de Rockefeller". (*La guerre silencieuse*, Stockholm, 1956, p. 77).

En 1940, la Standard Oil of New Jersey (aujourd'hui Exxon) avait six pétroliers sous pavillon panaméen, pilotés par des officiers nazis pour transporter du fioul depuis les raffineries de Standard Oil aux îles Canaries, base de ravitaillement des sous-marins nazis (Antony Sutton, *How the Order Creates War and Revolution*, Bullsbrook, 1985, p.64). Un rapport des services de renseignement du Cinquième Corps d'armée à Columbus, Ohio, le 15 juillet 1941, indiquait que les nazis n'avaient jamais coulé aucun navire de la Standard Oil.

Les sous-marins allemands ont en revanche coulé 3000 navires américains. La Standard Oil a également fourni du carburant à la Luftwaffe. Selon un rapport du FBI de 1942, 20% de la production d'énergie de la Standard Oil est allée à l'Allemagne pendant la guerre. La Standard Oil possédait et extrayait du pétrole en Roumanie occupée par les Allemands. Le président de la Harriman-Bush Company, Karl Lindemann, avait l'autorisation de tirer des chèques de la Standard Oil au profit du chef de la SS Heinrich Himmler.

Le président Franklin D. Roosevelt avait officiellement autorisé le commerce avec l'ennemi le 13 décembre 1941, lors de la signature de la "General License under Section 3(a) of the Trading with the Enemy Act". Le document a également été signé par le franc-maçon juif et secrétaire du Trésor Henry Morgenthau, et le solliciteur général Francis Biddle. Morgenthau a agi dans les procès de Nuremberg pour sauvegarder les intérêts américains.

Le 14 mars 1985, le quotidien suédois *Aftonbladet* montrait que les banquiers juifs Jacob et Marcus Wallenberg avaient également collaboré étroitement avec le régime nazi en prêtant des sommes importantes à IG Farben. Deux historiens néerlandais, Gérard Aalders et Cees Wiebes, ont passé six ans à rechercher ces preuves de collusion entre d'éminents banquiers juifs maçonniques et le régime nazi. Un contrat a été signé entre les nazis et Wallenberg en 1939 ; il restera en vigueur jusqu'en 1944. Au cours de cette période — et malgré la politique officielle anti-juive d'Hitler — Jacob Wallenberg s'est rendu en Allemagne à plusieurs reprises pour négocier avec le gouvernement hitlérien. IG Farben a façonné la politique étrangère d'Hitler, comme l'a confirmé Georg von Schnitzler, membre du conseil d'administration d'IG Farben :

> "IG Farben est fondamentalement responsable de la politique d'Hitler."

Aux États-Unis, Wallenberg a servi d'intermédiaire à plusieurs entreprises appartenant à l'industriel allemand Robert Bosch. Après la guerre, lorsque les accords ont été découverts, les Américains ont confisqué les entreprises, mais l'argent a été mystérieusement rendu à Wallenberg. Gerard Aalders a déclaré à *Aftonbladet* :

> "La manière dont ils ont récupéré leur argent des États-Unis reste un secret."

La Stockholms Enskilda Bank a servi de couverture à Bosch, Krupp, IG Farben et à d'autres grandes entreprises en Allemagne pendant la Seconde Guerre mondiale. La banque Wallenberg les a aidés, entre autres, en faisant semblant d'acheter leurs filiales étrangères (Gerard Aalders et Cees Wiebes, *Affarer till varje pris / Les affaires avant tout*, Stockholm, 1989).

La famille Wallenberg a également collaboré avec les dirigeants soviétiques. C'est ce qu'a révélé l'ancien espion en chef de Scandinavie, Yelisei Sinitsyn, dans son livre *Le témoin résident* (Moscou ; 1996, p. 260). Il a raconté comment les Wallenberg, pendant la Seconde Guerre mondiale, ont veillé à ce que l'Union soviétique reçoive régulièrement des roulements à billes et des fournitures militaires de haute qualité. Sans cet approvisionnement de qualité, l'armée de l'air soviétique aurait eu de sérieux problèmes. Presque chaque nuit, des avions soviétiques atterrissaient sur des aérodromes suédois avec l'autorisation du gouvernement suédois pour transporter des renforts vers les usines d'avions soviétiques.

Le gouvernement suédois a également délégué à Raoul Wallenberg la tâche de veiller aux intérêts soviétiques à Budapest. Mais parce que Raoul Wallenberg a également coopéré avec les services de renseignements allemands et américains et a protégé d'autres intérêts (parmi lesquels ceux des fascistes italiens et certains entrepreneurs de prime importance), il a été arrêté, amené en Union soviétique et exécuté par injection de poison.

Après la conférence de Yalta, Churchill a déclaré :

> "Nous savons maintenant que nous avons un ami (Staline) en qui nous pouvons avoir confiance."

Cela a été dit pour induire l'opinion occidentale en erreur. Les francs-maçons étaient bien conscients du fait que Staline n'était pas plus digne de confiance qu'Hitler.

Ces puissances savaient exactement ce qui allait arriver avant que Staline n'accède aux nouveaux territoires d'Europe de l'Est qu'elles lui avaient cédés sans aucune contrepartie, pour la plus grande misère des peuples qui tombèrent sous la férule du communisme athée génocidaire. On a prétendu que Winston Churchill avait inventé l'expression "le rideau de fer" le 5 mars 1946 au Westminster College, à Fulton, dans le Missouri. Ce n'est pas le cas. En fait, c'est le ministre nazi de la Propagande, Joseph Goebbels, qui, dans le journal *Das Reich* du 25 février 1945, a utilisé cette expression pour la première fois. Dans l'article "L'An 2000" (pp. 1-2), il décrit la situation européenne après une éventuelle défaite allemande. Il supposait que si l'Allemagne déposait les armes, toute l'Europe de l'Est serait occupée par l'Union soviétique, conformément à l'accord de Yalta. Il a écrit :

> "Un rideau de fer s'abattra sur le vaste territoire contrôlé par l'Union soviétique, derrière lequel les différents peuples seront massacrés. La presse juive de Londres et de New York applaudira probablement."

Goebbels a supposé que l'Allemagne serait divisée selon le plan de Yalta, une partie devenant communiste. Il a souligné que les vainqueurs allaient créer toutes sortes de mythes mensongers à propos de la guerre. Il annonçait également qu'à terme, vers l'an 2000, l'Europe serait unie sous une seule entité politique.

Les forces qui ont aidé Adolf Hitler à prendre le pouvoir tirent toujours actuellement les ficelles depuis les coulisses. C'est pourquoi tous les faits embarrassants concernant les financiers américains n'ont jusqu'à présent jamais fait surface. Les États-Unis portent la responsabilité ultime de l'apparition du communisme et du national-socialisme sur la scène politique.

Après la Seconde Guerre mondiale, 226 931 Allemands ont été jugés pour crimes contre l'humanité. À l'origine, 3 596 000 personnes devaient être jugées, mais pour des raisons pratiques cela ne s'est pas produit. Très peu d'assassins communistes ont été jugés dans l'Ancien Monde communiste. Après tout, les communistes n'ont jamais laissé tomber leurs seigneurs, l'élite financière juive qui les avait portés au pouvoir.

Les communistes polonais ont lancé la plus grande opération de nettoyage ethnique de l'histoire : l'expulsion de plus de douze millions de ressortissants allemands des provinces orientales allemandes.

Le Premier ministre Winston Churchill disait déjà en 1944 lors d'un débat à la Chambre des communes :

> "À notre avis, la méthode la plus satisfaisante et la plus durable est l'expulsion. Elle nous évitera des mélanges raciaux qui mènent à d'interminables conflits… elle sera la solution la plus appropriée."

Ainsi, le mélange des peuples promu aujourd'hui ne sert pas à la solidarité (un terme maçonnique) mais à générer des conflits sans fin, qui peuvent ensuite être utilisés par les dirigeants maçonniques pour promouvoir leurs intérêts criminels.

Nous vivons de toute évidence dans un monde très barbare. La situation se prolonge à cause de notre manque de jugement. Mais en fin de compte, il s'avérera impossible de continuer à mentir, de commettre des actes malveillants et des injustices. Tôt ou tard, ce système s'effondrera et devra faire face au jugement sans appel de l'histoire.

L'hystérie de l'*Holocauste*

En mars 1916, *le Daily Telegraph* rapportait que des Autrichiens et des Bulgares avaient gazé 700 000 Serbes. Après la guerre, plus personne ne croyait à cette histoire. Ce n'était que de la propagande de guerre.

Le 31 octobre 1919, l'*American Hebrew* publia un article de propagande sous le titre "La crucifixion des Juifs doit cesser". L'article affirmait que pendant la guerre mondiale, six millions de Juifs auraient succombé à cause des épidémies, de la famine et de l'"holocauste". Plus tard, tout s'est avéré n'être que de la propagande de guerre. Cette information a été diffusée pendant et juste après la Première Guerre mondiale.

Selon Ben Weintraub, le chiffre de six millions a une grande signification cabalistique, c'est pourquoi il est important pour l'élite de le maintenir, qu'il soit correct ou non (*The Holocaust Dogma of Judaism: Keystone of the New World Order / Le dogme de l'Holocauste du Judaïsme : La clé de voûte du nouvel ordre mondial*, Toronto, 1995, p. 12).

En 1933, il y avait 5,6 millions de Juifs dans les régions contrôlées par l'Allemagne (*The New York Times*, 11 janvier 1945).

Dans leur livre saint des juifs orthodoxes, le Talmud, les Romains sont grossièrement calomniés en prétendant que "l'empereur Vespasien a tué quatre cent mille myriades de Juifs innocents dans la ville de Béthar". Un chiffre tout à fait impossible puisqu'une myriade signifie dix mille ! En un autre endroit du Talmud (Gittin 58a, p. 269), il est dit :

> "Seize millions d'écoliers israélites ont été enveloppés dans des rouleaux et brûlés vifs par les soldats romains à Béthar."

Presque tout le monde a accepté la version officielle de ce qui s'est passé sous le règne du National-Socialisme. Comme le lecteur s'en rend compte, un grand nombre de ces histoires se sont révélées être des mensonges. Des politiciens maçonniques de haut rang ont fabriqué des faux grossiers et crédibles, en particulier celui de la tentative d'extermination systématique de tous les Juifs européens. L'un des buts de ce mythe était de rendre toute critique des Juifs impossible à l'avenir. Il s'agissait de susciter automatiquement une compassion à l'égard du peuple juif, afin de faciliter la perpétration de tous les crimes que les extrémistes juifs voulaient commettre.

Le magazine israélien *News From Within* (n° 5, mai 1995) affirme que les sionistes ont utilisé la souffrance du peuple juif pour atteindre certains objectifs politiques. Par conséquent, les faits ont été manipulés et certains juifs richissimes ont refusé d'aider leur propre peuple. Michael Warschawski a dit ce qui suit dans le magazine :

"Le sentiment d'être la victime éternelle a permis dans une large mesure de supprimer tout sentiment d'empathie pour la souffrance des autres et tout sentiment de culpabilité pour les victimes des injustices commises par l'État d'Israël."

Moshe Zuckerman a révélé dans le même magazine qu'Israël utilise l'holocauste pour laver le cerveau de la nouvelle génération de juifs.

En Hollande, les écoliers sont tellement endoctrinés par la propagande de l'holocauste qu'ils sont convaincus qu'il n'y a plus de Juifs dans le monde. C'est ce qu'a dit un porte-parole du Musée juif d'Amsterdam en juin 2000.

Le rédacteur politique du quotidien suédois *Dagens Nyheter*, Svante Nycander, écrivait le 18 avril 1992 :

"Comment une personne raisonnablement informée peut-elle alors être sûre que l'Holocauste a réellement eu lieu ? ... Si une seule version d'un événement historique est autorisée, les gens n'ont aucune raison de croire en sa vérité. Une revendication nécessitant la protection de la loi, ne peut qu'entraîner des soupçons sur son authenticité."

L'holocauste de la Seconde Guerre mondiale est considéré comme "un fait avéré", même si les témoignages absurdes contredisent les lois naturelles et la logique humaine.

Il y en a cependant qui remettent en question la version officielle.

Le premier partisan du scepticisme sur l'Holocauste fut Alexander Radcliffe, un homme politique écossais qui prétendait à la fin de 1945 dans son magazine *Vanguard* que l'Holocauste était une invention juive. Cette déclaration est tirée de *The Truth About the Jews*, un pamphlet que Radcliffe avait publié plus tôt et dans lequel il démontrait également que le gouvernement britannique était en fait contrôlé par les Juifs.

En 1947, l'écrivain français Maurice Bardèche affirmait dans son deuxième livre, *Nuremberg ou la Terre promise*[25], qu'au moins une partie des preuves entourant les camps de concentration avaient été falsifiées et que la mort des personnes qui y étaient enterrées était principalement due à la faim et à la maladie. Bardèche fut également le premier à affirmer qu'aucun Juif n'était gazé, puisque les soi-disant chambres à gaz étaient utilisées pour la désinfection.

Le Suisse Paul Rassinier[26] fut le prochain dissident important à se manifester contre les mensonges de l'histoire officielle. Rassinier était lui-même un survivant des camps de concentration. Il fut arrêté par la Gestapo en 1943 pour ses activités au sein de la résistance (y compris pour avoir aidé des Juifs à se réfugier en Suisse) et passa le reste de la guerre à Buchenwald et Dora. En 1948, Rassinier publia *Franchir la ligne*, le premier d'une série de livres destinés à montrer que les revendications de la plupart des survivants des camps de concentration étaient exagérées et que les détenus chargés de gérer les camps étaient les véritables coupables des horreurs des camps et non les SS. Dans son livre *Le drame des Juifs européens* (1964), Rassinier soutenait que l'affirmation selon laquelle les chambres à gaz étaient utilisées pour tuer les Juifs n'était rien de plus qu'une invention créée pour servir le gouvernement sioniste d'Israël. Bien que Rassinier mourut en 1967, son travail fut par la suite recueilli et publié à titre posthume en 1976, faisant connaître les théories de ce survivant français des camps de concentration à une nouvelle génération de personnes sceptiques.

En mai 1945, Austin J. App, professeur de littérature anglaise à l'Université de Scranton et au LaSalle College du Missouri, affirmait que les atrocités commises dans les camps de concentration étaient légalement justifiées conformément aux règles de la guerre.

---

[25] *Nuremberg I et II*, Maurice Bardèche, Omnia Veritas Ltd, www.omnia-veritas.com.

[26] Les ouvrages importants de Paul Rassinier sont disponibles chez Omnia Veritas, notamment *Le mensonge d'Ulysse & Ulysse trahi par les siens, Le drame des Juifs européens & Les responsables de la Deuxième Guerre mondiale, Le discours de la dernière chance & Le véritable procès Eichmann, Le Parlement aux mains des banques & L'équivoque révolutionnaire*. www.omnia-veritas.com.

En 1946, App a utilisé des statistiques pour démontrer que les prétendues six millions de morts juives aux mains des nazis étaient tout à fait impossibles. En 1949, dans une lettre au *Time Magazine*, App avait calculé le nombre de morts juives à 1,5 million. En 1973, App publie *The Six Million Swindle: Blackmailing the German People for Hard Marks with Fabricated Corpses*, où il expose ses huit "affirmations irréfutables" qui démontrent que le chiffre de six millions de morts juives est une exagération grossière.

Le juge allemand Wilhelm Staglich a révélé le bluff dans son livre *The Auschwitz Myth / Le mythe d'Auschwitz* (Indiana, 1984). En conséquence, sa pension a été réduite et il a perdu son doctorat. Les autorités se sont référées à une loi d'abrogation des titres académiques de 1939 — une loi signée par Adolf Hitler lui-même !

Disséquer l'Holocauste : la critique croissante de la 'vérité' et de la 'mémoire'. (Capshaw, Alabama, 2000), édité par l'ingénieur chimiste Ernst Gauss, contient les résultats d'analyses chimiques qui montrent clairement que toutes les allégations de chambres à gaz pour le massacre massif de personnes dans les camps de concentration sont totalement insensées. Le livre est interdit en Allemagne.

Norman C. Finkelstein, professeur à la City University de New York et fils de deux survivants juifs du ghetto et des camps de concentration de Varsovie, a écrit *L'industrie de l'holocauste* (Londres, 2000), où il affirme que toute cette agitation mensongère mène à l'antisémitisme et bénéficie aux néonazis et révisionnistes.

Le juif américain David Cole a révélé le canular de l'holocauste à Auschwitz, qu'il a visité en septembre 1992. Cole s'est entretenu avec le directeur du musée, le Dr Francizek Piper, et est arrivé à la conclusion que tout n'était que fiction et mise en scène grossière. Ses documentaires sont très stimulants. Cole pensait que les mensonges ne nuisaient qu'aux menteurs. Des Juifs extrémistes ont commencé à le menacer et il a disparu sans laisser de traces.

Le juif français Jean-Gabriel Cohn-Bendit, en 1991, a exprimé ses doutes dans un essai sur les histoires des chambres à gaz. Il a fait l'objet de procès en diffamation.

Ian J. Kagedan, porte-parole de la loge canadienne du B'nai B'rith, a écrit dans le *Toronto Star* du 26 novembre 1991 :

> "L'Holocauste doit être la pierre angulaire, ou principe fondamental, du Nouvel Ordre Mondial".

Henri Roques, ingénieur civil français de 66 ans, a obtenu en mai 1986 la note la plus élevée lors de sa thèse de doctorat à l'Université de Nantes en Bretagne. Il a affirmé que les chambres à gaz n'existaient pas dans les camps de concentration allemands. Selon lui, la chambre à gaz est un mythe de propagande.

Roques avait travaillé sur la thèse pendant 20 ans et lu pratiquement tout ce qui était écrit sur les camps de concentration d'Hitler. Après des échanges avec des organisations juives, Roques a perdu son diplôme.

Le professeur polonais d'histoire Dariusz Ratajczak a écrit en 1999 dans son livre *Dangerous Topics* que le nombre officiel de victimes juives dans les camps de concentration nazis est exagérément élevé. Il a soutenu que les récits des témoins oculaires manquent de crédibilité et que le gazage des Juifs n'a jamais eu lieu. Ratajczak a déclaré que les "chambres à gaz" montrées au public n'ont jamais été utilisées comme telles. Il a été licencié de son poste à l'Université d'Opole et interdit d'enseigner partout en Pologne pendant trois ans.

Le président Eisenhower a admis que les camps de concentration nazis étaient des "prisons pour prisonniers politiques".

Quand les organisations juives aux États-Unis, en Grande-Bretagne et dans d'autres pays en 1933 ont commencé un boycott qui a infligé d'énormes dommages économiques à l'Allemagne, Hitler a commencé à mettre en place des lois anti-juives. Les Juifs étaient considérés comme un risque pour la sécurité nationale. Les sionistes voulaient provoquer Hitler pour le forcer à imposer des mesures anti-juives plus sévères afin de hâter l'émigration juive en Palestine. Ainsi, à partir de 1933, les Juifs ont été intensément persécutés et poussés à l'exil.

Ceux qui, en 1941 et plus tard, vivaient encore dans la sphère d'intérêt allemande ont été envoyés pour la plupart dans des camps de travail, rassemblés en ghettos et déportés vers la Russie, où ils perdirent leurs biens et de nombreuses familles furent séparées. Pendant la campagne militaire de l'est, les troupes allemandes, appelées Einsatzgruppen, assassinèrent de nombreux Juifs.

Mais il n'est pas vrai qu'il existait un plan pour anéantir physiquement tous les Juifs et que des chambres à gaz servaient à tuer des gens en masse dans plusieurs camps de concentration. De plus, le nombre de victimes a été exagéré.

La guerre a offert aux nazis l'occasion de mettre en pratique "la solution finale de la question juive". Hermann Goering le 31 juillet 1941 écrivit à Reinhard Heydrich à propos de ses intentions :

> "En complément de la tâche qui vous a été confiée par le décret du 24 janvier 1939 de résoudre la question juive par l'émigration et l'évacuation de la manière la plus favorable possible, dans les conditions actuelles, je vous charge par la présente de procéder à toutes les préparations nécessaires sur les plans organisationnel, matériel et financier pour une solution finale de la question juive dans la sphère d'influence allemande en Europe... En outre, je vous charge de présenter rapidement un projet concernant les préparatifs pratiques pour la solution finale de la question juive." (Raul Hilberg, *L'extermination des Juifs européens / Die Vernichtung der europaischen Juden*, Fischer Taschenbuch Verlag, 1990, p. 420)

La Conférence de Wannsee à Berlin, le 20 janvier 1942, qui, selon le mythe, décida d'exterminer les Juifs, visait en fait à les déplacer, ce qui est également évident d'après les résultats de la réunion.

Nous nous sommes tellement habitués à ces mensonges liés à l'hystérie de l'holocauste que nous avons du mal à accepter les faits des circonstances réelles.

Nous devrions nous demander comment quelqu'un peut être assez cruel pour mentir sur l'holocauste. Apparemment, c'est ce qui s'est passé. Un grand nombre de faits concrets peuvent facilement démentir les mensonges qui se cachent derrière le mythe de l'holocauste.

Pendant la guerre, il existait 14 grands et plusieurs petits camps de concentration. En outre, il y avait 500 soi-disant camps de travailleurs ayant chacun de quelques centaines à plus de 1000 prisonniers. Le camp autrichien de Mauthausen était connu pour son inhumanité.

Il y avait des règles strictes pour les responsables SS. Karl Koch, commandant à Buchenwald, a été abattu pour corruption et meurtre. Hermann Florstedt, le commandant cruel de Majdanek, fut pendu devant les prisonniers rassemblés.

Le 4 juin 1937, le SS Gruppenführer Theodor Eicke rapporta dans un mémorandum interne que le SS Oberscharführer Zeidler avait agressé sadiquement un détenu au camp de concentration de Sachsenhausen. En guise d'avertissement aux autres gardes du camp, il a été dégradé, renvoyé des SS et remis aux autorités. Eicke a souligné que l'agression des détenus n'était pas tolérée.

Entre le 1er juillet 1942 et le 30 juin 1943, 110 812 détenus des camps de concentration sont morts, comme le montrent les statistiques recueillies par le général Oswald Pohl pour Heinrich Himmler. En août 1943, le nombre total de prisonniers dans les camps était de 224 000, et un an plus tard il était de 524 000.

L'éducateur suisse Jurgen Graf a été frappé par les nombreuses absurdités de la version officielle de "l'holocauste". C'est pourquoi il a rassemblé tous les documents disponibles dans un livre intitulé *Le procès de l'Holocauste : les récits de témoins oculaires contre les lois naturelles*. Le livre est très convaincant par son côté factuel et son absence de parti pris.

Il déclare :

> "Outre les derniers mois chaotiques de la guerre, la pire période dans les camps fut l'été et l'automne 1942. Pendant ces quelques mois, plus de 300 personnes sont mortes chaque jour à Auschwitz de la fièvre typhoïde. La maladie a également fait des victimes parmi les gardes SS. Dans les complexes d'Auschwitz, la plupart des décès sont survenus à Birkenau, à trois kilomètres à l'ouest du camp principal, qui était devenu un camp hospitalier. Pendant certaines périodes, plus de personnes sont mortes à Birkenau que dans tous les autres camps réunis. Ce "camp de la mort", où environ 60 000 à 80 000 prisonniers succombèrent, pour la plupart malades (il y eut aussi des exécutions et des meurtres !), devint plus tard le légendaire "camp d'extermination", où, selon les "historiens", entre un et quatre millions de personnes furent assassinées.
>
> Pour brûler les cadavres des victimes de maladies, il fallait des crématoires, et pour entreposer les corps avant la crémation, il fallait des morgues et des caves spécialement construites, que la légende transforma plus tard en "chambres à gaz". Même les salles d'eau sont devenues, au moins en partie, des "chambres à gaz". Et

la division des prisonniers en valides et non valides devint "la sélection pour les chambres à gaz". Ainsi naquit le mensonge le plus fatidique de notre siècle, le mensonge d'Auschwitz."

Il existe des parallèles historiques concernant le taux de mortalité à des taux similaires dans des camps de détention. Dans les camps de prisonniers de l'Union Douglas et Rock Island pendant la guerre de Sécession, le bilan mensuel était de 2 à 4%, et dans le camp de prisonniers confédérés d'Andersonville, 13 000 des 52 000 soldats de l'Union capturés sont morts. Pendant la guerre des Boers, les Britanniques ont incarcéré environ 120 000 Boers civils ainsi que des dizaines de milliers d'Africains autochtones, dont un sur six est mort. Ni les prisonniers de guerre de la guerre de Sécession ni ceux de la guerre des Boers n'ont été tués délibérément ; presque tous sont morts d'épidémies. Le bilan des victimes est comparable à celui de Dachau (84% ont survécu) et de Buchenwald (86% ont survécu).

Comment peut-on faire confiance aux sionistes, alors qu'ils ont déjà menti à ce sujet pendant la Première Guerre mondiale ? La propagande sioniste après la Première Guerre mondiale affirmait que six millions de Juifs étaient morts des suites de la famine, des épidémies et de l'holocauste.

Puis, peu après la Seconde Guerre mondiale, différentes versions de l'holocauste sont apparues. Laquelle d'entre elles sommes-nous censés croire ?

Stefan Szende (Ph. D.), un juif suédois d'origine hongroise, a écrit dans son livre *The Promise Hitler Kept* (New York, 1945), sur le camp de concentration de Belzec :

> "Les trains qui arrivaient à Belzec chargés de Juifs ont été conduits dans un tunnel dans les locaux souterrains du bâtiment de l'exécution. Là, les Juifs sont descendus et ont dû laisser leurs biens… Tous les jours, des trains pleins de Juifs arrivaient d'Allemagne, d'Autriche, de Tchécoslovaquie, de Belgique, de Hollande, de France, des Balkans… Ils ont été amenés dans d'immenses salles pouvant accueillir plusieurs milliers de personnes. Ces pièces n'avaient pas de fenêtres, étaient entièrement en métal et avaient des planchers qui pouvaient être abaissés.
>
> Le sol de ces salles, avec des milliers de Juifs, s'enfonça dans un bassin d'eau, qui se trouvait en dessous — mais seulement assez loin pour que les gens ne soient pas entièrement sous l'eau. Quand tous les Juifs sur la plaque de métal étaient dans l'eau jusqu'au-dessus de leurs hanches, du courant électrique était envoyé dans l'eau. Après quelques instants, tous les Juifs, des milliers à la fois, étaient morts.
>
> Puis la plaque de métal a été soulevée hors de l'eau. On y trouvait les cadavres des victimes assassinées. Un autre choc électrique a été envoyé à travers, et la plaque métallique est devenue un four crématoire, blanc et chaud, jusqu'à ce que tous les corps soient réduits en cendres.
>
> D'énormes grues soulevèrent à nouveau le sol et vidèrent les cendres. La fumée était évacuée par de grandes cheminées d'usine.
>
> C'était toute la procédure. Dès qu'il serait terminé, il pourrait redémarrer. De nouveaux lots de Juifs étaient constamment poussés dans les tunnels. Les différents trains amenaient entre 3000 et 5000 Juifs à la fois, et il y avait des jours où la ligne Belzec voyait arriver entre vingt et trente de ces trains.
>
> La technologie moderne a triomphé dans le système nazi. Le problème de l'extermination de millions de personnes a été résolu."

Le livre de Szende a été interdit et détruit, lorsque plus tard la version de la chambre à gaz a été choisie. Les faits sur l'extermination des Juifs ont été publiés dès 1942 dans des journaux contrôlés par les sionistes comme le *New York Times*. Le but principal de cette propagande d'horreur était de souligner la nécessité d'établir une patrie juive.

L'historien américain Arthur R. Butz examine dans son livre *The Hoax of the Twentieth Century* (Ladbroke, 1976) comment la fraude du siècle est née. Sa conclusion :

> "Les chambres à gaz sont des fantasmes d'après-guerre."

Dans le *New York Times*, diverses méthodes d'extermination, en plus des chambres à gaz, ont été décrites. Le 7 février 1942, il y eut des récits sur les "stations d'empoisonnement du sang" en Pologne occupée, et le 30 juin 1942 sur "une maison de tir", où des milliers de Juifs étaient fusillés chaque jour. Ces versions ont été abandonnées avant même la fin de la guerre. Puis sont arrivées les chambres de mort à vapeur qui ont même été soi-disant retrouvées lors des procès de Nuremberg.

Voici encore quelques exemples : Les Juifs ont été tués dans des fours électriques... Les Juifs furent assassinés par électrocution en enfilant des chaussures électriques, puis transformés en savon. Cette version est de Simon Wiesenthal... Les Juifs ont été tués avec de la chaux vive et achevés par les vapeurs de diesel...

Lors du procès Belzec en 1965, un tribunal allemand s'est contenté de la version où les Juifs ont été tués avec du Zyklon B introduit dans les salles de douche par un système de tuyaux. Le tribunal pensait qu'après quelques semaines, on passait aux fumées de diesel. Apparemment, il a fallu à ces stupides SS quelques semaines pour se rendre compte qu'il était impossible d'introduire les grains de zyklon dans les tuyaux. D'ailleurs, les SS ont fait l'inverse dans d'autres camps et sont passés du diesel au Zyklon B, tout cela selon l'hystérie officielle du prétendu l'holocauste...

Il n'y a cependant aucune preuve de l'assassinat de 600 000 Juifs à Belzec — pas un seul document allemand. Aucune fosse commune n'a été retrouvée, ni les cendres des 600 000 morts soi-disant réduits en cendres. Les chambres à gaz sont quant à elles introuvables.

En janvier 1995, le magazine d'information français *L'Express* rapportait que le personnel d'Auschwitz admettait maintenant que la chambre à gaz connue sous le nom de Krema I avait été construite en 1948 par le gouvernement communiste polonais pour le bénéfice des touristes étrangers. Fred Leuchter avait déjà révélé la tromperie en 1988.

Il est prouvé que toutes les chambres à gaz ont été construites après la Seconde Guerre mondiale par des soldats soviétiques et américains. Sur les photographies aériennes prises par les avions de reconnaissance américains pendant la guerre, on ne voit pas de tels bâtiments. En Pologne également, il a été admis que les chambres à gaz ont été construites après la guerre.

Les troupes alliées ont trouvé à Bergen-Belsen, Buchenwald et Dachau, des piles de cadavres et de squelettes ambulants, mais également des dizaines de milliers de prisonniers apparemment en bonne santé et bien nourris, dont on n'a guère montré d'images. D'autre part, il y eut beaucoup de photographies trafiquées.

À l'Université de Lund, en Suède, 564 témoignages ont été recueillis auprès de survivants des camps de concentration nazis. Un étudiant polonais, né en 1924, décrit les travaux forcés et les mauvais traitements qu'il a subis en avril 1945, lorsqu'il a passé dix jours à Bergen-Belsen. L'élève a déclaré :

> "Ce qui nous est d'abord tombé dessus, ce sont les piles de cadavres qui gisaient partout. Ils ont été victimes d'une épinéphrine typhoïde. C'était horrible de traîner les corps dans d'immenses digues utilisées comme fosses communes." (*Goteborgs-Posten,* 30 juillet 2000)

Il n'a jamais mentionné la moindre chambre à gaz ni l'holocauste. Ces témoignages originaux sont donc de la plus haute importance.

En 1990, l'Union soviétique a mis les listes de décès d'Auschwitz à la disposition de la Croix-Rouge internationale. Ils couvrent la période d'août 1941 à décembre 1943 et contiennent 66 000 noms. Le nombre de victimes des épidémies de typhoïde, de la rougeole, de la vieillesse et des fusillades au cours des années 1935-45 à Auschwitz s'élevait à 73 137. Parmi eux, 38 031 étaient juifs. Le taux de mortalité a atteint son maximum en 1942 et 1943.

De 1935 à 1945, un total de 403 713 personnes sont mortes dans les camps de concentration nazis (*The New York Times,* 3 mars 1991).

Moins de la moitié d'entre eux étaient juifs, car dans de nombreux camps, ils ne constituaient qu'une petite minorité (à Auschwitz, la partie juive des prisonniers se situait vers la fin à près de 80 pour cent).

Le chancelier ouest-allemand Konrad Adenauer a déclaré en 1953 que 170 000 Juifs ont succombé pendant la Seconde Guerre mondiale. Cette information a été donnée par le Bureau de presse et d'information du gouvernement ouest-allemand (Presse und Informationsamt aer Bundesregierung).

Il est vrai que les commissaires, c'est-à-dire les officiers de propagande politique communiste, ont souvent été liquidés immédiatement après leur capture. La plupart de ces commissaires étaient juifs. Les Juifs étaient également fortement représentés dans le mouvement partisan, ce qui est évident d'après les sources soviétiques. Plusieurs Juifs qui n'étaient ni commissaires, ni partisans, ni otages ont été fusillés. Ils ont été abattus "juste pour être sûrs". Pour ces meurtres de masse, il n'y a pas d'excuse — mais cela ne justifie pas tous les mensonges colportés sur l'extermination de masse dans les chambres à gaz.

Les Alliés voulaient empêcher que l'inhumanité des commissaires juifs dans les camps de concentration soviétiques et les propres crimes des Alliés contre les civils allemands ne soit évoquée à Nuremberg. Après la guerre 12 à 14 millions d'Allemands ont été tués délibérément. Beaucoup d'entre eux sont morts dans divers camps bien après la guerre. L'Union soviétique en 1939 a repris le territoire dont s'était emparée la Pologne 20 ans plus tôt. Après la Seconde Guerre mondiale, l'Union soviétique a permis aux Polonais de couper un cinquième du territoire allemand d'origine, soit 100 000 kilomètres carrés au total. 16 millions d'Allemands devaient être exterminés ou bannis. Deux millions d'Allemands ont été assassinés dans des pogroms et des camps de concentration ou sont morts de froid et de privation pendant le bannissement. Selon l'historien français Jacques de Launay, les troupes soviétiques ont même tué les prisonniers dans les camps allemands (*La Grande Débâcle*, Paris, 1985).

DEUTSCHLAND HEUTE

HERAUSGEGEBEN VON
PRESSE- UND INFORMATIONSAMT
DER BUNDESREGIERUNG

MIT EINEM GELEITWORT
VON BUNDESKANZLER DR KONRAD ADENAUER

Printed in Germany 1955

MENSCHENVERLUSTE IN ZWEI WELTKRIEGEN	Übertrag:	3 750 000 Tote
Verluste der deutschen Zivilbevölkerung der Ostprovinzen des alten Reichsgebiets durch Vertreibung (einschl. der Luftkriegstoten)¹ 1944—1946		1 550 000 Tote
Verluste der Volksdeutschen² durch Vertreibung 1944 bis 1946		1 000 000 Tote
Verluste der Deutschen (einschl. der deutschen Juden) durch polit., rass. und relig. Verfolgung 1939—1945		300 000 Tote
Deutsche Verluste insgesamt		6 600 000 Tote
Verluste der Wehrmacht Italiens und Österreichs 1939 bis 1945		560 000 Tote
Verluste der Zivilbevölkerung Italiens und Österreichs 1939—1945		190 000 Tote
Verluste der Wehrmacht der westlichen Alliierten (ohne die Vereinigten Staaten) 1939—1945		610 000 Tote
Verluste der Zivilbevölkerung der westlichen Alliierten 1939—1944		690 000 Tote
Verluste der Wehrmacht der ost- und südosteuropäischen Länder (ohne die Sowjetunion) 1939—1945		1 000 000 Tote
Verluste der Zivilbevölkerung der ost- und südosteuropäischen Länder (ohne die Sowjetunion) 1939—1945		8 010 000 Tote
Verluste der sowjetischen Wehrmacht⁴		13 600 000 Tote
Verluste der Zivilbevölkerung der Sowjetunion		6 700 000 Tote
Verluste der Wehrmacht der Vereinigten Staaten von Nord-Amerika⁵		229 000 Tote
	Zu übertragen:	31 589 000 Tote

¹ Der Angriff auf die mit Flüchtlingen überfüllte Stadt Dresden am 13. 2. 1945 forderte allein etwa 250 000 Tote.
² Über die Verluste der „umgesiedelten" Wolgadeutschen u. a. geschlossener Volksgruppen deutschen Ursprungs in der Sowjetunion liegen keine Schätzungen vor.
³ Die Zahl der umgekommenen Juden wird mit 170 000 angegeben.
⁴ Nach den Angaben des Obersten Kalinow:
  gefallen oder vermißt 8 500 000
  an Verwundungen gestorben . . . 2 500 000
  in Kriegsgefangenschaft verstorben . . . 2 600 000
⁵ Davon 174 000 auf dem europäischen und nordafrikanischen und 55 000 auf dem vutasiatischen Kriegsschauplatz.

Lors de la "libération" de la Tchécoslovaquie, les soldats soviétiques n'ont pas fait de distinction entre les Allemands et les Tchèques. Dans le même temps, les Tchèques rouges en ont profité pour tuer près de 40 000 civils allemands dans des actions de revanche entre le 8 et le 25 mai 1945. La foule a également participé à l'abattage.

Les Américains et les Français ont délibérément laissé mourir de faim et de maladie plus d'un million de prisonniers de guerre allemands. Nombre d'entre eux ont été exécutés sans application régulière de la loi. Des centaines de milliers d'Allemands ont été tués par des foules communistes peu après la guerre. Au moins cent mille Français nationalistes ont été tués par les communistes après la guerre. Personne n'a condamné ce massacre. Dans les années 1945-1950, jusqu'à neuf millions d'Allemands sont morts à cause du plan Morgenthau, qui prévoyait une réduction systématique de la capacité de production industrielle allemande. C'était une mort massive planifiée. Deux francs-maçons de haut rang, Truman et Morgenthau, en portent la responsabilité. C'était un prix élevé à payer pour les Allemands, car les dirigeants juifs nazis ont laissé mourir 170 000 autres Juifs pendant la guerre pour effrayer les autres afin qu'ils émigrent en Palestine.

Ce plan fut approuvé par Roosevelt et Churchill lors de leur réunion à Québec, au Canada, en août 1943. Les dirigeants maçonniques comptaient sur le fait que la mise en œuvre du Plan Morgenthau entraînerait la mort de 20 à 30 millions d'Allemands.

Dans les 1255 camps de concentration communistes en Pologne, les commissaires juifs ravagèrent comme des babouins hystériques : ils torturèrent et assassinèrent sans remords 80 000 Allemands ordinaires. Le journaliste juif John Sack a décrit ces massacres dans son livre *An Eye for an Eye* (New York, 1993). Certains de ces criminels juifs étaient : Lola Potok, Itzak Klein, Moshe Grossman, Shlomo Singer, David Feuerstein, Aaron Lehrman, Efraim Lewin, Mordechai Kac, Nachum Solowitz, Schmuel Kleinhaut et Schlomo Morel. Malheur aux vaincus ! Les Alliés savaient ce qui se passait, mais ne voulaient pas s'en mêler. Le juif Schlomo Morel, a tout seul pendant sept mois, torturé à mort 2500 personnes, dont des personnes âgées et des enfants. Après la chute du communisme, il a réussi à échapper à la justice polonaise et à s'enfuir en Israël.

Comme contrepoids, les puissances victorieuses ont inventé un crime unique dans l'histoire de l'humanité : "l'holocauste", l'extermination systématique d'un peuple entier, des nourrissons aux vieilles grand-mères dans les chambres à gaz.

Mais c'est physiquement impossible. Aucune personne saine d'esprit n'installerait un crématorium dans le même bâtiment qu'une chambre, où les gens devraient être tués avec un gaz explosif. Le Zyklon B n'est pas très explosif, mais en raison du risque latent d'explosion lié aux corps saturés de zyklon, une telle procédure aurait été une folie suicidaire. La chambre à gaz aurait été détruite et tout le camp aurait été gazé, y compris le personnel SS.

De plus, les portes de toutes les "chambres à gaz" s'ouvrent vers l'intérieur, ce qui empêche les unités de commandement spéciales d'entrer dans ces chambres remplies de cadavres. Selon des témoins, ils fumaient également des cigarettes au milieu d'un gaz explosif.

À Auschwitz-Birkenau, les crématoires se trouvaient à l'étage au-dessus des prétendues chambres à gaz. Le seul lien entre les étages était un seul ascenseur. L'ascenseur pouvait prendre au maximum quatre corps plus le conducteur, qui devait donc courir cinq cents fois de haut en bas entre les chambres à gaz et le crématorium et sans pause manipuler des corps infestés de zyklon dans un environnement fortement dosé en gaz Zyklon B. On dit qu'environ 2000 personnes ont été gazées à la fois.

Le Zyklon (cyanure d'hydrogène) est un gaz très toxique qui tue même en petites quantités par inhalation, mais aussi par contact avec la peau. On prétend que les unités de commandement spéciales travaillaient sans masque à gaz ni combinaison de protection. Si c'était le cas, ils seraient morts en quelques minutes.

La crémation d'un corps prend dans la plupart des crématoires modernes une heure et demie et ce n'était pas plus rapide en 1944. En six heures, 15 fours ne pouvaient brûler que 60 corps, 1940 sur 2000 auraient été laissés sur place. Les crématoires modernes peuvent brûler jusqu'à 23 corps par jour et par four. Dans les fours à coke de Birkenau, selon les experts (comme Ivan Lagacé, directeur du crématorium à Calgary, Canada), le nombre maximum de corps par jour était de cinq par four. Si les crématoriums de Birkenau ont toujours fonctionné sans failles (et nous savons d'après les documents que ce n'était pas le cas), il n'aurait pas été possible de brûler plus de 150 000 corps. Où les 850 000 autres corps ont-ils donc été brûlés ? En raison du manque d'oxygène, il est tout à fait impossible de brûler des corps dans les fosses et à Birkenau, ce qui est particulièrement difficile en raison du niveau élevé des eaux souterraines.

L'hystérie de l'holocauste ne veut pas connaître les évaluations des Juifs soviétiques qui ont eu lieu après l'invasion allemande et qui sont prouvées par les dossiers soviétiques, et ils nient la fuite de la majorité des Juifs polonais vers l'Union soviétique.

Tous les Juifs que les Allemands ont réinstallés en Russie et qui y sont restés sont comptés comme assassinés. Les victimes de l'holocauste comprennent également les Juifs morts pendant les déportations de Staline et dans les camps de travail soviétiques, ainsi que les soldats juifs alliés morts au combat ou pendant l'émigration en Palestine.

En janvier 1945, Élie Wiesel, alors prisonnier à Auschwitz, a son pied malade et s'avère incapable de travailler. Il a reçu un traitement médical pendant que l'Armée Rouge avançait rapidement. Les prisonniers en bonne santé étaient soignés avec les Allemands qui battaient en retraite, les malades pouvaient rester s'ils le souhaitaient. Même si Élie Wiesel et son père étaient malades, ils ont volontairement rejoint les Allemands qui, selon Wiesel, ont même jeté des bébés et poussé des Juifs adultes dans de grands trous de feu.

Chacun des "survivants" prétend qu'il s'en est sorti grâce à un miracle. Ils sont, d'autre part, la preuve vivante qu'il n'y a jamais eu d'holocauste.

La République fédérale d'Allemagne a versé plus de 120 milliards de DM à Israël et aux organisations sionistes ainsi qu'à des Juifs individuels. La plus grande partie de l'argent a été payée sous forme d'amendes pour avoir librement inventé des chambres à gaz dans un état qui, au moment du génocide présumé, n'existait même pas. Dans *Das jüdische Paradox* (Francfort, 1988, p. 180), Nahum Goldmann écrit :

"Je vais vous raconter deux épisodes qui font partie du chapitre 'Comment gagner des millions en racontant des contes de fées...'".

Les agences de presse internationales ont rapporté le 19 mai 1997 que les sionistes en 1995 affirmaient que les victimes juives de l'holocauste disposaient de 7 milliards de francs suisses dans les comptes de différentes banques suisses, pour lesquels ils ne peuvent plus obtenir de compensation. Une enquête approfondie a cependant montré qu'il s'agissait d'un bluff insolent. En 1996, il a été conclu que seuls onze Juifs qui avaient péri dans des camps allemands disposaient d'un compte en Suisse. Au total, ils ont réussi à économiser 11 000 francs suisses. C'est un exemple typique de chutzpah, d'impudence juive.

L'historien économique suédois Gunnar Adler-Karlsson a écrit dans son livre *Le choc des super-cerveaux* (*Superhjarnornas kamp*, Stockholm, 1998, p. IV) :

"Je suis bien conscient que toute critique du comportement des organisations juives conduit immédiatement à une condamnation en tant qu'antisémite... Malgré ce risque, mes craintes sont encore plus grandes que les demandes juives d'indemnisation de toutes sortes pour ce qui s'est passé sous Hitler aient les conséquences les plus horribles pour les juifs eux-mêmes et surtout pour l'existence de l'État d'Israël".

Jürgen Graf s'interrogeait dans son livre :

"Quel genre de démocratie est-ce, où un canular de cette ampleur est maintenu en vie pendant des décennies grâce à des méthodes de police primitives ?"

Cette "preuve photographique" est une photographie d'un tableau (1960).

Quels types de faits historiques doivent être défendus par la loi ? Des mesures répressives dans plusieurs pays européens (Allemagne, Autriche,

Pologne, Suisse, France et Allemagne) et la censure des médias ne peuvent que retarder la victoire révisionniste, mais pas l'arrêter. De plus en plus de gens commencent à douter de la propagande hystérique de l'holocauste. Tôt ou tard, la chambre à gaz finira dans le dépotoir de l'histoire.

Il n'y a pas de punition pour ceux qui doutent du nombre de victimes de l'Inquisition, ou que les Américains aient atterri sur la lune.

Si quelqu'un au Moyen Âge ne croyait pas que l'Église repose sur une Terre plate et plus tard que le Soleil était en orbite autour de la Terre, cette personne était poursuivie et risquait d'être brûlée sur le bûcher.

Les historiens ne croient plus qu'il y avait des chambres à gaz à Dachau et Buchenwald. Bientôt, ils ne croiront plus non plus aux chambres à gaz d'Auschwitz et de Treblinka. Comment est-il alors possible que l'assassinat présumé de millions de personnes dans les chambres à gaz n'ait pas été prouvé, si ce n'est par des témoignages et des aveux sous la torture d'auteurs présumés — pas un seul document, pas un seul corps, pas une seule arme du crime, rien ?

Selon le recensement de 1939, il y avait plus de 3 millions de Juifs en Union soviétique. Le 1ᵉʳ juillet 1990, le *New York Post*, faisant référence à des experts israéliens, notait que, longtemps après le début de l'exode massif, il y avait encore plus de 5 millions de Juifs en Union soviétique. La Russie, comme on s'en souvient, avait accueilli une grande partie des Juifs polonais. En même temps, 600 000 Juifs survécurent à "l'holocauste". Comment 600 000 Juifs avaient-ils pu survivre dans les camps allemands, où tous les Juifs sans exception étaient censés avoir été exterminés ?

Le professeur juif-australien W. D. Rubenstein écrivait en septembre 1979 :

"Si l'on peut démontrer que l'Holocauste est un "mythe sioniste", l'arme la plus puissante de la propagande israélienne s'effondre". (*The Holocaust: Let's Hear Both Sides*, The Committee for Open Debate on the Holocaust, Los Angeles, 1979)

En 1946, la Fondation Rockefeller commença à financer la diffusion de la fausse version de la Seconde Guerre mondiale avec 139 000 dollars.

Le professeur Harold Lasky, de la London School of Economics, était en revanche très franc lorsqu'il admettait dans *The New Statesman and Nation du 11 janvier 1942* :

"Cette guerre est essentiellement une révolution gigantesque, dont les phases antérieures étaient la guerre de 1914, la révolution russe et d'autres révolutions".

La Seconde Guerre mondiale n'a pas été la fin de toutes les guerres, loin de là. Après la guerre, entre 1945 et 1985, il y a eu 152 autres guerres. La Brookings Institution de Washington, D.C., affirme qu'au moins 370 conflits armés ont eu lieu entre 1945 et 1976. On estime que 86 millions de personnes ont péri dans ces guerres, soit beaucoup plus que pendant toute la Seconde Guerre mondiale. Le plus grand conflit a été la guerre du Vietnam. En 1999, il y avait 25 guerres majeures en cours et en 2000, 68 conflits armés se poursuivaient un peu partout dans le monde. En 2002, il y a eu 27 grandes guerres. 50 000 personnes sont aujourd'hui tuées en une seule année, dix fois plus de civils (un demi-million) meurent dans des massacres, sont détruits par les mines ou meurent de faim à cause de la guerre. Quel monde merveilleux les francs-maçons ont construit pour nous !

Chapitre VIII

Les crimes de l'élite maçonnique

L es francs-maçons sont avant tout des maîtres de la tromperie. Toutefois, les gens avisés sont en mesure de démasquer leurs intentions maléfiques. Les francs-maçons adorent le mal ; ils manœuvrent par la traîtrise et la ruse. La fraude politique et la terreur institutionnelle ne font pourtant pas bon ménage avec la liberté qu'ils prônent par ailleurs. Cela ne peut mener qu'au désastre. L'histoire authentique le démontre par de multiples exemples.

Le mal illimité

On reconnaît l'arbre à ses fruits ; dans le cas de la franc-maçonnerie, son maléfice s'est révélé sans limites.

La franc-maçonnerie a déclenché la guerre civile en Suisse en 1847-1848 pour garantir une base de pouvoir politique au gouvernement. Les francs-maçons ignoraient les souffrances qu'ils pouvaient causer ; ils voulaient le pouvoir politique contre la volonté du peuple. Seuls des psychopathes paranoïaques peuvent agir de façon aussi primitive.

Le président de l'Équateur Gabriel Garcia Moreno fut renversé et assassiné le 6 août 1875. Derrière cet acte maléfique se trouvait le général franc-maçon Ignacio de Veintimilla. Après Garcia Moreno, le maçon libéral Eloy Alfraro a pris le pouvoir.

Le franc-maçon du 33ème degré Arnoldo Krumm-Heller, médecin et colonel, a admis dans son *Histoire du Mexique* que toutes les subversions, là-bas et dans le reste de l'Amérique latine, avaient été causées par les francs-maçons. La loge Lautaro (fondée par le Vénézuélien Francisco de Miranda) a été le siège d'une "activité révolutionnaire" au Mexique, en Argentine, au Pérou, en Bolivie, au Chili et dans d'autres pays d'Amérique latine.

Le président de la république maçonnique française Marie François Sadi Carnot fut tué le 24 juin 1894 par l'anarchiste maçonnique italien Sante Caserio, à Lyon, France. Dans le même temps, c'était un meurtre rituel commis pour célébrer la fête maçonnique du 24 juin.

L'impératrice Élisabeth d'Autriche-Hongrie a été poignardée à mort le

10 septembre 1898 lors d'une visite à Genève par l'anarchiste maçonnique italien Luigi Luccheni. Elle jouissait à l'époque d'un grand soutien populaire.

Le 29 juillet 1900, le roi italien Umberto I a été assassiné par l'anarchiste maçonnique Gaetano Bresci à Monza, malgré le fait qu'il était lui-même un membre de la loge Savoia Illuminata. L'assassin appartenait à une loge américaine de Paterson, dans le New Jersey. Umberto avait déjà empoisonné son père Victor Emmanuel II en 1878 (Paul A. Fisher, *Behind the Lodge Door*, Rockford, Illinois 1994).

En 1907, quelques mois avant l'assassinat de Dom Carlos (Charles I) du Portugal, il y avait partout des tracts diffamatoires dirigés contre la reine Amélia. Ces tracts étaient semblables à ceux qui avaient été diffusés contre Marie-Antoinette avant le coup d'État maçonnique de juillet 1789 en France. Au Portugal, les francs-maçons ont publié un livre de calomnies quelques semaines avant le meurtre du roi. Le même livre a été publié en entier dans la revue maçonnique *L'Action* le 10 avril 1908.

François Tourmentin, secrétaire de l'Union anti-maçonnique, écrivit le 25 décembre 1907 dans le magazine *La franc-maçonnerie démasquée* dans l'article "La Révolution lusitanienne" :

> "Si le roi du Portugal avait appris quelque chose de l'histoire, il interdirait immédiatement dans son royaume la franc-maçonnerie et toutes les sociétés secrètes. Avec cette mesure, il pourrait se sauver lui-même, mais nous devons supposer que dom Carlos dans un avenir proche sera destitué, exilé ou exécuté, ce qui prouvera que le pouvoir des francs-maçons est bien établi."

Le 1er février 1908, une bombe fut lancée contre la voiture royale à Lisbonne. Le roi portugais Dom Carlos Ier et le prince héritier Luis Felipe furent tués. Cet attentat avait bien sûr été organisé par les francs-maçons. Dès 1907, le Grand Maître portugais Sebastiao Magalhaes de Lima avait prononcé un discours à Paris devant des francs-maçons français de haut rang, prédisant la disparition de la Maison royale du Portugal et la fondation ultérieure d'une république (Karl Steinhauser, *EG — Die Super-UdSSR von morgen / L'Union européenne — la super-URSS de demain*, Vienne, 1992, p. 156).

Pour se débarrasser du nouveau roi, Manuel II, qui était le plus jeune fils de Carlos I, les francs-maçons ont utilisé la tromperie — ils ont répandu de fausses rumeurs. Les francs-maçons voulaient mettre un terme à ses réformes audacieuses en faveur du peuple portugais. Le roi Manuel s'enfuit d'un bal le 3 octobre 1910, organisé en l'honneur de la visite officielle du président brésilien Hermes da Fonseca. Fonseca était lui-même franc-maçon. Le roi croyait aux fausses rumeurs selon lesquelles une révolution qui menaçait sa vie avait éclaté. Le piège s'est fermé efficacement. Manuel s'enfuit à l'étranger et mourut en exil à Londres en 1932.

Les francs-maçons de haut rang Theophilo Braga et Afonso da Costa proclamèrent alors la République du Portugal le 5 octobre 1910. Un gouvernement maçonnique provisoire est arrivé au pouvoir. Theophilo Braga s'est nommé président. La société secrète maçonnique de la Carbonaria comptait 40 000 membres à travers tout le pays.

Le Grand Maître belge Furnemont déclara dans un discours du 12 février 1911 après le renversement de Manuel II :

> "Après quelques heures, le trône fut renversé. Le peuple a applaudi et la république a été proclamée... Nous nous souvenons d'un profond sentiment de fierté... Tout est arrivé si soudainement aux yeux du public ignorant. Mais nous, mes frères, nous le savions... Nous connaissons le secret derrière ce grand événement."

En 1912, il n'y avait plus que 3000 francs-maçons au Portugal.

Le général maçonnique José de Matos, en tant que ministre de la guerre, veilla à ce que le Portugal participe à partir de 1916 à la Première Guerre mondiale. Dans le pays voisin de l'Espagne, le danger que les francs-maçons constituaient pour l'État avait été réalisé très tôt. Par conséquent, toutes les personnes appartenant à diverses loges ont été condamnées à la peine de mort dès 1814. Cela a même été mentionné dans la *Grande Encyclopédie soviétique* (1938).

Le coup d'État des jeunes-turcs en juillet 1908 a été mené par des francs-maçons turcs, dirigés par le Grand Orient de France (Oleg Platonov, *La Couronne d'épines de la Russie : L'histoire secrète de la franc-maçonnerie 1731-1996*, Moscou, 2000, Volume II, p. 228). Le Grand Orient ottoman sous influence juive avec le Grand Maître Mahomed Orphi Pacha à sa tête prit le pouvoir en Turquie en juillet 1908. Les loges du Grand Orient *(Labor et Lux* et *Macedonia Risorta)* à l'origine du bouleversement se trouvaient à Salonique, un foyer de peuplement juif historique[27]. Ceci a été confirmé par la revue maçonnique française l'*Acacia* d'octobre 1908.

Le Sultan s'est rendu compte du danger et a placé les francs-maçons sous surveillance, mais ils étaient beaucoup plus astucieux que sa propre police. Le 20 août 1908, l'un de ses dirigeants, Refik Bey, a confirmé dans le journal *Paris Temps* que le mouvement avait réellement été initié par le Grand Orient d'Italie.

Lors de la réunion qui eut lieu dans la loge Voltaire à Paris le 16 juin 1910, un représentant de l'Ambassade de Turquie reconnut que

> "la franc-maçonnerie soutenait fortement la Révolution turque et que tous les intellectuels de l'empire sont maintenant membres de diverses loges en Turquie" (*L'Éclairé*, juin 1910).

La revue l'*Acacia* du Grand Orient révélait déjà en septembre 1907 que le sultan Abdul Hamid allait être renversé. Le chef maçonnique juif Emmanuele Carasso (du Grand Orient d'Italie) était l'un des conspirateurs. Il a été l'un de

---

[27] Dont est issue la famille de l'ancien président de la République française, le juif Nicolas Sarkozy, NDÉ.

ceux qui ont fondé les Jeunes Turcs.

La conspiration contre la Turquie a été organisée par l'agent maçonnique britannique Buxton. Le journaliste maçonnique Ahmet Riza, qui avait été expulsé de Turquie, est devenu président du nouveau parlement. Il était le premier dirigeant des jeunes-turcs (le Groupe des Donmeh[28]). Une fois la "révolution" accomplie, les francs-maçons ont montré leur version de l'humanitarisme : ils ont commencé à tuer leurs ennemis politiques. Tous les slogans retentissants ont été oubliés.

Lorsque le nouveau gouvernement maçonnique fut établi, les représentants d'une cinquantaine de loges fondèrent à Istanbul le Grand Orient ottoman, dont le grand maître devint Mahomed Orphi Pascha. La situation politique en Turquie était contrôlée par les dirigeants maçonniques juifs Georges Sursock, David Cohen et Raphaelo Ricci. Ces trois hommes ont provoqué le meurtre de plus d'un million d'Arméniens en 1915. Le ministre de l'Intérieur Mehmet Talaat Pascha fut le servile exécutant de cette politique génocidaire sur les chrétiens arméniens. Il a été tué par un Arménien en 1921.

Les francs-maçons de haut rang et les membres du gouvernement Enver Pascha Bey et Mehmet Talaat Pascha ont pris le pouvoir en 1913. Quand l'année suivante, ils entrèrent en Turquie dans la guerre aux côtés de l'Allemagne, contre les ordres du Grand Orient, l'élite maçonnique internationale était furieuse (N. Eggis, *Frimureriet / Franc-maçonnerie*, Helsingborg, 1933, pp. 145-146). Le "frère" désobéissant Enver Pascha fut assassiné le 4 août 1922 à Baldschuwan.

Sous le signe du Scorpion — le 12 novembre 1912 — un anarchiste maçonnique, Manuel Pardinas, tua le Premier ministre libéral espagnol José Canalejas Mendez, alors qu'il se promenait à la Puerta del Sol à Madrid. Par la suite, l'assassin s'est suicidé.

Carol I de Roumanie a été empoisonné le 10 octobre 1914 par les francs-maçons romains en raison de son soutien à l'Allemagne. Les francs-maçons étaient si impatients qu'ils ont annoncé le meurtre à Saint-Pétersbourg avant qu'il n'ait réellement eu lieu.

Les francs-maçons ont ainsi destitué, assassiné ou fait nommer des monarques, des hauts fonctionnaires, des Premiers ministres et des présidents selon leur bon vouloir. Parmi leurs victimes figurent Louis XVI, Léopold II d'Autriche, Gustave III de Suède, Dom Miguel et Dom Petro du Portugal, Don Carlos d'Espagne, Carlo Alberto de Sardaigne, François II de Naples, le Grand-Duc de Toscane, le Tsar Nicolas II de Russie, les ducs de Modène et Parme et bien plus encore.

Les francs-maçons en extase levaient leurs grands couteaux et criaient en hébreu : "Nekam Adonai !" —La vengeance de Yahvé ! (Sofia Toll, "*Les Frères*

---

[28] Les juifs faussement convertis à l'islam, NDÉ.

de la Nuit", Moscou, 2000, p. 343) Le slogan du rite écossais était : "la Victoire ou la mort !"

Les magazines maçonniques du monde entier *(The American Freemason, The American Tyler,* et *The Freemason)* ont affirmé à plusieurs reprises dans les années 1920 que la Première Guerre mondiale a été l'œuvre des francs-maçons, car elle incarnait la bataille finale pour le triomphe des idéaux maçonniques, au premier rang desquels se situe la suprématie juive sur le reste de l'humanité.

Le franc-maçon allemand Ernst Freymann a admis après la Première Guerre mondiale dans son livre *"Auf den Pfaden der internationalen Freimaurerei"* (1931) :

> "C'est la franc-maçonnerie mondiale qui, pendant de nombreuses années, a provoqué la guerre d'anéantissement entre l'Allemagne et l'Autriche. La franc-maçonnerie mondiale est responsable du meurtre du prétendant à Sarajevo, par lequel la guerre mondiale a éclaté. C'est une fois de plus la franc-maçonnerie mondiale qui, d'une manière strictement criminelle, a détruit toute tentative de parvenir à une solution pacifique."

Le Grand Orient de Belgique a agi pendant la Première Guerre mondiale dans l'esprit criminel de la franc-maçonnerie, lorsque le conseil d'administration de la loge en 1915 a exhorté ses frères américains à s'opposer aux efforts du président maçonnique Wilson pour une paix basée sur le *statu quo* (N. Eggis, en fait Sigfrid Nilsson, *Frimureriet*, Halsingborg, 1933, p.154).

Leonid Ratayev, qui a été chef du renseignement russe à l'étranger en 1912 a conçu des méthodes uniques pour lutter efficacement contre la maçonnerie :

> "Un franc-maçon démasqué a perdu la moitié de son influence, puisque tout le monde sait à qui il a affaire... Mais le plus important est de frapper les francs-maçons avec leurs propres documents et de les exposer ainsi à la société telle qu'ils sont et non telle qu'ils semblent être." (Oleg Platonov, *La Couronne d'épines de la Russie : L'histoire du peuple russe au XXème siècle*, Moscou, 1997, Volume 1, p. 279)

Édouard Quartier-la Tente, qui était professeur de théologie et responsable du centre maçonnique international de Neufchâtel, a déclaré dans un de ses discours :

> "En diffusant les idées du Grand Orient de la France et par l'unification de tous les frères dans le monde, l'humanité sera conquise..." (N. Eggis, en fait Sigfrid Nilsson, *Frimureriet*, Halsingborg, 1933, pp. 145-155)

Cette centrale maçonnique a uni toutes les loges (même les plus apolitiques) du monde entier dans le but d'établir une république mondiale (le Nouveau Temple de Salomon) sous la domination judéo-maçonnique. La centrale a essayé d'obtenir une plus grande influence, en particulier dans les loges qui ne reconnaissent pas la franc-maçonnerie politique.

La franc-maçonnerie mondiale est impliquée dans un jeu secret de ruse politique, enveloppé d'allégories cabalistiques, illustrées par des symboles diffus qui définissent sa conception du mal ineffable et illimité.

La double-jeu des États-Unis

Chaque fois que des crimes graves contre l'humanité ont été commis, les États-Unis ont, d'une manière ou d'une autre, agi comme une éminence grise dans les coulisses, incitant et tirant les ficelles. Quand les États-Unis entrent en guerre, c'est toujours selon un certain schéma maçonnique. L'adversaire est obligée de tirer en premier, ou du moins est accusée de le faire. C'est ainsi que le peuple américain est forcé de se soumettre en se rangeant en faveur d'une guerre injuste.

Le 15 février 1898, la marine du président William McKinley commet une trahison en faisant exploser son propre navire, le *Maine,* dans le port de La Havane pour créer un prétexte de guerre avec l'Espagne. Après ce conflit, les États-Unis ont pu dominer l'hémisphère occidental et prendre le contrôle de nombreuses îles du Pacifique.

Pendant la Première Guerre mondiale, le président Thomas Woodrow Wilson et son proche associé Edward M. House (deux francs-maçons de haut rang) voulaient provoquer les sous-marins allemands à bombarder le *Lusitania,* qui était officiellement un navire à passagers mais transportait trois mille tonnes de munitions destinées aux Britanniques. Le transport de munitions vers un pays en guerre sous le couvert du transport de passagers civils est illégal. Le *New York Tribune* avait publié la satire suivante le 19 juin 1913 :

> "Un fonctionnaire de la Cunard Steamship Line a confirmé aujourd'hui au correspondant de la *Tribune* que le *Lusitania* a été équipé de canons navals très efficaces."

Le *Lusitania* a été enregistré comme destroyer auxiliaire par la marine britannique. Le gouvernement allemand a publié dans tous les journaux new-yorkais des avertissements selon lesquels toute personne traversant l'Atlantique sur le *Lusitania* le faisait à ses propres risques, puisque le navire transportait des munitions.

L'Amirauté britannique, dans un mémorandum secret du 10 février 1915, donna des instructions sur la façon de camoufler un navire transportant des munitions, en le faisant passer pour un cargo.

Le commandant Joseph Kenworth des services de renseignement de la marine britannique a admis :

> "La décision délibérée d'envoyer le *Lusitania,* à très basse vitesse et sans escorte, dans une zone connue pour abriter un sous-marin a été prise dans un but de provocation".

Le sous-marin allemand U-20 coula le *Lusitania* avec trois torpilles à 12 km de la côte sud-est de l'Irlande, près de Kinsale, le 7 mai 1915, à 14h10. Deux torpilles frappèrent le milieu du navire et peu après, une troisième le frappa à l'avant. Le navire a coulé en 18 minutes. 1198 personnes à bord (dont 124 Américains) ont été tuées. 708 personnes ont été secourues. L'historien Colin Simpson affirme dans son livre *Lusitania* que ses listes de marchandises avaient été falsifiées.

Après la réélection du président Woodrow Wilson, le système de la Réserve Fédérale a lancé une campagne de propagande en faveur de la "guerre inévitable". Un "documentaire" bien ciblé a été projeté, montrant des passagers du *Lusitania* en train d'être secourus. Avec l'aide de ce film truqué, la haine contre les Allemands a été attisée. Le président Wilson a caché toutes les preuves de la mission secrète du *Lusitania*.

Wilson, qui était un franc-maçon de haut rang, utilisa pleinement le naufrage du *Lusitania*, laissant le Congrès déclarer la guerre à l'Allemagne le 6 avril 1917. Il a obtenu le soutien du peuple américain par un mensonge éhonté — qu'il s'agissait de "la guerre pour mettre fin à toutes les guerres".

Dans les années 1950, le gouvernement britannique bombarda la zone où le *Lusitania* s'était échoué à une profondeur de 95 mètres pour détruire toutes les preuves, au cas où un historien indépendant commencerait à douter des informations officielles et à entreprendre une recherche sur l'origine de ce naufrage controversé.

Le président Thomas Woodrow Wilson (1913-1921).

L'attaque japonaise contre Pearl Harbor le 7 décembre 1941 suivait le même schéma. Le Conseil des Relations Extérieures (CFR), dirigé par Bernard Baruch, envisageait un plan de provocation qui devait conduire à une attaque japonaise contre les États-Unis. Le secrétaire à la Défense de Roosevelt, Harry

Stimson, a écrit dans son journal :

"Nous nous trouvons devant la difficile question de savoir quels actes diplomatiques permettraient au Japon d'être blâmé pour avoir fait le premier pas."

Le 25 juillet 1941, Roosevelt a gelé tous les avoirs japonais aux États-Unis, décidé d'un embargo commercial, refusé au Japon l'accès au canal de Panama et aidé la Chine dans sa guerre contre le Japon. C'est ce qu'a révélé George Morgenstern dans son livre *Pearl Harbor: The Story of the Secret War* (Costa Mesa, 1991). En juillet 1941, Roosevelt bloqua également toutes les livraisons de pétrole au Japon. Le blocus américain était une déclaration de guerre pure et simple (Eric D. Butler, *The Red Pattern of World Conquest*, Melbourne, 1985, p. 52).

Le secrétaire d'État américain, le franc-maçon Dean Acheson, s'est vu confier la mission d'induire le soi-disant boycott du commerce japonais, ce qui aurait inévitablement eu raison du pays. Si le Japon n'agissait pas, la guerre suivrait, le Japon serait blâmé et le résultat serait la défaite et le ravalement du pays au rang de nation de deuxième ordre.

L'amiral Robert A. Theobold a écrit dans son livre *The Final Secret of Pearl Harbor* (Devin-Adair, 1954) qu'une seule personne était responsable de cette catastrophe : le président des États-Unis, Franklin Delano Roosevelt, un franc-maçon du 32ème degré du rite écossais.

Roosevelt a été initié comme franc-maçon le 11 octobre 1911 à la Holland Lodge N° 8 à New York (John Hamill, Robert Gilbert, *Freemasonry: A Celebration of the Craft*, Londres, 1998, p. 241). Il a longtemps été membre de l'Ordre Arabe Ancien de la Loge du Saint Sanctuaire ainsi que de la Loge d'Architecte n° 519. Il fut également grand maître de la Grande Loge de Géorgie à New York et de la Loge des Grands Cèdres du Liban d'Amérique du Nord (Kurt Fervers, *Die Parolen der Hochgrade: Freimaurerpolitik um die beiden Weltkriege / Les mots de passe des hauts degrés : la politique maçonnique autour des deux guerres mondiales*, Berlin, 1942, p. 143). Il est devenu membre honoraire de la Stansburg Lodge N° 24 à Washington, D.C.

Quatre jours avant l'attaque de Pearl Harbor, les États-Unis avaient intercepté et déchiffré des messages japonais concernant la décision d'entrer en guerre contre les États-Unis et la Grande-Bretagne. Des informations sur Pearl Harbor parvinrent également à Roosevelt, mais il ne réagissait pas. Le colonel à la retraite John W. Carrothers a déclaré dans le *San Francisco Chronicle* du 11 décembre 1981 que les États-Unis avaient un excellent réseau d'espionnage au Japon, composé de Coréens qui méprisaient les Japonais et étaient tout prêts à fournir des informations de prime importance au commandement américain. Roosevelt disposait d'informations complètes sur l'attaque prévue 48 heures à l'avance. Même le gouvernement soviétique a mis en garde les États-Unis contre l'attaque prévue du Japon. Le commandant américain à Hawaï n'en a jamais été informé.

Franklin D. Roosevelt était, entre autres loges, membre de l'Ancien Ordre arabe du Saint Sanctuaire.

Le livre *The Warlords of Washington* d'Anthony Hilder confirme que Roosevelt était vraiment au courant de l'attaque à venir et qu'il a même provoqué les Japonais à attaquer. Il n'a jamais prévenu ses propres généraux. Le directeur du FBI, le franc-maçon J. Edgar Hoover (Federal lodge N°1, Washington), était également au courant de l'attaque, mais n'en communiqua jamais rien. C'était une bonne excuse pour entraîner la nation dans la Seconde Guerre mondiale. J. Edgar Hoover préférait d'ailleurs s'entourer de francs-maçons.

Le livre de l'amiral Robert Theobold fait également référence aux messages secrets japonais concernant l'attaque prévue. Ils ont été décodés et envoyés à la Maison-Blanche. Le président Roosevelt ne s'inquiétait pas du fait que 2237 Américains aient été tués dans le cadre de l'attaque japonaise. Il a finalement trouvé le prétexte qu'il souhaitait pour déclencher une guerre, tuant encore plus de gens.

En 1942, plus de 110 000 citoyens américains d'origine japonaise ont été placés dans dix camps de concentration (dont Manzanar en Californie), où beaucoup sont morts.

Le 15 février 1942, après l'attaque japonaise contre Pearl Harbor, Winston Churchill a parlé à la radio, où il a dit :

"Le plan a fonctionné à la perfection, parce que l'opinion publique a réagi exactement comme je l'avais souhaité" (*The New York Times*, 16 février 1942).

Afin de provoquer la guerre de Corée, le Grand Maître maçonnique Harry S. Truman a suivi le même schéma. Tout d'abord, les forces américaines ont été délibérément déplacées hors de Corée à la mi-1949. Selon le professeur Bruce Cummings, le secrétaire d'État Dean Acheson a prononcé un discours le

12 janvier 1950 devant le National Press Club à Washington, où il a clairement indiqué que la Corée du Sud ne faisait plus partie de la sphère d'intérêt américaine en Asie. L'historien britannique Paul Johnson n'a rien compris et l'a trouvé irréfléchi (Paul Johnson, *Modern Times*, New York, 1983). Bien entendu, il s'agissait d'un discours parfaitement bien réfléchi.

Six semaines avant la guerre de Corée, Tom Connally, franc-maçon et président du Comité sénatorial des Relations Étrangères, exclut la Corée de la sphère d'intérêt américaine. Le signal donné aux communistes était encore plus évident. L'attaque de la Corée du Nord a ensuite suivi au bon moment.

Le dimanche 25 juin 1950, à 4 heures du matin, alors qu'un tiers de la petite armée sud-coréenne était en permission, 120 000 soldats communistes armés de 126 chars soviétiques et de 1400 obusiers traversèrent la frontière. La guerre de Corée avait commencé, la guerre que les dirigeants politiques américains n'avaient pas l'intention de gagner. Le général cinq étoiles Douglas MacArthur a été nommé commandant suprême des unités américaines et d'autres unités combattant sous le drapeau de l'ONU.

Le dictateur communiste chinois Mao Zedong avait envoyé ses troupes sur le fleuve Yalu. Lorsque MacArthur donna l'ordre de bombarder les ponts pour empêcher les troupes chinoises de traverser, Truman révoqua cet ordre (William T. Still, *New World Order : The Ancient Plan of Secret Societies*, Lafayette, Louisiane, 1990, p. 173). Les unités chinoises ont pris d'assaut la frontière le 26 novembre 1950 et ont réussi à occuper Séoul. Des avions soviétiques ont également été utilisés dans les combats.

Le général MacArthur avait beaucoup trop de succès dans son empressement à écraser les communistes. Il a réussi à chasser les communistes de Corée du Sud, et avait aussi l'intention de renverser le régime nord-coréen et bombarder les bases nord-coréennes ainsi que les aérodromes chinois. Cela ne convenait pas à Wall Street. Le général MacArthur a finalement réussi à repousser les communistes de l'autre côté du fleuve Yalu en Chine.

Le président Harry Truman a ordonné à la marine américaine (la septième flotte) d'empêcher Tchang Kaï-chek d'attaquer le continent chinois. Auparavant, Truman avait rejeté la demande de Tchang Kaï-chek de se joindre à ses troupes anticommunistes dans la bataille contre les Nord-Coréens et l'Armée Rouge chinoise.

> "Le fait qu'il y avait une fuite de renseignements était évident pour tout le monde. Walker se plaignait continuellement... que ses opérations étaient connues de l'ennemi à l'avance par des sources à Washington... L'information doit leur avoir été relayée, assurant que les ponts de Yalu continueraient à jouir du sanctuaire et que leurs bases seraient laissées intactes. Ils savaient qu'ils pouvaient traverser la rivière Yalu sans avoir à craindre que des bombardiers n'atteignent leurs lignes de ravitaillement mandchouriennes." (Robert O'Driscoll. *The New World Order and the Throne of the Antichrist*, Toronto, 1993, pp. 374-375).

Lorsque MacArthur a commencé à menacer le communisme chinois (son but était de détruire la Chine communiste à l'aide d'armes nucléaires), le président Truman lui a ordonné de restituer le territoire communiste en Corée du Nord. MacArthur refusa d'obéir à cet ordre, qu'il considérait comme une trahison, bien qu'il soit lui-même un franc-maçon du 32ème degré (affilié à la Manila Lodge N° 1). Il fut remplacé par le général Matthew Ridgway (un membre du CFR) le 11 avril 1951. La Corée est restée divisée. À son retour aux États-Unis, MacArthur reçut un accueil héroïque du Congrès et du peuple. Il n'était pas possible de l'accuser de refuser d'obéir aux ordres. Même l'encyclopédie soviético-estonienne admet que MacArthur a été démobilisé en raison de son intention d'étendre la guerre au territoire de la République populaire de Chine.

La guerre de Corée a duré trois ans. Les États-Unis ont perdu 37 000 hommes et 106 000 blessés. L'ONU en a perdu 14 000 et la Corée du Sud 350 000. La Chine, cependant, a perdu un million de soldats et la Corée du Nord 1 650 000. Un prisonnier de guerre américain sur trois en Corée du Nord est également mort. La guerre de Corée a occasionné d'énormes profits pour l'industrie américaine de l'armement. Ce n'est que le 27 juin 1953 que les combattants ont signé un traité de paix distinct.

Les États-Unis ont toujours été capables de défendre "leurs" intérêts, même si les communistes n'étaient pas d'accord. Staline n'était pas content de l'Iran, lorsqu'il négocia avec Roosevelt en novembre-décembre 1943. Il ne voulait pas retirer ses troupes du nord de l'Iran. Roosevelt lui explique alors que les intérêts de Washington exigeaient que l'Armée Rouge se retire de l'Iran six mois après la fin de la guerre. Staline retarda cette décision jusqu'au printemps 1946, lorsque le président Truman lui présenta un ultimatum, menaçant de recourir à la force si nécessaire. En avril 1946, Staline accepta. Un ultimatum similaire aurait pu être présenté au Kremlin concernant l'Europe de l'Est et les États baltes, mais Wall Street en aurait voulu autrement.

Si les intérêts maçonniques l'exigeaient, divers états étaient "cédés" aux communistes. Quand le général anticommuniste George Patton, contre la volonté de la Maison-Blanche, a pénétré en Tchécoslovaquie, Truman était furieux et exigea le retrait immédiat des troupes américaines de ce pays. Patton a obéi à l'ordre avec réticence. Un grand nombre d'intellectuels tchèques effrayés ont regardé les troupes américaines se retirer avant l'assaut de l'Armée Rouge. Patton a exigé l'utilisation des forces armées contre Moscou. Il a ensuite été assassiné en Allemagne de l'Ouest par un agent spécial américain (*Spotlight*, 22 octobre 1979).

Le maréchal britannique Bernard Law Montgomery a également agi contre la volonté de Truman et Eisenhower en sauvant le Danemark de l'Armée Rouge au printemps 1945. Le mouvement de résistance rouge avait déjà pris le contrôle de la ville côtière de Bogense. Avec le soutien tacite des Danois et de Montgomery, les Allemands vainquirent rapidement les rouges, puis se rendirent aux Britanniques le 5 mai 1945.

Le 9 mai, l'Armée Rouge a envahi Bornholm, la grande île danoise isolée de la Baltique. Cependant, les Alliés ne pouvaient plus livrer le Danemark à

Moscou. Cela aurait paru trop étrange aux yeux du grand public.

Les Allemands avaient l'intention de déplacer une partie de leurs troupes à Bornholm et de s'y rendre aux Britanniques. Ils ne voulaient pas se rendre aux Russes. Les Britanniques ont négligé d'envoyer qui que ce soit pour recevoir la reddition. L'Armée Rouge en a profité pour au moins séparer Bornholm du Danemark.

À Copenhague, personne n'a réagi aux appels de détresse en provenance de l'île. Le 7 mai 1945, à 12h40, des avions soviétiques commencèrent à bombarder Bornholm. Les villes ont été détruites. À Rønne, 90% des maisons ont été endommagées. Le port de Nexø a subi jusqu'à 95% des dommages. De nombreux Danois ont été tués. Copenhague a été informée, mais la radio danoise a gardé le silence sur les événements survenus sur l'île. Finalement, un journaliste a réussi à se rendre en Suède à bord d'un bateau de pêche. De Ystad, dans le sud de la Suède, il a envoyé un reportage à la presse danoise sur la terreur soviétique à Bornholm. Ce n'est qu'après la publication de ce rapport que la Radio danoise s'est réveillée.

Le 9 mai, les troupes soviétiques sont arrivées à Bornholm, où 150 soldats du front ont immédiatement commencé à piller et voler. Ils étaient particulièrement friands de montres. Ils ont alors commencé à violer les femmes. Les dirigeants militaires soviétiques ont établi une dictature communiste. Au final, plus de 8000 soldats soviétiques étaient stationnés sur l'île, buvant et commettant des actes de violence. Quelques-uns des pires vandales ont cependant été exécutés.

L'armée soviétique, qui prétendait être venue pour vaincre les nazis, n'avait pas l'intention de quitter l'île. La population locale était inquiète et a peint toutes les maisons en noir. Les insulaires commençaient à haïr l'Union soviétique.

Le 16 mars 1946, les premières rumeurs ont été entendues que les Russes pourraient quitter l'île. Le 5 avril, les derniers soldats du NKVD ont quitté Bornholm. C'est le même jour que les troupes soviétiques se sont retirées du nord de l'Iran. L'élite maçonnique avait des doutes sur sa capacité à subjuguer le Danemark.

On a appris par la suite que dès le 23 avril 1945, un commissaire du peuple soviétique avait exigé que l'Armée Rouge soit autorisée à prendre Bornholm. Le 24 avril, des ordres ont été donnés pour que l'opération Bornholm se poursuive, et le 4 mai, le moment était venu d'agir. Le général Ivan Batov a laissé le major danois Holger Jorgensen copier certains documents lorsqu'après de nombreuses années, il a rendu visite à Bornholm. Ce sont finalement les soldats de Batov qui ont occupé l'île.

Lorsque le Parti communiste indochinois prit le pouvoir dans tout le Vietnam en août 1945, les financiers de Wall Street furent ravis. Le chef du gouvernement français conservateur, Charles de Gaulle, qui se sentait une certaine responsabilité envers le Vietnam en tant qu'ancienne colonie française, est intervenu en septembre 1945 en essayant de renverser les communistes dans le sud du pays. Cela irrita les États-Unis qui demandèrent à la France d'interrompre ses initiatives pour se débarrasser des communistes en janvier 1946. La France fut ainsi contrainte de reconnaître la République populaire "démocratique" (c'est-à-dire maçonnique) du Vietnam.

Alors que la terreur communiste s'intensifiait, le gouvernement français ignora Washington et, en décembre 1946, lança de nouvelles tentatives pour renverser les communistes. Les Français ont connu un tel succès qu'en 1949, la République du Vietnam s'est établie dans le sud du pays, gouverné par l'Empereur Bao Dai. Mais les unités expéditionnaires françaises n'ont pas réussi à chasser les communistes de tout le pays. Les Français se rendirent en 1954, après la chute de la forteresse dans la jungle Diên Biên Phu. Conformément à l'accord de Genève, la France a été contrainte de retirer ses troupes du Vietnam, qui a ensuite été divisé selon les visées maçonniques. Les francs-maçons ont alors aboli l'empire dans le sud en 1955.

La mission militaire américaine stationnée à Saïgon a déplacé plus d'un million de Nord-Vietnamiens vers le sud en 1954-55. 957 000 ont été transportés par avion au Sud Vietnam. Des centaines de milliers de personnes ont été persuadées de marcher. Ils manquaient de nourriture et d'argent et se sont donc transformés en bandes de bandits qui volaient ce dont ils avaient besoin, tout cela en accord avec la doctrine rouge qui leur a été imposée — avec leur pauvreté — par les super-capitalistes. Les "experts politiques" américains ont qualifié ces bandes de bandits de "forces rebelles", qu'il fallait combattre. Cette opération de transport a été relatée par le colonel L. Fletcher Prouty, ancien chef des opérations spéciales, sur *Radio Free America* le 13 avril 1955.

À partir de 1955, les États-Unis livraient des armes à la République du Vietnam pour prétendument "arrêter" la propagation du communisme en Asie, selon le programme signé par le Président Truman en 1950. Les francs-maçons voulaient apparemment commencer à lutter contre les problèmes qu'ils avaient eux-mêmes causés, car, quels que soient les motifs, ils voulaient la guerre au Vietnam.

En 1961, les activités communistes se sont intensifiées. Les États-Unis ont envoyé 300 conseillers militaires au Vietnam. L'année suivante, ils en ont envoyé 10 000. Le 20 décembre 1960, les communistes fondèrent le FLN (la Force de libération nationale). Leur but était de reprendre le territoire perdu par les Français. L'Union soviétique leur a apporté toute l'aide imaginable.

L'agression communiste contre la République du Vietnam a commencé en août 1964. Un jour ou deux plus tard, une gigantesque escroquerie a été commise dans la baie de Bac Bo, visant à donner aux États-Unis une raison de déclencher la guerre (l'incident du golfe du Tonkin). Le destroyer américain *Maddox* ouvrit le feu sur une mer orageuse et vide, sans navires ennemis en vue. Le lendemain, le plan était de riposter contre le Nord Vietnam, même si les destroyers n'avaient jamais subi d'attaque ennemie. C'est ce qu'a déclaré le pilote de chasse Jim Stockdale, présent sur le lieur des opérations à l'époque.

Dès le 7 août 1964, le président Lyndon Johnson obtint du Congrès l'autorisation d'utiliser les troupes américaines contre l'attaque communiste. En mars 1965, des troupes américaines débarquent au Sud Vietnam. À l'automne 1965, les États-Unis ont impliqué d'autres pays dans le conflit.

En dépit d'une présence américaine sans cesse croissante, les communistes n'ont pas cessé de faire pression plus au sud. Fin 1968, 543 000 soldats américains combattaient au Vietnam. Selon l'encyclopédie soviético-estonienne, le soutien soviétique aux communistes du Nord a couvert 70% du coût de la guerre. En 1973, Moscou a annoncé que cette somme ne devait pas être remboursée.

Les États-Unis avaient simplement l'intention d'étendre le conflit et ils ont ainsi fait montre de leur totale déloyauté envers la cause qu'il prétendait servir. Robert McNamara (membre du CFR), secrétaire à la défense de Kennedy au début de la guerre du Vietnam, puis chef de la Banque Mondiale, a ouvertement admis que les États-Unis n'ont jamais vraiment essayé de gagner la guerre. Ce fut un désastre pour des millions de personnes.

Quand les communistes se sont emparés de Saïgon, le Secrétaire Général du Parti Communiste Vietnamien, Le Duan, a dit que le niveau de vie au Sud Vietnam devait être rabaissé. Il a souligné que les populations du Sud avaient "atteint un niveau de vie trop élevé pour l'économie du pays". Cela signifierait le contraire d'une vie heureuse et civilisée. En janvier 1977, il y avait déjà 200 000 prisonniers politiques au Vietnam (Paul Johnson, *Modern Times*, New York, 1983).

Le 18 mars 1969, sous la pression du conseiller à la sécurité du président Richard Nixon, Henry Kissinger, les États-Unis ont lancé une attaque contre le Cambodge avec des bombardiers B-52 de haute altitude afin d'"y démolir les bases de la NLF". Chacun des avions a largué une trentaine de tonnes de bombes. Les bombardements intensifs ont duré quatorze mois. Des attaques plus sporadiques se sont poursuivies jusqu'au 15 août 1973, date à laquelle le Congrès américain y a mis un terme. Au total, 540 000 tonnes de bombes ont été larguées sur le Cambodge.

Dans son livre *The Trial of Henry Kissinger* (2001), le journaliste Christopher Hitchens présente des preuves que Kissinger est passible de poursuites pour instigation de meurtre à Santiago (Chili), à Nicosie (Chypre) et Washington D.C., pour crimes de guerre au Vietnam, pour les bombardements au Cambodge, les massacres au Bangladesh en 1971 et le génocide du Timor-Leste en 1975. Cela n'a pas encore été fait.

Le prince Norodom Sihanouk n'était plus en mesure de contrôler la situation au Cambodge, où de nombreuses régions étaient devenues des bases efficaces pour les communistes. Le général Lon Nol a ensuite perpétré un coup d'État, renversant le prince Sihanouk avec l'aide de la CIA le 18 mars 1970. En avril de la même année, des troupes américaines et sud-vietnamiennes furent envoyées au Cambodge pour "sauver le pays du communisme". Lon Nol, qui s'était nommé lui-même "maréchal", força ainsi "la République khmère" à entrer en guerre en Indochine. Près de deux millions de paysans ont fui vers la capitale, qui comptait déjà un million d'habitants. La commission d'enquête finlandaise a estimé que la guerre américaine au Cambodge avait coûté la vie à au moins 600 000 personnes. En mai 1970, les troupes américaines entrent également au Laos.

L'équipement militaire américain du régime de Lon Nol était assuré par l'agence nationale d'assurance soviétique (Gostrakh), selon des sources chinoises (*Soviet Foreign Policy: Social Imperialism*, Ambassade de Chine, Helsinki, 1977, p. 10). La même source affirme que la Tchécoslovaquie a fabriqué des armes pour Lon Nol dans une usine au Cambodge. Dans le même temps, Pékin soutenait les Khmers Rouges, tandis que Moscou soutenait les terroristes rouges vietnamiens qui, selon Gary Allen, recevaient également des armes des États-Unis.

Bientôt, de nombreux partisans de Lon Nol ont compris qu'ils avaient été utilisés sans vergogne et ont rejoint le mouvement démocratique derrière Sihanouk. Ainsi, le mouvement communiste Kmae-kroh de Pol Pot a été aidé dans son accession au pouvoir le 17 avril 1975, indirectement par les États-Unis et directement par la Chine. Pol Pot (en fait Saloth Sar) a rebaptisé le pays Kampuchéa (le nom d'origine Cambodge a été repris après la chute du régime communiste en 1989). Ce fut le début d'un règne de terreur sans égal. Sur la frontière thaïlandaise se trouvaient 6000 hommes appartenant à la guérilla khmer-serei, qui représentait la démocratie. Ils n'ont reçu aucune aide des États-Unis. D'autre part, 25 000 terroristes Khmers Rouges ont reçu secrètement et en permanence l'aide de l'Occident, selon un documentaire britannique, *Cambodia the Year Zero*, du journaliste australien John Pilger. Entre 1975 et 1979, quelque deux millions de personnes ont été tuées au Kampuchéa (sur une population de huit millions d'habitants), selon la devise de Pol Pot :

> "Gardez-les : pas de gain. Exterminez-les : pas de perte. Nous brûlerons l'ancienne herbe pour que la nouvelle pousse."

L'opération avait été planifiée deux ans auparavant par un groupe d'idéologues appartenant à la loge maçonnique politique Angka Loeu (l'Organisation supérieure). Leur but était de mettre en œuvre tous les principes communistes chinois en même temps (en Chine même, cela a pris 25 ans). Tout ce qui appartenait au passé devait être détruit et annihilé. La loge Angka Loeu se composait d'une vingtaine d'intellectuels (enseignants et bureaucrates). Sur les huit dirigeants (Khieu Samphan, May Mann, Ieng Sary, Nuon Chea, Son Sen, Pol Pot et autres), cinq étaient enseignants, un professeur d'université, un économiste et un bureaucrate, selon Paul Johnson. Tous avaient étudié en France au début des années 1950 et étaient devenus membres du Parti communiste français et francs-maçons, apprenant des dirigeants de l'Ordre martiniste que l'usage de la violence était bon pour la société, une "vérité" propagée avec empressement par les francs-maçons radicaux de gauche.

Kenneth Quinn, du Département d'État américain, avait reçu des informations sur les plans de l'Angka Loeu et rédigé un rapport sur le meurtre de masse prévu, daté du 20 février 1974 ("Political Change in Wartime: The Khmer Krahom Revolution in Southern Cambodia 1970-74", *American Science Association*, 4 septembre 1975). Le plan stipule que :

"les membres individuels de la société doivent être reconstruits mentalement"

et que :

"les fondations, structures et forces traditionnelles qui ont façonné et régi la vie d'un individu doivent être détruites par la terreur et d'autres moyens".

Après cela, l'individu serait :

"reconstruit selon la doctrine du parti, en remplaçant les anciennes valeurs par de nouvelles".

Tel est le jargon de la franc-maçonnerie. Les dirigeants américains n'avaient pas l'intention de s'ingérer dans un tel plan. Il ne faut pas déranger les frères maçonniques quand ils suivent les directives internationales décidées par le pouvoir bancaire juif maçonnique.

Le carnage au Cambodge a commencé le 17 avril 1975, lorsque les Khmers Rouges, jeunes soldats paysans endoctrinés, sont entrés dans la capitale de Phnom Penh, où vivaient trois millions de personnes. Les violences ont commencé à 7 heures du matin par des attaques contre des magasins chinois. Les premiers meurtres ont été commis à 20h45. À 10 heures du matin, les soldats ont ouvert le feu sur tous ceux qu'ils voyaient dans les rues, afin de semer la panique, pour que tout le monde fuie la ville.

Tous les hôpitaux ont été évacués. Des fusées ont été tirées en direction de toute maison montrant des signes de mouvement. Le soir, l'eau était coupée. Aucun officier n'était en vue. Les intellectuels francs-maçons qui avaient planifié ces déprédations violentes, pour construire une société sans villes ni argent, ne se sont guère montrés ce jour-là. Les Khmers Rouges ont emmené les femmes et les jeunes enfants pour les passer par les armes dans des champs qui furent le lieu de véritables boucheries.

Tous les liens d'amitié étaient interdits. Seuls les vêtements foncés étaient autorisés, les vêtements aux couleurs vives étaient considérés comme l'expression d'un individualisme suspect.

Telles sont ces prescriptions typiques de l'humanisme maçonnique qui s'est répandu à partir de la France vers d'autres parties du monde. Les dirigeants de la Révolution (tous francs-maçons) avaient déclaré, en 1793 :

"Nous préférons transformer toute la France en cimetière plutôt que d'échouer". (Guy Lenôtre, *Les noyades de masse à Nantes*, Stockholm, 1913, p. 157)

La compassion envers les victimes était considérée comme criminelle (*ibid*, p. 153). Les dirigeants maçonniques voulaient se débarrasser des royalistes et des ennemis du peuple, qu'ils considéraient comme des "bouches superflues".

Parmi les victimes se trouvaient des femmes et des enfants. Les noyades massives dans la Loire, appelées "inondations", ont été organisées par le Comité commun d'assistance sociale (composé de 13 membres, tous francs-maçons).

Les Khmers Rouges avaient beaucoup appris de cette terreur "révolutionnaire" imposée aux Français par les francs-maçons juifs.

En avril 1976, le chef de la loge Angka Loeu, Khieu Samphan, devint chef de l'État avant d'être remplacé comme chef du gouvernement par un autre "révolutionnaire" fanatique — formé en France par le Parti Communiste judéo-maçonnique — Pol Pot.

Pol Pot faisait souvent enterrer vivantes ses victimes. Il a donné l'ordre de torturer à mort 20 000 femmes et enfants. En tout, 90% des intellectuels ont été assassinés. Les Khmers Rouges ont même attaqué des villages dans les pays voisins. Le 28 janvier 1977, les Khmers Rouges ont tué les habitants de trois villages thaïlandais, avant de brûler leurs maisons, selon un article du *Reader's Digest* de janvier 1979.

Khieu Samphan a admis à un journaliste italien en août 1976 qu'un million de prétendus "criminels de guerre" étaient morts, selon Paul Johnson.

Lors d'une invasion rapide, les forces vietnamiennes ont vaincu Pol Pot et occupé le Kampuchéa le 25 décembre 1978. Le 7 janvier 1979, un nouveau régime est mis en place sous Heng Samrin, qui recevait l'aide soviétique (avec l'aval des États-Unis). Le 11 janvier, la République populaire du Kampuchéa a été proclamée.

Les Khmers Rouges ont continué à recevoir régulièrement le soutien de l'Occident. Au cours des années suivantes, Pol Pot fut toujours soutenu par les États-Unis et la Chine ainsi que leurs alliés, dont la Grande-Bretagne de Thatcher. Bien que les Khmers Rouges aient cessé d'exister en janvier 1979, leurs membres furent toujours autorisés à représenter le Cambodge à l'ONU.

En 1981, le franc-maçon de haut rang Zbigniew Brzezinski, conseiller à la sécurité nationale du président Carter, a déclaré :

> "J'ai encouragé les Chinois à soutenir Pol Pot."

Il a admis que les États-Unis ont "fermé les yeux" sur le fait que la Chine envoyait des armes aux Khmers Rouges via la Thaïlande (voir l'article de John Pilger "They Supported a Mass Murderer").

C'était le même Brzezinski qui, en 1979, avait selon Paul Johnson, ouvertement admis que :

> "le monde change sous l'influence de forces ingérables pour tout gouvernement".

Les activités de Pol Pot en exil étaient secrètement financées par les États-Unis depuis janvier 1980. L'ampleur de cette aide — 85 millions de dollars entre 1980 et 1986 — a été démontrée par une lettre adressée à la Commission des relations extérieures du Sénat américain. La CIA s'est assurée que l'aide humanitaire aille directement aux bases khmères rouges. Deux travailleurs humanitaires américains, Linda Mason et Roger Brown, ont rapporté plus tard :

> "Le gouvernement américain a insisté pour que les Khmers Rouges reçoivent de la nourriture…" (John Pilger)

Suite aux pressions américaines, le Programme alimentaire mondial a envoyé des vivres d'une valeur de 12 millions de dollars à l'armée thaïlandaise, pour être livrés aux Khmers Rouges. "Entre 20 000 et 40 000 des soldats Khmers Rouges ont reçu cette aide", selon Richard Holbrooke, alors secrétaire d'État adjoint. Les convois de vivres étaient payés par les gouvernements occidentaux.

L'officier supérieur du camp de prisonniers Khmers Rouges était le célèbre assassin de masse Nam Phann (le bras droit de Pol Pot), appelé le Boucher par les travailleurs humanitaires.

L'ancien directeur adjoint de la CIA, Ray Cline, a effectué une visite secrète au quartier général opérationnel des Khmers Rouges. Cline était à l'époque le conseiller du président Ronald Reagan pour la sécurité nationale.

Jusqu'en 1989, le rôle de la Grande-Bretagne au Cambodge est resté secret. Simon O'Dwyer-Russell correspondant à l'étranger du *Sunday Telegraph*, révéla alors que les unités SAS britanniques entraînaient les unités de Pol Pot. Ils étaient tous des vétérans de la guerre des Malouines, commandés par un capitaine britannique. Plus tard, le *Jane's Defence Weekly* a rapporté que ce genre d'entraînement avait eu lieu dans des bases secrètes en Thaïlande depuis plus de quatre ans.

Pol Pot a été assuré par ses maîtres maçonniques qu'il n'aurait jamais à faire face à des accusations de crimes contre l'humanité. Cette promesse a été faite officiellement en 1990. L'ONU a présenté un "plan de paix", dans lequel toute mention du génocide avait été omise.

La Commission des droits de l'homme de l'ONU a rejeté une résolution traitant des "atrocités de caractère génocidaire, commises en particulier lorsque les Khmers Rouges étaient au pouvoir". Les principaux moteurs de cette concession ont été les États-Unis et la Chine. La mission de l'ONU a décidé que ses États membres ne "rechercheraient plus, ni n'arrêteraient, livreraient ou poursuivraient en justice les responsables de crimes contre l'humanité au Kampuchéa". Les gouvernements n'étaient plus sous le coup de l'obligation d'"empêcher les responsables d'actes de génocide commis en 1975-1978 de reprendre le pouvoir". Les nazis n'ont jamais eu cette chance…

Le régime des gangsters de Pékin, ainsi que les gouvernements américain et britannique, ont soutenu les soldats de Pol Pot et leur ont fourni des armes modernes, ce qui leur a permis d'exécuter leurs raids terroristes dans le pays depuis la Thaïlande voisine.

Le 25 juin 1991, le gouvernement britannique a finalement admis que le SAS avait secrètement formé le "mouvement de résistance" de Pol Pot depuis 1983. Le journal *The Guardian* a déclaré que :

"la formation du SAS était un acte politique criminellement irresponsable et cynique".

Lorsque les Khmers Rouges ont été accueillis à Phnom Penh par des fonctionnaires de l'ONU, le général australien John Sanderson, dans un regard croisé filmé, a refusé de condamner les Khmers Rouges comme responsables du génocide.

Un avocat cambodgien l'a fait remarquer :

"Tous les étrangers impliqués doivent être jugés... Madeleine Albright, Margaret Thatcher, Henry Kissinger, Jimmy Carter, Ronald Reagan et George Bush."

Son ambition était de les poursuivre et de leur faire expliquer au monde pourquoi ils avaient soutenu les Khmers Rouges. Mais il est peu probable que cela se produise jamais.

En 1998, Khieu Samphan demanda à ses compatriotes d'oublier le passé pour permettre au pays d'aller de l'avant. Les dirigeants maçonniques occidentaux se sentiraient également mieux, si le Cambodge parvenait à accepter son passé.

La CIA a utilisé la confusion autour de la guerre du Vietnam comme couverture pour le trafic de drogue à grande échelle à partir du soi-disant Triangle d'or. C'est ce qu'a révélé le professeur Alfred W. McCoy dans son enquête approfondie intitulée *The Politics of Heroin: CIA Complicity in the Global Drug Trade*[29] (New York, 1991). La drogue était envoyée aux États-Unis à l'intérieur des corps des soldats morts.

Entre-temps, Wall Street avait décidé que tout le Vietnam devait être livré aux communistes. Cette intention a été annoncée par le président Richard Nixon le 22 janvier 1969. Il l'appelait à la "vietnamisation" de la guerre. En août 1969, les États-Unis ont commencé à retirer ses troupes, tandis que Wall Street augmentait en même temps son aide aux communistes, qui utilisaient le Cambodge et le Laos comme bases arrière. Le Laos était aux mains du communiste Pathet Lao.

Le 29 mars 1973, les États-Unis ramenèrent leurs dernières troupes du Vietnam, et en avril 1973, tout le Vietnam était communiste. Un terrible règne de terreur a commencé, sur lequel la presse occidentale a gardé le silence.

Avec l'aide de Moscou, le communiste Pathet Lao s'est emparé de tout le Laos en juin 1975. Le 2 décembre 1975, le Laos a été déclaré République démocratique populaire, gouvernée par la "dictature prolétarienne" (un autre terme pour désigner les pays conquis sous la férule des francs-maçons au service

---

[29] Voir également, *CIA — Organisation criminelle*, par Douglas Valentine, Le Retour aux Sources, www.leretourauxsources.com.

du pouvoir juif mondial).

Des sources soviétiques (dont l'*Encyclopédie soviético-estonienne*) ont admis que la guerre du Vietnam était "une collision entre deux systèmes mondiaux différents". C'est exactement ce que Wall Street avait en tête. Au Vietnam, 58 022 Américains sont morts, 300 000 ont été blessés et 2300 ont disparu. En outre, deux millions de Vietnamiens sont morts et 554 000 réfugiés par bateau ont envahi les pays voisins. Le coût de la guerre fut d'au moins 150 milliards de dollars.

En raison de son système économique inutile, le Vietnam a lancé un programme national de culture et de vente d'opium pour payer ses dettes contractées auprès des banques américaines. Cela a été révélé par un membre du Politburo défectueux, Hoang Van Hoan, à l'aide de documents classifiés. En 1984, la dette extérieure du Vietnam s'élevait à 3 milliards de dollars *(Wall Street Journal*, 8 mars 1984). Mao Zedong a également livré de la drogue à la mafia aux États-Unis *(Asian Outlook*, Taipei, janvier 1973, p. 13).

Le 14 juillet 1958, les socialistes maçonniques, dirigés par le général Abdul Karim Kassem, prennent le pouvoir en Irak. Le roi Fayçal II a été brutalement assassiné. L'Irak est devenu une république maçonnique, même si les loges furent par la suite fermées.

Le dictateur socialiste irakien Saddam Hussein, arrivé au pouvoir en juillet 1979 et qui avait commencé à exécuter des francs-maçons, ne s'est pas emparé du Koweït, une ancienne province irakienne, de sa propre initiative en 1990. C'est l'ambassadeur américain à Bagdad, April Glaspie, qui, le 25 juillet 1990, a fait croire à Saddam Hussein que la question du Koweït n'était pas vitale pour l'Amérique, s'il voulait occuper la partie nord du pays. Saddam Hussein faisait confiance aux Américains, car le gouvernement de Ronald Reagan avait secrètement fourni à l'Irak des informations et des armes pendant la guerre contre l'Iran. Les États-Unis ont lancé un programme d'aide décisif en faveur de l'Irak en 1982, après que les services de renseignements américains eurent annoncé qu'il existait un risque considérable que l'Irak soit vaincu par l'Iran. Via l'Égypte, les Irakiens ont reçu des chars d'assaut, des hélicoptères, ainsi que des équipements pour leur programme d'énergie nucléaire et des matériaux pour la production d'armes biologiques *(Newsweek*, 23 septembre 2002).

Finalement, les États-Unis ont fait exploser les plateformes pétrolières de l'Iran, attaquer ses patrouilleurs et même tuer 290 Iraniens en abattant un avion de passagers iranien. Quelques semaines plus tard, l'Iran a cessé toutes les hostilités. Téhéran avait peur d'une attaque américaine de grande ampleur.

C'est Rockefeller qui avait encouragé l'Irak à faire la guerre à l'Iran. La guerre Iran-Irak s'est poursuivie de 1980 à 1988 et a coûté la vie à plus de 650 000 personnes. L'Irak a perdu 150 000 soldats, l'Iran 500 000.

Le 31 juillet 1990, le Secrétaire d'État adjoint aux affaires du Proche-Orient, John Kelly, a témoigné devant le Congrès :

"Les États-Unis n'ont pas l'intention de défendre le Koweït s'il est attaqué par l'Irak."

Huit jours après la conversation d'Avril Glaspie avec Saddam Hussein, le 2 août 1990, les troupes irakiennes envahissent et occupent le Koweït. Les transcriptions de la réunion ont été publiées le 1er octobre 1990 dans le *Time Magazine*. Le secrétaire d'État s'est ensuite mis en colère contre April Glaspie. Mais c'était trop tard. Personne n'a pris le déni du département d'État au sérieux.

En mars 1991, April Glaspie a été interrogée par la Commission sénatoriale des relations étrangères, où elle a admis que la conversion avec Saddam Hussein avait réellement eu lieu. Les États-Unis ont utilisé des tactiques similaires pour tendre un piège au président serbe Slobodan Milosevic.

L'ambassadeur américain, ainsi que les ambassadeurs britanniques et soviétiques, ont quitté le Koweït deux jours avant l'attaque.

Le plan de George Bush pour Saddam Hussein était de l'entraîner dans un piège, où la seule issue était de lui laisser faire le sale boulot pour le compte de l'industrie pétrolière internationale, tout en limitant sa capacité à menacer Israël. L'objectif des États-Unis était que Saddam Hussein tue 300 000 Arabes vivants dans les marais du delta du sud de l'Irak, qui gênaient les compagnies pétrolières.

Les États-Unis ont tenté d'impliquer l'ONU dans une intervention militaire pour libérer l'émirat, augmentant ainsi la pression sur Saddam Hussein, mais ils se sont heurtés à une résistance initiale contre l'opération *Tempête du désert*. L'atmosphère a toutefois changé en octobre 1990, lorsqu'une infirmière koweïtienne et un chirurgien de Koweït City, en larmes devant une commission des droits de l'homme, ont raconté comment les barbares irakiens s'étaient comportés dans les hôpitaux de la capitale occupée. Ils avaient écrasé les incubateurs, jetant les nouveau-nés sur le sol et les laissant mourir là. Ce récit a suscité l'indignation dans le monde entier et a contribué de manière décisive à la cause de ceux qui préconisaient une intervention militaire contre l'Irak.

Les mensonges ont été révélés en mars 1992. L'histoire des incubateurs avait été inventée par une agence de publicité de New York, qui avait reçu 20 millions de dollars de l'émir en exil du Koweït. L'homme qui avait témoigné n'était pas chirurgien, et la "réfugiée" était la fille d'un diplomate koweïtien. Tous deux avaient été amenés à mettre en pratique leurs "déclarations de témoins oculaires" pendant des jours et avaient reçu des cours d'anglais spécialement conçus à cet effet.

L'opération *Tempête du désert* a coûté un milliard de dollars par jour. Les alliés, dirigés par les États-Unis, ont tué quelque 500 000 soldats irakiens, selon l'ancien procureur général, Ramsey Clark. Il a admis à Stockholm, le 5 décembre 1991, que les alliés avaient annihilé toute une division irakienne se déplaçant vers le nord après le cessez-le-feu du 26 février 1991. Des milliers de soldats ont été enterrés vivants ou morts, dans des tranchées. Selon les règles de la guerre, les soldats ennemis blessés doivent pourtant recevoir des soins médicaux.

L'historien juif-américain John Coleman a révélé que le président George

Bush avait donné l'ordre de tuer 150 000 soldats irakiens, qui constituaient un convoi militaire marqué de drapeaux blancs, se dirigeant hors du Koweït, vers l'Irak.

60 000 tonnes de bombes ont été larguées sur des zones qui n'étaient pas destinées à être touchées et ne constituaient pas des "cibles stratégiques". Le système d'approvisionnement en eau a été détruit. Bien que des photos des 150 000 corps carbonisés de soldats irakiens aient été prises, elles n'ont jamais été montrées à la télévision.

Les pertes civiles ont été estimées à plus de 25 000 pendant la guerre de bombardement, mais ce nombre a été multiplié par la suite en raison des sanctions. 250 000 enfants irakiens de moins de cinq ans étaient morts en août 1991. En mai 2000, un demi-million d'enfants irakiens étaient morts, selon Hans von Sponeck, haut-fonctionnaire des Nations Unies en Irak en 2000. Son travail consistait à punir des millions d'innocents. Selon le journaliste australien John Pilger, des avions américains et britanniques ont bombardé l'Irak presque quotidiennement pendant la période 1997-2001. La presse n'en a pas tenu compte, sauf lorsque le président George W. Bush a bombardé l'Irak le 16 février 2001.

Au cours de l'été et de l'automne 2002, George W. Bush a commencé à préparer une nouvelle attaque contre l'Irak, visant à "renverser" Saddam Hussein. Son intention réelle, cependant, était de détruire l'OPEP et de prendre le contrôle des prix du pétrole et des principaux gisements pétroliers. George W. Bush a des intérêts personnels dans la production pétrolière. L'intention des États-Unis est de créer le chaos au Moyen-Orient, selon Mo Mowlan, l'ancien secrétaire de Tony Blair pour l'Irlande du Nord, tel que rapporté dans *The Guardian*. Elle affirme que l'idée que l'Irak soit une menace pour la paix mondiale est une invention. Les objectifs ultérieurs sont tout à fait différents, poursuivis sous le prétexte de la prétendue guerre contre le terrorisme.

Le 12 mai 1996, Leslie Stahl a demandé à Madeleine Albright, alors ambassadrice des États-Unis à l'ONU, dans le magazine CBS *Soixante minutes :*

> "Nous avons entendu dire qu'un demi-million d'enfants sont morts (à la suite des sanctions contre l'Irak). Je veux dire, c'est plus d'enfants que morts à Hiroshima. Est-ce que cela en valait la peine ?" Albright répondit : "Je pense que c'est un choix très difficile, mais le prix, nous pensons que le prix en vaut la peine."

Dans cette situation sont apparus des réfugiés qui allaient déstabiliser le monde occidental sous l'étiquette de "société multiculturelle". C'était délibéré. Hans von Sponeck a déclaré devant une audience de 700 personnes à Kensington Town Hall, à Londres, le 6 mai 2000, que la communauté internationale oblige chaque Irakien, homme, femme et enfant, à vivre avec 252 dollars par an. Les médias britanniques n'ont jamais mentionné cette réunion publique. Pour eux, ce génocide n'a jamais eu lieu.

Le documentaire de John Pilger *Paying the Price: Killing the Children of Irak* (2000) montre la Grande-Bretagne bombardant des moutons et des enfants irakiens bergers à l'été 1999. Au début, le ministère britannique de la Défense a nié cet outrage, mais il a présenté l'argument selon lequel l'OTAN a le droit de se défendre. Avant tout, les enfants et leurs moutons constituaient une menace sérieuse pour l'OTAN et l'UE. Près de la moitié des victimes des bombardements irakiens ont été des civils.

Dans la guerre contre l'Irak, l'uranium appauvri a été officiellement utilisé pour la première fois dans des missiles antichars. Cela a également causé des radiations chez les soldats américains. Un groupe de spécialistes, qui a examiné 17 anciens combattants, a pu montrer que les deux tiers d'entre eux avaient de l'uranium dans l'urine ainsi que dans les os. 67% des enfants nés dans 251 familles d'anciens combattants américains après la guerre du Koweït étaient déformés de diverses manières : ils manquaient d'yeux ou d'oreilles, leurs doigts avaient grandi ensemble ou ils avaient des problèmes respiratoires.

Lorsqu'un projectile contenant de l'uranium explose, une chaleur intense est émise et une grande partie de l'uranium est pulvérisée. C'est la poussière que les soldats américains et britanniques — ainsi que les Irakiens — ont inhalée pendant des années. Mais l'uranium appauvri ne contient pas d'U236. L'uranium appauvri est un métal lourd radioactif de faible teneur (2,5 fois plus lourd que l'acier) obtenu comme sous-produit de l'enrichissement de l'uranium 235.

Les scientifiques français en ont tiré une autre conclusion : ces missiles devaient contenir des déchets atomiques (uranium 238), qui sont plus hautement radioactifs. Une exposition d'une journée correspond à une dose annuelle. Ce type d'uranium cause une mort lente par cancer, des lésions rénales incurables et des maladies immunodéficitaires. Cela explique pourquoi le Pentagone et l'OTAN ont proféré des menaces contre les scientifiques qui se sont trop rapprochés de la vérité. Les armes ont été fabriquées par Honeywell et Aerojet entre autres, toutes deux contrôlées par la franc-maçonnerie. L'Agence Britanniques de l'Énergie Atomique (AEA) a, selon *The Independent,* mis en garde contre les risques de radiations après la guerre du Koweït.

Le plomb contenu dans les ogives des missiles à tête chercheuse a été remplacé par de l'uranium 238 pour augmenter leur densité et donc leur masse. La puissance de pénétration est ainsi augmentée lorsque le missile frappe un char d'assaut. L'uranium 238 est un sous-produit de l'enrichissement du combustible nucléaire.

Eric Hopkins a déclaré dans le *New York Times* du 21 janvier 1993 que les États-Unis avaient pollué l'Irak et le Koweït avec plus de 40 tonnes d'uranium. Il a souligné que les troupes irakiennes n'avaient pas accès à une telle substance. Près de la moitié du pays est polluée par des poussières radioactives et de vastes étendues de terres arables sont détruites. Le Pentagone affirme que l'uranium appauvri a un très faible effet de rayonnement. Mais lorsque les États-Unis ont testé cette arme inhumaine au Nouveau-Mexique, les militaires craignaient que les eaux souterraines ne soient polluées.

Ce n'est qu'en juillet 2002 que l'on a appris que les Américains avaient pollué l'Irak avec près de 800 tonnes d'uranium appauvri (c'est-à-dire de déchets nucléaires).

Andres Brahme, professeur de physique des rayonnements médicaux à l'Institut Karolinska de Stockholm, a visité après la guerre des hôpitaux du sud de l'Irak avec des enfants atteints de malformations très graves, par exemple un seul œil au milieu du front. Il croyait que les déformations étaient causées par des substances contenues dans l'uranium appauvri, qui s'étaient répandues sous forme de nuages de poussière après l'explosion.

Les Américains et les Britanniques ont également utilisé les bombes dévastatrices FAE (Fuel Air Explosive) contre les troupes irakiennes. Ces bombes de 1000 kilos contiennent un aérosol d'oxyde d'éthylène et provoquent une énorme surpression (environ 70 atm.), détruisant pratiquement tout dans une zone de 5000 mètres carrés. Il existe aussi des bombes FAE de 7500 kg.

Dans un documentaire, "Saddam Hussein's Genocide" de Michael Wood, la chaîne British ITV a révélé comment les dirigeants politiques des États-Unis avaient été à l'origine du massacre des Arabes dans le delta. Ces informations furent confirmées par plusieurs témoins et documents. Auparavant, cependant, les Kurdes du nord et les musulmans chiites au sud paieraient un prix élevé pour leur confiance envers les États-Unis. Le 12 janvier 1991, le Congrès américain a autorisé George H. Bush à déclarer la guerre à l'Irak, à moins que les forces irakiennes ne quittent le Koweït dans les trois jours. Ce que l'Irak ne pouvait pas faire.

Le 13 février 1991, George Bush a réprimandé :

> "Les militaires et le peuple irakien peuvent prendre les choses en main et forcer Saddam Hussein à démissionner, afin que l'Irak puisse rejoindre les nations pacifiques. Nous n'avons aucun différend avec le peuple irakien…"

Cette provocation était aussi fausse que celle qui via *La Voix de l'Amérique*, visait la Hongrie à l'automne 1956. Un peuple opprimé a alors aussi reçu de faux espoirs d'une intervention américaine.

Le président Bush a encouragé les Kurdes à se révolter. Les musulmans chiites croyaient que la provocation de Bush était un sérieux gage du soutien américain et ont commencé à se révolter dans le sud de l'Irak. Par la suite, le général Norman Schwartzkopf a donné carte blanche à l'armée irakienne pour noyer la rébellion chiite dans le sang. Les États-Unis ne pouvaient pas laisser Saddam Hussein tomber.

Le documentaire d'ITV montrait une interview de Laurie Mylroie, l'un des principaux analystes à Washington, qui avait vu les transcriptions des négociations du cessez-le-feu. Selon Mylroie, le 26 mars, les États-Unis ont pris une décision destinée à envoyer un signal à Saddam Hussein pour qu'il écrase la rébellion. Le général Schwartzkopf encouragea l'armée irakienne à utiliser des hélicoptères. Le même jour, les États-Unis ont clairement indiqué que les hélicoptères irakiens ne seraient pas abattus, même en survolant les troupes alliées. De Washington, on a expliqué à Schwartzkopf que les hélicoptères participaient à une opération visant à renverser Saddam Hussein. Bien sûr, rien de tel ne devait arriver. Cette circonstance particulière a étonné le monde entier. Mais comme l'a montré le documentaire d'ITV, les intérêts américains étaient tout autre.

Lorsque, en avril 1991, les Kurdes ont commencé à négocier avec les Irakiens au sujet de leur autonomie (les États-Unis n'y voyaient aucune objection), le chef du service de renseignement militaire kurde irakien a rapporté que l'Irak avait tué 300 000 personnes dans le sud. Les tueries ont continué. Dans le delta marécageux entre l'Euphrate et le Tigre, des barrages ont été construits et l'eau des marais a été empoisonnée. Le bétail a été tué. Les maisons et les cultures ont été bombardées de napalm et de bombes incendiaires. Ceux qui ont survécu ont été forcés de partir. Grâce aux encouragements américains, Saddam Hussein a réussi à tuer sept pour cent de la population locale. Personne n'a condamné ce massacre.

Le documentaire montrait une petite fille disant que les États-Unis et la Grande-Bretagne considèrent ceux qui tuent les gens comme des meurtriers. Elle a demandé :

"Saddam a tué mon père. Pourquoi n'est-il pas considéré comme un criminel ?"

Il a été révélé que le prétendu blocus était une fraude, puisque l'Irak a reconstruit 80% de son industrie de l'armement avec l'aide étrangère. La position de Saddam Hussein a été renforcée par les sanctions. Le Département d'État américain a refusé de répondre au journaliste Michael Woods au sujet de sa politique irakienne.

À la fin du documentaire, le véritable motif du massacre a été révélé. Les sociétés françaises ELF et Total, ainsi que d'autres sociétés internationales, avaient l'intention de commencer à extraire du pétrole dans la région après s'être débarrassées des Arabes habitants les marais et avoir drainé la zone. Tous les Arabes qui tentaient d'y rester devaient être tués. Les psychopathes maçonniques se nourrissent ainsi de la souffrance des autres.

Le gouvernement koweïtien a par la suite accordé à l'ancien président George H. Bush et à ses fils Neil et Marvin de "grosses" concessions. Dans son livre *Two Faces of George Bush* (Dresde, N. Y., 1988), Antony C. Sutton a révélé que George Bush avait également été impliqué dans des affaires de drogue en tant que leader du réseau de cocaïne dans le scandale des Contra.

Scott Ritter, un inspecteur américain de la marine et des armements qui travaillait pour l'Unscom depuis sa création en 1991, a affirmé dans une interview au *New York Post* (décembre 1998) que la série d'inspections en Irak avait un seul but — provoquer une nouvelle guerre. En d'autres termes, le rapport de Richard Butler sur l'Irak était du bluff. Le président Bill Clinton voulait une excuse pour lancer une attaque.

Le journal italien *La Repubblica* a révélé le 3 août 1993, dans l'article "À la recherche de pétrole en Somalie", que les États-Unis étaient vraiment en quête de puits de pétrole abondants et des métaux stratégiquement importants que sont le tungstène et l'uranium. Ils étaient entrés en Somalie en tant que fonctionnaires de l'aide humanitaire. Lorsque l'opération *Restore Hope* a été lancée, les États-Unis se sont rangés du côté du général Mohammed Farah Aidid, qui était le chef d'un gang de voleurs appelé le clan Habir-Ghedir. La compagnie pétrolière américaine Conoco a joué un rôle décisif à cet égard. En échange d'un soutien militaire, Aidid a accepté de donner à Conoco le monopole de la prospection pétrolière. Plus tard, le chef de clan Hawale Ali Mahdi a signé un "accord préliminaire" avec Conoco qui, une fois de plus, a obtenu des droits de prospection après la guerre.

Il a alors été décidé de se débarrasser d'Aidid, qui a été présenté par la propagande journalistique comme le diable incarné. Conoco appartient à la famille maçonnique DuPont, qui a participé au financement de l'Union soviétique et de l'Allemagne nazie. Les actifs d'Eleuthere et de Samuel DuPont sont passés de 83 millions de dollars à 308 millions de dollars pendant la Première Guerre mondiale.

Le rédacteur en chef du journal financier italien *Il Globo-Oro 12,* Enzo Garretti, a révélé que derrière l'opération somalienne se trouvaient, à l'exception des magnats du pétrole, les sociétés financières juives Goldman Sachs et Salomon Brothers (qui a également prêté de l'argent au gouvernement suédois). Garretti a écrit :

> "L'ombre de Wall Street plane au-dessus de la Somalie."

La même ombre plane également sur l'Union européenne. C'est en même temps l'ombre de la franc-maçonnerie, puisque Wall Street a toujours servi les intérêts de la franc-maçonnerie internationale, ce qui impose, entre autres choses, une réduction drastique de la population mondiale. C'est précisément pour cette raison que des centaines de conflits armés ont éclaté après la Seconde Guerre mondiale.

Les conflits dans les Balkans

Le fait d'examiner les événements pour les resituer dans une perspective historique permet de clarifier les enjeux.

Les guerres des Balkans ont été un préalable à la Première Guerre mondiale. Ces guerres de courte durée (8 octobre 1912 - 30 mai 1913) se sont déroulées entre l'Union des Balkans et la Turquie. Du 29 juin au 10 août 1913, la Bulgarie a combattu la Serbie, la Grèce, le Monténégro, la Roumanie et la Turquie. La Bulgarie a perdu une grande partie de son territoire pendant la guerre.

Alexander Parvus (le juif Israël Helphand), un membre des Illuminati, a agi pendant les guerres des Balkans de 1912-1913 depuis Salonique en Grèce en tant que conseiller financier des gouvernements turc et bulgare. Il entra en contact avec la puissante organisation maçonnique de Salonique, une ville à 70% juive.

Ses ventes d'armes l'ont rendu immensément riche. Son appui principal, qui se dissimulait derrière lui, était le comte Giuseppe Volpi di Misurata, ce dernier a aidé Parvus dans ses affaires et ses contacts maçonniques.

La Serbie, la Croatie et la Slovénie se sont unies pour former un nouveau royaume le 1er décembre 1918. Plus tard, pendant la Seconde Guerre mondiale, des agents britanniques ont aidé à renverser le gouvernement yougoslave dirigé par Dragisa Cvetkovic, le 27 mars 1941. Le roi serbe Pierre II dut ironiquement s'enfuir pour trouver refuge à Londres. Le Royaume de Yougoslavie a alors été écrasé.

Le nouveau gouvernement, dirigé par le franc-maçon et général (chef de l'armée de l'air) Richard D. Simovic, a immédiatement entamé une coopération avec Staline en signant un traité d'amitié dès le 5 avril 1941. Pendant toute la Seconde Guerre mondiale, Londres a fortement soutenu Tito, l'aidant plus tard à prendre le pouvoir, Churchill jouant un rôle clé. L'associé le plus proche de Tito était le franc-maçon juif Mosa Pijade. Selon Zivadin Simic, l'un des dirigeants de la police secrète, Tito était également franc-maçon. Après la guerre, Tito a reçu une aide énorme (150 millions de dollars) des pays occidentaux pour établir le communisme. Sans cette aide, le régime de Tito serait tombé. Pendant ce temps, ses crimes étaient gardés secrets. Les États-Unis à eux seuls ont secrètement contribué à hauteur de 35 milliards de dollars entre 1948 et 1965. C'est ce qu'a révélé un expert en droit international, le professeur Smilja Avramov, dans une interview au journal serbe *Politika Ekspres* (16 janvier 1989). L'aide occidentale couvrait 60% des dépenses du régime communiste. Le professeur Avramov souligna :

"Sans cette aide économique, notre régime n'aurait pas survécu."

L'aide des États-Unis à la Yougoslavie était un secret d'État important, que l'ambassade américaine a refusé de commenter. Les agissements des banquiers privés occidentaux étaient un secret encore mieux gardé.

Les francs-maçons britanniques, et surtout les Illuminati, dont l'une des façades est l'Institut Britannique des Affaires Internationales[30], ont également aidé les communistes albanais au pouvoir, en leur apportant une aide militaire conséquente.

En 1990, les francs-maçons ont commencé à agir pour rapprocher la Serbie de l'UE en rendant ce pays autosuffisant entièrement dépendant du monde extérieur. Ce peuple têtu et indépendant devait être contraint à la soumission par une guerre, selon la procédure pluriséculaire des Illuminati. En mai 1991, le Département d'État américain a commencé à organiser des troubles dans les Balkans.

Les États-Unis ont cessé toute aide à la Yougoslavie, une mesure qui a

---

[30] Le fameux RIIA, Royal Institute of International Affairs, NDÉ.

également touché toutes les républiques séparées, et ont opposé leur veto à la poursuite des prêts accordés par le FMI. Un crédit promis de 1,1 milliard de dollars a été gelé, et avec cela tous les prêts extérieurs prévus pour un total de 3,5 milliards de dollars, qui étaient liés aux prêts du FMI. C'était un geste typique de la franc-maçonnerie internationale. On ne crée des problèmes que pour offrir ses propres "excellentes solutions".

D'un seul coup, l'administration de George Bush a plongé la Yougoslavie dans un tourbillon d'effondrement économique total avec des conséquences dramatiques pour toute la région. Dès 1989, l'inflation yougoslave dépassait 250% (*Hamburger Abendblatt*, 27 janvier 1989).

En juin 1991, lors d'une brève visite à Belgrade, le secrétaire d'État et franc-maçon américain James Baker a assuré au président yougoslave Slobodan Milosevic que les États-Unis étaient "en faveur de l'intégrité territoriale yougoslave", dont la désintégration avait en fait été favorisée par la décision américaine de mettre un terme à tout crédit.

Deux jours après la déclaration de Baker, la Croatie et la Slovénie se sont déclarées républiques indépendantes, les salaires ne pouvant être payés.

Le paiement était dû sur la dette extérieure s'élevant à 16 milliards de dollars. L'argent promis par l'UE n'est jamais arrivé.

Dans ces conditions, et en raison de la démonstration exagérée de force serbe, la Croatie et la Slovénie, qui étaient jusqu'à quelques mois auparavant disposées à rester dans une fédération libre de Républiques yougoslaves — avec une économie commune, une union douanière et une défense commune en cas d'agression militaire — ont décidé de déclarer leur indépendance.

Milosevic a interprété la déclaration de Baker comme un feu vert des États-Unis lui permettant d'utiliser des armes si nécessaire contre la Slovénie et la Croatie.

Le président Bill Clinton et les gouvernements britannique et français ont toujours agi comme des francs-maçons : ils ont mis en œuvre une déstabilisation totale de la région et de toute l'Europe.

La presse croate a dit que tous les troubles en Yougoslavie avaient été planifiés par Lawrence S. Eagelburger, secrétaire d'État adjoint sous l'administration du président George Bush, par le ministre italien des Affaires étrangères Gianni de Michelis (ancien premier ministre) et par Hans Van der Broek, ministre néerlandais des Affaires étrangères, qui est ensuite devenu un haut fonctionnaire de l'Union européenne. Tous étaient francs-maçons. De Michelis était membre de la loge maçonnique P2. En 1995, il a été reconnu coupable de corruption et condamné à quatre ans d'emprisonnement.

Dès le début de la guerre, les États-Unis, l'Allemagne et Israël vendaient secrètement des armes à la Croatie et la Bosnie. La maintenance et le transport ont été planifiés et exécutés par les forces américaines, les unités de la Légion étrangère française et les troupes de l'ONU à Sarajevo.

La Grande-Bretagne a toujours été à l'origine des événements dans les Balkans. Avant les guerres des Balkans, les agents britanniques menaient des activités clandestines sous la couverture inoffensive de correspondants de presse.

Umberto Pascal explique dans la *Executive Intelligence Review* (2 juillet 1993, n° 26, p. 30) que la crise des Balkans au début des années 1990 était contrôlée par la franc-maçonnerie britannique, qui soutenait secrètement les Serbes tout en incitant à la confrontation entre musulmans Serbes et Croates, les empêchant ainsi de trouver leurs propres solutions.

Le 16 juillet 1993, le journal croate *Danas* dénonçait le rôle insidieux des Britanniques dans le conflit bosniaque. En janvier 1993, la police croate a découvert, lors d'un contrôle de routine, 22 citoyens britanniques dans un bus reliant Zagreb à Travnik. Tous avaient des coupes d'équipage militaire et portaient des survêtements de camouflage. Ils ont prétendu être des volontaires dans la bataille des Croates contre les Serbes. Après un examen plus approfondi par la police, le chef du groupe a tenté d'arrêter l'enquête en offrant des pots-de-vin. Les mercenaires ont reçu l'ordre de quitter le pays. La BBC a fait de cet événement un scandale, qui a reçu une grande attention en Croatie.

Quelques mois plus tard, la chaîne de télévision *Sky News* a diffusé un documentaire sur le mercenaire britannique Norry Phillips, qui, quelques années auparavant, s'était rendu en Croatie pour former ses soldats. En même temps, il vendait des armes aux musulmans et faisait tout ce qui était en son pouvoir pour que les troupes qui étaient sous ses ordres luttent contre eux.

D'autres "instructeurs" militaires britanniques étaient également à l'origine de combats entre Croates et musulmans. Lorsque les combats ont commencé à Mostar entre Croates et musulmans, Norry Phillips est passé du côté musulman.

Les Britanniques étaient souvent aux commandes de ces unités de combat, qui n'ont jamais pris part à une seule action contre les Serbes. Ces "instructeurs" britanniques étaient contrôlés par le MI6, la section étrangère du service de renseignement britannique, elle-même contrôlée par la franc-maçonnerie britannique. L'emblème du MI6 est composé d'un triangle avec l'œil qui voit tout.

Le franc-maçon Lord Owen, le "médiateur" du conflit bosniaque, a fait tout ce qui était en son pouvoir pour éviter des mesures punitives contre la Serbie au début du conflit.

Les journalistes britanniques n'ont pas tardé à filmer les premières photos des personnes massacrées, mais ont "oublié" d'informer la presse que les auteurs, tant croates que musulmans, étaient menés par des agents britanniques. De plus, les rapports étaient volontairement exagérés.

Sous le régime communiste de Tito, les Serbes albanais ont été harcelés au Kosovo. Plus tard, les Serbes ont demandé l'aide du président nationaliste Slobodan Milosevic, qui était plus qu'heureux de pouvoir enfin les aider.

Les États-Unis et d'autres nations maçonniques avaient l'intention d'utiliser le conflit ethnique à leurs propres fins. Des actions maçonniques secrètes ont poussé les Serbes dans une nouvelle guerre, et une misère indescriptible, en permettant à l'agent de la CIA Oussama ben Laden (son nom d'agent était Tim Osman) d'inciter à une autre confrontation étendue, cette fois au Kosovo.

Les membres de l'Armée de libération du Kosovo (UCK)[31] ont été formés en Afghanistan et à Trojope en Albanie dans les camps terroristes gérés par Oussama ben Laden ("KLA Rebels Train in Terrorist Camps", *Washington Times*, 4 mai 1999). *Le Sunday Times* a cité le chef des renseignements albanais qui a confirmé qu'Oussama ben Laden avait envoyé des unités dans la province serbe du Kosovo. Le *Washington Times* a rapporté que les membres d'anciens moudjahidin en Afghanistan qui avaient été recrutés pour combattre dans les rangs de l'UCK étaient contrôlés par la CIA.

C'est le gouvernement américain qui a fourni des armes aux terroristes albanais (de l'UCK). La secrétaire d'État américaine juive Madeleine Albright (membre du B'nai B'rith) a déclaré à l'UCK :

> "Si nous obtenons la situation en noir et blanc dont nous avons besoin, vous obtenez des armes. Sinon, vous n'en aurez pas."

Diverses actions contre la Serbie ont également été organisées par le secrétaire américain au Trésor Robert E. Rubin (membre du CFR et du B'nai B'rith), Morton Abramovitz, William Cohen (secrétaire américain à la Défense), Stuart Eizenstadt (membre du CFR) et d'autres juifs éminents (Paolo Tauffer, *Guerre en Yougoslavie et Europe chrétienne*, Rome, 1999, pp. 40-41).

Les services secrets allemands entraînaient secrètement l'UCK depuis 1996. Les Allemands ont fourni des armes et des munitions à l'UCK. Selon le secrétaire d'État américain, l'UCK était une organisation terroriste en 1998, mais elle a cessé de l'être après avoir commencé à coopérer avec la CIA. Les terroristes albanais ont également été autorisés à financer leurs activités par la contrebande et le trafic de drogue en Europe occidentale. L'UCK aidait à transporter 1,5 milliard de dollars de drogue par an en Europe orientale (*Washington Times*, 4 mai 1999). Le "médiateur", l'ancien Premier ministre suédois Carl Bildt, a affirmé que l'UCK avait tué les Albanais qui étaient en faveur d'une solution pacifique. Ce genre de solution ne convenait pas aux criminels de la franc-maçonnerie juive internationale.

Les colis envoyés au Kosovo par la Croix-Rouge suédoise et contenant prétendument de l'"aide humanitaire" contenaient au lieu de cela des formulaires de camouflage, des gants, des combinaisons de combat et d'autres choses pour les terroristes de l'UCK (Cf le quotidien suédois *Aftonbladet*, 1er avril 2000). La Croix-Rouge a été fondée par le franc-maçon Henri Dunant.

---

[31] Également connue sous le nom de Kosovo Liberation Army, KLA. N.d.T..

La Serbie a été contrainte de négocier, mais les terroristes albanais n'ont pas déposé les armes. Officiellement, l'objectif était de rendre le Kosovo indépendant. Le président Bill Clinton a planifié le bombardement de la Serbie dès août 1998. Le groupe Bilderberger a tenu une réunion au Portugal du 3 au 6 juin 1999, au cours de laquelle le Kosovo a fait l'objet d'une discussion très approfondie, selon une déclaration de Carl Bildt lors d'une réunion publique à Stockholm, peu avant les élections européennes en 1999.

L'arrachement du Kosovo à la Serbie a servi les intérêts de l'élite mondiale. Pendant la Seconde Guerre mondiale, ces puissances ont totalement ignoré les États baltes. En juin 1942, la *World Review* contrôlé par la maçonnerie britannique publia une interview de l'ambassadeur britannique à Moscou, Sir Richard Stafford Cripps, par Edward Hulton. Le franc-maçon marxiste a déclaré :

> "Les États baltes — Estonie, Lituanie et Lettonie — doivent appartenir à l'Union soviétique. Pendant longtemps, ils ont été une partie inséparable du tsarisme sans que personne n'ait jamais pensé qu'il serait mal pour eux d'appartenir à la Russie tsariste."

S'ils avaient vraiment voulu se débarrasser du président Milosevic, les francs-maçons auraient essayé de l'éliminer. Mais ils avaient d'autres projets. Ils voulaient détruire la Serbie nationaliste.

Selon Kjell Magnusson, politologue à l'Université d'Uppsala, l'Accord de paix de Rambouillet (du 23 février 1999) était une manipulation. Il a écrit :

> "L'appendice B stipule que la Serbie doit non seulement se retirer de la province du Kosovo, qui sera placée sous le contrôle de l'OTAN, mais qu'elle doit également renoncer à la souveraineté sur l'ensemble de son territoire".

En d'autres termes, l'OTAN voulait établir des bases en Serbie, ce que Milosevic ne pouvait permettre. Quelques extraits de cet accord :

> Section 8 : "Le personnel de l'OTAN bénéficie, avec ses véhicules, navires, aéronefs et équipements, d'un passage libre et sans restriction et d'un libre accès à l'ensemble du territoire de la République fédérale de Yougoslavie, y compris l'espace aérien et les eaux territoriales associés."
>
> Section 11 : "L'OTAN est autorisée à utiliser les aéroports, les routes, les voies ferrées et les ports sans paiement de droits ni de redevances, droits, péages ou redevances résultant de la simple utilisation."

Aucun président serbe n'aurait signé la paix de Rambouillet. C'était un accord impossible. La secrétaire d'État américaine Madeleine Albright a supposé que ni la Yougoslavie ni la Russie ne signeraient quoi que ce soit contenant ces exigences. Elle a eu le prétexte dont elle avait besoin, c'est-à-dire la situation binaire en noir et blanc qu'elle recherchait.

Dès le 23-25 avril 1999, Tony Blair, Robin Cook et James Robertson ont voulu faire adopter une décision d'utiliser des forces terrestres contre la Serbie. Ils ont échoué. Le Pentagone avait déjà commandé 9000 Purple Hearts à Craco Industries au Texas (*New York Post,* 28 mai 1999).

Dans un discours prononcé le 5 mai 1999, Romano Prodi, président de la Commission européenne, a souligné que l'UE devait disposer de sa propre force militaire pour ce type de situation. En novembre 2000, les médias ont annoncé qu'une force militaire de l'UE de plus de 100 000 hommes serait créée en 2003.

L'OTAN a commencé à bombarder la Serbie le 24 mars 1999 (date également symbolique : 66 ans plus tôt, le 24 mars 1933, les dirigeants maçonniques juifs avaient déclaré la guerre à l'Allemagne dans le *Daily Express* et d'autres journaux du monde entier), et ils ont continué jusqu'au 10 juin. C'est devenu un désastre sans égal. Plus de 20 000 civils sont morts. Des avions de l'OTAN ont largué dix tonnes de bombes contenant de l'uranium sur le Kosovo, ainsi que huit autres zones en Serbie-et-Monténégro, comme l'a signalé Radojko Pavlovic de l'Institut des sciences naturelles de Belgrade.

L'OTAN a d'abord nié les accusations. Mais les preuves sont claires : l'OTAN a utilisé des munitions illégales, des déchets radioactifs (U 238). Cela constitue un crime contre l'humanité. Le Premier ministre britannique Tony Blair est en partie responsable de ce crime de guerre.

Six soldats italiens, qui ont servi dans les forces de la KFOR au Kosovo, sont morts de leucémie, selon des informations parues dans la presse le 3 janvier 2001.

Des rapports ultérieurs font état de soldats français, espagnols et autres de la KFOR qui sont tombés malades d'une leucémie. La cause présumée en est l'uranium appauvri, qui a été trouvé dans de nombreux endroits, principalement dans l'ouest du Kosovo.

Selon les informations officielles, chaque projectile contenait 300 grammes d'uranium appauvri, ce qui signifie qu'au moins 10 tonnes d'uranium ont contaminé de nombreuses régions du Kosovo et de Serbie. D'autres missiles contenant de l'uranium ont peut-être été utilisés. Si les zones bombardées ne sont pas nettoyées, il faudra 4,5 millions d'années avant que l'uranium soit éliminé. Les pilotes britanniques ont fait preuve de cynisme en écrivant "Happy Easter"[32] sur les bombes larguées le soir de Pâques.

Les bombes dissidentes interdites étaient également appelées "bombes de la paix". La Russie, quant à elle, n'a pas été autorisée à vendre des missiles antiaériens efficaces à la Serbie.

Les francs-maçons ont caché leurs terribles crimes en prétendant que l'OTAN protège les intérêts des petits pays. Mais l'UE s'est avérée être une organisation de guerre, loin du projet de paix et de la propagande insidieuse qu'elle répand à travers ses organes non démocratiques et dictatoriaux, entièrement au service de la franc-maçonnerie transnationale.

La guerre de bombardement a coûté un total de 10 milliards d'euros et

---

[32] Joyeuses Pâques, N. d.T..

visait l'ensemble de l'économie et de l'infrastructure serbe. Il s'agit également d'un échec militaire, puisque seules des cibles relativement peu importantes ont été détruites, selon le *U.S. News and World Report*. Pas plus de 26 chars détruits ont été retrouvés (le chiffre de la propagande est de 449). C'était peut-être là le but, puisqu'il ne s'agissait que d'un crime politique.

Selon le franc-maçon juif George Soros, le bombardement de la Serbie a annihilé les frontières nationales de l'Europe orientale (*Financial Times*, 8 juillet 1999).

Le pays a été rendu encore plus dépendant de l'économie criminelle dirigée par divers gangs rivaux, qui sont à leur tour contrôlés par la mafia sicilienne.

Le tribunal des crimes de guerre de La Haye, qui a toujours manqué de fonds, s'est soudain entendu dire par Albright qu'il recevrait un financement important des États-Unis. Et puis le tribunal a poursuivi Milosevic. Les États-Unis et la Grande-Bretagne ont appuyé la création d'un tribunal sur les crimes de guerre dans les Balkans tout en bloquant des propositions similaires concernant l'Indonésie et d'autres pays, où les traces des crimes maçonniques sont trop visibles.

L'OTAN a manqué de bombes et la guerre contre la Serbie a pris fin. Par la suite, l'OTAN a cédé sur tous les points pour paraître victorieuse. L'armée serbe a bénéficié de quelques jours supplémentaires pour se retirer du Kosovo, qui a été autorisé à faire partie de la Yougoslavie. Mais l'UCK a d'abord été autorisée à conserver ses armes, en violation de l'accord.

Après l'arrivée des forces de "maintien de la paix" de la KFOR, les terroristes albanais musulmans ont détruit plus de 50 églises orthodoxes serbes.

Grâce à la stratégie de l'OTAN, l'ensemble de la région a été déstabilisée. La guerre des Balkans a également permis de remplir les poches de ceux qui ont volé d'énormes sommes aux fonds de l'UE et de l'OTAN pour poursuivre les jeux pyramidaux sur les marchés boursiers du monde entier.

En septembre 2000, Bill Clinton, Madeleine Albright, Tony Blair, Jacques Chirac et Javier Solana (tous membres du groupe Bilderberg) ont été symboliquement jugés à Belgrade pour crimes contre l'humanité. Le 21 septembre 2000, le verdict a été rendu : Bill Clinton, Jacques Chirac et Tony Blair ont été condamnés chacun à 20 ans de prison. Le tribunal de Belgrade les a reconnus coupables de crimes de guerre et a ordonné leur arrestation.

L'OTAN a partiellement détruit l'ambassade de Chine à Belgrade en mai 1999 (frappant les domiciles de certains journalistes pour les punir d'avoir critiqué l'OTAN). Les erreurs ne peuvent pas être faites deux ou trois fois de suite — trois missiles ont été tirés contre l'ambassade. Les États-Unis voulaient aussi détruire l'équipement radar testé à l'ambassade par les Chinois.

Bombarder un train civil ne pourrait jamais être une erreur, surtout si le pilote revient pour un deuxième tour.

Les États-Unis ont affirmé que, à la suite de toutes les agressions contre les Albanais, la Serbie avait perdu ses droits sur le Kosovo.

Pourquoi alors les États-Unis ont-ils protégé l'Union soviétique lorsqu'ils ont attaqué les États baltes en 1940 ? À l'époque, personne n'avait dit qu'à la suite de toutes les attaques contre les pays baltes, l'Union soviétique avait perdu tous ses droits sur l'Estonie, la Lettonie et la Lituanie.

Ni le traitement israélien des Palestiniens ni le traitement des Amérindiens par les États-Unis ne semblent poser problème.

En 1941, le président Roosevelt a déclaré :

"Si les Estoniens désapprouvent le communisme, ils peuvent quitter l'Estonie."

Cela correspond au dicton :

"Si les Albanais désapprouvent le régime serbe, ils devraient quitter le Kosovo."

Mais on n'a jamais rien entendu de tel.

Le 7 octobre 2000, le nouveau président Vojislav Kostunica a annoncé que la Serbie tenterait de devenir membre de l'UE. En novembre 2000, la demande d'adhésion de la Serbie a été confirmée. La franc-maçonnerie avait remporté une autre victoire.

La drogue afflue désormais librement à travers les Balkans vers les pays de l'UE, en particulier l'Occident et le Nord, y compris la Suède, où opèrent des bandes albanaises du Kosovo, qui apportent de grandes quantités d'héroïne brune. Le trafic de drogue a été facilité par le fait que les Balkans sont une zone de guerre. L'une des causes du conflit était la lutte pour les routes de la drogue.

Les gangs kosovars albanais se procurent l'héroïne en Turquie par l'intermédiaire d'une organisation terroriste appelée les Loups gris ou l'organisation terroriste communiste PKK, ou directement en Afghanistan.

Les clans criminels albanais gèrent le marché de l'héroïne en Scandinavie. La police suédoise a confirmé l'existence de liens avec des Albanais dans 80% de l'héroïne saisie, qui peut être fumée. Les clans viennent principalement du Kosovo. La police a pu établir des liens entre les réseaux d'héroïne et l'UCK. La drogue est introduite clandestinement en Europe à partir de l'Afghanistan, via la Turquie, en passant par le Kosovo. Les gangs investissent ensuite l'argent de la drogue dans des pizzerias et des magasins en Suède.

Les gangs albanais et le PKK coopèrent avec la nouvelle mafia italienne Sacre Corona (dont le siège se trouve dans les Pouilles) pour acheminer des drogues vers l'UE via l'Italie. Le PKK, qui reçoit des armes du Kosovo, possède un certain nombre de laboratoires d'héroïne en Turquie. Le dirigeant du PKK, Abdullah Ocalan, contrôlait le flux de drogue. Il a donc dû être attrapé et remplacé par un partenaire plus digne de confiance.

Les terroristes du PKK ont été entraînés dans des camps spéciaux au Liban. Le PKK est affilié à l'IRM (International Revolutionary Marxists), qui est basé à Londres.

L'argent de la drogue est blanchi dans diverses banques contrôlées par la mafia à Chypre. En 1994, le criminologue britannique Brian Saltmarsh estimait à 700 milliards de dollars les profits du trafic de drogues illicites dans le monde. Une estimation prudente montre qu'un bénéfice de près de 200 milliards de dollars est réalisé en Europe.

Le patron de la mafia serbe 'Arkan' était le plus haut protecteur et maître chanteur en Suède. Ces groupes criminels contrôlent toujours les bandes albanaises kosovares en Suède, qui prétendent soutenir l'UCK.

L'OTAN et le gouvernement suédois ferment les yeux. Les activités criminelles sont profitables pour les hauts fonctionnaires de l'UE et les francs-maçons. Une division des services secrets serbes coopère avec les trafiquants de drogue. Ces gangs sont également impliqués dans le commerce d'organes humains et d'autres activités lucratives.

Les bandes criminelles albanaises ne voulaient pas de paix avec les Serbes au Kosovo. Ils voulaient que tous les Serbes quittent le territoire. Les bandits albanais armés continuent donc de harceler les Serbes. Le 28 novembre 2000, une attaque brutale a eu lieu dans la vallée de Presevo, dans le sud de la Serbie, qui est considérée comme une zone démilitarisée. Les bandits continuent de faire des ravages. Ils volent les travailleurs turcs qui retournent en Turquie en passant par le Kosovo. Les voitures et les bus turcs sont pillés et rapportent souvent de grosses sommes d'argent. À Noël 2000, des criminels albanais ont volé un million de dollars à 50 citoyens turcs voyageant en bus (Cf le quotidien norvégien *Avisen*, 13 janvier 2001). Personne n'est intervenu.

Les loges maçonniques étrangères et les services de renseignements sont également intéressés par la scission des Albanais. Les revenus du commerce de la drogue continuent de ruiner l'économie albanaise. La petite production industrielle albanaise a été complètement détruite par les escroqueries dites pyramidales organisées par les agents des services de renseignements israéliens (du Mossad).

Les bandes de voleurs kosovars albanais ont forcé les réfugiés à s'engager dans une économie criminelle composée de trafic d'armes, de terrorisme international, de trafic de drogue, d'espionnage, de prostitution, de trafic d'êtres humains, d'enlèvement d'enfants, d'extorsion, de commerce d'organes et d'esclavage des enfants. La culture du cannabis augmente en Albanie, comme au Liban, où les mêmes forces ont déclenché la guerre.

En août 2000, le super-voleur juif et maçon George Soros a profité de l'occasion pour s'emparer des riches gisements d'or, d'argent, de plomb, de zinc et de cadmium de Trepca dans le nord du Kosovo. Pour l'aider, il avait 900 soldats de l'OTAN à sa solde. Officiellement, le voleur (ITT Kosovo Consortium, une société de George Soros) a affirmé que les mines étaient trop dangereuses pour l'environnement pour continuer à fonctionner et seraient placées sous le contrôle "international" de la clique maçonnique.

Des gaz lacrymogènes et des balles d'acier recouvertes de caoutchouc ont été utilisés contre les Serbes qui ont refusé de quitter la région, lorsque les soldats de l'OTAN sont arrivés pour occuper les mines les plus riches d'Europe. L'*International Crisis Group*, dirigé par Soros, a commencé à plaider en faveur de l'expropriation des mines dès novembre 1999. Ce soi-disant groupe d'analyse (une façade pour le pillage des richesses minières des Balkans) est financé par Soros et par les gouvernements britannique, français et américain. Bien sûr, des intérêts maçonniques sont en jeu (Cf magazine suédois *Salt*, janvier / février 2001, p. 13).

La résistance au Nouvel Ordre Mondial

Lors de l'assemblée annuelle de Bilderberg à Baden-Baden, en Allemagne, du 6 au 9 juin 1991, qui a vu les débuts de Bill Clinton, David Rockefeller, Jr a déclaré :

> "Nous sommes reconnaissants au *Washington Post, au New York Times*, au *Time Magazine* et à d'autres grandes publications dont les administrateurs ont assisté à nos réunions et respecté leur promesse de discrétion pendant près de 40 ans… Il nous aurait été impossible d'élaborer notre plan pour le monde si nous avions été soumis aux lumières de la publicité durant ces années. Mais le monde est maintenant plus sophistiqué et prêt à marcher vers un gouvernement mondial. La souveraineté supranationale d'une élite intellectuelle et de banquiers mondiaux est certainement préférable à l'autodétermination nationale pratiquée dans les siècles passés."

Clinton était à cette époque inconnu en dehors de son Arkansas natal. À peine deux mois plus tard, il avait été nommé comme candidat démocrate à la présidence et, seize mois plus tard, William Jefferson Clinton était élu président des États-Unis, contribuant ainsi à la mise en œuvre du Nouvel Ordre Mondial.

C'est le juif polonais Joseph Hieronim Retinger qui réunit pour la première fois les francs-maçons de haut rang à une réunion dans la ville d'Oosterbeek en Hollande, à l'hôtel *Bilderberg* du 29 au 31 mai 1954. Les Bilderberger sont devenus une institution Illuminati. "Une nouvelle réalité a commencé d'émerger", comme l'a dit Charles Jackson, conseiller à la sécurité d'Eisenhower, après la rencontre. Retinger, un franc-maçon du 33ème degré, a également pris l'initiative auprès de la Communauté européenne et du Conseil de l'Europe. Il était pour une Europe supranationale unie. Il jouissait bien entendu d'un accès illimité au président des États-Unis.

En 1955, les Bilderberger ont discuté de la nécessité de créer la Communauté européenne (CE). Dix-huit mois plus tard, le traité de Rome était signé et la CE était devenue une réalité.

Le comité directeur des Bilderbergers, qui se compose de trois fois treize (39) membres, décide également quels politiciens de premier plan sont devenus inutiles et doivent être remplacés.

Du 12 au 14 mai 1989, les Bilderbergers se sont réunis à La Toja, en Espagne, où il a été décidé que Margaret Thatcher devait être démise de ses fonctions de Premier ministre de Grande-Bretagne, en raison de son "refus de renoncer à la souveraineté britannique en faveur du super État européen qui allait commencer à apparaître en 1992". Elle était donc considérée comme une ennemie du Nouvel Ordre Mondial. L'information a fait l'objet d'une fuite et a été publiée dans le journal d'opposition américain le *Spotlight*. Il s'est avéré que c'était exact. Au cours de son mandat, elle a été destituée par son propre peuple, à travers le Parti conservateur britannique. Ce coup d'État a été organisé par les francs-maçons pour ouvrir la voie à la formation des États-Unis d'Europe.

Dans les années 1980, le franc-maçon Romano Prodi était membre du comité directeur de Bilderberg. En 1999, il est nommé président de la Commission européenne. Des tentatives ont été faites pour l'inculper de fraude en Italie. Au cours de l'été 1998, il a recommandé que les dirigeants maçonniques se voient confier des postes de premier plan (Domenico Pacitti, *The Guardian,* 1er juillet 1998). Wim Duisenberg était trésorier du groupe Bilderberg dès 1982. En 2004, il dirige la Banque centrale européenne (BCE). Parmi les autres membres du directoire de la BCE, qui sont également des Bilderbergers, figurent Tommaso Padoa-Schioppa, Ottmar Issing et Sirkka Hamalainen.

Lors de sa tournée dans les pays candidats d'Europe de l'Est, Romano Prodi a déclaré qu'une UE élargie connaîtrait de nombreux cas similaires à celui de l'Autriche. Plus l'UE s'élargit, plus on peut s'attendre à de telles actions. Dans la capitale lettone, Riga, a souligné M. Prodi :

> "Nous ne pouvons pas permettre aux pays membres de prendre leurs propres décisions quant aux partis qui formeront leur gouvernement. Ils devront avoir les mêmes valeurs que nous. Par conséquent, des règles strictes, telles que celles qui ont été appliquées dans le cas de l'Autriche, seront également appliquées aux autres pays de l'UE. C'est conforme à la nouvelle réalité d'aujourd'hui." (*Zeit-Fragen,* Zurich, 21 février 2000, p. 3)

Prodi aurait dû dire qu'il s'agit du Nouvel Ordre Mondial maçonnique. En d'autres termes, chaque résultat électoral est déterminé par la menace de sanctions de la part des dirigeants de l'UE qui font autorité. Le 18 novembre 2002 (sous le signe du Scorpion), la Commission européenne a annoncé que les dix nouveaux États membres seraient admis le 1er mai 2004 (le jour célébrant la création de l'ordre des Illuminati).

En réalité, une décision de l'UE sur trois n'est pas valable. Le règlement précise qu'un tiers des 732 membres (contre 626 auparavant) du Parlement européen doit être présent. À l'automne 1999, le taux de participation a été inférieur à celui de 20% des votants. Les décisions sont néanmoins respectées. L'UE enfreint ses propres règles. Quelle est la valeur de ce genre de pouvoir ?

Un arrêt rendu par la Cour européenne au printemps 2000 a déclaré que la liberté d'expression pourrait être restreinte si elle allait à l'encontre des objectifs de l'UE. Les restrictions comprennent également les droits de propriété et le droit d'appartenir ou de voter pour tout parti de son choix. Bernard Connolly, directeur économique de la Commission européenne de 1978 à 1996, a considéré que l'objet de cette règle était de saper les libertés et droits qui existent actuellement en Grande-Bretagne (*The Times*, 6 juin 2000).

Le 10 avril 1999, le magazine *Newsweek* a publié une déclaration du Premier ministre britannique Tony Blair au sujet de l'attaque de l'OTAN contre la Serbie :

> "Nous ne luttons pas pour nous protéger ou pour défendre nos intérêts nationaux, mais pour l'établissement d'un nouvel internationalisme !"

Blair n'est définitivement rien d'autre qu'un homme lige de la fraternité secrète des francs-maçons internationaux.

Ce nouvel internationalisme est appelé globalisme ou, plus fréquemment, mondialisme, dont le but est un nouvel ordre mondial et la création d'un gouvernement mondial.

Le chancelier allemand Willy Brandt avait prédit en 1974 que la démocratie européenne de l'Ouest n'avait que 25 à 30 ans pour obtenir l'assentiment du grand public. Après ce temps, la dictature serait imminente. En d'autres termes, la dictature serait introduite vers 2004, à moins que nos gouvernements n'acceptent la nouvelle folie de l'UE.

Jacques Delors, le président socialiste de la Commission européenne, a déclaré dès 1988 que :

> "ce sera un choc pour les membres des parlements nationaux, lorsqu'ils réaliseront que dans les dix prochaines années, 80% de la législation économique, sociale et fiscale proviendra de l'UE et non des organes législatifs des pays membres".

Le journal allemand *Die Zeit* du 17 juin 2004 a ouvertement montré que les Illuminati contrôlent le développement au sein de l'UE.

Le franc-maçon de haut rang José Manuel Durao Barroso a été nommé au printemps 2004 nouveau président de la Commission européenne.

Patrick Buchananan, candidat à la présidence du Parti réformiste américain, a pris position contre ces projets mondialistes dans un discours prononcé devant le World Affairs Council à Boston le 6 janvier 2000. Il s'est déclaré prêt à mener une révolte de masse contre l'élite dirigeante de la nation et les médias, en raison de leur soutien continu au nouvel ordre mondial.

"De quel côté êtes-vous ?" demanda Buchanan à l'assemblée des journalistes et des ploutocrates. Dans son discours, il a reproché au système bipartite, au gouvernement et à l'élite des entreprises, de promouvoir un gouvernement mondial. Il a souligné :

> "La loyauté envers le Nouvel Ordre Mondial est une déloyauté envers la République."

Il a assuré son auditoire que la bataille entre le patriotisme et le mondialisme avait déjà commencé dans un pays après l'autre. Selon Buchanan, les francs-maçons sont les premiers promoteurs de la mondialisation. Il a dit aux journalistes qu'il luttait aussi contre la franc-maçonnerie.

Buchanan a cité un passage du roman *Le nouvel ordre mondial* (1939) du socialiste et franc-maçon H. G. Wells :

> "D'innombrables personnes… haïront le Nouvel Ordre Mondial… et mourront en protestant contre lui…"

Buchananan a répondu à cela :

> "Eh bien, M. Wells, nous sommes vos mécontents. Mais nous n'allons pas mourir en protestant contre votre nouvel ordre mondial, nous allons vivre en le combattant… C'est donc la lutte du millénaire qui succède à la guerre froide : c'est la lutte des patriotes de chaque nation contre un gouvernement mondial où toutes les nations cèdent leur souveraineté et s'éteignent. C'est la lutte du nationalisme contre le mondialisme, et elle sera menée non seulement entre les nations, mais aussi au sein des nations."

Buchanan rêvait d'une république qui retrouverait sa liberté et sa souveraineté perdue, une nation qui n'entre en guerre que si elle est attaquée, si ses intérêts vitaux sont menacés ou si son honneur est violé.

Lorsque le président George Herbert Bush a commencé sa guerre illégale contre l'Irak, en provoquant l'occupation du Koweït, il a fièrement annoncé que l'objectif des États-Unis était le Nouvel ordre mondial. Voici ce qu'il a déclaré le 16 août 1990 :

> "Cette invasion ne tiendra pas, car elle menace le Nouvel Ordre Mondial."

Le 11 septembre 1990, il s'est adressé au Congrès :

> "De ces temps troublés, notre cinquième objectif — un nouvel ordre mondial — peut émerger… Quand nous y parviendrons, et nous le ferons, nous aurons une chance réelle d'atteindre ce nouvel ordre mondial."

Dans un discours prononcé devant le Congrès le 6 mars 1991, le président Bush a déclaré :

"Maintenant, nous pouvons voir un Nouveau Monde s'ouvrir à nous. Un monde dans lequel il y a une perspective très réelle d'un nouvel ordre mondial."

Le discours de Patrick Buchananan n'a pas été rapporté par les grands médias américains. Même le *Boston Globe* n'a pas mentionné le discours, selon le journal d'opposition *Spotlight*, qui a ensuite été fermé par les autorités.

Aux États-Unis, il y a des chansons qui révèlent les objectifs réels du Nouvel Ordre mondial et les mauvaises actions commises par les francs-maçons au nom du système prévu.

Le CD "Extremist" du chanteur protestataire Carl Klang contient la chanson "Blinded by the Lies"[33], qui commence par la déclaration du président Bush sur sa vision du nouvel ordre mondial à l'horizon. Le chanteur se plaint :

"Comment puis-je vous convaincre, alors que vos oreilles refusent d'entendre ? Vos yeux refusent de rencontrer les miens, ils jettent un regard de peur."

Comment expliquer la situation à quelqu'un dont les sens sont manipulés et donc incapables de comprendre quoi que ce soit ? Klang se demande alors comment il est encore possible de supporter la douleur :

"Vos yeux ont-ils été aveuglés par les mensonges ? Oui, vos yeux sont bien aveuglés par les mensonges",

et il répond dans sa chanson en se demandant :

"Comment puis-je conjurer cet empoisonnement de l'âme ?"

Ses autres chansons s'intitulent : "Nous voulons que ce pays revienne !"," Je suis la Résistance !"," Assiégeons leurs tours d'ivoire !"," Ce n'est pas fini jusqu'à ce que nous gagnions", "Je suis le Soldat inconnu". Il chante aussi le maléfice des "banquiers" et les "actes héroïques" du "corps de maintien de la paix". Ce CD a réuni des mouvements patriotiques dans de nombreux pays.

David Rockefeller, Jr, a déclaré devant le Conseil des Nations Unies en 1994 :

"Nous sommes sur le point d'opérer une transformation mondiale. Tout ce dont nous avons besoin c'est d'une crise majeure et les nations accepteront le nouvel ordre mondial."

---

[33] Aveuglé par les mensonges, N. d.T..

Le président George W. Bush en train de faire le signe d'allégeance du pouvoir maçonnique satanique. Le 18 mars 2003 (lors de la fête de Purim, le jour anniversaire où Jacques de Molay fut brûlé sur le bûcher), il laissa le Congrès déclarer la guerre à l'Irak.

Chapitre IX

Des connaissances cachées

L e monde moderne a l'air de marcher sur la tête. Toutes les valeurs morales et esthétiques traditionnelles sont ignorées et différentes abominations sont présentes dans toutes les sphères de la vie. Les autorités font passer les idéologies en premier et la dignité humaine en dernier, ce qui entraîne une détérioration de la qualité de vie. On parle beaucoup de notre niveau de vie, mais rien n'est fait pour changer nos conditions de vie afin d'améliorer notre santé, notre vie familiale, nos relations personnelles et nos possibilités créatives et d'élargir notre connaissance de la réalité — tout ce qui caractérise le but qualitatif et spirituel de la vie humaine.

Le principe fondamental du naturaliste autrichien Viktor Schauberger (1885-1958) était que nous devions copier la nature plutôt que d'essayer de la "corriger" par divers actes d'ingérence. Il pensait que nous devions baser notre technologie sur l'implosion, le mouvement en spirale intérieure de l'énergie, la contraction vers le centre, par opposition à notre technologie actuelle, qui est basée sur l'explosion, le mouvement extérieur, l'expansion et le mouvement en ligne droite. La technologie d'implosion atteint le domaine de l'antimatière et donne accès au processus antigravitationnel.

Viktor Schauberger a commencé comme un modeste forestier sans formation universitaire mais avec de bonnes connaissances en biologie, physique et chimie. Il avait une sensibilité et une compréhension exceptionnelles des mouvements de l'eau dans la nature, et a utilisé ses observations pour élaborer de nouvelles idées de base de l'hydrodynamique, qui a d'abord fait de lui la cible du mépris dans les milieux scientifiques officiels. Une de ses idées était que l'eau est le sang de la nature.

Schauberger a écrit :

> "Notre technologie est mortelle. Outre un gaspillage de charbon et de pétrole, qui ont un rôle plus vital à jouer dans la nature que d'être brûlés dans des machines folles à lier, cette technologie laisse aussi des excréments, des déchets qui empoisonnent et polluent tout notre espace de vie."

Le pire exemple de la technologie d'aujourd'hui est l'énergie nucléaire, obtenue par la division des atomes. Le moteur à implosion ne nécessite pas de carburant. Son énergie vient de la nature. Seuls l'air et l'eau sont nécessaires à son fonctionnement. Le principe de l'implosion est un mouvement créatif, alors que la technologie actuelle est basée sur un mouvement destructeur.

Les inventions indésirables

Les francs-maçons ne permettent pas l'accès du grand public à cette technologie naturelle. Beaucoup trop d'inventions très utiles ont été sabotées. Les francs-maçons sont prêts à tuer pour arrêter les développeurs de technologies naturelles, et ils persistent à proclamer le mensonge affirmant qu'il n'y a pas d'alternatives aux sciences industrielles actuelles. Les principaux francs-maçons ont réussi à bloquer le moteur antigravité, qui a été développé aux États-Unis dès les années 1950, et qui aurait rendu inutiles les voitures et les avions dépendant du carburant. Ce moteur nous permettrait de construire nos propres "soucoupes volantes". Les dirigeants maçonniques cachent cette connaissance vitale et nous nourrissent de désinformation dans le seul but de nous nuire et de nous maintenir sous l'esclavage de leurs banques aux ramifications tentaculaires.

L'inventeur britannique John Searle est parvenu à mettre au point et utiliser un moteur antigravité qui mesurait 4,5 mètres de diamètre, dans les Cornouailles le 30 juin 1968, il fut immédiatement arrêté par les autorités.

Au début des années 1900, l'inventeur espagnol Julio Pinto Silva a conçu un train rapide, silencieux, économe en énergie, respectueux de l'environnement et sûr (Trainlin), mais personne n'en voulait. Des experts indépendants ont considéré le Trainlin comme une sensation grâce à son moteur linéaire, qui intègre le rail lui-même comme partie intégrante du moteur. Le moteur crée un champ magnétique qui, avec les rails, propulse le train. Il n'y a pas besoin de transmission de puissance par l'intermédiaire d'arbres moteurs ou d'interrupteurs. Le train, par conséquent, est extrêmement silencieux, flexible et efficace. Pinto Silva était d'avis que les socialistes étaient les plus hostiles au nouveau train, malgré le fait qu'il était le moins cher et le meilleur.

Dans toute société normale, une telle invention naturelle aurait été chaleureusement accueillie. Dans le monde des francs-maçons avides, de telles inventions sont rejetées. De nombreuses autres inventions très utiles à l'humanité ont ainsi été interdites par la maçonnerie.

Hulda Regehr Clark (PhD, ND), auteur du célèbre ouvrage *The Cure for All Diseases* (San Diego, 1995), a découvert une méthode simple pour guérir les maladies non héréditaires, dont le SIDA. Sa recommandation est d'éviter d'exposer le corps à des solvants extrêmement toxiques et d'éliminer les parasites du corps. Elle a aidé des gens dans de nombreux pays à guérir eux-mêmes de maladies graves. Elle a été menacée de poursuites judiciaires. Le 20 septembre 1999, elle a été arrêtée à San Diego et envoyée en Indiana, où elle a été accusée d'exercer la médecine sans licence. La plupart des patients de sa clinique étaient mourants mais s'amélioraient sous ses soins.

Le journaliste d'investigation américain Ed McCabe a recommandé et encouragé de nombreux patients gravement malades, y compris ceux qui sont séropositifs, à suivre un traitement avec un taux d'oxygène accru. Les autorités n'étaient pas heureuses qu'il ait aidé un grand nombre de personnes et, pour mettre un terme à ses activités en 1997, elles ont simulé une infraction fiscale qui devait l'envoyer en prison pour 17 ans, en plus de payer une amende de 250 000 dollars.

Il n'a pas été aidé par le fait qu'il a été en mesure de produire une documentation massive sur un certain nombre de patients atteints du sida qui à la suite d'un traitement par oxygène était devenu séronégatif. Ed McCabe a été emprisonné et traité comme un criminel très dangereux.

Le Dr James Boyce, qui a administré un traitement similaire, a également été emprisonné pour des accusations fabriquées de toutes pièces.

Dans le monde contrôlé par la franc-maçonnerie, les médecins qui aident vraiment les malades sont persécutés. Mais les médecins qui diagnostiquent mal, causent de graves dommages ou même tuent leurs patients par un mauvais traitement sont tout simplement réprimandés. Telle est la procédure normale dans une société dirigée par des francs-maçons. En 1991, le Dr Joel Wallach a déclaré que les médecins américains tuent 300 000 patients chaque année par manque de connaissances et autres négligences.

Lorsque la Food and Drug Administration (FDA), contrôlée par des maçons, s'est rendu compte que trop de patients atteints de cancer guérissaient grâce à la B17, la vitamine B a été interdite aux États-Unis. Cela a influencé les autorités de l'administration alimentaire dans d'autres pays, avec pour conséquence qu'aujourd'hui, la vitamine B17 est illégale dans le monde entier, classée comme dangereuse et toxique.

En 1974, le Dr Stewart M. Jones de Californie a été poursuivi en justice pour avoir traité ses patients atteints de cancer avec le laétrile de la vitamine B17 (G. Edward Griffin *World Without Cancer: The Story of Vitamin B17*, Westlake, 2000, p. 22).

La même autorité, la FDA, avait auparavant interdit la vitamine B12, qui est essentielle en tant que substance nutritive la plus importante pour le système nerveux. Aujourd'hui, tout peut dépendre de cette vitamine, qui maintient l'équilibre de notre système nerveux (cerveau et nerfs). La contrebande de vitamine B12 est devenue si répandue et les protestations si véhémentes que la FDA a cédé et légalisé la vitamine B12. Mais la FDA retient toujours des informations sur les propriétés de la B12. Le grand public n'a donc aucune idée de l'efficacité de la B12 pour guérir les malades mentaux, y compris ceux qui souffrent de démence sénile et de dépression.

En février 2001, l'Union européenne a interdit près de 300 vitamines et minéraux à partir de juillet 2005. Quatorze médecins danois, dont le radiologue Carsten Vagn-Hansen, Claus Hancke et Bruce Philip Kyle, ont démontré aux autorités sanitaires danoises l'importance de prévenir et de guérir les maladies à l'aide de substances nutritives naturelles. Ils ont fait valoir que le Danemark devrait résister à la directive pénale de l'UE. Ces médecins signifient que la directive européenne peut avoir des conséquences très graves pour la santé publique et le coût des soins médicaux au Danemark.

De nombreuses personnes dites éduquées ont commis d'énormes atrocités, pour lesquelles elles ont été publiquement acclamées. En 1949, Egas Moniz reçoit le prix Nobel de médecine pour avoir inventé la lobotomie. Le journal suédois *Svenska Dagbladet* a admis, le 10 décembre 1995 :

> "qu'il ne viendrait pas à l'esprit d'un psychiatre sain d'esprit de percer un trou dans le crâne d'un patient et de couper les nerfs du lobe frontal du cerveau pour essayer de guérir le patient d'une psychose".

Les francs-maçons ont fait en sorte que l'un des plus grands génies, Nikola Tesla, soit presque oublié. Il a inventé l'ampoule électrique (qu'Edison a volée), le courant alternatif, le néon et le radar. Avec le soutien financier de John Jacob Astor, il a construit un laboratoire très avancé dans les montagnes du Colorado. Il expérimente la transmission sans fil de l'énergie électrique et réussit, entre autres, à allumer des lampes et à faire fonctionner de petits moteurs à une distance de 20 à 25 kilomètres du laboratoire.

Après sa mort, le 7 janvier 1943, sa chambre à l'hôtel St Regis de New York est fouillée par des agents du FBI, qui ouvrent son coffre-fort et le vident de tous les documents (John J. O'Neill, *Prodigal Genius: The Life of Nikola Tesla*, New York, 1944). Toutes les inventions, qui auraient rendu notre vie plus facile, ont été mises au secret. Le franc-maçon qui nous a empêchés de bénéficier des inventions de Tesla respectueuses de l'environnement était J. P. Morgan.

Ne semble-t-il pas étrange que, malgré un développement énorme dans certains domaines, le moteur à combustion interne que nous utilisons dans nos voitures n'ait pas changé du tout en cent ans ? Il y a bien eu quelques suggestions utiles, mais les sociétés maçonniques ont fait en sorte que nous n'ayons pas accès à des voitures respectueuses de l'environnement.

Le dernier exemple en date est une voiture qui fonctionne à l'air comprimé. Le coût serait de 1 cent par kilomètre, et le réservoir contiendrait assez d'essence pour un voyage de 200 kilomètres. La voiture, qui ne pèse que 700 kilos, peut atteindre une vitesse de 130 km / h. L'inventeur Guy Nègre a été accusé de meurtre, car les francs-maçons capitalistes perdraient des milliards de dollars si cette nouvelle voiture écologique devenait réalité. On ne peut pas laisser faire cela. Les francs-maçons n'ont aucune objection à ce que nous mourions à cause de l'effet de serre provoqué par la libération de dioxyde de carbone dans l'atmosphère.

Les dommages liés aux vaccins

La brochure maçonnique "In Gold and Sky Blue" (Turku, 1992, p. 25) affirme que "les francs-maçons ont été les pionniers et les promoteurs de la vaccination". En réalité, c'est le franc-maçon et médecin Edward Jenner qui, en 1796, a commencé à promouvoir les vaccinations "préventives", un fait dont les francs-maçons sont fiers (John Hamill, Robert Gilbert, *Freemasonry: A Celebration of the Craft*, Londres, 1998, p. 128). Edward Jenner était membre de la Loge Foi et Amitié N° 270 à Berkeley, en Angleterre (ibid, p. 235). Les publications de Jenner montrent clairement qu'il était parfaitement conscient que le fait d'avoir déjà été atteint d'une maladie ne rendait pas une personne immunisée. Les vaccinations non plus. Pourtant, il a préconisé quelque chose qui était totalement contre nature et hautement dangereux.

Le Dr Viera Scheibner (Australie), le plus grand spécialiste mondial des lésions dues aux vaccins, a découvert un lien entre le triple vaccin contre la diphtérie, la coqueluche et la tuberculose et le syndrome de mort subite du nourrisson, qui est désormais scientifiquement prouvé. De nombreux enfants sont devenus infirmes à vie.

De nombreux enfants deviennent autistes peu de temps après avoir été vaccinés. Selon une étude réalisée en Californie et publiée en mars 1999, l'autisme a augmenté de 273% au cours des dix dernières années. Pour la seule année 1999, 1685 nouveaux cas ont été enregistrés (*Autism '99: A National Emergency*, Yazbak, 1999). Dans le Maryland, l'autisme a été multiplié par cinq au cours de la même période.

Un enfant sur 149 a développé une forme avancée d'autisme. Des mises en garde contre cette corrélation ont été prononcées depuis un certain nombre d'années, mais des médecins ignorants continuent de répandre les mythes selon lesquels les vaccinations sont totalement inoffensives. La vérité est que les vaccinations sont à l'origine d'un grand nombre de décès et d'invalidités qui coûtent cher aux contribuables. Viera Scheibner a écrit un livre intitulé *Vaccination: 100 Years of Orthodox Research Shows that Vaccines Represent a Medical Assault on the Immune System*" (Maryborough, Australie, 1997), qui démontre les façons dont nous avons été trompés et lésés. Vous ne pouvez pas prévenir un mal de tête en prenant de l'aspirine, selon le Dr Scheibner. Aucune personne saine d'esprit ne ferait cela. Les vaccins sont tout aussi insensés.

Les sociétés pharmaceutiques qui fabriquent les vaccins sont les vrais bénéficiaires. Jusqu'à 80% de tous les vaccins utilisés pour les enfants sont fabriqués par des laboratoires contrôlés par la famille maçonnique des Rockefeller.

Le professeur Antoine Béchamp (1816-1908) est encore pratiquement inconnu. Il n'a reçu aucune subvention pour ses recherches. Le principal intérêt de Béchamp était l'influence des micro-organismes sur le corps humain. Il soulignait le fait que tant que nous mangeons bien et vivons bien, les bactéries nous serviront bien. En cas de déséquilibre, les cellules perdent de nombreux minéraux vitaux, et les virus et bactéries commencent à attaquer les cellules affaiblies.

Béchamp a prouvé que toutes les cellules vivantes contiennent de petits granules, appelés microzymes, qui ont des propriétés enzymatiques uniques et un mouvement oscillant. Leur présence dans le sang est nécessaire à la formation de croûtes en cas de blessures. Les microzymes peuvent survivre à des températures allant jusqu'à 300 degrés Celsius, et ils demeurent longtemps après la mort de l'organisme hôte. Ils peuvent se développer, croître et générer des bactéries (Antoine Béchamp, *Le sang et son troisième élément anatomique*, Philadelphie, 1911).

Béchamp pensait que les maladies se développent dans le corps, lorsque l'état intérieur et l'équilibre naturel sont suffisamment perturbés et que la tension électrique dans les cellules est réduite. Une cellule saine a une tension entre 60 et 100 mV, alors que celle d'une cellule cancéreuse est de 20 mV. Ce phénomène a été découvert par le Dr Robert Becker dans les années 1920 (Robert Becker, Gary Selden, *The Body Electric: Electromagnetism and the Foundation of Life*, New York, 1985).

Un autre scientifique français, Louis Pasteur (1822-1895), affirmait en revanche que tous les micro-organismes, tant à l'intérieur qu'à l'extérieur du corps, provoquent des maladies et doivent donc être contrôlés par l'utilisation de vaccins. Il a reçu d'énormes subventions. Le soutien de cette affirmation était l'occasion de gagner de grosses sommes d'argent tout en nuisant aux gens. La principale source d'argent de Pasteur était les Rothschild de Paris, en particulier le banquier Gustave Rothschild. La propagande intensive des francs-maçons a fait de Pasteur un nom connu de tous. Sur son lit de mort (pour quelqu'un d'élevé dans un pays catholique, c'est un moment très important), le 28 septembre 1895, il a rétracté sa théorie erronée et simpliste avec les mots suivants :

"Les microbes ne sont rien, l'environnement est tout !".

Les francs-maçons n'ont bien sûr rien fait pour faire connaître cette vérité fondamentale.

Dans le domaine de la microbiologie médicale, la théorie de Pasteur reste la base de la lutte contre les bactéries avec la pénicilline et d'autres antibiotiques.

Au début des années 1900, un certain nombre d'éminents scientifiques et pathologistes ont avalé des millions de bactéries infectieuses du choléra dans une tentative désespérée de faire changer d'avis l'élite dirigeante de leur société. Il n'en est résulté qu'une légère diarrhée, bien qu'il ait été prouvé que les bactéries actives étaient déjà présentes à l'intérieur des scientifiques. L'élite n'a pas voulu en tenir compte, car elle avait un intérêt direct dans le contrôle des micro-organismes par l'utilisation de vaccins.

La profession médicale n'a aucun intérêt à vérifier les faits qui se cachent derrière la déclaration officielle selon laquelle les vaccins sont les plus efficaces. La vérité est que les documents disponibles dans la littérature médicale montrent clairement que les vaccins peuvent être totalement inefficaces pour prévenir les maladies, alors que les vitamines et les minéraux sont fiables à cet égard.

Des membres ignorants de la profession médicale prétendent que les vaccins sont la principale explication du faible taux de maladie actuel. Les statistiques montrent cependant que le déclin du taux de maladies infectieuses a commencé avant les grandes campagnes de vaccination des années 1900. En outre, les maladies infantiles courantes ne sont en aucun cas dangereuses, mais sont en fait des étapes nécessaires au développement du système immunitaire. Les vaccinations ont également provoqué une augmentation considérable de l'apparition de la polio après de nombreuses années de déclin constant. Aujourd'hui, aux États-Unis, la vaccination est la seule cause de polio. Des alternatives à la vaccination, qui se sont avérées inoffensives et efficaces, sont disponibles depuis de nombreuses années, mais cette information a été supprimée. Les agents de santé publique mettent en péril la santé et le bien-être des individus en entretenant les mensonges sur les vaccins.

Après une étude approfondie de la littérature médicale sur le sujet de la vaccination, le Dr Viera Scheibner a conclu :

> "Il n'y a pas la moindre preuve de la capacité des vaccins à prévenir les maladies. Au contraire, il existe un grand nombre de preuves de leurs effets secondaires graves."

L'Agence suédoise des produits médicaux (Lakemedelsverket) n'a pas reconnu un seul effet secondaire des vaccins pour enfants au cours de la dernière décennie. Au cours de la même période, cependant, un certain nombre de sociétés pharmaceutiques ont versé des millions de dollars en compensation à 20 enfants suédois gravement blessés par des vaccins.

Aux États-Unis, des milliers de cas d'effets secondaires du triple vaccin contre la rougeole, les oreillons et la rubéole ont été reconnus au cours des dernières années. Le fonds fédéral pour les blessures dues aux vaccins a versé une somme totale de 800 millions de dollars à 1400 familles au cours de la même période — exclusivement des familles ayant les moyens financiers de poursuivre une action en justice, et en possession des informations nécessaires pour leur permettre d'établir des liens et de trouver un soutien dans la littérature médicale. Leurs enfants étaient en bonne santé, se développant comme ils le devaient, jusqu'au moment de leur vaccination, après quoi ils sont devenus fébriles ou comateux ou ont commencé à avoir des convulsions. Leur état est alors devenu chronique, et certains d'entre eux ont développé un autisme.

Après la Première Guerre mondiale, en 1918-1919, lorsque les inoculations contre la grippe espagnole ont commencé, au moins 25 millions de personnes sont mortes dans le monde (l'Inde a compté plus de 12 millions de morts, l'Italie 400 000, la Suède 38 000).

Les pays qui n'avaient pas les moyens de se procurer le vaccin américain (Grèce, Égypte) ont été épargnés. Dans ces pays, personne n'est tombé malade.

Le nom de "grippe espagnole" vient du fait que l'Espagne, qui est restée neutre pendant la Première Guerre mondiale, n'a pas eu de censure et n'a pas cherché à dissimuler les dégâts de l'épidémie, alors que les puissances en guerre ont gardé secrets les effets nocifs du traitement. Le véritable pays d'origine de la grippe espagnole était les États-Unis, où les soldats avaient été incubés contre d'éventuelles maladies infectieuses. Plus de 500 millions de personnes ont été infectées. Les vaccinations ont coûté des millions de vies humaines, mais les programmes de vaccination de masse continuent.

Le président Clinton a admis que le vaccin contre le tétanos administré dans le tiers monde a provoqué la stérilité d'un grand nombre de femmes (*The Idaho Observer*, octobre 1999).

Dans son livre *Emerging Viruses: AIDS and Ebola - Nature, Accident or Intentional*, le Dr Len Horowitz a démontré comment le ministère de la Défense des États-Unis a tenté, au début des années 1970, de créer une arme biologique efficace. L'arme qu'ils ont réussi à créer est aujourd'hui connue sous le nom de SIDA. Cyniquement, le nom SIDA (syndrome d'immunodéficience acquise) indique clairement qu'il s'agit d'un cas de déficience immunitaire acquise. Comment l'a-t-on acquise ? Par la vaccination. Des documents officiels montrent que le vaccin contre la polio infecté par le VIH a été administré à un grand nombre de personnes en Afrique avant l'apparition de l'épidémie.

Selon les informations officielles, 30 millions de personnes étaient mortes du sida au printemps 2004. À l'heure actuelle, 38 millions de personnes sont infectées par le VIH dans le monde. Rien qu'en 2002, 5 millions de personnes ont été infectées. Le Dr Horowitz a démontré, à l'aide de plusieurs documents, comment le VIH a été administré sous le couvert d'un vaccin contre l'hépatite B à un grand nombre d'hommes homosexuels à New York et San Francisco, qui sont ensuite devenus responsables de la propagation du SIDA en Amérique.

Des vaccins nocifs sont continuellement envoyés dans les pays en développement pour tenter de combattre la malaria. Le franc-maçon Bill Gates, propriétaire de Microsoft, a contribué à lui seul à hauteur de 750 millions de dollars au programme de vaccination du tiers monde.

Dans un long article traitant des blessures dues à la vaccination, publié dans le magazine allemand *Natur-Heilpraxis* (N° 11, 1988), il est démontré que les effets secondaires sont le résultat de toutes les vaccinations. L'interférence des vaccins dans le système immunitaire a, entre autres effets, été une cause de diabète. Deux enfants allemands de Rhénanie-Palatinat ont obtenu des dommages et intérêts pour cette raison. Il a été démontré que le vaccin contre la rougeole pouvait provoquer des paralysies. Un enfant est devenu aveugle et spastique après avoir reçu le triple vaccin contre la diphtérie, la coqueluche et le tétanos, qui contient un certain nombre de substances toxiques, dont l'aluminium. Le cerveau de l'enfant a été gravement endommagé. Les lésions dues à la vaccination ont été reconnues. Des enfants ont contracté une polyarthrite rhumatoïde chronique, des symptômes de démence et de sclérose en plaques, et certains sont même morts à la suite de la vaccination.

Pendant la guerre du Golfe, des vaccins expérimentaux ont été utilisés sur les soldats américains. Les vétérans de la guerre affirment que parmi les enfants nés après la guerre, un sur trois présentait des malformations congénitales ou d'autres blessures. Les soldats n'avaient pas la possibilité de refuser la vaccination. Ce syndrome de la guerre du Golfe est similaire au SIDA en ce sens qu'il affaiblit le système immunitaire. Jusqu'à présent, il n'existe aucun remède.

Dans leur livre *Vaccination: The Silent Killer,* Ida Honorof et Elanor McBean soulignent les énormes dégâts causés par les vaccins.

La Dr Guylaine Lanctot, auteur canadienne du livre à succès *La mafia médicale* (Coaticook, 1995), a écrit dans la revue médicale canadienne *Medical Post* :

> "Les autorités médicales continuent de mentir. La vaccination a été un désastre pour le système immunitaire. Elle provoque en fait de nombreuses maladies. Nous sommes en fait en train de modifier notre code génétique par la vaccination… Dans dix ans, nous saurons que le plus grand crime contre l'humanité a été les vaccins."

Peut-on attendre autre chose des francs-maçons ?

Les substances dangereuses

À l'heure actuelle, plus de 24 000 produits pharmaceutiques sont disponibles sur le marché, dont 98% n'ont aucun effet thérapeutique prouvé. Les médecins réalisent aujourd'hui qu'après cinq ans et demi de formation, ils n'ont pas appris une seule méthode pour rétablir la santé de leurs patients. Les effets secondaires des médicaments sont la quatrième cause de décès aux États-Unis – 140 000 décès sont causés par les médicaments chaque année. Le quotidien suédois *Svenska Dagbladet* (17 mai 2000) affirme que les analgésiques contenant la substance active DXP provoquent 200 décès par an en Suède. Depuis les années 1970, des milliers de personnes sont mortes en Suède après avoir pris cette substance. L'Agence des produits médicaux (Lakemedels-verket) ne s'intéresse toujours pas aux alternatives. Le 26 novembre 1999, la presse suédoise a rapporté qu'un patient sur sept souffre des effets secondaires nocifs des médicaments.

Hoechst, Bayer et BASF, des sociétés pharmaceutiques contrôlées par des francs-maçons, sont à la tête des efforts internationaux visant à stopper l'information sanitaire sur les vitamines et autres méthodes naturelles de traitement.

Il existe une réticence à admettre que la plupart des maladies courantes sont le résultat direct de carences en vitamines, et qu'il est donc possible de les prévenir par des moyens naturels. Les personnes en bonne santé sont beaucoup plus résistantes à la manipulation que les personnes en mauvaise santé. Toute maladie physique trouve son origine dans un déséquilibre émotionnel, dont la portée est bien entendu individuelle. C'est pourquoi l'élite du pouvoir veille à ce que nous soyons empoisonnés par divers additifs synthétiques dans notre alimentation. Certaines substances, qui sont ajoutées aux aliments, sont plus facilement évitables. Le grand public sait déjà que la consommation de sucre entraîne des caries, des troubles cardiaques et du diabète. Le sucre épuise les réserves de minéraux de l'organisme. Des alternatives plus saines sont le miel et le sucre de canne non raffiné. Remplacer le sucre par des produits chimiques raffinés et toxiques tels que l'aspartame est un exercice totalement inutile. L'aspartame se dissout dans le méthanol (qui peut provoquer la cécité), le formaldéhyde (une neurotoxine) et l'acide formique (un liquide très corrosif que l'on trouve dans le poison des fourmis).

L'aspartame a été découvert accidentellement en 1965, lorsque le chimiste James Schlatter de la société C. D. Searle travaillait sur un remède contre les abcès. L'aspartame est l'une des substances les plus dangereuses utilisées pour sucrer les aliments que nous consommons tous les jours. L'aspartame, qui est traité comme une toxine chimique dans la littérature technique, peut causer de l'anxiété, de la dépression, de la confusion, des vertiges, des tremblements, des troubles du sommeil, une fatigue chronique, des yeux secs et douloureux, des troubles de la vision, de l'hypertension, une prise de poids, des démangeaisons, des nausées, une amnésie, des convulsions et d'autres symptômes. L'aspartame peut également provoquer des tumeurs cérébrales, l'épilepsie, la maladie de Parkinson et la maladie d'Alzheimer.

La société qui fabrique l'aspartame est Monsanto, société contrôlée par Robert Shapiro (président et directeur général), franc-maçon de haut rang et membre du groupe Bilderberger. Monsanto a déplacé sa section internationale de Saint-Louis, Missouri, à Bruxelles. Toutes les tentatives d'interdire l'utilisation de l'aspartame ont échoué. S'opposer au réseau international maçonnique destructeur s'est avéré trop difficile.

Charlotte Erlandsson-Albertsson, professeur de chimie médicale et physiologique à Lund, en Suède, dans une contribution au débat sur l'édulcorant artificiel aspartame (*Dagens Nyheter*, 19 mai 2000), a affirmé que l'aspartame constitue un risque pour la santé et a souligné l'importance de supprimer ou de réduire considérablement l'utilisation de cette substance comme additif alimentaire. Elle reste la voix de ceux qui crient dans le désert.

L'aspartame tue les cellules du cerveau, selon une étude réalisée à l'Université norvégienne des sciences et de la technologie de Trondheim. En particulier, les zones du cerveau affectées par l'aspartame sont celles liées à notre capacité d'apprentissage.

Aux États-Unis, la moitié de la population consomme de grandes quantités d'aspartame. Plus de 3000 produits alimentaires contiennent de l'aspartame, parmi lesquels toutes les boissons dites light. Cette substance n'a été interdite que pour une courte période. Les forces qui voulaient maintenir cette substance sur le marché étaient bien trop puissantes, et l'aspartame a rapidement été à nouveau autorisé.

En revanche, les autorités ont interdit l'utilisation de la stévia en Suède, une plante japonaise qui est utilisée comme édulcorant naturel depuis de nombreuses années. Le stévia n'a aucun effet secondaire. La raison de cette interdiction était simple : la stévia pouvait l'emporter sur l'aspartame.

L'aspartame est également un ingrédient de l'hydroxyde de magnésium, un composé de magnésium en vente libre. Les composés de magnésium sans aspartame, en revanche, nécessitent la prescription d'un médecin. L'aspartame est également vendu sous les noms de Nutra Sweet, Canderel et Equal.

Par des moyens insidieux, on nous force à consommer divers médicaments. Dans son livre *Between Two Ages* (New York, 1970, p. 10), le franc-maçon Zbigniew Brzezinski déclare que, dans la nouvelle ère technotronique, l'intention de l'élite est d'étendre son contrôle mental à des moyens biochimiques. La nouvelle dictature est préservée au moyen de la technologie moderne.

En janvier 2001, le gouvernement belge contrôlé par les maçons a abrogé l'interdiction de fumer du cannabis et de la marijuana.

> "Une enquête sur les substances classées comme stupéfiants en Suède montre que près de 100% d'entre elles étaient à l'origine utilisées à des fins médicales avant d'être introduites comme substances de dépendance." (Borje Olsson, *Narkotikaproblemets bakgrund / L'origine du problème des stupéfiants*, Stockholm, 1994).

Jusqu'à 200 000 Suédois sont dépendants des tranquillisants et des antidépresseurs. Le coût de cette dépendance généralisée est estimé entre 280 et 700 millions de dollars par an. La solution résiderait dans de fortes doses de vitamine B12.

Un grand nombre d'enfants aux États-Unis et en Europe se promènent dans un état de zombie, contraints par le corps médical à consommer des amphétamines.

Les graisses saturées sont un danger pour la santé et une option bon marché pour l'industrie alimentaire. Elles sont désormais également utilisées dans le chocolat, alors qu'auparavant, on utilisait des graisses non saturées. Proctor & Gamble, une société contrôlée par la franc-maçonnerie internationale, a introduit sur le marché la graisse synthétique Olestra. Des recherches internes à l'entreprise montrent qu'elle peut provoquer des problèmes gastriques.

Les graisses naturelles protègent contre le cancer et les infections et contiennent des nutriments liposolubles tels que les caroténoïdes et les vitamines A et E qui jouent un rôle important dans la lutte contre les infections, le cancer, les maladies du cœur et du foie et les affections de la prostate. Les recherches de Proctor & Gamble montrent clairement qu'Olestra réduit les réserves de nutriments liposolubles de l'organisme en bloquant l'absorption des graisses.

Olestra peut accroître une carence en vitamines A, D, E et K, qui peut à son tour causer l'ostéoporose, l'affaiblissement du système immunitaire, les maladies cardiaques et d'autres problèmes.

Proctor & Gamble savait qu'Olestra présentait un risque pour la santé, mais l'a tout de même commercialisé.

Les caroténoïdes lutéine, zéaxine et bêta-carotènes contiennent des substances vitales qui bloquent le cancer et qui combattent également les maladies oculaires telles que la dégénérescence de la macula (troubles de la vision).

Olestra réduit la teneur en caroténoïdes de quelque dix pour cent, ce qui peut entraîner une augmentation de 390 à 800 cas de dégénérescence de la macula par an rien qu'aux États-Unis, sans parler de ses effets possibles à l'échelle mondiale. Les réserves de caroténoïdes de l'organisme sont considérablement réduites lorsque seulement 3 grammes d'Olestra sont consommés quotidiennement. C'est la quantité contenue dans une poignée de chips. Les informations sur les quantités nécessaires pour faire baisser les teneurs en vitamines liposolubles sont classées.

En 1989, l'Institut de recherche Batelle de Columbus, dans l'Ohio, a démontré que le fluorure est une substance hautement cancérigène. La recherche a été commandée par l'Institut National du Cancer des États-Unis, mais les résultats ont été supprimés. Aucune recherche n'est disponible pour soutenir la théorie selon laquelle le fluorure prévient les caries. L'idée selon laquelle le fluor protège de la carie dentaire est un mythe. C'est aussi un grand malheur. Le fluorure de sodium entraîne un taux de détérioration des dents de 50% et augmente de 12% le nombre d'enfants atteints du syndrome de Down ainsi que le nombre de personnes souffrant de la maladie d'Alzheimer.

Dans le même temps, la presse suédoise poursuit sa fausse propagande :

"Le rinçage quotidien au fluor préserve les dents".

Dès avant et pendant la Seconde Guerre mondiale, des scientifiques allemands ont découvert que si l'on administrait du fluorure de sodium neurotoxique à des sujets humains, ceux-ci devenaient passifs et dociles. La raison en est que le fluorure de sodium endommage le contact entre le cerveau et le cortex. En 1939, des scientifiques de Berlin ont produit du sarin, un gaz neurotoxique qui contient du fluorure.

En 1940, les autorités soviétiques ont commencé à ajouter du fluorure à l'eau de leurs camps de concentration dans le but de provoquer une désorientation psychique chez leurs prisonniers politiques.

En 1942, l'Allemagne était le plus grand producteur d'aluminium au monde. Le produit résiduel étant le fluorure de sodium, il fut utilisé sur les prisonniers dans les camps de concentration.

Les usines d'aluminium produisent un énorme surplus de fluorure de sodium. ALCOA (Aluminium Company of America) a été fondée par Andrew W. Mellon (1855-1937). Il était à la tête de la Mellon National Bank, et secrétaire au Trésor entre 1921 et 1932. A. W. Mellon est devenu franc-maçon à Pittsburgh, en Pennsylvanie, en 1928.

En 1947, l'avocat d'ALCOA, Oscar Ewing, est nommé directeur de l'Agence Fédérale de Sécurité (FSA). Il y usa de son influence pour initier la fluoration de l'eau potable.

IG Farben, qui a lancé ces recherches, continue sous d'autres noms. Leur filiale Crest fabrique du dentifrice. Le fluorure de sodium, qui est toxique, est désormais un ingrédient de la plupart des marques de dentifrice.

Le public ne sait cependant pas que les dents peuvent être protégées par le fluorure de calcium, qui n'est pas toxique. Les autorités n'ont aucun intérêt à rendre cette information disponible.

Dans son livre *Recette pour la santé* (*Recept pa halsa*, Stockholm, 1990, pp. 104-112), le professeur suédois Olof Lindahl révèle la fraude au fluorure dans le chapitre intitulé "L'empoisonnement au fluorure" :

> "Notre foi dans les propriétés bénéfiques du fluorure est, à mon avis, l'une des plus grandes erreurs médicales de notre époque. En réalité, la dose de fluorure recommandée (1 ppm) est extrêmement nocive à long terme. 1 ppm (partie par million) équivaut à une partie de fluorure pour chaque million de parties d'eau, ou 1 mg de fluorure dans 1 litre d'eau.
>
> Un document publié aux États-Unis établit la preuve définitive que le fluorure est une cause de cancer des os. Cela devrait conduire à l'interdiction de tous les additifs fluorés.
>
> La majorité des dentistes ainsi que le public croient en cette dangereuse propagande sur le fluorure.
>
> Le fluorure est une puissante toxine enzymatique. Les enzymes sont les lubrifiants du corps, facilitant toutes les réactions chimiques. Sans enzymes, l'ensemble du métabolisme s'arrête, les processus vitaux ralentissent et nous mourons. Les enzymes défectueuses et endommagées provoquent une déficience générale".

Lindahl insiste sur le fait qu'il existe plusieurs milliers d'enzymes dans le corps, chacune d'entre elles contrôlant sa propre réaction chimique spécifique. 1 ppm de fluorure, la dose recommandée dans l'eau potable, réduit l'activité des enzymes de 50% ou plus. Le fluorure affecte le contenu génétique de l'ADN et dégénère et affaiblit le tissu conjonctif. Un certain nombre de tests sur les animaux ont montré des dommages chromosomiques dans la production de sperme.

Lindahl a déclaré :

> "Chez l'homme aussi, il existe un lien avec l'affection congénitale du syndrome de Down (mongolisme).... Dans les cellules ordinaires… le risque de cancer est accru. La propagande sur le fluorure du milieu des années 1900 est un exemple de la facilité avec laquelle l'établissement médical se laisse tromper par la

propagande pseudo-scientifique et les observations erronées."

Les autorités, cependant, ne sont pas encore prêtes à admettre que le fluorure est une toxine enzymatique dangereuse qui endommage le patrimoine génétique, les cellules individuelles et le métabolisme tout entier. Mais même les statistiques officielles escamotées montrent clairement que l'incidence des allergies chez les enfants a considérablement augmenté.

Le mythe selon lequel le fluorure à faible dose est sans danger a été créé par les scientifiques qui ont travaillé sur le programme de la bombe nucléaire. Toutes les preuves des risques pour la santé ont été censurées par la Commission américaine de l'énergie atomique, au nom de la sécurité nationale.

Les documents relatifs au fluorure en tant que risque pour la santé ont été totalement ignorés par les médias. Malheureusement, le fluorure est également présent dans les pesticides, ce qui fait qu'il se retrouve dans le corps humain via les fruits et légumes. Il est également présent dans un certain nombre de médicaments.

Le fluorure altère notre capacité à voir les connexions et abaisse le niveau d'intelligence, endommage les cellules du cerveau, favorise l'accumulation de substances radioactives dans le corps et provoque le cancer des os.

En 1988, le Dr Joel Boriskin, président du National Committee on Advice on Fluoridation, a recommandé aux personnes âgées souffrant d'une déficience auditive d'utiliser 1500 mg de fluorure par jour. Ce qu'il a "oublié" de mentionner, c'est que 1500 mg par jour est une dose mortelle.

Dès le XIXème siècle, il était connu que l'amalgame est une substance hautement toxique et nocive. Malgré cela, il est encore fréquemment utilisé dans les réparations dentaires.

Cette méthode nocive de réparation des dents a été développée par le dentiste français Auguste Taveau (un franc-maçon) à Paris en 1816. En 1833, lorsque les frères français Crawcour, des juifs francs-maçons, ont émigré aux États-Unis, ils y ont rapidement introduit le nouveau composé dentaire. Les frères Crawcour étaient deux imposteurs impitoyables, dépourvus de toute connaissance en dentisterie, en médecine ou en toxicologie.

L'American Society of Dental Surgeons interdit toute utilisation de l'amalgame en 1843, menaçant d'expulser tout membre qui l'utiliserait. Néanmoins, Green Vardiman Black (1836-1915), un dentiste, professeur et franc-maçon éminent de Chicago, a normalisé la fabrication de l'amalgame en 1895.

Le médecin suédois Bengt Fredin a démontré, en utilisant des cobayes, que le mercure se dépose dans le foie, les reins et le cerveau après seulement deux plombages (B. Fredin, *Studies on the Mercury Release From Dental Amalgam Fillings*, Stockholm, 1988).

Il existe de nombreuses preuves de patients qui ont perdu leur santé à cause des amalgames. La même toxine est considérée par les autorités de santé environnementale comme très dangereuse dans les eaux usées.

Les matériaux de réparation dentaire contenant du mercure, en revanche, étaient considérés comme inoffensifs par les autorités sanitaires — mais seulement pour les patients. Pour les dentistes, l'amalgame constituait un risque professionnel, selon *The Great Medical Book*, publié à Helsinki en 1973. Il semble que quelqu'un ait délibérément essayé de nuire à l'humanité.

Aux États-Unis, près d'un milliard de dollars ont été versés en dommages et intérêts à des patients empoisonnés par le mercure contenu dans les plombages dentaires au cours des dernières années.

Les personnes qui ont de nombreux amalgames et qui utilisent régulièrement du chewing-gum voient leur taux de mercure dans le sang, l'urine et l'air expiré tripler par rapport à celles qui n'en utilisent pas. Le chewing-gum libère du mercure, comme l'ont démontré diverses études. Le chewing-gum contient également de l'aspartame.

Le mercure est utilisé comme agent de conservation dans les préparations médicales, telles que les vaccins, pour les animaux comme pour l'homme. Les autorités ont toujours affirmé qu'il n'y avait aucun danger.

Il semble que les francs-maçons soient intéressés par la dégénérescence du reste de l'humanité. Il y a eu des rapports réjouissants dans la presse :

> "De plus en plus d'enfants ont des difficultés d'apprentissage", "Un Russe sur dix est né avec des malformations", "Un adolescent américain sur dix a tenté de se suicider", "Les jeunes se sentent mal", "Une recherche effrayante : les jeunes d'aujourd'hui sont comme des cinquantenaires", "Le manque de sommeil entraîne un vieillissement prématuré", "Les drogues sont courantes chez les jeunes", "Huit jeunes de seize ans sur dix boivent régulièrement de l'alcool", "L'état physique des Suédois se dégrade", "Des chercheurs affirment que la télévision rend les enfants agressifs", "Le café est à l'origine des attaques de panique", "Aucune aide pour les suicidés en burn-out", "Augmentation du taux de suicide chez les jeunes"…

Notre utilisation d'aliments synthétiques a également d'autres conséquences néfastes. Les additifs présents dans notre alimentation et autres substances artificielles absorbent les ions négatifs, provoquant un surplus d'ions positifs. Un déséquilibre s'installe, ce qui est inconfortable pour le corps. Le vent de Föhn en Bavière est un autre exemple d'un surplus d'ions positifs.

Le polyester est une substance nocive utilisée dans la fabrication des tissus. Les matériaux naturels tels que le coton, la laine et le lin sont les meilleurs. Les teintures et les peintures synthétiques sont mauvaises. Les peintures naturelles au calcium sont meilleures pour la peinture intérieure. Le calcium s'oppose aux perturbations énergétiques. Le plastique et les autres matériaux artificiels attirent la poussière par l'électricité statique, ce qui rend l'utilisation de meubles en plastique peu judicieuse.

Les couleurs nous affectent par leurs fréquences moléculaires. Une couleur bleu foncé dans un matériau en fibres naturelles est bénéfique pour les reins. Le jaune est bon pour la rate. Au Moyen Âge, les vêtements colorés amélioraient le respect de soi et renforçaient l'individualité. Les paysans portaient des vêtements gris. Les costumes gris d'aujourd'hui étaient les vêtements de travail des forestiers médiévaux, qui ont été adoptés par les puritains. La nouvelle élite avait tendance à imiter le look des classes subalternes.

Dans certains cas, par exemple dans le sport, il est important de ne pas briser le flux d'énergie. C'est pourquoi les athlètes portent généralement des survêtements d'une seule pièce. Les sorciers, et plus tard les bouffons ou les clowns portaient des costumes faits d'une seule pièce. Les vêtements maçonniques sont également en une seule pièce, tout comme les vêtements portés par les prêtres. Ainsi, le flux d'énergie, en particulier l'énergie vitale de la Kundalini qui circule le long de la colonne vertébrale, est ininterrompu. Les énergies sont également équilibrées avec d'autres vêtements d'une seule pièce, comme la robe d'une femme.

Les phénomènes nocifs

Aujourd'hui, notre alimentation contient des toxines secrètes. La farine ordinaire contient suffisamment d'herbicides pour tuer les plantes lorsqu'un peu de farine est mélangée à la terre. Il n'existe pas de niveaux maximums pour les produits chimiques industriels modernes dans l'eau potable. Des dizaines de milliers de substances circulent dans notre environnement, dont les scientifiques n'ont aucune connaissance.

De plus en plus de bactéries sont résistantes aux antibiotiques. Si cette détérioration se poursuit, de nombreuses maladies infectieuses traitables médicalement pourraient avoir des conséquences très graves, selon d'éminents experts.

Les règles compliquées de l'Union européenne entraînent une diminution de la variété des semences disponibles pour les producteurs domestiques. De nombreuses semences de légumes auparavant disponibles sont interdites. Selon les experts, les arguments de l'UE en faveur des règles garantissant la qualité des semences ne tiennent pas la route. Les anciennes variétés de légumes, traditionnellement cultivées en Suède, qui n'ont pas été interdites jusqu'à présent et qui ne sont officiellement la propriété de personne, risquent de disparaître complètement. En Suède, l'interdiction concerne principalement les semences de variétés anciennes de légumes. Le "Finnish Red" est une variété de chou frisé vieille d'au moins 100 ans, originaire d'Estonie. Le chou frisé rouge était courant dans les potagers suédois au XIXème siècle, étant même plus rustique que les variétés vertes, selon le magazine Land. Il est aujourd'hui interdit. Bien entendu, toutes les meilleures variétés sont interdites, tandis que les variétés inférieures sont autorisées.

Les producteurs sont également contraints de payer un droit d'enregistrement élevé pour chaque variété de semences, ce que beaucoup ne peuvent se permettre. Cependant, un grand nombre de cultivateurs raisonnables ignorent l'interdiction, et il existe un marché noir florissant pour les semences.

L'UE a réussi à interdire des variétés de semences qui, au fil des siècles, ont été développées par la nature ou par les cultivateurs pour résister aux différents climats locaux, du Cap Nord à l'extrême sud de la Sicile, de l'Atlantique au climat intérieur de l'Europe centrale, des hauteurs alpines de 2000 à 3000 mètres au niveau de la mer. Selon l'UE, nous n'avons besoin que d'une variété de pommes vertes et d'une variété de pommes rouges.

La société Monsanto a tenté d'acquérir le monopole des semences génétiquement manipulées pour produire des plantes qui tuent leurs propres graines l'année suivante. Cette technologie de mort perverse (également appelée "technologie Terminator" par ses détracteurs) rendrait impossible le prélèvement de semences viables sur des plantes en pleine croissance, et les cultivateurs seraient contraints d'acheter chaque année de nouvelles semences à Monsanto, un fervent partisan de l'ancienne Union soviétique. Monsanto a beaucoup travaillé avec l'empire communiste.

Dans le même temps, une superficie de 7,6 à 10 millions d'hectares de forêts (une superficie équivalente à celle de l'Écosse et du Pays de Galles) est éliminée chaque année dans le monde. Dix millions d'hectares supplémentaires sont affectés négativement ou détruits secondairement. Chaque année, 16 000 hectares des forêts tropicales de la planète disparaissent, provoquant à terme une catastrophe écologique et économique.

La surexploitation sous forme de méthodes agricoles incorrectes et de prélèvements d'eau dans des zones inadaptées, le surpâturage et le piétinement par le bétail, le drainage des terres basses et hautes contribue à une perte annuelle de terres arables de 70 000 km² ou plus en moyenne. Entre 1945 et 1985, les déserts ont gagné plus de 9 millions de kilomètres carrés, soit une superficie équivalente à celle des États-Unis. Au sud du Sahel, au moins un million de kilomètres carrés de terres productives ont été transformés en désert (une superficie équivalente à celle de l'Égypte).

La stupidité de notre aide aux pays en développement a augmenté les zones désertiques, car les plaines ont été transformées en terres stériles fortement érodées. En raison du manque de végétation, le sol et l'eau ont disparu. Le processus d'assèchement s'accélère et sur des surfaces de plus en plus grandes, la terre devient stérile. En 1977, l'ONU a adopté un plan pour arrêter la croissance des déserts, qui n'a jamais été mis en œuvre. Ce plan aurait nécessité 4,5 milliards de dollars par an pendant 20 ans pour atteindre son objectif d'arrêter la désertification des terres.

Le scientifique américain Lester Brown (Worldwatch Institute) a estimé la perte annuelle par érosion de 23 millions de tonnes de terre arable. Au milieu des années 1900, la Terre comptait 3500 milliards de tonnes de terre arable. D'après ces estimations, le sol durera encore 130 ans ou moins. Entre 1950 et 1973, la demande de céréales a doublé. En 2000, elle avait encore doublé. Des millions de tonnes de terre sont déposées par le vent dans les rivières et les lacs.

Dans les pays en développement, la perte de sol est surtout due à l'abattage des arbres pour le bois de chauffage.

Au début du XXème siècle, 30 millions d'espèces différentes vivaient sur Terre. En 1993, il n'en restait plus que 15 millions. Entre 1900 et 1980, une espèce de mammifère a disparu chaque année. Dans les années 1980, l'homme a éliminé une espèce par jour.

Certains scientifiques estiment que 30 espèces disparaissent chaque minute — comme si les autres formes de vie n'avaient pas le droit de croître et de se développer. Des biologistes inquiets soupçonnent qu'il a très probablement existé récemment des plantes aujourd'hui éteintes, avant même d'avoir été découvertes.

L'importance des énergies

Il est agréable de se promener le long des cours d'eau, là où les ondes de Schumann sont les plus fortes. Peu après la Seconde Guerre mondiale, on a découvert que ces ondes ont une fréquence de 7,8 Hertz. Plus la fréquence est élevée, plus l'énergie rayonnée est importante.

Les fréquences positives, plus élevées, augmentent le niveau d'oxygène dans les cellules (une musique disharmonieuse fait baisser le niveau d'oxygène). La musique apaisante de Vivaldi, Bach et d'autres compositeurs classiques réduit le taux de cholestérol et régule la pression sanguine. Il est essentiel que la charge électrique des cellules soit élevée. La musique hard-rock produit des vibrations nocives, des images inférieures et disharmonieuses perturbent notre harmonie intérieure.

Les médias renforcent les énergies négatives. De nombreux films glorifient la violence et le sexe (les hommes s'affaiblissent sur le plan énergétique, car ils perdent de grandes quantités de minéraux et de vitamines en faisant trop souvent l'amour). La médecin américaine Judith Sachs préconise : "Se soigner par le sexe !" Plus les idées sont néfastes, plus leur impact est large. Combien de personnes savent qu'il y a très longtemps, les Chinois recommandaient l'abstinence sexuelle avant les courses et les batailles exigeantes en énergie ? En Occident, cette recommandation a été totalement ignorée jusqu'à très récemment. Ce n'est que maintenant que nous avons découvert l'utilité et le sens de cette recommandation.

Toutes les cellules vivantes dépendent, pour fonctionner, d'informations transmises par voie électromagnétique par d'autres cellules et par le système nerveux central. Ainsi, les cellules malades infectées par un virus sont capables de transmettre leurs symptômes aux cellules non infectées. Chez les grenouilles, même un courant magnétique très faible peut transformer des cellules sanguines en tissu osseux. Un champ magnétique faible et pulsé dans le cerveau entraîne une incapacité à résoudre les problèmes et réduit la capacité de réaction. Une impulsion électromagnétique incorrecte peut tuer, paralyser ou affecter mentalement les gens d'une manière similaire à celle des neurotoxines.

Notre corps utilise un certain courant électrique pour réguler la cicatrisation des plaies. Ce courant part du cerveau, passe par le système nerveux moteur et revient par le système nerveux sensoriel. L'anesthésie bloque ces courants. Dans une expérience sur des salamandres, le courant corporel a été bloqué par un contre-courant passant par le cerveau. L'animal s'endormait, mais se réveillait dès que le courant opposé était coupé. Le scientifique américain, le Dr Robert Becker, a découvert ceci dans les années 1920 (Robert Becker, Gary Selden : *The Body Electric: Electromagnetism and the Foundation of Life / Le corps électrique : L'électromagnétisme et les fondements de la vie*, New York, 1985).

À l'aide de la même technique, le virus HIV ainsi que le cancer peuvent être stoppés, mais les nations sous contrôle de la franc-maçonnerie internationale ne souhaitent pas le faire.

Des armes plus efficaces

Au lieu de cela, l'élite dirigeante a commencé à utiliser de nouvelles méthodes pour nuire aux gens. Pendant la Seconde Guerre mondiale, la technologie des micro-ondes a été développée. Dans les années 1970, ce développement s'est accéléré avec un saut puissant d'un effet de 1 MW à 1000 MW. La technologie des particules et de la fusion a été établie. L'Union soviétique et les États-Unis avaient accès à un puissant canon à micro-ondes, capable d'interférer ou d'endommager les équipements électroniques, mais pouvant aussi être utilisé contre les humains.

Aujourd'hui, Israël, le Japon, la France, la Grande-Bretagne et d'autres grandes nations possèdent cette arme.

Les scientifiques maçonniques ont développé un pulsateur de micro-ondes à haute énergie (HPM), un générateur spécial de micro-ondes). Une impulsion laser de quelques milliers de kW à une certaine fréquence est capable de détruire un grand nombre de robots. Selon les scientifiques, le HPM peut fonctionner dans une zone limitée avec un très grand nombre d'impulsions dans la gamme des micro-ondes (1-100 GHz). L'effet des impulsions diminue avec la distance. De nombreux pays sont sans défense. Ce serait trop coûteux. L'arme est tirée à la vitesse de la lumière. Elle peut être tirée secrètement, les tirs étant invisibles et inaudibles, et il est très difficile d'établir si l'on a été touché par des micro-ondes. Il pourrait s'avérer difficile de recenser les menaces et de prouver qui en est responsable.

Les armes à impulsions émettent des anti-ondes, qui désactivent les molécules corporelles d'un groupe électromagnétique différent. Les humains peuvent souffrir de troubles auditifs à une distance de quelques kilomètres.

Les armes HPM peuvent interférer avec les systèmes nerveux à une distance de 30 km. Pour les systèmes basés dans l'espace, la portée peut être énorme. Les armes spatiales peuvent être utilisées contre des cibles à la surface de la Terre (*Militar Teknisk Tidskrift*, N° 3, 1989, pp. 19-25).

Les fours à micro-ondes sont une source supplémentaire de danger, tout comme, bien sûr, les téléphones portables. Les micro-ondes provoquent des leucémies, des vertiges, des troubles de la vision, des tumeurs cérébrales, des mutations de l'ADN et d'autres symptômes.

L'élite dirigeante a également accès aux armes à radiofréquence, dont la portée va de quelques Hz à plusieurs GHz, et qui sont soit spatiales, soit terrestres. Il existe des armes à main, de la taille d'une mallette, pour les attaques à courte distance, ainsi que des systèmes mobiles transportés par camion. Il existe des armes tactiques pour le champ de bataille, basées au sol ou aéroportées, dont la portée peut atteindre 20 km.

Les armes stratégiques à radiofréquence ont une capacité d'anéantissement de la population de villes entières, au moins égale à celle des armes nucléaires (mais sans causer les ravages matériels). La technologie des radiofréquences a permis de créer des armes de destruction massive plus meurtrières que les armes nucléaires. Les armes stratégiques terrestres peuvent être dirigées vers des cibles situées sous l'horizon.

Les effets des armes à radiofréquences peuvent être comparés à ceux des neurotoxines, qui sont mortelles à très faible concentration. Elles détruisent l'interaction électromagnétique sensible au sein du tissu nerveux. Leur cible principale est le système nerveux central et le cerveau.

Les fréquences utilisées pour les armes électromagnétiques vont bien au-delà des longueurs d'onde radio actuelles. La gamme de fréquences inférieure, en dessous de celle de l'infrarouge, est désignée comme fréquences radio.

Les armes laser ont également un effet dévastateur.

Bien entendu, les armes biologiques ont également été perfectionnées. Lors des négociations de paix pendant la guerre franco-indienne de 1755-1760, des officiers britanniques ont distribué aux Indiens des couvertures empoisonnées par la variole. Cela a provoqué une épidémie, qui a conduit à leur reddition.

La Grande-Bretagne mène des expériences avec des armes thermiques armées de munitions thermobariques. Ces armes peuvent être dirigées vers un bâtiment particulier, tuant tout le monde à l'intérieur par une vague de chaleur intense sans endommager les bâtiments environnants, comme l'explique Paul Beaver du magazine *Jane's Defence Weekly*. Le missile, qui produit de hautes températures et une pression élevée, peut être tiré depuis l'épaule. Lorsqu'il explose à l'intérieur du bâtiment, l'onde de pression distribue la chaleur à travers les portes et les cages d'escalier, consumant tout sur son passage. Les Russes ont utilisé avec succès des armes thermiques en Tchétchénie.

Il a été révélé que le 11 septembre 2001, ce que l'on appelle des bombes à plasma termitantes a été utilisé pour détruire les tours jumelles du World Trade Center de New York, après que deux avions aient percuté les tours. Ces bombes à plasma ne sont disponibles que pour les États-Unis et Israël, et non pour les terroristes. Peu avant l'effondrement, plusieurs explosions puissantes sont visibles sur un film vidéo non censuré.

L'avocat Stanley Hilton a poursuivi le président George W. Bush pour son implication dans les attaques terroristes du 11 septembre 2001. Il a été conseiller principal du sénateur Bob Dole. Il représente des centaines de familles de victimes du 11 septembre. Le 10 septembre 2004, Stanley Hilton a déclaré ce qui suit dans l'émission de radio d'Alex Jones (Free Voice of America) :

> "Bush a personnellement signé l'ordre. Il est coupable de trahison et de meurtre de masse. Bush et Rice et Cheney et Mueller et Rumsfeld et Tenet étaient tous impliqués. Nous disposons de documents très incriminants ainsi que de témoins oculaires, selon lesquels Bush a personnellement ordonné que cet événement se produise afin d'en tirer un avantage politique, de poursuivre un programme politique bidon au nom des néoconservateurs et de leurs idées délirantes sur la gestion du Moyen-Orient.
>
> Nous avons des déclarations sous serment d'anciens agents du FBI sous couverture, d'informateurs du FBI et d'autres officiels du Pentagone, de l'armée et de l'armée de l'air qui traitent du fait qu'il y a eu de nombreux exercices, de nombreuses répétitions pour le 11 septembre avant qu'il ne se produise. Bush avait vu cette simulation à la télévision de nombreuses fois.
>
> J'étais à l'Université de Chicago, à la fin des années 1960, avec Wolfowitz et Feith et plusieurs autres, et je connais donc ces personnes personnellement. Et nous avions l'habitude de parler de ce genre de choses tout le temps. Et j'ai fait ma thèse de fin d'études sur ce même sujet — comment transformer les États-Unis en une dictature présidentielle en fabriquant un faux Pearl Harbor. Techniquement, c'était prévu depuis au moins 35 ans.
>
> Ils ont violé la Constitution en ordonnant cet événement. Bush a présenté des preuves fausses et frauduleuses au Congrès pour obtenir l'autorisation de la guerre en Irak. Il a fait le lien avec le 11 septembre et a prétendu que Saddam était impliqué dans cette affaire, et tous ces mensonges.
>
> Les pirates de l'air ont été détenus et nous avions un témoin qui était marié à l'un d'eux. Les pirates de l'air étaient des agents américains sous couverture, payés par le FBI et la CIA pour espionner les groupes arabes dans ce pays. Ils étaient tous sous contrôle.
>
> J'ai été harcelé par le FBI. Mon personnel a été menacé. Mon bureau a été cambriolé. Des dossiers ont été volés. Heureusement, j'avais des copies."

La moitié des New-Yorkais pensent que le gouvernement est impliqué dans les attaques terroristes du 11 septembre 2001.

Conclusions essentielles

Si nous ne comprenons pas l'histoire de la franc-maçonnerie, nous sommes incapables de comprendre quoi que ce soit d'important sur l'histoire réelle de l'humanité. Lorsque nous intégrons le paramètre qu'une activité occulte se déroule au sein de sociétés secrètes, nous pouvons voir que les francs-maçons sont les ennemis de l'humanité. Les francs-maçons sont comme un virus qui après s'être introduit dans les cellules affaiblies de la société, s'en empare et la gouverne.

Les francs-maçons sont responsables, moralement et légalement, de nombreuses actions maléfiques et seront tôt ou tard jugés formellement. Le jour viendra où ces groupes maléfiques seront entièrement interdits en tant que menace pour l'humanité. Leurs symboles néfastes devront également être détruits.

Les francs-maçons pensent qu'ils ont le droit d'être au-dessus des lois, ce qui les rend encore plus dangereux. Un autre procès de Nuremberg n'a jamais eu lieu, car un frère maçon ne peut pas condamner les exactions de ses camarades, commises au nom du communisme et du socialisme.

Plus de 80 000 livres ont été publiés dans le monde entier sur la franc-maçonnerie. Une analyse synthétique indépendante fait cependant défaut. Ce livre a tenté de répondre à ce besoin.

D'une certaine manière, nous méritons que ces dirigeants maçonniques nous gouvernent, puisque nous n'avons jusqu'à présent pas assez protesté. Par nos actes irréfléchis, nous avons créé les conditions du mal répandu par la franc-maçonnerie. Nous avons également prétendu être bons aux yeux de nos semblables. Maintenant, ce sont les francs-maçons qui font semblant à notre place. Nous sommes également responsables de ce que nous avons négligé de faire, en relation avec les activités criminelles de l'élite maçonnique.

Notre niveau spirituel a été trop bas. À cause de leur naïveté passive, les gens ont abandonné leurs droits. Les francs-maçons ont saisi l'occasion pour trahir l'humanité et s'emparer illégalement du pouvoir. Ainsi, il exerce l'autorité pour modifier le monde dans lequel nous vivons. Une société démocratique n'a pas besoin de secret.

L'Église en est la principale responsable, car elle n'a pas autorisé d'autres types de vie spirituelle. Lorsqu'au XVIIIème siècle, les francs-maçons ont commencé à prôner leur doctrine pseudo-scientifique, les ignorants ont été facilement dupés. Dans les pays non chrétiens, la diffusion de la franc-maçonnerie a été moins efficace. En particulier, elle a été combattue dans les pays bouddhistes.

Ces doctrines contre nature ont soutenu les idiots inutiles — ainsi que la plupart des idiots utiles — qui ont vendu leur âme à la franc-maçonnerie internationale. Ces personnes spirituellement incompétentes ont eu l'occasion de faire des ravages et de barrer la route aux personnes douées, qui pouvaient tracer leur propre chemin. Dans une société spirituelle normale, cela est impossible. L'imaginaire socialiste maçonnique favorise les inadaptés, ces âmes qui ne survivent qu'au détriment des plus aptes. La société socialiste des mendiants et des esclaves est un crime contre la nature, car c'est une société qui recule au lieu d'avancer. Une société socialiste est donc l'endroit idéal pour que les parasites puissent justifier leurs atrocités, qui ont besoin d'un corps social pour leur survie.

L'élite se sert de ses "frères" inférieurs, pour mieux les rejeter et les sacrifier ensuite. Ils ne sont que des outils, des instruments qui connaissent peu le monde ou les objectifs ultimes de la franc-maçonnerie.

Les fanatiques de la franc-maçonnerie prétendent construire un monde meilleur pour nous tous. En fait, ils ont ruiné le monde traditionnel. Ils ont construit leur monde sur les cadavres, le pillage, le vol et les mensonges. Cela n'a jamais fonctionné. Les mensonges mènent à une impasse et sont tôt ou tard révélés. Le mal satanique des francs-maçons est abyssal. Il n'y a pas d'excuses pour les actes violents commis par ces criminels maçons au cours des siècles.

En outre, les socialistes prônent la construction d'un Nouveau Monde. Dans les années 1990, un périodique pour la jeunesse, *The Builders of World*[34], a été publié en Suède. Il prêchait les idées des francs-maçons.

Nous nous laissons tromper par des slogans mutuellement exclusifs tels que la liberté, l'égalité et la fraternité, que les sbires maçonniques, les socialistes, continuent de propager. Tout ce discours sur l'égalité contient en réalité une profonde contre-vérité. C'est ce que montre le serment maçonnique qui contient les termes suivants :

> "Je suis un pauvre candidat dans un état d'obscurité, qui a été bien et dignement recommandé, régulièrement proposé et approuvé en loge ouverte, et qui vient maintenant de sa propre volonté et de son propre accord, correctement préparé, sollicitant humblement d'être admis aux mystères et aux privilèges de la franc-maçonnerie."

Vouloir être privilégié, comme le sont les francs-maçons aujourd'hui, prouve qu'ils ne sont pas vraiment intéressés par l'égalité. Le philosophe Giordano Bruno a montré, dès la fin du XVIème siècle, qu'une société fondée sur l'égalité est impossible.

---

[34] *Les bâtisseurs du monde*, N. d.T..

Nous n'avons jamais pu ni voulu exposer leurs mensonges éhontés et leur conspiration. De nombreux non-francs-maçons nient ce complot évident et défendent ces criminels. Ainsi, les "idiots utiles" sont également responsables de la situation dans laquelle nous nous trouvons tous. Ces individus incompétents perçoivent les ombres déformées comme le monde réel, comme les prisonniers de la caverne dans la *République* de Platon.

Quiconque, face à tous les faits disponibles, refuse de voir la franc-maçonnerie comme une organisation conspiratrice, fait preuve d'une totale méconnaissance de l'histoire criminelle du mouvement et du monde. Lorsque nos soi-disant experts font des déclarations erronées sur des questions importantes, il y a deux possibilités : soit ils mentent, soit ils sont tout simplement ignorants. Les deux alternatives sont également effrayantes.

Puisque les dirigeants maçonniques ne travaillent pas en accord avec les lois de la nature, leurs activités n'améliorent pas notre qualité de vie, au contraire. Les dirigeants maçonniques ont du sang sur les mains, et leurs lèvres disent des mensonges. Ils donnent l'impression d'être des personnes confuses et déséquilibrées, spirituellement gravement malades. Leurs caractéristiques psychopathiques, leur paranoïa sociale et leur conviction infondée d'être les élus ont causé de terribles souffrances à toute l'humanité. N'est-il pas temps de mettre fin à cette folie ?

Seuls ceux qui sont spirituellement et moralement retardés ou totalement dégénérés, volent, tuent et volent leurs semblables. Lorsque ces individus sous-développés ou au cerveau endommagé ont l'intention de construire un "monde meilleur" pour les non-francs-maçons, nous avons de gros problèmes. Il est grand temps de commencer à offrir une certaine résistance contre le pouvoir tyrannique des criminels maçons endurcis et sans scrupules. Avec l'aide de la vérité, nous serons en mesure de désarmer le pouvoir de la franc-maçonnerie. Par conséquent, il est de notre devoir d'exposer minutieusement leur fraude. Le Pape Boniface VIII (1294-1303) a souligné :

"Ceux qui se taisent sont d'accord."

Ceux qui n'interviennent pas pour arrêter le crime sont légalement co-responsables du crime.

Lorsque nous serons suffisamment forts, spirituellement et moralement, pour pouvoir créer de manière indépendante un ordre social plus strict et des lois plus justes et plus sensibles, le pouvoir de la franc-maçonnerie s'effondrera.

Dans le monde d'aujourd'hui, le bouddhisme représente toujours la vraie bonté et la franc-maçonnerie le mal camouflé. La franc-maçonnerie n'aurait jamais réussi dans sa bataille contre l'humanité, si elle n'avait pas caché sa mauvaise nature derrière un masque de bonté. Toute pensée bouddhiste est offensante pour les francs-maçons. Seuls eux et leurs sbires, communistes et socialistes de toutes sortes, ont combattu le bouddhisme (par exemple en Union soviétique, en Mongolie et au Tibet). Habituellement, les personnes spirituellement développées n'ont jamais eu d'objections contre cette philosophie du bien. La franc-maçonnerie est l'opposé de la spiritualité véritable.

Pas à pas, les francs-maçons ont abaissé nos valeurs morales. Ils apparaissent angéliques, malgré leurs efforts pour cacher leurs sabots fourchus.

Les actes mauvais des francs-maçons sont permis par les lois du karma. Selon les philosophes bouddhistes, si nous n'avions pas mérité les crimes de ces "nobles" messieurs, nous ne les aurions jamais subis.

Le karma est une loi naturelle, qui régit tous les actes. Il fait en sorte que les énergies libérées par certaines actions retournent tôt ou tard à leurs origines. Plus l'acte est important, plus la réponse prend du temps à se produire. La seule exception est lorsqu'une personne commence à faire amende honorable pour ses mauvaises actions. Toutes les mauvaises actions rebondissent, apportant exactement la même souffrance que celle de la victime. Ceci est illustré par le *Dhammapada* bouddhiste :

> Une mauvaise action, lorsqu'elle est accomplie,
> ne sort pas tout de suite, comme le lait prêt.
> Elle suit le fou, couve comme un feu caché dans les cendres.
> Pour sa propre ruine, le fou acquiert la connaissance,
> car elle lui coupe la tête et détruit sa bonté innée.

Il existe également un karma collectif, qui affecte des groupes plus importants tels que des organisations, des loges, des mouvements, des nations ou le monde entier. Les francs-maçons peuvent être assurés que — bien que les frères inférieurs et ignorants puissent être innocents du mal - tous les francs-maçons seront frappés par les conséquences du karma lorsque le moment sera venu. Aucun membre de cette communauté maléfique ne pourra y échapper. Le mal est récompensé par le mal, ainsi que l'inverse.

Le *Dhammapada* explique :

> Tant que le mal n'a pas encore mûri,
> le fou le prend pour du miel.
> Mais quand le mal mûrit,
> l'idiot tombe dans la douleur.

Il est donc compréhensible que les francs-maçons n'aient été autorisés à commettre qu'autant de mauvaises actions que notre karma collectif le permet. Cela dépend en grande partie de notre attitude. Si nous permettons à nos autorités de se comporter de manière scandaleuse, nous créons ainsi les conditions de nouvelles atrocités. Personne n'a protesté lorsque l'empereur fou Caligula a nommé son cheval au poste de sénateur. Cela n'a fait qu'accroître la douleur causée par de nouvelles horreurs. Aujourd'hui, nous autorisons les actes insensés des francs-maçons, et nous ne voulons même pas connaître le but de leurs actes.

Quelques milliers d'assassins et d'exécuteurs maçonniques causent la souffrance de millions de personnes, bien que ces personnes souhaitent échapper à leur souffrance. C'est leur karma. La plupart du temps, ces personnes ont elles-mêmes créé les conditions qui permettent aux hommes mauvais de leur faire du mal. Les Russes n'ont pas voulu exposer la mauvaise nature de Lénine, et les

Allemands n'ont pas compris les mauvaises intentions d'Hitler.

Cette situation désagréable ne peut être changée que par la prise de conscience des gens. Parfois, des expériences dures et amères comme celles-ci peuvent être nécessaires avant que nous commencions à apprendre. Nous devons voir la forme pervertie du matérialisme pour réaliser que la voie matérialiste mène au mal et, de là, à l'abîme.

Méphistophélès dit au Docteur Faustus :

"Je suis une partie de la force qui cause le mal, mais cette fois je commets le mal sous le prétexte du bonheur universel."

Les francs-maçons se sont engagés dans une telle tâche avec l'aide du communisme, du socialisme national et international et d'autres idéologies perverses. Et la plupart d'entre nous ont été trahis. Pour combien de temps encore ?

Le *Dhammapada* déclare :

Les fous, avec leur faible sagesse,
sont leurs propres ennemis.
alors qu'ils traversent la vie,
faisant le mal qui porte des fruits amers.

Il n'est pas nécessaire d'être un bodhisattva (une personne sainte) pour souhaiter apprendre de nos erreurs communes. N'importe qui le ferait, s'il en avait la volonté.

Ceux qui sont à l'origine de tous les phénomènes destructeurs décrits dans ce livre sont un groupe de dirigeants maçonniques et de banquiers extrémistes juifs brutaux, qui se considèrent comme élus pour transformer le monde selon leurs notions perverses. Leur base est un "livre de Sagesse" raciste, le Talmud, qui souligne que

"seuls les Juifs sont des enfants de Dieu, et tous les autres peuples sont des enfants du diable" (*Berachoth*, fol. 47 b).

Le rabbin Yitzhak Ginsburgh est du même avis. Dans *The Jewish Week* (26 avril 1996, p. 12), il pose une question rhétorique :

"Si un Juif a besoin d'un foie, peut-on prendre le foie d'un innocent non-juif qui passe par là pour le sauver ? La Torah le permettrait probablement".

Heureusement, il existe des Juifs d'un caractère plus humain, qui s'opposent fermement au racisme des extrémistes juifs. C'est le cas de Morton Mezvinsky, professeur d'histoire à la Central Connecticut State University, et d'Israël Shahak, professeur de chimie organique à la retraite (décédé en 2001). D'autres personnes qui se sont manifestées sont le professeur Henry Makow et le journaliste Israël Shamir. Il existe de nombreux opposants passifs en Israël.

La franc-maçonnerie internationale, avec l'aide d'idiots utiles socialistes, a transformé le Royaume de Suède en une "république soviétique", une forme d'Absurdistan, où même les lois ne sont pas respectées et utilisées de manière sélective. Les socialistes ont commencé à appeler leurs opposants nationalistes des "poux". (Voir mon livre *Influence soviétique en Suède*.) Cette attitude est purement d'origine maçonnique.

Quiconque ne pense pas comme un socialiste orthodoxe est obligé de cacher ses véritables opinions pour faire carrière en Suède. Il est nécessaire de mentir pour avancer. C'était aussi le cas en Union soviétique.

En Suède, il existe une démocratie autoritaire, où les dissidents sont rarement entendus. La liberté d'expression est strictement limitée. En Union soviétique, on appelait cela la démocratie socialiste. Seules les opinions politiquement correctes sont autorisées. Les gens sont si profondément absorbés qu'ils ont du mal à s'orienter. Toute confrontation avec la réalité provoque une énorme souffrance. Les socialistes font surtout du tort aux intellectuels. Les journalistes ne sont autorisés à rapporter que les faits considérés comme "politiquement corrects". Les autorités sont libres de traiter les citoyens comme bon leur semble.

Nous n'avons pas besoin d'une musique horrible qui rétrécit l'aura, de la malbouffe qui nuit à notre santé, ni des vêtements laids et de mauvais goût annoncés et commercialisés par les entreprises maçonniques. Nous n'avons pas besoin de leurs jeux vidéo pour les enfants de six ans, qui les amènent à imaginer les meurtres les plus brutaux. Nous n'avons pas besoin de chewing-gum avec des images violentes d'un enfant saignant de la bouche, le cerveau s'écoulant par un trou et les intestins sortant de l'estomac.

Les socialistes et les libéraux sont de fervents partisans de la société multiculturelle. Qu'est-ce que cela signifie ? L'écrivain juif Umberto Eco nous suggère dans la presse :

> "Nous devrions tout simplement nous habituer à l'idée que nous vivrons bientôt dans une culture totalement nouvelle. Et elle sera afro-européenne".

Il a "oublié" de préciser que cette "culture" est en réalité synonyme d'absence de culture.

De cette "culture" sans âme naissent l'ingratitude et le manque de respect, ainsi que la demande d'intégration des autochtones plutôt que des immigrants (ou des migrants, selon le terme actuel). L'*Aftonbladet* (28 juillet 2000) exhortait ses lecteurs : "Intègre-toi, blanc-bec ! Ou tais-toi !" C'est l'opinion d'une femme immigrée dans une "société multiculturelle".

En d'autres termes, son objectif est de détruire la culture nationale suédoise en forçant les Suédois à oublier leur identité ethnique et leur héritage biologique. Cela correspond parfaitement aux demandes de l'Union européenne d'interdire les partis nationalistes pour défendre les intérêts des différents peuples autochtones formant les nations d'Europe.

Les journalistes incompétents qui déforment les faits constituent désormais une menace sérieuse pour la société. Certains journalistes rouges et "libéraux" suédois ont fait grand cas d'un prétendu crime racial dans la région de Stockholm la veille du Nouvel An 1999, mais ils ont "oublié" de mentionner qu'il s'agissait d'un jeune Suédois qui défendait sa petite amie contre plusieurs immigrants, tuant l'agresseur le plus agressif. Le Suédois a été condamné à une peine de prison. Se défendre ou défendre ses proches n'est plus autorisé en Suède.

Lord Ampthill, grand maître adjoint de la Grande Loge d'Angleterre, a déclaré lors de la réunion de l'International Masonic Club à Londres le 1ᵉʳ novembre 1910 :

> "La franc-maçonnerie abrite de nombreux journalistes, qui ont reçu un pouvoir pratiquement illimité." (*Recht und Wahrheit*, N°3-4, 2001, p. 16)

Les sadiques maçonniques ne sont heureux que d'assister à des conflits entre différents groupes ethniques, qu'ils ont souvent eux-mêmes provoqués. En même temps, l'élite maçonnique utilise des films et de la propagande pour nous habituer à l'idée que le pire est à venir.

Nous ne pouvons pas voir la réalité telle qu'elle est, à moins de comprendre qu'il existe un réseau politique secret qui dirige le spectacle derrière les rideaux. Les conspirateurs admettent leurs plans insidieux dans les documents originaux. La plupart d'entre nous, cependant, préfèrent ignorer les faits.

C'est ainsi que le XXᵉᵐᵉ siècle est devenu le siècle maçonnique. Ces forces obscures continuent de nous conduire à la destruction par leurs activités secrètes.

Il est grand temps de lutter contre les mythes cyniques de ceux qui sont au pouvoir, mythes qui sont ardemment défendus par les sociaux-démocrates — les plus ignorants mais aussi les plus dangereux des chiens de garde de la franc-maçonnerie. Nos vies entières sont construites sur des mythes de différentes sortes. Le mythe le plus flagrant prétend qu'il n'y a pas de conspiration de la part de l'élite financière et de la franc-maçonnerie.

Cher lecteur, ne vous fiez ni à ceux qui sont au pouvoir ni à l'auteur de ce livre ! Découvrez par vous-même qui a raison ou tort !

Soit nous exposons la fraude des bâtisseurs du Nouveau Monde, soit ils nous détruiront. Nous espérons que l'auteur de ce livre a réussi, dans une certaine mesure, à rendre visible l'obscurité dont s'entoure la franc-maçonnerie. Tant que les gens ne verront pas clair à travers les agissements des architectes du mensonge, ils continueront à être trompés. Plus les non-francs-maçons sont incultes et ignorants de par le monde, plus le succès des francs-maçons est acquis.

De nombreux lecteurs ont affirmé qu'en lisant mon livre *Sous le signe du Scorpion*[35], ils ont trouvé la clé magique qui leur manquait, la clé pour ouvrir les portes de notre réalité politique et culturelle. Peut-être ce nouveau livre élargira-

---

[35] *Sous le signe du Scorpion, l'ascension et la chute de l'Empire soviétique*, Jüri Lina, Omnia Veritas Ltd, www.omnia-veritas.com.

t-il encore les horizons du lecteur.

Le professeur suisse de philosophie A. Mercier, secrétaire général des Associations internationales de philosophes, a exprimé l'impasse actuelle de la science et de la culture en ces termes :

> "La science est devenue agressive et tente de prendre une position dominante dans la sphère intellectuelle. Elle va de l'avant et cherche à obtenir un monopole, par sa négligence irresponsable de tout ce qui est différent trop facilement. Comme l'art qui suscite la réflexion, la profondeur, l'intuition et l'authenticité manque aux gens, ils se tournent vers les substituts, voire vers la drogue et la pornographie, foulant ainsi aux pieds toute sagesse… Au lieu de célébrer la science et de lui attribuer ce qui lui manque, nous devrions faire avancer ce processus, qui nous permettra de recréer un équilibre spirituel dans le monde d'aujourd'hui."

Ce livre peut aider le lecteur à comprendre plus facilement la crise spirituelle décrite par le professeur Mercier. Ce n'est qu'après avoir réussi à briser la magie de la franc-maçonnerie par des contre-mesures efficaces, que nous pourrons sortir de l'enlisement spirituel dans lequel nous nous trouvons.

À Genève en 1977, le représentant iroquois Hau De No Sa Nee soulignait que :

> "la spiritualité est la plus haute forme de conscience politique".

La société maçonnique ne nous fournit que de faux espoirs, des mensonges nuisibles et de vastes iniquités. Les francs-maçons n'ont aucun respect pour la vie. Les élites maçonniques s'en sont toujours tenues au principe suivant : pour sauver le monde, il faut d'abord le détruire.

Officiellement, l'Ordre suédois des francs-maçons fait montre d'un certain nombre de bonnes intentions telles que le développement de la personnalité, la fraternité et l'amour de l'humanité. Le lecteur peut découvrir des intentions très différentes sur la base des faits présentés dans ce livre.

L'un des principaux promoteurs des idées des Illuminati était le journaliste politique américain Walter Lippmann (membre de la Fabian Society et franc-maçon). Il a mis en évidence les principes qui conduisent au Nouvel Ordre Mondial. Lorsque le public ne pouvait plus être contrôlé par l'usage de la violence, les francs-maçons ont trouvé une nouvelle méthode dans l'art du simulacre démocratique. Ils souhaitent nous uniformiser en faisant de nous des étrangers ignorants et indiscrets, des masses confuses, pour nous faire croire en nos dirigeants, ces "hommes responsables". Ils veulent que les masses soient des spectateurs et non des participants, et c'est ce qu'ils appellent une société démocratique.

Plutôt que de harceler les gens, les politiciens maçons utilisent des méthodes plus sophistiquées pour fabriquer le consentement. Cela s'appelait autrefois la propagande. Dans une société démocratique, cette propagande insidieuse est plus nécessaire que jamais. Dès les années 1750, le philosophe écossais David Hume soulignait que le pouvoir est entre les mains du peuple et que si le peuple le comprenait, les gouvernants seraient en difficulté. Les gens ne doivent pas se rendre compte qu'ils ont du pouvoir et leurs opinions doivent donc être contrôlées. Un pays plus libre a besoin de plus de contrôle qu'un pays vivant sous un régime plus strict. En Union soviétique, il importait peu que les gens ne croient pas à la propagande. Les dissidents pouvaient toujours être envoyés dans des camps de travail. Dans les pays plus libres, la dissidence est une chose dangereuse, car les gens ont la possibilité d'agir. Lorsque la force ne peut plus être utilisée et que davantage de personnes participent, les autorités deviennent dépendantes du consensus. Ce n'est plus un secret pour personne, comme l'a déclaré Noam Chomsky dans une interview accordée à la télévision éducative suédoise (UR) le 7 novembre 2002. Il a souligné que les médias ont une croyance non critique dans l'idéologie actuelle. Il a déclaré :

"Tout journaliste honnête devrait essayer de découvrir la vérité et de la diffuser."

Ceci est particulièrement important dans la société maçonnique ostensiblement normale, car la plupart des gens sont émoussés et vivent dans un état de transe de consensus. Une propagande convaincante ne laisse généralement pas de place à une pensée alternative.

Les francs-maçons veulent contrôler et manipuler l'humanité de manière plus efficace. En décembre 2002, la US Food and Drug Administration (FDA) a approuvé une proposition visant à commencer à injecter des puces d'identification dans le corps humain afin de surveiller la population. Applied Digital Solutions est la société qui a mis au point la VeriChip, de la taille d'un grain de riz et émettant une fréquence radio de 125 kHz, qui peut être reçue à une distance de quelques mètres. Grâce à la technologie moderne, les personnes portant la puce peuvent être suivies par satellite. La puce est injectée dans le corps à l'aide d'un outil semblable à une seringue.

Dans la capitale espagnole, Madrid, il est prévu d'équiper tous les nouveau-nés d'une puce électronique, à condition que les parents soient d'accord. La puce contient des informations sur l'enfant ainsi que sur la mère. Ces informations sont basées sur les empreintes digitales du bébé et de sa mère. Elle est injectée sous la peau au niveau du poignet. Le prétexte de cette procédure est le risque de mélange des enfants ou d'enlèvement.

Les puces d'identification permettent d'identifier le porteur en mémorisant son nom, sa photographie, ses empreintes digitales, son adresse, sa profession, son casier judiciaire, ses dettes fiscales et d'autres informations. La puce électronique peut être utilisée pour provoquer un choc, un comportement perturbé, une excitation et d'autres effets. Des puces de 7 mm sont déjà placées sous la peau de soldats et d'agent du gouvernement. Le chiffre clé de la micropuce, ainsi que des cartes de distributeurs de billets et des codes-barres, est 666 — le code secret des Illuminati.

Les francs-maçons exercent un pouvoir insidieux sur les gens. Leur gloriole de surface disparaît cependant pour ceux qui prennent connaissance des moyens que les francs-maçons utilisent pour atteindre leurs objectifs. C'est à leurs actes que nous les reconnaîtrons.

L'élite maçonnique a libéré de la boîte de Pandore de terribles maladies, d'horribles souffrances et des accidents dévastateurs. L'espoir demeure, mais le mal ne peut jamais accomplir le bien.

Les conspirateurs, leurs partisans et les personnes qui tâtonnent dans un état profond de transe consensuelle ne s'intéressent à aucune des preuves qui pourraient lier légalement les francs-maçons à la conspiration. Ce livre devrait permettre d'éclairer une personne normalement développée. Il existe de nombreuses preuves des activités maçonniques contre l'humanité. Voici quelques exemples macabres de confessions où les maçons fanfaronnent joyeusement sur leurs déprédations.

En 1910, le périodique maçonnique français L'Acacia admettait :

> "Nous avons sapé, jeté, effacé et détruit — souvent dans une rage aveugle — pour nous permettre de construire un jour quelque chose de plus beau et de plus stable. Puisque notre environnement est en ruine à cause de nos activités, il est vraiment grand temps que nous apprenions les métiers de bâtisseurs et que nous devenions de véritables francs-maçons".

Le Grand Maître de la Grande Loge de France, Georges Marcou, a déclaré dans une lettre aux membres :

> "La franc-maçonnerie régnera sur le monde et de ses principes immortels, hérités d'une génération à l'autre… sera construit un fondement stable, la base d'une société idéale plus parfaite…" (Comme déclaré à la Convention du Grand Orient de France en 1929)

En 1991, Hans Tietmeyer, franc-maçon et président de la Banque centrale allemande, expliquait :

> "La monnaie commune de l'Europe obligera les peuples à abandonner leurs politiques financières et salariales indépendantes. C'est une illusion que les pays membres pourraient conserver leur indépendance avec une politique fiscale commune."

Les francs-maçons se présentent comme des bienfaiteurs sages et honnêtes. Il est pourtant hors de question qu'une personne sage et honnête devienne franc-maçon. Un membre d'une loge maçonnique ne peut pas être à la fois sage et honnête. S'il est franc-maçon et intelligent, il ne peut pas être honnête. C'est particulièrement vrai pour les communistes. Je n'ai jamais rencontré un communiste qui était également honnête et intelligent. Ils sont soit dangereux, soit des idiots utiles.

Partout où les francs-maçons battent leurs tambours, des royaumes sont ruinés et le sang coule. En répandant le désespoir, les francs-maçons satisfont leurs fantasmes malades de fonder une république mondiale sans racines nationalistes. Lorsque les différents groupes maçonniques se battent entre eux, l'humanité souffre.

Les psychopathes maçonniques ne tuent plus les gens en aussi grand nombre que par le passé, mais ils ont tenté de nous transformer en zombies utiles, en robots biologiques trop malades pour se préoccuper d'autre chose que de leurs propres problèmes, incapables de se préoccuper des questions plus larges de la société. En général, les francs-maçons ont réussi. La plupart des gens n'ont pas encore réalisé que la franc-maçonnerie appartient au passé. Ils n'ont pas compris que si vous agissez sans le soutien de l'opinion publique, l'échec est certain et que lorsqu'un grand pouvoir est en jeu, les erreurs sont désastreuses.

Dans le monde des francs-maçons, tout est virtuel, la réalité est déformée. La plupart des gens considèrent la colombe comme un symbole de paix, mais pour les Illuminati, elle représente leur déesse Sémiramis (à l'origine Shammurama, reine de Babylone).

La déesse maçonnique de la liberté, sur une île de la Seine à Paris (l'île Saint-Louis), où le juif templier Jacques de Molay a été exécuté, et la copie de celle qui a été présentée à New York en 1886, sont des représentations de Sémiramis tenant un flambeau. Pour le public, le flambeau est un symbole de liberté, mais pour les francs-maçons, il signifie leur contrôle et manipulation.

Le principal slogan des francs-maçons en Pennsylvanie est maintenant :

"Partagez la lumière !" (*The Pennsylvania Freemason*, N° 1, 2002, p. 3).

Ce livre a suffisamment montré comment les francs-maçons s'y prennent pour répandre leur "lumière"...

Les Illuminati souhaitent être libres et indépendants. Plus les francs-maçons acquièrent de liberté, plus les non-francs-maçons sont asservis. Afin de piéger les gens, les francs-maçons doivent maintenir qu'ils sont les anges de la lumière et que toutes les discussions sur leurs mauvaises intentions ne sont que l'expression d'une imagination malade. Dans la plupart des pays, la tromperie a toujours été considérée comme un acte horrible.

Les francs-maçons chinois, dirigés par le président Yuan Shikai, ont interdit le plus ancien journal du monde, *King Bao*, après avoir pris le pouvoir en février 1912. Le *King Bao* a joué un rôle important dans l'histoire du journalisme chinois. Il a été fondé en l'an 400 et a été publié pendant plus de 15 siècles sans interruption (*Dagens Nyheter*, 11 août 1912). C'est ainsi que les francs-maçons défendent la culture et les traditions !

Il était caractéristique que le franc-maçon français de haut rang Jean Baptiste Bernadotte, qui fut fait héritier du trône de Suède par le roi Charles XIII, ait tatoué sur son bras gauche les mots : "Mort au roi !"

Le libre penseur suédois Lars Adelskogh a fait remarquer : "L'ignorance du peuple est la force des gouvernants". En d'autres termes, moins nous avons de connaissances, plus les francs-maçons ont de pouvoir.

Le professeur Charles Tart a écrit :

"Que l'humanité soit tombée dans la folie de la transe consensuelle et ait perdu le contact avec nos véritables possibilités et fonctions est une tragédie."

L'écrivain George Orwell a déclaré :

"Dire la vérité à une époque de tromperie universelle est un acte révolutionnaire".

Il semble que l'élite maçonnique ait le pressentiment que son temps sera bientôt terminé.

Au milieu des années 80, j'avais prédit dans mes conférences que l'Union soviétique tomberait au début des années 90. Seules quelques personnes ont pris cela au sérieux, mais c'est pourtant arrivé.

Je constate maintenant que, selon les lois du karma, les francs-maçons ont déjà reçu un coup après l'autre. Tout cela s'est intensifié à partir du milieu de la présente décennie.

Nous nous dirigerons alors vers des temps plus éclairés, où les francs-maçons n'auront plus leur place. Nous pourrons nous débarrasser de ce mouvement criminel. La franc-maçonnerie est, comme nous l'avons vu, une institution politique criminelle qui utilise une apparence traditionnelle pour mieux tromper ses adhérents.

Lorsque le mal répandu par la franc-maçonnerie internationale atteindra sa masse critique, la franc-maçonnerie sera détruite de l'intérieur. C'est une loi de la nature. Le pouvoir secret de la franc-maçonnerie porte en lui les germes de sa propre destruction, et celle-ci est déjà bien avancée. Peut-on s'attendre à autre chose ?

Bibliographie sélective

Adams, John Quincy, *Letters on Freemasonry*, Austin, 2001.

Ahlberg, Alf, *Idealen och deras skuggbilder*, Stockholm, 1936.

Allen, Gary, *None Dare Call It Conspiracy*, Seal Beach, California, 1972.

Allen, Gary, *The Rockefeller File*, Seal Beach, California, 1976.

Allen, Gary, *Kissinger: The Secret Side of the Secretary of State*, Seal Beach, California, 1976.

Andersen, Aage H., *Verdensfrimureri*, Copenhagen, 1940.

Anderson, Ken, *Hitler and the Occult*, New York, 1995.

Antelman, Marvin S., *To Eliminate the Opiate*, New York, 1974.

Arutyunov, Akim *The Lenin Dossier Unretouched*, Moscow, 1999.

Baigent, Michael, Leigh, Richard and Lincoln, Henry, *The Messianic Legacy*, London, 1987.

Baigent, Michael, Leigh, Richard and Lincoln, Henry, *Holy Blood, Holy Grail*, New York, 1983.

Baigent, Michael, Leigh, Richard, *The Temple and the Lodge*, London, 1998.

Barruel, Augustin, *Mémoires pour servir à l'histoire du Jacobinisme*, 1797.

Bieberstein, Johannes Rogalla von, *Die These von der Verschworung 1776-1945*, Frankfurt am Main, 1978.

Becker, Robert; Selden, Gary *The Body Electric: Electromagnetism and the Foundation of Life*, New York, 1985.

Begunov, Youri, *The Secret Powers in Russian History*, Moscow, 2000.

Branting, Hjalmar, *Tal och skrifter*, Stockholm, 1930.

Bostunich, Grigori, *Freemasonry and the Russian Revolution*, Moscow, 1995.

Bronder, Dietrich, *Bevor Hitler kam*, Genf, 1975.

Brooks, Pat, *The Return of the Puritans*, North Carolina, 1976.

Bullock, Steven C, *Revolutionary Brotherhood: Freemasonry and the Transformation of the American Social Order, 1730-1840*, North Carolina, 1998.

Bunich, Igor, *The Party's Gold*, St. Petersburg, 1992.

Butz, Arthur R., *The Hoax of the Twentieth Century*, Ladbroke, 1976.

Capell, Frank, *Henry Kissinger, Soviet Agent*, Cincinnati, 1992.

Carr, William Guy, *The Red Fog Over America*, 1968.

Coil, Henry W., *Coil's Masonic Encyclopedia*, Macoy Publishing, Richmond, VA, 1996.

Collins Piper, Michael, *Final Judgment: The Missing Link in the JFK Assassination Conspiracy*, Washington, 1998. Traduit en français et publié par Omnia Veritas Ltd, *Jugement Final - Le chaînon manquant de l'assassinat de JFK*, volume I & II.

Coudenhove-Kalergi, Richard, *Praktischer Idealismus*, Wien, 1925. Version française, *Idéalisme Pratique: Le plan Kalergi pour détruire les peuples européens*, Omnia Veritas Ltd.

Goy, Michael J., *The Missing Dimension in World Affairs*, South Pasadena, 1976.

Griffin, G. Edward, *World Without Cancer: The Story of Vitamin B17*, Westlake, 2000.

Dahlgren, Carl, *Frimureriet*, Stockholm, 1925.

Daniel, John, *Scarlet and the Beast*, Volum III, Tyler, Texas.

Disraeli, Benjamin, *Coningsby*, London, 1844.

Disraeli, Benjamin, *Lord George Bentinck: a Political Biography*, London, 1852.

DuBois Jr, Josiah E., *Generals in Grey Suits*, London, 1953.

Eggis, N., *Frimureriet*, Halsingborg, 1933.

Ervast, Pekka, Vapaamuurareiden kadonnut sana, Helsinki, 1965.

Ferguson, Charles W., *Fifty Million Brothers: A Panorama of American Lodges and Clubs*, New York, 1937.

Fisher, Paul, A., Behind the Lodge Door, Rockford, Illinois, 1994.

Freemantle, Brian, *The Octopus: Europe in the Grip of Organised Crime*, London, 1995.

Gargano, Michael di, *Irish and English Freemasons and Their Foreign Brothers*, London, 1878.

Gauss, Ernst, *Dissecting the Holocaust: The Growing Critique of 'Truth' and 'Memory'*, Capshaw, Alabama, 2000.

Goodman, Frederick, *Magic Symbols*, London, 1989.

Goodrick-Clarke, Nicolas, *The Occult Roots of Nazism*, St. Petersburg, 1993.

Grubiak, Olive and Jan, *The Guernsey Experiment*, Hawthorne, California, 1960.

Gumilev, Lev, *The Ethnosphere*, Moscow, 1993.

Hamill, John; Gilbert, Robert, *Freemasonry: A Celebration of the Craft*, London, 1998.

Hunter, Bruce C., *Beneath the Stone: The Story of Masonic Secrecy*, Alexander, 1999.

Heiden, Konrad, *Adolf Hitler*, Stockholm, 1936.

Herzen, Aleksander, *From the Other Shore*, Tallinn, 1970.

Higham, Charles, *Trading With the Enemy*, New York, 1984.

Hoffman II, Michael A., *Secrets of Masonic Mind Control*, Dresden, NY, 1989.

Hoffman II, Michael A., *Secret Societies and Psychological Warfare*, 2001.

Hoyle, Fred, *The Intelligent Universe*, 1983.

Irving, David, *Hitler's War*, London, 1977.

Istarkhov, Vladimir, *The Battle of the Russian Gods*, Moscow, 2000.

Jones, Bernard E., *Freemasons' Guide and Compendium*, London, 1950.

Johnson, Paul, *Modern Times*, New York, 1983.

Katz, Jacob, *Jews and Freemasons in Europe 1723-1939*, Cambridge / Mass., 1970.

Kennedy, Margrit, *Interest and Inflation Free Money*, Goteborg, 1993.

Klimov, Grigori, *The Red Cabbala*, Krasnodar, 1996.

Knight, Christopher, Lomas, Robert, *The Second Messiah: Templars, The Turin Shroud & The Great Secret of Freemasonry*, London, 1998.

Krasny, Vladimir, *The Children of the Devil*, Moscow, 1999.

Lassus, Amaud de, *Elemetary Guide to Freemasonry*, Inverness, 2004.

Laurency, Henry T., *De vises sten*, Skovde, 1995.

Leers, Johan von, *Makten bakom presidenten*, Stockholm, 1941.

Lenhammar, Harry, *Med murslev och svard*, Delsbo. 1985.

Lennhoff, Eugen; Oskar, Posner; Binder, Dieter, *Intyernationales Freimaurer Lexikon*, Hamburg, München, 2000.

Lomas, Robert, *Freemasonry and the Birth of Modern Science*, Gloucester, 2002.

Margiotta, Domenico, *Adriano Lemmi*, Grenoble, 1894.

Marrs, Jim, *Ruled by Secrecy*, New York, 2000.

Milton Hartveit, *Karl De skjulte brodre*. Oslo, 1993.

Mellor, Alec, *Logen, Rituale, Hochgrade - Handbuch der Freimaurerei*, Graz,

1967.

Meltiukhov, Mikhail, *Stalin's Lost Opportunity*, Moscow, 2000.

Mogstad, Sverre Dag, *Frimureri: mysterier, fellesskap, personlighetsdannelse*, Oslo, 1994.

Mousset, Alfred, *L'Attentat de Sarajevo*, Paris, 1930.

Nemere, Istvan, *Gagarine - kozmikus hazugsag* (*Gagarine : un mensonge cosmique*), Budapest, 1990.

Neubert, Otto, *Tutankhamun and the Valley of the Kings*, Manchester, 1954,

O'Crady, Olivia Marie, *The Beasts of the Apocalypse*, First Amendment Press, 2001.

Ottenheimer, Ghislaine; Lecadre, Renaud, *Les Frères Invisible*, Paris, 2001.

Ostretsov, Viktor, *Freemasonry, Culture, and Russian History*, Moscow, 1999.

Partner, Peter, *The Murdered Magicians: The Templars and Their Myth*, Oxford, 1982.

Pennick, Nigel, *Sacred Geometry: Symbolism and Purpose in Religious Structures*, San Francisco, 1980.

Pervushin, Anton, *The Occult Secrets of NKVD and the SS*, St. Petersburg, Moscow, 1999.

Pike, Albert, *Morals and Dogma of the Ancient and Accepted Rite of Scottish Freemasonry*, Charleston, 1871.

Platonov, Oleg, *Russia's Crown of Thorns: The Secret History of Freemasonry 1731-1996*, Moscow, 2000.

Platonov, Oleg, *The Secret of Lawlessness*, Moscow, 1998.

Platonov, Oleg, *The History of the Russian People in the 1990s*, Moscow, 1997.

Platonov, Oleg, Russia under the Power of Freemasonry, Moscow, 2000.

Pretterebner, Hans, *Der Fall Lucona: Ost-Spionage, Korruption und Mord im Dunstkreis der Regierungsspitze*, Wien, 1989.

Ridley, Jasper, *The Freemasons*, London, 2000.

Roberts, Arch E., *Victory Denied*, Fort Collins, 1966.

Robison, John, *Proofs of a Conspiracy*, London, 1796. Rowles, William, The Heathens, London, 1948.

Rubinstein, William, *A People Apart: The Jews in Europe, 1789-1939*, Oxford, 1999.

Ruggeri, Giovanni, *Berlusconi gli affari del Presidente / Les affaires du président Berlusconi*, Rome, 1995.

Sandos, Machado dos *A Revolusao Portugesa*.

Schneider, Robert, *Die Fremaurerei vor Gericht*, Berlin, 1937.

Shmakov, Alexei, *The Secret International Government*, Moscow, 1912.

Short, Martin, *Inside the Brotherhood*, London, 1997.

Selyaninov, Aleksander, *The Secret Force of Freemasonry*, reprint Moscow, 1999.

Somoza, Anastasio; Cox, Jack, *Nicaragua Betrayed*, Boston, 1980.

Spence, Lewis, *Myths and Legends of Ancient Egypt*, London, 1915.

Szende, Stefan, *The Promise Hitler Kept*, New York, 1944.

Starback, Georg, *Berattelser ur svenska historien*, Stockholm, 1880.

Steinhauser, Karl, *EG - Die Super UdSSR von Morgen*, Wien, 1992.

Still, William T., *New World Order: The Ancient Plan of Secret Societies*, Lafayette, Louisiana, 1990.

Staglich, Wilhelm, *Der Auschwitz-Mythos*, Indiana, 1984.

Sutton, Antony, *Wall Street and the Bolshevik Revolution*, Morley, 1981.

Sutton, Antony, *Wall Street and the Rise of Hitler*, Sudbury, 1976.

Sutton, Antony, *How the Order Creates War and Revolution*, Bullsbrook, 1985.

Sutton, Antony, *La trilogie Wall Street*, Omnia Veritas Ltd.

Suvorov, Viktor, *Suicide*, Moscow, 2000.

Taylor, Ian T., *In the Minds of Men: Darwin and the New World Order*, Minneapolis, 1984.

Toll, Sofia, *The Brothers of the Night*, Moscow, 2000.

Tompkins, Peter, *The Magic of Obelisks*, New York, 1982.

Valmy, Marcel, *Die Freimaurer*, Koln, 1998.

Whalen, William J., *Christianity and American Freemasonry*, 1987.

Webster, Nesta, *World Revolution*, London, 1921.

Weckert, Ingrid, *Feuerzeichen: Die Reichskristallnacht*, Tubingen, 1981.

Wells, Herbert George, *Anticipations of the Reaction of Mechanical and Scientific Progress Upon Human Life and Thought*, London, 1901.

Wells, H. G., *The Open Conspiracy: Blueprints for a World Revolution*, London, 1928.

Wichtl, Friedrich, *Weltfreimaurerei, Weltrevolution, Weltrepublik,* Wobbenbull, 1981.

Yallop, David, *In God's Name,* London, 1985.

Juri Lina est né en 1949 dans l'Estonie occupée par les Soviétiques. Interdit de travail journalistique en 1975, il a travaillé comme gardien de nuit jusqu'à ce qu'il soit contraint d'émigrer en 1979 après des confrontations répétées avec la police politique du KGB. En 1985, selon des documents récemment rendus publics, des accusations politiques ont été portées en Estonie soviétique contre Juri Lina en son absence. Il est accusé de haute trahison en relation avec la publication de deux livres — *Sovjet hotar Sverige* (*La menace soviétique contre la Suède*) et *Oised paevad* (*Jours de nuit*). Le KGB le considérait comme l'un des écrivains les plus anticommunistes de Suède. Juri Lina est membre de l'Association des journalistes suédois.

Juri Lina a publié de nombreux articles dans plusieurs pays, ainsi que les livres suivants : *Ufotutkimuksesta Neuvostoliitossa* (Helsinki, 1979), *Oised paevad* (Stockholm, 1983), *Sovjet hotar Sverige* (Stockholm, 1983, 1984), *UFO-forskning i Sovjetunionen* (Stockholm, 1984), *Kommunisternas heliga krig* (Stockholm, 1986), *Bakom Gorbatjovs kulisser* (Stockholm, 1987), *UFO-gatan fordjupas* (Stockholm, 1992), *Under Skorpionens tecken* (Stockholm, 1994), *Mida Eesti ajakirjandus pelgab?* (Stockholm, 1996), *Skorpioni margi all* (Stockholm, 1996, 1998, 2003), *Moistatuslikkuse kutkeis* (Tallinn, 1996), *Sovjetiskt inflytande in Sverige* (Stockholm, 1997), *Under the Sign of the Scorpion* (Stockholm, 1998, 2002), *Filmikunsti valjenduslikkusest* (Stockholm, 1998), *Varjatud tervisevalem* (Stockholm, 1999), *Varldsbyggarnas bedrageri* (Stockholm, 2001), *Maailmaehitajate pettus* (Stockholm, 2003, 2004).

Déjà parus

OMNIA VERITAS
Omnia Veritas Ltd présente :
MON TESTAMENT
POLITIQUE & PRIVÉ
Un homme ne doit jamais perdre contact avec le sol sur lequel il a eu le privilège de naître. Il ne doit s'en éloigner que temporairement et toujours avec l'idée d'y revenir.
1933 ~
ADOLF HITLER
MON TESTAMENT
POLITIQUE & PRIVÉ
Un peuple qui veut prospérer doit rester lié à sa terre

OMNIA VERITAS
Omnia Veritas Ltd présente :
TINTIN MON COPAIN
par LÉON DEGRELLE
LÉON DEGRELLE
TINTIN
MON COPAIN
Imaginez le scandale ! Degrelle, le « fasciste » !

OMNIA VERITAS
Omnia Veritas Ltd présente :
VLADIMIR POUTINE
& L'EURASIE
L'avènement providentiel de l' "homme prédestiné", du "concept absolu" Vladimir Poutine, incarnant la "Nouvelle Russie"
de JEAN PARVULESCO
Vladimir Poutine & l'Eurasie
Un livre singulièrement dangereux, à ne surtout pas mettre entre toutes les mains

www.ingramcontent.com/pod-product-compliance
Lightning Source LLC
Chambersburg PA
CBHW071948270326
41928CB00009B/1386